国际经贸专业系列教材

中国对外贸易史教程

（第二版）

孙玉琴 编著

对外经济贸易大学出版社
中国·北京

图书在版编目（CIP）数据

中国对外贸易史教程 / 孙玉琴编著. —2 版. —北京：对外经济贸易大学出版社，2023.1

国际经贸专业系列教材

ISBN 978-7-5663-2476-4

Ⅰ. ①中… Ⅱ. ①孙… Ⅲ. ①对外贸易–贸易史–中国–高等学校–教材 Ⅳ. ①F752.9

中国国家版本馆 CIP 数据核字（2023）第 000254 号

中国对外贸易史教程（第二版）
ZHONGGUO DUIWAI MAOYISHI JIAOCHENG (DI ER BAN)

孙玉琴 **编著**
责任编辑： 王延新

出版发行：对外经济贸易大学出版社
社　　址：北京市朝阳区惠新东街 10 号
网　　址：www.uibep.com
资源网址：www.uibepresources.com
邮政编码：100029
邮购电话：010－64492338
发行部电话：010－64492342
E-mail：uibep@126.com

成品尺寸：185mm×260mm
印　　张：26.5
字　　数：596 千字
ISBN 978-7-5663-2476-4
印　　刷：北京市泰锐印刷有限责任公司
版　　次：2023 年 1 月北京第 2 版
印　　次：2023 年 1 月第 1 次印刷
定　　价：82.00 元

总　序

本系列教材由对外经济贸易大学国际经济贸易学院教师根据多年的教学科研经验精心编写，自2007年年初开始陆续出版并被广泛采用，在全国产生较大的影响。

过去的十几年，教材的编写者们根据学科的发展以及师生的反馈意见不断进行修订，使教材做到与时俱进，不断呈现出新的风貌。其中，《国际贸易实务》《国际贸易》《国际经济合作》《计量经济学》被评为“十二五”普通高等教育本科国家级规划教材，本系列其他教材也取得不俗的销量，得到国内高校广大师生的一致好评。

近年来，对外经济贸易大学国际经济贸易学院在教育部和专业评估机构全国学科评比中，应用经济学学科均名列前茅。其中，国际贸易学是在我国高校居于领先地位的国家级重点学科，国际经济与贸易专业拥有众多国家级荣誉奖项。随着学科建设的不断进步，学院的专业领域和学科覆盖面均有很大的突破。

作为有着近 70 年专业建设历史的国家重点学科点，国际经济贸易学院历来重视教材建设，在国际经济与贸易、国际金融、国际运输与物流、经济学等专业领域先后出版了大量教材。例如，《国际贸易实务》曾相继被评为外经贸行业和高校优秀教材，曾多次获省部级奖项并获国家级优秀教学成果奖。迄今为止，该书累计发行量超过300 万册。此外，《国际贸易》累计发行也超过 200 万册，成为国家精品教材。

学院“九五”以来的课程体系建设，一以贯之走过了一条清晰的发展之路，围绕学院长期积累的在国际经济与贸易、国际金融、国际运输与物流、经济学、财政税务等专业所形成的优势，借鉴国际上高水平大学的课程建设经验，逐步完善培养学生成为开放型经济、金融和商务精英人才所需要的课程群。

本系列教材的作者都是学院教学科研第一线的骨干教师，他们积累了丰富的教学经验，对课程的核心问题都有深入的研究，对教学的疑点和难点问题有着深刻的理解，对其所在领域的前沿变化有着敏锐的洞察力，并将其体现在教材的知识点之中。

在本系列教材的再版过程中，教材的编写者们一直坚持高质量建设、方法与内容前沿、中外融通互鉴的原则，相信使用该系列教材的教师和学生会有切身的体会。

本系列教材的再版得到国内众多高校教师和学生的支持、鼓励，也吸收了他们的宝贵建议。相信本系列教材在作者和读者的互动下会日臻完善，成为经典。

对外经济贸易大学副校长

洪俊杰

2020 年 7 月

前　言

作为当今国际贸易大国，中国对外贸易的历史源远流长，早在先秦时期，中国的丝绸等货物就被辗转运往域外。汉武帝以来开拓的陆、海丝绸之路，将中国与世界日益联系在一起。在此后漫长的时期里，中国与世界各国和地区间的贸易关系渐次发生，在中外政治、经济及文化相互碰撞与交融中，虽几经曲折，但始终不断向前发展。通过货物贸易、技术交流及人员流动，中华文明得以向世界广泛传播，进而造福全人类。与此同时，中华民族也以高度的智慧充分吸收、借鉴了世界各大文明的优秀成果，使中国经济文化更加灿烂辉煌。正如习近平总书记在党的二十大报告中所指出的，“中华优秀传统文化源远流长、博大精深，是中华文明的智慧结晶”。

本书分为上、中、下三篇，主要阐述自丝绸之路畅通以来两千余年中国对外贸易的发展历程。上篇为中国对外贸易史的古代部分，内容包括各时期的对外贸易政策措施、管理制度、中外贸易关系、进出口商品结构及对外贸易与经济文化交流等；中篇为中国对外贸易史的近代部分，内容包括半殖民地对外贸易的形成、各阶段中国的对外经贸政策、西方列强对中国对外贸易的控制、对外贸易发展的规模与水平、进出口商品结构及对外贸易的地理方向等；下篇为新中国对外贸易史，内容包括新中国对外贸易基本政策、制度及其演变，进出口贸易发展状况等。

在长达两千余年的封建时代，中国对外贸易的发展受到自然经济制约，同时，国力的强弱、民族冲突等也影响着各时期对外贸易政策选择，进而决定着对外贸易的发展格局与水平。汉唐时期，中国封建社会处于上升时期，富有进取精神的统治者，实行积极的对外开放政策，使丝绸之路日趋繁荣。唐后期，随着中国经济重心的南移，海上丝绸之路在中国对外贸易中的作用逐渐超过陆上丝绸之路。宋元时期，由于航海技术的进步，海外贸易获得巨大发展。明代郑和下西洋使海上丝绸之路空前畅通，传统的中外官方贸易达到顶峰。16 世纪以后，随着欧洲人的东来，中国传统的贸易格局发生了巨变。面对西方殖民威胁，处于封建社会末期的明清统治者，极力维护其既有的统治秩序，对外政策日趋僵化、保守，对外贸易活动受到严格限制。在与欧洲殖民者的贸易中，中国越来越处于被动不利的地位。妄自尊大、故步自封的结果使中国在世界经济中的领先地位终于彻底丧失了。

1840 年鸦片战争后，西方人以坚船利炮打开了中国的大门，中国被迫走上对外开放的道路。西方列强迫使中国与之签订了大量不平等条约，使中国逐步沦为一个半封建、半殖民地社会，传统的独立自主的封建对外贸易随之演变为近代半殖民地性的对外贸易。凭借雄厚的经济、技术实力和强权政治，西方列强迫使中国接受了一系列近代制度安排，他们逐步控制了中国的政治、经济命脉，将中国纳入西方资本主义经济发展的轨道，中国成了西方工业品的销售市场和原料供应地，对外贸易日益半殖民地化。为使这种贸易持续发展并不断扩大，西方人在中国兴办了金融、保险、交通运输、工矿等大量与对外贸易有关的事业，由此，中国对外贸易长期为外国洋行所操纵。随着对外贸易的发展，西方近代资本主义文明不断冲击着中国传统的封建经济文化，促使中国人新的价值观念形成和民族意识觉醒。面对“千年未有之变局”，先进的中国人坚持不懈地探索着民族的自强之路。从洋务运动开始，中国近代工商业渐次起步，但在帝国主义和封建保守势力的夹缝中图存，步履艰难，中国近代化的成效微弱，极大地制约着中国对外贸易发展的规模和水平。

20 世纪前半叶，中国政局动荡，内部纷争不已，外部遭受日本武装入侵，社会经济遭到严重破坏。特别是 1931—1945 年的十四年抗日战争，彻底中断了中国经济的近代化进程。中国 80%的国土沦陷，沿海对外贸易口岸被日本控制，中国对外贸易受到致命的打击。抗日战争胜利后，中国的国际地位有所提高，发展对外贸易的外部环境空前改善；然而，内战最终导致国民经济的崩溃。随着中国共产党夺取全国政权，才终结了半殖民地性的对外贸易。

1949 年中华人民共和国成立后，中国在平等互利基础上，建立了独立自主的社会主义对外贸易。七十余年来，中国共产党以永不懈怠、锐意进取的精神，根据国内外环境的变化，不断推进中国对外开放的进程，改革对外贸易体制，对外贸易在国民经济中的地位实现了历史性转变并取得了举世瞩目的伟大成就，中国从国际经贸小国跃升为国际经贸大国。

本书初版面世迄今已近二十年，其间，本领域涌现出诸多优秀的学术成果，同时，中国的对外经贸事业更是取得了惊人的进步。党的二十大报告明确指出：“我们实行更加积极主动的开放战略，构建面向全球的高标准自由贸易区网络，加快推进自由贸易试验区、海南自由贸易港建设，共建‘一带一路’成为深受欢迎的国际公共产品和国际合作平台。我国成为一百四十多个国家和地区的主要贸易伙伴，货物贸易总额居世界第一，吸引外资和对外投资居世界前列，形成更大范围、更宽领域、更深层次对外开放格局。”因此，本书此次修订一方面充分吸收了作者及学术界新的研究成果，另一方面，对新中国七十余年来对外贸易历程进行了系统梳理与历史的总结。本书每章开篇有学习要点与要求提示，章末附有复习思考题，便于教学使用。

本书的出版，得到对外经贸大学出版社的大力支持，他们的热情、真诚、严谨使作者深深感动。

囿于作者水平，书中谬误及遗漏之处在所难免，敬请读者批评指正。

作　者

2023 年 1 月于北京

目　录

上　篇

中 篇

下　篇

上　篇

第一章　汉代以前的对外贸易

学习要点与要求

本章主要阐述了汉代以前中国与域外交通及物品的交流，分析了丝绸之路形成的动因及历程。通过学习，学生应重点掌握丝绸之路的基本含义、推动丝绸之路形成的主要因素，领会丝绸之路畅通前中外商品交流的特点。

中国有着悠久灿烂的古代文明，疆域辽阔，与众多国家及民族接壤，又有着绵长的海岸线，为对外贸易活动提供了物质基础及交通条件。因此，中国对外贸易的历史源远流长，早在汉代以前通过陆海两路，中国的古代先民已同境外国家、民族开展了贸易往来。

第一节　远古时代的东西方交通及早期的丝绸输出

一、早期的东西方交通与物品的交流

大量的文献及考古材料证实，至迟在夏商时代，中国的中原地区已和外界发生了经济文化交流，中原与新疆，中国与中亚、西亚及南亚间已经有交通道路存在。

中国古代多部典籍记载了中原与新疆、中国与中亚之间部族首领相互往来的事迹。《庄子·天地篇》记载“黄帝游乎赤水之北，登乎昆仑之丘”；贾谊《新书》也说到“黄帝涉流沙，登于昆仑”，尧“身涉流沙地”会见西王母；《荀子·大略》中记载，禹曾“学于西王国”。此外，《竹书纪年》记载“帝舜有虞氏九年，西王母来朝，献白环玉玦”。同书还说到帝尧时，“渠搜氏来宾”。据考证，上述文献中的昆仑山、流沙地、西王国均在今新疆境内，渠搜为中亚古国（位于今乌兹别克斯坦境内的费尔干纳盆地）。成书于战国时期的《穆天子传》，描述了三千年前西周第五代君主周穆王西游的故事，书中记载周穆王姬满率六师之众，于公元前960年左右驾八骏马车带着大量丝绸等物，从镐京出发，向西北进入犬戎地区（今陕西西部）；然后溯黄河而上，经河西走廊进入新疆，登上昆仑山。史称周穆王在昆仑山采购了大量玉石，“取玉版三

乘，载玉万只”，然后继续西行，到达西王母之邦。[①]周穆王送给西王母许多精美的丝绸，受到西王母隆重的接待，以至周穆王“乐而忘返”。此后，周穆王又由此向北行进千里到达中亚草原，后经伊犁河谷天山北路回返中原。周穆王西巡，每到一处都向当地部落酋长馈赠丝绸、铜器、贝币等，各地酋长也回赠了大量良马、牛羊及各种土特产。据考证，周穆王西行的大致路线为：自陕西出发，入河南，经山西至内蒙古，溯黄河过宁夏至甘肃，经青海越过昆仑山进入新疆，翻越帕米尔高原，最后到达中亚草原。《穆天子传》是春秋战国时代的人根据周穆王西征犬戎的故事及西王母的神话传说编写的，书中内容虽不足信，但其在一定程度上反映了远古时代中国中原地区与西北及中亚地区之间交通及贸易的情况。[②]

近代以来中国及境外的考古发掘资料，为远古时代的中外交往进一步提供了有力的证据。1976 年在河南安阳殷墟妇好墓（商代贵族墓葬）中出土了大量玉器，经科学鉴定，基本上都来自新疆，而在新疆地区也发现有来自我国东南沿海或印度洋沿岸的海贝。另据考证，殷商文化与远在西伯利亚以及欧洲的青铜文化都有直接或间接的联系。如在叶尼塞河和额毕河上游的卡拉苏克文化（公元前 13 世纪至前 8 世纪）的出土文物中，发现了三十多件具有商代风格的陶鼎和陶鬲及为数众多的青铜器，如青铜小刀和两头弯曲中间平直的弓形器都极似安阳发掘物。此外，该地出土的青铜矛和铜簇亦与安阳商代同类物品相似。

除西北陆路外，中国西南巴蜀地区与南亚等地早期的经济文化交流也已得到文献和文物资料的证实。反映古蜀国（约公元前 104—前 316 年）文明的三星堆遗址和金沙遗址发现的海贝、象牙等物，有可能即来自印度洋地区。

上述东西方交往表明，早在殷商时代，中外物品的交流已悄然进行。

二、中国丝绸的生产与输出

（一）丝绸生产的发展

中国是世界上最早养蚕缫丝的国家，但究竟始于何时，古代文献记载不一。或说始于伏羲氏，或说始于神农氏，也有传说发明养蚕缫丝的人是黄帝的妃子嫘祖（西陵氏的女儿），以至嫘祖被后世尊称为蚕神。不过，这些说法多不足为信。养蚕缫丝技术应是生产劳动者在长期的生产实践中不断积累经验创造出来的，但我国蚕丝生产有着悠久的历史是肯定的。1958 年在浙江吴兴钱山漾新石器时代遗址中，发现了一批丝织品的残片及丝线等，经鉴定，这批丝织物距今已 4 700 年，可以肯定至迟在殷商时代，我国已开始了蚕丝生产。到商代，丝织技术继续发展，甲骨文中已有蚕、丝等文字，出土文物中已见到精美的刺绣品及暗花绸，表明这一时期丝织技术已达到较高的水平。到西周时期，丝织业已遍布山东的兖州、青州，江苏的徐州、扬州，湖北的

---

① 关于西王母之邦的位置有两种说法，一说在今新疆北部，另说在今中亚锡尔河中上游地区。

② 在这一交往的过程中，产于昆仑山的玉石被大量运往中原，因而学术界也将汉以前从昆仑山到中原的商道称作“玉石之路”。

荆州，河南的豫州等地，并且出现了官营和私营两种生产组织方式。到春秋战国时期，随着铁制工具的使用，丝织技术有了进一步提高，丝织品的种类日益丰富，当时已出现罗、纨、绮、绨、锦、绣等，丝绸产量也有了较大的增长，丝绸贸易普遍展开。《诗经·氓》中即有“氓之蚩蚩，抱布贸丝”的诗句。司马迁在《史记》中记载，战国大商人白圭做生意而获取巨利的秘诀是“岁熟取谷，予以漆丝；茧出取帛絮，予之食”，即丰年时收购粮食、抛出漆和丝，荒年售出粮食而买进丝和漆，说明丝已成为大宗交易货物。随着丝织生产的发展，丝织品的贸易不限于中原而逐渐扩展到远方。

（二）丝绸的输出

考古学及古代文献显示，早在公元前 5 世纪，中国中原地区的丝绸已被贩运到了中国新疆以及中亚、南亚、西亚乃至欧洲地区。

20 世纪 70 年代，我国的考古工作者在新疆吐鲁番地区阿拉沟东口，发现了春秋战国时期的中原丝织物。20 世纪 40 年代，苏联考古学家在阿尔泰地区（今哈萨克斯坦境内）发现了一批公元前 5 世纪的贵族石顶墓葬，“由于墓土封冻很结实，墓中很好地保存了中国的丝织品和其他物品”。其中，在乌拉干河流域巴泽雷克地区发现的 5 号墓中，“出土的茧绸，特别精致，……上面的刺绣，是用彩色丝线以连环状的线脚绣成。刺绣主题——凤栖息于树上，凰飞翔于树间的素底间”。[①]《史记·货殖列传》记载，秦朝时，大商人乌氏倮即通过将中原丝绸贩运至西域换取马牛从而暴富。“畜牧，及众，斥卖，求奇缯物，间献遗戎王。戎王十倍其偿，与之畜，畜至用谷量马牛。秦始皇令倮比封君，以时与列臣朝请。”而游牧民族自身消费丝绸量较小，以高价获取的中原丝绸大多被转运至更为遥远的异域。由此，表明秦朝时中原丝绸通过直接和间接方式已贩运到西域各地。

在西亚的伊朗，据波斯《贝希斯敦铭文》记载，公元前 5 世纪后半期，中国丝已见于波斯市场。在南亚的印度，成书于公元前 4 世纪的《考铁利亚》一书中也记载，“支那产丝，其丝货有贩至印度者”。[②]另一部印度古籍《摩奴法典》中，有关于偷窃丝的惩戒：“谁偷丝，谁就被罚三天内只许喝牛奶”；“谁偷丝，就变成一只鹧鸪鸟”。[③]在欧洲，德国考古学家曾经在德国南部斯图加特的霍克杜夫村，发掘了一座公元前 500 年的古墓，其中发现有中国丝绸服装的残片。而古希腊的一些雕刻和陶瓷彩绘人像所穿的衣服，被肯定为公元前 5 世纪的中国丝绸。如巴特侬神庙的命运女神、埃里契西翁的加里亚狄像等，都穿着用中国丝绸制成的透明长袍。

由此可见，中国丝绸至迟在春秋战国时代已越过帕米尔被远销到中亚、南亚、西亚及至欧洲，成为西方人最早知道的中国产品，因而希腊人把中国称为“赛里斯国”（Seres），意即丝之国。

---

① C.И.鲁金科，潘孟陶，《论中国与阿尔泰部落的古代关系》，《考古》，1957 年第 2 期。

② 张星烺，《中西史料汇编》第 6 册，第 9 页，中华书局，1977 年版。

③《摩奴法典》系印度奴隶制时代有关宗教、法律、哲学的汇编，传说该书是由人类始祖摩奴所编。

综上所述，早在汉代张骞出使西域以前，以贩运丝绸为主的国际交通贸易道路——丝绸之路就已经出现了。

第二节　丝绸之路的形成

随着中国丝绸生产的发展以及东西方各国、各民族在漫长的时期里通过各种方式不断接触与交流，丝绸之路逐步形成。

一、丝绸之路的基本含义

从狭义而言，丝绸之路是以丝绸贸易为媒介的古代东西方间的一条商路。在贸易往来的基础上，沿线各国各地区展开了政治、经济及文化的广泛交流。因而广义上，丝绸之路是古代世界东西方间进行政治、经济及文化交流的大动脉。

随着丝绸等货物跨越民族、国家间疆界的流动，丝绸之路即已出现。但作为国际通用的学术名词——“丝绸之路”概念的产生则晚至 19 世纪，由德国地理学家、近代地貌学的创始人李希霍芬（F.Van.Richthafan，1833—1905）首先提出。李希霍芬曾于 1868—1872 年先后七次来华考察，1877 年出版了三卷本专著《中国亲程旅行记》，[①]该书将往返于中国与河间地区（中亚的阿姆河与锡尔河之间的地带）、中国与印度之间的古代骆驼商队所走的道路称作“丝绸之路”（Silk Road）。1910 年，德国东洋史学家赫尔曼（Albert Herman）在其所著《中国与叙利亚之间的古代丝绸之路》一书中进一步扩展了这一概念。他提出应“把这一名称的含义进而一直延长到通向遥远西方叙利亚的道路上去”，因为叙利亚尽管不是中国生丝的最大市场，也是较大的市场之一。19 世纪末、20 世纪初，一些西方的探险家到中国的西北地区进行考察探险，发现和找到了中国古代与亚欧非交往的许多遗址和遗物，以实物证实和说明了丝绸之路的存在和发展。他们在其著作中广泛地使用“丝绸之路”这一名词，其含义也逐渐由贸易扩大到经济、文化诸多领域，丝绸之路学作为一门独立的学科由此出现。

19 世纪末、20 世纪初，大批欧洲探险家、地理学家、考古学家等到丝绸之路沿线考察，发掘了大量珍贵的文物；其中，影响较大的有瑞典探险家斯文·赫定（Sven Hedin）、英国的斯坦因（Marc Aurel Stein）、法国的伯希和（Paul Pelliot）等。1900 年，斯文·赫定到中国新疆塔克拉玛干沙漠探险，在维吾尔族向导带领下，在罗布泊地区意外地发现了楼兰遗址，经大规模的发掘，斯文·赫定获得了大量珍贵文物。[②]此外，赫定还发现了和田地区的丹丹乌里克、约特干、喀拉墩等丝路遗址。斯坦因及伯希和等也先后多次到丝绸之路沿线地区进行探险考察，获取了极其丰富的珍贵文物。

---

①《中国亲程旅行记》（简称《中国》），该书到 1911 年陆续出版了五卷。

② 楼兰是古丝绸之路上的重要城镇，汉为楼兰国。东汉至十六国时期是古鄯善国的属地，后由于塔里木河下游改道，楼兰绿洲无法灌溉，渐荒弃，到唐代已变为边远的同义词，常见于边塞诗里，如李白《塞下曲》“五月天山雪，无花只有寒。……愿将腰下剑，直为斩楼兰。”多少年来，楼兰一直是中外考古学家憧憬的神秘之地。

中国文物大量外流，欧洲人获得研究古丝绸之路的大量第一手资料，导致丝绸之路学在欧洲的勃兴。

20 世纪初，美国、日本的探险家也加入丝绸之路探险考察的热潮之中，丝绸之路学研究的热度在国际上持续走高。到 20 世纪 30 至 40 年代，为配合侵华战争的需要，日本政府鼓励本国学者研究中国问题，由此推动了日本丝绸之路学的发展。

20 世纪 20 年代，我国著名学者张星烺、冯承钧、向达和黄文弼等，对中西交通史、中外文化交流史及西北史地等进行了开拓性研究，奠定了中国丝绸之路学的基础。他们通常将丝绸之路称为“东西商路”“通往西域的道路”或“中国—罗马商路”。直到 20 世纪 50 年代，齐思和在其《中国与拜占庭帝国的关系》一书中使用了“丝绸之路”这一术语，同时，在夏鼐和郭沫若等人的著作中也出现了该名词。改革开放后，作为历史上中外经济文化交流的大动脉，丝绸之路焕发出新的生机，其历史价值受到高度重视，由此推动丝绸之路学的研究渐入高潮。

随着丝绸之路学研究的深入，从陆上丝绸之路又衍生出“海上丝绸之路”“瓷器之路”“草原之路”“毛皮之路”“西南丝绸之路”等，从而进一步丰富了丝绸之路的内涵。

二、丝绸之路交通道路的形成

随着人类生产力的进步，世界各地区、各民族不断突破自然的限制，展开绵延不绝的政治、经济及文化交流；与此同时，相互间也存在不断的纷争乃至军事冲突。这些活动均从不同程度上推动了交通道路的选择与开拓。

（一）帕米尔以西道路的形成

公元前 6 至 4 世纪，西亚的古波斯帝国国力强大。全盛时，其疆域西达地中海东岸，东至印度河流域，北起锡尔河，南抵阿姆河。为维系帝国统治，其在境内遍筑驿道，通过发达的交通网络将中亚、西亚和南亚联系在一起，进而沟通了亚欧两大洲。到公元前 4 世纪，波斯帝国衰落，马其顿国王亚历山大三世发动了对东方的征服战争。公元前 334 年，亚历山大率大军从马其顿出发，向东侵占了小亚细亚、叙利亚，又南下占领了埃及，进而再东克两河流域，灭掉古波斯帝国，最后直抵印度河流域。经十几年战争，建立了一个横跨欧、亚、非的大帝国。不久，亚历山大死去，帝国分裂为几个独立王国；其中，以叙利亚为中心的塞琉古王国（又称叙利亚王国），疆域辽阔，全盛时占有自地中海东岸至印度河以西的广大地区。波斯帝国及马其顿亚历山大以军事征服为目的的东进及维系庞大帝国进行的基础设施建设，客观上推动了帕米尔以西至地中海交通贸易道路的形成。

（二）帕米尔以东道路的开拓

在帕米尔以东今天的中国境内，春秋时期，日益强大的秦国不断向外征伐，在秦西北即今陕西、甘肃、青海、宁夏一带分布着诸多西戎小国，先后被秦征服。到战国时期，西戎诸国均被秦吞并，自中原至河西走廊的交通畅通。在西戎以西，汉代以前，中国一些古老的民族，如塞人、月氏人、乌孙人等，都曾游牧于河西走廊一带，以后陆续迁徙到新疆及帕米尔以西地区。

塞人即先秦时的“允戎”，最初分布在河西走廊的敦煌一带，春秋时受到月氏人的驱赶，以后越过葱岭（今帕米尔高原）向中亚迁徙。塞人在西迁的同时，也将中国丝绸向西方贩运，前述中亚巴泽雷克墓葬的主人，据考证即塞人贵族。

月氏原来居于敦煌祁连间，春秋时期势力强盛，向西驱赶塞人。到汉代初年被日益强大的匈奴人击败，被迫西迁，进入伊犁河流域，赶走塞人，占领了原塞人之地。大体在匈奴老上单于（前174—前161年）后期，月氏又受到匈奴支持的乌孙人的排挤，大部分南迁到妫水（今阿姆河）一带。这部分人被称为大月氏，小部分未迁的月氏人进入祁连山与羌人杂居，史书将其称为小月氏。

乌孙原本亦居于河西敦煌一带，常受月氏欺侮，后在匈奴的支持下，进入伊犁河流域赶走月氏，占领其地，建立了以阗池（今吉尔吉斯斯坦的伊塞克湖）为中心的乌孙国。

塞人、月氏、乌孙等游牧民族在漫长的时期内，不断地、大规模地自河西向新疆再到中亚的迁徙，直接促进了河西至新疆交通道路的形成，开通了中国至中亚的交通线。

综上所述，汉代以前，东西方交通路线已经形成，丝绸贸易也在辗转进行。不过，由于这一时期中外贸易没有政府的参与，缺乏有力的支持和保护，中外交通路线的畅通和安全得不到保障，因而这一时期的中外贸易呈现出民间性、非持续性、边境辗转性的特征。

第三节　海上丝绸之路的发轫

中国是一个海域辽阔的国家，有18 000公里长的海岸线及5 000多个大小岛屿，给中华民族提供了舟楫之利。中国古代先民不但从陆上交通域外，同时，也与域外国家和民族开展了海上交往，从而开拓出中国与海外国家往来的相对固定的航线。

所谓“海上丝绸之路”系指古代东西方海上交通贸易路线。这一概念由陆上丝绸之路衍生而来。与陆上丝绸之路相比，经由海上丝路贩运的商品种类更加多元，除丝绸外，瓷器、香料、茶叶均是大宗货物，因而海上丝绸之路又被称为“瓷器之路”“香料之路”等。

按照地理方向的不同，以中国为起点，通常将海上丝绸之路分为东西两条。东向航线又称为东海丝路，系指自中国东北部沿海，经渤海或黄海或东海到达朝鲜，再渡朝鲜海峡，最终抵达日本的贸易航线。西向航线又称为南海丝路，系指从中国东南沿海出发，经南海进入印度洋，连接中国与东南亚、南亚、西亚及非洲的贸易航线。

一、东海丝路的出现

由于地理上的毗邻，中国与朝鲜、日本间的海上交往由来已久。《汉书·地理志》

记载，商末，贵族箕子率领殷民渡海到达朝鲜，在朝鲜北部建立政权，史称“箕氏朝鲜”。战国以来，齐燕两地的人与朝鲜颇多往来。秦朝时，方士徐福率众东渡日本的传说，从一个侧面反映了这一时期中国人大量渡海到达日本的事实。徐福东渡日本的航线大体上是：自山东半岛出发，沿渤海海岸航行至朝鲜半岛南部，过朝鲜海峡，到达日本。徐福东渡的真实性尚存疑问，但可以认为，秦汉之际，从中国通往朝鲜、日本的东海丝绸之路已经开辟。其航线大体是从登州（今山东蓬莱）或莱州出发，至辽东半岛南端过渤海海峡，沿岸东北行至鸭绿江口；然后，沿朝鲜半岛西海岸南下，经朝鲜海峡至日本。

由此可见，早在秦汉之际，中国与朝鲜、日本间的海上交通路线——东海丝绸之路已经出现，中国与其经济、政治及文化交流也渐次展开。

二、南海丝路的萌芽

在印度以西，善于航海的地中海沿岸各民族早已开始了海上活动。早在公元前5世纪，波斯帝国的战舰已进入印度河流域。到公元前4世纪，马其顿亚历山大东征，其强大的海军与陆军一起进入印度。由军事征服所打通的海上航线，带来了印度以西各民族经常性的海上交往，海上贸易也随之展开。

先秦时期，中国东南沿海民众的海上活动即已展开，海外贸易也逐渐出现。秦以前，岭南的番禺已因聚积海外珍奇而闻名全国，表明岭南地区与南海、印度洋沿岸的经济贸易联系已经发生。故秦朝建立后，秦始皇进军岭南的动机之一即在于获得“越之犀角、象齿、翡翠、珠玑”。不过，汉代以前，我国海外贸易活动只是民间偶发性的，尚无政府的参与。

复习思考题

1. 丝绸之路的基本含义是什么？
2. 丝绸之路是如何形成的？
3. 汉代以前，中外贸易的特点有哪些？

第二章　汉代的对外贸易

学习要点与要求

本章主要分析了汉代张骞通西域对丝绸之路畅通的作用及两汉政府促进丝路贸易发展的政策措施，阐述了海上丝绸之路的初步形成及这一时期中外贸易发展状况。通过学习，学生应了解两汉时代中国对外贸易主要地理方向，掌握张骞通西域在中国对外贸易史上的作用、两汉政府有关丝路贸易发展的政策取向及其效应。

公元前 206 年，汉高祖刘邦创建了汉帝国。经过多年战争，社会经济遭到严重摧残，国弱民贫。汉初统治者为巩固新生政权，采取了“轻徭薄赋，与民休息”的政策。经高祖、惠帝的励精图治到“文景之治”，社会经济逐渐得到恢复发展并日益走向繁荣，农业和手工业生产水平空前提高。其中，丝织、冶铁、漆器制造业更是有了长足进步。特别是丝绸生产，汉代时已高度发达，丝绸制品种类多样、产量丰富，深受中外人民的喜爱。丝织业的发展为对外贸易提供了坚实的物质基础。与此同时，大一统的汉帝国，疆域辽阔、民族众多、为稳定边疆、维护国家统一，需要加强与周边各国、各民族的联系。因此，两汉时期的封建政府致力于开拓陆海对外交通，由此推动了陆上及海上丝绸之路的畅通，中国对外贸易历史进入了一个新阶段。

第一节　张骞通西域和丝绸之路的畅通

为解决来自北方匈奴族的军事威胁等问题，西汉武帝派张骞出使西域及随后一系列击退匈奴和巩固边疆的军事、行政措施，不仅保持了汉王朝北方边境的稳定，而且打通了中国与境外国家及民族交往的孔道，中外政治、经济、文化交流逐步展开。

一、张骞通西域

（一）汉与匈奴的关系

汉初，中国北方的游牧民族匈奴日益强大。随着匈奴各部统一，以“控弦之士”三十余万，向东击败东胡，向西驱逐了大月氏，控制了从辽东到新疆的广大区域。同时，匈奴还不断南下，汉王朝不仅被封闭于狭小的黄河流域，且其北部边境还受到严重威胁。汉初国力虚弱，无法支撑对匈奴的大规模战争，被迫采取“和亲”的政策，将汉公主嫁于匈奴单于，并且每年赠送匈奴大量丝绸、美酒、粮食等礼物，以此缓和与匈奴的关系。

与此同时，西汉政府实施的休养生息政策取得明显成效。到汉武帝时，经济繁荣，国力不断增强，从而具备了摆脱匈奴的威胁、进一步拓展汉王朝生存空间的物质条件。于是，汉王朝便开始谋划反击匈奴，其制定的策略，一是积极组织军队从正面进攻，二是争取联合与匈奴矛盾尖锐的西域各国，从侧翼夹击匈奴，以达到“断匈奴右臂”的目的。

汉武帝从匈奴俘虏口中得知，西迁的大月氏对匈奴积怨很深，一直在伺机报复匈奴。据此，汉武帝决定招募使臣出使大月氏，以联合其共同夹击匈奴。

（二）张骞出使西域

1. 第一次出使（前 138—前 126 年）

汉武帝建元三年（前 138 年），汉中成固（今陕西成固县）人张骞以郎官身份应募出使。张骞率领百余人离开长安向西域进发，在经过河西走廊时不幸被匈奴俘获。匈奴单于不断诱其投降，但张骞始终坚贞不屈，持节（使臣身份标志的符节）不失。在茫茫戈壁被扣留了十几年后，张骞趁匈奴不备伺机率众逃脱。张骞等在塔克拉玛干沙漠边缘冒险西行，克服千难万险，终于越过葱岭（今帕米尔高原），到达大宛国（今中亚费尔干纳盆地）。大宛王早就听说“汉之饶财，欲通不得”，对张骞一行欢迎备至。随后，大宛王又派人送张骞到达康居（今巴尔喀什湖至咸海间）。公元前 129 年，张骞终于到达了出使目的地——大月氏国。此时，大月氏已占有大夏（今阿姆河流域）。这里土地肥沃，大月氏人在此安居乐业，不愿再东来与匈奴为敌。张骞在此停留一年多，几经努力，终未实现与大月氏结盟的目的，只好回返。为避免匈奴拦截，张骞未走原路，而是沿塔里木盆地南缘进入柴达木盆地，欲经羌人控制的地区返汉。不幸，张骞一行在羌中（今青海）又被匈奴游骑捕获。一年以后，张骞乘匈奴内乱之机，与随员甘父一起逃脱。武帝元朔三年（前 126），张骞终于回到长安。

张骞第一次出使西域，虽未达到与大月氏结盟的目的，但传播了汉朝的声威，了解了西域的地理、物产、军事等情况，为汉朝军队发动对匈奴的反击战争提供了大量重要信息。此后，张骞多次充当汉军的向导，因其“知水草处，军得以不乏”，帮助汉朝军队取得了对匈奴战争的一系列胜利，张骞也因此被封为“博望侯”。到公元前 121 年，汉军占领河西，从此，“自盐泽（今新疆罗布泊）以东，空无匈奴，西域道可通”。

此外，张骞在大夏时，曾看到来自中国四川的邛竹杖、蜀布，由此获悉，自中国西南的四川、云南，经缅甸至印度进而到中亚有路可通。公元前 122 年，汉武帝派出使团试图打通这一后世所谓的“西南丝路”，结果被云南地区的一些少数民族部落所阻。到公元前 111 年，武帝再次发兵云南，仍未能成功。汉政府虽未能控制西南丝路，但这一道路在沟通中国与缅甸及印度的民间贸易上，长期发挥着重要作用。

2. 第二次出使（前 119—前 115 年）

公元前 119 年，汉武帝决定再次派张骞出使西域，此行的目的是与西域大国乌孙结盟，招引乌孙回河西故地并联络西域其他国家，彻底击败匈奴。此次，张骞及其副使率领将士三百余人，每人备马两匹，携带牛羊万头及金币、丝帛数千巨万。张骞一行顺利抵达乌孙，受到乌孙王热情欢迎，但乌孙王无意回河西故地。张骞在此停留期间，派其副使分赴大宛、康居、大月氏、大夏、安息（今伊朗）、身毒（今印度）、于阗（今新疆和田）、扜弥（今新疆于田）及周边诸国。张骞于武帝元鼎二年（前 115 年）与乌孙使者数十人返回长安。乌孙使臣目睹了汉王朝的富强，乌孙王接到报告后，随即与汉朝结盟，共抗匈奴。与此同时，被张骞派往各国的副使也同各有关国家的使节陆续回到长安。自此，汉朝与西域及西方诸国建立起了经常性的官方往来。张骞亦因其出使有功，被封为“大行”（负责外交礼仪的官员）。

3. 张骞通西域的成效

张骞两度出使西域，达到了孤立匈奴的目的，为汉朝军队取得反击匈奴战争的胜利创造了条件。随着匈奴势力的削弱，丝绸之路得以畅通，大大促进了中西政治、经济、文化交流。

首先，在政治上，丝绸之路畅通后，中国新疆与内地首次连为一体，关系日益密切。到宣帝神爵二年（前 60 年），西汉王朝在新疆设立了军事行政管理机构——西域都护府，从此，确立了新疆与中原王朝的隶属关系，标志着新疆地区正式纳入中国版图。其次，随着张骞及其副使出访中亚、南亚及西亚各国，各有关国家也派出使臣回访长安，由此建立起中国与丝路沿线国家经常性的外交往来。最后，在中西方外交关系建立的同时，丝路贸易日趋繁荣兴旺，且以使臣相互往来为主要形式的官方贸易日益占据主导地位。史书记载，汉王朝每年派出使臣十多批，每批使团人数从数百人到百余人不等，出使一次时间长达数年或十数年，往返的使团经常在丝绸之路上相遇。汉朝出使者“皆贫人子，私县官赍物，欲贱市以私其利外国”，外国来华使者也是“奉献者皆行贾贱人，欲通货市买，以献为名”。可见，外交使团相当于官方商队，他们是以官方交往为名，行贸易之实。由此，中原的丝绸、漆器、铁器等物品源源不断地流向天山南北及中亚、南亚及西亚各地，境外的奇禽异兽、象牙珠宝等奢侈品也大量涌入中国内陆地区。在西汉政府维护下，中外经济贸易往来日趋活跃，丝路贸易也呈现出官方的、经常性的、远达西方各国的色彩。与此同时，中外文化也沿着丝绸之路进行着广泛的交流。

总之，张骞出使西域及随后汉王朝对匈奴战争的胜利，不但解除了汉王朝的边患，为汉王朝社会经济发展创造了安定的社会环境，而且直接推动了丝绸之路的畅通，因而司马迁盛赞张骞通西域有“凿空”之功。随着丝绸之路的畅通，中外经济、文化得以广泛交流，从而揭开了中国对外贸易的新纪元。

二、丝绸之路的路线

丝绸之路是东自长安（今陕西西安西北），向西经河西走廊、新疆，越过帕米尔高原，进入中亚、南亚、西亚，讫于地中海东岸的一条横贯亚洲大陆的商路。由于自然的分割及沿线各个国家间、民族间的纷争，这一道路并非单一路线，而是一个东西相连、南北交错的交通网络，处于网络中的多条道路经常变动；但就其主干线而言，由于联结着一些政治、经济地位十分重要的城镇，因而具有较大的稳定性。两汉时期的丝绸之路也构成了此后东西方陆上交通贸易的主体。

（一）中国境内的丝绸之路

丝绸之路在中国境内从长安经河西到新疆，可分为东段、中段及西段三部分。

1. 东段

丝绸之路在中国境内的东段是从长安至河西走廊。汉唐都城长安是中国商人沿丝绸之路西行的起点，也是外商来华的终点。

这段商路又分为南北两道，均开通于西汉时期。北道的大致路线是从长安出发，经咸阳、兴平、礼泉、乾县、彬县、长武、泾川至平凉，再经固原、海原、靖远、景泰、古浪至武威。南道是从长安出发，经咸阳、兴平、武功、郿县、宝鸡、千阳、陇县、陇城、秦安、通渭、陇西、渭源、临眺、临夏，至青海的民和、乐都、西宁，再往北过大通河（古浩门河），越祁连山过扁都口，经民乐至张掖，在此与北道汇合。张骞第一次出使西域，即经行此段路程。由于南道位于黄河以南的农耕地区，自然条件优越于北道。以上是南北两条干线，此外还有若干条支线，这里不再赘述。

2. 中段

丝绸之路在中国境内的中段即河西走廊。该段路线因位于黄河以西，又因其夹在祁连山与走廊北山之间，形成一条长约一千公里、宽数公里到一百多公里的天然狭长地带而得名河西走廊。这里是由中原抵达西域的最理想的通道，在古代中西交通史上具有重要的地位。河西走廊东起乌鞘岭，西到敦煌，中间经过的丝绸之路重镇有武威、永昌、山丹、张掖、临泽、高台、盐池、临水、酒泉、嘉峪关、玉门镇、布隆吉、安西及敦煌等。

3. 西段

丝绸之路在中国境内时西段即新疆部分。新疆地区有着特殊的地理环境，其中心地带是塔克拉玛干大沙漠，沙漠南北分别是终年积雪的昆仑山和天山，人类只能生存在由高山雪水浇灌的沙漠边缘的绿洲地带，因而商人、使臣亦主要沿着天山南侧和昆仑山北侧行进，故而汉代丝绸之路在新疆境内被分为南北两道。南道是指昆仑山北麓和塔克拉玛干沙漠南缘之间的东西通道，由敦煌出阳关（敦煌西南古董滩附近），过鄯善（今新疆若羌），沿昆仑山北西行，经且末（今新疆且末）、精绝（今新疆民丰北）、于阗（今新疆和田一带）、皮山（今新疆皮山）至莎车（今新疆莎车）；

北道是沿天山南麓和塔克拉玛干大沙漠的北缘西行，由敦煌出玉门关（今敦煌西北小方盘城），越流沙，至车师前国（今新疆吐鲁番），沿天山南麓西行，经焉耆（今新疆焉耆西南）、龟兹（今新疆库车）、姑墨（今新疆阿克苏）至疏勒（今新疆喀什）。

（二）中国境外的丝绸之路

从帕米尔高原以西到地中海东岸的丝绸之路也可分为东、中、西三段。

1. 东段

丝绸之路越葱岭（今帕米尔高原）出中国国境后，仍分南北两道。南道又分为支线和干线两条。支线是从皮山西南行至乌秅（今叶尔羌河上游）而达罽宾（今克什米尔地区）、天竺等国。干线是从莎车经蒲犁（今塔什库尔干），沿帕米尔河过休密（今阿富汗瓦罕），经兰氏城（今阿富汗瓦齐拉巴德）至木鹿（今土库曼斯坦马累东）。该商路连接大月氏、大夏、安息等国，为两汉时中亚地区的一段主要商路。北道也分为支线和干线两条。支线是从姑墨越天山，过阗池（今吉尔吉斯斯坦伊塞克湖），绕葱岭以北而达康居的郅至城（今哈萨克斯坦江布尔）。干线是从疏勒西行越葱岭而达大宛、康居、奄蔡（今哈萨克斯坦境内）。奄蔡的西界是博斯普鲁斯王国。

2. 中段

丝绸之路在中国境外的中段横亘伊朗高原北部，位于厄尔布尔士山脉与卡维尔沙漠之间，道路笔直而便捷，是丝绸之路出中国后的咽喉要道。该段道路自木鹿西行经番兜（今伊朗达姆甘附近）、拉盖（今伊朗德黑兰附近）、阿蛮（今伊朗哈马丹）至太西丰（底格里斯河左岸的安息王冬都，又称斯宾国，今巴格达东南）和塞琉西亚（底格里斯河右岸的希腊商业城市，又称斯罗国）。太西丰和塞琉西亚两城隔河相望，可视作一个整体，波斯萨珊王朝定此为国都，我国史籍称之为苏利城、宿利城或苏剌萨党那等，阿拉伯人称之为“麦大因”。

3. 西段

丝绸之路出伊朗高原往西，以塞琉西亚为起点往西北行，由多条支路所构成的一段商路，为丝绸之路在中国境外的西段。其路线主要有如下三条：一是从塞琉西亚出发，沿幼发拉底河左岸或经幼发拉底河附近阿拉伯游牧部落的沙漠地带西北行，渡巴里赫河（今贝利赫河）至内塞佛立昂（今叙利亚的腊卡），再西北行至阿帕美亚城，过幼发拉底河至对岸祖格马镇，转西南行，抵达安都城（今土耳其的安塔基亚）。安都城在希腊化时期是塞琉西王国的首都，在罗马帝国时期是罗马“东方”总督的治所，也就是中国史籍所记大秦国的国都。中国的丝织品到达安都城后，一方面转贩欧洲各地；另一方面，从安都城北上转西，越过小亚细亚的陶卢斯山（今托罗斯山）西去，至小亚细亚都城埃弗塞斯（今土耳其西部伊兹密尔一带），这条路为西段的中道。公元前 3 世纪至公元前 2 世纪，该条道路随着塞琉西王国的兴盛而繁荣。二是自底格里斯河的塞琉西亚出发，渡幼发拉底河西北行，至杜拉·欧罗普（今叙利亚的萨利希亚堡），再西行抵达帕勒米拉（今叙利亚的塔德漠尔），又西北行抵安都城或西南行至大马士革，再转向地中海东岸的西顿、提尔、贝鲁特等港口，这条路即西段的南道，其随着叙利亚沙漠北部商业城市的兴起而形成，到公元3世纪才逐渐衰落。地中海东岸出产骨螺，这种动物分泌的液体可制成紫色染料，因而提尔港以染紫业和制作丝织品服装著称。从中国辗转而来的丝织品，便是在这里进行拆解和染紫，再织成当地喜用的轻纱。三是西段的北道，从太西丰出发，沿底格里斯河左岸北上，经古亚述都城尼涅微（今伊拉克的尼内韦赫），过河至摩苏尔（今伊拉克境内），西北行，经尼西比斯（今土耳其的努赛宾）、艾德萨（今土耳其的乌尔法）、阿帕美亚、祖格马镇至安都城。这条位于北方的商路，沿线地区气候适宜、雨量充沛、水草丰足，商队往来不绝于途。

横贯亚洲大陆的丝绸之路，连接了众多古老国家和民族，历经千百年风雨，各民族国家经历了不断变迁。就今天的地理概念而言，丝绸之路直接经行了中国、印度、巴基斯坦、克什米尔地区、哈萨克斯坦、乌兹别克斯坦、塔吉克斯坦、土库曼斯坦、吉尔吉斯斯坦、阿富汗、伊朗、伊拉克、叙利亚、黎巴嫩、土耳其等国家和地区。沿线各国各民族的古代文明在丝绸之路上交光互映，并经地中海东岸构建起了亚洲与欧洲及非洲文明间的联系。

第二节　南海丝绸之路的形成

西汉武帝时期，国强民富，雄才大略的汉武帝锐意拓边，以加强并巩固大一统的封建帝国。他一方面派大军北击匈奴，另一方面，派水师出击割据东南的百越。随着沿海开拓，促进造船、航海业的发展。汉代船舶，在载重量上较前大大提高。《史记•平准书》记载，汉代“楼船高十余丈”。《太平御览》中称汉代船“大艑所出，皆受万斛”。这些记载虽有夸大之嫌，但考古资料证实，汉代时较大型的船舶已经采取横隔舱的结构，使船舶结构强度及抗沉没能力大大提高，为远洋航行提供了可能。

在平定百越、打通沿海航路后，为进一步扩大汉王朝的政治影响并获取海外奇珍异宝，汉武帝派出远洋船队驶往印度洋，由此开辟了南海至印度洋航线。

《汉书•地理志》记载：“自日南障塞徐闻、合浦船行五月，有都元国；又船行可四月，有邑卢没国；又船行可二十余日，有谌离国；步行可十余日，有夫甘都卢国。自夫甘都卢国船行可二月余，有黄支国，民俗略与珠崖相类。其州广大，户口多，多异物。自武帝以来，皆献见。有译长，属黄门，与应募者俱入海，市明珠、璧流离、奇石、异物，赍黄金杂缯而往。所至国皆禀食为耦，蛮夷贾船，转送致之。……自黄支船行可八月，到皮宗；船行可二月，到日南、象林界云。黄支之南有已程不国，汉之译使自此还矣。”这段记载显示，汉武帝时，曾派遣黄门（汉代皇帝近侍内臣的衙门，以宦官为主）中官为译长，率领招募来的商人、水手，携带黄金及大批丝绸远航海外，购买海外的珍珠、宝石及各种奢侈品。

汉代远洋航行的出航地点为雷州半岛南端的徐闻（今广东徐闻县）及北部湾的合浦（今广西合浦县），沿途经过诸多古国。经中外学者多年考证，这些古国今天的位置大致如下：都元国约在越南岘港，邑卢没国为泰国的叻丕，谌离国中心约为缅甸的丹那沙林，夫甘都卢国为缅甸的卑謬，黄支国为今印度东南部泰米尔纳德邦的康契普拉姆，已程不国即今斯里兰卡，皮宗约为马六甲海峡的皮宗岛。由此可见汉代远洋航行的大致路线：从广东徐闻或广西合浦出发，沿着海岸线驶过南海，进入泰国湾，穿过马来半岛后进入孟加拉湾，最后到达印度半岛的东南端。

汉代中印海上航路的畅通，沟通了太平洋和印度洋，中国与东南亚、南亚的海上交通贸易往来正式开始。中国打通印度洋航线后，东西方航线在印度对接，海上丝绸之路初步形成。

第三节　汉代对丝绸之路的维护与丝路贸易政策

受区域经济发展水平及造船和航海技术的制约，两汉时期，中国对外贸易以陆路交通为主，特别是经由西北的丝绸之路是对外开放的主要孔道。随着丝绸之路的逐步打通，为保证这一交通路线的安全和畅通、密切与丝路沿线国家和地区的政治经济关系，两汉政府采取了一系列维护丝路交通、促进丝路贸易发展的政策措施。

一、加强对丝路的护卫

为保障丝绸之路的安全和畅通，两汉政府通过军事和行政手段加强对丝绸之路沿线地区的护卫与治理。

（一）设置军事行政管理机构

公元前 121 年，汉朝军队取得对匈奴战争的巨大胜利，将匈奴势力赶出了河西地区，汉王朝在此先后设置了武威、张掖、酒泉、敦煌四郡及阳关与玉门关。在河西设官置守，保证了丝绸之路咽喉地带的畅通。

此后，汉军继续西进，与匈奴在西域展开激战。宣帝神爵二年（前 60 年）匈奴日逐王降汉，匈奴势力全部退出西域。汉政府于乌垒城（今新疆轮台县境内）设置西域都护府，任命郑吉担任西域都护。西域都护即兼护西域南北两道安全，其管辖范围：东起敦煌以西，西抵大宛和葱岭，南起喀喇昆仑山北麓，北达天山。西域都护府的主要任务：推行汉中央政府的政令；防止匈奴卷土重来，保障丝路的安全与畅通；组织和管理西域屯田等。

（二）建立完备的军事防务系统，修整和延长长城

公元前 127 年，汉朝军队收复了河套地区，汉于此设置朔方郡（今内蒙古杭锦旗）、五原郡（今内蒙古包头），并将这里秦朝时沿黄河的长城加以修整。公元前 121 年，汉军控制河西后，即将长城由朔方沿黄河向西延长到令居（今甘肃永登）；随后又在走廊的北边修筑了一条与走廊平行的长城，将长城延长到酒泉。武帝元寿三年（前

108年），再将长城延长到玉门。公元前101年，李广利伐大宛胜利后，汉朝又将长城由敦煌再向西延长到罗布泊。汉昭帝、宣帝时继续修筑长城，由此筑起一条东起黑龙江北岸、西达罗布泊，长达两万余里的屏障。汉长城又称“汉塞”，其每隔十里建一“亭”或“燧”，隔若干亭燧建一障。亭障里驻屯军队，也供过往的使者及商人住宿。士卒负责探查敌情，遇警发出信号。因此，亭障具有驿站和军事哨所的双重功能。绵延万里的长城有效地保证了丝绸之路的安全和畅通，同时，为过往丝路的使者和商人提供了便利。

二、开发沿线经济

随着河西及西域地区行政机构的设立，西汉王朝即对沿线经济进行开发。除军屯外，还多次将内地民众迁徙到河西等地“移民实边”，为开发沿线经济提供了劳动力和农业生产技术，使河西由传统的畜牧区变为农耕区；定居农业的发展又催生了城镇的出现，为中外贸易的发展创造了有利条件。东汉时期，专设有管理屯田事务的官员——“司禾府”。屯田活动扩展到天山南北的广大地区，从而进一步推动了当地经济开发。

三、开展基础设施建设

为便利中外商人及使臣往来，西汉政府组织人力对丝路沿线道路加以修筑，同时，在都城长安设有接待外国商使并供其存放货物的邸店——蛮夷邸。东汉时期，汉政府在丝路要地设立了不少邮亭，作为信息传递及商旅住宿之所，同时，还在一些地方修筑道路，设立关卡，稽查行旅。这些举措，不仅加强了两汉王朝对丝路沿线地区的治理，而且便利了中外政治经济往来，有助于丝路贸易的开展。

四、公开招募使臣，开展官方贸易活动

在丝路沿线国家和地区纷纷遣使来华的同时，为加强与丝路沿线国家的政治经济联系，两汉王朝也积极遣使出访，开展朝贡外交，从而带来官方贸易活动的活跃。

由于自然环境恶劣，出使西域要经千里戈壁、沙漠，面临许多不可预知的风险，故自汉武帝以来，即向社会公开招募使臣，各阶层均可应募。招募来的使臣携带官方物资——黄金、丝绸等物交易于境外诸国。应募者大多是商人，他们一方面为朝廷采购各种奢侈品，另一方面，也利用使臣的身份谋取私利。由于汉王朝派出的使者众多，以致“酒泉抵大夏，使者既多，而外国亦厌汉币，不贵其物”。

五、实施优惠政策，吸引外国商人、使臣来华

作为文明程度较高的丝路大国，汉王朝对来华外国商使给予各种优惠性待遇。西汉时，来华外商一到长安，就由大鸿胪[①]负责接待，入住蛮夷邸后，外国商使得到免

① 汉中央负责中国与外国、诸侯与天子之间交往礼仪的机构。

费招待。武帝时，还常设宴款待外国客商。“大角氐，出奇戏诸怪物，多聚观者，行赏赐，酒池肉林，令外国客遍观各仓库府臧之积，欲以见汉广大，倾骇之。”[①]由此显示汉王朝的富足，增强了对外商的吸引力。外国商使归国时，汉政府还专门派人护送。

通过上述措施的实施，丝绸之路的安全性及贸易的便利程度大大提高。汉王朝物产的丰盈及各种优惠政策，吸引着丝绸之路沿线各地的商贾纷至沓来。

第四节　汉代与东西方各国的贸易关系

两汉时期，国家统一，国力强盛，物质文明高度发达。通过陆上及海上丝绸之路，中国以开放的姿态与东西方各国开展了广泛的贸易往来。《史记·西域传》中称“驰命走驿，不绝于时月；商胡贩客，日款于塞下”，是中外贸易活跃的生动写照。不过，这一时期经由西域的陆上丝绸之路占据主导地位，因而中国对外贸易的地理方向亦主要集中于陆上丝绸之路沿线的国家。与此同时，海上丝路连接的国家也渐次与中国开展了贸易往来。

一、汉与中亚诸国的贸易关系

两汉时，在今天的中亚地区活跃着众多民族，他们纷纷建立起自己的政权，相互之间和战相继，立国时间或长或短，但均因与文明高度发达的中国为近邻，地处中国通向西方的丝绸之路上，而与中国发展了密切的政治、经济联系，双方贸易往来频繁。其中，康居、大宛及大月氏等国与汉代中国贸易关系尤为密切。

康居地处中亚腹地，人口60余万，以游牧经济为主，盛产皮毛。张骞第一次出使西域，曾经由大宛至康居。公元前129年，张骞第二次出使西域，抵达乌孙后，曾派其副使到达康居。公元前117年，康居使臣与汉使一同回访汉都长安，自此建立了汉王朝与康居国的正式官方往来。康居利用其优越的地理位置充当了中国丝绸西运的重要居间者，经由丝路南道，与中国保持了长期的贸易关系。

大宛位于今中亚费尔干纳盆地，都城在贵山城（乌兹别克斯坦卡散赛）。西汉时，有居民30万，大小70余城，农业和畜牧业都比较发达，出产稻麦及葡萄酒、汗血马。张骞第一次出使西域时，曾到大宛国，大宛王主动派人将张骞送到大月氏等地。张骞第二次出使西域后，中国汉王朝与大宛已建立起正式的官方关系。两国之间互访较为频繁，以致“使者相望于道”，大宛成了中国丝绸西运的重要集散地之一。而大宛一度试图垄断中国与西方的丝绸贸易。《史记·大宛列传》记载，大宛国“及至汉使，非出币帛不得食，不市畜，不得骑用，所以然者，远汉，而汉多财物，故必市，乃得所欲”。汉武帝时，大宛与汉的贸易关系时常受到匈奴势力的影响。据《汉书》记载，

① （汉）班固撰《汉书·张骞传》卷61，中华书局，1962年版。

汉匈战争，需众多优良战马，而大宛出产优良战马——汗血马，汉武帝派使臣持千金到大宛购马，大宛王不但拒绝售马给汉，还将汉使残杀，劫夺了汉使所携带的财物，导致双方关系恶化。太初元年（前 104 年），武帝派贰师将军李广利率军出征大宛。太初四年（前 101 年），大宛战败投降。此后，大批汗血马被运往中原，对于中国内陆地区马种改良起了有益的作用。

大宛西南是大月氏，大月氏地跨妫水（今阿姆河南北），以游牧经济为主。西汉时，在大月氏之南为吐火罗人建立的巴克特里亚政权，汉文史书中称之为“大夏”。大夏土地肥沃，物产丰富，人口多达 100 余万，地处印度、中国、安息三大国的中心，是中西交往的重要孔道。公元前 2 世纪，大月氏征服大夏，将都城迁到兰氏城（今阿富汗巴尔赫）。此后，大月氏势力不断壮大。张骞通西域后，两国贸易关系正式建立。到东汉初年，即公元 1 世纪初，大月氏贵霜翕侯丘就却（25—50 年）统一了月氏各部，定都于布路沙布罗（今巴基斯坦白沙瓦），建立起贵霜王朝。随后，贵霜不断向外扩张，先后占领了康居、罽宾、濮达（兴都库什山南）、高附（今阿富汗喀布尔）、安息东部及印度西北部。到迦腻色迦王时（约 100—162 年），其统治范围已囊括今阿姆河及印度河流域的广大地区，成了地跨中亚及印度西北部的强大帝国。月氏人充分利用其地理优势，与中国开展频繁的贡使往来及民间通商：自中国购买生丝、丝线及绸缎，再将其中部分货物转贩于西方，同时，又将月氏马、毛纺织品及来自西方的各种珍宝输往中国，从而充当了丝绸之路上重要的转运商，在丝路贸易中发挥了重要作用，也由此赚取了高额利润。公元 2 世纪，贵霜金币在丝路沿线广泛流通，成为丝路上的通用货币之一。

二、汉与安息的贸易关系

安息即伊朗阿萨息斯王朝，建于公元前 248 年左右，西方称之为“帕提亚王国”。公元前 2 世纪，安息通过不断对外征伐战争，成为一个势力强大的帝国，其版图北达里海，南抵波斯湾，东接大夏、印度，西至两河流域。

张骞第二次出使西域时，曾遣其副使出访安息，安息王特派两万骑兵在其东部边境木鹿城迎接，经数千里导引到达其国都。公元前 117 年，安息王遣使随汉使到达汉都长安，安息使“以大鸟卵及黎轩眩人献于汉”。自此，两国建立起正式的官方关系，双方使臣、商人往来络绎不绝。

东汉时，双方继续通商往来。《后汉书·西域传》记载，章帝元和元年（84 年），安息遣使送来狮子和符拔（据传形似麒麟而无角）。和帝永元十三年（101 年），安息又送来狮子及条支大鸟。安息因其地处丝绸之路的咽喉地带，中国丝绸西运罗马，无论走东段的哪条道路，最后都要汇集到安息，因此，安息得以居间垄断东西方的贸易。为高额利润所诱，安息长期极力阻止罗马与中国发生直接的贸易关系。《后汉书·西域传》称，大秦“其王常欲通使于汉，而安息欲以汉缯綵与之交市，故遮阂不得自达”。公元 97 年，东汉西域长使班超派甘英出使大秦。甘英到达波斯湾，欲渡海至罗马，而安息人骗其称：“海水广大，往来者逢善风三月乃得渡，若遇迟风，亦有二岁者，故入海者皆赍三岁粮。海中善使人思土恋慕，数有死亡者。”甘英听后，只好望洋却步，返回汉土。不过，甘英记载了沿途所经地方的政治、地理、物产、民族等状况，对于此后中外经济文化交流起了有益的作用。

安息人在阻止中国与罗马直接贸易的同时，积极转运东西方物品。中国丝绸、铁器经安息源源不断流向阿拉伯半岛、罗马等地，西方的珠宝、琉璃、香药、象牙、犀角及各种奇禽异兽也经由安息商使输入中国。

三、汉与身毒的贸易关系

身毒即汉代时期的印度。由于地理上毗邻，中印间陆海相连，两国间贸易由来已久。如前所述，中国丝绸、铁器早在张骞出使西域以前就传入了印度。张骞第一次出使西域，在大夏还看到由印度转口来的中国商品。可见，汉代以前，中印间贸易往来已有一定规模。张骞第二次出使西域时，派遣其副使访问身毒。公元前117年，身毒使臣与汉使一同来到长安，自此，中印间建立起了正式的官方通使关系。

此后，随着陆海丝绸之路的畅通，中印间交通更加便利。陆路除西北丝绸之路外，还有自中国西南四川、云南经缅甸的西南丝绸之路。西汉时，这条中外交通贸易路线的官方经营虽受到西南少数民族的阻隔，但民间商人经此路的贸易不绝于途。前往缅甸的中国商人众多，他们在此以中国丝绸等货物换取印度的犀角、象牙等。到东汉时，云南西部的哀牢夷归服于汉，汉王朝在此设立了永昌郡，西南丝路空前畅通，进一步便利了相互间贸易往来。

汉武帝时，从中国南海至印度洋的海上航线被打通，促进了中国与次大陆东南诸国的海上贸易关系的发展。如前所述，印度东南部的黄支国即多次到中国通商贸易。

东汉时，西域各地政局动荡，印度西北部被贵霜占领，印度商人、使者多从海路来中国。《后汉书·西域传》记载，印度“和帝时遣使贡献，后西域反畔，乃绝。至桓帝延熹二年、四年，频从日南缴外来献”。汉桓帝也曾派遣使臣出访印度。

四、汉与大秦的贸易关系

大秦即罗马帝国，两汉时又称其为黎靬或黎轩。作为东西方两个强大的帝国，中国和大秦均积极发展对外关系。西汉时，侈靡之风盛行的罗马已对精美的中国丝绸产生了巨大的需求。然而，由于汉与罗马相距遥远，无论陆海交通均有若干国家阻隔。相对而言，海上的阻力小于陆上，因而罗马与东方的贸易更多是经由海上进行的。罗马人每年派出商船航行至印度西南海岸，购回来自中国的丝织品。因此，中国丝抵达罗马后，其价格极其昂贵。韦尔斯《世界史纲》中说，“罗马王安顿时代，须经遥远而迂回之路程，方能运抵罗马之丝，其价值高于黄金”。罗马帝国为减少丝绸的中转，曾极力寻求与中国直接通商，汉王朝也努力尝试与罗马建立直接的联系。

如前所述，安息人为垄断丝绸贸易利益，极力阻止中国和大秦建立直接的贸易关系，肆意夸大渡海的危险性，甘英一行畏难而退，中国与大秦直接关系未能建立。《后汉书·和帝纪》记载，和帝永元十二年（100 年）“冬十一月，西域蒙奇、兜勒二国遣使内附，赐其王金印紫绶”。据研究，该西方使团实际为罗马商团，由马其顿巨商梅斯委托代理人组建，其主要成员是罗马帝国马其顿行省和东方行省推罗城人。公元 99 年，他们从马其顿出发，沿着丝绸之路东进，一年后抵达中国首都洛阳。[①]该商团的到来标志着沿丝绸之路的汉与罗马间直接贸易发生了。

到东汉时期，随着海上交通的发展与航海技术的提高，中国与罗马间也终于实现了直接通航，双方间的直接贸易渐次展开。据中国史书记载：“桓帝延熹九年（166 年），大秦王安敦遣使自日南徼外献象牙、犀角、玳瑁，始乃一通焉。”安敦即罗马皇帝马可·奥里略·安东尼（Marcus Aurelius Antuninus，公元 161—180 年在位），此事未见于罗马史籍，可能为罗马商人假托使臣之名，但表明这一时期罗马与中国直接的海上贸易发生了。罗马商人频繁往来于扶南、日南、交趾等港口，他们贩运来罗马的金银、玻璃、海西布、火浣布、金缕罽，及东南亚的象牙、犀角、香料等。同时，中国丝绸源源不断地流入罗马，地中海东岸的一些罗马城市如太尔、西顿等，一时间成了丝织业中心。商人把来自中国的丝绸拆解，重新染色，再织成罗马人喜欢的绫绮。

尽管到东汉时期，中国与罗马沿着陆海丝路的直接贸易都已经发生，但因两国相距遥远，大量贸易还是以间接方式进行。由于罗马进口中国丝绸规模庞大并受到多重居间操纵，因而其为此付出了高昂的代价。据普林尼估计：罗马每年流入阿拉伯半岛、印度和中国的金币不下一亿塞斯特斯（约十万盎司黄金）。大规模丝绸进口，加剧了罗马帝国的贸易逆差，而严重的贸易逆差又冲击了罗马帝国的财政经济。罗马帝国初期，皇帝提比略（Tiberius Caesar，公元 14 年—37 年在位）曾下令禁止男子穿着丝绸服装，但禁犹不止，穿着丝绸服装已成为社会风尚。

五、汉与东南亚的贸易关系

两汉时期，东南亚地区大部分尚处于原始部落联盟阶段，也有一些地区出现了早期国家。汉武帝时，南海至印度洋航线开辟后，处于其间的东南亚各地与中国的贸易关系便渐次发生了。史载“徼外诸国，……自武帝以来皆朝贡”。[②]其中，与中国往来较多的是掸国及叶调国。

掸国（地处今缅甸）与中国水陆相通，两国贸易关系由来已久。前述张骞通西域，在大夏所见由印度输入的中国四川商品，即首先由缅甸转口印度，再进入中亚。故西方学者认为，自公元前 2 世纪以来，缅甸已成为中国与印度间的重要商业通道。哈威《缅甸史》称：“商人在其地以中国的丝绸等名产，换取缅甸的宝石、翡翠、木棉，印度的犀角、象牙和欧洲的黄金等珍品。”东汉时，云南哀牢地区以多珍珠、翡翠、琉璃、琥珀著称，这些物品均非哀牢本地所产，而是缅甸、印度乃至罗马之物。

---

① 林梅村，《公元 100 年罗马商团的中国之行》，《中国社会科学》，1991 年第 4 期。

②《南史·列传》卷 78。

东汉时，除民间贸易外，两国官方交往也较为频繁。史载掸国多次遣使来华，最早的一次是和帝永元九年（97 年），掸国使臣带来了本国产的诸多珍宝，汉王朝回赠以丝织品。安帝永宁元年（120 年），掸国使臣又带来了音乐及魔术师，汉王朝再次赠以丝织品及金银等物。后在顺帝永建五年、六年（130、131 年），都有掸国使臣前来朝贡。

叶调国位于今印度尼西亚爪哇岛上，汉代时与中国的贸易交往，史书中已有明确记载。《后汉书》及《东观汉记》均记载，汉顺帝永建六年（131 年），叶调国曾派遣使臣前来贡献特产。

六、汉与朝鲜、日本的贸易关系

朝鲜、日本作为中国的近邻，很早即与中国开展了通商贸易往来。

汉武帝时，政府在朝鲜北部设立郡县，将中原地区先进的生产技术传入，促进了当地经济的发展。西汉末，朝鲜半岛北部的高句丽兴起。东汉建武八年（32 年），高句丽遣使来华，自此，两国间建立起了外交关系。朝鲜半岛与中国的经济文化交流不断加强，汉代的丝绸及养蚕缫丝技术、五铢钱、铁器、漆器及铜镜等相继传入朝鲜。朝鲜的马、兽皮等也输入中国。

日本列岛在汉代时尚处于原始部落制阶段，据史书记载，有三十多个部落与中国有通使往来。《后汉书·东夷传》记载，东汉光武帝中元二年（57 年），“倭奴国奉贡朝贺，……光武赐以印绶”。安帝永初元年（107 年），倭国使臣献生口（奴隶）160 人。据考证，倭奴国位于今日本九州北部福冈市。光武帝所赐金印已于 1784 年在日本九州志贺岛发掘出土，为这一时期中日交往提供了佐证。随着中日交往的深入，中国的丝绸、铜镜、铜剑等商品输入日本。公元 199 年，中国的蚕种也经朝鲜半岛传入日本，日本蚕桑业由此开始。

第五节　汉代对外贸易与中外经济文化交流

随着中外贸易的开展，以商品为载体的中国先进经济文化也传播到域外各国。与此同时，异域文化也传入中国。中外文化相互交融，共铸辉煌。

一、中外商品及其制造技术的交流

（一）中国商品及其技术的外传

汉代时，中国经丝绸之路输出的商品种类丰富，既有被西方人视为奢侈性消费品的丝绸、漆器等，也有铁器等生产工具，还有中国特有的植物品种，如肉桂、生姜、谷子、高粱等。其中，最为重要的是丝绸及铁器。

《史记·大宛列传》记载，自大宛以西至安息，“其地皆无丝漆，不知铸铁器”。沿着丝绸之路，中国丝绸源源不断地被输往西方。近代以来，在丝绸之路沿线多地都曾发现汉代丝织物。中国丝织品丰富了西方各国人民的衣料来源，美化了他们的生活。如罗马皇帝凯撒和埃及王后克利奥帕特拉都曾以穿着中国丝绸制成的锦袍为荣耀，丝绸成为沿线各国上层社会及宗教庙宇的高档装饰品。他们在花费重金进口中国丝绸的同时，也竭力寻求获得中国的养蚕缫丝技术。

大体上在汉代时，中国中原地区的养蚕缫丝技术已传到新疆地区。唐代高僧玄奘在其《大唐西域记》中记载了一个关于蚕种西传的故事。该书称瞿萨旦那国（即古于阗国）原来没有养蚕缫丝业，后听闻东方邻国（可能指于阗东的鄯善国）有蚕桑，于是，派使臣前去求取，但遭到拒绝。东国国王还下令边关严查，防止蚕桑之种被人携带出境。瞿萨旦那王只好卑辞下礼，派人向东国求婚，东国国王答应了这一要求。瞿萨旦那王令迎娶使臣告诉东国公主说："我国历来没有丝绵桑蚕，你可以把蚕桑之种带来，将来好为自己做衣服。"东国公主接受了这一建议，私下将桑蚕种子放入帽絮中。当他们抵达边关，守卫关卡的官员仔细检查了所有的物品，只有公主的帽子依制不得检查，这样，桑蚕之种就被带入瞿萨旦那国。从此，瞿萨旦那国有了养蚕缫丝业。王妃还令人刻石立碑规定"严格保护蚕桑，不得随意杀伤，违者处以严厉的刑罚"。公元 1900 年，斯坦因在和田丹丹乌里克遗址中发现一块木版彩画，生动描绘了上述故事。

汉代中原的养蚕缫丝技术除沿丝绸之路向西北地区传播外，还沿海路传入朝鲜、日本及越南等地。《齐民要术》说："（汉代）日南（今越南北部）蚕八熟"。

除丝织品外，汉代中国输出的商品还有漆器、铁器、釉陶、纸等，近代在阿富汗喀布尔以北的一个佛教遗址中曾发掘出汉代的漆奁、漆盘和漆耳杯。纸是两汉时中国人的一项伟大发明。东汉时，中国已成批生产纸张了。这种价格低廉、携带方便、书写容易的材料，很快成为中外商人经营的一种新商品。这一时期，纸还越过葱岭传入印度的西北部。1949 年之后，在新疆很多地方出土有汉代中原地区所产的植物纤维纸。

随着丝路贸易的开展，中外交流日益深入，汉代的冶铁技术和水利灌溉技术也传播到域外。中国在春秋战国时期已出现了冶铁业。汉代铁器制造达到一个新的水平，近代仍在应用的球墨铸铁法已经出现，并且已发明了由铸铁脱炭的百炼钢。汉代的铁制品以精良的品质享誉世界。中国中原的铁器及冶铁铸造技术沿着丝绸之路首先传入西域，再由西域传入中亚、西亚、南亚乃至罗马。公元前后，今天中国新疆各地及中亚已掌握了汉朝的冶铁铸造技术，能够制造铁制武器及生产工具。《汉书·陈汤传》中说："胡兵、胡刃朴钝，弓箭不利，今闻颇得汉巧。"中国铁器及铸铁技术经由中亚再进一步西传进入安息，地处丝路枢纽的木鹿成为安息的冶铸中心，其锻造的武器锋利无比，被罗马史家普鲁塔克称为"木鹿武器"。到公元 1 世纪，中国铁器也大量流入罗马。普林尼曾说："塞里丝送来的铁最优秀。"汉代中国的钢铁也传入了印度，故梵文中将中国钢称为"支那生"。此外，铁及铸铁技术还沿着海路传入东南亚，近代在印尼爪哇岛曾出土过汉代铁器。

中国商品及其制造技术输出，丰富了东西方各国人民的物质生活，铁及冶铁术的外传有助于丝路沿线各地生产工具的改进，从而大大提高了其劳动生产率，促进了当地的社会进步。

（二）西方商品及其技术传入中国

受生产力水平的制约，奢侈品及奇禽异兽在汉代进口商品中占重要地位。汉武帝时，“殊方异物，四面而至”。其中，有来自大秦的夜光壁、珍珠、琥珀、珊瑚、火浣布、海西布、琉璃，来自身毒的大象、犀牛、孔雀、玳瑁，来自安息的狮子、鸵鸟等。这些珍奇异物的输入，尽管主要是供统治阶层奢侈享受，但也开阔了人们的眼界，对于中国手工艺品的发展起了有益的作用。

中亚各国以畜牧经济为主导产业，与汉王朝的农耕经济间形成了一定的互补性。中亚北部诸国，如康居、奄蔡等，盛产毛皮，汉代时大量输入中国，长安等大城市出现了不少专营毛皮的商店，不少毛皮富商被比作“千乘之家”，富比王侯。此外，中亚、西亚及大秦的毛纺织品也不断进入中国。史籍记载，月氏、罽宾、身毒等都出产一种毛毯，称毾㲪，其中，以月氏所产最为驰名。从罗马贩运来的毛纺织品，种类更为繁多，质地也更精良，史称其质“皆好，其色又鲜于海东诸国所作”。随着毛织品的输入，其生产制造技术也逐渐被汉代新疆各族人民吸收，对于新疆地区毛纺织业的发展起了有益的作用。

汉朝从中亚进口的最大宗货物是马匹。汉代多传统的农耕地区，马的品质较差，数量亦有限，无法满足对匈奴战争的需要，因而汉王朝不断引入域外良马。张骞第二次出使西域，即从乌孙带回良马数十匹，被汉武帝誉为“天马”。以后，大宛国的汗血马进入中国，更以其优良的品质夺得“天马”的美名，乌孙马被改称为“西极马”。到东汉时，月氏马、安息马等也输入中国。班固在给班超的信中称：“今赍白素三百匹，欲以市月氏马、苏合香、闟登。”中亚良马的成批引进，大大有助于中国马品的改良，对于汉代及后世畜牧业的发展起了有益作用。汉武帝末年，仅中央直接掌管的军马就达到 40 万匹之多，民间“农夫以耕载，而民莫不乘骑”，马已成为农业生产及交通运输的重要工具了。

随着贸易的开展，中亚、西亚的一些植物品种也传入中国，主要有葡萄、苜蓿、石榴、胡麻、胡豆、胡桃、胡瓜、胡荽、胡蒜等。葡萄又称蒲桃或蒲陶，原产西亚，汉代时已传入中亚各地，汉使取种于大宛。《汉书・西域传》载，大宛、康居、大月氏、罽宾、龟兹、车师等地都盛产葡萄及葡萄酒，如龟兹富户能收藏千担葡萄，大宛富人藏酒至万余担，“久者至数十岁不败，俗嗜酒”。葡萄传入中原，先在宫中种植。据记载，汉武帝时，离宫别观旁尽种葡萄，以后逐渐推广到民间。苜蓿也来自大宛，是汗血马的饲料，随汗血马的输入被引种到中国。石榴来自安息或中亚。胡麻即芝麻，据称来自大宛。胡桃即核桃，来自安息。胡豆即蚕豆或豌豆，来自中亚或安息。胡瓜即黄瓜，原产埃及，汉代乌孙、大月氏等地都有种植，并由此传入中国。胡荽又称芫荽或香菜，胡蒜即大蒜，均来自中亚或西亚。这些植物新品种的引入，大大丰富了中国农作物品种，使汉代农业生产体系更加完善。

二、对外贸易与区域经济的发展

在中外贸易推动下，沿线城镇经济得以繁荣。长安及洛阳不仅是全国商业中心，且由于对外贸易的开展而成为国际性都市。西汉长安作为全国政治、经济及文化的中心，也是全国的贸易中心。城内有东西两市，两市之内又分为九个市场，主街道就有八条，店铺林立，中外商贾云集、商品荟萃。班固在《西都赋》中描述长安市场的繁荣盛况："……披三条之广路，立十二之通门。内则街衢洞达，闾阎旦千，九市开场，货别隧分，人不得顾，车不得旋，……"一些外商还侨居长安开店经营，汉代诗人辛延年所作《羽林郎》一诗，描绘豪门家奴到长安胡人酒馆仗势调笑卖酒的胡姬。诗云：

昔有霍家奴，姓冯名子都。
依倚将军势，调笑酒家胡。
胡姬年十五，春日独当垆。
长裾连理带，广袖合欢襦。
头上蓝田玉，耳后大秦珠。
两鬟何窈窕，一世良所无。
一鬟五百万，两鬟千万余。
不意金吾子，娉婷过我庐。
银鞍何煜耀，翠盖空踟蹰。

西汉时，洛阳商业经济已十分活跃。《史记》称，洛阳"东贾齐、鲁，南贾梁、楚"。东汉以洛阳为首都，进一步推动了洛阳城市的繁荣。陆机《洛阳记》载，洛阳有三市，"金市在大城西，南市在大城南，马市在大城东"。随处可见穿胡服、戴胡帽的胡商，中外贸易极其兴盛。

到王莽时，长安、洛阳、临淄、宛、成都被称为"五都"，作为各区域经济中心，各都市经济的繁荣，带动了周边经济的发展。如长安周边地区依托长安都市经济，居民大多以工商业为生，"长安诸陵，四方辐凑，并至而会，地小人众，故其民益玩巧而事末"。①

河西作为丝绸之路咽喉要地，东来西往的中外商人无论走丝绸之路哪条道路，大多要经过此地。在中外贸易推动下，河西经济得到快速开发。到东汉时，河西四郡经济繁荣。《后汉书·孔奋传》载："而姑臧称为富邑，通货羌胡，市日四合。" 此外，敦煌也由于中外贸易得以兴旺，"敦煌为华戎所交一都会也"。②

丝绸之路出河西进入西域，在中西贸易的推动下，塔克拉玛干沙漠南北两缘的绿洲地带涌现出一批经济文化繁荣的城市，如楼兰、焉耆、龟兹、于阗、疏勒等。这些地方胡汉文化交融，其文明进程不断提高。

---

①（汉）司马迁，《史记·货殖列传》，中华书局，1959年版。

②（南朝·宋）范晔，《后汉书·郡国志》卷113，中华书局，1982年版。

三、中外文化交流

商品的交流本身即是一种文化交流，同时，物质交流也推动着单纯的文化交流。汉代中国中原文化沿着丝绸之路，首先传入今新疆地区，进而再西传中亚、西亚乃至欧洲。中国的语言文字、音乐、哲学思想，对东西方各国都产生过积极影响。汉代西域的乌孙、龟兹、莎车等，在服饰、礼仪、建筑艺术上都深受汉文化的影响。中国儒家思想及其典籍自汉代就沿着东海丝绸之路源源不断地传入东亚的朝鲜、日本，这两个国家甚至长期通用汉文字。印支半岛亦深受中国文化的影响。

与此同时，两汉时期，中国也大量吸纳外来文化。由于域外珍禽异兽的传入，中国石雕艺术的题材中出现了狮子及长颈鹿的造型。域外植物的输入，使铜镜及丝织品的图案中出现了葡萄纹饰。汉武帝时，经安息传入了大秦的魔术。东汉时，大秦的杂技艺术又通过掸国（今缅甸）传来，使中国传统的角抵戏发展成名目繁多的“百戏”。中亚、身毒及掸国的音乐也传入中国，随之传来了琵琶、箜篌、笳、笛、角等乐器。这一时期，传入中国的外来文化中，最为重要的是印度的佛教。大体在公元前 80 年，有印度僧侣跟随商人来到于阗，佛教逐渐在今天的新疆地区传播。东汉时，大月氏占据印度西北部，建立起贵霜王朝。迦腻色迦王在位期间崇尚佛教，在国内大造佛塔与佛寺，推动了佛教的兴盛。汉与贵霜贸易的发展，带动了相互间人员的流动。大月氏僧侣也陆续来华，并开始在中国翻译佛经，弘扬佛教。佛典的翻译对中国文学、史学都产生了深远的影响。随着佛教的传入，古代印度犍陀罗地区深受希腊文化影响的犍陀罗艺术也传入中国，使汉代中国佛教雕刻、绘画及建筑艺术别具风采。总之，以中外经济交流为基础的文化交流的开展，使两汉时期的中国文化丰富多彩、璀璨夺目。

复习思考题

1. 何谓西域？
2. 丝绸之路畅通前后，中外贸易特点有何不同？
3. 张骞通西域在中国对外贸易史上的意义是什么？
4. 丝绸之路的地理分布状况如何？
5. 两汉促进丝路贸易发展的措施有哪些？
6. 两汉时期，主要进出口商品和中外技术交流有哪些，其对各国经济文化的影响如何？

第三章　魏晋南北朝的对外贸易

学习要点与要求

本章主要分析了魏晋南北朝时期发展对外贸易的政策措施及这一时期中外贸易发展状况。通过学习，学生应重点掌握这一时期中国封建政府促进丝路贸易发展的制度创新及其效应，了解中国的对外贸易伙伴及贸易商品。

公元 2 世纪末至 6 世纪末，世界各文明古国均程度不同地出现了政治动荡。欧洲古典奴隶制没落，封建制度开始形成。公元 395 年，罗马帝国分裂为东西两部，随后，日耳曼人入侵。公元 476 年，西罗马帝国灭亡。公元 3 世纪初，波斯萨珊王朝取代安息王朝并不断对外扩张。中亚的贵霜帝国在波斯人的攻击下，逐渐衰弱并走向分裂，古印度出现了小国林立的局面。公元 4 世纪，哌哒人入侵。自 5 世纪至 6 世纪，波斯萨珊王朝在哌哒人、阿拉伯人的夹攻下，处于风雨飘摇之中。而东方的汉帝国，到东汉末年，随着各种社会矛盾的激化，爆发了黄巾农民大起义。起义被镇压后，各地军阀混战不已。公元 220 年，曹操之子曹丕在洛阳称帝，国号为魏。至此，东汉王朝结束，中国历史进入魏晋南北朝时期。此后，中国北方的游牧民族纷纷南下，民族纷争不已，战乱连绵，南北分裂近四百年，社会经济特别是北方经济发展受到严重摧残。不过，这一时期，南方经济得到开发，传统的出口商品制造业——丝织业仍有显著进步。与此同时，南北方政权为加强自身实力，均致力于发展对外政治、经济及文化联系，对外贸易得以继续向前发展。

第一节　魏晋南北朝时期丝绸之路的变化

魏晋南北朝时期，伴随民族纷争及造船航海技术进步，无论陆上还是海上丝绸之路，均出现了明显的变化。

一、丝绸之路路线的变化

魏晋南北朝时期，中外交通贸易路线在两汉的基础上，继续向前发展。这一时期，丝绸之路最主要的变化是在今新疆境内由汉代的南北两道发展为三条道，即南道、北道、新道。

新道或称北新道，即经行天山以北的道路。两汉时期，天山以北就有路相通，但由于匈奴的侵扰受到了阻梗。直到三国时，车师后部王内属魏国，这条路才得以畅通，相对两汉的北道而言，称之为“北新道”。其经行路线大体上是从玉门关向北，经伊吾（今新疆哈密）至高昌后，可以经焉耆至龟兹与中道合一；也可以由此北上，穿越天山往西至车师后国（今新疆乌鲁木齐），再转西南行，至弓月城（今新疆伊宁）。然后，沿伊犁河至乌孙，再渡北流河（楚河、锡尔河）至康居。在康居西北同汉代的北道连接起来，经奄蔡到达拂菻（即东罗马帝国）在里海沿岸的领土，再西行至地中海东岸。罗马帝国在公元 1 至 3 世纪，先后同伊朗的安息朝和萨珊朝争夺两河中上游地区。为了摆脱安息朝对丝绸贸易的控制，罗马力图开辟输入丝绸的新路。其一面利用印度洋上的季候风开展对东方的海路贸易，一面从黑海方面获得丝绸。北新道的开辟，满足了罗马帝国及此后的东罗马帝国从陆路方面获取丝绸的需要。

丝绸之路向北扩展的同时，向南也有了新的发展。这一时期，居住在今青海高原的吐谷浑人强大起来，向东西双向发展，由此开拓了自中原至青海，沿柴达木盆地北缘，过沙碛，直穿阿尔金山到达且末，与丝路南道汇合的新的交通贸易路线。

此外，三国时期，随着蜀国在西南的建立，西南少数民族地区经济得到开发。成都至昆明道路畅通，西南丝路成为蜀汉对外交往的重要通道，加强了中国西南地区与中亚等地的联系。左思《蜀都赋》说：“邛杖传节于大夏之邑。”可见，由四川和云南经缅甸、印度至中亚的商路已是一派繁忙了。

综上所述，魏晋南北朝时期，随着西北、西南丝路的扩展，中国对外交通渠道更加多元，为中外贸易的进一步发展提供了更为便捷的交通条件。

二、海上丝绸之路的发展

在南方经济开发的基础上，魏晋南北朝时期的造船航海技术显著进步，海上丝绸之路获得相应的拓展。

（一）造船航海业的发展

中国江南地区河湖密布，各地区相互往来主要依靠水运，因而江南造船、航运业有良好的基础。为适应水路交通及航海业的需要，并希图利用长江天堑抵挡北方势力南下，立国江南的东吴、东晋、宋、齐、梁、陈（统称六朝）政权均对造船业高度重视。

孙吴时，江南设有多处造船基地，如在永宁（今浙江温州）、横阳（今浙江平阳）及温麻（今福建连江）等处设有专门营造海船的工场——船屯。在建安郡（今福建福州）的侯官（今福建闽侯）设有管理造船的官员——典船校尉，负责组织造船工匠及罪徒造船。所造船只无论在规模还是水平上，均大大超过前代。文献记载，晋灭吴时，仅在都城建康缴获的船只就达五千艘。此时，已能建造船长二十余丈、高出水面二三丈、装载六七百人、载重上万担的巨舶。船上不仅设有操纵航向的舵，且有了可随风灵活调整的风帆，有的船上甚至有七张帆。[①]东晋南朝时，造船业进一步发展，所造船舶规模和数量进一步增加。东晋安帝时，建康城一场大风即毁坏停泊于长江中的大型官私船只万余艘。据《颜氏家训》称，南朝时，船舶的载重量已可达两万斛了。

随着航海经验的积累和航海水平的提高，孙吴时，航海家已能测算航速和航程了。[②]到东晋时，远海航行除已能利用季风外，还能根据天象辨别航向，“唯观日月星宿而进”。

在造船及航海水平提高的基础上，在六朝政府积极发展海外关系的政策推动下，海上丝绸之路得到进一步发展。

（二）海上丝绸之路的扩展

1. 南海丝路的扩展

这一时期，南海丝绸之路的发展主要体现在两方面：一是随着广州港的兴起，广州取代汉代的徐闻与合浦，成为中国主要的对外贸易港；二是海上丝绸之路在汉代的基础上，继续向西方延伸。

如前所述，西汉时，海上丝绸之路的起点在徐闻、合浦。三国时，吴在岭南设广州以后，珠江流域经济得到迅速开发，加上造船、航海业的进步，广州很快以其特有的区位优势取代了徐闻、合浦的地位。

汉代时期，限于船舶体量及航海技术，海船尚不能远离海岸，而从雷州半岛以东出发，难以渡过海南东部的七洋洲等危险水域，因而出海便利的徐闻、合浦充当了汉代对外贸易港口的角色。但徐闻、合浦无内河与内地联系，通往内地的交通较困难，同时，也缺乏大量吞吐货物的条件。到六朝初年，随着船舶体积的增大及航海技术的提高，海船可以适当远离海岸航行。从东南沿海出发的船舶不必穿行琼州海峡，而可经海南东部海面和西沙群岛海域，直航东南亚、南亚各地。而广州不但是岭南的经济中心且与内地联系更为便利，通过珠江水系可达湘、赣、闽等地，得以成为中国海外贸易中心，海上丝绸之路的起点也因此移至广州。

随着造船、航海水平的提高，中外商人及使节扬帆往来于南海、印度洋，海上丝绸之路的路线也逐步由汉代南海至印度洋航线向前延伸。据阿拉伯史学家记载：“中国的商船，从公元三世纪中叶开始向西，从广州到达槟榔屿，四世纪到锡兰，五世纪到亚丁，终于在波斯及美索不达米亚独占商权。”另一阿拉伯学者马斯欧迪在《黄金原和宝石矿》一书中也称：“中国船只于五世纪航行至幼发拉底河的希拉城，与阿拉伯人进行贸易。”《宋书·蛮夷传》载，中国与大秦、天竺之间“舟船继路，商使交属”。可见，六朝时期，海上丝路西向的终点已从印度半岛东南部向西，跨越阿拉伯海抵达波斯湾了。不过，这一航线尚未固定化。

---

① 刘熙，《释名》卷 7，《释船》。

② 万震，《南州异物志》。

2. 东海丝路的延伸

这一时期，由中国通往朝鲜、日本的航线也有了新的发展。如前所述，秦汉时期，中国去往朝鲜、日本的始发港，主要集中于山东半岛渤海湾一带。东晋南朝时，朝鲜半岛上的高句丽与日本的倭国处于敌对状态，因而传统的沿渤海湾经朝鲜半岛西岸自北向南，再到日本的航道受阻。日使来华被迫由朝鲜半岛南部横渡黄海，同时，由于建康成了南中国的政治经济中心，随着朝鲜及日本与六朝的交往，这条海上丝路的东方航线大大地南移。《文献通考》卷 324 载："倭人初通中国也，实自辽东而来，……至六朝及宋，则多从南道，浮海入贡及通互市之类，而不自北方，则以辽东非中国土地故也。"南朝时，东方航线的大致航路为：由建康出发，顺江而下，出长江口后，沿岸北航，至山东半岛的成山角附近，继续沿岸而行，到达朝鲜半岛北部。或由成山角东进，横渡黄海，抵达朝鲜半岛东南部，然后再沿岸南下，渡朝鲜海峡，航抵日本。这条新航线的开辟，大大缩短了中日之间的航程，便利了双方的往来。

第二节　魏晋南北朝时期的丝路贸易政策

公元 3 至 6 世纪，尽管世界各文明古国政局动荡、民族间纷争不已，但在漫长的时期里，各国、各地区的社会生产力仍然继续向前发展，开展丝路贸易的物质基础较前更加雄厚。与此同时，中国南北分裂，各政权的生存空间受到挤压，对外开拓的愿望更加强烈，因而南北政权均致力于采取措施维护丝路的交通，推动陆海丝绸之路贸易的发展。

一、魏晋十六国北朝的丝路政策

统治中国北方及控制中国西北的曹魏、西晋、前秦、五凉、北魏等割据政权，先后采取了一系列促进丝路贸易发展的政策措施。

（一）恢复设置西域的军事、行政管理机构

公元 220 年，曹魏政权在翦除了河西的割据势力后，即在河西设立了凉州刺史（驻地设在武威），由其兼管中原与西域及西方各国的政治、经济联系。两年后，即公元 222 年，曹魏政府又令敦煌太守兼任西域都尉，在西域要冲高昌（今新疆吐鲁番）设立戊己校尉，派驻军队并组织屯田。随后，又恢复了西域长史，总管西域行政，驻地设于丝路南道的海头（今新疆罗布泊西北）。戊己校尉和西域长史，作为中原政权派驻西域的两个最高官员，负责维护丝路的安全和畅通，加强中原与西域的联系。公元 265 年，司马氏取代曹魏，建立了西晋。公元 280 年，晋灭吴，中国出现了一段短暂的统一时期。晋在西域设戊己校尉和西域长史，西域各国，如鄯善、焉耆、龟兹、疏勒等均服从于西晋，晋封其首领为"晋守侍中、大都尉、奉晋大侯"等官职。连远在中亚的大宛，也由西晋册封为大宛王。因而这一时期，中原与西域关系密切，丝绸之路畅通，史称“西域流通，无烽燧之警”，一派和平安定景象。

公元4世纪初，北方少数民族纷纷南下入主中原，晋王室退至江南，中国北方再度陷入混乱割据状态，史称十六国时期。这一时期，在中国的西北地区曾先后出现前凉、前秦、后秦、南凉、西凉、北凉等政权。他们向中原发展受阻，故大多与西域保持密切联系，并为此先后设官置守、驻军屯田，保障丝路的安全。如前凉承袭晋制，在高昌设戊己校尉，在海头设西域长史。因而这一时期，河西与西域的交通通畅，中原与西方的物品在河西得以交易。

（二）恩威并施，打通丝路

这一时期，北方政局动荡，中原王朝的政治影响力显著下降，河西及西域与中原间的政治经济关系松弛。在多元利益诉求下，一些西北割据政权及西域小国与中原王朝间时有冲突，丝绸之路受到阻塞，因而以武力打通丝路成为这一时期的特定手段。

公元376年，氐族人建立的前秦灭掉前凉和山西的代，统一了中国北方。西域的很多国家都希望扩大与中原的交往。公元382年，车师前部王、鄯善王率大批官员及商人来到前秦都城长安，要求前秦派设西域都护统理西域。此时，西域仍有一些城邦国家，如焉耆、龟兹等与前秦交恶并控制周围一些城邦小国，阻塞丝路交通。同年，前秦王苻坚派大将吕光西征。吕光率七万大军进军西域。在鄯善及车师前部王的协助下，吕光在西域恩威并施，使西域诸国纷纷降服，丝绸之路畅通。公元385年，吕光班师回朝，大批胡商（来自西域的商人）随之东来。史载，吕光大军“以驼二万余头致外国珍宝及奇伎异戏，殊禽怪兽千有余品，骏马万余匹”东归。

而在吕光西征出发不久，即公元383年，前秦于淝水之战败于东晋。不久，前秦灭亡。中原的统一再度被打破。吕光东归止于河西，自立为王，建立了后凉政权。后凉与西域的关系十分密切，吕光在西域设官置守，其子吕覆被任命为“都督玉门关以西诸军事西域大都护”，驻守高昌，负责维护丝绸之路的交通与安全。

公元5世纪初，鲜卑拓拔部建立的北魏政权逐步统一了中国北方。北魏武帝太延四年（公元438年），西域的龟兹、疏勒、乌素、悦般、渴槃陀、鄯善、焉耆、车师、粟特等国遣使贡献，要求加强与北魏的政治、经济联系。于是，北魏派遣使臣携带金银、丝绸出使西域。其中，使臣董琬和高明远达破落那（即大宛）、者舌（中亚塔什干），“琬、明东还，乌孙、破落那之属遣使与明俱来，不间于岁，国使亦数十辈矣”。[①]此后，西域各国使者、商人更是纷纷前来中原。然而，北凉为削弱北魏的势力，极力阻挠北魏与西域的联系，对前往中原的胡商课以重税。公元439年，北魏出兵灭掉北凉，由此控制了中原通往西域的咽喉——河西。此后，北魏在西域恩威并用，西域各国纷纷归附，丝绸之路大开，中外贸易繁荣一时。

（三）为来华外商提供便利

北魏统一中国北方后，丝绸之路得以畅通。外国商人、使节纷至沓来，北魏

---

①《北史・西域传》卷97。

政府特地在都城洛阳城外伊河、洛河之间的御道东，设立接待外国商人、使节的“四馆”——金陵馆、燕然馆、扶桑馆、崦嵫馆。其中，崦嵫馆即专门用来接待来自西方的使节和商人。还有一些外商侨居在洛阳，“乐中国风土，因而宅者，不可胜数”。于是，北魏又在御道之西设立“四里”，作为外商侨居区。其中，“慕义里”专门提供给来自西方的侨居者。此外，北魏政府还在洛阳设有专门供西方商人开展贸易的市场——“四通市”。这些场所的设立，大大方便了来华外商的商务活动和生活，促进了中外贸易的发展。史称慕义里“门巷修整，阊阖填列（店铺众多），……天下难得之货，咸悉在焉”。[①]

中亚粟特商人来华众多，北齐、北周政府在鸿胪寺下专设有管理在华粟特商人行政和宗教事务的官职——萨保。这一制度此后为隋唐所继承。

北部中国各政权对外商采取欢迎和鼓励的政策，因而外商可在各个敌对统治区之间自由往来贸易。史载，公元574年，北齐胡皇后的一套用宝珠制作的裙裤被火所焚，打算重新制作。于是，胡皇后便请一胡商携带三万匹锦彩到北周购买珍珠。

（四）实行“过所”制度，保护中外商人

自东汉末年以来，由于中原战乱不已，河西成为中外商人云集、商品荟萃之地。特别是敦煌，地处西域，是进入河西的第一镇，中外贸易尤为兴盛。胡商多在此卖出带来的西方商品，买进中原货物。然而，当地豪强大族为攫取高额利益，恃强凌弱，巧取豪夺，常阻止胡商东进，压价收买或高价出售商货。这些强买强卖行为严重损害了胡商的利益，引起胡商的极大不满。曹魏控制河西后，为维护丝路贸易的健康发展，敦煌太守仓慈采取了一系列措施，打击豪强大族，保护中外商人利益。

一是实行“过所”制度。敦煌郡给东来西往的商人发放过所，即丝路贸易的通行证。过所上注明持证人的姓名、年龄、面貌特征、所携带商品及其族别或国别。曹魏对持有过所的商人沿途予以保护、照顾。

二是平价收买商品。根据胡商的意愿，凡愿将商品在当地出售的，可自由交易，也可由敦煌郡政府出钱平价收购。

三是协助商人购买内地商品。商人欲在河西购买中原地区的丝绸或其他商品，敦煌郡协助商人尽力筹办。

上述措施的施行，抑制了豪强大族的势力，中外贸易得以顺利开展。首倡此举的太守仓慈也因此受到胡商的高度崇敬。仓慈去世后，消息传到西域，胡商纷纷聚集到戊己校尉和西域长史的驻地，表示哀悼。有的商人甚至还按本民族的习俗，以刀划面，沉痛悼念。还有的商人为仓慈修建祠堂，时常祭典。仓慈死后，过所制度继续实行。西晋时，丝路畅通，中外商人不绝于途，过所制度被推行于全国。20世纪初，在新疆民丰县尼雅河流域，曾出土一批西晋政府发给中外商人的过所残简，其中有一片记载：“口人三百一十九匹，今为住人买采四千三百二十廿六匹。”可见，这是一次大规模的丝绸贸易。

① 《洛阳伽蓝记》卷3。

二、六朝的海外贸易政策[①]

六朝时期，占统治地位的是一批拥有政治、经济特权的世家大族。他们在政治上可以凭借门第平流进取，享受高官厚禄；经济上肆意圈占土地，占夺劳动人口。社会财富高度集中于这些人之手。而自汉末以来的社会大动荡，又使不少世家大族成员深感世事无常。他们中的多数人缺乏政治上的进取性，苟且偷安，极度放纵其物质贪欲，海外舶来的各种奇珍异宝成了他们竞相追逐的对象，由此产生了对海外贸易的较大需求。而六朝政府要扩大其政治威望，也必须发展对外关系。传统的对外贸易通道——陆上丝绸之路阻于北国，因而只有致力于海上拓展。

（一）遣使出访海外国家

孙权黄武五年（226年），孙权派出以从事朱应、中郎将康泰为首的外交使团出访东南亚各国。史称朱、康出使东南亚历时十余年，“其所经及传闻则有百数十国，因立记传”，[②]由此了解了南海各国政治、经济特别是贸易及物产情况。回国后，朱应、康泰分别撰写了《扶南异物志》及《吴时外国传》。[③]朱应、康泰出使东南亚，不但增强了中国对东南亚的了解，而且直接推动了双方的贸易往来。史称自朱应、康泰出使后，“扶南、林邑、堂明诸王，各遣使奉贡”。东晋南朝时，遣使出访之事更是不绝于书。

（二）开展官方贸易

为获得南方短缺的物资，同时，为了增加更多的财政收入，六朝政府多次派遣大规模船队出海开展贸易活动。公元232年，孙权遣将军周贺、校尉裴潜率领船队“多持货物”，沿东海、黄海北上辽东，与辽东沿海百姓“贸迁有无”。而割据辽东及朝鲜半岛北部的公孙渊也以名马与东吴易货。这一贸易属于国内各割据政权间的交易，但因为辽东与朝鲜半岛间密切的经济联系，其间接地沟通了东吴与朝鲜半岛间的贸易。公元233年，吴遣使节至朝鲜，高句丽王“贡貂皮千枚，鹖鸡皮十具”。公元235年，孙权派谢宏出使高句丽“赐衣物珍宝”，高句丽回赠名马，谢宏“载马八十匹而还”。[④]

（三）积极招徕外商

六朝政府为吸引外商来华，对来华外商均予热情接待并竭力保护他们的利益。《梁书·中天竺传》记载，孙权黄武五年（226年），大秦商人秦论来到交趾，“交趾太守吴邈遣送诣权，权问论以方土风俗，论具以事对”。及秦论归国，孙权又赠送给他男女奴隶各数十名并派官吏将其护送出境。孙权亲自接见大秦外商并赐以丰厚礼物，表明东吴政权对发展与海外各国贸易的重视。

---

① 魏晋南北朝时期，先后立足江南的东吴、东晋、宋、齐、梁、陈六个王朝被合称为六朝。

②《梁书·海南诸国传序》。

③ 这两本著作已亡佚，其内容散见于《水经注》《艺文类聚》《通典》《太平御览》等书中。

④《三国志·吴志·江表传》。

（四）维护海上丝绸之路的畅通

南朝初年，印支半岛的林邑国（今越南南部）虽然“频遣贡献”，但同时在海中截掠商使，阻碍中外海上交往。公元445年，宋文帝发兵攻讨林邑，宋军大胜。史称“象浦之役，威震冥海”。此后，南海诸国纷至沓来。到齐、梁之际，林邑国又故态复萌，构成对海上丝路安全的威胁。公元484年，扶南（今柬埔寨）王遣使至齐国，请求齐出兵林邑，以扫清航道发展通商贸易。齐武帝随即下令交州刺史会同扶南讨伐林邑，林邑臣服，海路再次畅达。

第三节　中外贸易关系

公元3至6世纪，尽管中国处于大分裂、大动荡之中，但其经济文化发展水平仍然位居世界前列。随着人类物质、精神文明的不断进步，中外经济文化交流更加深入。对外贸易国别显著增加，史书记载，北魏时，“自葱岭以西，至于大秦，百国千城，莫不款附，商胡贩客，日奔塞下”，[①]表明沿着丝路进行的中外民间及官方贸易再度兴盛。而随着朝贡贸易的开展，各种奇珍异宝大量进入中国，以至官府的仓库都放不下了，原来视为珍奇的舶来品已供过于求。在“厚往薄来”的交换原则下，伴随着朝贡贸易规模的扩大，各国朝贡的回赠品使北魏不胜负担。为减轻财政压力，北魏政权对得不偿失的官方贸易不得不进行限制了。

自海路来中国南方贸易的商人及官方使团亦络绎不绝。东晋时，都城建康（今江苏南京）已是“贡使商旅，方舟万计”了。著名海外贸易港口广州更是中外商贾云集，史称南朝时，海外贸易的繁荣使广州刺史一职成为肥缺，“广州刺史但经城门一过，便得三千万”。[②]

一、与中亚各国的贸易关系

如前所述，公元3世纪，中亚地区的政治经济格局也发生了剧烈的变化。两汉时期强大的贵霜帝国日趋衰落。到公元4世纪，贵霜王国仅拥有喀布尔河流域的狭小地区，昔日丝绸之路霸主地位已荡然无存。不过，它仍然与中国保持着通商关系。史书记载，魏明帝太和三年（229年），大月氏王遣使“朝贡”。北魏世宗时，来洛阳的大月氏商人还传入了西方玻璃制造技术。与中国贸易往来密切的其他中亚国家，还有大宛、粟特、口厌哒等。

大宛，北魏时又称破洛那，早在曹魏咸熙二年（265年），大宛王即遣使贡献名马。西晋太康六年（285年），晋武帝曾派杨颢出使大宛，封其王兰庾为大宛王，进一步加强了两国间的联系。后赵建平二年（331年），大宛遣使进贡珊瑚、琉璃、毾

① 《洛阳伽蓝记》卷3。

② 《南齐书·王琨传》。

登（毛毯）、白叠布等物品。前秦建元十四年（378 年），大宛使节到长安，贡献汗血马。到北魏时，双方朝贡贸易更加频繁，从太武帝太延三年（437 年）到文成帝和平六年（465 年），大宛先后五次进贡。

大宛商人除将本国特产贩运来华外，还转贩别国货物，从中赚取了丰厚利润。《晋书》卷 97《大宛传》记载，大宛人“善市贾，争分铢之利，得中国金银，辄为器物，不为币也”。将得自中国的金银铸成器物，表明所获金银数量之多，也说明贸易规模较大。

粟特，位于阿姆河、锡尔河之间，以泽拉夫尚河流域为中心（今塔吉克斯坦与乌兹别克斯坦境内）。北魏太武帝时，曾四次来华朝贡。民间贸易关系更为密切，来华的粟特商人为数众多。公元 439 年，北魏灭北凉，数百名粟特商人帮助北凉作战，战败被俘，后粟特国王派使前来交涉，北魏为发展与粟特的友好贸易关系，将粟特战俘优礼送还。为了便于管理，北周时期，在粟特人相对集中的地区设立萨保一职，负责管理来华胡商事务。[①]近代以来，在中国西北地区曾发现大量粟特文书，亦表明粟特商人在丝绸之路上活跃的程度。

嚈哒，南朝称其为“滑国”，崛起于阿姆河流域。公元 5 世纪初，成为中亚强国，建都于拔底延城（今阿富汗瓦齐拉巴德）。强盛时，一度控制了整个中亚地区，进而成为丝绸之路上重要的居间垄断者，开展东西方货物的多向转贩贸易。在高额利润的吸引下，嚈哒与中国南北双方均保持密切关系。据史书记载，嚈哒多次遣使朝贡。据统计，从北魏文成帝太安二年（456 年）到北周明帝二年（558 年）的百年间，嚈哒先后十多次遣使到北中国的平城、洛阳、长安开展朝贡贸易。南朝梁时，嚈哒曾三次遣使朝贡，献黄师子、白貂裘、波斯锦等物。

二、与波斯的贸易关系

公元 226 年，安息王朝被推翻，波斯萨珊王朝建立。该王朝不断发动对外征服战争。向西与罗马帝国、后是东罗马帝国宣战，其领土扩展至两河流域，控制了波斯湾的出海口。向东击败贵霜帝国，将印度西北及里海以南的广大地区纳入其版图。因而波斯不但控制了“中国通中亚细亚、西亚和拜占庭的商队往来要道”，而且“将近东、印度和中国之间的海上居间贸易也攫归自己掌握”。[②]波斯在地理上控制了陆、海丝绸之路后，为获得转口贸易的充足货源，便积极遣使来华，发展与中国的通商关系。据中国史书记载，从北魏太安元年（455 年）到西魏废帝二年（553 年），波斯使节来北中国通使不下十余次。北朝对发展与波斯的贸易关系也很重视。公元 525 年，波斯遣使贡献狮子一头，北魏特在洛阳城为其修建一庭院，名为狮子坊。北魏献文帝时，还曾派使臣出访波斯，赠送给波斯国王库思老一世天青色刺绣锦袍等物品。

---

① 萨保最初是作为商队的首领，后随着一些粟特商队在华聚落的形成，萨保一职即转化为聚落首领并被纳入中国的官僚体系之中。

② ［苏］伊凡诺夫，《伊朗史纲》。

北朝与波斯民间贸易规模也很可观。河间王琛任秦州刺史时，曾委托商人到波斯为其购买名马数十匹。官方用马由商人代购且一次贩运大型动物数十匹，可见两国贸易发展之一斑。

波斯除通过陆路来北中国外，还凭借其强大的海上力量泛海至南中国。中国史书称域外船舶"以波斯舶最大"。梁中大通二年（530 年），波斯使臣来献象牙。[①]

这一时期，中国输入波斯的商品除传统的丝绸、铁器外，纸张出口逐渐增多。自公元 3 世纪，波斯萨珊王朝的文书已开始用纸书写了。

近代以来，在我国陆上丝绸之路沿线及与海上丝绸之路相联系的广东英德、曲江等地区，先后出土了不少波斯萨珊银币。其中，有相当一部分属于公元 3 到 6 世纪时流通的货币，为这一时期中国与波斯贸易兴旺的状况提供了有力的佐证。

三、与南亚的贸易关系

这一时期，印度仍然是小国林立的状态，境内分布着数十个国家，中国史书统称其为"天竺"。公元 4 世纪兴起于印度北部的笈多王朝，与中国沿丝路往来频繁。史载，公元 381 年，笈多王朝的超日王遣使到前秦的都城长安"献火浣布"等物。北魏时，笈多王朝曾五次遣使到魏都洛阳，进贡骏马、金银、佛像等物，从中国获得丝绸等回赠品。公元 425 年，笈多王朝遣使自海路来到南朝都城建康献金刚指环等物。刘宋元嘉五年（428 年），笈多王朝又遣使来华，送来金刚指环、摩勒金环等宝物和赤白鹦鹉各一头并上表宋文帝"大王若有所须，珍奇异物悉当奉送，……愿二国信使往来不绝"，表达了笈多王朝愿与中国发展通商关系的愿望。

此外，其他天竺小国，如印度西北的犍陀罗国、乌苌国和中部的拘萨罗国等，都曾多次遣使来华开展朝贡贸易。《宋书·迦毗黎国传》《梁书》中都记载，梁武帝时，有天竺国遣使奉献多种香料并上表要求"二国信使往来不绝"。

南亚岛国师子国（今斯里兰卡）与中国关系也颇为密切。据《南史》记载，师子国自东晋义熙初年（405—418 年）"始遣使献玉像"，后又于宋元嘉五年（428 年）、十二年（435 年）及梁大通元年（527 年），"遣使奉贡"并上表称"虽山海殊隔，而音信时通"。这说明两国关系亦较密切。

比官方贸易更为兴盛的是民间贸易。早在三国孙吴时期，已有天竺商人来经商并定居于中国。如著名高僧康僧会"世居天竺，其父母商贾，而移居交趾"。[②]到东晋时，来华贸易的天竺商船，不仅大量见诸于沿海港口，而且还有深入中国内河、内地的。《高僧传》中记载，东晋时，曾有五艘天竺商船沿长江上溯至江陵开展贸易活动。由于中国与天竺间商船往来相继，故当时西去取经或东来弘法的佛教僧侣多搭乘商船。如东晋高僧法显西行印度求法，归国时，搭乘商人大舶，船上载有数百名往来中印贸易的商人，由此可见中印海路贸易繁盛的状况。

---

① 《梁书·海南诸国传》。

② 《高僧传·康僧会传》。

四、与大秦的贸易关系

公元 4 世纪，古罗马帝国由于内部各种矛盾的尖锐化，逐步走向衰亡。到公元 395 年，罗马帝国分裂为东西两部。此后，中国史书中的大秦即指东罗马。但无论 4 世纪以前的罗马帝国，还是此后的东罗马帝国，都与中国保持着贸易往来。《三国志・魏志》注引《魏略・西戎传》称："大秦道既从海北陆通，又从海而南，与交趾七郡外夷通。又有水道通益州永昌，故永昌出异物。"说明这一时期罗马与中国贸易陆海并行，不但经丝路北道交通中国北方，经海上丝路交通中国南方，而且还由缅甸经西南丝绸之路深入中国西南地区。

魏晋南北朝时，中国与大秦间的官方朝贡贸易不时见诸史载。如晋太康二年（281 年），大秦使节携带各种珍宝、火布等物来华。东晋穆帝时，有罗马使节到达建康。公元 363 年，东晋王朝也曾遣使拜占庭。而民间贸易比官方贸易更为活跃，来华贸易的罗马商人众多，北魏都城洛阳的崦嵫馆里住有不少罗马商人。南方的广州等地也有不少侨居的罗马商人。李约瑟在其《中国科技史》中记载，六朝时，有移居广州的罗马商人，辟地引种西方植物以卖货求利。

随着中国与罗马交通贸易孔道的增加，特别是海路贸易的深入开展，两国贸易规模大大超过前代。公元 4 世纪，希腊史学家马塞里奴思著有《史记》一书。其中，记丝绸条云："昔时吾国（指罗马）仅贵族始得衣之，而今各级人民，无有等差，虽贱至走夫卒皂，莫不衣之矣。"而中国自罗马进口的商品数量也大为增加，如琉璃已成为这一时期贵族的日用品。晋武帝时，贵族王武子家，"供馔，并用琉璃器"。前述北魏秦州刺史王琛家中亦陈设有水晶钵、玛瑙杯、琉璃碗等。1949 年之后发掘的六朝贵族墓葬中，曾发现不少来自大秦的琉璃器。近年在新疆、陕西、山西的一些古墓中，曾发现拜占庭金币及罗马铜币。当然，魏晋南北朝时期，中国与大秦的贸易无论陆上还是海上，经由他国转运的数量仍然很大。

五、与东南亚的贸易关系

到魏晋南北朝时，随着海上丝绸之路的发展，中国与东南亚各国的政治经济联系进一步加强。前述吴孙权曾遣使出访东南亚，大大加强了双方的相互了解。此后，东南亚各国频繁来华"朝贡"。

（一）林邑

林邑位于今越南中南部，汉代属汉日南郡象林县，汉末独立建国。林邑与中国陆海相连，商使往来不绝。三国时，林邑王遣使至吴，赠送金指环给孙权。南朝刘宋初年，林邑王范阳迈曾遣使入贡。但随后，林邑一方面与南朝开展朝贡贸易，另一方面，又"寇盗不已"，出兵侵掠日南、九德、交州等郡（今越南北部及中国广西、广东的部分地区）。为此，宋文帝于永嘉 23 年（445 年），派兵攻讨林邑。林邑失败，臣服于宋，刘宋随即恢复了与林邑的通商贸易关系。此后，林邑数度遣使入贡。到南齐时，林邑人在与中国频繁交往中，将中国建筑文化引入国内。永泰元年（498 年），林邑王诸农亲自来华，不幸“海中遇风溺死”。到梁时，中国与林邑关系发展到顶峰。梁天监、大同年间，林邑连年遣使入贡。林邑向中国输出的商品，除各种香药、珠宝、犀角、象牙外，还有棉花和棉布。

（二）扶南

扶南即今柬埔寨，地处东西海陆要冲。公元 3 世纪时，扶南国奉行积极发展海外贸易政策。扶南商船在印度洋上名噪一时，被称作“扶南大舶”。三国时，朱应、康泰出使扶南，进一步密切了扶南与中国的贸易关系。孙吴时，双方朝贡贸易不断。刘宋元嘉年间，扶南曾三次遣使来华。南齐武帝永明二年（484 年），扶南王遣使奉献“金缕龙王坐像一躯、白檀像一躯、牙塔二躯、古贝二双、琉璃容器二口、玳瑁槟榔一枚”。齐武帝回赠扶南“绛紫地黄碧绿纹绫各五匹”。齐时，除了假以朝贡名义的官方贸易外，扶南还与中国开展了直接以通商为名的官方贸易往来。史称：“扶南王姓侨陈如名阇耶跋摩，遣商货至广州。天竺道人那加仙附载欲归国，遭风至林邑，掠其财物皆尽。”梁朝时，扶南连年入贡，从梁天监二年至太清二年（503—548 年）的 40 多年间，扶南商使来华达 12 次之多并向崇佛的梁武帝赠送珊瑚、佛像等佛教用品。此外，还有大量的民间贸易。扶南商人、使臣来华众多，因而梁朝特在京城建康修建了一座“扶南馆”，专门用来接待扶南的商人和使节。

（三）马来半岛与马来群岛诸国

魏晋南北朝时期，在马来半岛与马来群岛各地曾活跃着诸多小国。他们通过海路与南中国开展贸易往来。

马来半岛上的顿逊国（今泰国南部古国），地处东西海路交通要冲，特别是其境内的克拉地峡，在古代航海水平相对落后的时代，东来西往的船只多在此登陆后转船，直到公元 6 世纪，其地位才被马六甲海峡代替。因而顿逊国成为东西方商贾云集之地。

在顿逊以南有狼牙修国（今泰国北大年）、盘盘国（今泰国南部万伦湾沿岸或今马来西亚加里曼丹北部）、丹丹国（位于今马来西亚吉兰丹），自南朝初年开始与中国商贸往来。史称：“盘盘国，宋文帝元嘉、孝建、大明中，并遣使贡献。”到梁时，交往更加密切，“中大通元年（529 年）五月，累遣使贡牙象及塔，并献沉檀等数十种，六年八月，复使送菩提国真舍利及画塔，并献菩提树叶、詹糖等香”。①中大通三年，（532 年）丹丹国遣使“奉送牙象及塔各二躯，并献火齐珠、古贝、杂香药等”。大同元年，又遣使献金银、琉璃、杂宝、香药等物。②苏门答腊岛上的干陁利“宋孝武世，……献金银，宝器”。到梁时，又多次遣使奉献香药、珍奇、土特产。

爪哇岛上的诃罗陁国、阇婆国、诃罗单国，自刘宋时均遣使通好。如诃罗陁国于

---

①《梁书》卷 54，《盘盘国传》。

② 同上，《丹丹国》。

元嘉七年遣使来华，要求“愿自今以后，赐年年奉使”。“市易往返，不为禁闭。”民间贸易也颇可观。东晋法显归国时，自印度搭乘商船至爪哇，又从爪哇乘商船归国，同船商人200余人，可见贸易之盛。此外，时人已知自爪哇至广州的航程50余日，此航线何处有风暴、礁石等了如指掌，足见两地交通贸易已经常化了。

六、与朝鲜、日本的贸易关系

魏晋南北朝时期，中国的东邻朝鲜、日本社会较前有了很大进步，奴隶制国家政权逐步建立，生产力有所发展。

这一时期，朝鲜北方有高句丽政权，南方有百济和新罗。自三国时，朝鲜半岛即与中国南北方开展官方及民间贸易交往。史载，嘉禾二年（233年），吴使至朝鲜，高句丽王“贡献”貂皮等物。到晋南北朝时，中国与朝鲜的交往进入一个新阶段，贸易关系更加密切。刘宋元嘉中，高句丽赠送良马800匹。百济也遣使至建康贡献。梁陈时期，百济、新罗使臣频繁来华。中国南朝政府对来华的朝鲜使臣每次都给予大量回赠。这一时期，中朝贸易中还开始了中国文化产品的输出。史载，梁中大通六年（534年）、大同七年（541年），百济王多次遣使献方物，并请求梁朝赠与《涅槃》等佛经和讲授《毛诗》的博士及工匠、画师等，“梁武帝并给之”。①

三国时，日本列岛出现了一个较大的国家——邪马台国。史载，魏明帝景初二年（238年），邪马台国王卑弥呼遣使至魏，送来“男生口四人、女生口六人、班布二匹二丈”。曹魏册封卑弥呼“亲魏倭王，假金印紫绶”并回赠倭使“绛地交龙锦五匹、绛地绉粟罽十张、青绛五十匹、细班华罽五张、白绢五十匹、金八两、五尺刀二口、铜镜百枚、珍珠、铅丹各五十斤”。正始元年（240年），魏为加强与倭国的外交关系，主动遣使出访，赠送倭王金银、丝织品、铜铁等物。正始四年（243年），倭使又来“贡献”，贡品有“生口、倭锦、绛青缣”等物。日本输华货物中出现了丝织品，表明中国丝织技术自秦汉时代传入日本后，日本已发展了自己的丝织业。南朝时，日本人终于开辟了不经朝鲜半岛的南道航线，进一步便利了与南中国发展通商关系。在频繁的中日经贸交往中，中国先进的丝织及缝纫技术不断被引进到日本。公元3世纪前期，日本人民的服装还很简单，无论男女多是着“贯头服”，即在一块布中央挖一洞，将头从洞中伸出。据日本《古事记》记载，在应神天皇时代（270—309年），朝鲜半岛上的百济国曾向日本贡献了两个纺织、缝纫技术优秀的人，“名叫卓素的韩锻以及名叫西素的吴服”。另据《日本书纪》记载，应神天皇39年（308年），应神天皇“遣阿知使主、都加使主与吴，令求织工女……，吴王于是与工女兄媛、弟媛、吴织、越织四妇女”。到南朝时，日本雄略天皇又遣使到南中国，寻求技艺精湛的纺织缝纫女工。公元469年，又有汉织、吴织等织工随倭使自浙江东渡日本。此外，公元3世纪后半期，为避战乱，中国人开始大量迁徙日本列岛。这些人中有不少能工巧匠，中国

①《南史·夷貊传》。

先进的生产技术随之传入日本。日本学者认为："特别显著的是他们对于养蚕、织绸事业的发展所作出的贡献。"①

第四节 对外贸易与中外经济文化交流

魏晋南北朝时代，随着陆海丝绸之路的发展，中外贸易关系更加密切，物质及文化产品的大量输出与输入，使中外经济文化交流更加深入。

一、中外经济交流

这一时期，中外经济交流从广度到深度上都有了进一步发展，除手工业品及土特产品的交流外，技术交流的方向和内容上更为多样化。由汉代的单向技术输出，变为中外双向技术交流。其中，最重要的是中国养蚕缫丝技术的进一步西传及西方玻璃制造术的传入。

（一）中国养蚕缫丝技术的进一步西传

这一时期，中国最大宗的出口商品仍然是丝绸，如前所述，其输出规模已大大超过前代。中国养蚕缫丝技术传入新疆后，又从新疆逐步向境外传播，不过这一过程是比较缓慢的。晋代郭璞在其《元中记》中说："吾国有蚕，大如小指，食桑叶为人吐丝，外国人不复信有蚕也。"到公元 4 世纪，中国养蚕缫丝技术自新疆经中亚传入波斯。如上所述，古波斯处于丝路的要冲，中国的丝绸很早输入该地。波斯人利用其地理上的优势，长期居间垄断中国丝绸输入罗马的贸易。随着丝绸的输入，养蚕缫丝技术也逐步传入波斯。在中国养蚕缫丝技术传入之前，有名的波斯织锦是用金、银线织成的。魏晋南北朝时期，波斯在掌握了中国养蚕缫丝技术后，开始制造真正以丝为原料的织锦。《魏书·西域传》记载，波斯王"衣锦袍"。波斯具有民族特色的织锦，还受到一些中国人的喜爱，进而返销中国，其织品惯用的图案——联珠对鸟对兽纹又逐渐被龟兹、高昌等地采纳。大体与此同时，中国养蚕缫丝技术也传入了印度。

中国养蚕缫丝技术传入西方，则要到公元6世纪。如上所述，中国丝绸经多次辗转运到罗马，特别是波斯人的居间垄断经营，使罗马为此付出高昂代价，从罗马帝国到东罗马，其统治者始终为摆脱波斯人对丝绸贸易的垄断而努力。到公元 6 世纪中叶，查士丁尼皇帝在位时，终于获得了中国养蚕缫丝技术。据东罗马史家柏罗柯劈斯所著《哥特战记》记载："有印度国僧人抵君士坦丁堡，探悉查士丁尼心中甚愿罗马人以后不再自波斯人购买丝货。乃见帝献策，可使罗马人不再自波斯或他国购买丝货。据其人自云：尝居印度诸国之北的赛林达国（即中国），居住多年，得悉养蚕之法，并可将此法传入拜占庭。查士丁尼闻言，乃详问如何可使其法成功。印度僧人告以产丝者乃一种蚕虫也。丝自蚕虫口中天然吐出，不需人力。欲由其国取蚕虫至罗马，断不可

① [日] 木宫泰彦，《日中文化交流史》，商务印书馆，1964 年版。

能，然有法可将蚕子带来。一蚕所产之卵、不可胜数。若将蚕子置于暖房中，即可培育出幼蚕来。查士丁尼听罢，允许成功以后，将重赏之。于是，他们前往赛林达国，将蚕子带到拜占庭。依其法行之，果得幼蚕甚多，以桑叶养之。由是，罗马帝国境内亦知制丝方法矣。”公元6世纪末的拜占庭史家梯俄方内斯，对此也有类似记述。他说：“查士丁尼在位时，有波斯人某至拜占庭传示蚕之生养方法，盖为以前罗马人所未知悉者也。波斯人某，曾居赛里斯国。归国时，藏蚕子于行路杖中，后携至拜占庭。春初之际，置蚕卵于桑叶上，盖此叶为其最佳之食也。后出虫，饲叶而长大，生两翼可飞。”

由此可见，东罗马养蚕缫丝技术是通过长期生活在中国、掌握了中国养蚕缫丝技术的波斯人或印度僧侣以秘密的方式引入的。自从东罗马掌握蚕丝生产技术后，拜占庭出现了庞大的皇家丝织工场，使用大批女工从事丝绸生产。所产丝绸除供东罗马消费外，还运往欧洲各地销售。东罗马对养蚕缫丝技术也采取垄断政策，因此，丝绸生产技术直到公元12世纪才传入南意大利。又过了100年，才传入西欧各国。

中国养蚕缫丝技术的外传，不但丰富了世界各国人民的衣着，而且还促进了一些落后地区文明的进步。如中国与扶南关系的发展，逐步改变了扶南男子不着衣的习俗。《梁书》记载：“吴时，遣中郎将康泰、宣化从事朱应使于寻国（即扶南国），国人犹裸，唯妇女着贯头。泰、应谓曰：‘国中实佳，但人亵露可怪耳。’寻始令国内男著横幅，今干缦（即筒裙）也。大家乃截锦为之，贫者乃用布。”

（二）西方玻璃及其制造技术的传入

玻璃，中国史书称为琉璃。中国是世界上较早生产玻璃的国家之一。据考古资料证实，至迟在西周时期，中国已开始生产白色玻璃。但中国所制玻璃与西方玻璃所含化学成分不同，前者以铅钡为主，后者则以钠钙为主，因而在光泽透明度及坚固性上，中国玻璃逊于西方。因而当中外贸易发展起来后，主要产于罗马北非行省——埃及亚历山大的西方玻璃就作为域外珍品辗转输入中国。大秦玻璃作为奢侈品输入中国，汉代称其为“夜光璧”。

到魏晋南北朝时，陆上和海上丝绸之路贸易的同时发展，西方玻璃自海、陆两路成批输入中国，其制造技术也经由多种途径分别输入中国。晋代炼丹家葛洪在其《抱扑子·内篇》卷二中说：“外国做水晶碗，实是合五种灰以作之，今交广有得其法以作之者。”水晶碗即透明玻璃碗。可见，到公元4世纪，埃及玻璃制造工艺已通过海路传入中国南方对外贸易中心——交、广二州。在北方，公元5世纪，大月氏商人将西方玻璃制造技术传入。《魏书·大月氏传》记载：“世祖（424—452年）时，其国人商贩至京师，自云能铸五色琉璃。于是采矿山中，于京师铸之。既成，光泽乃美于西方来者。诏为行殿，容百许人，光色映彻，观者莫不惊骇。以为神明所作。自此，中国琉璃遂贱，人不复珍之。”

二、佛教的进一步传播及文化艺术的交流

佛教自汉代传入中国，即与中国传统文化发生交融。到魏晋南北朝时，由于社会

动荡不安、战乱频繁，民众强烈需求精神上的慰藉，这为佛教在中国的生存发展提供了土壤。同时，随着海路畅通，中外商船往来频繁，为中外僧侣西去求法、东来传教提供了交通的便利。见诸史载，经海上丝路，搭乘商人船只东来西往的僧人众多。如西去求法高僧——东晋僧人法显，于晋安帝隆安三年（399 年），自长安出发，经西域至天竺、师子国。公元 412 年，自师子国乘商人船只抵耶婆提（爪哇），再由耶婆提搭乘商人船返国。南朝僧人昙无竭于宋永初元年（420 年）与 25 名佛教信徒远至天竺求法，后自南天竺搭乘商船至广州。东来弘法的印度僧侣也不断见诸史载，如印僧拘那罗陀，经狼牙修（马来半岛）、扶南，于梁大同十二年（546 年）至广州。此外，还有罽宾国僧人昙摩耶舍、印度僧人菩提达摩亦在南朝时搭乘商船来华。这些深谙教义的僧侣在华弘扬佛教，促进了佛教在中国的传播。而佛教的兴盛，士大夫阶层知佛、礼佛者日益增多，使佛教深刻地影响了中国的思想文化，尤其突出地表现于建筑、绘画、雕刻艺术之中。如天竺绘画中的凹凸画法及晕染法随佛教传入中国，对中国画风产生了深刻的影响。而由印度传入中国的佛教，在与中国传统文化接触、冲突、融合中，也日益中国化。中国化的佛教又进一步东传朝鲜、日本。朝鲜、日本在与中国的密切联系中，引进了越来越多的中国儒家典籍。中国儒家文化自此深刻地浸润于朝鲜、日本社会之中。

复习思考题

1. 魏晋南北朝时期，促进丝路贸易发展的措施有哪些？
2. 过所制度的含义是什么？
3. 六朝时期，促进海上丝路贸易发展的政策措施有哪些？
4. 魏晋南北朝时期，有哪些主要贸易伙伴？
5. 主要进出口商品和中外技术交流有哪些？

第四章　隋唐时期的对外贸易

学习要点与要求

本章主要阐述了隋唐时期发展对外贸易的政策措施、海外贸易管理制度——市舶制及这一时期中外贸易发展状况，分析了中国对外贸易重心转移的动因及其效应。通过学习，要求学生了解这一时期陆海丝绸之路的发展变化，理解决定贸易重心变迁的基本动因，重点掌握中国封建政府促进陆海贸易发展的制度创新及其效应。

隋唐时期，经过魏晋南北朝四百年的民族大融合，中华民族汇入了大量新鲜血液，从而焕发出勃勃生机，中国封建经济文化达到了一个新的高峰。在各民族共同努力下，中国铸就了封建社会历史上高度发达的物质文明和精神文明，从而为对外贸易的发展奠定了雄厚基础。经过民族大融合后建立的隋唐政权，以其恢宏气度，对各民族兼容并蓄。唐太宗曾说："自古皆贵中华，贱夷狄，朕独爱之如一。"[①]唐王朝无论在货物、服务还是人员流动上都敞开国门，向世界开放，丝路贸易由此进入了黄金时期。到唐后期，在各种因素的综合作用下，中国对外贸易重心逐渐由陆路转移到海路，海上丝绸之路贸易日趋繁荣并开始占据中国对外贸易的主导地位。

第一节　丝绸之路的发展变化

隋及唐前期，陆上和海上丝绸之路继续向前扩展，陆上丝路贸易发展到黄金阶段。唐后期，随着中国经济重心的转移及技术的进步，对外开放的路径愈益依赖海上丝绸之路了，从而使海上丝绸之路在中国对外开放中，日益占据主导地位。

一、陆上丝路的发展变化

丝绸之路在前代的基础上继续向前发展。唐前期，丝绸之路在帕米尔以东的发展主要是开辟了吐蕃道，即从河西进入青海，然后由青海进西藏，由西藏前往尼泊尔和

---

①（宋）司马光，《资治通鉴》卷198，《唐纪》14，中华书局，1976年版。

印度的交通贸易通道。

这一时期，丝绸之路在帕米尔以西多条路线出现了发展变化。一是北道支线的延伸，渡伊犁河过江布尔后，该路即沿锡尔河至咸海，由此西北行过恩巴河、乌拉尔河、伏尔加河至库班河河口对岸的克里米亚半岛的刻赤（今乌克兰境内）。该时期，东罗马帝国与西突厥的贸易往来密切，由此进一步促进了丝路北道的繁荣。二是北道干线的变化，由喀什向西翻越帕米尔高原到乌兹别克斯坦的布哈拉后，不再向西北走，而是过阿姆河后，向西南行至土库曼斯坦的马雷，在此与汉代南道干线会合。三是丝路南道干线的变化。隋唐时期，该路过休密后，不再西去阿富汗的瓦齐拉巴德，而是南行经巴米安、加兹尼至北印度。

二、海上丝路的扩展

在东南沿海经济发展的基础上，唐代中国的造船和航海技术出现了飞跃性进步。在造船方面，船舶数量众多且造船技术显著提高。唐代造船场遍及全国各地，见于记载的主要地区有宜（今安徽宣城县）、润（今江苏镇江市）、常（今江苏常州市）、苏（今江苏苏州市）、湖（今浙江湖州市）、越（今浙江绍兴市）、台（今浙江临海市）、婺（今浙江金华市）、江（今江西九江市）、洪（今江西南昌市）等州及剑南道（今四川省内）的沿江一带。此外，北方沿海的登州（今山东烟台市蓬莱区）、莱州（今山东莱州市），东南沿海港口杭州、扬州、福州、泉州、广州、交州等均以造船业著称。如扬子（今江苏仪征市）一地，便有造船场十处之多。这一时期，造船技术显著进步，突出体现在所造船舶结构更为坚固实用。文献记载，唐代船舶中出现了水密隔舱，以铁钉和石灰桐油进行接合，严密坚固。[①]同时，航海水平也有长足进步，特别是对海洋潮汐的成因和涨落的循环规律有了较全面的认识。唐代中国造船航海水平在世界处于领先地位，当时，不少外国商人常乘坐中国船舶远航。《中国印度见闻录》的法译者索瓦杰称："应当承认中国人在开导阿拉伯人远东航行的贡献。波斯湾的商人乘坐中国大船才完成他们头几次越过中国南海的航行。"

随着造船航海水平的提高，东海及南海丝绸之路均得到进一步扩展。

（一）南海丝绸之路的延伸——广州通海夷道的形成

六朝时期，海上丝绸之路的起点已由汉代的徐闻、合浦移至广州，且有少量船只远航波斯湾。唐代时，从广州至波斯湾的航线已经固定化、经常化了。《新唐书·地理志》详细记载了"广州通海夷道"，即自广州至波斯湾的航线。该航线从广州出发，经香港大屿山以北入海，过海南岛东北角及东南的独珠山，再过越南的占婆岛、燕子峡、归仁、牙庄、藩朗至昆仑岛；向南越新加坡海峡至苏门答腊岛，或向东航至爪哇岛；或转向西北沿马六甲海峡，过海峡南部的不罗华尔群岛、苏门答腊岛北部东海岸棉兰一带及婆罗斯岛，至尼科巴群岛；转向西航，至斯里兰卡；再沿阿拉伯海东海岸西北行，过印度的奎隆、印度西部一带、布洛奇，至卡拉奇；再

---

① 而同时期海外国家还在使用桄榔须、椰子皮和橄榄糖等材料。

西航至波斯湾头的阿巴丹、幼发拉底河口的奥波拉，由此溯河至巴士拉，转陆行即达阿拉伯帝国的首都巴格达。

《新唐书·地理志》载：“自婆罗门南境，从没来国至乌剌国，皆缘海东岸行；其西岸之西，皆大食国，其西最南谓之三兰国。自三兰国正北二十日行，经小国十余，至设国。又十日行，经小国六七至萨伊瞿和竭国，当海西岸。又西六七日行，经小国六七，至没巽国。又西北十日行，经小国十余，至拔离哥磨难国。又一日行，至乌剌国，与东岸路合。”该记载描述的从东非至波斯湾的航线，大体是从今天东非的坦桑尼亚的达累斯萨拉姆沿海岸向东北航行，过也门的席赫尔、阿曼的马斯喀特和苏哈尔，再过霍尔木兹海峡西航至巴林岛的麦纳麦，沿波斯湾海岸向西北，行至幼发拉底河口的奥波拉，在此与广州至波斯湾的航线相接。

综上所述，“广州通海夷道”将东亚、东南亚、南亚、波斯湾、阿拉伯半岛东南岸和东非沿岸连接了起来，成为16世纪以前人类定期使用的最长航线。

（二）东海丝绸之路的扩展

隋唐时期，随着中国与朝鲜半岛及日本间交往的增多，贸易路线也得到扩展。

隋代由中国通向朝鲜半岛的航线有两条：一是沿渤海和黄海沿岸航行到达朝鲜；二是横渡黄海到达朝鲜。到了唐代，唐王朝同朝鲜半岛上的新罗关系密切，双方交往十分频繁。其航线亦有两条。一是贾耽所记的“登州海行入高丽、渤海道”。这条航线的走向是从登州过渤海海峡至辽东半岛南岸，再沿岸东北行至鸭绿江口。然后，沿朝鲜半岛西海岸南下，过身弥岛、大同江口、椒岛、长渊县的长命镇、瓮津半岛外岛群、江华岛、大阜岛至牙山湾内的海口，再陆行至朝鲜半岛东南部的庆州。该航线虽航程较长，但较为安全。二是从山东半岛的登州、莱州启航，横跨黄海直抵朝鲜半岛西海岸的大同江口或江华湾。

隋唐时期，日本多次派遣隋使和遣唐使来华，推动了中日间多条航线的形成。

1. 北路北线。先从山东半岛沿岸航行抵达朝鲜半岛西海岸，再南下至半岛南端，或过济州海峡，直抵日本九州北部的博多大津（今福冈）；或沿朝鲜半岛南岸东航至巨济岛、釜山一带，再过对马岛、壹岐岛，航抵博多大津。再东航，入濑户内海，最后抵达难波的三津浦（今大阪市南区的三津寺町，这里是日本遣唐使船的始发港和终至港）。

2. 北路南线。从山东半岛的登州启航，东渡黄海，至朝鲜半岛西海岸的瓮津半岛西端南行，再接北路北线航抵日本。隋使裴清赴日和日僧圆仁归国均循此线。

3. 南路南线。公元 8 世纪，新罗统一了朝鲜半岛后，同日本的关系处于紧张状态，昔日的北路航线不便于中日间的往返，只得另辟航线。该航线是从明州（今宁波）、越州（今绍兴）起航，横渡东海至奄美大岛，往北经诸岛越大隅海峡至鹿儿岛，再沿海岸北上至博多大津（今福冈），再东航至难波（今大阪）。唐高僧鉴真东渡日本，正是沿此航线。

4. 南路北线。因南路南线航程过长，日本从第四期遣唐使来华开始，则循南路北线航行，即从江浙沿海的楚州（今淮安）、扬州、明州、温州等港口起航，向东偏北斜穿东海，至日本的值嘉岛（今五岛列岛与平户岛之间），再航抵博多和难波。

三、中国对外贸易重心的转移

中国传统经济重心位于北方，特别是黄河中下游平原。自汉末以来，随着北方人口南迁，江南经济逐步得到开发，经魏晋南北朝、唐前期的努力，到唐后期，中国经济重心已由西北的关中一带转移到长江中下游地区了，江淮地区已经成为中国最重要的经济区。经济重心是对外贸易重心形成的基础，因而中国经济重心的南移从根本上导致了陆海丝绸之路地位的转换。唐前期，中国经济重心仍然在关中一带，《资治通鉴》卷 216 天宝十二年（753 年）条中说："是时中国盛强，自安远门西尽唐境，凡万二千里，闾阎相望，桑麻翳野，天下称富庶者，无如陇右。"而到唐后期，南方经济产出已超越了北方。韩愈在其《送陆歙诗序》中称："今赋出天下，江南居十九。"当时，大宗传统出口商品丝绸的生产，南方也超过了北方，为对外贸易发展奠定了物质基础。

进出口商品结构的变化对交通运输条件提出了新的需求。唐代，中国瓷器制造业有显著发展。南方所产的青瓷"类玉类冰"，北方产的白瓷则"类银、类雪"。中国瓷器一经出口即受到海外各国人民的欢迎，从而成为中国一项新的大宗出口货物。而瓷器是易碎品且重量较大，传统的需要翻越崇山峻岭的西北丝绸之路及以运力有限的骆驼为主要交通工具的运输方式，无法满足瓷器出口的需要。海上运输与陆上运输相比，具有行驶平稳、载重量大等优势，因而对于瓷器出口贸易而言，海上运输比陆路运输更为适宜。同时，随着唐朝经济的发展，对境外香料的需求增加，而海外香料产地主要集中于南海各国及大食等海路交通便利的国家和地区。

造船、航海水平的显著提高为海上丝路的勃兴提供了技术保障。随着知识的积累和技术进步，人类征服海洋的能力大大提高。唐代，中国造船业有了新的发展，所造船舶不仅载重量大大提高，而且坚固性增强，适宜远洋航行，一些外商也搭乘中国商船往来贸易。史称："'字林'大船也，今江南泛海船谓之舶，昆仑及高丽皆乘之，大者受万斛也。"①同时，唐朝人对季风、潮汐规律的掌握，对海洋地貌的认识也有了进一步加强。造船航海技术的进步使海上航行的风险性大大降低，从而为中国人利用海上运输方式开展对外贸易活动提供了可能。随着航海造船水平的提高，东南沿海地区日益显示出其在对外交往上的优势，而昔日中外交流的主要孔道——西北丝绸之路，在地域上的比较优势大为弱化了。

公元 8 世纪中叶，国内外政治局势剧变，直接导致了中国对外贸易重心的转换。公元 751 年，唐朝军队与阿拉伯军队在中亚怛逻斯（今哈萨克斯坦江布尔）发生激战，史称怛逻斯战役。该战役由于中亚葛逻禄部倒戈，导致唐军惨败，大批唐朝士兵被俘。这些士兵中有不少造纸、缫丝、冶铁等业的手工工匠，他们被俘往阿拉伯地区，由此导致了一次中国技术的大规模输出。

怛逻斯之战后，唐朝在中亚的优势开始丧失。随后不久，国内发生"安史之乱"

① 玄应，《一切经音义》卷 1。

（755—763 年），唐王朝将在中亚的驻军撤回中原，从此失去对中亚的控制。中亚地区陷入民族纷争之中，丝绸之路受到阻塞，中外贸易难以沿此为继，中国对外贸易重心开始逐步由陆路转移到海路。

随着陆上丝绸之路的衰落，中国对外开放的重心也从西北逐步转向东南沿海地区了。远离海洋的陆上丝绸之路沿线地区，逐渐由对外开放的前沿地带变为相对封闭的区域，其经济发展速度日益迟缓，并逐渐与东南沿海地区形成了经济发展的落差。

第二节　隋唐时期的对外贸易政策

公元 8 世纪中期以前，对外贸易活动仍主要通过陆路进行，隋唐王朝继承并进一步发展了前代的丝路贸易鼓励政策。与此同时，海路贸易日趋兴盛，特别是到唐后期，海路贸易超越陆路贸易，催生了中国海外贸易管理制度。

一、隋代的丝路贸易政策

隋朝结束了中国长达四百年的南北分裂、民族纷争的局面。为维护大一统的政治格局，推动社会经济发展，隋王朝实施了一系列政治、经济及军事措施。其中，涉及丝路贸易的政策措施如下。

（一）恩威并施，畅通丝路

隋初，位于青海的吐谷浑人经常进犯河西。大业五年（609 年），隋炀帝派兵击溃吐谷浑，从而解除了河西的威胁。

公元 6 世纪末，突厥分裂为东西两部，东突厥内附于隋，西突厥控制西域，隋王朝对之采取怀柔政策——“互市”。隋与西突厥的贸易往来，促使丝路得以畅通，沿西北陆路的对外开放得以顺利发展。

（二）设立地方基层政权，组织屯田

隋代以前，中原王朝在新疆仅设有松散的行政组织。隋王朝在丝路要冲的鄯善、且末和伊吾等地设立郡县，在各郡县开展屯田活动，过往丝路行旅的供给由此得以保障。

（三）主动遣使出访，开展官方贸易活动

大业初年，隋炀帝派遣司隶从事杜行满出使西域各国，隋朝使团先后到达中亚的安国、史国、罽宾（今克什米尔）、王舍城（今印度比哈尔邦巴特那之南）等。在安国“得五色盐而返”，“至罽宾得玛瑙杯，王舍城得佛经，史国得十舞女、狮子皮、火鼠毛而还”。[①]此外，隋炀帝还曾经“遣云骑尉李昱通波斯，寻遣使随昱贡方物”。[②]除陆上丝路沿线国家外，隋朝也派出使臣出访海上丝路沿线国家。《隋书·南蛮传》“赤

---

①（唐）魏征等，《隋书》卷 83，《西域传》，中华书局，1973 年版。

② 同上。

土”条云：“炀帝即位，募能通绝域者。”大业三年（607 年），常骏、王君政等人应募沿海路出使马来半岛的赤土国。

（四）设立丝路贸易的主管官员

隋代以前，丝路贸易均由地方行政或军事机构兼管。隋朝统一全国后，胡商仍按过去习惯集中到河西贸易。隋炀帝任命吏部侍郎裴矩担任交市监，派驻河西张掖专门管理中外交易。

（五）积极招徕外商

裴矩在河西采取了一系列优待和招徕外商的政策措施，如提供沿途食宿、免费运送货物等，还积极鼓励外商前往内地交易。同时，裴矩通过多次访问胡商，较为深入地了解了敦煌以西各地的地理环境及物产等状况。裴矩将其整理成书——《西域图记》，呈送给隋炀帝，加深了隋炀帝对西域的了解，使其对发展丝路贸易更加重视。

公元 609 年，隋炀帝亲自出巡河西。西域 27 国的国王、使臣在裴矩的导引下，由敦煌前往张掖朝见隋炀帝。为显示隋王朝的强盛，隋炀帝命令武威、张掖各地百姓盛装出门游玩，衣服、车马不华丽的，都由郡县负责筹换。从敦煌到张掖，沿途数百里呈现出一派繁荣富足的景象，令各国国王、使臣叹为观止，进一步激发了他们发展与中国政治经济交往的愿望。

公元 610 年，隋炀帝应胡商的要求，批准在洛阳召开一次中外商品交易会。好大喜功的隋炀帝命令洛阳城装饰一新、准备充足的货物，迎接来自西域各地的商贾。从正月十五到月底，在洛阳丰都市场上开展了为期半个月的中外商品交易活动。“以诸蕃酋长毕集洛阳……所费巨万，自是岁以为常。”[①]此后，胡商纷纷涌入洛阳、长安等内地开展贸易活动，中外贸易日趋繁荣。

二、唐代的对外贸易政策

在积极开放的总方针下，唐王朝采取了一系列促进中外贸易发展的政策措施。实行这些措施的主旨在于：一、通过对外贸易活动加强中外政治经济联系，维护唐王朝“天朝上国”的国际威望；二、满足上层社会对海外奇珍异物的奢侈性需求；三、通过发展海外贸易，增加政府的财政收入。

（一）主动遣使出访

为加强中外政治、经济联系，唐王朝积极主动派使臣出访。唐王朝先后多次向印度、朝鲜半岛及日本等国家和地区派遣使臣，开展朝贡贸易活动。

（二）厚礼接待外国朝贡贸易使团

唐代对来华朝贡使团均予以厚礼接待。各国使团来华的食宿、交通费用，均由唐朝政府免费提供。使团回国时，唐政府还为其举行欢送宴会并赠送大量礼物。如唐高祖武德八年（625 年），林邑国（今越南中南部）遣使携带土特产来华。高祖“为设《九部乐》以宴之，及赐其王锦彩”。唐太宗贞观二年（628 年），真腊国（今柬埔寨）

① （唐）魏征等，《隋书・音乐志》，中华书局，1973 年版。

遣使来华，太宗“嘉其陆海疲劳，锡赍甚厚”。[①]

（三）健全西域的军事、行政管理机构，保证丝路的安全和畅通

漫长的丝绸之路沿线存在诸多的自然和人为障碍，确保商旅安全是保障这一贸易通道持续畅通的关键。唐初，西突厥一度阻碍丝路贸易，唐王朝出兵击退西突厥，排除了这一障碍。唐太宗对中亚来华使臣宣告“西突厥已降，商旅可行矣”，由此“诸胡大悦”。[②]唐太宗随即在高昌设立安西都护府（后移至龟兹），屯驻军队，镇守西域。此后，唐朝政府陆续在西域各地设立都督府、州、县等军政机构。公元702年，唐在庭州（今新疆吉木萨尔）设立了北庭都护府，负责管理天山以北的广大地区。丝路沿线军政机构的设立，有效地保证了丝路的安全和畅通。

（四）提高中外贸易的便利性和自由度

唐前期，从长安经河西到西域的广大地带遍设驿馆，为过往的商人、使者提供食宿和牲畜的草料。唐代诗人岑参对丝路沿途驿站及丝路畅通状况有着生动描述：“一驿过一驿，驿骑如流星。平明发咸阳，暮及陇山头。”

唐代法律明确规定，外商可以自由地“任于内地贸易”，[③]不受地域限制。唐玄宗曾拟派人赴东南亚购买奇珍异宝，有大臣反对称，此举“与商贾争利，殆非王者之礼”，[④]玄宗的动议由此作罢。这表明唐朝中外民间贸易的自由发展空间有一定保障。

（五）实行国民待遇或超国民待遇，增强对外商的吸引力

为吸引外商来华，唐朝对来华外商实行各种优惠性待遇，主要涉及四方面的内容。一是免费接待外国商使。唐朝在长安设有礼宾院（隶属于鸿胪寺），专门负责接待外宾，每年用于外宾食宿、日用、路费等方面的费用高达一万三千斛。二是为吸引人才，唐政府允许外国人在中国长期居住，即“入朝听住”政策，从而吸引了大批外国僧侣、学者、画家、匠人、艺人、商人来华。他们在华可以享受国民待遇，自由从事各行业活动，因而大批外国侨民活跃于唐王朝社会经济的各领域。来华外商不仅可到中国各地进行货物贸易，而且还可以开设店铺从事服务贸易。三是减免在华外商赋税。早在唐高祖武德年间，唐朝即规定“蕃胡内附者，上户丁税钱十文，次户五文，下户免之”，而本国居民“每丁岁入租粟两石”。[⑤]四是政府以优惠价格与外商交易。据《中国印度见闻录》记载：“海员从海上来到他们的国土，中国人便把商品存入货栈，保管六个月，直到最后一船海商到达时为止。他们提取十分之三的货物，把其余的十分之七交还商人。这是政府所需的物品，用最高的价格现钱购买，这一点是没有差错的。每一曼那的樟脑卖五十个‘法库’，一法库合一千个铜钱。这种樟脑如果不是政府去购买，便只有这个价格的一半。……在商业交易上和债务上，中国人都讲公

---

①《旧唐书》卷147。

②（宋）欧阳修，宋祁，《新唐书》卷221，《西域传》下，中华书局，1975年版。

③ 马负书编，《敦煌遗书》S·1344，《唐户部格残卷》垂拱元年八月敕，甘肃人民出版社，1985年版。

④（宋）司马光，《资治通鉴》卷211，中华书局，1973年版。

⑤（后晋）刘昫，《旧唐书》卷48，《食货》上，中华书局，1975年版。

道。”政府按高于市场的价格购买进口商品，使外商得到更多的实惠。

（六）尊重外商习俗和宗教信仰，保护外商的合法利益

由于唐代来华开展贸易活动的外商众多，不少人侨居在中国。为便于管理，唐代在外国人聚居的广州等口岸设立专供外国人居住的街区——“蕃坊”。各蕃坊蕃长由外商推举并经唐朝政府任命，在遵守唐朝法律前提下，按本民族习惯和宗教信仰对蕃坊进行管理。按照唐朝法律规定，“诸化外人，同类相犯者，各依本俗法；异类相犯者，以法律论”。[①]也就是说，同国籍的外商间发生纠纷可按该国惯例处理，不同国籍的商人间发生纠纷则按唐朝政府的法律处置。由此，既尊重了各国习俗、法律，也维护了唐朝司法主权。对于为数众多的粟特商人的管理，继续实施前代的萨保制。

唐代从法规制度上对来华外商利益予以保护，主要体现在三个方面。第一，唐朝政府明确规定禁止重征外商。公元834年，唐文宗颁布谕令：“南海蕃舶本以慕华而来，固在接以恩仁，使其感悦。……其岭南、福建及扬州蕃客，宜委节度观察使常加存问，除舶脚（船舶税）、收市（政府购买）、进奉（进贡）外，任其往来，自为交易，不得重加率税。”[②]这说明鼓励外商来华是沿海地方官员的重要职责，实行规范的税收制度以保护外商的合法利益不受损害。第二，严惩沿海贪官污吏。唐玄宗时，曾有几任南海太守因敲诈外商受到处死或流放的严厉刑罚。第三，保护外商在华遗产。唐政府规定，外商在华去世后，其遗产由当地官府妥善保管，等待亲属认领。一定期限后，若无人认领，方予以没收。

（七）加强对陆海丝路贸易的管理

在陆路贸易方面，设立了管理边境贸易事务的互市监，同时，继续实行前代的过所制度。往来丝路的中外商人须向政府申领过所，过所上要注明持证人的姓名、年龄、所携带商品等。途径主要关口时，一律查验过所，无过所者不得通过。

为保证丝路沿线驻军的粮食供给，唐代在丝绸之路南道的焉耆、龟兹、疏勒、于阗及北道轮台开征对外贸易税。同时，唐朝规定，国内稀缺的金银铜铁及绫（高级丝织品）等禁止出口。

在海路贸易方面，唐代创立了中国古代海外贸易管理制度——市舶制度。为适应海外贸易发展的需要，唐朝政府于玄宗开元二年（714年）在最大的对外贸易口岸广州设立了海外贸易的主管官员——市舶使（另说太宗贞观年间已设立，存疑）。唐代市舶制度处于初创阶段，其组织较为简单，没有专门机构，仅设有市舶官吏——市舶使（又称“结好使”“押蕃舶使”，通常由皇帝的心腹宦官充任，位虽不高，但权力较大）。

除广州外，唐代还在明州、交州和扬州等港口设置了市舶使。市舶使负责口岸的进出口贸易管理，其具体职能有以下五项。

一是对进口货物登记、分类。船舶进港后，由市舶官吏对货物进行登记，并将货

---

①《唐律疏议》卷6。

②《全唐文》卷75。

物分为粗货（普通货物）和细货（奢侈品）两种，作为征税的基础。

二是征税。由市舶官吏对进口船舶征收进口税，所征正税称“舶脚”，又称“下碇税”，即吨税，税率不详。除正税外，有时还对奢侈品征收实物形式的货税。中国海外贸易税收自唐朝正式开始。

三是禁止奢侈品自由交易。对珍贵的进口货物，禁止商人自由经营，由朝廷和沿海地方政府收买，实行政府专营。

四是设置栈房，保管外商货物。由于当时船舶载重量相对较小，外商贩运的货物通常利用季风季分批来华。唐朝在广州设立栈房，为外商保管货物。

五是管理外商在华贸易。外商到中国内陆地区开展贸易活动，须到地方政府和市舶使处申领证件。地方政府负责发放身份证，上面注明外商姓名、年龄、民族等；市舶使负责签发“公函”，其上要注明外商携带的货物、货币数量等，经过哨所要接受检查。

第三节 中外贸易关系

唐代中国高度发达的封建经济文化为对外贸易发展奠定了基础，对外开放政策的实施，推动了对外贸易加速发展。特别是到唐中期，在陆上丝路贸易发展趋于顶峰之时，海上丝绸之路贸易也日益繁荣并逐渐占据上风。唐玄宗时，“开元太平时，万国贺丰岁”，“梯航万国来，争先贡金帛”，[①]中外贸易往来盛况空前。

这一时期，不仅中外商人往来相继，而且还出现了大量外商长期居留中国的现象。《旧唐书·西域传》称，长安“大蒙之人，西方之国，……，贞观、开元，藁街充斥”。在华居留的外商不少从事各种工商服务业，如在当时商业都会长安和洛阳等地，即有中亚或西亚商人开设的珠宝店、胡饼店、酒肆、邸店（兼有仓库和旅馆的双重功能）等。在洛阳北市开店的外商还仿效唐人组织同业的“行”“社”，在洛阳龙门石窟古阳洞北，迄今仍保留有唐代外商团体之一“北市香行社”[②]修造的佛龛。唐三彩中，大量胡商牵驼俑的造型也反映了这一时期沿丝绸之路中外贸易发展的盛况。除长安、洛阳，沿海的广州、明州（今宁波）及扬州等地外，一些内地中小城镇也有外商活跃的身影。如饶州上饶“颇通商外夷，波斯、安息之货，国人有转估于饶者”；[③]“安史之乱”时，洪州（今江西南昌）由胡商协助唐军平乱，“胡乐输其财”；[④]陈留（今河南陈留）的唐人可以“夜闻胡斗宝”；[⑤]湖北江陵城内，有长期定居的高丽商修建的高丽邸。

---

① 《全唐诗》卷1、卷542、卷701。

② 从事香料贸易的商人组织。

③ 李昉等，《文苑英华》卷371，中华书局，1996年版。

④ 李昉等，《太平广记》卷403，中华书局，1981年版。

⑤ 同上。

一、与陆上丝路沿线国家的贸易关系

在对外开放政策下，隋唐时期，沿丝绸之路官方朝贡贸易及民间贸易均日趋兴盛。唐太宗时，已出现“百蛮奉遐赐，万国朝未央”的盛况。史载，唐前期“伊吾之右，波斯以东，职贡不绝，商旅相继”。[①]唐诗人张籍的《凉州词》称：“边城暮雨雁飞低，芦笋初生渐欲齐。无数铃声遥过碛，应驮白练到安西。”这生动地反映了丝绸贸易兴盛的景象。

这一时期，沿着丝绸之路来华的外商，主要来自中亚、西亚地区。

（一）中亚各国

隋朝时期，中亚各国即与中国保持密切的政治经济往来。史载，隋炀帝大业年间，西域“相率而来朝者三十余国，帝因置西域校尉以应接之”。[②]吏部侍郎裴矩被派往河西推行发展丝路贸易的积极措施后，胡商来隋贸易更加踊跃，“自是西域胡往来相继”。[③]

公元7世纪后，中亚各国受到阿拉伯人的威胁，其中的米国、史国、石国、大小安国、曹国、康国、何国、穆国等“昭武九姓国”[④]为寻求唐朝的保护，纷纷要求内附大唐。唐朝为此在中亚驻军设防，使丝绸之路自中亚到中原空前畅通，中亚各国与唐王朝的贸易高度繁荣。

《旧唐书》记载，康国（今乌兹别克斯坦撒马尔罕）人“善商贾，……，男子年廿，即远之旁国，来适中夏，利之所在，无所不到”。唐初，康国商人一次来华贸易即运来马匹4 000余匹。中亚各国商人除向中国贩运各种战马、毛制品外，还大量转口西方的珍宝、奇禽异兽等。唐代文献记载，中亚商使多次运狮、豹及鸵鸟等来华，同时，从中国购买大批的丝绸、铁器、漆器等物品。

（二）西亚各国

这一时期，沿着陆上丝路与中国贸易关系密切的西亚国家主要是波斯和拂菻。

公元651年，在阿拉伯帝国进攻下，萨珊波斯王朝灭亡，唐王朝与波斯关系出现了新的变化。一方面，唐王朝与波斯王朝的残余势力之间仍保持官方交往；另一方面，大量波斯人移居中国，唐朝政府对他们予以妥善安置，在长安设有波斯寺，作为波斯人从事宗教活动的场所。一些波斯王族还在唐朝担任官职，如波斯王泥涅斯被授以左威卫将军。再如曾任陇右节度使的安元谅、“拂菻国诸蕃招慰大使”的阿罗喊均是波斯人。更多的波斯人则在长安西市、洛阳丰都等地开设店铺——波斯邸从事贸易活动。其中，多有以贩卖珠宝为业者，《太平广记》等唐朝文献均记载了波斯胡善于鉴赏宝物之事。

拂菻，即东罗马帝国。这一时期，中国与东罗马之间的贸易既有直接的官方贸易，

---

①《全唐文》第1部，卷6。

②（唐）魏征等，《隋书》卷83，《西域传》，中华书局，1973年版。

③（宋）司马光，《资治通鉴》卷180。

④ 传说其祖先来自河西的昭武地区（今甘肃高台）。

也有间接的转口贸易。直接贸易主要是通过互派使臣交换各种奢侈品。如公元643年，拂菻国王多波力遣使长安，带来赤玻璃、绿金精等物，唐太宗回赠以大量绫绮。间接贸易主要是通过西突厥转口。唐王朝对突厥实行怀柔政策，与突厥开展互市贸易，突厥由此获得大量的丝绸。为避开大食，西突厥人经天山北、咸海、里海及黑海北面抵达地中海，将中国丝绸等物贩运至东罗马。

二、与海上丝路沿线国家的贸易关系

在江南经济进一步开发的基础上，唐代，海上丝绸之路贸易渐趋繁荣。到唐后期，在各种因素的综合作用下，中国对外贸易重心逐渐由陆路转移到海路，中国与海上丝路沿线国家的贸易关系得到进一步发展，沿海的对外贸易口岸由此也进一步增加。

（一）海外贸易关系的发展

唐代，沿着海上丝路不仅有东北亚、东南亚及西亚各国商人络绎来华兴贩，更多中国商人也“走出去”，远赴海外开展贸易活动。

1. 东北亚各国

唐初，朝鲜半岛上仍然是三国鼎立的局面，高句丽、百济、新罗三国纷纷与唐开展官方的朝贡贸易。到公元668年，新罗先后灭掉百济和高句丽，统一了朝鲜半岛。新罗与唐朝的贸易沿着陆路和海路两途进行。沿海路来唐的新罗人主要集中于山东半岛和淮河下游一带，人数众多，以至在登州文登县设有专门接待新罗商使的新罗馆、新罗院及附属设施新罗寺庙，在楚州等地也设有“新罗坊”。这一时期，两国交换的商品种类更加丰富。中国出口到朝鲜半岛的商品主要有丝绸、服装、瓷器、茶、铁器、书籍及各种文化用品等，唐朝自朝鲜半岛进口的商品主要有人参、铜、手工艺品等。随着茶叶的输入，中国茶树的种子大体于公元828年左右传入朝鲜半岛，由此开始了朝鲜半岛植茶的历史。

唐前期，日本“遣唐使”活动推动了中日官方贸易往来。自隋代开始，日本即派出大批使团来中国交换物品，学习中国先进的文化、典章制度及生产技术等。“大化革新”后，日本向中国学习的力度进一步加大。唐代，来华日本使团规模空前扩大。唐后期，随着遣唐使活动的停止，中日民间贸易活跃度大为提高，其中，又以中国商人赴日为主。史载，明州海商李麟德、张友信及李延孝等商团常年往来于明州与日本的博多港之间。咸通三年（862年），“大唐人李延孝等43人来，敕大宰府，安置供给”。[①]唐人赴日贸易众多，日本为此专设有管理中日贸易的官员“交易唐物使”。

双方交换的商品主要是中国的丝绸、瓷器、茶、铜钱、儒家及佛家典籍等，日本输华货物有砂金、珍珠、木材、牛角等。

---

①《头陀亲王入唐略记》，东寺观智院藏版本。转引自林士民《唐代明州港与日本博多港对比研究》，《三江论坛》，2009年第6期。

2. 东南亚各国

与唐王朝贸易关系密切的东南亚国家，主要分布在今天的柬埔寨、缅甸、印度尼西亚等国。

自隋唐开始，真腊国（今柬埔寨）与中国朝贡贸易频繁。公元 8 世纪初，真腊分裂为陆、水真腊两部，与中国关系均较为密切。玄宗天宝十二年（753 年），陆真腊王子率王族 26 人来访，唐玄宗授其“果毅都尉”的官衔。唐代宗时（766—779 年），真腊副王又率团访华，进献 11 只驯象等物。

这一时期，骠国（今缅甸）除通过海路与唐朝交往外，还经陆路与云南的南诏政权保持通商贸易关系。

唐代，中国与印度尼西亚苏门答腊岛上的室利佛逝国、爪哇岛上的阇婆国等，官方与民间贸易关系均较密切。来华的印尼商人众多，主要集中于广州，故唐朝特在广州设有印尼商人居住的蕃坊，印尼大商人蒲高粟曾担任蕃长。这一时期，双方交换的商品主要有中国的丝织品、瓷器、铜钱、铁器、农具等，印尼输华的商品主要是胡椒等各色香料、贵重木材、珠宝、玳瑁、象牙、犀角等。

3. 南亚各国

唐代，中国与位于今日印度和斯里兰卡的天竺国及师子国间也有着频繁的贸易往来。

唐代，中印海路贸易进一步发展。《国史补》记载：“南海舶，外国船也。每岁至安南、广州。师子国舶最大，梯而上下数丈，皆积宝货。”在南亚商船来华的同时，中国商船也不断西去。如唐代贪官王锷违禁经商，将其货船混迹在民船中前往天竺贸易，“日发十余艇”，说明这一时期，唐朝海商前往南亚贸易规模颇为可观。唐玄奘在《大唐西域记》中记述他在中天竺时，见到来自广州的大商船，长达二十丈，能载六七百人。

天竺国及师子国贩运来华的商品主要是犀角、玳瑁、胡椒、香料、药材、蔗糖、宝石、象牙、珍珠、玉佛像、佛经等，中国输出商品主要有丝织品、瓷器、药材等。

4. 西亚各国

唐代，中国通过海上丝绸之路与西亚的阿拉伯各国及波斯贸易往来相继。阿拉伯帝国自公元 6 世纪后半叶兴起，到 7 世纪已成为一个地跨欧、亚、非的大帝国。高宗永徽二年（651 年），阿拉伯第三代哈里发奥斯曼遣使来唐，与中国开始了官方交往。此后，两国不断通过互派使臣开展官方贸易。不过，唐前期由于阿拉伯人不断向东方扩张，与唐朝在中亚发生冲突，制约了双方贸易关系的发展。

公元 8 世纪中叶以后，中国对外贸易重心转移到东南沿海，在唐王朝的开放政策下，大批阿拉伯商人来华开展贸易，中阿贸易关系快速发展，并在中国对外贸易中占据愈益重要的地位。英国学者李约瑟在其《中国科技史》中称：“从 8 世纪至 13 世纪，是中国与阿拉伯交往的伟大时代。”

唐后期，中国对外贸易第一大港广州已聚集了大量阿拉伯商人。为此，广州专设有供阿拉伯人居住的蕃坊，阿拉伯人在此建有伊斯兰教寺院——怀圣寺。唐末，黄巢起义使中阿贸易受到严重影响。据阿拉伯人记载，“中国的事变波及海外万里的希拉夫港（今伊朗的塔黑里）及瓮蛮省（今阿曼）两地的商人，以前营商中国为生而今日破产者，比比皆是”。阿拉伯商人来华贸易的史实还反映在阿拉伯故事集《天方夜谭》中，书中描述了商人辛德巴德扬帆中国的经历。唐代，也有大量中国商人西去阿拉伯。在其首都巴格达，长长的码头上停泊着数百艘外国船，其中有不少中国船。街市上专设有出售中国丝织品、瓷器、纸张、麝香等商品的市场。

（二）海路贸易港口的兴盛

隋唐时期，随着中外海上交往的频繁，沿海的对外贸易港口数量增加。在传统外贸口岸进一步发展的同时，一些新的沿海口岸也加入对外贸易行列。文献记载的唐代繁荣的对外贸易港口，主要有广州、明州（宁波）、扬州、交州、越州（绍兴）、楚州（淮安）、苏州、杭州、福州、泉州、登州等。其中，以广州、明州、扬州、交州最为重要，这几个港口被誉为唐代四大贸易港。

1. 广州港

经过六朝时期的发展，到唐代，广州港进入了对外贸易繁荣时期。从贾耽所记“广州通海夷道”可见，唐代通向波斯湾并继航至东非的航程正是以广州为起始点的。沿此航线，从广州起航的商船，经中南半岛、马来半岛、马来群岛，再经印度半岛，西抵波斯湾，再南航至阿拉伯半岛和东非。据《中国印度见闻录》卷一记载，当时的广州为“商人云集之地”，“是船舶的商埠，是阿拉伯货物和中国货物的集散地”。

海上丝绸之路沿线各国前来广州的商船，络绎不绝。正如《唐大和上东征传》记载：“广州……江中有婆罗门、波斯、昆仑等舶，不知其数，并载香药、珍宝，积载如山。”

因外商云集广州，其中留居者亦为数可观，而尤以阿拉伯商人为众。阿拉伯人阿布·赛德·哈萨在《中国印度见闻录》卷二中说，唐末黄巢起义攻下广州时，混乱中死去的外国人约有 12 万之多。这一数字有夸张之嫌，但从中可以反映出广州外商为数之多。

为适应广州海路贸易迅速发展的需要，唐王朝率先在此设置了管理海路贸易的官吏——市舶使，揭开了中国古代海路贸易管理制度——市舶制度的序幕。

2. 明州港

明州地处东海之滨，濒临西太平洋，地势平坦，气候适宜，航道畅通，经济繁荣，历代皆为浙东政治、经济和文化中心。

唐代的明州，已跨入全国四大贸易港的行列。由距明州 70 多里的甬江口望海镇出海的船只，常驶抵新罗和日本。自 8 世纪起，日本遣唐使船多循南岛路（即南路南线）或南路（即南路北线）往返，亦多在明州登陆或启碇。自遣唐使船停航之后。日本民间商船常常往返于明州和筑紫之间。可以说，明州港是唐朝同东方的日本和朝鲜进行贸易往来的门户。与此同时，也有不少中外商船自明州向南，通过和广州、交州的联系，沿西方航线远航东南亚和西亚等地。

3. 扬州港

隋代，沟通南北的大运河的开凿使扬州成为南北水陆交通的枢纽和货物的集散地，这里的商品经济日趋繁荣。唐代，扬州已成为国际大都会，沿海上丝路前来的东西方商人络绎不绝。

隋唐时期，扬州同朝鲜和日本的交通，有南北两条航线。北线，由日本九州航抵朝鲜半岛南部，沿西海岸北上，再西至山东半岛北部登州（今蓬莱）登陆，转由济水入淮河，沿淮南运河直抵扬州；或由江苏北部的楚州及其附近沿海登陆，转由淮南运河抵达扬州。扬州同朝鲜的交通，多取北线。该线在盛唐之前亦是中日两国通航的早期航线。南线，由日本九州岛南部的萨摩半岛或由北部的博多湾一带渡海，直航扬子江口岸，驶抵扬州，再沿长江转至襄鄂，或沿运河转至京洛。日本历次的遣唐使节，鉴真和尚的历次东渡，多取此道。

扬州同东南亚、西亚和北非的交通，一是循丝绸之路，先至京洛，再沿汴水、淮水，至扬州，或再转至湘鄂或闽粤；二是沿海上丝绸之路，至广州或福建沿岸登陆，再由梅岭等通道，经洪州（今南昌）、江州（今九江），沿长江而至扬州，或沿海上丝绸之路，直接驶向扬子江口而至扬州。

唐代，前来扬州的朝鲜和日本人为数众多，除使节和商人外，还有数量可观的留学生和学问僧。如日本前来扬州的遣唐使团，达 9 次之多。学问僧荣睿在华 18 年，曾四下扬州；普照在华 21 年，曾八下扬州。早在盛唐之前，扬州已见波斯和阿拉伯人的足迹。盛唐的扬州，波斯和阿拉伯商人更是接踵而至。唐肃宗时，扬州的外国商人竟达数千人之多。据《旧唐书·邓景山传》记载：“神功至扬州，大掠居人资产，鞭笞发掘略尽，商胡大食、波斯等商旅死者数千人。”

自唐开成年间（836—840 年）以后，因长江不断地沉积，江口逐渐东移，扬州距海渐远。宋元时期及其以后，江口逐渐向东南移至江阴和华亭（今上海市松江县）一带，扬州作为国际贸易港的地位，逐步为单一的国内内河港所取代。

4. 交州港

唐代的交州，有南北两个海口，南为北景，北为龙编。龙编又曾为交州的治所。《旧唐书·地理志》记载：“隋平陈，置交州。炀帝改为交趾，刺史治龙编。”北景是唐代同南海往来的必经之港。经北景至广州的航程，既简捷，又便利。北景是唐代中国最南的一个海口，也是唐代东南沿海诸港口中的第一重门户。

唐中后期，因广州港官吏“侵刻过深”，海外商船多移至交州港进行贸易活动。其结果，促进了交州港的繁荣。《国史补》卷下亦称：“南海舶，外国船也，每岁至安南广州。”这里所说的安南，即指交州北景港。

第四节　对外贸易与经济文化交流

在唐王朝积极开放的政策下，频繁的贸易往来推动了中外经济文化交流，域外各国广泛吸收中国文明的成果，促进了其社会经济的进步。与此同时，唐王朝也以开放的姿态，积极吸收域外优秀的物质和精神文明成果，进一步丰富了中华文明的内涵。

一、主要出口商品及其制造技术的外传

（一）丝绸及其制造技术的输出

唐代的丝绸，继续沿陆海两路输往东西方各国。丝绸不仅是官方贸易中的赠品或回赠品，亦是民间贸易中的重要商货。

公元 8 世纪，唐朝与阿拉伯交往近距离接触频繁，中国的丝织技术随之传入阿拉伯世界。公元 751 年，怛逻斯战役之后，被俘的中国士兵中的织匠、络匠到达了两河流域，在那里从事丝织业生产。怛逻斯之战中被俘的唐朝人杜环，在阿拉伯滞留 10 余年，归国后，将其见闻撰写成《经行记》一书，其中记载阿拉伯都城亚俱罗（今伊拉克库法）有许多中国工匠从事丝织业生产："绫绢机杼、金银匠、画匠，汉匠起作画者，织络者。画者京兆人樊淑、刘泚，织络者河东人乐寰、吕礼。"由此，西亚织造锦缎等高级丝织品的手工业发展起来，阿拉伯帝国丝织业的宫廷作坊和官府作坊也出现了，生产"兑拉兹"等供王室和上层使用的丝织物。①其后，阿拉伯所生产的丝织品还销往欧洲各地。

（二）瓷器及其制造技术的外传

唐代，中国瓷器制造业显著进步，南北各地形成了多个制瓷中心。其中，以邢窑（河北内丘县）、越窑（浙江余姚县）、昌南窑（江西景德镇）、邛窑（四川邛崃县）、定窑（河北曲阳县）、潮州窑（广东潮州）最为著名。随着瓷器产量的增加，其不仅在国内市场流通，还沿着海上丝路输往沿线各国。自 8 世纪起，唐代越瓷（青釉瓷）即已大规模出口了，这标志着中国瓷器外销进入了一个新阶段。中国瓷器以造型精巧、色彩绚丽、风格别致被世界各国珍视，中国由此被称为"瓷之国"。

朝鲜半岛发掘出的唐、五代时期的陶瓷，是唐瓷流入该地区的明证。例如，今韩国庆州附近朝阳洞出土了一件完整的唐三彩三足蝮，其造型彩斑同扬州出土的极其相似。②精美的唐朝陶瓷输入后，新罗人开始模仿制造。其模仿唐三彩，烧制成"新罗三彩"；吴越天宝十一年（918 年），在全罗南道的康津等地设窑，仿造中国越窑青瓷器，被称作"新罗烧"或"翡色"瓷器。

---

① 兑拉兹是指绣出或织出哈里发名字或苏丹名字，供缝制帝王御用袍服或赏赐有功大臣的荣誉袍服的织物。

② 冯先铭，《元以前我国瓷器行销亚洲的考察》，《文物》，1981 年第 6 期。

唐、五代时期，是中日交通贸易往来的活跃阶段，中国瓷器大量输往日本。迄今，日本已发掘出唐三彩、越窑青瓷、邢窑白瓷和长沙窑瓷。唐三彩于盛唐时即流入日本，在奈良、福冈等地均有发现。越窑青瓷，也先后在日本近五十处古代遗址中被发现。长沙铜官窑器，于中晚唐时期大量输往日本，在今奈良、京都、九州的博多湾和久留米、种子岛，以及日本最西端的西表岛等处的寺庙、居民遗址和古墓中均有发现。唐代邢窑昌南窑瓷器，在日本奈良、京都、福冈等十多处官衙或寺庙和坟墓中有出土。[①]

唐、五代时期，瓷器流入日本，对其陶瓷业的发展产生了深刻的影响。唐三彩甫入日本，即受到追捧，但因供不应求，日本政府特下令进行仿造。其仿制品在造型、釉色、花纹和风格上，都近似唐三彩，被称作“奈良三彩”；又因仿制品的相当部分入藏于正仓院并保存至今，故而又被称作“正仓院三彩”。随着越窑瓷器、长沙窑瓷器和南北窑系白瓷的大量输往日本，烧窑技术亦同时流入。至 9 世纪末，日本利用越窑烧制技术改进窑炉结构，连窑具也模仿唐、五代造型。爱知县的猿投窑（日本古名窑）仿制的越窑青瓷，无论造型、釉色和装饰手法均同越窑产品相似。

唐瓷还输往南亚各国，在今印度、巴基斯坦和斯里兰卡都曾发现唐瓷的地下实物。印度南部迈索尔邦博物馆，藏有晚唐、五代时期的越窑青瓷和长沙窑瓷。印度南部科罗曼德海岸的古港遗址，出土了唐末、五代越窑青瓷碟残片。[②]巴基斯坦卡拉奇东南的旁浦尔古港遗址，出土了晚唐越窑水注和长沙窑黄褐釉上绿花纹碗残片。[③]

唐瓷沿着丝路还流向西亚的波斯和阿拉伯各地。波斯湾的古西拉夫港（今伊朗塔黑里），出土了大量中国陶瓷片，最早的是中晚唐时期的越窑青瓷和邢窑白瓷。在今伊朗东北部霍腊散省古丝路必经之地的内沙布尔遗址中，发现有晚唐越窑深碗、长沙窑彩绘壶以及邢窑白瓷壶的残片。[④]德黑兰南面的赖依遗址，出土了唐、五代越窑系青瓷和长沙窑彩绘盘。[⑤]此外，在伊朗还出土了唐三彩。伊朗人是善于汲取外来文化的民族，他们从唐瓷中得到了启发，仿制了“波斯三彩”和白瓷。内沙布尔、里伊、阿莫勒、阿格罕等地都曾发现仿唐三彩的陶器。[⑥]20 世纪末，在印尼海域发现的唐代阿拉伯沉船“黑石号”上载运的唐代瓷器多达 67 000 余件，其中既有大量长沙窑青瓷，也有巩县窑的白瓷。

据希提《阿拉伯简史》记载，8 世纪中叶至 9 世纪中叶是阿拉伯阿拔斯王朝的全盛时期。其首都巴格达，“市场上有从中国运来的瓷器、丝绸和麝香”，“城里有专卖中国货的市场”。

唐瓷还输往非洲。埃及开罗南郊的福斯塔特古城遗址，在出土的六七十万残片中，中国陶瓷竟有 12 000 余片。其中，最早的有唐和五代的唐三彩、越窑青瓷和邢窑白

---

① 以上参见［日］三上次男，《从陶瓷贸易看日中文化的友好交流》，《社会科学战线》，1980 年第 1 期。

②《史学情报》试刊本，第 159 页。

③［日］三上次男，《陶瓷之路》天津人民出版社，1983 年版，第 192 页。

④ 同上，第 157 页。

⑤ 冯先铭，《元以前我国瓷器行销亚洲的考察》，《文物》，1981 年第 6 期。

⑥ 欧志培，《中国古代陶瓷在西亚》，《文物资料丛刊》，1978 年第二辑。

瓷，以越窑青瓷居多。埃及人一面输入中国瓷器，一面生产仿制品。据估计，福斯塔特遗址中出土的埃及本地生产的陶瓷中，大约70%～80%是中国陶瓷的仿制品。此外，红海岸边苏丹境内爱札布遗址、非洲东海岸坦桑尼亚的基尔瓦岛等地，也发现了唐、五代瓷器的地下实物。[①]中世纪时期的开罗居民，几乎家家户户都使用质地优良的中国瓷器。埃及人将瓷器称为“绥尼”，意为“中国的”。

（三）纸及造纸术的外传

早在东汉末，中国的纸已传至朝鲜半岛。至魏晋南北朝时，朝鲜半岛上已流传着许多中国书卷，这揭开了朝鲜造纸业的序幕。到了隋唐时期，朝鲜的造纸业已很发达，能制造闻名于世的以桑皮为原料的皮纸。

隋唐时期，高丽僧昙徵将中国造纸术引入日本，日本有了造纸业。当时，造纸的原料多为破麻布和楮皮，其制浆技术和中国完全相同。8世纪以后，日本的造纸业得到了进一步发展，纸厂分布于全国各地，纸张品种日趋多样化。在中国纸继续输入日本的同时，日本纸也流入中国并受到好评。

当中国纸广泛应用并进入商品流通之后，即随丝织品一道沿丝绸之路传入印度。至迟于7世纪末，造纸术传入印度和其他南亚国家。7世纪中至8世纪初，中国纸作为出口货物输入阿拉伯。8世纪中叶，怛逻斯战役后，被俘的中国工匠中包括造纸工匠，又将造纸术传入撒马尔罕，阿拉伯在此办起了第一个造纸厂。从此，“撒马尔罕纸”传播于哈里发统治下的亚洲各地。不久，阿拉伯又在其首都巴格达办起了第二个造纸厂。10世纪，阿拉伯东南海岸和大马士革又分别建立起造纸厂。从此，几百年间，大马士革成为欧洲用纸的主要供应地。所以，欧洲一般称纸为“大马色纸”。10世纪初，造纸术从阿拉伯传入埃及。至12世纪初，造纸术又从阿拉伯传入摩洛哥。

（四）印刷术的外传

印刷术是中国古代的四大发明之一。唐代发明雕版印刷术，不久即传至邻近各国，朝鲜半岛首先引进了这一技术。唐代印刷的书籍，或以赠品的形式或以商品的形式，大量流入朝鲜半岛，直接刺激了朝鲜半岛对印书业的需求，朝鲜半岛由此掌握了中国印刷技术。日本遣唐使、留学生和学问僧学习到唐学习文化的同时，亦掌握了雕板印刷术并将其带回国。至宋代，日本已办起了自己的刻书业。公元10世纪以后，印刷术传入阿拉伯和埃及。

二、域外物质文明的引进

（一）香药的输入

香料和药材是中国古代的主要输入品之一，而唐宋时期正是香药输入的盛期。中国进口的香料主要来自中南半岛、马来半岛、印度半岛以及阿拉伯海沿岸和东非的一些国家和地区。其中，阿拉伯既是唐代的主要贸易国家，又是香药的主要输入国。大量香药的输入，除满足封建贵族的奢欲外，无论是对中国的物质生活还是精神生活，

① [日] 三上次男，《陶瓷之路》，天津人民出版社，1983年版，第52页。

均有较大的影响。唐代输入的香药，多用于医药、环境卫生、饮食以及宗教活动方面。

（二）农作物新品种的流入

唐代，循陆海两路引进的域外农作物主要有波斯枣（又名海枣）、偏桃（又名巴旦杏），产自波斯；婆那娑（即树波罗，又名波罗蜜）、齐暾果（即油橄榄），产自波斯和拂菻即东罗马；胡椒，出自摩伽陀国（印度东北部）；底称实（即无花果），出自波斯和拂菻；菠菜（即菠薐菜），出自泥婆罗（今尼泊尔）；莳萝（又称小茴香），出自室利佛逝（于苏门答腊岛）。域外农作物品种的引进，扩大了中国农作物尤其是果树和蔬菜的种类，有益于人民的生活。

（三）良种马的引入

到隋唐时期，中原战马仍然主要来自西域。隋文帝时，“大宛国献千里马”。《唐会要》记载：“武德中（唐初），康国献四千匹，今时官马，犹是其种。”著名的昭陵六骏，[①]据考证均来自我国新疆北部、中亚和西亚的伊朗。

（四）印度榨糖法的引进

中国很早就能制糖。5世纪末、6世纪初，江南已知用甘蔗汁制砂糖。唐代，随着同印度交往的密切，又从印度引进了制糖法。公元647年，印度半岛上的摩伽陀国（今印度比哈尔邦巴特那及伽耶一带）遣使来唐通好，并向唐太宗夸耀其国砂糖色佳味美。太宗大为赞赏，即派人前去学习熬糖法；学成归国后，选取扬州甘蔗进行熬制，获得成功，砂糖色味超过印度。

（五）境外丝织品返销及其技艺的传播

唐代之前，波斯丝织品已返销中国，其图案纹样还被中国丝织工匠学习仿效。至唐、五代时，波斯织锦作为一种异域风格之物仍然在中国流行。当代考古学家在隋唐时期的墓葬中，发现有一些具有典型波斯萨珊朝纹锦式样的中国丝织品。日本正仓院收藏的部分唐锦，其图案设计也明显地受到萨珊风格的影响；同时，在丝织工艺上，也采用了中亚和西亚在纬线上起花的新技术。日本的丝织品，也不断输入中国。日本史籍《延喜式》卷三十《大藏省》记载了遣唐使出发前，日本政府颁发给各级人员数量不等的絁、绵、布等物。日本来唐的留学生和学问僧，正是用这部分丝织品充作“学问粮”的。日本遣唐使也用这些丝织品和其他土特产品同中国商人进行交易。流入唐朝的日本丝织品为数可观，并博得了唐人的赞许。其中，珍珠绢颇具特色，深受唐人的欢迎。

三、外来文化的输入

唐代，伴随着中外贸易的开展，大量胡人来华，不仅有大量货物进口，而且异域科学技术、文化及宗教习俗等随之传入。唐王朝政治经济的开放、发展环境的宽松形成了巨大的对外吸引力，不少外国学者、艺术家、工商业者慕名来华，在广泛的领域

① 唐太宗打天下时先后骑乘过六匹战马。唐朝建立后，李世民令人以之为原型，制成六块石刻浮雕。后被立于唐太宗的陵墓前。

发挥积极的作用。

唐代的长安、洛阳、广州、扬州等地均有不少侨民，其中，长安城有侨民 10 万余。唐末时，定居于广州的侨民也有 10 余万。侨民中除商人外，还有僧侣、学者、画家、匠人、艺人等，他们从事有本民族特色的文化艺术活动，对中国社会生活产生了广泛的影响。开元二年，“时右威卫中郎将周庆立为安南市舶使，与波斯僧广造奇巧，将以进内”。[①]除大城市及沿海港口城市外，内地一些交通相对便利的市镇也有外商活动。《太平广记》卷 404 引《稽神录》记载，有临川人岑氏得到两块宝石，至豫章（今江西南昌），“有波斯胡人，邀而问之，……胡人求以二万为市”。此外，洪州（今江西九江）、义兴（今江苏宜兴）、陈留（今河南开封陈留）、魏郡（今河北临漳）等地均有胡商开设的邸店。遍布各地的胡商对周边社会风尚均有广泛的影响。

天竺、拜占庭、波斯及阿拉伯等国和地区的天文历法学及医药学典籍和相关知识也传入中国。唐代药学著作《千金要方》《千金翼方》《外台秘要》等收录了不少来自外国的医方。《海药本草》的作者李珣即是波斯香药商的后裔。由于唐朝政府对外国人在华的经济文化活动不加限制，因而有不少来自域外的医生在中国各地行医，使外来医学的传播更加广泛深入。

还有外国天文学家在唐朝的司天监中担任官职。如来自天竺的瞿昙家族，自瞿昙罗开始，祖孙三代曾担任过唐朝太史令、太史监、司天监，领导和主持唐朝官方的天文机构，先后达 110 余年之久。他们将印度天文历算和中国传统的天文学结合，编制了《经纬历》《光宅历》《甲子元辰历》，对中国天文历法的进步作出了贡献。[②]

汉代传入的佛教，在唐代日臻兴盛。此外，一些新的宗教，如袄教由波斯人传入，景教（基督教的一支）也经西域传入长安。在长安的布政坊、礼泉坊、普宁坊、靖恭坊等地均建有“袄祠”，即袄教寺庙。东都洛阳的会节坊、立德坊、南市西坊等处也有四座“袄祠”。长安义宁坊、礼泉坊有“波斯寺”，各地也有不少景教寺庙，名称不一，故而天宝四年，玄宗下令两京及各州的景教寺一律改称“大秦寺”。此外，摩尼教和伊斯兰教也由波斯、大食人传入并在唐朝盛行起来。

唐代，长安、洛阳云集了大批歌舞和绘画艺人，西域乐舞同样在长安、洛阳等地流行。史载，唐中宗曾经“御洛城南门观泼寒胡戏”。[③]胡旋舞、胡腾舞同样风靡朝野，唐玄宗甚至在其音乐的基础上创造了著名的《霓裳羽衣曲》。来自印度、东罗马的杂技和魔术在长安市井亦寻常可见。

在服务业的开放下，胡人在长安等地开设酒馆、饮食店，使西域的饮食文化在唐境得以广泛传播。文宗时，“命赐胡饼寺粥。时行胡饼，俗家皆然，”[④]说明胡饼等食

---

①（后晋）刘昫，《旧唐书·玄宗本纪》卷 8，中华书局，1975 年版。

② 张惠民，《唐代瞿昙家族的天文历算活动及其成就》，《陕西师范大学学报》，1994 年第 2 期。

③《旧唐书》卷 7，《中宗纪》。

④［日］圆仁，《入唐求法巡礼行记》卷 3。

品已深入民间了。众多胡人东来，汉人着胡服蔚然成风。中宗时，“比见坊邑相率为浑脱队，骏马胡服，名曰苏莫遮”。[①]玄宗开元初，“从驾宫人骑马者皆着胡帽，……太常乐尚胡曲，贵人御馔尽供胡食，士女竞衣胡服”。[②]

外来物质文明及精神文明的输入，有助于丰富唐朝人民的生活内容，改善了他们的福利水平。

复习思考题

1. 隋唐时期，发展对外贸易的政策措施有哪些？
2. 何谓市舶制？
3. 唐代海外贸易管理制度的基本内容是什么？
4. 唐后期，中国对外贸易重心从陆路转移到海路的动因有哪些？
5. 隋唐时期，中国的主要贸易伙伴有哪些？

---

①（宋）欧阳修，宋祁，《新唐书》卷118，《宋务光传》，中华书局，1975年版。

②《旧唐书·舆服志》。

第五章　两宋时期的对外贸易

学习要点与要求

本章主要分析了两宋时期发展对外贸易的政策措施、海外贸易管理制度——市舶制的发展及这一时期中外贸易发展状况。通过学习，学生应了解这一时期中国海外贸易的主要地理方向及交换的商品，理解两宋时期发展海外贸易动机及其背景，重点掌握宋代海外发展贸易的政策措施及市舶制的发展。

公元960年，北宋王朝的建立结束了五代十国时期分裂割据的局面，国家再度走向统一；但宋王朝与北方及西北的辽、西夏、金等少数民族间长期冲突不已，对外陆路交通受阻，陆上丝路贸易进一步衰落。到南宋时期，宋王朝退居江南，南北再度分裂，西北丝绸之路贸易更加式微。帕米尔高原以西丝绸之路沿线的中亚与西亚地区亦处于动荡之中，战事频发。特别是11至13世纪初，长达数百年的纷争和战乱对西亚地区社会经济造成严重的摧残，使其对外经济交流能力大为削弱，丝绸之路贸易更加艰难。但两宋政府要应对长期的战争，财政压力与日俱增，因而作为重要税收来源的海外贸易受到高度重视。这一时期，造船航海业出现了长足进步，为海外贸易的发展提供了重要的前提条件。在前代的基础上，宋代的海外贸易获得了长足发展。

第一节　造船航海业的进步与海上丝绸之路的进一步扩展

在社会经济向前发展的基础上，宋代的造船业呈现出蓬勃发展的态势。第一，所造船舶数量增加、载重量上升。宋代造船工场广泛分布于江浙闽粤沿海各地，苏州、扬州、杭州、宁波、温州、泉州及广州均是当时的造船业重地，所造船舶，数量可观。如宋太宗治道末年（997年），“诸州岁造运船，……三千二百三十七艘”。[①]宋代出海船舶载重量在当时世界上也是高度领先的。宋徽宗时，出使高丽的船舶被称为“万斛

① 《宋史·食货志·漕运》。

船”，抵达高丽时引起了“倾国耸观，欢呼嘉叹”的轰动场面。第二，宋代出海船舶的抗沉性和稳定性也有了进一步增强。

与此同时，宋代的航海技术有了飞跃性进步。一方面，宋人已熟练掌握海洋季风的规律，前往南亚、东南亚及西亚各地“每遇冬汛北风发舶”“夏汛南风回帆”，去高丽则乘夏至后南风而乘北风返回，去日本一般利用初夏的西南季风而返航利用春季的东北季风；另一方面，指南针应用于航海，成为航海技术上的重大突破。英国学者李约瑟认为指南针把“原始航海时代推到终点，预示计量航海时代的来临”，其应用使航行线路准确，航程缩短，风险减小。宋代船舶不再仅仅沿岸航行，而是可以横渡大洋了，航运成本大大降低。在造船航海技术进步的基础上，宋代海船航行速度大大加快。如从广州到爪哇，东晋时需时约 50 天，宋代缩短为 30 天。从广州到苏门答腊，东晋时需时约 30 天，宋代缩短为 20 天。海上丝绸之路进一步向前延伸，海外交通贸易的范围进一步拓宽。宋船远洋航行航线为：从广州（或泉州）出发，经兰里（苏门答腊岛班达亚齐），再经麻离拔（今阿拉伯半岛南部卡马尔湾头），越过亚丁湾，至索马里、桑给巴尔海岸一带；或从广州（或泉州）出发，经兰里，再经故临（今印度奎隆）或马尔代夫群岛，横渡北印度洋，直航东非海岸。

第二节　海外贸易政策与市舶制度的发展

巨大的财政压力、北方民族对宋王朝领土的侵夺，使得来自农业的传统税收难以稳固，宋统治者必须开辟新的财源缓解财政危机。在南方经济活跃、造船航海技术提高的有利条件下，通过采取积极措施大力发展海外贸易增加国家财政收入，成为两宋王朝的现实选择。

一、海外贸易政策

自唐代征收海外贸易税以来，海外贸易对国家财政的贡献日益重要。宋统治者对此认识已颇为清晰。如宋神宗在总结了历史经验后明确指出：“东南利国之大，舶商亦居其一焉。若钱、刘窃据浙、广，内足自富，外足抗中国者，亦由笼海商得法也。”海外贸易收入亦是支撑五代时期吴越、南汉等江南割据政权的重要力量。有鉴于此，他要求臣下“创法讲求”，以期“岁获厚利，兼使外藩辐辏中国，亦壮观一事也”。[①]可以看出，宋神宗首先强调了海外贸易可以增加国家财政收入的功能，而使“外藩辐辏中国”虽然是“壮观一事”，但也仅仅是对外贸易兼具的功能，亦即发展海外贸易的经济功能是这一时期对外开放的主旨，政治功能退居次要地位了。由此决定了这一时期海外贸易政策的取向，即鼓励发展民间海外贸易，限制官营朝贡贸易、插手利润丰厚的奢侈品贸易。

① （清）黄以周辑注，《续资治通鉴长编拾补》卷 5，顾吉辰点校，中华书局，2004 年版。

南宋时期，宋王朝偏居东南一隅，北方大军压境，财政支出更加困难，对海外贸易的依赖性进一步增强。宋高宗明确宣称“市舶之利最厚，若错置合宜，所得动以百万计”，“市舶之利，颇助国用，宜循旧法，以招徕远人，阜通货贿”，[①]将对外贸易置于国家财政中前所未有的重要地位。

为在短期内迅速增加政府财政收入，对外贸易受到高度重视与鼓励且其政策导向以财政利益为转移，因而笼络海商、招徕外商成为两宋时期对外贸易的总方针。其海外贸易政策主要涵盖以下几方面的内容。

（一）限制朝贡贸易

在巨大的财政压力下，两宋王朝难以维系“厚往薄来”的朝贡贸易，且朝贡贸易抑制民营贸易的发展，还会使宋王朝海外贸易税收减少、支出增加，导致财政上的双重损失。为此，从宋神宗大中祥符九年（1016 年）开始，宋王朝对朝贡贸易开始限制，规定：“海外蕃国贡方物至广州者，自今犀象、珠贝、拣香、异宝听赍赴阙。其余辇载重物，望令悉纳州帑，估值闻奏。非贡奉物，悉收其税算。”[②]也就是说，只允许海外各国以少数奢侈品入贡，其他货物只能按规定纳税进口；同时，对来华朝贡人数加以限制，对无法验证真伪的朝贡使团一律拒绝入贡，对查实的假冒贡使予以治罪，甚至对出海贸易商人擅自承载外国人入贡施以“徒三年，财物没官”的严惩。[③]

对朝贡贸易的限制不但减少了宋政府的财政支出，而且为民间贸易的开展留下了更广阔的空间，进而为政府带来了更多的财政收入。

（二）奢侈品贸易的国家垄断

宋王朝对一部分进口奢侈品，如珍珠、玳瑁、珊瑚、玛瑙、乳香等实行“禁榷”，即由政府专营，禁止民间买卖。北宋时，政府在京城开封设有榷易院，专门出售各种进口奢侈品。

（三）鼓励中外民间贸易

两宋王朝主要采取了如下鼓励海外贸易的政策措施。

1. 主动遣使海外，招徕外商

北宋太宗雍熙四年（987 年），宋廷派出官方使团前往东南亚各地招徕外商，这在中国海外贸易史上是空前的举措。史称：“雍熙四年五月，遣内侍八人赍敕书、金帛，分四纲，各往海外诸蕃国，勾招进奉，舶买香药、犀、牙、珍珠、龙脑。”[④]

2. 通过奖励、敦促、重用等手段吸引外商来华

宋王朝规定，无论是中外商人、船长及市舶官吏，凡能吸引外商来华、促进海外贸易规模扩大者，均予以官职或爵位的奖励。如北宋时，“纲首（船长）蔡景芳招诱舶货，收息钱九十八万缗”，被授予“承信郎”之职。大食商人蒲罗辛“造船一只，载乳香投泉州市舶，计抽解价钱三十万贯”，由于贸易规模较大，宋廷认为其有功，

① （清）徐松辑，《宋会要辑稿》职官四十四，中华书局，1981 年版。

② 《长编》卷 87，大中祥符九年七月庚戌。

③ （宋）李心传《建炎以来系年要录》卷 29，建炎三年十一月丙寅。

④ 《宋会要辑稿》职官四十四。

故授予其“承信郎”的荣誉头衔并“赐公服履笏”；同时，请其回国后进行广泛宣传，吸引更多外商来华开展贸易活动。

《宋会要》记载，南宋高宗时，有阿拉伯外商蒲亚里，来广州贸易，“有右武大夫曾纳，利其财以妹嫁之，亚里因留不归”。宋高宗获悉后，“令人劝其归国，继续往来贸易”。

南宋理宗绍定年间（1228—1233 年），泉州海外贸易因经营不当出现停滞。南宋政府聘任阿拉伯人后裔蒲寿庚为泉州提举市舶司，经营管理泉州的海外贸易。蒲寿庚“擅蕃舶利者三十年”，使泉州海外贸易获得长足发展。阿拉伯商人大量涌向泉州，以至泉州有“回半城”之称。

3. 保护外商的合法权益

宋朝规定，外商遇市舶司或地方官重征或强行收买舶货，有权越级上诉；对遭风浪袭击而漂流中国沿海的外国商船，给予援救并提供食宿和遣返的便利条件；若船舶损坏、舶主遇难，市舶机构负责保管舶商货物，等待其亲属认还；在华居留外商死后，若无合伙人、继承人也无遗嘱，其遗产由市舶司按照“户绝法”管理与处置。

4. 优待来华外商，为其在华活动提供相应条件

当外国商船离港时，市舶司举行宴会——“犒宴”送行；在外商集中的广州港和泉州港设置“蕃坊”，由宋朝政府选择有威望的外商担任蕃长并授予相应的官衔。蕃长的职责：管理蕃坊内部事务，协助宋朝政府依法处置在华犯罪的外商，招徕外商来华贸易。此外，宋朝政府还在广州、泉州等地设立蕃市，以便利外商在华贸易活动；设立蕃学，供外商子弟就学。

5. 保证市舶司资金充裕，以维护中外贸易的繁荣发展

市舶司作为海外贸易的管理机构，同时有一定的经营职能，要维护海外贸易的繁荣发展。市舶司必须拥有足够的资金购买进口货，并以此吸引外商来华。南宋高宗建炎二年（1128 年），“诏给度牒十一万贯付福建路，十万贯付两浙路，专充市舶本钱”。后广州市舶司资金被转运司挪用，对海外贸易产生了不利影响，宋高宗为此下诏严令“广南市舶库钱物除朝廷制定取不合应付外，其余官司今后并不得取拨支使”。[①]

二、市舶制度的发展

与海外贸易的发展相适应，宋代海外贸易管理制度——市舶制度在唐代基础上得到进一步发展，主要表现在如下几方面。

（一）制订海外贸易管理法规，开始海外贸易的立法管理

北宋前期，海外贸易管理无法可循，造成市舶管理混乱。宋神宗熙宁九年（1076 年），宋王朝开始制订海外贸易管理法规，历时 4 年，到元丰三年（1080 年）颁行，称为“广州市舶条（法）”，又称“元丰市舶法”，此法令统一实施于所有的对外贸易港口。

元丰市舶法的颁布，标志着中国对外贸易立法的开始。但其尚属初创，因而较为

① 《宋会要辑稿》职官四十四。

粗糙。此后，宋王朝对该法令不断修订，但前后常有矛盾之处；同时，缺乏相应的实施细则，导致各地执行中缺乏统一性。但该法毕竟开启了中国对外贸易法治化管理的时代，使市舶制度有了法律依据。

（二）设立海外贸易管理机构——市舶司（或市舶务、市舶场）

北宋太祖开宝四年（971 年），宋王朝在广州设置了市舶司，作为海外贸易管理机构。市舶司长官称“市舶使”，初由知州担任，而市舶司的具体工作则由朝廷派官员掌管。徽宗崇宁元年（1102 年），开始设置专职提举市舶官。广州市舶司不仅管理广东沿海一带的海外贸易，还负责广西雷州、化州等地的中外交易事务。

（三）实施市舶管理的口岸增加

继广州设立市舶司后，到宋太宗灭南越（989 年），又在杭州设立市舶司；宋真宗咸平二年（999 年），在明州（今浙江宁波）设立市舶司。

北宋中期以来，各种因素的综合作用导致广州港中外贸易不景气，外商纷纷转往泉州贸易。为适应海外贸易蓬勃发展的需要，宋哲宗元祐二年（1087 年），宋朝政府在泉州设市舶司，泉州与广州、明州、杭州舶司并称“三路舶司”。[①]到南宋时，泉州海外贸易超过广州，成为中国最大的对外贸易口岸。

元祐三年（1088 年），宋朝政府又在密州板桥镇（今山东胶州）增设市舶司。宋徽宗政和三年（1113 年），在秀州华亭（上海松江县）设立市舶务。

到南宋时期，密州为金占领。南宋在江阴、温州增设市舶务，在澉浦（今浙江海盐）增设市舶场。

综上所述，两宋时期，先后设置市舶机构的港口有广州、泉州、杭州、明州、密州、秀州华亭、温州及澉浦等。

（四）市舶司的职能

1. 发放“公凭”，查验进出口船舶和货物

宋代，商人出海贸易必须先向市舶司申领出海贸易的许可证——公凭（也称公据、公验）方可出海，否则，以违制论。商船出海时，其货物要接受检查，以防兵器及违禁品出口。为防止走私，海外商船进港后，当地官府即派兵监视，随后，由市舶司及地方行政官吏联合对船货进行查验。此外，进口商品若贩运至内地出售，也须向市舶司申领公凭，作为贩卖进口货物的许可证。

2. 征税

市舶司对所有进口货物征收实物税，称为“抽分”，抽分所得货物通常要押送京城，故又称为“抽解”。当时，将进口货物分为粗、细两类，按不同比例征税。

3. 博买

博买即政府采购。进口货经抽分后，市舶司首先根据政府需要按市价或低于市价购买，余下货物由民间自由交易。

① 广州为广南东路市舶司，明州和杭州为两浙路市舶司，泉州为福建市舶司，合称三路市舶司。

4. 保管、运送、出售进口商品

市舶司负责保管抽分和博买的物品然后派人装船运往京城。不适宜上供的粗重货物，则由市舶司就地出售。

第三节　宋代海外贸易的发展

在积极的对外开放政策下，两宋王朝海外贸易发展水平达到了空前的高度，对外贸易的商品种类增加、贸易规模扩大、贸易主体多元化、贸易国别地区增加。

一、海外贸易规模与进出口商品种类

随着造船和航海水平的提高，中外海运规模扩大，个体海商一次性贸易香料量达数十万斤已是史不绝书。如前述大食商人蒲罗辛贩运乳香三十万贯，纲首蔡景芳促使外商来华贸易，一次性为宋廷带来财政收入达 98 万缗。《东京梦华录》中记载，中外商人交易“动即千万贯”。

由于缺乏相应的统计数据，宋代的海外贸易总额难以确切得知，但可根据其征收的海外贸易税收大体推断。《宋史・食货志》载：“大抵海舶至，十先征其一。”10%的税率并非统一稳定的税率，宋政府一般会根据贸易发展的兴衰进行相应的调整，税率高的时期可达 30%，低的时期则仅 6%。同时，奢侈品和普通货物税率也略有差别，通常，奢侈品税率高于普通货物。绍兴二十九年（1159 年），泉州及广州市舶司“抽分及和买岁得息二百万缗”，即宋政府从两路市舶司中抽税及博买物品的出售中获得的利润高达 200 万缗。而按照规定“取息毋过两分”，即政府销售进口货的利润率一般为 20%，南宋博买比例一般为进口货的 40%左右，则博买加抽分大体占进口货的 60%，按此计算，这一时期进口规模约为 1 667 万缗。而长期来看，一国的对外贸易大体要保持平衡，因而出口贸易与进口规模应大体相当，则该时期进出口贸易总额约为 3 300 万缗。

国际贸易商品种类的增加，在很大程度上伴随着海上运输技术的进步。宋代造船及航海技术的提高，使中外海上航行速度及安全性大大提高，航程的缩短、船舶载重量的增加，使海运成本降低，从而为更多价值相对低廉的普通商品进入海外贸易市场提供了可能。与前代相比，宋代进出口商品种类激增。

据文献记载，宋代，福建海外贸易进口的货物总数达 330 多种。另据南宋庆元时市舶司的资料，进口货物细色 130 余种、粗色约 90 种，共 220 余种。除香料、宝物等传统的奢侈性消费品外，还有大量矿产品、染料等生产原料的进口。此外，普通食品、日用品进口也为数不少。见诸记载的大宗进口货有香料，包括乳香、丁香、沉香、檀香等；宝货，如珍珠、象牙、犀角、玛瑙等；药材，包括没药、茯苓、苓术、苏合香油等；矿产品，包括水银、硫黄、金银、镔铁等；染料，如紫矿、苏木等；食品，如白沙糖、万岁枣等；动植物初级制品，如牛筋、藤席等；毛棉制品，如

白叠布、驼毛段、哥缦、越诺布、木棉纱等；共八类。八类商品中，仅前两项为奢侈品，其余基本属于普通货物。

出口商品中，除传统的丝绸、瓷器外，铜钱、书籍、食品、日用品也被出口到海外市场，因而出口商品种类有显著增加。各类商品细分类别也进一步增多。如丝制品中，包括绢、帛、锦、缎、五色茸即丝线等多个品种；陶瓷器中，涉及碗、坛、瓮、罐、盒、钵等；金属类产品中，包括铜钱及各类铜器、铁制品、金银饰品等；日用品涉及漆器、绢扇、木梳、伞、席等；文化类产品包括纸、墨、书籍等；食品中，米、盐、茶叶、糖、酒，荔枝、龙眼等干鲜水果也进入了海外市场。以上商品中，丝绸、陶瓷和铁器、铜器等制成品占据出口的主导地位。

二、海外贸易经营主体

依托造船航海技术的进步及宋王朝鼓励性的海外贸易政策，这一时期，从事海外贸易活动的风险降低、利润丰厚，从而诱发沿海越来越多的民众参与到海外贸易活动之中。不但富商大贾扬帆异域，一些势单力薄的中小商人也搭载大商舶合力出海。史载："海船大者数百人，小者百余人。……，商人分占贮货，人得数尺许，下以贮物，夜卧其上，货多陶器，大小相套，无少隙地。"①还有不少资金有限，无力亲自出海的沿海民户，也以请人代买方式从事进口贸易活动："以钱附搭其船，转相结托，以买蕃货而归。"②

两宋时期，官僚权贵参与海外贸易史不绝书。早在太宗至道元年（995 年），即针对广州官员的海外贸易活动提出警告"内外文武官僚敢遣亲信于化外贩鬻者，所在以姓名闻"。③同时，命令市舶司所在地的各级官吏"知州、通判官吏并市舶司使臣等，勿得市蕃商香药禁物"。但禁令形同虚设，各地官员经营海外贸易依然普遍。如真宗时，广州市舶史兼广州知州张鉴就曾"以资付海贾，往来贸市"。④苏轼也曾公开"贩数船苏木入川"。到南宋时，各级官员派人、亲自或委托海商经营中外贸易之事更加普遍，以至孝宗乾道七年（1171 年），宋廷下令："诏见任官以钱付纲首商旅过蕃买物者，有罚"。⑤尽管此后宋廷又屡次颁发禁令，但官员权贵通过各种手段参与海外贸易活动的现象屡禁不止，甚至沿海将士也参与到海外贸易活动中。史称："为将帅者不治兵而治财，……披坚执锐之士化为行商坐贾者，不知其几。"⑥另据在广西沿海与交趾毗邻的州郡"自守卒以下，所积俸余悉皆博易"。⑦一些僧侣也参与到海外贸易活

①（宋）朱彧，《萍洲可谈》卷 2，丛书集成本。

②（宋）包恢，《敝帚略稿》卷 1，《禁铜钱申省状》。

③（清）徐松辑，《宋会要辑稿》职官四四之 3，中华书局，1981 年版。

④（元）脱脱，《宋史・张鉴传》，中华书局，1977 年版。

⑤（元）脱脱，《宋史・食货志（下八）》，"互市舶法"条，中华书局，1977 年版。

⑥（宋）李心传，《建炎以来系年要录》卷 189，绍兴三十一年三月己卯。

⑦ 陈智超编，《宋会要辑稿补编》，第 661 页。

动中，“杭僧净源者，归居海滨，与舶客交通牟利”。[①]

海外贸易的经营主体日益多样化且参与人数众多，带来了对外贸易整体规模的扩大。“边关重车而出，海舶饱载而回”，生动反映了这一时期的贸易盛况。

三、海外贸易地理方向

在两宋积极鼓励对外贸易的开放政策下，东西方各国的使节和商人沿东西向航路纷至沓来。《诸蕃志》记载，南海有 53 个国家和地区与南宋通商贸易，南宋商人出海去贸易的也有 20 多个国家。涉及的地域除传统的东北亚、东南亚、南亚及西亚外，还扩展到非洲。

（一）东北亚国家

1. 高丽

这一时期是朝鲜历史上的王氏高丽时代，其与宋王朝无论官方还是民间贸易关系均较密切。

有宋一代，两国使节的交往十分频繁。自宋太祖建隆三年（962 年）至南宋孝宗乾道六年（1170 年）的 200 余年中，高丽来华通好达 57 次，前去高丽的宋使亦达 30 余次。[②]其中，以徐兢奉使高丽最为显赫。通过官方贸易渠道，高丽以金、银、金器、银器、铜器、刀剑、名马、人参、细布、硫黄等，交换宋朝的各种丝织品、袭衣、金带、金银器、鞍马以及各种书籍和佛经等。

与此同时，民间商人往来更是络绎不绝。高丽商人前来宋朝的多在明州停留，即使去泉州和广州，甚至去东南亚，亦先至明州。宋徽宗政和七年（1117 年），宋廷特在明州设“高丽司”（又称“来远局”）专门接待高丽商使。又筑“高丽行使馆”，供其旅居，并建造两只大型游船、百只画舫，停泊在招宝山下，供其出海游赏使用。

宋代商人前往高丽的，亦不乏其人。如宋仁宗景祐二年（1035 年），有明州商人陈亮和台州商人陈维绩等 147 人前往高丽。宋徽宗崇宁二年（1103 年），有明州教练使张宗闵、许从等和纲首杨炤等 38 人，宣和六年（1124 年），又有明州商人杜道济、祝延祚前往并留居其地。[③]据《高丽史》记载，宋代商人航抵高丽的，约有 129 次，其人数每次少则几十人，多则百余人，累计高达 5 000 余人。一些宋商还长期侨居高丽。《宋史 · 高丽传》记载，高丽“王城有华人数百，多闽人因贾舶至者”。

2. 日本

北宋时，因日本实行闭关政策，主要是宋代商船航抵日本。南宋时期，一方面政府与金朝议和，经贸发展环境安定；另一方面，日本镰仓幕府政权建立，变闭关政策为开放政策，日本商船开始驶往中国，从而形成了两国商船互往、贸易繁盛的局面。据日人木宫泰彦统计，仅在北宋的 160 多年间，中国商船驶往日本的，达六七十次之

① （宋）李焘，《续资治通鉴长编》卷 435，十一月甲午。

② 陈泰夏，《高丽宋朝之间使臣路程考》，见《古代中韩日关系研究》。

③ 孙晓主编《高丽史》卷 6、12、15。

多。“日宋间商船的往来，分外频繁，几乎年年不绝。”[①]另据日人森克己的统计，有宋一代，中国商船驶赴日本的达114—115次。[②]

中日商船从日本贩运来的商货分粗、细色两类，《四明志·叙赋下·市舶》载称：“细色：金子、砂金、珠子、药珠、水银、鹿茸、茯苓。粗色：硫黄、螺头、合蕈、松板、杉板、罗板。”其中，大宗商货主要是硫黄和木材。宋朝对日本硫黄的需求量很大。北宋时，已有商人去日本贩运，北宋政府还出资组织商人前去购买。至南宋，日本商船载运大批硫黄而来。因日本地理气候条件适宜树木的生长，许多名贵木材成为输往宋朝的主要商货。其中，以罗木最为珍贵。南宋高宗时，曾以日本罗木建翠寒堂。宋代，中日两国间的金价差别很大，因利之所趋，宋商大量贩运砂金回国。同时，砂金又是日本太宰府和私商同宋商交易时的主要支付手段，因而日本的砂金大量流入宋朝。日本的砂金，不仅由宋商贩运而归，也是来宋日船的必载之物。日人加藤繁在《唐宋时代金银的研究》中指出，日本商船输往中国的黄金，最高的年份达四五千两之多。加上中国商船返归时所带的黄金，远远超过这个数字，结果使日本主要产金区陆奥几度出现欠缴朝廷黄金的事件，[③]由此引起日本金价大幅度上涨。11世纪初，京都官定金价为1两金合1石米。[④]到12世纪初，涨至1两金合3石米。[⑤]此外，日本的珍珠、水晶、精美的折扇和锋利的刀剑等各种手工艺品，也是贩运到中国的重要商品，深受宋人的喜爱和赞赏。

宋代出口到日本的商品种类同样繁多，有各种丝织品、各色香料、各类书籍以及前代不曾有过的新商货，如颜料、陶土、药品和手工艺品等。尽管此时日本已有丝织业且有些丝织品还输入中国，但高档丝织品仍然依赖中国出口。

香料是日本宗教仪式和日常生活的必需品，需求量很大。宋代商人贩运而去的，仅一部分产于中国，其余大部分是从阿拉伯、东南亚和东非诸国输入后转输日本的。

宋代，中日间书籍的贩运数量之大前所未有，除了大量中国书籍输入日本外，宋商还从日本贩运回来不少中国散佚的书籍，其文化传承意义十分深远。

值得注意的是，从12世纪中叶开始，随着日本货币经济的发展，对货币需求量增加，但因铸币技术落后，不得不从中国进口铜钱，致使宋代铜钱大量流入日本。宋代，铜钱外流引起钱荒，宋朝政府三令五申禁止铜钱输出，但铜钱走私外运禁犹不止。

（二）中南半岛诸国

宋代，在今越南北部有交趾国，中南部有占城国。两国均“岁有进贡”，与两宋王朝的贸易规模也颇为可观。

---

①［日］木宫泰彦，《日中文化交流史》，五代、北宋篇。

②［日］森克已，《续日宋贸易的研究》，第12页。

③［日］藤原实资，《小右记》三，治安四年六月十四日。

④［日］藤原行成，《权记》一，长保二年七月十三日。

⑤［日］源隆国，《今昔物语》卷16，《贫女仕清水观音给金语》。

1. 交阯国（今越南北部）

该国地近中国，并循陆海两路同宋朝进行贸易往来。据《宋史·交阯国》记载，两宋期间，交阯先后遣使来华通好达 46 次之多。交阯使节携犀角、象牙、各色香料、金银、金珠、金银七宝装交椅、七宝装金瓶、银盆、绢绸布、驯犀、象、良马、翠羽等而来，并载钱币、绢、器币、袭衣、金带、鞍马而去。

2. 占城国（今越南中南部）

仅据《宋史·占城国》记载，自宋太祖建隆二年（961 年）至南宋孝宗乾道三年（1167 年），占城遣使携方物来华通好即达 43 次。占城输华货物主要是本国所产各种土特产品及部分转口商品，包括象牙、犀角、玳瑁、各色香料、纺织品、象、狮子、牯犀、孔雀、山得鸡、孔雀伞、西天烽铁、槟榔、琉璃、珊瑚、酒器、紫矿、大食瓶（从大食输入的火油）等。其数量甚为可观，其中有一次竟携乳香 1 000 斤，另有一次携象牙 72 株、犀角 86 株、玳瑁 1 000 斤。使节归国所带之物，有银、白马、驿马、鞍马、器币、戎器、冠带等。有一次带回的白银多达 4 700 两。两国商人往来也不绝于书。

3. 真腊国（亦称占腊，位于今柬埔寨）

据《宋史·真腊国》记载，该国先后于宋徽宗政和六年（1116 年）、宣和二年（1120 年）遣使携方物来宋通好。两国商人也不断往来，史载真腊巨商曾一次发舶四艘来宋交易。

（三）马来群岛诸国

1. 三佛齐国

三佛齐是宋代海路贸易的主要对象国，奉行积极发展对外贸易政策，一度成为东南亚海上强国，在中西方海上交通中占有重要的地位。其都城即今印度尼西亚苏门答腊岛的占碑。

据《宋史·三佛齐国》记载，自宋初建隆元年至南宋孝宗淳熙五年（960—1178 年）的 218 年中，三佛齐先后遣使通好达 25 次。三佛齐商船往来更为频繁，来华的三佛齐商人主要以贩运乳香为主。《萍洲可谈》记载："海南诸国，……三佛齐最号大国。……地多檀香、乳香，以为华货，三佛齐舶赍乳香至中国。"同时，中国商人也有不少前往三佛齐。12 世纪初，有泉州大商人到三佛齐开展贸易活动，"往返曾不期年，获利百倍"。三佛齐除与中国开展直接贸易外，还大量转口印度、阿拉伯商品来华。

2. 阇婆国

阇婆国位于今印度尼西亚爪哇岛中部，是同宋朝进行贸易往来的主要国家之一。据《宋史·阇婆国》记载，阇婆国先后于宋太宗淳化三年（992 年）、宋徽宗大观三年（1109 年）遣使前来通好。其使所携货物包括象牙、真珠、玳瑁、龙脑、檀香、丁香、绣花销金及绣丝绞、杂色丝绞、吉贝织杂色绞布、玳瑁槟榔盘、七宝饰檀香亭子、藤织花簟、犀装剑、金银装剑、白鹦鹉等。宋廷回赠其金币、良马、戎具等。

阇婆国商船常常航至广州进行交易。尤其是贩卖胡椒的商船，往往获利丰厚。《诸蕃志·阇婆国》载称："此番胡椒萃聚，商舶利倍蓰之获。"宋代海商前往阇婆国的，也不乏其人。福建建溪人毛旭，“数往阇婆贸易”，成为当时从事海上贸易的大商人。阇婆国还曾聘请他为“贡船”的向导。

3. 渤泥国

渤泥国位于今印度尼西亚加里曼丹岛，于宋太宗太平兴国二年（977年）遣使携方物始来华。前来通好的使节除携带各色龙脑外，还有檀香、玳瑁和象牙等货物。宋神宗元丰五年（1082年），渤泥王锡理麻喏又遣使来华，使团归国时，特别要求从泉州港启碇。

（四）印度半岛诸国

宋代，中国与印度南部的注辇国及故临国贸易关系密切。

1. 注辇国

注辇国位于今印度半岛东南部科摩林角东北。据《宋史·注辇国》记载，宋真宗大中祥符八年（1015年）、天禧四年（1020年）、宋仁宗明道二年（1033年）、宋神宗熙宁十年（1077），注辇国均派使节来宋通好。他们所携货物，除各色香药外，还有真珠衫帽、真珠、犀角、象牙等珍品，数量也颇为可观。大中祥符八年，注辇国派遣由52人组成的使团来华，带来象牙60株、真珠27 700两，香药3 300斤。明道二年，蒲押陁离来使，进象牙多达百株。注辇舶船来华，一般在广州港或泉州港登陆。中国商人前往注辇国贸易者为数亦不少，在印度加惟利河口曾有中国宋商修筑的宝塔。

2. 故临国

故临国位于今印度半岛西南部奎隆一带，商业发达，有金银铸币。这一时期，一方面受航海水平制约，中国与大食间贸易往来需要中途停歇、补给；另一方面，因波斯湾水浅，往返均需更换适航的船只。故临国地处海上丝路要冲，东来西往的商人均需在此停留，从而使其在古代中西方贸易往来中，特别是在中国和大食贸易中起了重要的媒介作用。

（五）西亚的大食国

宋代，中国与阿拉伯贸易在唐代的基础上进一步发展。有宋一代，阿拉伯遣使来华多达50余次，居各国之首。

除官方贸易外，宋廷同大食的商船贸易往来更为兴盛。前往大食的宋朝商船，多在泉州启碇，沿南海丝绸之路航抵波斯湾的巴士拉、西拉夫、巴林等港口，同大食商人进行交易。巴士拉是当时波斯湾的第一大港，有运河与奥波拉（幼发拉底河口）相通，许多商货由此转运至大食都城巴格达。

中国历代经海路进口的最大宗货物是香料。阿拉伯半岛及东非各地盛产各种香料，很多阿拉伯商人经营对中国的香料贸易，从中赚取了高额利润。中国史籍记载了大量在华阿拉伯富商人事迹。如岳珂（岳飞之孙）在其《桯史》中记载侨居广州的一位阿拉伯富商，“屋室……宏丽奇伟”，“中堂有四柱，皆沉水香，……挥金如粪土，……珠玑香贝，狼籍坐上”。穆斯林巨商蒲寿庚，因家族长期经营中阿香料贸易，“致产巨万，家僮数千”。他不仅富甲天下，而且在阿拉伯商人中极富影响力，故而得以出任泉州提举市舶司。

来华的大食商人，有的侨居东南亚各国，把大量香药贩运至中国；有的则长期侨居中国，北宋时多集中于广州，南宋时则主要集中于泉州。由于阿拉伯商人众多，以致泉州被称为“回半城”。

（六）非洲诸国

宋人开辟了横渡印度洋直航非洲的航线，使宋朝同非洲的贸易往来渐趋频繁。

东非沿岸一带的古国，如弼琶啰国（今索马里北部的堪培拉）、中理国（今索马里东北沿海一带）、层拔国（今非洲东岸索马里以南一带）、昆仑层期国（东非沿岸及马达加斯加岛一带）等，是宋代商船经常抵达和进行交易的地区。中国商人贩运瓷器、丝绸等手工业品到非洲，购入非洲象牙、犀角、香料等土特产。

公元 10 世纪末，埃及被法提玛王朝（中国史籍称之为绿衣大食）征服，其迁都开罗，一跃为阿拉伯世界的中心。11 世纪中叶，印度洋西岸的贸易转道亚丁和埃及的红海口岸奥尔祖姆，埃及逐步成为东方货物由红海转道地中海的重要枢纽。宋代，来华的大食商人中有不少埃及人，他们的海上贸易活动不仅促进了中国与非洲间经贸关系的发展，而且还将部分中国丝绸、瓷器转贩欧洲，从而沟通了亚洲与欧洲间的贸易联系。

第四节　海外贸易与中外经济文化交流

蓬勃发展的海外贸易促进了宋朝同海外诸国的经济和文化交流，对彼此经济发展和文明进步均起了有益的作用。

一、宋代输出品对海外诸国的影响

（一）丝绸

中国精美的丝绸沿海上丝路输入沿线各国，不仅丰富了当地人的衣料来源，而且推动了其丝织业的诞生与发展。随着越来越多中国丝绸流入马来群岛，当地居民积极探寻中国养蚕缫丝法。宋代，爪哇岛上的阇婆国已开始“务蚕织，有薄绢，丝绞”了。[①]宋代，日本人引进了广东绸和缎子的织作技术，兴办起具有本国特色的博多织产业。

（二）瓷器

随着制瓷业技术进步，宋代瓷器质地更为精良、品种更为多样，生产规模也进一步扩大。宋瓷被中外商人输往海上丝绸之路沿线各地，制瓷技术也渐次外传。11 世纪中叶，高丽在引进宋越州窑还原焰窑法的制瓷技术基础上，烧制出了“翡色”青瓷。据《宣和奉使高丽图经》描述，“制作工巧，色泽尤佳”。12 世纪初，高丽受镶嵌漆器的启发，又烧制了镶嵌青瓷，在技术引进的基础上有了自己的创新。中国瓷器制造

① 《宋史》卷 489，《阇婆国》。

技术在宋代也输出到了日本。日人加藤四郎左卫门于南宋后期随日僧道元入宋，前往浙江天目山学习制陶技术，历时 6 年之久；归国后，在尾张的濑户建窑，专门制造茶褐色并施以黄釉的具有宋代风格的“濑户烧”，从而开辟了日本制陶技术的新纪元。[①]宋代，瓷器大量输入东南亚。近代，柬埔寨发掘吴哥皇宫遗址时，发现不少宋、元和明初的中国瓷器碎片。此外，在荔枝山遗址发现的瓷器均带有广西西村窑的特色。近代，缅甸（即宋代的蒲甘国）出土的文物中，发现宋代中国文人惯用的一对鸭子形的陶瓷水盂；[②]越南的广安、北宁、清化等地曾发现宋代景德镇窑、磁州窑等地的产品。宋代，越南还引进了中国的瓷器制造技术，其所烧制的单色瓷器深受宋瓷的影响。

宋代瓷器精巧别致，特别是日用瓷器流入马来群岛各古国，对改变他们简陋的用餐习俗起了重要的作用。这一时期，马来群岛大部分地区经济落后，日用器皿缺乏，几无餐具可用。据《诸蕃志》卷上记载，兰无里国（今地苏门答腊岛班达亚齐）“以手掬饭”，苏吉丹国（今地爪哇岛中部）“饮食不用器皿，缄树叶以从事，食已则弃之”。随着中国瓷器的输入，大大提高了这一地区的餐饮文明。在大量输入中国瓷器作餐具的同时，该地区还将中国瓷器作为嫁妆、收藏品等。其中，菲律宾出土的中国瓷器为东南亚地区之冠，当地很多家庭珍藏有中国古瓷。

近代以来，在南亚也发现了不少宋瓷残片。在巴基斯坦的斑波尔废港，发现了多种宋瓷，有线刻花纹的宋初越窑瓷的残片和雕有莲瓣纹的华南白瓷片，还有宋末元初的龙泉青瓷片。在信德省府所在地海德拉巴的东北布拉夫米那巴德遗址，发现宋初的青瓷、白瓷和褐釉陶瓷片等。在印度迈索尔邦马哈拉奇博物馆，陈列着宋代龙泉窑青瓷片和福建、广东出产的白瓷片等。在南印度本地治里城以南阿里加梅杜村落遗址，发现完整精美的南宋龙泉窑青瓷碗和小罐残片；本地治里西北科里梅杜遗址也发现宋代闽粤两地出产的陶瓷碎片。在斯里兰卡开戈拉镇以南德地卡玛村佛塔的外围，亦发现很多宋瓷片，其中有精美的南宋龙泉窑青瓷碗的残片。[③]

在伊朗内陆吉拉夫特及其附近的谢里·达吉亚奴斯遗址，也发现了宋代的青瓷和青白瓷。在阿拉伯半岛的南岸、东岸和北岸，均发现了宋瓷的地下实物。在也门北部和沙特阿拉伯国境线附近的扎哈兰，发掘出宋代龙泉窑青瓷。在离亚丁港不远的阿布扬废墟，也见宋瓷遗物。此外，在黎巴嫩的巴勒贝克、叙利亚的哈马遗址，也发现了宋代龙泉青瓷碗残片、德化窑白瓷残片。伊拉克巴格达以北的萨马腊遗址出土有宋代的青瓷、青白瓷、白瓷等。

古埃及原有陶器生产，到了中世纪，由于受中国制瓷技术的影响，其陶器业又得到迅速发展。宋代，是中国瓷器制造业飞跃发展的时期。著名的龙泉窑青瓷，福建和广东诸窑烧制的青瓷、白瓷、青白瓷，景德镇的青白瓷和白瓷，德化窑的白瓷以及北方定窑系的白瓷等涌入埃及，致使 11 世纪以后，埃及大量出现青瓷、青白瓷和青花

---

① [日] 木宫泰彦，《日中文化交流史》，南宋、元篇。

② 杜生诰，《中国古物在浦甘》，《缅甸学报》1912 年第 1 卷第 2 期，转引自陈炎，《中缅文化交流两千年》，《中外文化交流史》河南人民出版社，1987 年版，第 17 页。

③ [日] 三上次男，《陶瓷之路》天津人民出版社，1983 年版，第 192－193 页，第 202 页、第 204 页、第 207 页。

瓷的仿制品。[①]

（三）钱币

两宋时期，由于海外贸易税收及政府垄断性经营收入主要来自进口，因而发展海外贸易的重点是鼓励进口贸易。在中国丝绸、瓷器等货物输出的同时，海外各国的香药以更大的规模进口，由此，中国铜钱也作为世界区域性硬通货流向诸多贸易伙伴国。铜钱外流与近现代由于贸易逆差导致的国际收支逆差不同，宋代，由于临近的日本及东南亚各国货币经济不发达且铸币技术落后，因而铸造精良、信用等级高、币值相对稳定的中国铜钱既可充当一般等价物，本身又是重要的商品，以致“海外东南诸蕃国无一国不贪好”，“入蕃者非铜钱不往，而蕃货亦非铜钱不售”。[②]

由于中国铸造铜钱原料有限，随着进口规模扩大，沿线各国吸纳了大量中国铜钱，导致国内市场铜钱短缺，因而宋政府对铜钱的输出不得不加以限制。但海外铜钱需求强烈，使贩运铜钱出口利润巨大，中外商人往往不顾宋王朝禁令“潜载铜钱博换”，铜钱走私严重。如南宋理宗淳佑二年七月，日本东条经执政时，曾一次性输入高达10万贯的宋朝铜钱。

宋代，中国铜钱经由多种途径广泛流入东北亚、东南亚、南亚、西亚和非洲各地。日本、韩国多家博物馆都收藏有大量宋代铜钱，表明宋代铜钱流入东北亚数量可观。21世纪初，在广东阳江附近海域打捞的一艘宋代沉船——“南海一号”中，发现的铜钱达上万枚之多。此外，在印度迈索尔邦考古博物馆，有从昌德拉瓦利遗址出土的北宋神宗（1068—1085年）时的“元丰通宝”；在南印度本地治里城以南阿里卡美都村落遗址，出土了北宋徽宗宣和年间（1119—1125年）的“宣和通宝”；斯里兰卡北部阿努拉达普拉以南雅帕护瓦城遗址，发现了多达1 352枚的两宋铜币；在波斯湾霍尔木兹岛对岸卡拉屯，也出土了宋代铜钱；沙特阿拉伯的达兰市附近的卡提夫，亦发掘出了宋真宗咸平年间（998—1003年）的“咸平通宝”和宋哲宗绍圣年间（1094—1098年）的“绍圣通宝”；在东非沿岸肯尼亚蒙巴萨北部哥迪镇废墟，发掘出南宋宁宗庆元年间（1195—1200年）的“庆元通宝”和理宗绍定年间（1228—1233年）的“绍定通宝”；在索马里的摩加迪沙和坦桑尼亚的桑给巴尔，亦发现宋代钱币。[③]

中国钱币的流入，促进了当地货币经济的发展。如在爪哇等地发掘出中国铜钱的同时，还发掘出许多大约9至16世纪（主要是麻喏巴歇王朝时期）当地铸造的铜钱和锡钱。这些古钱多数呈圆体方孔，显系受中国铸币技术的影响。

（四）书籍

两宋时期，中国同朝鲜、日本使节往来和贸易活动中，相互交流了大量的书籍，对彼此间的文化发展起了积极的作用。宋朝政府常常在遣使高丽时，赠送其王各种书籍，如《文苑英华》《太平御览》《神医补救方》以及佛经等。宋代商人还将书籍作为

① ［日］三上次男，《陶瓷之路》，第192－193页。第146页、第204页、第207页、第26页。

②（清）徐松辑：《宋会要辑稿》刑法2之144。北京，中华书局，1981年版。

③《陶瓷之路》，第51页。

商品输往高丽和日本。

（五）医药

宋代，中国与朝鲜半岛政治经济关系密切，高丽对中医术产生了强烈需求，多次请宋朝派遣医生赴高丽就诊并进行医学教学。由此，中医药学传入高丽。《宋史·高丽国》记载，高丽国“俗不知医，自王俣来请医，后始有通其术者”。1072 年，宋王朝遣医官王愉、徐先赴高丽。两年后，又派扬州医学助教马世安等 8 人往高丽，均受到高丽国王的尊重和热情接待。1080 年，再次遣马世安去高丽，高丽王不仅设宴款待，还馈赠了礼品。应高丽王的邀请，宋朝还曾派遣翰林医官在内的庞大医疗团赴高丽为其王诊治并赠送大批药品。随商船入宋的日本僧人，也将中国的医学技术带回日本。

二、海外输入品对宋朝的影响

（一）香料

在宋代进口的商货中，以香料为最大宗。大量香料的流入，使中国权贵阶层盛行薰香之风。同时，不少香料可用于饮食及医疗，有助于中国医药卫生和饮料食品业的发展，由此丰富和便利了人们的日常生活。如木香和乳香，可配制成治疗偏瘫和头痛的秘方。[①]梅花片脑（龙脑的一种）可治疗脱舌症。[②]由苏合香、乳香、荜拔、安息香、龙脑等各种香药配制成的苏合香丸，成为名贵药品，“大能安气血，却外邪”。[③]

（二）象牙、犀角

从海外输入的象牙、犀角等奢侈品，在满足权贵阶层奢侈性消费需求的同时，也促进了牙雕等工艺品的发展。

（三）植物新品种

这一时期，沿着海上丝绸之路引进的最重要的植物品种是占城稻和棉花。越南人素以善于种植水稻而闻名于世，中国古代文献中，有稻源出交趾的记载。宋真宗时期（998—1022 年），从越南中部广南地区引入了耐旱的占城稻种，于福建地区播种。至大中祥符年间（1008—1016 年），江淮、两浙一带遇旱灾，又将占城稻种引入江淮和两浙。此后，占城稻不仅在福建、江淮、两浙一带种植，而且还推广至北方。新稻种的引进，扩大了中国农作物的品种，直接有益于人民的生活。

早在汉代，棉花已传入中国边疆地区。自宋代开始，棉花又从边疆循南北两路传入中原。由于棉花在生产和加工方面更为经济，故逐渐取代丝、麻，打破了中国长期以丝麻为衣料来源的传统，增加了民众衣料的供给品种。

---

①（宋）沈括、苏轼，《苏沈内翰良方》北京：中医古籍出版社，卷 2。

②（宋）洪迈，《夷坚丁志》卷 13，《临安民》。

③（宋）沈括、苏轼，《苏沈内翰良方》北京：中医古籍出版社，卷 5，《苏合香丸》。

三、海外贸易与中国科技的传播

（一）造纸术

如前所述，宋代以前，中国纸及造纸术已经外传。到了宋代，一些早期掌握中国造纸术的国家在技术上有了自己的创新，甚至其产品开始返销中国。如高丽输入中国的纸张，深受宋人的赞许。北宋人陈桶在《负暄野录》卷下载称：“高丽纸类蜀中冷金，缜实而莹。”宋代士大夫间，常以高丽纸作为彼此相赠的礼品。高丽的纸扇优于中国的纨扇和羽扇，非常受宋人的喜爱。这一时期，日本纸也输入中国，获得好评。

宋王朝时期，北非的摩洛哥成为阿拉伯世界的造纸中心，造纸术由此进一步传入西班牙，进而开创了欧洲造纸的历史。其后，造纸术由西班牙逐步传入法国等西欧国家。南宋后期，造纸术又从埃及经地中海传入意大利。

（二）印刷术

公元 11 世纪，即北宋中期，中国印刷术出现了新的飞跃。宋仁宗庆历年间（1041—1048 年）毕昇发明了活字版印刷术，成为排版印刷的起点。印刷术随着贸易往来，逐步外传。至南宋，高丽在汲取毕昇胶泥活字印刷术的基础上，于 1234 至 1241 年间又发明了金属活字印刷术。

南宋时，中国的印刷术推动了越南印刷业的发展。约南宋理宗淳祐、宝祐年间（1241—1258 年），越南历史上首次记载的印刷品——户口帖子问世。唐代发明的雕版印刷术，于南宋末至元初传至伊朗；其后，又从伊朗西传至欧洲。

（三）罗盘

早在战国时期，中国人就发明了天然磁石制成的“司南”。北宋仁宗庆历四年（1044 年）已出现用人工磁化方法制作的指南鱼。嘉祐八年（1063 年），北宋科学家沈括在《梦溪笔谈》中又阐述了钢针磁化法：“方家以磁石磨针锋，则能指南，然常微偏东，不全南也。”[①]沈括还介绍了四种指南针的装置方法。从航海角度考察，以水浮针最为简易实用。12 世纪初，即北宋末，宋人已将指南针用于航海。南宋时，指南浮针已演进成为水浮式磁罗盘——针盘了。12 世纪末 13 世纪初，罗盘针的应用由海路传入波斯和阿拉伯，其后，又传入欧洲。指南针用于航海，不仅促进了中国和世界航海业的进步，同时，也推动了此后哥伦布对美洲大陆的发现和麦哲伦环球航行的完成，大大加速了世界文明的进程。

四、海外贸易与伊斯兰教的传入

广州、泉州等对外贸易口岸是宋代对外开放的窗口。随着大量外商涌入及中国海商的出洋，特别是不少外商移居中国，在宋王朝尊重、保护外商习俗及利益的政策下，阿拉伯商人将伊斯兰教带入中国并在中国生根发展。

宋代，大批经营中阿贸易的阿拉伯商人获得了巨额利润，积累了大量财富，不少

---

①（宋）沈括，《梦溪笔谈》卷 24。

人移居中国沿海的广州、泉州并在其居住地陆续修建起清真寺。如北宋真宗大中祥符二年（1009 年），阿拉伯商人在泉州建立了第一座清真寺——“圣友寺”；南宋高宗绍兴元年（1131 年），又建有清净寺；此后，还建立了也门寺等。随着越来越多的阿拉伯商人移居中国、修建寺院，伊斯兰教在中国也得到传播与发展。

复习思考题

1. 两宋时期，发展对外贸易的目的及政策措施有哪些？
2. 两宋时期，市舶制的发展表现在哪里？
3. 两宋时期，海外贸易的主要地理方向及交换的商品有哪些？

第六章　元代的对外贸易

学习要点与要求

本章主要阐述了元代发展对外贸易的政策措施、市舶制的进一步发展及这一时期中外贸易发展状况。通过学习，学生应了解这一时期中国海外贸易的主要地理方向及交换的商品，悉知元代发展海外贸易的动机及其背景，重点掌握元代发展海外贸易的政策措施、市舶制的发展及主要贸易方式。

通过军事征服建立的元王朝，其综合国力较宋代大为增强。蒙古大军从漠北到江南，进而挥师西进中亚、西亚直至欧洲的远征使其眼界大开，刺激了统治阶层对各种奇珍异物的欲望。随着大蒙古帝国的解体，元朝统治者认识到，依靠武力无法维系帝国的稳定，只有接受先进文化、发展经济才能巩固统治基础。随着中外交通的畅达，元代的对外贸易特别是海路贸易出现了空前繁荣的局面。

第一节　陆上丝绸之路的复通与海上丝绸之路的扩展

一、陆上丝绸之路的复通

元朝建立后，元军于1276年攻克南宋首都临安（今杭州），实现了从五代十国以来中国又一次历史大统一，由此建立了第一个由少数民族统治的大一统王朝。元朝与四大汗国构成了地跨亚欧两大洲的大蒙古帝国，陆上丝绸之路再度得以畅通并继续向前延伸。

这一时期，东西陆上交通主要有三条，即北道、中道和南道。北道由天山以北的别失八里（今新疆吉木萨尔）、阿力麻里（今新疆霍城）经楚河流域，循锡尔河以北，经塔剌思（今哈萨克斯坦江布尔），再由咸海及里海北岸，穿行钦察草原到达萨莱（今俄罗斯伏尔加河东岸阿斯特拉罕附近），由此可抵达多瑙河流域。或经克里米亚半岛过黑海至君士坦丁堡。其中，萨莱、别失八里是东西方货物的集散中心，由此成为国际性都市。中道也从阿力麻里出发，进入中亚的两河之间地带，经撒马尔罕、布哈拉抵小亚细亚。南道，即汉唐时期的丝路南道，此时得以恢复。该道从河西走廊出发，经罗布泊以南沿昆仑山北麓西进，越葱岭，进入中亚，再由阿姆河南岸、里海南岸进入伊朗和两河流域，最终抵达地中海东岸。其中，北道连接欧亚两大洲，经行中亚及东欧草原地带，故又称为“欧亚草原之路”，是 13 世纪中叶到 14 世纪中叶亚欧间重要的经济文化联系孔道。欧洲各国商人由此路来华，络绎于途，中西贸易盛极一时。经陆路来华的外国商队，或从河西走廊东行，经肃州、甘州沿长城向东到上都或大都。或沿天山北麓出阿力麻里、别失八里，越阿尔泰山经今之乌里亚苏台、额尔浑河源至和林。由此，元代中西陆路交通较之汉唐时期在东西两端均有较大拓展，连接的地域范围更加广阔。

二、造船、航海业的进步与海上丝绸之路的发展

元代，造船业继续向前发展，造船基地遍布直沽、临清、登州、建康（南京）、扬州、杭州、泉州、福州、赣州、隆兴（南昌）、潮州及广州等南北各地。这一时期所造船舶数量众多、体量巨大。如元世祖至元十年（1273 年），“刘整请教练水军五六万及于兴元金（即广州）、扬州、汴梁等处造船二千艘”。[①]至元十九年（1282 年）九月，忽必烈令“平滦、……扬州、隆兴、泉州，共造大小船三千艘”。[②]《马可·波罗游记》中说：“大汗又下令准备了十四艘船，每船有四桅杆，能扬九帆。”“其中至少有四五艘船可容纳船员二百五十或二百六十人。”14 世纪中叶，摩洛哥旅行家伊本·白图泰来华旅行，曾到广州、泉州、大都等多地。其所著《伊本·白图泰游记》对泉州的造船业进行过详细的描述。他说：“大船有十帆，至少是三帆，帆系用藤蔑编织，其状如席，常挂不落，顺风调帆，下锚时亦不落帆。每一大船役使千人。……此种巨船只在中国的刺桐城（即泉州）建造，或在隋尼凯兰（即广州）建造。……船上造有甲板四层，内有房舱、官舱和商人舱。”泉州的造船业尤为发达，在极盛时期，当地拥有海船多达 1.5 万艘。伊本·白图泰由此感慨“世界上没有比中国人更富有的了”。

宋代发明的指南针，到元代已成为海商出洋的必备之物了。大量文献记载了海船中配备的“行丁未针”“行坤申针”，根据指南针在罗盘上的位置以定方向，即所谓的“针路”。元代，人们对于季风规律的把握与运用更为娴熟，南下南海各国，“遇冬汛北风发舶”，利用东北风启航，然后在“次年夏汛南风回帆”。去北方的高丽则乘南风，夏季发船，冬季乘北风回航。顺风时，三五天可到。去日本，一般在夏天，利用西南季风；返航则在春秋二季，利用东北季风，顺风时，航程约十天左右。

造船航海业的进步为元代海上丝绸之路的扩展提供了技术基础。元代，中国自广州、泉州，沿南海丝绸之路到东南亚、南亚、阿拉伯半岛、东非及北非的航线得到进一步拓展，商船相互间贸易往来更为频繁。汪大渊所著《岛夷志略》吴鉴序中，对元代海外交通的盛况描述“中国之外，四海维之，海外夷国以万计，唯北海以风恶不可

① （明）宋濂等，《元史》卷 8，《世祖本纪五》，中华书局，1976 年版。

② （宋）李焘，《续资治通鉴长编》卷 186。

入，东西南数千万里，皆得梯航以达其道路，象胥以译其语言”，反映了这一时期海上交通畅达的盛况。

第二节　驿站制度与陆上丝路贸易的发展

随着中西陆路交通的畅通，元王朝在沿线各地设置了众多驿站为往来丝路的中外商旅提供便利，丝路贸易再度出现了繁荣的局面。

一、驿站制度的形成与发展

大蒙古帝国疆域辽阔，为维系其统治，需加强各地区间的联系。从成吉思汗时就进行驿道和驿站的建设，后不断加以完善，从而形成一个东西相连、南北交错的庞大交通网络，将东亚、中亚、西亚及欧洲联系在一起，大大便利了东西交通往来。

元代的驿站有水站、马站、陆站、海战、狗站。其中，陆站在保护和推动陆路贸易的发展上起到了重要作用。驿站不仅负责传递信息，而且由于东西方贸易的兴盛，也成为丝路贸易的交通枢纽和补给站，为商旅往来提供安全保卫、食宿便利和给养的补充。为了保护使者及商旅的安全，早在成吉思汗时，就“于诸大道设置守卫”和“干净的白毡裘帐”，①以“保证各种商旅在各种城市与大道上通行无阻”②，由此形成早期的驿站。元王朝建立后，不断加强对丝路沿线交通设施的建设，驿站的设置密度增加，驿马、食宿等服务日益完善。元政府规定，商旅所至，“官给饮食，遣兵防卫”。凡商旅往来要道及住宿之处，地方官设置巡防弓手保护。

蒙古统治者为满足政治、军事需要，在其统治区域内广开驿道、设置驿站，东西交通沿线的驻军为往来商旅提供安全保障；星罗棋布的驿站为商业活动提供信息的传递，为商旅往来提供食宿便利。史载：“元有天下，薄海内外，人迹所及，皆置驿传，使驿往来，如行国中。”③沉寂已久的丝绸之路再度焕发了勃勃生机。“于是四方来往之使，止则有馆舍，顿则有供帐，饥渴则有饮食，而梯航毕达，海宇会同，元之天下视前代所以为极盛也。”④

除西北丝路外，西南丝路交通也受到重视。至元十三年（1276年），元王朝在乌蒙（今云南昭通）至四川沿途“水陆皆置驿站”，其在畅通云南与内地交通上起了重要作用。元代，西南丝路上的贸易活动不绝如缕，如云南盛产马匹，《马可·波罗游记》记载，大理马“驱大而美，贩售印度”。

---

①［伊朗］志费尼著，何高济译，《世界征服者史》（上册），内蒙古人民出版社，1980年版，第34页，第90－91页。

② 贝勒津，《成吉思汗的札撒》，《蒙古史研究资料》1981年第18辑。

③《元史》卷63，《地理志·河源附录》。

④《元史》，卷101。

二、陆路贸易的发展

陆路交通的恢复使中西陆路贸易再度兴旺起来。元人危素称：“四方之士，远者万里，近者数百里，航川舆陆，自东西南北而至者，莫有为之限隔。”[①]元代，陆路贸易除了中原与漠北、西域各边疆民族和地区的贸易外，通过丝绸之路，元王朝还与中亚、西亚及欧洲开展贸易往来。

1. 与四大汗国的贸易

大蒙古帝国虽然为时不久，但地处中亚和西亚的金帐汗国（又称钦察汗国）、察合台汗国、窝阔台汗国和伊儿汗国（又称伊利汗国）四大汗国长期在成吉思汗的子孙们统治之下，与元王朝维持着密切的朝贡往来。经由横贯欧亚的国际驿道，四大汗国遣使将各地的土特产品，如大珠、玉器、水晶、佩刀、骆驼、名马、文豹、狮虎及各种药材等作为贡品进献到元帝国，元王朝则回赠其钞币、绸缎、绣彩、东北猎鹰等。各国使臣来华常携带大量黄金，除接受元王朝回赠品外，还自行为本国政府及个人购买各种货物。如伊儿汗王合赞遣使来元，“给使者重金十万，俾在中国购买物品”。[②]其中，金帐汗国由于地理位置的近便，双方贸易关系尤为密切。金帐汗国首都萨莱城亦是沟通东西方贸易的国际性都市，东西商贾云集，商品荟萃，一些西方商人甚至不必来华即可在此采购中国的丝织品等货物。来此经商的中国商贾众多，一些人还定居于此。随之，中国的一些手工业生产技术，如铜镜制造等传入撒莱。伊儿汗国不仅地处中西亚之间，而且控扼波斯湾，与元王朝通过陆海两道交往，尤以陆路往来为主。元朝商贾携带丝绸、瓷器赴伊儿汗国换购各种珍珠、宝石等奢侈品，其规模颇为可观，“动以数十万锭”。沿丝绸之路，波斯商人则将珠宝、药材与马驼等贩运来华。

2. 与亚欧各国的商队贸易

由于陆路交通沿线自然环境恶劣，又常有盗贼出没，“然若结队至六十人同行，即当最危之际，亦与居家无异”，[③]故东来西往的商人常结队而行。随着中西陆路交通的畅达，各国商队日益活跃于沿线各地，贩运各国商货。作为游牧民族的蒙古族有着长期的重商传统，成吉思汗曾多次派遣商队前往中亚贸易，每支商队规模均颇为可观。如南宋嘉定十一年（1218 年），蒙古帝国组织了一支前往中亚的花剌子模贸易的商队，人员多达 450 人，携带大量毛皮、丝绸、金银制品。[④]除官方商队外，私人商队更为活跃，经陆路前来中国开展贸易的商队，既有贩运各国土特产品，如金银、珠宝、药材、奇禽异兽、香料等货物的中亚和西亚商人，也有不少来自拜占庭、波兰、奥地利、捷克、俄国，以及意大利威尼斯、热那亚，甚至远自北欧汉撒同盟的商人。他们主要用金银交换各国货物，采购的中国货物主要是各种丝织品、茶叶、瓷器及药材等。

---

①（元）危素《危太朴集》卷 1，《送夏仲序》。

② 多桑，《蒙古史》下册，中华书局，1962 年版，第 319 页。

③ 张星烺，《中西交通史料汇编》第二册，中华书局，1977 年版。

④ 多桑著，冯承钧译，《多桑蒙古史》上：中华书局，1962 年版，第 92 页。

3. 沿线城镇的发展繁荣

东西方陆路贸易的繁盛也使得一些沿途的城市成为欧亚国际贸易中心。如讨来思（今伊朗西北部的大不里士）西接拜占庭帝国的小亚细亚，东连通往中国的传统丝绸之路，北邻萨莱城，南通中西亚出海口忽鲁谟斯，优越的地理位置使其成为欧亚贸易的交汇点。曾为花剌子模古都的玉龙杰赤（土库曼斯坦的库尼亚乌尔根奇）是中亚地区各族商队与欧洲、西亚商队进行商品交换和货物中转的枢纽。而元代的首都大都（西方人称之为汗八里城，今北京），无论城市规模、户口数目还是商业繁荣，在几个国际贸易中心里都是突出的，中外商贾云集，东西商品荟萃。《马可波罗行记》记载："应知汉八里城内外人户繁多，有若干城门即有若干附郭。此十二大郭之中，人户较之城内更众，郭中所居者，由各地来往之外国人，或来入宫方物，或来售货宫中。""外国巨价异物及百货输入此城者，世界诸城无能与比。"①进口货物不仅有奢侈品还有不少日用品，表明对外贸易对国内消费的影响范围，从上层社会逐步扩展到普通民众。《通商指南》亦称："……汗八里都城商务最盛。各国商贾辐辏于此，百货云集。"②

中西陆路贸易的复兴也带动了沿线经济的发展和市镇的崛起。如河西的甘州和肃州，由于本地的特产，如白驼绒和羊绒合纺所织的绒布、药材等吸引了大量的中外商人前来交换，从而成为东西交通贸易重镇。此外，陇右的巩昌、河州也是当时蕃汉商人的互市中心，交换的商品有粮食、牲畜、皮毛、铁器、药材、鞍具及一些简单的生产和生活工具。

元代，陆路贸易除经由西北与中亚、西亚及欧洲往来外，还经东北与高丽、经西南与缅甸等国开展。

虽然大蒙古帝国及其后的元朝政府通过驿站制度对陆路贸易给予一定的支持和保护，使丝路贸易再度兴盛，但是陆路贸易难以避免地受到各政权间政治、外交局势变迁的影响。随着大蒙古帝国的解体，中亚交通不畅。到元后期，由于西北诸王时生叛扰，处于中亚、西亚的诸汗国之间更是战事频发，给商旅造成了极大威胁，丝路贸易再度走向衰落。

第三节　海外贸易政策与市舶制度的进一步发展

元朝统治者认识到，通过发展海外贸易，可"以损中国无用之货，易远方难致之物"，从而达到"天子不自有，凡诸蕃辅之"的目的。③元人陈大震在《大德南海志》中进一步指出："山海为天地之宝藏，珍货从出，有中国之所无。风化既通，梯航交集；以此之有，易彼之无。古人贸易之良法也。"可见这一时期，发展对外贸易的目

① [意] 马可波罗，《马可·波罗行记》中册，第 94 章，中华书局，2004 年版。

② 张星烺，《中西史料汇编》第一册，中华书局，1977 年版，第 315 页。

③（元）苏天爵，《元文类》卷 40，"经世大典序录·政典·市舶"。

的已颇为明确，即互通有无，实现使用价值的转换，从而满足上层社会对海外奢侈品的需求。为此，元王朝对发展海外贸易高度重视，先后采取了一系列鼓励性措施，[①]市舶制度在宋代的基础上又得到进一步发展。

一、海外贸易政策

（一）积极鼓励外商来华

元朝为吸引更多外商来华，一方面招降并重用南宋主管泉州市舶的阿拉伯商人蒲寿庚，授予其参知政事、行省中书、左丞等官职，使其为元朝“诱诸蕃”；另一方面，积极向外商宣传元朝发展海外贸易的基本政策。元世祖至元十五年（1278 年），元朝政府宣布：“诸蕃国列居东南岛屿者，皆有慕义之心，可因蕃舶诸人宣布朕意。诚能来朝，朕将崇礼之。其往来互市，各从所欲。”[②]意即外商来华将受到礼遇，其贸易往来不受干预，可自由进行。元代，主要贸易口岸设有驿馆，用来接待各国商使。在外商集中的广州、泉州等地，继续实行前代的蕃坊制度。

（二）积极组织开展海外贸易活动

元朝除鼓励民间贸易外，还积极组织开展官方及官商合营贸易。官方贸易除传统的朝贡贸易外，朝廷还派使臣直接到海外采购。元代，官商合营贸易主要是“官本船贸易”（详见下文）。

（三）祭祀海神“天妃”

从南宋开始，东南沿海一带逐渐出现祭祀“天妃”的活动。[③]元朝统一江南后，即封民间崇拜的海神为“护国明著灵惠协正善庆显济天妃”，每年由市舶司主持官方的祭祀海神活动。此举虽无实际意义，但表明元王朝对海路贸易的重视。

（四）鼓励民间贸易

元朝为鼓励商人从事海外贸易，先后采取了诸多措施，如严禁权贵侵害海商利益，对损害海商利益的官吏从重治罪，免除海商、水手之家的差役等。此外，元王朝还设立了巡防弓手（海上安全护卫）和海站制度（即沿海驿站）以保护商旅生命及财产安全。

二、市舶制度的进一步发展

（一）修订市舶法规

元世祖至元三十年（1293 年），元王朝在参照宋代市舶法规的基础上，制定了“整治市舶司勾当”22 件，又称《市舶法则》22 条；此后不断进行修订，使其成为我国历史上第一部较为系统完善的对外贸易法规。该法则明确规定了元代对外贸易的税收

① 由于政治上的需要，元王朝在总体上鼓励海外贸易政策下，也曾四次禁商下海，每次禁令为时均较短暂，障碍排除后立即开放民间贸易。

②《元史》卷 10，《世祖纪七》。

③“天妃”即海神妈祖，传说其原为福建莆田一林姓女子，能预知海上吉凶，死后被尊为海神，沿海商人和渔民为其立庙崇拜，祈求保佑他们出海平安。

种类、税率，从事海外贸易的商人资格，商人进出港的具体手续，商人的权益，进出口商品种类的限制，对走私的处罚等。

（二）市舶机构的设置

元朝于至元十二年（1275年）攻克广州后，即设置了市舶司。至元十四年（1277年）元军夺取浙、闽后，即在泉州、庆元（今宁波）、上海、澉浦设立市舶司。至元二十一年（1284年），又在杭州、温州设置市舶司。除上述七个市舶司外，至元三十年（1293 年），还设立了“海北海南博易提举司，税依市舶司例”，管理广西沿海和海南岛的海外贸易。

（三）市舶司的职能

1. 查验进出口船舶和货物

根据市舶法规定，商人出海必须向市舶司提出申请并提供保舶牙人，经核准后，由市舶司发给出海贸易许可证——公据。公据分公验和公凭两种，大船发公验，小船发公凭。公据上要注明船队人员，携带货物种类、数量，前往国家等。同时，市舶法规定，无论中外商船，一律不得将金、银、铜、铁货，以及武器、粮食、人口等贩运出口。市舶司对出港货物，依例严格检查。

2. 征税

元代对进口商品不再实行禁榷和博买，而是在抽解之外，再征收舶税。大体上前者税率为1/10，后者为1/30。对外出使臣归国所携带舶货（即非赠品），亦照章征税。

3. 查缉走私

随着海外贸易的发展及元王朝对外贸易税收的规范，沿海走私现象颇为严重。商人或将货物隐匿不报，或以多报少，或在中途转移、抛售。为此，元朝政府一方面下令沿海州郡加强防范；另一方面，由市舶司到海上封堵。走私者一经查获，则按“漏舶法”（反走私法）将货物没收，商人判罪。同时，对告发走私有功者予以奖赏。

综上所述，在元王朝积极发展海外贸易政策下，元代海外贸易管理制度逐渐完善，管理水平进一步提高，管理条例更加细密。

第四节　海路贸易经营方式及进出口商品

一、海路贸易的经营方式

元代，海路贸易的经营方式较之前代有所增多，除传统的官方贸易和民间贸易外，还出现了官商贸易。

（一）官方贸易

元朝政府为获得海外奇珍异物，积极开展同海外诸国的官方贸易往来。如前所述。当元军占领了浙、闽，初定江南后，元世祖即通过福建行省向海外诸国宣布了“其往来互市，各从所欲”的政策。由此，海外诸国纷纷派遣使节携方物前来通好。据《元史》记载，从元世祖至元十六年至三十一年（1279—1294年）的15年中，海外诸国来华通好达90余次，来华国家除高丽和日本及东南亚、南亚、西亚诸国外，还涉及北非、东非和欧洲的一些国家。为接待这些来华使节，元朝政府在一些港口设置了“来远驿”或“怀远驿”。来华使节登岸之后，由市舶司会同行省官员按外交礼仪接待，先送到驿馆，再按官方规定的通道赴京，并在沿途设置了驿站——“站赤”，负责护送使节、运送贡品。其中，泉州是来华使节登岸的主要港口，在此聚集了大批使节和大量待运的货物。

（二）私商贸易

元王朝在积极鼓励发展海外贸易的政策下，对从事海外贸易的商人身份不加限制，从而使这一时期私商贸易类型更加多样化。

1. 权贵商人

元代改变了宋代禁止官吏下海经商的政策，只要“依例抽解”，就允许官吏从事海外贸易。位高权重的诸王、驸马、蒙古贵族等，一般是派人下海代其交易。元王朝各级出使海外官员在履行政府职责的同时，也多乘机为自己营商谋利。沿海地区各级官吏，或用自己的船只下海开展贸易，或用自己的本钱委托其他舶商代为经营。一些人亦官亦商，互为表里，从中获得大量财富与权势。其中，最著名的是太仓的朱清和张瑄。他们于宋元之际靠创办海运起家，为元王朝创办了海上漕运，分别官至江浙行省知事和江南行省左丞；依靠其财力与权势，不仅垄断了海上漕运，还以“巨艘大舶帆交番夷中”，开展大规模海外贸易。此外，宗教僧侣等则多夹带俗人为其经商并逃避抽税。

2. 色目商人

元朝实行民族等级制度，大力扶植色目人，色目商人凭借权势成为元朝海外贸易的重要主体。色目商人来自两部分：一是唐宋以来，来华的阿拉伯人的后裔，如蒲寿庚等；二是元代以来，前往江南的西域和外国商人，如泉州的亦思巴奚等。蒲寿庚在宋代就任泉州市舶官吏，后降元，仍担任泉州市舶官吏并被任为福建行省中书左丞。元世祖曾授予他金虎符，其权势极大，成为亦官亦商的色目巨商。其家族拥有大规模海外贸易船队，纵横往来于中国东南沿海、印度洋沿岸各国。元中叶以后，蒲氏势力渐衰，代之而起的是西来的色目商人。当时，前来泉州的色目商人达数万人之多，其中不少人成为泉州的巨商，操纵了泉州的海外贸易。

3. 舶商

元代舶商亦称舶商户，是专门从事海路贸易的商人。其中，资本雄厚的大商人拥有自己的船只，多独立经营，也有委托他人代为经营的。为数众多的中小商人，由于资力不足，很少独立经营，靠借贷资本或采取合伙的方式经营。

4. 散商

元代的散商，是由沿海地区破产的农民转化而来的。他们为获得生计来源，在元代商品经济发展的浪潮中被卷入经商的行列。这些散商既无海船又缺乏资金，只能依附大商人充当“人伴”或“搭客”。他们于大型海商船上分占舱位，自带货物下海经商。一些人由于缺乏贸易经验导致破产，进而沦为海寇。

（三）官商贸易

元代，统治者为获得更多海外奇珍，已不满足于官方朝贡贸易和私商贸易，而直接开展大规模的航海贸易活动，使官商贸易得到了空前的发展，其形式也颇为多样化。

1. 使臣贸易

元朝政府多次动用大量资金，派遣特命使臣赴海外诸国为皇室采办货物。这些使臣由皇帝赐予诏书，称为铺马圣旨，或驿给玺书，上盖皇帝印鉴，专为征用驿马和领取分例（因公下海人员在航海途中所需要的粮饷，由行省按规定的标准给付）之用。同时，使臣还身佩由皇帝颁发的标明身份和等级的牌符。沿途各站赤对手持诏书、身佩牌符的使臣，除供应铺马、站船、民工外，还要帮助其担运货物，直抵出海港口。使臣贸易是由朝廷一手操办的，官本官办，加强了朝廷对海路贸易的垄断。

2. 斡脱贸易

斡脱，意为合伙。斡脱商人是为元朝官府和贵族经商、放债营利和从事海路贸易的一种特殊商人，多系色目人。他们是皇室和官府的御用商人，享有各种特权，常常贩运违禁货物牟取巨利。元朝政府设有管理斡脱商人的专门机构，称为“诸位斡脱总管府”，其分支机构称为“斡脱所”。斡脱总管府的主要职责是为斡脱商人催索本利并发放官债。斡脱商人从事海路贸易的资金，很大部分得自元朝政府发放的官债。政府发放给斡脱商人的资金，其利率较民间高利贷低四分之三，斡脱商人得到了极大的优惠。斡脱总管府每年发放给斡脱商人用作海路贸易的官钱达数十万锭，元朝政府每年可收息数百万贯，足见斡脱商人经营海路贸易规模之可观。

按《市舶法则》的规定，斡脱贸易也应依例纳税，但斡脱商人凭借权势往往不予遵守。斡脱贸易实际上是一种官本商办的经营形式。斡脱商人同元朝政府在海路贸易利润的分配上存在矛盾，甚至有的斡脱商人支取官钱之后，竟往海外不归，使元朝政府遭受不小的损失。

3. 官本船贸易

官本船贸易，是由官方出钱出船，委托商人经营的一种官本商办的海路贸易经营方式。官本船贸易同斡脱贸易有相似之处，皆为官本商办，但两者有所区别。斡脱贸易的经营者均为色目商人；官本船贸易的经营者除部分色目商人外，大多为东南沿海商人。元世祖时，因连年对外用兵，加上权贵阶层的奢侈无度，财政支出急剧增加，财政入不敷出。为缓解日益严重的财政短绌，元世祖以聚敛为急务，先后重用了一批“理财之臣”，其中便有官本船制度的提倡者——卢世荣。至元二十二年（1285年）正月，卢世荣奏：“于泉、杭二州立市舶都转运司，造船给本，令人商贩，官有其利七，商有其三。禁私泛海者，拘其先所蓄宝货，官买之；匿者，许告，没其财，半给告者。”[①]元世祖对此建议十分赏识，下令“从速施行”，这便是官本船制度的由来。按此制度，船为官造，本自官出，由官府选择海商作为其代理人出海从事贸易活

---

①《元史》卷205，《卢世荣传》。

动；归来时利润分成，官取其七，商人取其三。

元朝政府推行官本船制度的目的除获取财政收入外，还试图以此方式与权势豪商分割海路贸易利润，加强元朝政府的经济实力，抑制权势豪商势力的增长。在推行官本船制度期间，元朝政府禁止权贵出海开展贸易。

官本船制度的推行，确实使元朝政府赚取了“宝货赢亿万数”的厚利，但其在实施过程中也遇到不少阻力：一是各级官吏营私舞弊；二是元代后期通货膨胀，官本贬值，难以牟利，影响了经营者的积极性；三是私人海外贸易进一步发展，最终要求打破由政府控制和垄断海外贸易的局面。有鉴于此，元英宗至治三年（1323 年），元朝政府终于颁布了“听海商贸易，归征其税”①的政策。官本船贸易正如其他官商贸易一样，对私人海外贸易的发展起了阻碍作用。同时，也应当看到，官本船贸易亦将东南沿海中小海商纳入海外贸易领域，从而为元朝后期私人海外贸易的发展准备了一定的前提条件。

二、海路贸易的进出口商品

（一）出口商品

造船航海技术的进步，使元代海外贸易运输成本进一步降低。元代，出口到海外各国的商品种类更加多元化，根据汪大渊的《岛夷志略》、周达观《真腊风土记》等文献的记载，出口商品多达 150 种以上。其中，主要是各类手工业产品和农产品。

元代出口的手工业品大体可分为六类：（1）丝织品。主要是五色缎、绸、绢等。除出口日本、高丽、东南亚及阿拉伯半岛等传统市场外，这一时期，还出口到东非。（2）陶瓷器。元代出口的陶瓷器种类繁多，除了精美的青花瓷器外，还有粗重的瓦瓮、粗碗、水埕、壶等。今天海上丝绸之路沿线国家的博物馆，大多都收藏有当地发现的元代瓷器。（3）金属和金属器皿。《岛夷志略》记载，有五十余国从中国进口铁制品，包括铁锅、铁鼎、铁条及铁块等制成品与半成品。此外，元朝还出口锡器、铜器等金属制品。（4）日用品。如木梳、漆器、雨伞、席、针、帘子等，种类繁多。（5）文化用品。有各种书籍、文具和乐器等，主要输往高丽和日本。（6）副食品。有酒、盐、糖、荔枝干等。

元代出口的农产品主要是粮食。由于海运便利，一些商人往往将广东等地所产粮食贩运到海外。至元二十五年（1288 年）的一份官方文书中指出，“广州官民于乡村籴米百石、千石至万石者，往往搬运前去海外占城诸番出粜，营求厚利”。因国内粮食供给不稳定，元朝政府颁布禁令，限制粮食出口。但为利所诱，粮食出口屡禁不止。

（二）进口商品

元代从海外诸国输入的商品，种类不断增加。据《大德南海志》的记载，元代前期，经广州港进口的舶货共有 70 余种，②主要来自东、西洋。元代后期，舶货进口剧

① 《元史》卷 94，《食货志二·市舶》。

② （元）陈大震、吕桂孙，《大德南海志》卷 7，《舶货》。

增。据《至正四明续志》的记载，从四明（又称庆元，今宁波）进口的舶货有227种，既有来自东、西洋的商货，也有来自日本和高丽的商货。将以上两者汇总，除去重复的，这两个港口输入的商货，约有250种之多。根据《宝庆四明志》的记载，南宋明州进口商货仅有160余种，元代增加了90多种。

元代进口商货可分为四类：（1）珍宝和贵重香料。有象牙、犀角、珍珠、珊瑚、沉香、速香、檀香等，主要供封建贵族奢侈性消费。（2）药材。有从东、西洋进口的没药、阿魏、血竭等，也有从高丽进口的茯苓、红花等。（3）纺织品。主要是面布和毛织品，有白番布、花番布、毛驼布。（4）日用品。有来自高丽的铜器，东、西洋的藤席、皮席等。（5）原材料类的木材和漆。木材主要来自日本和东南亚，作为建筑和造船的优质材料。高丽生产的新罗漆，质地极佳，深受元人的欢迎。

第五节　海路贸易的主要国家和地区

同元代进行海路贸易的国家和地区，较前代进一步增加，据《大德南海志》记载，总计有140多个国家和地区。中外使者、商人往来相继，推动了海上丝路沿线各国与元王朝贸易关系的发展。

一、东方航线连接的国家

（一）高丽

元代，中国与高丽政治经济关系密切，两国间陆海相连，海路贸易往来尤为频繁。两国间的官方贸易除了传统的朝贡贸易外，直接贸易显著增加。据《高丽史》卷三十记载，至元三十年（1293年），元朝遣江南千户陈勇，驾20艘船载米及其他货物与高丽王室开展贸易。同书三十一卷又载，元贞元年（1295年），高丽王遣人“航海往益都府，以麻布一万四千匹市楮币（纸钞）”。高丽用换得的纸钞购买元朝的商货。其后，高丽王还曾专门派人前往杭州，与当地官府商议贸易事宜。

两国之间的商船贸易往来也很频繁。当北风季节，高丽商船常常到庆元和泉州进行交易活动；当南风季节，元代的商船则北上高丽。循海路前往高丽的元代商人络绎不绝，除来自沿海各港口的商人外，还有来自大都（今北京）的商人，他们有可能是通过北方的港口——直沽港（今天津塘沽）出航的。前来元朝从事贸易活动的高丽商人亦为数可观。

（二）日本

元代，因忽必烈的征日和倭寇对中国沿海的侵扰，中日之间官方贸易衰落，但民间贸易持续发展。仅据《元史》记载，从至元十四年（1277年）到至正元年（1341年）的64年当中，日本商船赴江浙沿海进行交易活动即达10次之多。另据木宫泰彦《日中文化交流史》记载：“日本驶往元朝的商船，除兴国三年（1342年）派遣的天龙寺船是特殊例外，其余都是私人的商船，往来极为频繁，几乎每年不断。元末六七十年间，恐怕是日本各个时代中商船开往中国最盛的时代。……入元僧名传至今的，实达二百二十余人之多，至于无名的入元僧更不知几百人了。而这些入元僧都是搭乘商船，三三两两、来来往往的，可见当时开往元朝的商船该是如何之多。”这些商船多为日本西部冒险商人的私人船舶。此外，日本幕府还以筹集某项工程资金为名组织半官方商船来华贸易。最典型的例子就是天龙寺船。足利尊氏为筹措营建京都天龙寺的经费，于公元 1341 年派遣天龙寺船来华贸易。由寺院推荐商人担任纲司，幕府加以任命，船数、航期等也由幕府限定。回国后，无论盈亏均需向寺院缴纳一定数额的钱币。

元代商船也赴日贸易。例如，至正十年（1350 年），日本入元僧龙山德见、无梦一清等 18 人返日时，搭乘的正是元代商船。又如，元末江西吉水人邓恺，“尝泛海东至日本”。

两国间交易的商货品种繁多，数量可观。从元朝输往日本的，以铜钱、香药、经卷、书籍、文具、唐画、什器，以及金襕（用金丝织成花纹的织品）、金纱、唐锦、唐绫、毛毡等织物类为主。中国历来是禁止铜钱输出的，元朝却准许日本商人持黄金前来换取铜钱，成为招徕日木商人的一种特殊措施。随着日本京都、镰仓以及各地禅寺的兴建，经卷和禅寺所用的什器主要由中国输往日本。这一时期，中国儒、道及诸子百家典籍和史籍等，输入日本的数量也颇为可观。从日本输入元朝的，主要有黄金、刀剑、扇子、描金、螺钿等。

元代，中日间的商船往来，以庆元和博多为主要港口。宋元两朝，庆元一直是对日贸易的港口，前来元朝的日本商船多在此进港。山东、福建沿海也时有日船出入。元代商船赴日，均驶入筑前的博多港。因而欲往元朝的日本僧侣，也集中在筑前的博多港等候商船出航。

二、西方航线连接的国家

（一）中南半岛诸国

1. 交阯

交阯（今越南北部）地近中国，同元朝政治关系密切，使节往来不绝。但自陈氏王朝以来，交阯限制私营贸易，禁止元朝商人前往交阯，但禁而不止，“偷贩之舟”仍往来不已。[①]元朝商人常以交阯的云屯港（今越南广宁省锦普）为主要登陆口岸。

2. 占城

元初，占城（今越南中南部）同中国曾发生武装冲突，一度中断贸易往来。战争结束后，双方又恢复了友好交往和贸易关系。占城地据海道要冲，在海路交通上占有重要的地位，是中国商人前往印度洋贸易的中继港和补给站，“中国商舶泛海往来外藩者，皆聚于此，以积薪水，为南方第一码头”。[②]一些元代商人常居占城进行贸易活

① （元）汪大渊，《岛夷志略·交阯》。

② （元）黎崱，《安南志略》卷 1，《边境服役》。

动，有人还与当地妇女通婚定居下来。[①]

3. 真腊

元朝同真腊（今柬埔寨）关系密切，双方常互派使节，开展官方贸易。元代，中国同真腊间的商船贸易也十分活跃。宋末元初，福建、两浙、广东已有不少商人侨居真腊进行经商活动，受到当地人的欢迎。

4. 暹罗

宋元时期，在今泰国境内有泰族（今泰国中部地区）建立的素可泰王朝（中国称其为暹国）和孟族在湄南河下游地区建立的罗斛国。素可泰王朝和罗斛国自立国以来，都同元朝开展官方交往和贸易活动。至元三十年（1293 年），元世祖“诏遣使招谕暹国”，开始了元暹官方的正式交往。从至元三十年至大德四年（1293—1300 年），元王朝曾 3 次派遣使者赴素可泰通好。而素可泰前来元朝的使节，先后达 12 次之多。元王朝对素可泰使节以贵宾相待并回赠厚礼。罗斛国于至元二十六年（1289 年）开始，多次派遣使节前来元朝。至正九年（1349 年），暹国并入罗斛，自此合称为暹罗。

暹罗国向元朝输出的商货，主要有罗斛香、苏木、犀角、象牙、翠羽、花锡、大风子、黄蜡等；由元朝输入的商货，主要有水银、青花瓷器、青布、印花布、铜、铁、金、锡、硝珠、海南槟榔等。

5. 缅甸

元初，缅甸蒲甘王朝崩溃，地方政权纷纷建立，其中大多数向元王朝称藩，元王朝则各置宣慰司治之，因此，双方关系较前代更为密切。至元二十六年（1289 年），蒲甘的缅王遣使来华。元贞二年（1296 年），又遣其子僧伽巴叔撒邦巴携方物前来通好。元王朝也数度遣使入缅回访。

元朝同缅甸的海路贸易往来极其密切，汪大渊《岛夷志略》有专条记述了下缅甸的针路、淡邈、八都马等地，这些均为孟族地区的海港城市。元朝商船常驶抵缅甸各港口，以丝绸、布匹、瓷器、乐器、金银、铜铁等，换取缅甸的象牙、胡椒、翠羽、黄蜡、木绵等特产。此外，这一时期，中缅两国间的玉石贸易趋于兴盛。13 世纪，已有云南人在缅甸北部孟密等地开采玉石，年产量达到千担左右。前往缅甸采购玉石的元朝商人多至百余家，他们通常云集缅甸的八莫城，将玉石运回云南腾冲加工，成品再运销缅甸和中国各地。

随着双方贸易往来的频繁，元代货币中，统钞亦在缅甸流通并与当地的通货贝币和银钱形成一定的比价。由于赴缅经商较便捷，元代，福建泉州等地的海商泛海至下缅甸沿海一带贸易为数可观且“十去九不还”，不少人还在当地婚娶定居，成为缅甸早期的华侨。

（二）元朝同马来半岛诸国的海路贸易

1. 单马令

单马令又称丹马令（今马来西亚彭亨州的淡贝岭河流域），地处海上交通要道，

---

① （元）汪大渊，《岛夷志略·占城》。

为元代商船经常过往之地。其港口龙牙门，贸易颇为繁盛。《岛夷志略·龙牙门》记载，该处“以通泉州之贸易”并有元人定居此地。单马令以上等白锡、斗锡、米脑、龟筒、鹤顶、降真香、黄熟香头等，交易元朝的甘理布、红布、青白花碗、鼓、赤金、青缎、花布、处州瓷、铁鼎等。

2. 彭坑

彭坑又称彭亨（今马来西亚的彭亨州一带），于元初即派使节来华通好。彭坑以沙金、黄熟香头、沉速、打白香、脑子、花锡、粗降真香等，交易元朝的诸色绢、铜铁器、漆磁器、鼓、板等。

3. 吉兰丹

吉兰丹位于今马来西亚的吉兰丹州一带，其港口为吉兰丹河下游的哥打巴鲁。吉兰丹以上等沉速、粗降真香、黄蜡、龟筒、鹤顶、槟榔、花锡等，交易元朝的塘头市布、占城布、青盘、花碗、红绿蛸珠、琴、阮、鼓、板等。

（三）元朝同马来群岛诸国的海路贸易

1. 爪哇

爪哇即古阇婆国，位于今印度尼西亚爪哇岛。元初，两国发生争战，交往受到了影响。满者伯夷王朝建立后，遣使元朝，双方重建友好关系。元代中期，从元成宗元贞年间至元文宗至顺年间（1295—1333 年），爪哇遣使来华朝贡达十余次之多，中国商人前往爪哇的也络绎不绝。在爪哇港口，中国商人运来的各种各样的货物堆积如山。市场上，中国铜钱及爪哇钱通用。中国海商与爪哇商人交易繁盛。

2. 三佛齐

到了元代，昔日海上丝路大国三佛齐国（今苏门答腊岛巨港、占碑一带）已经衰落。元朝同三佛齐的关系不如宋代时期密切，但两国间仍有贸易往来。三佛齐向元朝出口的商品主要是梅花片脑、降真香、木绵布、细花木等。元朝输往三佛齐的商品主要是色绢、红焇珠丝布、花布等纺织品，铜铁锅等金属制品及各类瓷器等。三佛齐的旧都巴邻傍是元代商人云集之地。元末明初，多有广东及福建漳、泉人聚居，故而改称“旧港”。

3. 须文答剌

须文答剌又称苏木都剌，位于今苏门答腊岛北部。须文答剌多次遣使来元通好，开展官方贸易。双方的商船贸易也颇为活跃。元末，摩洛哥旅行家伊本·白图泰归国时，便是自泉州搭乘须文答剌国的商船。须文答剌的商人以脑子、粗降真香、鹤顶、斗锡等，交易元代商人的西洋丝布、樟脑、蔷薇水、黄油伞、青布、五色缎等。

4. 浡泥

浡泥又称勃泥或渤泥，位于今加里曼丹岛。元朝同浡泥的贸易往来有了进一步发展，前往浡泥的元代商人众多。汪大渊曾到浡泥，见到当地人民“尤敬爱唐人，醉则扶之以归歇处”。[①]元朝商人用赤金、色缎、牙箱、铁器等，交换浡泥出产的降真香、

① （元）汪大渊，《岛夷志略·渤泥》。

梅花片脑、黄腊及玳瑁等物品。

5. 文老古

文老古即今印度尼西亚马鲁古群岛。随着海路交通的发达，元代，中国同文老古的贸易有所发展。中国商品输入文老古后，极受欢迎，以致“每岁望唐舶贩其地”。[①]元代，中国商人以各类丝织品、棉布、铁器、陶瓷器等交易文老古盛产的各种香料。

（四）元朝同南亚诸国的海路贸易

印度半岛南部是东西方海上交通的枢纽，元代商船远航印度半岛为数众多。该地区同元朝贸易往来的主要国家有马八儿、俱兰、占里佛、僧加剌等。

1. 马八儿

马八儿位于今印度半岛西南马拉巴尔海岸一带，是东西方航船的必经之地，也是中国和阿拉伯地区交通的枢纽与中继站。史载：“海外诸番国，惟马八儿与俱兰足以纲领诸国，而俱兰又为马八儿后障。”[②]元朝同马八儿互派使节通好。从元世祖至元十六年（1279 年）到元惠宗至元三年（1337 年）的近 60 年间，马八儿先后遣使入元达 11 次之多，元朝亦先后 8 次遣使赴马八儿通好。元代商船以沙金、青缎、白矾、红绿烱珠，交易马八儿的翠羽、细布以及大量的香料。马可·波罗记载说，马八儿输出的香料等货物大部分运往“蛮子大州”（中国南部地区），西运的商货“其额不及运往极东者十分之一”。[③]

2. 俱兰

俱兰即宋代时期的故临国，位于今印度西南的奎隆，是东西海路交通的要冲之地。元朝同俱兰的交往较为频繁，至元十六年到二十八年（1279—1291 年）间，元王朝遣使赴俱兰 4 次，俱兰前来通好 3 次。伊本·白图泰记载说：“这里是木赖巴尔地区与中国交往的第一座城市，中国人多到此地。”[④]13 世纪末，马可·波罗从中国归国之际，记述俱兰的情况时，提到“中国南部居民商船前往该地贸易，获取大利”。[⑤]元代商人以金银、青白花瓷、八丹布、五色缎、铁器等，交易俱兰盛产的胡椒、椰子、槟榔、溜鱼（即干鱼）。

3. 僧加剌

僧加剌又称师子国，即今斯里兰卡，亦是东西方海路交通贸易的重地。元朝于至元二十一年（1284 年）、三十年（1293 年）派遣使节前往僧加剌。至元二十九年（1292 年），僧加剌亦派使者来元朝通好。两国间的商船贸易活动也颇兴盛，元代商人常到僧加剌港口高郎步（今科伦坡）进行交易活动。今斯里兰卡赛巴布阿马霍城塞曾出土唐、宋、元各朝的钱币和宋元两朝的瓷器，是彼时中国与斯里兰卡贸易往来的重要佐证。

---

① （元）汪大渊，《岛夷志略·文老古》。

② 《元史》卷 210，《马八儿等国》。

③ ［意］《马可·波罗行纪》下册，第 717－718 页。

④ ［摩洛哥］《伊本·白图案泰游记》，北京：华文出版社，2015 年版，第 493 页。

⑤ ［意］《马可·波罗行纪》下册，第 710 页。

（五）元朝同西亚诸国的海路贸易

1. 阿拉伯地区

元代官方文书中常常提到船舶前往“回回田地里”，[①]“回回田地”就相当于前代的“大食诸国”，也就是今阿拉伯地区。元代商人直接航行到阿拉伯地区的人数众多。汪大渊在《岛夷志略》中，记有波斯离（今伊拉克巴士拉）、天堂（今沙特阿拉伯麦加）、哩伽塔（今也门亚丁港）等，皆属阿拉伯地区。前往波斯离的元代商人，以毡毯、五色缎、云南叶金（即金箔）、白银、倭铁、大风子、牙梳、铁器等，交易当地的琥珀、软锦、驼毛、腽肭脐、没药、万年枣等。元代商人在哩伽塔，主要以金、银、五色缎、巫仑布交易该国的青琅玕（青金石）等。

元代对外交通发达，来华贸易的阿拉伯商人众多，其中有不少是富商大贾，活跃于中国沿海各大港口。由于来自中亚和西亚的色目人得到蒙古统治者的信任和重用，致使大量西域人、大食人移居中国。泉州港于宋末和元代进入海外贸易极盛时期，寓居泉州的大食人尤为集中。元代除商人外，定居中国的还有阿拉伯工匠、社会上层人士及学者等，他们同汉族通婚，生息繁衍，逐渐成为中国一个新民族——回族的一部分。

2. 伊儿汗国

伊儿汗国统治区域包括今伊朗、伊拉克等地，是蒙古四大汗国之一，同元朝关系密切，双方官方贸易往来相继，民间贸易亦很活跃。至元二十七年（1290 年）、大德三年（1299 年），元王朝遣使伊儿汗国。大德二年（1298 年），伊儿汗国遣使入元，携珍珠、宝石、猎豹等赠品，并用 10 万金钱购置中国商货。[②]来自伊儿汗国的波斯和阿拉伯商人常常前往泉州和广州进行贸易活动。元代商人亦前往伊儿汗国各地经商，还有人定居下来。甘埋里（今霍尔木兹海峡中霍尔斯岛）是当时东西方海上交通枢纽，也是伊儿汗国对元朝贸易的主要港口。元代商船多在此登陆，载丁香、豆蔻、青缎、麝香、红色烧珠、苏杭色缎、苏木、青白花瓷、瓷瓶、铁条而来，载胡椒而返。

（六）元朝同非洲诸国的海路贸易

随着海路贸易的繁荣，元代同非洲诸国的贸易有了进一步发展，特别是北非及东非的一些国家，同元朝有着直接的贸易往来。

1. 勿斯里

勿斯里又称蜜徐篱，即今埃及。元代，埃及正值马木鲁克王朝时期，交通发达，商业繁荣。1258 年，西亚的贸易中心——巴格达被旭烈兀的蒙古军破坏之后，埃及在东西方贸易中的地位就显得更加重要了。埃及西与欧洲，东与印度和中国均有贸易往来，为东西方贸易的要冲。1260 年，埃及马木鲁克王朝苏丹拜伯尔斯在大马士革附近大败蒙古军，占据叙利亚。由此，元朝经中亚陆路或经波斯湾海路同埃及的交通更为便捷。元朝商船不断开往埃及，而埃及商人前往杭州、泉州经商者也为数不少，有

---

① （元）《通制条格》卷 27，《杂令》。

② 《新元史》卷 109，《马都嘎尔奔角儿只传》。

的还留居下来。例如，欧斯曼·伊本·安法尼既是杭州的一大巨商，也是在华埃及人首领。[①]

2. 默伽腊

默伽腊即今摩洛哥，元朝和默伽腊均曾派使节相互通好。摩洛哥的港口丹吉尔在元代文献中称作“吊吉儿”或“刁吉儿”，是地中海著名的国际贸易港，摩洛哥商人常从该港起航前往中国开展贸易。14 世纪的摩洛哥著名旅行家伊本·白图泰即是丹吉尔人，他在中国曾遇见摩洛哥休达商人毛俩格瓦门丁，该人长期从事东方贸易，来到中国并发财致富，[②]由此可以反映出两国民间贸易之一斑。

3. 层摇罗

层摇罗即今东非的桑给巴尔岛。元朝商船曾来此地开展贸易，“每货贩于其地者，若有谷米与之交易，其利甚薄”。[③]元朝商人以牙箱、花银、五色缎等，交易当地生产的红檀、象齿、龙涎、生金等。

此外，在今天东非的索马里、肯尼亚、坦桑尼亚、埃塞俄比亚等国均发现元代中国的瓷器或其残片，是双方存在贸易联系的物证。

第六节 海外贸易与经济文化交流

一、元代商品和科技的输出对域外诸国的影响

（一）丝织品

丝织品是元代中国输出的主要商货，凡贸易所及的国家，皆输入中国的丝织品。随着元代对外贸易活动范围的扩大，丝织品输出的地域较前代更为广阔，丝织技术也进一步外传。丝织品及其技术的输出，不仅直接有益于各有关国家人民的生活，而且促进了其丝织业的发展。

（二）瓷器

元代，中国瓷器生产技术进一步提高、生产规模扩大，为瓷器出口规模扩大提供了物质基础。随着瓷器的大量输出，制瓷技术又传到了更多的国家。高丽原先由中国输入琉璃瓦，其后自行燔制，“品色愈于南商（指由海路到高丽的中国南方商人）卖者”。[④]交趾先是学会了中国的制陶技术，接着又向中国学习了烧瓷技术。13 世纪时，其使臣来华所携贡品中便有瓷器一项。元人周达观，在真腊见到当地人“盛饭用中国瓦盘或铜盘”。[⑤]早在素可泰时代，暹国国王腊马坎亨于 1294 年和 1300 年两次来访中

---

① [摩洛哥]《伊本·白图泰游记》，北京：华文出版社，2015 年版，第 557 页。

② [摩洛哥]《伊本·白图泰游记》第 555－556 页，北京：华文出版社，2015 年版。

③（元）汪大渊，《岛夷志略·层摇罗》。

④ 孙晓主编《高丽史》卷 28，《忠烈王世家一》。

⑤《真腊风土记·器用》。

国。第二次返回时，他带去一批中国工匠，创制了著名的宋伽洛陶瓷器，其产品与中国河北磁州窑烧制的极其相似。

元瓷不仅大量输往东亚和东南亚，而且还远销南亚、西亚，以至北非和东非。近代以来，在这些地区均曾发掘出土元瓷或其残片。如在印度东端阿萨姆邦首府高哈蒂邦立博物馆，即陈列有数件元龙泉窑青瓷大平碗碎片。斯里兰卡北部雅帕护瓦遗址曾发掘出土了极其精美的中国宋元时期的陶瓷。在伊朗东北的内沙布尔出土有元初朴素的青花碗残片。叙利亚的哈马遗址还发现了元代青花的仿制品，是用元代青花瓷器为蓝本烧制出来的，表明元青花瓷不仅输往西亚且制造术也随之输出。伊拉克巴格达以北的萨马拉遗址，出土有南宋和元初的青瓷和青白瓷，收藏于阿巴希德宫博物馆。波斯湾沿岸的巴林岛，发现了内贴饼干形菊花纹的风格独特的元代青瓷碗残片。阿拉伯半岛南岸阿布扬遗址和其他遗址，也出土了许多包括元青瓷和青花瓷器在内的中国瓷器及其残片。东非及北非沿海地带也有不少中国元瓷或其仿制品出土。

元代瓷器的输出及制瓷技术的外传，不仅使沿线国家民众获得了艺术享受，丰富了其日用器皿，而且带动了不少国家瓷器制造业的发生与发展。

（三）钱币

随着中外贸易的发展，作为有影响力的大国，元代的铜钱、纸币及其印刷技术沿着陆上和海上丝绸之路广泛外传。近代以来，在海上丝路沿线的很多国家发现有元代的铸币及纸币。20 世纪上半期，在爪哇、巴厘诸岛发现的中国铜钱，不少是元代钱币。中国货币不仅在中外交易中充当了硬通货，还流入域外国家流通。如前述元代纸币“中统钞”流入缅甸后，即在当地充当通货。元代，中国纸币的印刷技术也被丝路沿线国家吸收利用。高丽、印度、日本等曾效仿元代纸币“中统钞”发行纸币，中亚钦察汗国、西亚伊利汗国等也曾效仿元朝纸币印制形式，举国发行纸币。

元代，中国货币及纸币印刷技术的输出，不仅有助于丝路贸易的开展，而且推动了丝路沿线国家货币经济的发展。

（四）医药

中外贸易的开展，引致丝路沿线各国间人员频繁流动，带动了中国传统医药学的外传。朝鲜、日本及越南等邻国在广泛吸收中医药知识的基础上，发展了具有自身特色的本国医药体系，成为中国传统医学的支流。宋元时期，中药成为输往越南的主要商品，中国的针灸法也被越医广泛采用。

元代，中医药学对西亚的波斯影响亦较大。早在北宋时，中国的脉学已传入波斯，波斯医学家阿维森纳在《医典》一书中，即运用了中国脉学。至元代，波斯名医、历史学家拉希杜丁·法杜拉于 1313 年编写了一部《中国医学百科全书》，系统阐述了中医的脉学、解剖学、胚胎学、产科学和药理学等，促进了中医药学在波斯的进一步传播。

（五）农作物和家禽

元代，中国已广泛种植棉花，引起来华外国商使的关注。1363 年，高丽使节文益渐赴元，回国时，于路旁棉田取棉实十余枚带回高丽。次年，他回到故乡晋州，将棉实交其舅父郑天益种植。此后经多次繁育，至 1367 年，郑天益将所获棉种分给乡里并劝令种植，由此开始了朝鲜植棉的历史。元朝遣使出访真腊（今柬埔寨）时，随员周达观带去中国的荔枝种子并将其种植在一座山（后世称为“中国荔枝山”）上，由此开始了柬埔寨种植荔枝的历史。真腊原来没有鹅，由元代来华贸易的商人将中国鹅带回，从而增加了当地家禽的种类。

（六）书籍和乐器

元代的中外贸易往来，除一般性的物质产品输出外，中国文化产品输出也有了增加。仅 1314 年，元仁宗赠给高丽的书籍就多达 4 371 册，共计 17 000 卷。元代，中国的鼓、板、琴、阮等乐器也经由商船行销马来半岛和马来群岛一些国家，从而促进了海外诸国文化和艺术的发展。

（七）印刷术、火药

在唐代雕版和宋代胶泥活字印刷术的基础上，元代，中国印刷术又发展为木活字、锡活字乃至铜活字并发明了彩色套印术，不仅促进了元代社会文化的发展，中国先进的印刷术还进一步传播到海外诸国。元明之际，中国许多刻工前往日本，传授了中国的印刷术，推动了日本印刷业的发展。元代，中国印刷术也继续向西传播，经伊儿汗国再西传至非洲和欧洲。

元代，战争和贸易客观上共同促进了中国火药的外传。元朝末年，赴海外贸易的中国商人将火药应用及其制造技术传入高丽。元军征伐爪哇时，将中国的火药、火器传入今印度尼西亚。印度尼西亚人在夺取了元军的火器之后，很快学会了制造火药和火器，由此推动了麻喏巴歇王朝的迅速强盛。早在 8、9 世纪，中国硝石已传入伊朗。13 世纪，随着大蒙古帝国的建立，用硝来制造火药的技术在伊儿汗国得到普遍运用。埃及马木鲁克王朝素丹拜伯尔斯，在大马士革一役中击败了蒙古西征军，俘获了制造火药的工匠和大量火器。由此，火药传入埃及。14 世纪初，欧洲人在与阿拉伯人作战中获得了火器及制造技术。

二、域外商品和科技的输入对元朝社会的影响

元代，中国与丝路沿线国家频繁的贸易往来，带动了各国土特产品、原材料、生产技术的输入。赴日贸易的商人掌握了日本雕版印染技术，将其在江南推广，使松江出产了“宛如一幅院画，芦雁花草尤妙”的精美青花布并行销天下。瓷都景德镇在吸收波斯伊斯兰陶瓷艺术基础上，烧制出洁白素地上绘有花纹、鸟兽纹，或风景、人物等的青花瓷。元代，波斯和阿拉伯商人不仅将药材输入中国，有的还在中国开设药铺。一些波斯药方，如“悖散汤”在中国颇为流行。元朝政府还在大都（今北京）和上都（今内蒙正兰旗境内）设立两个“回回药物院”，以“掌回回药事”。[①]后又将回回药物院划归广惠司（负责修制御用回回药物及和方剂，以波斯、阿拉伯医术行医的机构）。如前所述，早在唐代贞观年间，中国已从印度引进轧糖法。到了元代，随着中非贸易

① 《元史》卷 88，《百官志四》。

的开展，双方加强了技术交流。来华贸易的埃及商人将树灰净糖法传授给了泉州府所属的“温敢城”（即永春县）居民，使该地制糖技术有了显著改进。此后，这一技术又推广至其他制糖地区，中国由此掌握了更先进的炼糖技术。

随着贸易的开展，域外科技也传入中国。其中，对元朝产生较大影响的是天文历法学。忽必烈曾经征召星象学者，应召而来的波斯著名天文学家札马鲁丁向元朝政府赠送了 7 件波斯天文仪器，计有浑天仪、方位仪、斜纬仪、平纬仪、天球仪、地球仪和观象仪，还赠送了新纪年法——《万年历》。1271 年，元朝政府设立了回回司天台官署，以札马鲁丁为提点。元代，埃及的一些天文学成果也传入中国。如亚历山大里亚的学者托勒密的《天文大集》，阿里·伊本·优努斯制订的“哈基木历表”。后者对中国天文学家郭守敬修订历表产生了影响。

复习思考题

1. 元代，发展对外贸易的政策措施有哪些？
2. 元代，中国海外贸易的主要地理方向及交换的商品有哪些？
3. 元代，市舶制的进一步发展表现在哪里？
4. 元代，海外贸易的主要方式有哪些？

第七章　明代的对外贸易

学习要点与要求

本章主要分析了明代中国对外贸易政策的演变及其动因，16 世纪后西方殖民者东来对中国对外贸易的影响，阐述了明代对外贸易的发展状况及中外经济文化交流。通过学习，学生应了解明代海外贸易发展概况，领会 16 世纪后中国与欧洲国家的贸易与中国传统对外贸易关系的差异，理解不同的经济形态下对外贸易活动的目的，重点掌握海外贸易政策逆转的原因及其表现。

公元 1368 年，朱元璋在南京称帝，建立了明朝。在明王朝统治中国的三百年间，中国社会生产力进一步向前发展。特别是江南地区在农业、手工业发展的基础上，商品经济日趋活跃，某些地区甚至出现了稀疏的资本主义萌芽。中国传统出口产品的商品化程度进一步提高，开展海外贸易的物质基础更加雄厚。然而这一时期，外部环境发生了巨变。明前期，明王朝实行严格的海禁政策，禁止中外民间贸易。15 世纪末、16 世纪初，欧洲人发现了通往印度及美洲的航路，传统的世界政治、经济格局被打破，欧洲国家利用坚船利炮展开海外殖民活动，广大的亚非拉美地区纷纷沦为欧洲人的殖民地。中国传统的对外关系受到冲击，朝贡体系下的中国与亚非国家间的贸易日趋衰落，民间贸易风起云涌，中国与欧洲国家的贸易渐次发生。明朝后期被迫部分地开放了海外贸易，私人海外贸易终于有限合法化。但由于实施了各种限制性政策，中国商人出海贸易受到严重制约，在与欧洲殖民者的竞争中处于十分不利的地位。欧洲人则在其政府的支持下，在西太平洋及北印度洋的贸易中逐渐占据主导地位，中国在东方海上贸易的优势日益丧失。

第一节　明前期的海禁与朝贡贸易政策

面对来自东南沿海的国内武装反抗力量的威胁及倭寇的骚扰，明前期实行了“海禁”与朝贡贸易相结合的对外贸易政策。

一、海禁政策

（一）“海禁”政策的基本含义

所谓海禁，即禁止民间海外贸易。一方面禁止国内百姓出海贸易；另一方面，禁止外商以私人身份来华贸易。洪武四年（1371 年），明太祖下令“禁濒海民不得私出海”，即禁止沿海百姓出海贸易。洪武十四年（1381 年），鉴于倭寇侵扰不已，明廷又重申“禁濒海民私通海外诸国”。洪武二十三年（1390 年），再次诏令“申严交通外番之禁”。明前期，海禁政策或严或弛，但始终是明王朝贯彻不移的“祖宗定制”；严格时，甚至规定“片板不许下海”“禁民间用番香番货”。同时，明政府规定外商“非入贡即不许其互市”，即将“朝贡贸易”视为唯一合法的对外贸易方式。

（二）实行海禁政策的原因

明王朝之所以实行海禁政策，根本原因在于中国封建社会的经济形态。在自然经济体系中，对外贸易处于无足轻重的地位。当外部环境安定，中外密切联系对封建政权不构成威胁时，统治者自然乐于安享域外奇珍异宝，沾沾自喜于“万国来朝”的盛世荣光。此时，便会实施鼓励发展中外贸易的政策。而当外部环境恶化，中外密切联系可能有损于封建政权的安稳时，对外贸易尤其是私人贸易就会受到限制甚至被严格禁断。

海禁政策实施的直接原因是开展海外贸易的外部环境恶化。明朝初年，北方有蒙元残余势力的顽抗；东南沿海有曾与朱元璋相抗衡的张士诚、方国珍余部盘踞近海岛屿；同时，来自日本的倭寇更是不断骚扰沿海各地。为巩固新生的明政权，为社会经济的恢复发展创造一个安定的外部环境，明太祖朱元璋一方面派出使臣出访海外各国，宣告明王朝和平的外交政策，以争取海外各国承认朱明王朝的正统地位，断绝与蒙元残余的联系；另一方面，通过中断海内外民间联系，阻止国内外反明势力的勾结。

二、朝贡贸易与郑和下西洋

海禁政策的实施，一定程度上削弱了海外反明势力，维护了国内和平安定的局面，但同时也破坏了长期形成的中外正常经济关系。为满足统治阶层对海外奇珍异物、香料等的需求，为创造“万国来朝”的封建盛世局面，明王朝在禁断私营海外贸易的同时，积极推行“朝贡贸易”政策。

（一）朝贡贸易政策的演变

所谓朝贡贸易，即入贡国家表明臣属于中国，将本国或其他国家的奇珍异物以贡品的名义进献给中国皇帝，中国再将丝绸、金银、瓷器等以“赏赐”的名义回赠入贡国。或中国派使臣出访，主动“颁赐”，外国回赠品亦被视为贡品。这种名义上的外交往来，实质上是朝贡体系下的官方易货贸易，长期成为中国官方贸易的主要方式。

为体现天朝上国的雍容气度、显示中华国强民富的实力，明王朝在朝贡贸易中奉行“厚往薄来”的原则——给与前来“朝贡”国家的回赠品大大超过“贡品”的价值，并且免费提供来华“贡使”的食宿、交通；对于“贡使”携带来华的私有商品，亦给予免税待遇；甚至“贡使”触犯中国法律，也免于或从轻处罚。因此，凡来华“朝贡者”均可获得巨额利润，以至一些本国无特产可贡献的国家，也不惜远渡重洋到他国购买奇珍异宝再转贡中国求利。有的国家甚至把开展对华“朝贡贸易”作为其财政收入的重要来源，以致频来“入贡”，出现了一国“一年数贡”“来者不止”的局面。频繁的朝贡贸易，固然造成了“万国来朝”“四夷咸服”的盛世景象，但在“厚往薄来”的交换原则下，这种不讲求经济效益、不等价交换的官方贸易，给明王朝带来了沉重的财政负担。当时，回赠品由中央负责，沿线地方要负责“贡使”的交通、食宿及货物的转运，加上一些“贡使”肆意勒索，使沿途地方政府、百姓不胜其扰，各地官员不断上书要求限制朝贡贸易。洪武五年（1372 年），明王朝宣布了对各国入贡次数的限制，规定大部分国家“三年一贡”。随后，又限制贡道，规定日本自宁波，琉球自福建闽县，安南自广西凭祥，真腊、暹罗、占城及满剌加等自广东，吕宋自福建等。洪武十六年（1383 年），针对一些外商假冒“贡使”的现象，明政府又进一步实施了朝贡“勘合”制度。

所谓勘合，即朝贡贸易的许可证。它一式两份，一半为勘合，一半为底簿，中间用朱墨印有“×字×号”的骑缝章。明礼部保存一部分底簿及勘合，相关布政司保存一部分底簿，另外的勘合及底簿颁发给前来朝贡的国家。各国入贡时，在上面填写使臣及随员的姓名、朝贡物品名称和数量等。进港后，由布政司会同市舶司先检验勘合真伪，真实无误后，将使节护送到北京，再和北京礼部存档的勘合及底簿进行核对，鉴定彼此的朱墨字号。明使出访到其他国家，也要携带礼部所存勘合，和该国所保存的勘合底簿进行核对。返回时，须将该国赠送的礼物填写在勘合上带回。据《明会典》记载，获得勘合的国家有暹罗，日本，占城，爪哇、苏门答腊、勃泥（均在今印度尼西亚境内），锡兰（今斯里兰卡），苏禄国东王、西王、峒王、古麻剌（均在今菲律宾境内），古里、柯枝（位于今印度半岛的西南部），满剌加（今马六甲）等五十余国。

对朝贡贸易的限制，损害了入贡国的经济利益，中外官方贸易交易急剧下降。到 1397 年，前来朝贡的国家只有安南、占城、真腊、暹罗及琉球数国。中外经济联系遭到进一步破坏，引发海外各国对明王朝的不满。到洪武末年，中外关系已经明显恶化。

（二）郑和下西洋[①]

从明成祖永乐三年（1405 年）到明宣宗宣德八年（1433 年），明政府派郑和率领庞大船队七下西洋，每次大小船只 200 余艘，各类人员 2 万多名，装载宝物数以万计，与亚非各国开展了广泛的政治、经济及文化交流，从而将明代乃至整个古代中国的官方贸易——朝贡贸易推向顶峰。

1. 郑和下西洋的目的

关于郑和下西洋的目的，历来众说纷纭，孰是孰非尚无定论。对这一问题的考察

① 西洋这一地理概念，在历史不同时期所指范围不一。明初大体是指南海以西至非洲东部的海洋及沿海国家及地区。到明中叶，则以加里曼丹岛的文莱为界，以西称西洋，以东称东洋。明末清初以后，指欧美各国。

必然涉及明成祖即位初的国内外环境。

明成祖通过发动军事政变夺得帝位后，面临纷繁复杂的国内外局面：一方面，国内不少人对他通过“靖难之役”篡位不满；另一方面，北方蒙古各部不断伺机南下，威胁明朝北方各地安全；此外，洪武时期对朝贡贸易的限制，导致中外关系紧张，明朝在海外的政治威望低落。为确立“真命天子”地位，获得中外对其正统地位的共同承认，明成祖一方面继承明太祖时期的海禁政策，另一方面，积极鼓励海外国家入明朝贡。公元 1403 年，明成祖即位伊始，便派使臣出访朝鲜、琉球、日本、安南、爪哇、西洋锁里、苏门答腊、暹罗、占城、满剌加、柯枝、古里等国，从而恢复了明王朝与亚洲诸国的外交关系。同时，为与这一和平友好外交政策相适应，明王朝恢复设置了浙江、福建、广东三大市舶司，随后又设立交趾、云南两个市舶司，负责管理印度支那半岛国家来华朝贡事务。为进一步发展中外关系，明成祖于永乐三年（1405年）派遣郑和率领大规模船队前往西洋各国。

由此可见，郑和下西洋的直接目的主要在于“宣威异域”，提高明王朝的国际威望，从而开创“万国来朝”“四夷咸服”的政治局面。而外交关系的恢复高度依赖贸易，因而要恢复发展中外关系，必须积极开展贸易往来，故郑和下西洋是寓政治目的于经济活动之中，是明代朝贡贸易的继续。

2. 郑和下西洋始末

第一次出使［永乐三年（1405 年）六月至永乐五年（1407 年）九月］，郑和同副使王景弘率领 27 800 余人，驾驶 62 艘宝船，装载大量金银、丝绸等物，从江苏太仓刘家港出发，沿海航行至福州，再自福建五虎门扬帆南下，先后到达占城（今越南南部）、爪哇、苏门答腊、满剌加，继而西航，穿过马六甲海峡，过翠蓝屿（今尼科巴群岛），抵达锡兰山（今斯里兰卡）和印度西海岸的古里等国，最远到达印度西海岸的甘巴里（今坎贝）。郑和船队返航时，又经过旧港（今印度尼西亚巨港），在此剿灭来自中国的海盗陈祖义集团，使中国至东南亚航路畅通。

第二次出使［永乐五年（1407 年）九月至永乐七年（1409 年）八月］，航行的路线除航经暹罗外，其他与第一次航线基本一致。此次，郑和船队返航时，有古里、暹罗等六国使臣随船来华，中国与东南亚国家间的朝贡关系从此密切起来。

第三次出使［永乐七年（1409 年）九月至永乐九年（1411 年）六月］，航行同第二次航线基本相同，只是进入暹罗湾后，未从暹罗直达爪哇，而是先抵达旧港，再从旧港东去爪哇，西去印度西海岸各国，直至阿拨把丹（今阿默达巴德）。在锡兰山，郑和清除了阻碍中外各国海上往来的锡兰山国王的势力。据史书记载，锡兰山国王亚烈苦奈尔凭借地理优势，经常劫掠往来使臣。郑和至其国，亚烈苦奈尔发兵五万劫夺宝船，被郑和击败，亚烈苦奈尔及其臣属被俘，永乐九年（1411 年）被郑和押解至南京，后明成祖将其释放回国。此举对于那些阻碍中外交往、恃强凌弱的国家起了极大的震慑作用。

第四次出使［永乐十一年（1413 年）十一月至永乐十三年（1415 年）七月］，航线主要变化是首次延伸到非洲。当郑和船队抵达印度西海岸的古里（今科泽科德）后，过阿拉伯海，远航至波斯湾的忽鲁漠斯（今霍尔木兹），进而又越过阿拉伯半岛抵达非洲东海岸。郑和船队归国时，非洲国家使臣随船来华，自此，开始了中非间频繁往来。

第五次出使［永乐十四年（1416年）十二月至永乐十七年（1419年）七月］，目的主要是护送亚非各国贡使回国。其航程与前有所不同，当船队到达占城后，未南下直航爪哇，也没有进入暹罗湾，而是抵达马来半岛的彭亨（今关丹），由此再往东南到达爪哇继而西行，穿过马六甲海峡，过翠蓝屿、锡兰岛，到达印度西海岸的各国。由此继续西北行抵达忽鲁谟斯，再沿阿拉伯半岛东南海岸经祖法儿（今佐法尔）、阿丹（今亚丁），到达北非的剌撒（今祖拉），出亚丁湾再到东非沿岸各国。

第六次出使［永乐十九年（1421年）正月至永乐二十年（1422年）八月］，任务仍然是护送外国使臣回国。当船队到达占城后，过昆仑山（今越南南部昆仑岛）进入暹罗湾，再从暹罗湾南下沿马来半岛东海岸到达马六甲海峡，出海峡经翠兰屿北上至浙地港（今吉大港），再沿印度东南海岸到琐里，绕印度南岸抵达古里（今科泽科德），越阿拉伯海至阿拉伯半岛的祖法儿和阿丹，进一步抵达东非沿岸各国。

第七次出使［宣德五年（1430年）六月至宣德八年（1433年）七月］。第六次下西洋以后，朝中反对下西洋者渐多。加之永乐十九年皇宫三大殿遭遇火灾，明成祖被迫下令暂停下西洋活动。此后多年，明廷不再遣使出国，致使中外关系疏远，明王朝在海外的影响力降低。宣德五年（1430 年）明宣宗又派郑和、王景弘出使西洋。郑和船队进行了最后一次航行。“宝船”到达忽鲁谟斯后，未向西行进。其分踪则从古里（今科泽科德）过阿拉伯海抵达祖法儿、阿丹直至天方（今麦加）。此西经行 20 余国，船队于宣德八年（1433年）七月返国。

综上所述，郑和下西洋的方向是先向南再向西，南向的终点是爪哇，西向的终点则逐渐伸延至东非。郑和船队所经行的路线大体上有四段航线。

（1）越南海，经占城、真腊进入暹罗湾，再从暹罗湾沿马来半岛南航至满剌加。

（2）苏门答腊和爪哇各岛之间的航线。从满剌加经龙牙门（林加列岛）至三佛齐（今苏门答腊），再经加里马丁（卡里马塔）与麻叶瓮（勿里洞）之间，到达爪哇。再西航，过马六甲海峡至苏门答腊北岸和马来半岛西岸诸国。

（3）孟加拉湾航线。以翠兰屿（今尼科巴群岛）为汇合点，向北航至榜葛剌（今孟加拉国），向西抵达锡兰岛，再西航至溜山（马尔代夫群岛）和印度西海岸各国。

（4）阿拉伯海航线。从印度西海岸西北行，至波斯湾口的忽鲁漠斯，再沿阿拉伯半岛东南岸经祖法儿至阿丹，越亚丁湾，沿非洲东岸经木骨都束（摩加迪沙）、卜剌哇（布腊瓦）、竹步（准博）、麻林（马林迪），再南航经莫桑比克海峡，过马达加斯加岛的南端而返。另从阿丹航红海，西北行，抵达天方。

郑和船队所经国家先后多达 30 余个，包括中南半岛的占城、真腊、暹罗，马来半岛的彭亨、急兰丹、满剌加，马来群岛的苏门答腊、渤泥、南渤利、阿鲁、旧港、爪哇、那孤儿、黎代；印度半岛的柯枝、琐里、加异勒、南巫里、甘巴里、阿拨把丹、大葛兰、小葛兰、古里、沙里湾泥、榜葛剌，阿拉伯半岛的祖法儿、天方、阿丹，非洲的木骨都束、卜剌哇、竹步、麻林、比剌、孙剌、剌撒；另有南亚的锡兰、印度洋的溜山、波斯湾的忽鲁谟斯。涉及今天的主要国家有越南、菲律宾、马来西亚、泰国、柬埔寨、印度尼西亚、文莱、印度、孟加拉国、斯里兰卡、马尔代夫、伊朗、也门、阿曼、沙特阿拉伯、索马里、莫桑比克、肯尼亚和马达加斯加等。

3. 郑和下西洋的历史意义

郑和七下西洋，谱写了中国航海史、中外关系史、中国对外贸易史上辉煌的篇章。

（1）郑和下西洋反映了明代中国的造船及航海水平

郑和船队，每次出使大小船只数百艘。其中，大船是船队的指挥中心和装载宝货的船舶，称为“宝船”。最大的宝船，折合今制长百余米、宽五十余米，载重量据推测约为 2 500 吨。郑和船队所驾驶的船只，较 15 世纪末欧洲人地理大发现所用的船只，载重量大得多，船体结构先进得多。1492 年，哥伦布航行美洲的船队仅有三条小帆船，水手 90 名，最大船只的载重不到 100 吨且船体单薄。1497 年，远航印度的达·伽马船队，由四艘欧洲最精良的海船组成，而其长度不过 25 米，载重仅 120 吨左右。由此可见这一时期中国造船水平在世界的领先地位。

明代航海技术也达到相当高的水平。我国发明指南针后，在宋代便用于海上航行。到郑和下西洋，指南针已发展到指向 48 个方向的水罗经了。配合天文、地文定位，郑和船队方位测定准确。物标导航、计程仪、牵星板的综合运用，使航行路线准确，有效保证了航行的快捷和安全。郑和航海图对郑和船队的航程远近、停泊地、暗礁及浅滩等位置，都有详尽精确的记录，表明了郑和船队高超的航海水平。

（2）亚非海上交通网形成

明代以前，虽然中国与非洲国家已经开始了经贸交往，但这种交往并非经常性的。宋元时期，中国商人和使臣经海上丝绸之路的贸易，大多终于阿拉伯半岛。郑和下西洋，前后 7 次，历时 28 年之久，遍历亚非 30 余国，在唐宋元三代航海的基础上，将亚非之间的航行范围大大地扩展了。郑和船队从中国东海之滨出发，经南海进入印度洋，过孟加拉湾后，驶入阿拉伯海、波斯湾、红海，到非洲，然后由东非沿岸南航，越过赤道，最远到达今莫桑比克。由此将亚非各地的航路纵横串联在一起，构筑了西太平洋与北印度洋之间畅通无阻的海上交通网。

郑和下西洋不仅开辟了远至东非的航路，而且在亚非地区还开辟了许多短距离、多点交叉的新航线，在中国与东非之间建立起了经常性的交通往来。其具体表现如下。一是郑和船队在中国至古里（今印度科泽科特）、锡兰山、溜山（今马尔代夫群岛）之间建立了固定的交通路线。郑和第一次下西洋时，就到了锡兰山，最后由古里返航。锡兰山、古里成为郑和此后下西洋必经之地。从第四次下西洋开始，溜山成为郑和船队横渡印度洋远去东非的起航点。二是在中国与东南亚之间建立了密集的交通网络。郑和航海图记载了中国至东南亚各国，如占城、爪哇、苏门答腊、旧港、南渤利、暹罗、满喇加、阿鲁、彭亨、急兰丹、真腊等地之间航程的远近，航路的方位，各条线路沿途所经浅滩、暗礁，各港口的山川地势等详细情况，从而大大便利了此后东南亚各国与中国之间安全、便捷的海上交往。三是郑和船队开辟了中国横渡印度洋到达波斯湾、阿拉伯海、红海，远至东非及南部非洲的航线。自郑和第四次下西洋开始，其船队就由古里直航忽鲁谟斯（今伊朗波斯湾口阿巴斯港南），由此畅通了中国至波斯湾航线。与此同时，一部分船只则由锡兰山驶往溜山，再由溜山向西，横渡印度洋，直达非洲东岸的木骨都束（今索马里摩加迪沙）、不剌哇（今索马里境内）、麻林（今肯尼亚境内马林迪）。第五次航行时，郑和船队又由古里横渡阿拉伯海，直驶阿拉伯半岛的祖法儿、阿丹和剌撒。

郑和下西洋庞大的船队，航行路线之长、线路之错综复杂，在人类航海史上是空前的。其所建立的亚非远洋交通网，成为欧洲人地理大发现的先导。半个世纪后，欧洲人绕过好望角，即沿着郑和所开辟的亚非航线抵达印度。

（3）加强了中国与亚非各国的经贸往来，使明前期的官方朝贡贸易达到顶峰

在长达 28 年的时间里，郑和率领大规模船队，满载中国丝绸、瓷器等各种手工业品，远航亚非 30 余国。每至一国，即宣谕皇帝诏书，向各国国王、地方首领颁赐礼物。这种和平友好的外交活动有助于增进各国的利益，因而各国对郑和一行多欢迎备至；同时，他们还遣使随郑和船队来华。一时间，海外诸国使节纷至沓来。来华朝贡国家众多、规模之大史无前例。据统计，1415 年，有古里、柯枝、南渤利、甘巴里、麻林、忽鲁莫斯、苏门答腊、占城等 8 个国家使臣来华；1416 年，则有古里、爪哇、满剌加、锡兰、木骨都束、阿丹、麻林等 19 个亚非国家的使臣来华朝贡；1419 年，又有亚非 17 个国家使臣前来；1421 年、1423 年，均有 16 个国家使臣来华。各国使团人员众多，如永乐二十一年（1423 年），16 个国家的使臣成员多达 1 200 余人。

除派遣使臣来华外，一些国家的国王还亲自来华访问。见于记载的即有勃泥（今文莱）、满剌加、苏禄（菲律宾苏禄群岛）、古麻剌朗（菲律宾棉兰老岛）等国。国王亲自来访，将他们与中国的官方贸易推向高潮。

（4）推动了东南亚等地区社会经济的发展，增进了亚非各国人民的友谊

15 世纪初，郑和下西洋所经国家和地区，特别是东南亚一带，社会经济还较为落后，一些地区甚至还处于渔猎和采集的原始生活状态。郑和下西洋奉行的“厚往薄来”政策，使东南亚各国获得了较大的经济利益。郑和船队在其所到之处，不仅带去了各种技艺精湛的物品，还主动将中国先进的农业、手工业、建筑等技术教授当地民众，积极传播了中华文明，使中国高度发达的封建文化被南洋国家所吸收，大大推进了当地社会的进步。郑和下西洋所开创的中国与东南亚经贸交往的新局面，并未随下西洋活动的终止而结束，大批中国人沿着郑和的足迹前往南洋各地，进一步带去了中国先进的物质及精神文明。数量众多的华人侨居在南洋，世世代代辛勤劳作，为南洋的开发建设、社会发展作出了不可磨灭的贡献，从而也增进了东南亚各国与中国人民的友谊。

4. 郑和下西洋的终止

永乐年间，轰轰烈烈的下西洋活动，只在宣德五年延续了一次，此后便戛然而止。到宪宗成化年间，有人提出再效仿永乐郑和下西洋之举，则招致普遍反对。最后，明廷竟将郑和出使的有关资料销毁。明代，反对下西洋最有力的理由是劳民伤财，无益于国计民生。如上所述，郑和下西洋是明成祖为达到其政治目的而开展的官方贸易活

动，为显示其天朝上国的泱泱气度，实行“厚往薄来”的交换原则。无论是郑和到各国主动颁赏，还是海外国家贡使随宝船前来贡献，中国赠品均大大超过贡品价值若干倍。这种严重的不等价交换，只是增加了明王朝消费品的种类，但造成物质财富总量的流失，特别是成为明王朝沉重的财政负担。在明初“百姓充实，府藏衍溢”的情况下，下西洋活动尚能维持。而此后，国力衰弱、内忧外患交困，明廷财政危机加剧，加之官营手工业规模缩减，下西洋活动失去了雄厚的物质基础。

郑和下西洋，这一人类航海史上的壮举，由于缺乏长期发展的经济动因而难以持续。其所开拓的中外海上交通的新局面，由于明王朝的海禁政策，亦未能引致中国海外贸易的长足发展。半个世纪后，欧洲人为追逐财富，凭借几只小船驶向了印度和美洲，开辟了新航路。从此，欧洲人在各国政府积极支持下，扬帆于亚非欧美之间，开创了海外探险和殖民时代。大规模的殖民掠夺和殖民贸易，大大加速了欧洲资本原始积累的进程，使欧洲资本主义文明迅速占据了世界主导地位。

在海禁政策之下，朝贡贸易是唯一合法的对外贸易方式。而这种不讲究经济效益的贸易活动，给明王朝造成了沉重的财政负担。到英宗正统十四年（1449 年），蒙古瓦剌军大举南侵，“土木堡之变”英宗被俘，蒙古军一度围攻北京，明朝自此“国势寖弱”。不计成本的朝贡贸易难以为继的同时，以走私方式存在的民间海外贸易则日趋兴盛。

第二节　明后期有限的开海贸易政策

隆庆元年（1567 年），明王朝宣布开放海禁，允许中国商人从福建漳州月港出海贸易。同时，外国商人得以私人身份到广东贸易。由此结束了明代近 200 年之久的“海禁”时期，“朝贡贸易”的独占地位丧失，私营海外贸易终于实现了有限的合法化。

一、隆庆开海的原因

明王朝实行了 200 年之久的祖宗定制，到隆庆年间之所以被打破，其原因是多方面的。

（一）明前期倭寇之乱的教训总结

明前期的“海禁”政策，既未能阻止百姓私自出海贸易，也未能消弭倭寇之患，反而导致沿海民众纷纷武装走私，酿成更为严重的海防威胁。嘉靖倭患时期，明朝已有不少人认识到“倭患”与明廷的“海禁”政策有关。如有人曾指出，“严禁商道，不通商人，失其生理，于是转而为寇”。[①]1564 年，福建巡抚谭伦上疏，逐一列举禁海之弊，请求适度开放海外贸易。他说：“闽人滨海而居，非往来海中则不得食，自

① （明）陈子龙等《明经世文编》卷 270。

通番禁严，而附近海洋鱼贩一切不通，故民贫而盗愈起，宜稍宽其法。”①有人甚至明确主张罢“朝贡贸易”，发展民间海外贸易。他们说：“互市所输皆国家帑藏，即闾阎脂膏；海市所易，皆民间财货，无妨国计，互市有损而无得，海市有利而无害。”②1567年，隆庆帝登基，开海贸易的呼声四起，主张开禁的官员及士大夫纷纷力陈“海禁”政策的种种弊端及开海贸易的益处，请求开放私人出海贸易。

（二）江南商品经济发展的产物

随着社会生产力的发展，江南商品经济呈现出空前活跃的态势。用于商品交换的经济作物的种植已很普遍，如棉花的种植“遍布天下，地无南北皆宜之，人无贫富皆赖之”。③桑树的种植更是遍布华东、华南、华中及华北的广大地区。如浙江湖州，出现“富者田连阡陌，桑麻万顷”的景象。由此，也诞生了不少专门向市场提供各种经济作物的经营地主。农产品商品化程度的提高，为手工业生产提供了充足的原料。

明前期，政府对手工工匠实行“轮班制”，即工匠每年必须在规定的时间内集中起来为政府无偿生产。嘉靖八年（1529 年），明政府下令废除“轮班制”，一律改纳“班匠银”。这一改革使手工工匠与国家的人身隶属关系松弛，工匠有了较多的自由，其技术和产品得以更多地流入市场。到明代中后期，民营手工业有了飞跃性发展，特别是在纺织、制瓷及冶铁业方面，无论生产技术还是生产规模和品质，均大大超过前代。如纺织业，明后期，江南的机匠已把原来的手工土机改为半机械化的“纱绸机”。生产工具的改进，促进了劳动生产率的提高，生产成本降低，利润提高，刺激更多的人从农业转移到手工业，从事专业化生产。史载，“（浙江嘉兴的王江泾）多织绸收丝缟之利，居民可七千余家，不务耕绩”。④明后期，江南还出现了以专业划分的几大手工业中心区域。如松江的棉纺织业、苏杭二州的丝织业、芜湖的浆染业、景德镇的制瓷业等，生产规模都蔚为可观。史称，松江“绫布二物，衣被天下”；苏州丝绸“转贸四方”。16 世纪中叶时，景德镇已成为全国瓷器制造业的中心，仅民窑就有九百余座，从业人员数万人，其生产的瓷器“东际海，西被蜀，无所不至”。瓷器数量增加的同时，品种也在不断创新。明中后期，出现的五彩瓷器、斗彩等，不但色彩艳丽，而且制造精良、工艺独特，享誉海内外。福建的德化窑所生产的白色瓷器，在海外极受推崇，成为专门的外销商品。农产品及手工业品的空前丰富，为明后期国内外贸易提供了充足的货源。而海外贸易的超额利润，也使中国沿海商民强烈要求开放海禁。

（三）中外关系的相对缓和，为开海贸易提供了较为安定的环境

明前期的倭寇侵扰是海禁政策实行的原因之一，而海禁政策的施行又使倭患愈演愈烈，到嘉靖三十一年（1552 年），终于演发成一场空前的祸患——壬子之患。史载：“（倭寇）连舰数百，蔽海而至，浙东西、江南北，滨海数千里，同时告警。”⑤这场祸

①《明世宗实录》卷 538。

②（明）张翰《松窗梦语》。

③（明）丘濬《大学衍义补》卷 22。

④ 万历《秀水县志》卷 1“市镇”。

⑤《明史》卷 322，《外国传》。

患一直持续到嘉靖四十五年（1566 年），前后长达 15 年，使山东、江苏、浙江、福建、广东数省，沿海数千里，乃至内陆的“淮、扬、徽、太、杭、嘉、金、衢之间，至窥南京，裂国家幅员之半”[①]皆受摧残。明朝军队及沿海各地居民纷纷组织武装抗击倭寇。到嘉靖末年，在将领俞大猷、戚继光等人的领导下，明军和各地居民于闽、粤、浙等地给倭寇以歼灭性打击，基本上平息了倭寇之患。从明初以来，威胁中国海防近 200 年之久的倭寇问题终于得到解决。

从正德时期开始，葡萄牙殖民者来华，不断对中国沿海进行骚扰。嘉靖二十八年（1549 年），浙江巡抚朱纨指挥明军在福建走马溪给葡寇以重创。自此，闽浙沿海的葡患得到一定程度的缓解。到嘉靖三十六年（1557 年），葡萄牙人以欺诈和贿赂的手段占据了中国的澳门，得以从事获利丰厚的东南亚－中国－日本之间的三角贸易。

综上所述，16 世纪后期的国内外客观环境为明王朝的开海贸易创造了条件，而明朝统治阶层在吸取历史教训基础上，将开海作为减少祸乱、巩固统治的一种权宜之计。所谓“于通之之中，寓禁之之法”，即部分开放的目的依然在于加强对百姓的控制，甚至连对西学已经有所接触的大学士徐光启也认为“唯市而后可以靖倭，唯市而后可以知倭，唯市而后可以制倭，唯市而后可以谋倭”，[②]即开放海禁可以起到解除倭寇之患的作用。

二、有限开海贸易政策的主要内容

在明后期实行的开海贸易政策中，一方面对来华外商和中国海商分置两地，由不同机构分别管理；另一方面，在开放中附加了各种限制性措施。

（一）中国商人领引出洋，缴纳饷税

明政府于隆庆元年（1567 年）开放了走私贸易最为集中的福建漳州月港，允许商人领取引票后出海贸易，“准贩东西二洋”，私人海外贸易自此取得合法地位。

月港开放后，中国商人出海贸易的管理由海防馆负责。明前期为实行海禁，在月港先后设立了一系列防范打击走私的机构，有靖海馆、海防馆等。隆庆元年，月港开禁，海防馆的职能改为管理私人海外贸易。万历二十一年（1593 年），海防馆改称督饷馆，主要职能如下。

1. 发放引票

引票，即出海贸易的许可证。商人出海必须先向督饷馆申领引票，申请书上要注明商人的姓名、户籍所在地，贩运货物的种类、数量、船只大小以及将要前往的国家等；核对无误后，商人交纳引税，由督饷馆发给引票，商人持有引票方可出海。引票最初限定为 50 张，万历十七年（1589 年）增至 88 张；万历二十五年（1597 年）进一步放宽出海政策，引票又增至 117 张；此外，还有供预备用的引票 20 张，共计 137 张。商人领取引票后，可前往东、西两洋贸易，但禁止赴日贸易。

---

①（明）陈子龙等《明经世文编》卷 435。

② 同上，卷 491。

2. 征收进出口税——饷税

督饷馆所征进出口税大体有三种。(1)水饷，即船舶税。由船商交纳，根据出海船只梁头大小及前往贸易的不同目的地征收。往西洋的船只宽一丈六尺以上者，每尺征水饷五两，每多一尺加银五钱；往东洋的船只，税率低于西洋船十分之三；而到鸡笼、淡水贸易的船只也要交纳饷税，标准是每船宽一尺，税银五钱，依此递增。(2)陆饷，即货物税。按货物的多少从价计征。为防止偷漏税饷，明廷规定，商船返航进港后，海商不得擅自卸货，须等铺商（开设有店铺的经营国内贸易的商人）上船接买，在船上由铺商交纳完税饷后，才能卸货。所征税率根据货物的种类及时价的高低随时调整。(3)加增饷，是一种特别附加税。征税对象是到吕宋（菲律宾）贸易的商船。当时，占据菲律宾的西班牙殖民者开展马尼拉至墨西哥阿卡普尔科的"大帆船贸易"，将中国商人运到菲律宾的货物转运至墨西哥赚取墨西哥银元。而菲律宾本土可进行国际流通的货物很少，因而中国商船从菲律宾返航回国时，船中主要装载的即是墨西哥银元。为此，明廷规定，凡往吕宋贸易的商船，除缴纳水陆两饷外，每船还须另纳白银150两，称为"加增饷"。后因商人抗议税额过高，万历十八年（1590年）加增饷被减至120两。

饷税制的实行，为明政府增加了财政收入，充实了明廷的军饷。同时，中国对外贸易税收由实物税转向货币税，反映了这一时期货币经济的进步。

3. 监督、检验进出口商船

每年初春，商船出海时，督饷馆官员负责检验每艘出海船只，核对其所载货物种类、数量是否与申请登记的一致，是否夹带违禁物品等。到夏秋之季，商船陆续返航，督饷馆则派官员巡视东南沿海各地，对返航商船逐程派船"护送"。此举名为防止海寇抢劫货物，实则为防止商人私卸货物偷漏关税。

（二）广州、澳门开放对外商的贸易

明前期的海禁政策引起中外商人的不断反抗，同时，沿海地方经济发展也需要开放海外贸易。明正德四年（1509年），广东沿海官员试图开放外商来华贸易，但这一做法不断遭到保守派官僚的反对，多次出现开而复禁、再开再禁的情况。这种局面一直持续到嘉靖中后期，随着澳门港的兴起，中外商人云集于此，嘉靖三十三年（1554年），明廷终于允许外国商人前来澳门、广州贸易。

1. 对来华外商的税收管理

明前期，由广东地方官及市舶司共同负责对外商（随朝贡使团而来的附舶）的征税工作。税制为抽分制，即按货物的多寡征收一定比例的实物。1554年，明政府在澳门设立市舶司，负责征收进出口税和停泊税。其中，停泊税相当于水饷，按船舶体积征收；进出口税即货物税，仍然实行抽分，税率是十分抽二。隆庆五年（1571年），为防止外商隐匿瞒报、少报货物，明政府将抽分制改为丈抽制，即按船舶体积大小来确定税额，征收货币税。

2. 举行广州进出口商品交易会

随着广州对外商开放贸易，葡萄牙等国商人定期前往广州贸易，由此形成早期的广州进出口商品交易会。最初，交易会一年定期一次，自 1580 年改为一年两次。春季，当西南季风即将来临时，外商前来广州购买贩运至东南亚、欧洲的商品。夏季，大体在六月份，在东北季风来临前，外商购买大量中国商品以备贩运至日本。外商在以白银购买中国商品的同时，也将其在印度、东南亚及日本等地采购的商品在广州销售。明政府规定，外国商船不得进入广州，只能停靠在附近的一些岛屿上，并且还为每个国家划定一固定的停泊地。外商购买贵重物品须经明朝官员批准，普通货物则可自由购买。广州商品交易会成为外商购买中国商品的重要渠道。

3. 对外商来华贸易的监督检验

外商进港后，须首先向地方官申报，然后由地方官通知市舶司，共同查验外商带来的货物；确认无违禁物后，按章征税。

明后期，虽然对海外贸易仍有种种限制，但毕竟允许中外民间贸易往来，贸易自由度得以提高，使海外贸易获得空前发展。据估计，开海贸易初的隆庆年间，所征饷税每年约 3 000 两；20 年后，万历时已达 29 000 两，增加了近 10 倍。由此，可以反映中外贸易规模的激增状况。

综上所述，明后期，在国内外客观环境改变下，明政府对海外贸易政策进行了调整，实现了私营海外贸易的有限合法化，但其附加的种种限制，依然是明前期限制海外贸易政策的延续。

第三节　市舶制度的演变

兴于唐、发展于宋元的海外贸易管理制度——市舶制度，被明王朝所继承。与海外贸易政策相适应，明代市舶制度无论在机构设置还是职能上，都与前代有了很大不同。到明代后期，随着中外贸易关系的变化，市舶司在对外贸易管理中的职能萎缩、作用弱化。

一、市舶司机构的设置

明太祖立国初，于江苏太仓黄渡镇设立市舶司。后鉴于此处与国都南京过近，恐不利于国家安全，遂于洪武三年（1370 年）将太仓市舶司撤销。随即，海禁政策全面施行，中外官方朝贡贸易成了唯一合法的对外贸易方式。为管理朝贡贸易，明政府在朝贡船舶经常出入的口岸——广州、泉州、宁波，设置了粤、闽、浙三个市舶司并规定：宁波通日本；泉州通琉球；广州通占城、暹罗、西洋诸国。洪武七年（1374 年），由于倭寇骚扰严重，明廷宣布停置浙、闽、粤三市舶司。

明成祖继位后，为恢复发展中外关系，推行积极的朝贡贸易政策。永乐元年（1403 年）重新恢复设置浙江、福建、广东三市舶司。永乐三年（1405 年），明政府又分别在三市舶司处修建了安远驿（浙江）、来远驿（福建）和怀远驿（广东）三处驿馆，用以接待入贡使臣及其随行人员。据记载，仅广州怀远驿就有房舍 120 间，每年接待来自十余国的使臣。永乐六年（1408年），明成祖又在交趾和云南设立了市舶司，以接待印支半岛国家的使节。不过，此两处舶司存立时间不长即被废撤。嘉靖二年（1523年），浙江市舶司发生“争贡之役”后，[①]明廷下令撤除浙江、福建市舶司，仅留广东一处。直到明万历二十七年（1599年），明神宗“大榷天下关税”，始恢复浙江、福建市舶司。[②]可见整个明王朝，市舶司数量较之宋元减少且废立无常，反映了这一制度的衰微之势。

二、市舶司的职能

明代，市舶司的职能与其海外贸易政策的变化紧密相连，前后期有很大的不同。

（一）明前期市舶司的职能

唐宋元时期的市舶司负责海外贸易的全面管理。而明前期实行海禁政策，中国商人不得出海贸易，外商也只能以朝贡的名义来华，即只有朝贡贸易是合法的对外贸易方式，因而明代前期，市舶司的职能发生了相应的变化，成为明廷海禁政策的工具。其具体职责有三项。

1. 管理朝贡贸易

当外国贡船来华进港后，市舶司会同地方官员查验勘核、辨别真假；确定无误后，将贡物封钉，以防贡品偷漏上岸。然后，运往进贡厂（市舶司下设的存放贡物的仓库），将贡使及其随行人员接入驿馆招待并奏报朝廷。待朝廷命令下达后，市舶司会同地方官将贡使及贡物解送到北京。

2. 征税及管理中外互市贸易

对于随贡附载而来的商货，市舶司负责检验其中有无违法、违禁物品并代为向地方政府报告。随后，对番货抽分（即征税），但抽分后又“给价偿之”，即按价收买，故实际上是给以免税待遇。番物的交易由市舶司下设的牙行负责管理，即对货物价格进行评估，介绍中国商人与外商交易。

3. 查禁民间商人的海外贸易

为执行海禁政策，对于出海贸易的商人，市舶司负责追捕。为加强对走私贸易的打击力度，市舶司一度有调动军队的权力。

（二）明后期市舶司的职能

如前所述，明后期允许中外民间贸易后，外商来华贸易由市舶司负责管理。市舶司的职责是查验进出口商品、征收进出口税及停泊税。对中外商人交易的管理，市舶司不再负责，而是由从市舶司中独立出来的机构——牙行负责。由此，中国海外贸易的行政管理与经营管理出现了分离。随着外商来华增多，官牙制度弊端丛生。到明末，牙行逐渐被专营进出口货物的广东三十六行代替，市舶制度的重要职能之一——海外贸

---

① 嘉靖二年（1523年），处于战国时代的日本两位诸侯大内氏和细川氏，分别遣使宗设谦道和宋素卿来华朝贡。而浙江市舶司镇守太监赖恩受宋素卿贿赂，在礼节上偏重于宋素卿、冷落宗设，结果日本使臣之间相互仇杀，进而演变成一场对中国江浙沿海大肆烧杀抢掠的惨祸，史称“争贡之役”。

② 自此到万历三十四年（1606年），福建督饷馆征税权转归市舶司。

易的经营管理权彻底丧失。

第四节　中外贸易关系

欧洲人东来之前，明王朝依然保持其传统的对外贸易关系，即主要开展与亚非国家的贸易。16 世纪以后，欧洲人到达东方，在东南亚、南亚等地建立起殖民地。自此，中国与这些地区的传统贸易关系遭到破坏，与欧洲国家的贸易关系发展起来并在中国对外贸易中日益占据主导地位。

一、中国与亚非国家的贸易关系

明前期，中国与亚非国家的贸易以官方朝贡贸易为主。如前所述，郑和下西洋，将中外官方贸易推向顶峰。与此同时，民间走私贸易风起云涌。到明朝后期，随着朝贡贸易的衰落，民间贸易成为中国与亚非国家贸易关系发展的主导力量。

（一）中国与东亚国家的贸易关系

1. 朝鲜

明代，中国与朝鲜半岛的政治经济关系密切。明初，高丽王朝多次向明王朝进贡大量马匹、金银等战略物资。洪武二十五年（1392 年），高丽王朝被推翻，李朝建立，明太祖赐“朝鲜”为其国号。朝鲜李氏王朝一面积极开展对明朝贡，一面帮助明王朝打击赴朝走私的中国商人。史载，朝鲜中宗三十九年（明嘉靖二十三年，1544 年），中国福建商人李王乞等私贩朝鲜，被朝鲜官兵捕捉。此后，朝鲜官兵又多次剿捕来自中国的走私商人并将他们送交明王朝。鉴于朝鲜的忠顺，明王朝对其来华朝贡实行特别优惠待遇。如在贡期上，其他国家多限定为三年一贡，而朝鲜可以一年两贡或一年三贡；再如，贡使在北京的活动，其他国家使节一般允许五天出会同馆一次，而朝鲜使臣则可随时出入；在贸易商品的种类上，明廷规定硫黄、粮食等不得输出，但对朝鲜不加限制。

明前期，在朝贡贸易的同时，中朝间还有依附使团而来的私商贸易。明后期，部分开禁后，中朝民间贸易活跃。此外，中朝在辽东还存在小规模的互市贸易。

这一时期，中国输往朝鲜的商品有丝绸、瓷器、茶叶、药品及书籍等，自朝鲜输入的商品有马、牛、麻布及折扇等。其中，规模最大的贸易是“绢马贸易”，即朝鲜以马交换中国的丝织品。史载，洪武二十六年（1393 年），朝鲜“进马九千八百余匹，命运绢布一万六千七百余匹酬之”。永乐五年（1407 年）、永乐二十一年（1423 年），朝鲜使臣带来成千上万匹骏马，同时获得明廷大量丝绸等物品的回赠。

2. 日本

明前期由于倭寇等问题，明王朝对日本来华朝贡实行极为严格的限制政策，甚至一度规定日本“十年一贡”，每次入贡，船不得过三只，人数不得超过三百人。不过，这一限制政策并未严格执行，日本在明前期入贡仍较频繁。这一时期，日本运到中国的贡品中出现了大量的刀剑，倭刀以其锋利精良深受中国人喜爱。日本向中国进贡刀剑获利颇为丰厚。据《日中文化交流史》记载，一把在日本最多价值一千文的刀，进贡给明朝，明给价五千文。因而倭刀成为日本入贡明朝的大宗货物，仅宣德八年，一次入贡即有倭刀 3 052 把。除刀剑外，硫黄、铜、折扇及描金漆器等也是日本输华的重要商品。而日本作为中国传统的商品销售市场，其对中国生丝、瓷器有很大的需求。相对严格的朝贡限制，诱使不少中日商人铤而走险，从事两国间的走私贸易。明前期，前往日本的中国商人为数已经不少。史载，1557 年，在日本长崎岛聚集明商达二三千人。时人估计，当时在日本列岛，明商约有二三万人。在博多、平户岛、五岛列岛及鹿儿岛等地，还出现了华人聚居的“唐人街”。

明后期，漳州月港开放后，明廷仍旧禁止中国商人到日本贸易，因而中日之间仍以走私贸易为主。一些中国商人以到其他国家贸易为名，申请引票。出洋后，先向西南行驶，越过明军的监视线后，再转而东行前往日本。日本德川家康执政时，也积极采取措施，吸引中国商人赴日贸易。如庆长十五年（万历三十八年），有广东商船到日，德川家康特发给“朱印状”予以保护。朱印状上写明：“广东商船来到日本，虽任何郡县岛屿，商主均可随意交易，如奸谋之徒，枉行不义，可据商主控诉，立处斩刑。日本人其各周知勿违。”[①]到明末，福建海商郑芝龙集团，通过从事中日间特别是福建、台湾地区与日本间的贸易迅速发展壮大起来，还开辟了一条由泉州安平直抵日本长崎的新航线。“自是往返于日本、漳泉之间的货船，月不停舶”，[②]中日贸易由此盛极一时。

3. 琉球（今日本冲绳县）

早在汉代，琉球群岛与中国已开始了经贸往来。明王朝建立后，明太祖朱元璋实行和平外交政策。洪武五年（1372 年），明朝遣使至琉球，双方建立了宗藩关系。在明朝对朝贡贸易限制政策中，对琉球来华朝贡格外优待，允许其一年两贡或三贡，并特许其随贡商船在北京及福建市舶司不拘期限与华商交易。成化十年（1474 年），明廷特在福州修建柔远馆，用以专门接待琉球贡使。琉球经济发展水平落后，本国亦不出产香料等中国需要的大宗贡品，而朝贡贸易获利丰厚，故琉球国不惜远渡重洋，到东南亚各地购买香料转贡于中国。同时，还将中国的丝绸、瓷器、铜钱等物，转口于东南亚、日本等地。琉球通过其转口贸易活动不仅获取了巨额利润，而且还沟通了东南亚、中国、日本及朝鲜间的经济联系，成为“万国之津梁”。琉球由此从一个贫穷落后的弹丸小国，跃升为海上丝绸之路上一个举足轻重的国家。

日本庆长十四年（明万历三十七年，1609 年）日本九州鹿儿岛藩主岛津氏入侵琉球，对琉球颁布了一个所谓的“裁制令”，其中规定“琉球不得随意与中国往来，不得随意通商别国”，明王朝与琉球的朝贡贸易遂告衰落。

---

① ［日］木宫泰彦《日中文化交流史》。

② 《台湾省通志》卷 3。

（二）明朝与东南亚的贸易关系

明前期，中国与东南亚各国的贸易也是沿着两条途径进行的：一条是合法的朝贡贸易，另一条是民间走私贸易。到明后期，东南亚国家大多被欧洲人占领，与中国的官方朝贡关系大多中断，民间贸易成为唯一的方式，且这一贸易也不再是中国与东南亚本国人的贸易，相当一部分成了中国与欧洲殖民国家间的贸易。

1. 中南半岛

明代，中南半岛上的主要国家有安南（今越南北部）、占城、真腊、暹罗等。这些国家和地区均为中国传统贸易伙伴，与中国有着悠久的贸易关系。明朝建立后，双方开展朝贡往来。特别是郑和下西洋后，中南半岛国家与中国的朝贡关系进一步密切。与此同时，中国东南沿海商人不顾海禁令，亦不时到这些国家开展贸易活动。中南半岛各国对中国商人的到来非常欢迎，如安南国“酋为商人设食，乃给木牌于廛舍，听民贸易”。[①]

明王朝建立后，主动遣使与真腊通好。洪武三年（1370 年），明太祖派使臣郭征前往真腊，两国间自此建立起了外交关系。郑和下西洋后，中国与真腊的友好关系得到空前的发展。据统计，从 1371—1452 年的 81 年间，真腊先后来华朝贡 21 次，进贡的物品以大象、象牙、犀角、孔雀翎、宝石及各色香料为主，中国回赠品主要是金银、钱币、丝织品和瓷器等。双方朝贡贸易的规模也相当可观。如洪武二十年（1387 年），真腊进贡的物品有大象 59 头、香 6 万斤。次年，又贡献大象 28 头、象奴 34 人、番奴 45 人。明朝回赠的礼品更加丰厚。如洪武十六年（1383 年），明廷赠与真腊“织金文琦三十二匹、瓷器一万九千件”。中国商品在真腊极受欢迎，被称为“唐货”。在真腊，大额交易用金银，小额买卖则以“唐货”为中介物。

明王朝立国时，泰国大城王国已统一暹罗。明太祖于洪武三年（1370 年）派使臣吕宗俊等人前往暹罗，与大城王国建立起了友好关系。永乐年间，郑和下西洋进一步密切了双方的关系。此后，两国使臣往来相继。暹罗国遣使来华朝贡极为频繁。据统计，明代，中国遣使暹罗 19 次，暹罗遣使中国 102 次。朝贡贸易的规模也很可观。如 1387 年，暹罗进贡“胡椒一万斤、苏木十万斤”；1390 年，又贡献“胡椒及苏木达十七万斤，大象三十头”。两国民间贸易也并未因明朝的海禁令而断绝。郑和下西洋时，已有很多华侨在暹罗经商。暹罗对前来贸易的中国商人也欢迎备至，史称其对华商“甚挚，倍于他夷”并为华商在暹罗交易提供诸多便利。如华商“所至关，辄听与其近地交易，不必先诣王也”。[②]前往暹罗的中国商人众多。嘉靖年间，“漳州月港家造过洋大船，往来暹罗诸国通易货物”。著名武装走私商人汪直也“造海舶，置硝黄、丝绵等违禁货物抵暹罗……来往贸易”。明后期，月港开禁后，明政府规定前往暹罗的船只每年可达四艘，数量居西洋国家的第一位，而实际并不限于此数。据西方学者研究，“当时来自闽南的华人，每年都运载相当大批的各种中国货物到该国（暹

① （明）张燮《东西洋考》卷 1。

② （明）张燮《东西洋考》卷 5。

罗），然后运回大宗苏木、铅及其他货物”。[①]

2. 菲律宾群岛

作为中国的近邻，中国与菲律宾群岛的贸易关系由来已久。明代，在菲律宾群岛分布着多个国家：北部有吕宋，中部有民都洛、巴拉望，南部有苏禄、宿务、麻喇朗（今菲律宾的棉兰老岛）等。他们与中国均保持通商贸易关系。明前期，中国与菲岛以朝贡贸易关系为主。永乐三年（1405 年），明成祖曾派使臣访问吕宋。菲岛各国遣使来华更是史不绝书。其中，苏禄与中国的朝贡关系最为密切。明成祖永乐年间，苏禄王多次亲率王公大臣来华朝贡。如永乐十五年（1417 年），苏禄王率领 300 余名臣属来华，明成祖以厚礼待之，赏赐给大量珍贵物品，计有“金镶玉带一条、黄金一百两、白金两千两，罗锦文绮两百匹、绢三百匹、钱钞一万锭、铜钱三千贯、金绣蟒衣、麒麟衣各一袭”，对随行官员按等级赐以相应数量的丝织品及钱钞等物。此外，麻剌朗王也于永乐十九年（1421 年）率众来华。

由于地理上的接近，中国海商特别是闽南商人到菲贸易者众多，中国商品在菲深受欢迎。史载，中国商船一到苏禄国，当地商人立即“将货尽数取去”，“携入彼国深处售之，或别贩旁国，归乃以夷货偿我”。当地人往往“以珠与华人市易，大者利数十倍”。经营华货获利较高，菲商人殷切希望中国商人前来贸易。为此，菲商甚至采取扣留人质的做法。《东西洋考》卷五记载，菲律宾商人因担心中国商船回国后不再前来，每当中国商船返航时，菲商都要留下数名华商当人质，以使中国商船再来贸易。明前期，仅到吕宋岛贸易的闽商就有数万人，不少华人甚至侨居吕宋。隆庆开禁后，中国海商前往菲岛贸易的数量进一步增多，且除了闽南商人外，江浙商人也大量赴菲贸易。史称：“近来，中国人都从海外商贩至吕宋地方，获利不赀。”随着中国商人前往菲律宾的增加，侨居在菲的华人数量也日渐增多，以至在吕宋形成了华人聚居区——“涧内”。

公元 1571 年，西班牙人占领吕宋岛，随即征服了菲律宾其他岛屿。自此，吕宋与中国的官方朝贡贸易关系中断，中菲贸易相当程度上是中国与西班牙人的贸易了。西班牙人为维持其殖民统治，进行掠夺性贸易，即以马尼拉作为对华贸易的基地，一方面采取鼓励华商赴菲贸易的政策，另一方面，西班牙人为独占中菲贸易利益，又极力排挤在菲的华侨。他们不断制造事端，甚至大规模残杀在菲律宾的中国人。由于明王朝开海的目的并不在于积极发展海外贸易，只不过是以此缓解百姓的反海禁斗争，因而明政府对于出海贸易的商人不予保护，更使西班牙人对待华人肆无忌惮，使中菲贸易的正常发展受到严重影响。

3. 马来半岛及马来群岛

明代，在马来半岛及马来群岛活跃着诸多小国。与明王朝关系较为密切的国家有爪哇、三佛齐、阇婆（今印尼爪哇岛中部）、兰无里（今印尼苏门答腊岛的亚齐）、渤泥、美洛居（今印尼马鲁古群岛）、满剌加等。

---

① 《南洋问题资料译丛》，1962 年第 3 期。

爪哇，当时为马来群岛的一个大国。明朝建立后，太祖朱元璋即派使臣前往爪哇，双方建立起了朝贡贸易关系。此后，两国使臣往来不绝。郑和下西洋，爪哇为其南下的终点和西向的起点，地位尤为重要。下西洋活动大大加强了彼此之间的联系，此后，双方关系更加密切，官方贸易盛极一时，在明前期前 100 余年间，爪哇曾来华朝贡 20 余次。爪哇地处东、西洋交汇点，从而成为各国商品荟萃之地。中国闽粤一带不少海商私自下海前往爪哇，爪哇对中国商人的到来非常欢迎。据《东西洋考》记载："中国商船将到，有地方官吏来迎接船主，送橘子一笼，小雨伞两把，并即刻派人报告国王。国王专门为每船设通事一人，并在涧城外设立铺舍，展开贸易。"中国商人将丝绸、瓷器等物运往爪哇后，获得当地的银钱、铅钱，等到其他国家的香料等商品到达后，再以银钱、铅钱购买所需商品。

明后期，中国商人到爪哇主要是与荷兰、葡萄牙等欧洲商人展开贸易，贸易规模空前扩大。明万历三十七年（1609 年），西方人记载："在万丹的中国人，在全印度也没见过经营这样盛大的贸易。他们每年两次乘着自备的中国帆船来航，带来中国出产的珍异物品和高价商货。"①

勃泥（今文莱），明前期与中国的官方贸易关系也较密切。永乐六年（1408 年）八月，勃泥王麻那惹加那乃率领王妃、子女及大臣等 150 余人来华访问。明成祖对他们"优待礼隆，赐予甚厚"。勃泥王不幸病逝于中国，明成祖命勃泥王之子暇日王继位，并派人护送其回国。后暇日王多次亲自来华朝贡，中国与勃泥的关系日益密切。

满剌加地扼东西海上交通要冲——马六甲，兴起于公元 14 世纪末，与明朝有着密切的贸易关系。明郑和下西洋，满剌加成为郑和船队必经之地。满剌加对郑和船队每次都友好相待，并允许郑和在此设立"官厂"（即仓库），作为其船队的中转站。从中国带来的货物存在此，进行分类后，根据各国需要再分装到前往不同国家的船只上。从各国得到的各种货物也汇聚于此，等候西南季风到来，再打包装舱运送回国。与此同时，满剌加使臣也频繁来华朝贡。据《明实录》记载，从永乐初年至正德初年（1405—1508 年）的 100 百年间，满剌加曾派出 26 批使臣来华朝贡。永乐九年（1411 年）七月，满剌加王拜里迷苏剌亲率其妻、子、臣 540 余人来华，明廷亦给予隆重接待；当其归国时，明成祖赐给他们大量金银、宝钞、铜钱、各类丝织品、服装等物。永乐十七年（1419 年）七月，拜里迷苏剌之子亦思罕答儿沙继位后，又率其妻、子及臣属来华访问。由此形成定制，此后继任的满剌加王都亲来中国朝贡。明王朝除郑和外，还曾多次派其他使臣前往满剌加。

1511 年，满剌加被葡萄牙人占领，从此，与明王朝的朝贡关系中断。而民间贸易继续发展。早在朝贡贸易兴盛之时，已有不少中国海商私自远航满剌加贸易。16 世纪初，中国商人到满剌加贸易已经相当普遍了。时人称，中国商船"夏去秋来，率以为常"。②

---

①《南洋问题译丛》，1957 年第 5 期。

②（明）谢肇淛，《五杂俎》。

（三）中国与南亚的贸易关系

明代，南亚地区分布着诸多国家。其中，榜葛剌（今孟加拉国）、加异勒（今印度南部加耶尔巴达）、西洋锁里（今印度南部科里伦河口）、古里（今印度西海岸科泽科德）、柯枝（今印度西海岸柯钦）、小葛兰（今印度西海岸奎隆）、锡兰山、溜山国等都是郑和下西洋所经之地。在郑和下西洋的推动下，南亚国家纷纷遣使中国，如溜山国曾于永乐年间四次遣使朝贡。锡兰山使节来华次数更多，赠送给中国的物品见于记载的就有珍珠、珊瑚、宝石、水晶、西洋布、乳香、木香、檀香、没药、芦荟、乌木、胡椒、驯象等。郑和船队在南亚各地，按当地习俗开展交往，受到各国欢迎。如古里国“其二大头目受中国升赏，若宝船到彼，全凭二人主为买卖”。柯枝国“名称哲地者，皆是财主，专一收买下宝石、珍珠、香货之类，候中国宝船或别国番船客人来卖”。《瀛涯胜览》说：“锡兰山国（见）中国麝香、色绢、青瓷盘碗、铜钱、樟脑甚喜，则将宝石、珍珠换易。王常差人赍宝石等物，随同回洋宝船进贡中国。”

16 世纪，欧洲人东来以后，中国商船进入印度洋的咽喉马六甲被其控制，南亚诸国也相继沦为西方殖民地，中国与南亚的贸易关系走向了衰落。

（四）中国与西亚、非洲的贸易关系

郑和下西洋推动了明代中国与西亚、非洲贸易关系向深入发展。自第四次下西洋开始，郑和船队便深入波斯湾、阿拉伯海、红海，与阿拉伯半岛及东非各国开展交往，使中国与这些地区的贸易关系达到了封建时代的顶峰。

忽鲁谟斯（今霍尔木斯海峡伊朗阿拔斯港）是 15 世纪初的一个伊斯兰教大国，是郑和第四次下西洋的主要目的地。郑和至该国，对其国王、大臣大加赏赐。此后，忽鲁谟斯国王多次遣使到中国，赠送的礼物有名马、狮子、长颈鹿、斑马、羚羊、珍珠、宝石等。

阿丹（今也门亚丁）于永乐十四年（1416 年）遣使来华，进贡土特产。明成祖命郑和携带礼物回访。宣德五年（1430 年），郑和船队再至阿丹，受到阿丹王的隆重接待。阿丹王亲自率领文武百官出迎并通告全国百姓，取出珍宝与郑和船队交易。郑和下西洋期间，阿丹曾先后五次遣使来华。

祖法尔（今阿曼佐法尔）盛产香料，于永乐十九年（1421 年）遣使中国。该年，明政府命郑和携带国书及各种中国商品回访祖法尔。宣德五年（1430 年），郑和船队再次访问祖法尔，受到当地人民的热情接待。祖法尔王命令国人将乳香、血竭、芦荟、安息香、苏合油、木别子等物品拿出，与郑和船队交换中国的丝织品、瓷器等物。

天方（今沙特阿拉伯麦加），明前期曾 20 余次遣使来华。天方使臣带到中国的货物有宝石、骆驼、珊瑚、毛纺织品、各种珍禽异兽及阿拉伯名马等。郑和船队则将中国的丝绸、麝香、瓷器等物运至该国。

每次郑和船队从阿拉伯半岛回航时，都有阿拉伯使臣随船来华。这些使臣大多为商人，往往携带大量私货到中国贸易。明政府给其以免税待遇。明后期，依然有一些阿拉伯商人不畏欧洲殖民者的劫掠，越过印度洋来华贸易。据史书记载，当年阿拉伯商人大多合伙搭乘商船到澳门贸易。因阿拉伯商人善于鉴赏珍宝，经常能以很便宜的价格购买到珍贵的物品，因而当时人称“识宝曰回回”。[①]

在郑和船队到达非洲以前，已有东非国家使臣来华。永乐十三年（1415年），麻林（即今马林迪）曾遣使来中国，向明政府赠送长颈鹿。永乐十四年（1416年），麻林又与卜剌哇（今布腊瓦）、木骨都束（今摩加迪沙）等国一起再来中国开展朝贡贸易。该年，明政府命郑和第四次下西洋。此次，郑和船队越过阿拉伯半岛，与来华的非洲使节一起回访东非，将中国丝绸、瓷器、铁器及金银钱币等物赠与东非国家的国王及臣属。此后，郑和下西洋又多次到达东非沿岸各国，使中国与非洲的贸易关系发展到一个新的阶段，建立起了经常性的官方贸易关系。其中，明朝与木骨都束、卜剌哇、竹步（今朱巴河口准博附近）、速麻里儿国（今索马里）、麻林等国的贸易关系最为密切。自郑和船队到达东非后，这些国家都频繁遣使来华朝贡，双方交换的商品种类丰富、数量众多。其中，非洲国家运到中国的货物有象牙、香料、斑马、长颈鹿、非洲鸵鸟、金钱豹、麂和狮子等珍贵物品。中国商品也深受非洲人珍视，以至其中一些商品成为这些地区的通货。如木骨都束流通的货币，即有金银、色缎、檀香、米谷、瓷器、色绢等物。卜剌哇的通货有金银、色缎、米豆、瓷器等物。竹步也是用土珠、色缎、色绢、金银、瓷器、胡椒、米谷等物作货币。其中，各种丝织品、瓷器等显然来自中国。近代以来，曾在东非沿岸发现不少明代瓷器碎片，为这一时期中国与东非贸易关系的发展提供了佐证。明王朝与北非的埃及也建立了贸易关系。近代，在埃及考古发掘中，发现中国明初的生丝及丝织品。史书记载，埃及马木鲁克王朝曾于公元1441年遣使来华，明廷曾赠以各种精美丝绸数十匹。

除了通过海上丝路与上述国家和地区开展贸易往来以外，明王朝与陆上丝路沿线的一些阿拉伯、中亚国家也有一定的贸易交往。

二、中国与欧洲国家的贸易关系

中国与欧洲国家的贸易历史悠久。早在丝绸之路开通以前，中国商品已流入欧洲。汉代，中国与大秦的贸易，使中国与欧洲的贸易进一步发展。不过，限于当时的生产力水平，中国与欧洲间的贸易大多是间接进行的。公元15世纪，西欧资本主义生产关系逐渐发展起来，增加资本原始积累的需求，使追逐物质财富的海外探险成为欧洲人的选择。自马可·波罗以来流传的关于古老神秘的东方遍地黄金、香料的传说，长期诱惑着欧洲人。公元15世纪中叶，拜占廷帝国被奥斯曼土耳其灭亡，奥斯曼帝国占领了西亚、北非的大部分地区，从而控制了经红海、波斯湾通往地中海的东西方传统贸易航线。奥斯曼帝国对过往船只肆意征收高额税金，阻碍贸易的开展。为避开奥斯曼帝国，欧洲人积极寻找通往东方的新航路。1492年，哥伦布在西班牙王室的资助下，驾驶几艘小船横渡大西洋到达美洲，发现了所谓新大陆。公元1498年，葡萄牙航海家达·伽马驾船绕过非洲的好望角，横渡印度洋到达印度，由此开辟了欧洲至印度的新航路。1519—1522年，麦哲伦船队自西班牙出航，环球航行成功。通往印

---

①（明）陈仁锡《皇明世法录》卷81。

度航线的开辟及美洲的发现，被称为人类历史上的“地理大发现”。这些返回欧洲的船只都满载着来自新大陆及东方各地的黄金、白银、宝石及香料等各种财富，在欧洲引起了极大轰动，由此掀起了欧洲殖民者海外掠夺的狂潮，亚、非、美的广大地区纷纷沦为欧洲人的殖民地。

新航路的开辟，将世界各地区连结了起来，亚欧非美的许多国家被卷入了世界经济的旋涡，传统的区域性的贸易开始变成全球性的世界贸易。中国传统的对外贸易秩序受到强烈冲击。从 16 世纪初（即明中叶）开始，越来越多的欧洲人到达中国，中国的对外贸易格局由此发生了急剧的变化。中国与西欧的贸易关系日趋发展，并逐渐占据了中国对外贸易关系的主导地位。

（一）中国与葡萄牙的贸易关系

葡萄牙在《明史》中被称为“佛郎机”。1510 年，葡萄牙舰队驶入印度洋，首先占领了印度西海岸的卧亚（今印度果阿）。1511 年，又占领了东西方海上贸易的枢纽——满剌加。此后，便积极寻求通往中国。

1514 年，葡萄牙驻马六甲总督派遣以阿尔瓦雷斯为首的先遣队前往中国。葡萄牙人到达广州，明朝官员禁止其进入广州城，但准其出售货物，“葡人获大利而归”。1518 年，葡总督又派安得洛德（Fernao Andrada）和皮来资（Thome Pires）率领八艘武装船只来华，到达中国广东屯门，要求与中国建立正式的通商关系。广州地方官员认为，明朝与葡国以前并无朝贡关系，双方贸易的开展应奏报朝廷批复，故允许葡萄牙两艘船只进入广州，令其交易完毕立即回国。但葡萄牙人抗令不遵，他们不但在广东沿海一带进行走私活动，还在屯门杀烧劫掠。1521 年，明廷派出军队将占据屯门的葡萄牙人驱逐。随后，葡萄牙人又流窜到我国闽浙沿海一带，与倭寇勾结在一起，大肆进行武装抢劫及走私活动，直到 1549 年，被浙江巡抚朱纨赶走。

1553 年，葡萄牙人又以欺诈和贿赂的手段强占了中国的澳门。澳门又名香山澳，位于广东香山县（今中山市）南端。明嘉靖十四年（1535 年），广东市舶司移至澳门，葡萄牙人趁机混入澳门贸易。嘉靖三十二年（1553 年），葡萄牙人贿赂广东海道副使汪柏，借口商船遭遇风暴，请求暂借澳门海滩晾晒货物。从此，葡人在此筑室定居，来澳葡人日渐增多，一些葡萄牙商人举家迁来澳门。史书记载，葡人“举国而来，扶老携幼，交相接踵”。葡萄牙人占领澳门后，以澳门为基地开展对华贸易，同时，组织贸易船队，从事东南亚－中国－日本间的转口贸易，澳门逐渐发展成东方国际贸易的转运中心。

（二）中国与西班牙的贸易关系

《明史》称西班牙为“大吕宋”。1567 年，西班牙远征军到达东方，占领菲律宾宿务。1571 年，又占领吕宋岛。随后，西班牙人便积极寻求与中国开展贸易。1574 年，广东海盗林凤集团被明军击溃，逃往吕宋，被西班牙人剿灭。因西班牙人助明讨伐林凤有功，1575 年，西班牙人来华贸易受到明政府厚礼接待，但他们在广东沿海一带的贸易受到葡萄牙人的阻挠。此后，西班牙人转向中国闽浙台一带贸易，并要求明廷指定一处供其居住贸易，被明廷拒绝。1626 年，西班牙人便用武力占领了台湾省北部，以此作为对华贸易的基地，直到1641年，被荷兰人驱逐。

西班牙人占领的菲律宾群岛较为贫瘠，“既无香料，又无金银”，甚至一些日用品也要靠海外供应。而中国物资丰富，与菲律宾地理接近，为维持其殖民统治，西班牙人一度鼓励中国商人前来贸易。明后期的开海贸易政策，也使中国商人出海贸易激增。据记载，16世纪70年代，每年前往马尼拉的中国商船约为12～15艘；80年代，每年约为20艘；90年代，每年约30艘。17世纪初，每年增至40～50艘，最多时曾达60艘。贸易额也迅速增长。据西班牙人记载，1575～1583年，平均每年为20万比索。1598年，已达80万～100万比索。而到1609～1610年，则高达200万比索。

中国商船运来的货物种类繁多，有吃穿用的各种物品，如牛马骡驴、鸡鸭等家畜家禽；各种生丝、丝织品，棉布、麻织品等纺织品；瓷器，铁、铜、锡、铅等器具；食品、水果，胡椒、肉桂、丁香、糖、面粉等食品。其中，最大宗的是生丝及丝织品，大约占90%。中国商船到港后，先将货物运入涧内的华人商店，再由当地的华人将货物卖给菲人及西班牙人。

西班牙人依靠中国商船运来货物，不但解决了其在菲岛的生存需求，且将丝绸、瓷器等物品转贩到其美洲殖民地，中国丝绸、瓷器由此传遍世界。当年，西班牙大帆船频繁往来于马尼拉与墨西哥的阿卡普尔科港之间，贩运中国的丝绸、瓷器、漆器等。中国的丝绸质优价廉，为“欧洲的丝货望尘莫及”，在美洲各地非常畅销，西班牙人从中获取了丰厚的利润。据统计，西班牙人将中国货物从马尼拉运往美洲，获利在100%～300%之间。这一贸易对西班牙美洲殖民地的繁荣也起了很大作用。西班牙人在墨西哥对中国商品所征的关税，充实了西班牙王室的财库，部分弥补了马尼拉的财政赤字。中国海商赴菲贸易获得的利润也很可观。如湖州的生丝运到菲岛，利润率高达100%。赴菲海商运回大量拉丁美洲白银，对于明后期商品经济的发展起了有益的作用。然而，中国商品特别是丝织品大量销往美洲，对于西班牙本国的纺织业造成了冲击。塞维利亚、加的斯、安达卢西亚的丝织业集团不断上书西王，要求限制廉价的中国丝绸在美洲销售，以保护本国的丝织生产。西班牙国王下令限制中国对美洲的丝绸贸易，但遭到墨西哥及菲律宾的西班牙人的抵制，实际效果甚微。

从17世纪20年代开始，澳门的葡萄牙人大量贩运中国的丝绸及生丝到菲岛及墨西哥，使中国海商受到极大排挤。同时，占领台湾的荷兰人在我国沿海及马尼拉湾口的海盗式抢劫，也使中国赴菲商船大大减少。

（三）中国与荷兰的贸易关系

《明史》称荷兰为“红毛番”。16世纪，末荷兰人从西班牙的统治下独立出来后，积极推行发展海外贸易的政策。到17世纪，荷兰航海能力已超过老牌殖民国家葡萄牙和西班牙，掌握世界航运业的80%，有“全世界的海上马车夫”之称。荷兰凭海上优势和商业霸权占领了广大殖民地且击败葡萄牙人，夺得其大部分东方殖民地。

明万历三十二年（1604年），荷兰首次派出军舰到达中国广东沿海，要求与中国开展通商贸易。因葡人从中阻挠，荷兰人在广东贸易的目的未能实现。随后，荷兰人转向闽台一带。1624年，强占澎湖列岛，不久被明军驱逐。随即占领台湾省南部，并于 1641 年将西班牙人赶出台湾北部，独占台湾。此后，荷兰人即以台湾为对华贸易的基地，与中国海商开展大规模的贸易活动。其中，荷兰人与海商郑芝龙之间的贸易规模尤为可观。如明崇祯元年（1628 年），荷兰驻台湾长官与郑芝龙订立为期三年的购货合同，规定郑芝龙每年向荷兰交付“生丝一千四百担、糖五千担、绢绫五千匹”，荷兰人支付白银 299 700 两。与此同时，以印度尼西亚巴达维亚（今雅加达）为基地的荷兰东印度公司，通过贩运中国货物获得了高额利润。据估计，其将中国的生丝运往欧洲的利润高达 320%。为获得中国丝绸，荷兰人还千方百计地劝诱中国海商前往巴达维亚城。1620 年，荷兰东印度公司指示其北大年商馆：“你们必须劝诱北大年、宋卡、博他仑等地的华船，下年载运大批美丽的生丝、绢绸以及其他中国货物前来巴达维亚，向他们保证，我们不缺乏现款，也不缺乏檀木、胡椒，而且他们前来可以不交纳任何税款，一切捐税全部豁免。”①

荷兰人以台湾、巴达维亚为基地，将中国的丝织品和瓷器等货物转贩于日本、东南亚及欧洲各地。到明末，荷兰人成为中日贸易的最大经营主体。据统计，明末，由荷兰人运往日本的中国丝及丝织品，几乎每年都超出中国海商运输的数量。1637 年，荷兰人运往日本的中国货物相当于中国海商的 13 倍。

（四）中国与英国的贸易关系

16 世纪，英国经济迅速发展，在重商主义思想主导下，都铎王朝实行扶植海外贸易的政策。1588 年，英国歼灭西班牙的无敌舰队，与荷兰共同取得海上霸权。自 17 世纪开始，英国工业特别是其纺织业迅速发展，英国资本家强烈要求开拓海外市场。1600 年，英国成立了垄断对东方贸易的特权公司——东印度公司。1637 年英王查理一世授权科腾商团的威德尔船队赴华贸易。同年 6 月，威德尔船队到达澳门，未经中国官员允许，擅自赴广州贸易。明朝官员加以阻止，英国悍然炮击虎门炮台，大量停泊在虎门的中国商船及水师船只被击沉。17 世纪前期，由于荷兰及葡萄牙人在华势力强大，阻挠其他国家的对华贸易，英国与明王朝的贸易进展缓慢。

第五节　主要进出口商品

随着贸易区域的扩大以及各国社会经济的发展，明代，中外贸易的商品种类更加丰富，贸易规模和水平达到了一个新的高度。

一、主要出口商品

郑和下西洋使古代官方贸易达到顶峰。郑和船队通过赏赐、馈赠、贸易等途径将中国商品大量输往海外，见于记载的大宗商品有瓷器、漆器、茶叶、麝香、樟脑、雨伞、生丝、丝绸、丝棉、金、银、铜钱、铁器、金属制品、书籍、纸张、粮食、建筑

① 《燕・彼得逊・昆东印度商务文件集》卷 2。转引自黄文鹰，《荷兰东印度公司统治时期吧城华侨人口分析》。

材料等。明后期，随着私人海外贸易的发展，中国输往海外的商品种类和数量进一步增加。据统计，中国输出的商品多达 230 余种，包括手工业品、矿产品、水产品、农副产品、文化用品及药品等。其中，手工业品特别是丝织品、瓷器仍占主导地位。

（一）丝织品

丝及丝织品是明代最大宗的出口商品。随着海上交通的发展，中国丝织品传遍世界各地。明前期，所有与明王朝保持朝贡关系的国家都获得了大量中国丝织品，同时，中国丝织品还通过走私贩运到海外各国。明后期，随着欧洲人的东来，中国丝织品的销售市场更加广阔。除传统的亚洲外，中国丝及丝织品还远销欧洲及美洲各地。

（二）瓷器

明代，中国居于第二位的大宗出口商品是瓷器。如前所述，中国瓷器很早就已经外销。到明代，随着瓷器制造业的进步，特别是民营制瓷业的发展，陶瓷产量和规模都有了显著提高，经朝贡贸易及中外商人贩运输往世界各地的瓷器数量大幅度增加。如洪武十六年（1383 年），明廷一次赠与占城、暹罗及真腊的瓷器各一万九千件。郑和下西洋也携带了大量青花瓷器。郑和的随员马欢在《瀛涯胜览》中说爪哇国人“最喜中国青花瓷器”。费信的《星槎胜览》记载暹罗国“货用中国青白花瓷器”。明初，中国瓷器已遍及亚非两大洲。近世，在东南亚、西亚及东非等地都曾出土大量的明初青花瓷器或其碎片。其中，东南亚数量最多。明代，瓷器已成为东南亚人民的日用生活必需品。而在西亚、东非，中国瓷器还被用于伊斯兰建筑装饰上。

明朝中后期，瓷器出口规模进一步扩大，其地理方向遍及亚非欧美很多国家和地区。西班牙人控制的菲律宾是明代中国瓷器外销的一个重要市场。西方文献记载，当年，华商除了贩运丝织品外，“还运来一些精陶器，所有货物，销路都很好”。爪哇的巴达维亚也是中国瓷器的重要出口市场。荷兰东印度公司每年购买大量中国瓷器，由台湾运往巴达维亚，贩运数量巨大。据西方人记载，崇祯九年（1636 年）荷印公司运往巴城的华瓷多达 379 670 件。据估计，荷印公司每年运往巴城的中国瓷器至少在 15 万件。明末，荷印公司贩运的中国瓷器至少有 1 200 万件。这些瓷器除在东南亚各地销售外，大部分被转销欧洲。据记载，1604 年，荷印公司在阿姆斯特丹拍卖中国瓷器，欧洲皇室竞相购买，由此在欧洲掀起购买中国瓷器的热潮。此后，欧洲其他国家商人也大肆贩运中国瓷器。

明末，为满足出口贸易的需要，江西景德镇等地的民窑还出现了根据外商要求而设计的专门外销的瓷器。“加橹瓷”（盘沿分为若干格，绘以郁金香纹）即是专门销往欧洲的产品。

二、主要进口商品

明代，进口商品种类丰富。郑和下西洋，进口商品约 185 种，其中既有奢侈品及珍禽异兽，也有手工业原料性产品及生活日用品。如金、银、锡等五金类 17 种，乳香、木香、树香、丁香、檀香、沉香等 23 种，水晶、玛瑙、宝石、珊瑚、珍珠等珠宝类 23 种，孔雀、狮子、麒麟、鸵鸡、金钱豹等动物类 21 种，白棉布、西洋布等布类51种，没药、肉豆蔻、大枫子等药类22种，折铁刀、琉璃瓶等用品类8种，石青、粗黄、脑紫等颜料类8种，番盐、糖霜、胡椒食品类3种，苏木、乌木、花梨木3种。明后期，开海贸易时进口的商品，有记载的商品多达百余种，包括香料、珠宝、矿产品、手工业原料、手工业品、农副产品等。其中，香料、珠宝等奢侈品主要来自东南亚、西亚及非洲；矿产品主要来自日本。

（一）香料及奢侈品

自唐宋以来，香料始终在中国进口贸易中占据主导地位。到明代，中国与亚非国家的香料贸易依然兴盛不衰。一些香料还随着进口规模的扩大，从奢侈品变为普通消费品，如胡椒。明初，由于中外贸易规模狭小，胡椒进口数量有限，价格昂贵。此后，随着郑和宝船带回的胡椒越来越多，国内市场几近饱和，胡椒价格从明初每百斤值白银二十两跌到每百斤值白银五两；到宣宗时，竟被硬性折抵官吏俸禄。到明后期，东南亚、南亚的胡椒依然是中外商人贩运的重要商品。史书记载，安南（今越南）人民用胡椒交换中国的瓷器、纸张。婆罗洲的文莱山地胡椒园众多，大量胡椒被海商贩运至中国。其中，自爪哇输入中国的胡椒最多。据西方人记载，16世纪末，每年当胡椒收获季节，侨居爪哇的中国商人深入农村直接向农民收购。到第二年二月，有大批中国商船到达，将胡椒运载回国。东南亚的其他贵重香料，如奇楠香、檀香、乳香、沉香等也源源不断进入中国。此外，阿拉伯半岛及非洲东海岸的香料经由欧洲商人继续贩运到中国。

除香料外，非洲的象牙等奢侈品也通过朝贡及民间贸易的方式输入中国。郑和下西洋推动中非交往频繁，使中国瓷器与非洲象牙贸易达到顶峰。

（二）白银

16世纪后，随着欧洲人东来，中国与欧洲的贸易不仅密切了亚欧间的经济关系，而且经欧洲人构建了亚洲与新大陆间的经济贸易关系。这一时期，中国丝织品、茶叶、瓷器等商品在国际市场上具有绝对优势，因而有着广阔的海外需求，除了传统市场，还被大量运往欧美各地。而此时，欧美在中国适销的商品很少。为此，欧洲人为购买中国茶叶、丝绸、瓷器等，不得不将大量得自美洲的白银运往中国。崇祯十年（1637年），英国东印度公司首次来华通商，“没有卖出一件英国货，只是抛出了八万枚西班牙银元”。[①]据估算，从明隆庆开海（1567年）到崇祯十六年（1643年）的77年间，流入的白银总数可能在3.5亿西班牙银元以上。[②]

16世纪中叶后，日本银矿开采，产银大增。随着明代中日贸易的开展（长期以走私为主），日本白银也源源不断流入中国。

白银流入为明代白银的货币化提供了物质基础。白银的货币化，一方面加强了中国经济与世界经济的联系；另一方面，进一步推动了明后期商品经济的发展。

① ［英］格林堡，《旧的对华贸易》，《鸦片战争前中英通商史》，商务印书馆，1961年版。

② 庄国土，《16—18世纪白银流入中国数量估算》，《中国钱币》1995年第3期。

（三）原材料及手工业品

明政府通过海外贸易进口了不少原材料类货物，如建筑用的木材。永乐时，南京建造静海寺，即是用郑和下西洋从东南亚带回的沉香木为柱建造的。郑和还从海外带回做瓷器的部分原料，如青花瓷上的青花原料“苏泥、勃青”。一般认为，苏泥来自苏门答腊，勃青来自加里曼丹。另一说法是苏泥、勃青产于东非索马里的钴料。而明代的瓷器新品种——祭红瓷器，其原料中含有西洋红宝石的粉末。明代，还利用从暹罗进口的风磨铜（红铜）等原料铸造了中国工艺史上的珍品——宣德炉。明代进口的手工业原料及制品有相当一部分来自日本，其中，大宗货物有硫黄、倭刀等军用物资。明初，日本以朝贡贸易的方式将这些商品运来中国，数量相当可观甚至超过明朝的需要，明政府只得劝阻日本以后不要将硫黄入贡。14 世纪，日本刀已负盛名，其锻造精良，深受中国人喜爱，故“中国人多鬻之”。[①]明末，各方战事不断，日本军用品输入中国进一步增加。

第六节　对外贸易与中外经济文化交流

明前期，郑和下西洋，畅通了亚非远洋交通网，使亚非各国间的贸易关系达到新的高潮。16 世纪后，随着欧洲人的东来、中欧贸易的开展，中国海外贸易日益突破传统的区域，不再限于亚非地区，中国精美的丝绸、瓷器等货物越来越多地输入欧美各国。一方面，以商品为载体及商品流通带动下的中国先进的物质、精神文明传播到海外；另一方面，更广大地域的海外文明传入中国。由此，中外经济文化交流达到前所未有的规模与水平。

一、中外经济交流

（一）中外植物品种的交流

随着区域贸易发展为世界贸易，特别是新大陆的发现，东西半球间的物种在贸易往来中得以相互交流。美洲的一些植物品种被欧洲人带到东南亚，又传入中国。据史书记载，明代，传入中国的植物新品种主要有以下几类：

1. 经济作物

主要有烟草、落花生及瓜果等。烟草约在 16 世纪末自拉美传入菲律宾，万历年间由福建海商传入中国且利润丰厚，故推广速度很快。时人记载，种植烟草“一亩之收，可以敌田十亩，乃至无人不用”。[②]到天启二年（1622 年）时，已经是“艺及江南北”。烟草种植面积的扩大，不但供本国人吸食，还出口到海外，甚至返销菲律宾。史载，烟草“今反多于吕宋，载入其国售之”。随着吸烟的普遍，烟草对身体健康的

① （明）张燮，《东西洋考》卷 6“日本”条，商务印书馆（上海），1936 年版。

② 杨士聪，《玉堂荟记》，中华书局，1985 年版，第 105 页。

危害也逐渐被人们认识，时人已知烟草“性燥有毒，能杀人”“久服则肺焦，诸药多不效”。[①]崇祯十二年（1639年），明廷下令禁止种植和贩卖烟草。但因其有厚利可图，禁令无效，烟草终于成为中国历久不衰的重要物产。

落花生也是明后期从东南亚传入中国，最初在福建种植，万历时传播到浙江一带，以后逐渐在各地繁殖起来。

明代，引入中国的瓜果种类繁多，如南瓜。《海澄县志》云“种自荷兰，味甘微酢”，可见南瓜也是由欧洲人传入东南亚，再传到中国。明代著名医学家李时珍说：“南瓜种出南番，转入浙，今燕京诸处亦有之矣。……入药可补中益气。”再如苦瓜，李时珍也说：“原出南番，今闽广皆种之。”[②]

2. 粮食作物

明代，传入中国的粮食作物主要有番薯和玉米。番薯原产美洲，16世纪以后，欧洲人将其引入东南亚，又由福建海商带回中国。何乔远《闽书》载：“闽人多贾吕宋焉，……截取其蔓咫许，挟小盒中以来，于是入吾闽十余年矣。”另据史书记载，万历二十一年（1593年），长期在吕宋经商的福建长乐人陈振龙，在菲律宾掌握了番薯种植技术，在其家乡福建南头试种成功。这一高产作物后经福建巡抚推广，在闽东南地区普遍种植，解决了这一带的民食问题；随后，很快由沿海向内地传播，成为中国又一新的农作物品种。玉米原产地也在美洲，16世纪由欧洲人引入东南亚，再传入中国。

由于番薯和玉米对自然条件要求不高，在干旱的丘陵、山地及沿海沙丘均可种植，大大提高了土地利用率；高产农作物与中国精耕细作的农业生产技术的结合，使单产大幅度提高，进而增加了中国民众的粮食供给量，使有限的土地可以养活更多的人口。同时，节约出的土地可用于经济作物的种植，对于农业的商品化起了促进作用，并为畜牧业、手工业和商业的发展奠定了基础。但玉米、番薯不择地力，也导致了对丘陵、山地过度垦殖，造成了一些地区水土流失等生态环境恶化的问题。

除了新品种的引进外，明代，随着中外贸易的开展，一些农作物的优良种子也被引入。如暹罗稻米被引种江南，称为“洋暹米”。

与此同时，中国的农作物品种在明后期，沿着新航路传入美洲。其中，主要有茶树、柑橘及樱桃等。

（二）生产技术的交流

明代，随着中外贸易的开展，中国商民移居海外增多，带动了中外技术的交流。

1. 农业生产工具

这一时期，传入东南亚的农业生产工具最主要的是中国犁具、水车及水磨等。16世纪，中国犁具传入菲律宾。据记载，这种犁具有一个手柄，设有犁头或犁头后的定形铁，犁头的上部是扁平的，在耕地时转向一边而发挥功用。与此同时，中国人还将

---

① （清）方以智，《物理小识》卷9，《草木类·烟草》。

② 李时珍，《本草纲目》卷28。

牵引犁的畜力——马及水牛运到菲律宾。

2. 农产品种植及加工技术

16 世纪以后，中国精耕细作的农业生产技术，逐步传播到东南亚。如印度尼西亚的万丹地区，16 世纪以前虽普遍存在种植农业，但因其技术落后，农作物产量较低。16 世纪，中国移民传入了先进的种植技术，使当地农产品产量有了大幅度提高。如胡椒的生产，由于华侨采取了一套先进完善的种植技艺，在较短的时间内就使万丹成为世界上最大的胡椒生产地，提高了它的国际贸易地位，使其成为世界贸易中心。16 世纪以前，东南亚各地水稻耕作法比较原始。他们通常利用雨季播种，此后，既不施肥也不除草，故产量很低。中国移民将先播种幼苗再插秧及除草、施肥等技术经验传入东南亚，大大提高了单位面积产量。到 17 世纪初，中国移民还将中国甘蔗的种植及加工技术带入印尼等地。此前，印尼人虽能用土办法制造蔗糖，但技术落后，产量很低。17 世纪，荷兰占领印尼，巴达维亚迅速发展为繁荣的国际贸易港口。崇祯十年（1637 年），中国移民在此创办了首家甘蔗榨糖厂并租用土地种植甘蔗。此后大约 200 年，印尼的制糖业主要由中国移民经营。

3. 计量工具

明代以前，东南亚地区社会经济较为落后，商品交换亦不发达。明代以后，随着中国与东南亚贸易关系的发展，中国用于商品交换的计量工具——度量衡及货币也随之传入。明王朝应暹罗大成王国的要求，于 1403 年和 1404 年两次向暹罗提供中国的度量衡器具。不过到明后期，东南亚地区很多地方依然没有度量衡，买卖货物以手掬之。中国移民将大秤带入此地，深受欢迎，荷兰殖民者亦普遍使用。史载，荷印公司一位在外地的代理商，曾向巴达维亚总部要求提供中国大秤。这位代理商声称：“中国人所使用的大秤（手提秤），可以衡量两担左右，此处甚为需要，望即送来，因为我们无法对付计重问题；我们现在以一套石码计重，每天都得变换。”

早在宋代，中国铜钱已传入东南亚。但限于其生产力发展水平，到明代，这里货币经济依然落后，除爪哇、旧港、南渤利已使用中国铜钱外，多数国家流通贝币。明代，随着海上贸易的进一步发展、东南亚各国对货币需求的增加，中国铜钱输出数量进一步增加，成为更多地区的通用货币。与此同时，中国的钱币铸造技术也传播到东南亚。早在明前期，满剌加即运用中国铸币技术以锡铸造了本国的货币——“加矢”，取代了原来的“斗锡”（重 1.8 斤的锡块）。到明后期，东南亚不少地区依然流通中国货币。据西方人记载，当 1595 年荷兰人的船舶第一次来爪哇时，即发现爪哇及其周围岛屿存在大量的中国货币，这些货币是由每次来装运胡椒的中国船带来的。后来，由于不够辅币使用，万丹的中国商人就在中国定制锡币，这些锡币仿制中国圆形方孔铜钱的模式铸造。货币及铸币技术的传入，有助于东南亚商品经济的发展。

4. 建筑技术

15 世纪，在东南亚及南亚很多地区，居民居住方式还较落后。如南亚的柯枝居民多“穴居树巢”；也有住房子的，但房屋非常矮小，“房檐高不过三尺”。溜山也是“巢居穴处”，郑和船队到达后，便教他们建造房屋。据史书记载，满剌加居民房屋用瓦的技术也由郑和船队传授。郑和船队还将中国的高档建筑材料——琉璃瓦输入东南亚，在满剌加、暹罗等国被广泛应用于王室及佛教寺院建筑中。

5. 养蚕缫丝技术

郑和下西洋前，印度半岛诸国多不善织丝，如古里，仅能织“五六样细布”。郑和船队的工匠将中国的丝织技术教授给当地人。此外，榜葛剌的丝织技术也学自郑和船队，后他们还将制造的丝绸服装赠给中国官兵以示谢意。苏门答腊岛在明初已经广植从中国引入的桑树了，但只懂得养蚕做棉。郑和下西洋后，苏门答腊与明朝的贸易关系日益密切，逐渐掌握了中国的缫丝织绸技术。

此外，中国海商传入东南亚的生产技术还有陶瓷烧制、家具制作、金属冶炼及印刷技术等。中国先进技术的传播，促进了东南亚社会经济的发展，对于东南亚与欧洲资本主义市场的联系起了有益的推动作用。

明代，从亚洲国家传入中国的生产技术，最著名的是来自阿拉伯地区的玻璃制造技术。如前所述，西方玻璃制造技术早在魏晋南北朝时期就曾传入中国，但此后并未得到发展。到宋元时代，中国玻璃虽然在色泽上非常鲜亮，然而质地不佳、不耐高温，特别是不适应骤冷骤热的变化，极易破碎。而这时，来自海外的玻璃虽然色泽上不如中国产品，但结实耐用，时人称外来玻璃“与瓷银无异”。郑和下西洋到阿拉伯半岛后，寻访掌握先进玻璃制造技术的工匠并带回中国。永乐年间，随着西方玻璃制造技术在中国的传播，中国玻璃制造水平逐渐赶上西方，外来玻璃从此不再珍贵。

这一时期，中国与日本进入双向经济交流阶段，来自日本的洒金折扇丰富了中国的扇子品种，其技术也逐渐被中国人所掌握。嘉靖年间，中国还派人到日本专门去学习描金漆器的制造技术。

二、中外文化交流

（一）中国与亚洲各国的文化交流

明前期，中外文化交流主要是在亚洲国家间进行。明初，南亚、东南亚不少地区的居民尚处于原始的生存状态，中国商品的输入大大促进了这些地区的物质文明和精神文明进步。随着中国丝绸、服装输入，南亚、东南亚一些地区的着装文化逐渐发生了变化，如溜山居民原来“不着衣衫，只以树叶遮蔽前后”，尼科巴群岛“男女赤体如禽兽然，无寸衣着肤”。自郑和下西洋后，这种状况很快得到改变。

明初，东南亚多数国家没有历法，如占城“不解朔望，但以月生为初，月晦为尽，不置闰分，昼夜为十更”，吉里地闷甚至“不知年岁”。中国历法随郑和下西洋传入后，提高了这些地区的历法知识，对于其社会生活和农业生产大有裨益。

中国儒学对日本、朝鲜及东南亚各国的影响进一步扩大。如《论语》在日本首次出版，中国的诗词歌赋在日本广为传播，日本逐渐形成了专门模仿中国诗文的“五山文学”。

而各种香料的进口，除满足明廷上层社会的奢侈享受外，还有一部分作为药品，丰富了中国的医药宝库。随之传来的印度、阿拉伯地区的医药知识，有助于中国医学的进步。

（二）中国与西方国家的文化交流

1. 西方科学技术的输入

明后期中西贸易的发展，为西方文化在中国的传播开辟了道路。在葡萄牙的支持下，罗马教廷陆续派传教士来华，天主教开始在中国传播。因最初遇到抵制，为顺利进行传教活动，罗马教廷又选派了一批熟悉中国语言文化且拥有西方先进科学知识的传教士来华。这些传教士在掌握中国语言文字的基础上，努力了解中国社会，但同时，以传播欧洲科学文化为手段，竭力削弱中国人的传统观念及社会习俗，以达到传播天主教的目的。其结果，一方面天主教得以在中国传播；另一方面，西方科学技术传入中国，中国文化被介绍到西方。

16、17 世纪，欧洲科学技术迅速发展，无论是天文学、化学、物理学还是医学等都有显著的进步。16 世纪，哥白尼提出太阳中心说，“从此，自然科学便从神学中解放出来”，西方自然科学进入近代发展阶段。明后期，西方传教士将大批西方典籍带入中国，向中国的知识分子介绍西方的科学知识。经他们介绍到中国来的近代科学技术主要有天文学、数学、地理学及机械工程学等。天文历法对古代农业具有较大的指导意义，中国历代封建王朝对此都极为重视。到明代，中国的天文历法已落后于西方，明代使用的大统历已有较大的误差。16 世纪末，欧洲传教士意大利人利玛窦来华，一些中国学者如徐光启、李之藻等向其学习了西方天文学。1614 年，由利玛窦、李之藻合著的天文著作《圆容较义》一卷在北京问世。西方天文学逐渐为更多的人所接受，要求改革传统历法的呼声日趋强烈。崇祯二年（1629 年），明廷起用精通西方天文学的徐光启主持修改历法，徐光启聘请了龙华民、汤若望等西方传教士参与编修。徐光启去世后，由李天经续编。1634 年，新的历法编制完成，书名《崇祯历书》，又名《西洋新法历书》。此书较中国以前的历书准确得多，同时包含大量的西方天文学、数学知识，对于中国的天文历算起了积极的作用。

最早介绍到中国的西方数学著作是欧几里德的《几何原理》，该书于万历三十五年（1607 年）由利玛窦口授、徐光启笔述完成前六卷。万历四十一年（1613 年），利玛窦又和李之藻合译了一本西方笔算著作——《同文算指》。这两部书的译出揭开了欧洲数学传入中国的新篇章。

利玛窦还将西方地理学传入中国。万历十一年（1583 年），利玛窦抵达广东肇庆，将世界地图介绍给中国人，此后，中国各地纷纷翻刻。世界地图的传入，丰富了中国的地理学知识。从此，中国人有了热带、南北温带、南北寒带及五大洲的概念；一些地名、国名，如亚细亚、欧罗巴、罗马、加拿大、古巴、大西洋、地中海等，沿用至今。

西方传入的机械工程学中的水利科学知识，因其与封建国家的命脉——农业密切相关，最先受到重视。1606 年，意大利传教士熊三拔（Sabbathinus De Ursis）来华，翻译了多部西方水利学著作。1612 年，他编著出版了六卷本的欧洲水利工程学著作——《泰西水法》。该书记述了欧洲各种水利机械的制造原理及其功能并附有图解，由此开始了西方农田水利技术在中国的应用。后来徐光启著《农政全书》，水利部分几乎全部采用《泰西水法》，反映了西方水利技术在中国的广泛传播。系统的机械工程学是由瑞士传教士邓玉涵介绍到中国的，1627 年，邓玉涵翻译出版了西方机械工程学著作《奇器图说》，成为中国第一部力学专著。后中国学者王徵据此设计发明了多种机械，如自行磨、自行车等。

2. 中国文化的西传

来华的欧洲传教士将欧洲科学文化引进中国的同时，也在潜心研究中国的传统文化，并将中国的优秀典籍译为西文介绍到欧洲。1593 年，利玛窦将《四书》译成拉丁文，寄回意大利，同时，编写了《中葡意字典》《中国文法》以供欧洲人学习中文之用。利玛窦晚年还将其在中国的见闻写成札记，其死后由另一传教士金尼阁整理出版，名为《利玛窦日记》。该书较为详细地介绍了中国的政治、经济、文化及风俗习惯等，为欧洲人“揭示了一个新世界和一个新民族”。以后，又有多部中国的经史子集被译为西文，传入欧洲。这些书籍不但使欧洲人增强了对中国的了解，更为重要的是，对此后欧洲资产阶级启蒙运动起了促进作用。

明代海外贸易，在封建政府的压制下未能得到长足的发展，使中国丧失了利用世界市场的逐渐形成，凭借自身商品独特的优势，开展更大规模的对外贸易、增加财富的机会。不过，明前期的官方朝贡贸易及民间走私贸易，依然促进了这一时期的中外经济文化交流。明后期，随着欧洲殖民者东来，明王朝部分地开放民间海外贸易，使中外经济文化交流在地域、规模上都大大超越了前代，对于世界文明的进步起了有益的作用。

复习思考题

1. 海禁政策的基本含义及其形成的原因是什么？
2. 何谓朝贡贸易？
3. 何谓勘合？
4. 西洋的地理范围是什么？
5. 郑和下西洋对海上丝绸之路发展的意义是什么？
6. 明代前后期，海外贸易政策有何异同？
7. 明代，市舶制衰落的表现是什么？
8. 西方殖民者东来，对中国对外贸易的影响如何？

第八章　清前期的对外贸易

学习要点与要求

本章主要阐述了鸦片战争前，清代中国的对外贸易政策的演变及其经营管理制度、中外贸易关系的发展，分析了中英贸易冲突状况。通过学习，学生应了解这一时期的中外贸易关系发展状况，掌握清前期对外贸易政策的演变历程及中英贸易中存在的问题、成因和效应。

1644年，满族大军入关，建立了中国最后一个封建王朝——清朝。在清王朝统治中国的前期，即1840年鸦片战争以前，西方资本主义国家经济快速发展，具有殖民掠夺色彩的全球性扩张不断加剧。而清王朝依然以天朝上国自居，闭目塞听，社会生产力发展缓慢，在世界经济中的领先地位逐步丧失。尽管这一时期越来越多的西方商人来华，西方国家的对华贸易在中国对外贸易中的地位进一步上升，但清王朝始终实行对外贸易的严格限制政策，并在与西方国家的贸易冲突中不断强化这一政策，使中国在世界贸易中处于愈益被动的地位，对外贸易难以获得长足发展。

第一节　清前期的海外贸易政策

清前期200年间（1644—1840年），针对尖锐的满汉民族矛盾及西方国家的殖民扩张，清王朝继承并进一步强化了明代对外贸易的严格限制政策。随着外部环境的变化，清代中国对外贸易限制政策又经历了从开海到禁海，从开海设关、多口通商到一口通商的演变历程。

一、短暂的开海

顺治初年，清王朝允许商人出海贸易。为满足新王朝铸币材料之需，顺治三年（1646年），顺治帝颁布敕令："凡商贾有挟重赀愿航海市铜者，官给符为信，听其出洋，往市于东南、日本诸夷。舟回，司关者按时值收之，以供官用。”[①]其他货物的中外贸易也未受禁，《皇朝经世文编》卷 26 记载：“犹记顺治六、七年间，彼时禁令未设，见市井贸易咸有外国货物，民间行使多以外国银钱。”

二、全面海禁与局部开放

鉴于尖锐的满汉民族矛盾，特别是东南沿海郑成功抗清势力的不断壮大，为削弱长期依托海上贸易的郑氏集团力量，顺治十二年（1655 年），清廷下令，未经批准，官民不准擅自出海，同时，严禁造船卖与外国或将船租赁给出洋贸易的商人。次年，清廷正式颁布了海禁令：“今后凡有商民船只私自下海，将粮食货物等项与逆贼贸易者，不论官民，俱奏闻处斩，货物入官……。不许片帆入口，一贼登岸。如有疏虞，专汛各官即以军法从事，督抚提镇并议罪。”[②]清廷一方面严禁商人出海贸易；另一方面，严格限制进口。此后，海禁令不断强化，严格时甚至规定“寸板不许下海”“片帆不许入口”。为更加有效切断郑氏集团与大陆的联系，从顺治十七年（1660 年）到康熙十七年（1678 年），清政府先后三次颁布实施迁海令，强迫沿海居民内迁。在全面海禁之时，清王朝于康熙十九年（1680 年）宣布开放澳门贸易，允许中外商人前往澳门交易。

三、开海设关，多口通商

1681 年，清王朝平定了三藩之乱，对滇、桂，及东南沿海的粤、闽实现了有效统治。康熙二十二年（1683 年），清军渡海消灭了郑氏武装力量，统一了台湾。清廷随即宣布“展界”，沿海百姓复归故土。次年（1684 年），清廷颁布了开海贸易令，“今海内一统，寰宇宁谧，无论满汉人等一体，令出洋贸易，以彰富庶之治，得旨允行”。[③]第三年，即康熙二十四年（1685 年），清廷又宣布在江南的松江（今上海）、浙江的宁波、福建的厦门、广东的广州，分别设立江海关、浙海关、闽海关和粤海关，负责管理各省沿海的对外贸易。由此，中国东南沿海四省对外开放，对外贸易行政管理机构——海关制度也由此诞生。

康熙颁布实施开海贸易政策，反映了这一时期东南沿海人民发展海外贸易的迫切要求，同时，也是统治集团内部开海与禁海思想斗争的结果。康熙的开海贸易政策曾引起清廷中的激烈争辩。康熙对一些坚持禁海的官员提出批评说：“百姓乐于沿海居住，原因海上可以贸易捕鱼。尔等明知其故，前此何以不议准行。”内阁大学士席柱称：“海上贸易，自明季以来，原未曾开，故议不准行。”康熙说：“先因海寇，故海禁不开为是。今海氛廓清，更何所待？”席柱答曰：“据彼处总督巡抚云：台湾、金门、厦门等处，虽设官兵防守，但系新得之地，应俟一二年后，相其机宜，然后再开。”

---

① （清）张寿镛等，《皇朝掌故汇编》内编卷 19，《钱法一》。

② （清）伊桑阿等，《大清汇典》（光绪）卷 776，刑部。

③ （清）席裕福，《皇朝政典类纂》卷 117，《市易五·藩部互市》。

康熙说："边疆大臣，当以国计民生为念，向虽严海禁，其私自贸易者何尝断绝。凡议海上贸易不行者，皆总督巡抚，自图射利故也。"席柱答曰："皇上所谕极是。"[①]开海思想最终占据上风，开海派认为："今海外平定，台湾、澎湖设立官兵驻扎，直隶、山东、江南、浙江、福建、广东各省，先定海禁处分之例，应尽行停止。"[②]康熙还进一步阐述了开海贸易的积极作用。他说："向令开海贸易，谓于闽、粤边海民生有益，且此二省民用充阜，财货流通，则各省亦俱有益。夫出海贸易。本非贫民所能，富商大贾，懋迁有无，薄征其税，可充闽粤兵饷，以免腹地省分转输协济之劳。腹地省分钱粮有余，小民又获安养，故令开海贸易。"[③]可见，康熙已认识到海外贸易有助于沿海人民的生计改善、增加政府财政收入，进而解决沿地区海军费支出。

然而，当西方商人在本国军舰保护下向东方开拓之时，中国的海外贸易并未得到真正的鼓励。清政府的开海令附加了诸多限制性规定，此后颁布的一系列法令，对出海贸易的中国商人商船、来华贸易的外商及其船只和进出口商品的限制越来越严格。如清王朝规定，沿海百姓出海贸易，必须"呈明地方官，登记姓名，取具保结，给发执照，将船身烙号刊名，令守口官弁查验，准其出入贸易"。[④]同时，禁止500石以上、双桅船出洋。再如，规定禁止商人将船只私卖外商，禁止在海外造船运回国内；出洋贸易商人三年内必须回籍，否则，永远不准回籍；外商来华必须先到澳门，经批准才可到广州；兵器、硝磺，金、银、铜、铁及铁器，粮食、头蚕丝等禁止出口。

康熙五十六年（1717年），随着海外贸易的发展，移居海外的人数不断增多，清王朝便以"噶罗巴及吕宋，皆红毛西洋泊船之所，藏匿盗贼甚多"为名，下令禁止同南洋贸易。此令招致商人强烈反对，次年，康熙帝被迫宣布澳门与南洋及内地与安南的贸易不在禁列。直到雍正五年（1727年）和七年（1729年），清廷才先后解除福建、浙江同南洋的贸易禁令。

可见，康熙实行开海贸易，依然是有限制的对外贸易政策的继续。上述诸种限制，使中国商人无法利用本国商品在国际市场上的绝对优势获取高额利润；对船舶规模、携带兵器的限制，使中国商人无法开展远洋贸易，甚至连在印度洋西岸、阿拉伯半岛等传统贸易区域的优势也逐渐丧失了。

四、广州一口通商

随着中外贸易的发展，西方列强的殖民主义者行径引起清王朝的疑惧，中外冲突不断加剧。由于历史及地理原因，在多口通商时期，欧洲国家商人来华贸易主要集中于广州。但从18世纪50年代初开始，为打开毛织品市场并接近丝茶等中国大宗出口商品的产地，英国商船频繁北上宁波、定海等地，此举引起清政府疑虑。乾隆二十二年（1757年）春，清廷颁布谕旨："近来奸牙勾串渔利，洋船至宁波者甚多，将来番

①《清圣祖实录》卷116，康熙二十三年七月乙亥。

②（清）张廷玉等，《清朝文献通考》卷33，《市籴考二·市舶互市》。

③《圣祖仁皇帝圣训》卷21，康熙二十三年，九月甲子朔。

④（清）伊桑阿等，《大清会典》卷629。

船云集，留住日久，将又成一粤省之澳门矣。于海疆重地，民风土俗均有关系，是以更定章程，视粤省稍重，则洋船无所利而不来，以示限制[①]。”可见清廷担心中外贸易的进一步发展，会威胁海防、有害中国传统社会习俗。随后，清廷下令将浙海关关税率提高到粤海关的两倍，试图“寓禁于征”。然而，这一不禁之禁的办法未能奏效，英商仍然不断北上。1757 年底，清廷下令禁止外商到江、浙、闽三关贸易，只许在广州一口通商。

1759 年，两广总督李侍尧拟定了管理在广州外商的条例——《防范外夷规条》（又称《防夷五事》）并颁布实施，内容包括：（1）禁止外国商人在广州过冬；（2）外国商人到广州，应令寓居洋行，由行商负责稽查管束；（3）禁止中国人借外商资本及受雇于外商；（4）割除外商雇人传递信息之弊；（5）外国商船进泊黄埔，酌拨营员弹压稽查。此后，清王朝又于嘉庆 14 年（1809 年）、道光十年（1830 年）、道光 15 年（1835 年）先后颁布了《民夷交易章程》《防范夷人章程》等条令，对外商限制日趋严格。如规定外商不得乘轿、不得向官府直接投递文书、不得随意出外游览，外国妇女不得进入广州城等。

第二节　海关与十三行

清前期，海关取代市舶司成为海外贸易的行政管理机构。同时，随着海外贸易活动集中于广州，十三行成为对外贸易垄断组织，负责对来华外商的监督管理。

一、海关制度

（一）海关的设立

如上所述，1685 年，清王朝设立江、浙、闽、粤四大海关，海关即成为中国对外贸易行政管理机构。四大海关作为沿海各省总关，统一管理本省各口岸的对外贸易，如粤海关下属关口达 50 多处。各总关最高长官称为监督。由于广东在全国对外贸易中具有突出地位，粤海关监督由皇帝直接委派，一般由内务府官员充任，多为皇帝亲信，位高权重。闽、浙、江三关监督由地方长官派出或督府兼任。海关监督以下设有副监督、防御等各级关员。

（二）海关的职能

1. 监管进出口商人、商船及货物

如前所述，清王朝对进出口船舶大小、随船携带物品、商人出港程序、进出口商品种类等均有明确规定，海关依例进行监管。

2. 征收关税

清前期，全国各口岸关税制度不尽统一。大体上，海关征收的关税主要有船舶税、

---

① 《清高宗实录》卷 533。

货税、附加税三种。船舶税又称为船钞或梁头税，是按货船体长宽相乘分等征收。货税又称商税或进出口税，通常将货物分为几个等级，按货物的多少从量计征，个别商品从价计征。附加税即杂税，又称规礼，是正税以外的各种杂费，名目繁多，诸如规银、船规、分头、担头、耗羡等。其中，税额最大的是规银。雍正四年（1726 年），规银纳入关税征收之列。杂税征收带有随意性，弊端丛生，所征税额经常超过正税数倍之多，构成进出口贸易发展的重大障碍。

二、十三行制度

（一）十三行的形成

十三行制度又称行商制度。所谓行商，是指清王朝特许的经营海外贸易的垄断商人，其所开商行被称为“洋行”或“洋货行”，统称“十三行”。

1686 年，即粤海关成立第二年，为加强对海外贸易的管理，广东地方政府将从事国内外贸易的商人分开，将商行分为“金丝行”和“洋货行”。前者主要从事国产商品的国内贸易，后者则是从事进口商品及出口商品的经营活动。同时规定，充当行商者必须是身家殷实之人，报请官府批准，缴纳保证金，政府发给行帖（执照），才能设行开业。十三行并非指洋行的确切数目，随着洋行新设及破产，洋行数目时多时少，最多时曾达 26 家，最少时仅有数家。洋行除有行主外，还有买办、通事、司事、观点、杂役等。康熙五十九年（1720 年），行商组织了行会团体——公行，议定行规 13 条。如共同议定货价；保证货物质量；将行商分为三等，各等规定不同的贸易份额以抑制竞争。公行并未选出法定领袖，也没有统一章程，组织松散，作用有限。但因其垄断性的增强，引起外商的强烈不满，

（二）行商的职能

清政府规定，外商到达广州后，不得自由贸易，必须先投住行商开设的商馆中，此后，所有活动均在商馆内完成，因而西方商人将其在广州的贸易称为“商馆贸易”。西方商人在广州所有的贸易活动由行商代理，其行动受到行商的监督管理，行商代官府行使一定职权，所以，行商又具有官方色彩。其主要职责如下。

1. 承保税饷

外国商船进港后，其应纳进口税由行商向海关保证并于洋船返航时缴纳，故行商又称为保商。外商应纳出口税由行商为其代买货物时扣缴。

2. 代购代销进出口商货

外商在广州的贸易，除少量手工业品在行商加保的条件下可与普通商人贸易外，其他大宗进出口货物必须由行商代理经营，即外商带来的进口货由行商承销，外商所需出口货由行商代购。嘉庆年间以后，行商对进出口贸易的控制逐渐松动。

3. 代办各种交涉事宜

清政府官员不与外商直接接触，外商与清政府间的一切交涉都由行商代为传递或转达，即行商代外商向政府承递文函，代政府宣布对外商的指令。

4. 监督管理外商

行商有责任按照《防范外夷规条》对外商及船员在广州活动予以监督、管理。

由此可见，行商作为清政府特许的半官方的对外贸易垄断组织，成为清王朝与外商之间的媒介、中国市场与海外市场之间联系的桥梁。这一制度限制了中外商人间的自由贸易，成为清政府严格限制海外贸易政策的重要工具。

第三节　中外贸易关系

清前期，欧洲国家的海外殖民活动愈演愈烈，更多亚非国家和地区沦为西方殖民地，中国与传统贸易伙伴的关系进一步遭到破坏。与此同时，欧美国家的对华贸易得到进一步发展。

一、中国与东亚和东南亚各国的贸易关系

（一）朝鲜

清前期，中朝之间贸易关系密切。一方面，清廷承袭并发展了明代的朝贡贸易关系。朝鲜来华朝贡频繁且获得更多便利性特权。如顺治时期，外国使节赴京，均于限定的日期在会同馆内进行贸易，而朝鲜使节却不受此限。康熙年间海禁时，仍对朝鲜使节予以优惠。清王朝严禁米粮输出，即使是在康熙二十三年开海贸易后也是如此。但是，鉴于朝鲜粮食短缺的状况，清王朝对其放宽限制。朝贡以外，中朝之间还有为政府采买兼使臣及随团商人私营的使臣贸易。另一方面，中朝民间贸易也有所发展。主要方式是边境互市及康熙开海后的海上贸易。

这一时期，朝鲜输华的主要商品是人参、纸张、金银、毛皮，自中国输入的主要有铜钱、丝及丝织品、青布、药材等。

（二）日本

鸦片战争前的清王朝，尤其是康、雍两朝，对中日贸易十分重视。自康熙开海贸易以来，中国商船驶往日本的不断增加。同时，清廷还派官船赴日贸易。

鸦片战争前，正值日本实行锁国政策，禁止日船出海，仅允许中国和荷兰商船驶往长崎进行贸易活动。因此，这一时期的中日贸易，主要是中国商船开往日本长崎贸易。每年抵日华船从数十艘到上百艘不等，贸易商品种类众多。中国对日本出口除了大宗传统的丝、瓷等商品外，还新增了大量食品、水果的输出。康熙二十四年（1685年），清廷派出福建官船 13 艘赴日贸易，装载的主要是台湾产的砂糖。日本输华商品以铜、金、银为主，同时，新增了海产品。这表明中日之间已从单纯的奢侈品贸易发展到包括普通日用品在内的多元商品贸易了。面对中日贸易的繁荣，日本政府担心金、银、铜的大量外流会对经济带来不利的影响，因而于贞享二年（康熙二十四年，1685年）开始推行消极的限制政策。从这一年起，日本规定中国赴日商船年贸易总额不得超过 6 000 贯。日元禄元年（康熙二十七年，1688 年），又限令驶日的中国商船数量

为70艘并限定其驶入时间和地点等。但是，以上限制并未达到预期的目的，被勒令返归的中国商船往往徘徊在长崎一带，以走私的方式将日本的金、银、铜大量载运出去。从1662至1708年的46年间，日本共流出铜高达114 498 700余斤。鉴于此，日本政府又于1715年颁布了“正德新令”。按此新令，中国赴日商船每年限定为30艘；贸易额限定为6 000贯；铜输出量不准超过300万斤；额定内的中国商船，须领取信牌为凭证进行贸易。[①]此外，日本政府借发放信牌之机大肆敲诈勒索，加之日本铜产量日渐减少，致使中国赴日商船亦逐年缩减。

（三）暹罗

鸦片战争前，中国同暹罗的贸易，不论是官方贸易还是商船贸易，均相当活跃。

顺治九年（1652年），暹罗王便派遣使节来华通好。顺治年间，暹罗贡船一般是3年来华1次，康熙、乾隆年间，几乎年年来华，清王朝对暹罗来华使团始终给予厚遇。康熙初年，暹罗使船所载货物，允许存广州发卖。康熙二十三年（1684年），开海贸易实施后，规定暹罗使船至东莞县虎门具报以后，可就地买卖。[②]暹罗使船所携土特产品种类繁多、数量庞大，清王朝的回赠品亦相当可观。

自清朝开海贸易后，中暹两国的商船贸易十分频繁。据统计，1689年，中国商船前往暹罗的有14～15艘；1695年，为8艘；1698年，为7艘；1699年，为6艘；1702年，为10艘以上。[③]驶向暹罗的中国商船，主要来自广州、澳门、厦门、漳州、泉州、宁波等港口，通常抵达暹罗的阿瑜陀耶、北大年、宋卡和六坤等。两国间交易的商货，自中国输出的有丝绸、瓷器、铁器、铜器、明矾、水银、土布、纸张、蔗糖、糖果、干果等；从暹罗输入的，最大宗的货物是大米。暹罗盛产稻米并大量输出海外，而中国人多地少，经常面临粮食短缺问题，因而成为暹罗米的重要市场。清王朝为鼓励大米进口，对暹罗米的输入给予减免税收的优惠。大规模的粮食贸易，使暹罗成为清前期中国在东南亚最大的贸易伙伴。此外，中国从暹罗进口的商品还有锡、铅、宝石、犀角、象牙、胡椒、苏木、槟榔、鹿皮、牛皮等。清王朝对中暹间的商船贸易，除禁止同南洋贸易的暂短时期外，一直采取支持和鼓励的态度。

中暹之间除双边贸易外，还开展了中、暹、日间的三角贸易。17世纪中叶，日本实行锁国政策，仅允许中国船和荷兰船赴长崎贸易。于是，暹罗王派遣配备了中国船员和暹罗官员的船只前往日本贸易。这些船只在往返日本途中，常常停靠中国港口装卸货物。除了暹罗和日本货物交换外，中国货物和中国市场也发挥着重要作用。

（四）缅甸

清前期，中缅两国之间的贸易有了进一步发展。其中，以陆路贸易为主要方式。据霍尔说：“17世纪中叶，中国的丝绸和其他商品已大量由陆路输往缅甸，商队的牛车多至三四百辆，驮运的骡马多达二千匹。当时，设在阿瓦的荷兰厂商也和华商建立

① [日] 木宫泰彦，《日中文化交流史》，第649－654页。

② （清）张廷玉等，《清朝文献通考》卷33，《市籴考二·市舶互市》。

③ [泰] 沙拉信·维拉尔，《清初的中暹走私贸易》，《南洋资料译丛》，1991年第1期。

密切关系。”[①]另据安徒生说：“公元 1765 年以前，庞大的中国商队，由三百至四百头牛和两千匹马组成，浩浩荡荡地从云南驮运丝绸和其他商品到缅甸的八莫。”[②]自中国输入缅甸的商品除了传统大宗货物生丝、绸缎、茶叶以外，还有金、铜、钢、水银等金属类，以及酒、火腿、针线等日用消费品。自缅甸输往中国的商品，棉花为最大宗。至 19 世纪初，由云南商队运至中国境内的棉花，“每年所入不下二三千驼”。[③]缅棉的输入，不仅改变了云南棉花的短缺状况，还促进了其棉纺织业的发展。此外，中国还从缅甸进口燕窝、盐、象牙、鹿茸、琥珀、漆器和宝石等。

清前期，中国与东南亚的柬埔寨、安南、文莱、柔佛（今马来西亚柔佛州）等国的贸易往来也颇为活跃。贸易方式多为中国闽越商人携带茶叶、瓷器、丝绸等，赴东南亚各国交易当地的香料、海参、燕窝等土特产。

二、中国与欧美国家的贸易关系

清前期，随着更多欧美商人来华，中国与欧美国家的贸易有了进一步发展。

（一）英国

从 17 世纪后期开始，英国加速对外扩张，并在与荷兰等国在海上霸权的竞争中最终占据上风。康熙二十三年（1684 年），清廷允准英国在广州设立商馆。此后，英国商船不断往来于中国东南沿海各口岸。到 18 世纪初，英国对华贸易已超过所有国家对华贸易的总和，从而成为中国最大的贸易伙伴。据统计，1785—1833 年，英国贩运到中国的商品占中国进口贸易总额的 80%～90%左右，自中国输出的商品占中国出口总额的 60%～80%。

1. 中英贸易不平衡发展

在中英贸易发展中，中国长期处于顺差的地位，参见表 14－1。

表 14－1　　18 世纪后期—19 世纪初中英年均贸易额　　（单位：银两）

年份	进口	出口	贸易差额
1760—1764	470 286	979 931	509 645
1780—1784	1 301 931	2 083 346	781 415
1820—1824	6 525 201	9 816 066	3 290 865
1830—1833	7 335 023	9 950 286	2 615 263

资料来源：严中平主编，《中国近代经济史统计资料选辑》，中国社会科学出版社，2012 年版，第 3 页

按英方统计，1760—1833 年的 70 多年间，中国对英出口增长了 9 倍，自英进口增长了 15 倍。但从绝对数字来看，中国基本上是出超的。鸦片战争前夕的 1837—

① D.G.E.Hall:Europe and Burma p.34. 陈炎，《中国和缅甸两千多年的友好往来》，《亚非问题研究》，1979 年第 3 期。

② 布赛尔，《东南亚的中国人》，《南洋资料译丛》，1958 年第 1 期。

③（清）寸开泰，《腾越乡土志·商务》。

1839 年，英货入华年均不到 91 万英镑，华货入英达 427 万英镑，英国年均逆差高达 330 万镑。英国为支付茶叶进口费用，不得不将白银大量运往中国。17 世纪末、18 世纪初，英印公司来华船中，白银通常占 90%以上。

中英进出口商品的供求状况，直接决定了两国贸易发展的不平衡。而进出口商品结构又是由两国的经济结构决定的。

这一时期，中国的社会经济形态依然是自给自足的自然经济。在这一经济形态中，实行男耕女织的家内分工，整个社会对市场的依赖度很低，对进口商品需求更为有限。处于产业革命中的英国纺织业为其支柱性产业，纺织品也是其主导性出口商品。19 世纪前，英国输华货物以毛纺织品为主；19 世纪以后，则以棉纺织品为主。特别是后者与中国手工土布相比，既不适用价格也昂贵，在中国缺乏销路。据英国东印度公司档案记载，1786 年，英印公司开始运棉纺织品来华，行商看到样品后认为："在这个市场上，随便哪一种都卖不出去。棉布成本太高了，而中国人是织造多种多样棉布的，那些布匹虽不怎么漂亮，却更合乎他们的服式之用。"两年后，英印公司再次尝试出口棉布，依然未能成功。直到 1819 年，英印公司运来一批仿华棉布，"仿得也拙劣"，档案记载，"条子布没人喜欢，他们（指行商）对这些布匹的美好，好像全没有感觉似的"。

由此可见，自然经济结构导致中国对英国商品缺乏有效需求；英国产业革命尚未完成，其纺织品与中国手工土布相比，缺乏竞争力。

与此同时，中国茶叶、生丝等大宗出口商品长期拥有技术上的绝对优势，是世界市场上唯一的供给国。而处于工业革命进程中的英国，随着经济增长，消费能力不断提高，对进口商品的需求显著增加，因而中国货物在英国有广阔的市场。特别是茶叶，到 18 世纪后期，已成为广大英国人民的生活必需品了，以致国会下令英印公司必须保持一年供应量的存货。1760—1764 年，英国年均进口中国茶 42 065 担；1780—1784 年，年均增至 55 840 担；1800—1804 年，年均 221 027 担；1839 年为 30 万担，价值 4 000 万英镑。英印公司由此赚取了巨额利润，英政府也从茶叶进口税中获得大量财政收入。

此外，清王朝严格的对外贸易限制政策，对英国商人拓展在华市场也构成一定的障碍。

自 18 世纪后，英国占统治地位的贸易思想已由重商主义过渡到自由贸易。1776 年，英国经济学家亚当·斯密发表《国富论》，提出自由贸易理论，认为通过自由贸易可为国内剩余产品找到市场，从而促进分工、扩大生产、提高产量、增加社会财富。斯密甚至专门提到中国："单单这个广大的国内市场，就够支持很大的制造业，并且允许很可观的分工程度。……就面积而言，中国的国内市场，也许并不小于全欧洲各国的市场。假设在国内市场之外，再加上世界其余国家的国外市场，那么更广大的国外贸易，必能大大增加中国制造品，大大改进其制造业的生产力。如果这种国外贸易，有大部分由中国经营，则尤有这种结果。"自由贸易理论成为英国对外贸易的指导思想，与中国严格限制的对外贸易体制存在尖锐的矛盾。为此，英国采取了一系列措施来打破中国的对外贸易限制体制。

2. 英国外交使团来华

（1）马嘎尔尼使华

1792 年 9 月，英国组成以马嘎尔尼勋爵（George Lord Macartney）为首的外交使团，在英印公司资助下，以为乾隆帝祝寿为名，分乘数艘新式炮舰，携带天球仪、地球仪、自来火枪、望远镜等物，历经 10 个多月来华。

英国使团来华旨在以西方近代外交方式与清廷进行商务谈判，以改变中国广州一口通商体制。而清王朝以“天朝上国”自居，将马嘎尔尼使团视为朝贡使团，双方因此发生了“礼仪之争”。

1793 年 9 月，乾隆帝在热河行宫接见英国使团，马嘎尔尼提出五项要求：中国开放舟山、宁波、天津口岸；划出舟山附近的小岛，供英商存货与居住；英国在北京设立商馆，派人驻京贸易；减免英商商税；允许英商自由居住广州等地。英国这些带有殖民强权色彩的自由贸易主张，与中国封闭的对外贸易限制政策存在明显冲突，因而乾隆帝对英国人的要求大为震怒，在给英王的答复中说道：“天朝物产丰盈，无所不有，原不借外夷货物以通有无。天朝所产茶叶、瓷器、丝巾为西洋各国及尔国必需之物，是以恩加体恤。在澳门开设洋行，俾得日用有资，并沾余润。……所有尔使臣恳请，……皆不可行。”同时还警告英国人，“……至尔国王表内恳请派一尔国之人，住居天朝，照管尔国买卖一节，此则与天朝体制不和，断不可行。”[①]意即对外贸易对中国无益，中国允许有限的对外贸易是对外国人的单方面恩惠，英国人自由通商的要求不符合中国封建政治经济体制，因而是行不通的。

马嘎尔尼使团未能完成改变中国对外贸易限制政策的外交使命，但在其离京前往广州再返英途中，搜集了大量有关中国物产、地理环境、兵力设防等方面的信息，为英国后来发动对华战争进行了先期准备。

（2）阿美士德使华

嘉庆 21 年（1816 年），英国再一次派遣外交使团来华进行贸易交涉。该年 8 月，英国阿美士德使团抵达京郊通州，因“礼仪之争”未能进京。

1833 年，英国取消英印公司的特权，英国商人可自由来华贸易。由此，中国一口通商的贸易限制政策面临更大的挑战。

3. 鸦片贸易

鸦片原产于中东。唐代，阿拉伯商人来华贸易时，将鸦片的种植及其功能的知识传入中国。此后，中国的医药典籍中有了关于鸦片药用的记述。中国与欧洲贸易后，葡萄牙及荷兰商人从土耳其、印度等国贩运鸦片来华。18 世纪以前，鸦片是作为药品使用而非吸食的毒品，同时，进口量有限。

---

①《清高宗实录》卷 1435。

1757 年，英国占领印度的鸦片产地后，英商就成为最大的鸦片贩子。1773 年，英国为了扭转对华贸易的逆差，赋予英印公司贩运鸦片的专利权，由此确立了英国对华鸦片贸易的政策。英印公司将印度所产鸦片拍卖给英国散商，后者成为鸦片贸易的实际经营者，英国对华鸦片贸易规模由此迅速扩大。

早在雍正七年（1729 年），清廷已下令禁止吸食鸦片，但鸦片的输入与中国吸鸦片的人数上升陷入恶性循环——随着鸦片输入的增加，中国吸鸦片的人越来越多。嘉庆元年（1796 年），清政府下令停征鸦片税，严禁鸦片输入，鸦片贸易自此非法化。然而，由于鸦片商人以贿赂清朝官员、组织走私和偷运等办法来破坏禁令，鸦片输入未得到有效遏制，反而愈演愈烈。19 世纪以后，输华鸦片数量逐年增加。鸦片成为 18、19 世纪英美输华的主要商品。19 世纪前期，鸦片占中国进口总额的 50%左右，其中 90%是由英商经营的。大规模的鸦片走私贸易，不仅逆转了中英贸易平衡状态，而且对中国社会经济产生了巨大危害。

在中英正当商品贸易中，中国始终保持顺差，但加上鸦片，中国则由顺差变为逆差。英国不但扭转了对华贸易逆差态势，还从鸦片贸易中赚取了大量白银。英印殖民政府从鸦片贸易中得到的税收占其全部财政收入的 1/7，鸦片商人更是赚取了巨额利润，经营鸦片的利润率高达 600%。据统计，鸦片战前 40 年，英国商人通过对华鸦片走私赚取了两亿多银元，因而他们得意地宣称，鸦片贸易是“最安全和最有绅士气派的投机生意”。

鸦片贸易对中国社会经济产生了巨大危害。一是阻碍了中国社会经济的正常发展。一方面，鸦片的大量输入使吸食人数不断增加，造成中国社会生产力严重萎缩。据统计，鸦片战争前夕，全国吸鸦片者约有数百万人，地区遍及十余省，包括社会各阶层。道光十八年（1838 年），鸿胪寺卿黄爵滋上书道光皇帝，痛陈鸦片危害：“上自官府缙绅，下至工商优隶，妇女、僧尼道士，随在吸食。……以中国有用之财，填海外无穷之壑。易此害人之物，渐成病国之忧。”另一方面，中国人大量的财富耗费于吸鸦片，造成社会贫困、购买力下降、市场疲软，阻碍农工商业的发展，阻碍社会经济的发展。二是引起清政府财政危机。中英贸易决定着中国对外贸易的整体态势，中国对外贸易由顺差转向逆差。正如林则徐所言，鸦片输入“若犹泄泄视之，是使数十年后，中原几无可以御敌之兵，且无可以充饷之银”。从 1827 年起，大规模的鸦片贸易导致白银外流，中国的国际收支从盈余转向赤字。白银外流，又引起银贵钱贱、百姓逃税，清政府陷入财政危机。

1838 年 12 月，道光帝任命林则徐为钦差大臣到广东禁烟。1839 年 6 月 3 日，林则徐下令将查禁收缴的鸦片在虎门海滩销毁。“虎门销烟”引爆了英国酝酿已久的对华战争——鸦片战争，进而导致中国独立自主的封建社会终结。

（二）法国

明末清初，法王路易十四积极支持传教士来中国，借此推动对华贸易。1660 年，法国组织了垄断中法贸易的“中国公司”，首次遣商船来华，但因中途遇险未能成功。1664 年，法国重新组织了享有在印度和东方航行与贸易专利权的东印度公司，先后在印度西部和印度东海岸建立了商馆和若干商业基地，积极准备开展对华贸易。

1698 年，路易十四派遣海军军官数人和一批耶稣会传教士乘“安绯得里底”（L'Amphifrite）号驶向中国，这是法国商船首次来华。清王朝除热情接待和豁免关税外，还允许法人于广州设置商馆。从此，法国商船不断前来广州进行交易。

“安绯得里底”号返航后，法国于 1700 年组建第二个“中国公司”。1705 年，该公司改组为“皇家中国贸易公司”，获得对华贸易的专利权。至 1712 年，又成立新的“皇家中国贸易公司”并获得对华贸易专利权 50 年。该公司先后派出 3 艘船来华贸易，但在法国保护贸易政策下，该公司的贸易活动难以维持，到 1719 年又合并于东印度公司。其后，法国继续采取多种方式开展对华贸易，但总体发展缓慢，贸易规模较小。据统计，从 1716 至 1833 年，前来中国的法国商船，有一半的年份每年只有 1 至 2 艘，最多的年份也不过 7 至 8 艘。法国经广州的进出口贸易，以 1792 年为例，自法国输出的主要是羽毛，价值为 40 000 两；其次为布匹，价值为 3 540 两；再次为锡，价值为 3 195 两。法国自华输入的主要是红茶，价值为 210 880 两；其次为土布，价值为 114 000 两；再次为冰糖，价值为 10 060 两。该年，由广州对法国的进口值为 49 120 两，仅占对欧美各国进口总值 5 069 653 两的 0.96%；由广州对法国的出口值为 361 925 两，仅占对欧美各国出口总值 7 490 524 两的 4.83%。[①]

（三）美国

早在 18 世纪 70 年代，以英国东印度公司为中介，北美就同中国有了间接的贸易往来。当时，输华的北美货物主要是人参，由中国输入北美的最大宗货物则是茶叶。

独立战争结束的次年（1784 年），美国商人即组织远航中国。1784 年 2 月，美国商船“中国皇后”（Empress of China）号自纽约起航，8 月抵达广州。由此，中美两国建立了直接的贸易关系。其后，美国商人纷纷前来广州贸易，美国对华贸易大为发展。1784—1833 年的 50 年间，美国驶往广州的商船共计 997 艘，平均每年近 20 艘。此后，更多美国商船来华。1833—1840 年的 7 年间，共为 246 艘，平均每年达 35 艘以上。[②]由此，起步较晚的美国对华贸易很快超过了法国、荷兰、丹麦和葡萄牙等国，仅次于英国，居西方国家对华贸易的第二位。

清前期，美国的对华贸易主要由波士顿的普金斯公司、阿契尔公司，费城的琼斯·奥克福公司和纽约的托马斯·斯密士公司等四大商号经营。

中美贸易中，美国输华的商品最大宗的是棉花。如 1792 年，美国输入广州的棉花价值达 54 120 银两，占该年美国输入广州商货总值（108 816 银两）的 49.73%。19 世纪前期，美国棉花进口不断增加。1804—1805 年，广州输入美棉 4 219 担；到 1819—1820 年，增长到 19 354 担。其次是毛皮。美国商人主要是贩运印第安人的水獭皮和其他毛皮及南太平洋岛屿的海豹皮到广州销售。1804—1805 年，美商输入广州毛皮达 269 756 张。1804（1805）—1828（1829）年的 24 年当中，毛皮输入增减不定，

① 姚贤镐编，《中国近代对外贸易史资料》第 1 册，第 302－303 页，第 266 页，中华书局，1962 年版。

② 同上，第 287－288 页。

最高的年份（1821—1822 年）为 477 300 张。美商贩运来的其他商货还有洋参、水银、檀香木以及银元。此外，美国商人也参与到对华鸦片走私贸易中。

美国商人从广州输出的商货，有茶叶、绸缎、丝线、生丝、瓷器、土布、水银、桂皮及糖等。其中，以茶叶为大宗且增速较快，如 1784—1785 年，美国进口中国茶叶仅 880 100 磅；1795—1796 年，增至 2 819 600 磅；1805—1806 年，进一步增至 9 830 480 磅；1818—1819 年，又增至 12 035 280 磅；1836—1837 年，增至 16 942 122 磅。1784—1837 年的 53 年中，增长 18 倍多，常占美国从广州输出总值一半左右。其次是绸缎。1804—1805 年，仅 29 385 匹；1818—1819 年，增为 291 396 匹；1827—1828 年，进一步增至 421 136 匹。约占该时期中国对美出口总额的两成左右。

该时期，由于中国对美国商品需求有限，为了进口大量的中国茶叶，美国商人除开展对华直接贸易外，还从事大量的转口贸易。一些美国商船载运本国产品至欧洲销售，将其所得的西班牙银元载运广州，购买其所需要的中国商货。另一些美国商船则在欧洲各港口进行转运贸易，待积累足够的西班牙银元后，再驶向广州；从广州购进茶叶、丝绸、土布等物后，启碇归国。一些美国商船还将购自中国的商货转运至荷兰、德国、法国、巴西等国。

在这一时期的中美贸易中，中国一直处于出超地位。美国为弥补贸易逆差，来华商船中往往携带大量白银。1804—1829 年的 25 年间，美国白银几乎年年流入中国。其中，1818—1819 年最多，高达 7 369 000 元。1824 年，纽约最大的对华贸易商对华输出总额为 1 311 057 元，其中竟有白银 900 000 元，占总额的 68.64%。[①]1826 年以后，美国一方面开始转口英国的棉布，另一方面，追随英国进行大规模的对华鸦片走私。此后，流入中国的美国白银明显减少。据统计，1805—1829 年，美国向广州走私鸦片达 3 757 担。其中，1828—1829 年，一年即达 1 256 担。[②]对华鸦片走私极大地改善了美国对华贸易逆差的状况。美国波士顿商人托马斯·普斯金曾说：“虽然几年以来，我们进口的以丝绸和土布为大宗的中国产品，每年都平均在一百万元以上，可是过去一年，我们没有装运一枚西班牙银元到中国。我们的基金出自土耳其输出的鸦片，大不列颠输出的英国制造品，……”[③]

（四）俄国

早在 17 世纪以前，通过中亚商队，中俄之间已开始了间接贸易。17 世纪以后，随着俄罗斯对外扩张，与中国成为邻国，双方直接贸易增多。1656 年，俄国派出巴伊科夫使团来华，与中国商讨通商贸易事宜。清政府将俄国列入朝贡贸易体系之中，允许其经陆路来华贸易。由于俄国不断进行领土扩张，中俄贸易的开展不断受到两国边境冲突的影响。1689 年，中俄经过谈判，签订了《尼布楚条约》，规定：“凡两国人民持护照者，俱得过界来往，并许其贸易互市。”此后，俄国不断派出官方商队来

---

① 姚贤镐编，《中国近代对外贸易史资料》第 1 册，中华书局，1962 年版，第 293 页，第 298－299 页。

② 同上，第 293 页。

③ 同上，第 299 页。

华贸易。为垄断贸易利益，俄国政府禁止私商来华。双方贸易方式主要以易货为主，俄国商队运来的主要货物为毛皮，中国输往俄国的商品包括瓷器、丝绸、大黄等。除商队赴京贸易外，中俄商人在库仑、齐齐哈尔还开展边境互市贸易。

为进一步扩大在华权益，沙俄不断侵略蚕食中国领土，在边境挑起事端。为此，清廷于 1722 年 4 月宣布中断中俄贸易。1725 年，俄国遣使来华，同清政府就边界、通商、传教、协助清政府解决逃人等问题展开广泛交涉。中俄谈判前后持续两年多，最终于雍正五年（1727 年）签署了《恰克图条约》，对两国边界（中段）及政治、经济、宗教等方面的相互关系进行了明确界定。据此，俄国取得了在北京和恰克图的自由贸易权利。1762 年，俄国取消政府对毛皮的垄断并不再派官方商队赴京，中俄恰克图贸易成为两国贸易的主要形式。随着俄国工业化的推进，中俄贸易中，俄国出口的毛皮比重逐步下降，棉布、呢绒等工业品开始增加。由于俄国饮茶之风盛行，俄国从中国输入的商品中，茶叶的数量不断增加。

此外，清前期，荷兰、丹麦、瑞典等国的对华贸易也具有一定规模。

第四节　主要进出口商品及白银流动

随着中国与欧美国家贸易规模的扩大，清前期的进出口商品构成也发生了明显的变化。18 世纪中叶以前，中国进口商品依然是以奢侈品为主，出口的主要是茶叶、生丝等传统产品。18 世纪中叶以后，随着西方国家工业品国际竞争力提高以及其对华开展罪恶的鸦片贸易，中国进口商品构成转以棉花、棉布、棉纱及鸦片为大宗；出口仍以茶、丝为主，但土布出口也呈增长趋势。随着中国对外贸易平衡状况的逆转，中国经历了一个由白银输入到输出的历程。

一、主要进口商品

（一）毛织品

毛织品是中英贸易初期由英国输入的主要商货，但因其售价高、实用性差，难以在中国打开销路。如 1775—1779 年，英国东印度公司输入中国的毛织品价值，年均仅为 27.7 万银两。其后，英国东印度公司不惜亏损，采取各种促销手段，使毛织品贸易有所增长。至 18 世纪末的 1790—1794 年，增至年均 150 万银两以上。至 19 世纪初的 1820—1824 年，又增至年均 200 万银两以上。[①]但到鸦片战争前夕，伴随英国棉纺织业的进步，毛织品的输入日渐跌落，退居棉花、棉制品（棉布、棉纱）之后，仅居第三位。

（二）棉花

棉花是鸦片战争前，清代进口的新商货，在鸦片战争前的二三十年间，棉花即跃

① 严中平等，《中国近代经济史统计资料选辑》，科学出版社，1995 年版，第 11 页，表 8。

居中国进口（正当商品）的首位。

为适应中国土布手工业发展的需要，早在1768年，英国商人就将印棉输入中国。19世纪初的25年间，英美各国商船输入广州的棉花，年均近24万余担左右。到1825—1833年，年均增至44万担。[①]印度棉花生产规模庞大，英国利用其殖民统治，以掠夺性低价收购，贩卖到中国可获取厚利，从而部分地弥补其对华贸易逆差。经营中国棉花进口的，除英国东印度公司外，还有港脚商人。[②]此外，自18世纪末开始，美国棉花也大量输入广州。

（三）棉布与棉纱

棉布与棉纱也是鸦片战争前进口的新商货，主要来源是英国和美国。其中，自英国输入的主要有棉纱、白洋布和本色洋布；自美国输入的主要有粗布、斜纹布、本色洋布。鸦片战争前，棉布与棉纱的输入，年均达200万银两以上，[③]仅次于棉花，居于进口商品第二位。

（四）鸦片

如前所述，英美等国为扭转对华贸易的逆差并攫取暴利，从18世纪后期开始，对华开展疯狂的大规模鸦片走私贸易。西方商人输华鸦片数量不断增长，据统计，1795—1798年，计有1 814箱；1798—1800年，增至4 113箱；1800—1811年，年均为4 016箱；1811—1821年，增至年均4 494箱；1821—1828年，增至年均8 708箱；1835—1839年，年均激增至35 445箱。1795—1839年的44年中，输入中国的鸦片竟高达358 763箱，年均8 153箱[④]。

英国在对华鸦片贸易中，居欧美各国的首位，自然从中获取了巨额利润。据统计，1773—1839年，英印政府的鸦片收入不断增长。1773—1774年，仅为77 894银两；1825—1829年，增至年均5 744 286银两。若以1815—1819年的年均指数为100，1825—1829年，年均指数则增至244.3。1809—1828年，鸦片专卖收入在孟加拉省财政总收入中，所占比重也逐年增长。1809—1810年，鸦片专卖收入占总收入的8%；1827—1828年，则升至12%。[⑤]故而英国人认为："这笔出口生意，对于我们印度殖民地利益太优厚了，不能轻易放弃。"[⑥]

美国对华鸦片走私仅次于英国，居第二位。至迟在1805年，美国已向中国贩卖土耳其鸦片了。1817年，又向中国贩卖波斯鸦片。及至1821年，美国又参与了印度

---

① 严中平等，《中国近代经济史统计资料选辑》，科学出版社，1995年版，第12页，表10。

② 港脚贸易是英国商人于17世纪末至19世纪中叶在印度、东印度群岛和中国之间的三角贸易，从事这一贸易的商人被称为港脚商人。

③ 姚贤镐编，《中国近代对外贸易史资料》第1册，中华书局，1962年版，第259页。

④ 姚贤镐编，《中国近代对外贸易史资料》第1册，中华书局，1962年版，第339－340页。另据《中国近代经济史统计资料选辑》所载，从1795至1838年，中国鸦片输入量估计为451 260箱，年均10 494余箱。《中国近代经济史统计资料选辑》，第22页，表19。

⑤ 严中平等，《中国近代经济史统计资料选辑》，科学出版社，1995年版，第24－25页，表21、22。

⑥ 宾汉，《英军在华作战记》，绪论。

鸦片的贩卖。据不完全统计，1805—1837 年，美国向中国走私鸦片共计 9 644 箱，[①]这一数字应远低于实际贩运量。正如后来的美国学者所说："在那个时候，美国人和鸦片贸易的瓜葛，比任何统计数字所表示的都要深切得多。……鸦片的销售量日有增加，于是，美国人就像英国人和其他外国人一样，用这样得来的汇票代替现金银以购买他们的回程货。在鸦片贸易这一方面，美国人，所有的美国人，和其他贸易商所获得的利益相比，是有过之而无不及的。……鸦片贸易，就像奴隶和酿酒厂一样，成为许多美国大资产的基础。"[②]美国设在广州的洋行，绝大部分都贩卖鸦片。其中，又以普金斯洋行（Perkins&co）和旗昌洋行（Russell and Co）为主。

二、主要出口商品

（一）茶叶

16 世纪中叶，葡萄牙人已将中国茶运销欧洲。16 世纪末，荷兰人也从东南亚华商手中购得茶叶。17 世纪中叶，中英贸易开展后，中国茶大量输入英国，英国人由此兴起饮茶之风。鸦片战争前，作为最大宗的出口货物，茶叶在广州的出口贸易中，占一半以上的份额。据统计，1817 年，茶叶出口为 10 707 017 银两，占出口总值的 55%；1825 年为 13 572 892 银两，占出口总值的 51%；1832 年为 15 241 712 银两，占出口总值的 58%。[③]其中，英国东印度公司自中国输出的茶叶规模更是与日俱增。1760—1764 年，年均 42 065 担；1785—1789 年，年均增至 138 417 担；1800—1804 年，年均又增至 221 027 担；1825—1829 年，年均更增至 244 704 担。若以 1780—1784 年的年均指数为 100，1800—1804 年，年均则为 397.6；1825—1829 年，竟达 440.2。[④]从 18 世纪 60 年代到 19 世纪 20 年代，茶叶占英印公司自中国输出总值的比重也从 73.7%增至 94.1%。可见鸦片战争前，中国对英国的出口贸易，主要是中国茶的出口。英印公司经营茶叶获取了高额利润，英政府通过征收进口税也获得了巨额财政收入。

（二）生丝、绸缎

丝及丝织品是中国传统的出口商品，鸦片战争前，是对东亚、东南亚和欧洲出口的主要商货。1760—1764 年，英印公司在中国经营生丝出口，年均出口值为 3 749 银两，只占该公司自中国出口总值的 0.4%。1764 年，清王朝放松对生丝出口的限制，英印公司经营的中国生丝出口规模开始扩大。1770—1774 年，增至年均 358 242 银两，占 25.3%；1775—1779 年，年均增至 455 376 银两，占 37.7%：1780—1784 年，年均为 376 964 银两，占 23.1%；1785—1789 年，年均增至 50 余万银两，却因茶叶出口

① 马士著，张汇文译，《中国帝国对外关系史》卷 1，三联书店，1958 年版，第 238－239 页。

② [美] 泰勒·丹涅特：《美国人在东亚》中译本，第六章，商务印书馆，1959 年版，第 67 页。

③ 姚贤镐编，《中国近代对外贸易史资料》第 1 册，中华书局，1962 年版，第 254 页。

④ 严中平等，《中国近代经济史统计资料选辑》，科学出版社，1995 年版，第 14－15 页，表 12、13。

的增长而有所下降，仅为 11.7%。[1]

（三）土布

中国土布（Nankeen）又称南京棉布、紫花布，自 1736 年开始对英国出口，很快就以其质地精良风靡英伦，其出口值因此逐年增加。1760—1764 年，年均仅为 204 银两，占英印公司自中国输出总值的 0.1%；1785—1789 年，增至年均 19 533 银两，占 0.4%；1817—1819 年，年均增至 121 466 银两，占 2.4%。[2]1825 年以后，英国棉布已开始向中国输出，致使英印公司运出的土布逐年减少乃至停止。鸦片战争前，中国土布不仅输往英国，还输出到丹麦、瑞典、荷兰、法国等欧洲国家以及美国。

三、白银的流入与流出

18 世纪，中国在与欧美各国的贸易中长期保持高额的顺差，各国来华贸易均需运载大量白银。据统计，在 18 世纪的 100 年间，英国因购买中国商货而输入中国的银元，共达 208 900 000 元。[3]1700—1751 年的 51 年间，西欧各国输入中国的白银达 68 073 182 两，年均 1 334 768 两。[4]19 世纪初期，西方白银继续流入中国，1800— 1827 年间，除 1809—1810 年和 1818—1819 年为白银流出外，其余的年份皆为白银流入。1820—1821 年，白银流入达到顶峰的 551 万两。

到鸦片战争前，尽管中国在正当商品贸易中始终保持顺差，但是随着鸦片进口的激增，中国对外贸易平衡逐步由顺差变为逆差了。自 1817 年开始，白银持续外流。自道光七年（1827 年）白银由净流入变为流出，即中国国际收支由顺差转为逆差。该年，白银净流出 306 万两。1833—1834 年，白银净流出值高达 434 万两。1827—1834 年，年均流出额达 310 万两。[5]白银外流加剧了清王朝的社会危机，由此引起一系列矛盾的爆发，从而进一步恶化了中国对外贸易的发展环境。

第五节　海外贸易与中外经济文化交流

清前期，尽管中外贸易受到严格限制，但西欧各国的对华贸易仍以前所未有的速度增长，由此不仅带动了中国与欧洲各国间的经济文化交流，同时，也间接推动了中国与美洲间的文明互鉴。各大文明交光互映，使人类文明持续向前发展。

一、中国生产技术及物种的输出

随着中西贸易的开展，中国的瓷器、丝绸、漆器及各种工艺品等大量输往欧洲。

① 严中平等，《中国近代经济史统计资料选辑》第 14 页，表 12。

② 同上。

③ 千家驹，《东印度公司的解散与鸦片战争》，《清华学报》第 37 卷，第 9－10 期。

④ 余捷琼，《1700—1937 年中国银货输出入的一个估计》，商务印书馆，1940 年版，第 32－34 页。

⑤ 严中平等，《中国近代经济史统计资料选辑》第 33 页，表 26。

中国商品在欧洲市场的不断扩大，引发了欧洲对中国生产技术的学习模仿。

15 世纪，中国瓷器辗转输入欧洲，即引起各国上层社会追捧。此后，欧洲商船来华贸易，瓷器成为其贩运的主要商品之一。17 世纪，各国王公贵族纷纷在华定制带有家族徽章的瓷器，中国由此发展出专供外销的瓷器生产，进一步推动了瓷器的出口贸易。与之相应，随着进口规模的扩大，瓷器不再是欧洲上层贵族的专属，而开始进入寻常百姓家，成为日用消费品，从而培育出更为广阔的市场，由此刺激了欧洲对中国瓷器的仿制。

从 16 世纪下半叶起，欧洲开始仿制中国瓷器。由于对中国制瓷的核心技术不得要领，所仿制的瓷器多属于软瓷。18 世纪初，法国传教士殷弘绪（Francois Xavier d'Entrecolles）作为第一批法国耶稣会赴华传教士之一，前往江西传教；同时，还承担着法国科学院考察中国科技的任务。殷弘绪在传教的同时，通过走访瓷器作坊、向瓷工请教等多种途径，深入考察景德镇瓷器制作技术，又通过查阅有关陶瓷典籍对陶瓷生产技艺有了全方位准确的了解。1712 年，殷弘绪将景德镇制胎、施釉、烧成的技艺以书信的方式传递回欧洲，同时寄回去的还有景德镇的瓷器原料白不子与高岭土样本。欧洲由此获得了系统的中国瓷器制造技术，并在中国制瓷技术的基础上加以创造性的发展。到 18 世纪后期，德、法、英等国的瓷器产品逐渐形成了自己的特色和艺术样式，质量也直追中国瓷器，华瓷在欧洲市场的需求逐步减少。

除瓷器以外，中国的漆器、折扇等工艺品也输入欧洲，影响了欧洲上层社会的生活风尚。

随着全球性贸易的开展，中国瓷器、丝织品、茶叶等大宗货物输入美洲的同时，中国的生产技术也影响了美洲制瓷、制茶等产业的发展。18 世纪，在墨西哥普韦布拉城，即有 46 家仿造中国瓷器的制瓷工场。19 世纪初，葡属巴西多次从中国招募茶农，在圣保罗州和米纳斯吉拉斯州植茶、制茶。[①]中国茶树、柑橘、樱桃、芒果等特有物种也逐步传入美洲。

二、外向型产业的发展

随着中西贸易的开展，瓷器等大宗货物出口大幅增加，刺激了沿海出口商品加工业的发展。为进一步拓展外销市场，内外销生产开始分离，出现了专门为出口而研制、设计的产品。

18 世纪初，英、法及荷兰等国来华商人，即在广州通过十三行向中国瓷窑定制各类瓷器。欧洲商人按照西方消费者的偏好提供式样，在江西景德镇、福建德化等著名瓷器生产地烧造；其中一些瓷器仅制成素坯，运到广州后再进行彩绘，最后烧制成五彩瓷（又称广彩）销往欧洲。此后，景德镇、广州的一些瓷窑也开始仿照欧洲样式及画法生产“洋瓷”，甚至景德镇的官窑也接受外商订货生产外销瓷，从而使外销瓷产业快速发展。据不完全统计，18 世纪，中国生产的外销瓷至少达 6 000 万件。外销

---

① 林被甸，《跨越太平洋：中国与拉丁美洲的文化交流》，《中国拉美史研究会济南年会论文》，2007 年。

产业的发展不仅扩大了中国出口规模，为沿海地区及大宗出口商品生产地域的民众解决了部分生计来源，而且也推动了中西文化的融合及中国生产技术的进步。

三、西方科技及制造技术的传入

自明代后期开始，西方传教士即将欧洲近代的天文学、数学、机械工程学等传入中国。进入清代，西学东渐继续扩展。特别是康乾时期，由于最高统治者的鼓励，西学传入进一步加速。康熙四十六年（1707 年）五月，康熙下谕旨给广东督抚，要求将掌握机械制造及西方医学的西方传教士遣送到京。“见有新到西洋人，若无学问只传教者，暂留广东，不必往别省去。……若西洋人内有技艺巧思或系内外科大夫者，急速著督抚差家人送来。”

这一时期，传入中国的西方科技主要是天文学、物理学、医药学，以及机械制造、建筑技术等。明末，已有西医西药知识在华传播与应用。到清初，由于康熙帝的倡导，一些掌握西医药学的西方传教士进入宫廷充当御医，从而推动了西医药在华的推广与应用。康熙时期，江南名医王宏翰即将西医理论融入中医疗法行医，并于 1688 年编著《医学原始》共四卷，其中第二卷即采纳不少西方医学知识。乾隆时期，北方名医王清任在吸收西方解剖学知识的基础上，研究一些疾病的成因及疗法，颇具成效。其成果汇集成书《医林改错》，于 1830 年刊行于世。

在一口通商制度下，广州外商云集，西方科技的流播尤为深入。18 世纪末，英国发明了牛痘疫苗预防天花，效果显著。嘉庆十年（1805 年），英印公司随船医生皮尔逊（Alexander Pearson）将牛痘疫苗介绍到广州并为一些儿童试种，取得良效。皮尔逊还编著了种痘方法的小册子，由行商郑崇谦译成中文《种痘奇书》予以刊出。此后，在十三行商人积极推广下，广州民众普遍接受牛痘种植。道光八年（1828 年），行商潘仕成在北京宣武门外上斜街阖邑会馆设牛痘局，开展接种工作并培养了众多痘师。此后，牛痘接种逐步推行于全国各地。道光十五年（1835 年），在行商资助下，美国传教士、医生伯驾在广州创办了一所眼科医院——“新豆栏医局”，在开展眼科医疗的同时，还招收中国学员进行培训，从而开启了西方医学在中国的系统传播历程。

明后期开始，西方自鸣钟作为贡品传入中国，成为宫廷珍玩。到清康乾时期，西方进口的各式自鸣钟数量增加，自康熙帝开始即在宫中造办处设置了自鸣钟处，引进西方机械师制造自鸣钟等器物。与此同时，钟表也作为贸易品由英印公司等输入广州，再转贩全国各地。到 18、19 世纪之交，西方钟表制造技术已为我国工匠所掌握，广州、苏州等地的钟表匠已经可以制造各式构思巧妙、融合中西艺术风格的自鸣钟了。马嘎尔尼使团访华时已发现：“中国人在广州的制作已经和伦敦一样好，这些精巧机械品的价格只有考克斯等仓库运来的钟表价格的三分之一。”[①]这表明中国工匠吸收了西方钟表制造技术，一定程度上可以替代进口了。

① Carlo M. Cipolla: Clocks and Culture, 1300–1700. p97. New York: Norton, 1977.

四、美洲作物的进一步传播推广

美洲作物自明后期传入后，从沿海逐步向内陆推广。到清代，高产宜植的玉米、番薯等在全国已普遍种植。如玉米，清代种植已遍及南北各地，特别是原来不少地区未垦殖的山地也多种植玉米了。“山地最多者包谷，以其根大易长，人食有余，即可酿酒饲豚，岁计收成分数，包谷为水稻之辅也”；“玉蜀黍，俗呼包谷，深山广产，贫民以代米麦”。更为高产的番薯，明代引进后，主要在南方种植；清代，逐步向北方推广；到乾隆时期，山东、河北等地已普遍种植。番薯单产数倍于谷物，在提供民众辅食的同时，也被作为备荒救灾物资，“以济民食，洵为备荒之一法”。[①]土地单产的大幅度提高，不仅在一定程度上解决了民食问题，而且对商品经济的发展起了重要的推动作用。

复习思考题

1. 清前期，海外贸易政策是如何演变的？
2. 十三行有何职能？
3. 鸦片战争前，中英贸易平衡状况及成因如何？
4. 清前期，海关设立的地点及其职能？
5. 清前期，对外贸易的主要地理方向如何？

① 中国科学院地理科学与资源研究所，中国第一历史档案馆编，《清代奏折汇编——农业·环境》，商务印书馆，2005年版，第298页。

中　篇

第九章　鸦片战争后中国的对外贸易

学习要点与要求

本章系统分析了鸦片战争后，西方列强在中国对外贸易领域获得的特权、清政府对外经贸政策的变化及甲午战前中国半殖民地对外贸易发展状况。通过学习，学生应了解甲午战争前，中国半殖民地对外贸易的形成及发展状况，着重掌握中国近代被迫开放的方式、对外贸易主权被剥夺的效应及这一时期主要的对外经贸政策。

1840 年，资本主义头号强国英国悍然发动了鸦片战争，由此揭开了西方列强侵华的序幕。自此，中国遭遇了一系列列强侵华战争，其结果都以中国失败、被迫签订不平等条约而告终。中国由一个独立自主的封建国家，“一步一步地变成了一个半殖民地半封建的社会”。[①]

自鸦片战争以后，西方列强依靠强权与武力，通过不平等条约及约外勒索，在中国攫取了大量政治、经济特权，凭借特权操纵中国政治、控制中国经济命脉。他们通过对华商品输出及资本输出，瓦解了中国传统的自然经济基础，中国被纳入世界经济体系之中，成为资本主义经济的附庸。中国独立自主的封建性的对外贸易，逐步变成受西方列强控制的半殖民地性的对外贸易。

第一节　中国对外贸易主权的沦丧

鸦片战争后，中国被迫接受了西方列强强加的一系列半殖民地对外贸易制度。在这些制度下，西方在华获得大量特权，凭借这些特权，逐步控制了中国对外贸易，将中国变成西方工业品的销售市场及原料供应地。中国的对外贸易，成为受西方人控制的半殖民地性对外贸易。

---

① 毛泽东，《中国革命与中国共产党》，《毛泽东选集》卷 2，人民出版社，1991 年版，第 589 页。

一、开辟通商口岸与租界制度

（一）开辟通商口岸

通商口岸又称“条约口岸”（Treaty Port），系指近代中国由条约规定、受西方列强控制、被迫开放的口岸。

开埠通商属一国对外贸易主权范畴，作为主权完整的独立国家，应根据自身政治、经济发展的需要，自主决定开放的区域范围及时序。鸦片战争以前，清王朝为防范外夷，严格限制对外贸易活动，规定西方商人只能到广州一地贸易，且只能与广州行商交易并受行商的管束。鸦片战争后，中国沦为半封建半殖民地国家，西方列强为控制中国经济、迅速打开并占领中国市场，强迫中国在广阔的地域向外国人开放通商，使中国丧失了自主的地域开放权。近代开辟的通商口岸不限于沿海和内河港口，还包括不少内陆城镇。

1842 年，中英《南京条约》（又称《江宁条约》）开创了列强强迫中国开辟商埠的先例。该条约第二条规定：“自今以后，大皇帝恩准英国人民带同所属家眷，寄居大清沿海之广州、福州、厦门、宁波、上海等五处港口，贸易通商无碍。”[①]据此，英国商人获得在五个通商口岸携带家眷自由居住、开展自由贸易的权利。同时，英国向这些口岸派驻了领事。

五口通商使中国南部沿海重要口岸对外开放，打破了清朝自乾隆二十二年（1757 年）以来实行的“广州一口通商”的贸易体制，“十三行”制度及“防范外夷规条”也同时宣告废止，英国人多年的愿望终于凭借武力得以实现。同时，香港岛被割让给英国，成为其在远东的自由贸易港。

五口通商后，中英贸易并未如英国料想的那样迅速发展。为攫取更多特权，1856 年，英法两国联合发动了第二次鸦片战争。1858 年，战败的清王朝被迫与西方列强签订了一系列《天津条约》。其中，中英、中法《天津条约》规定，中国增开沿海的牛庄（后改营口）、登州（后改烟台）、台湾（后改台南）、淡水、潮州（后改汕头）琼州，及沿江的汉口、九江、南京、镇江为通商口岸。1860 年，中英《北京条约》又将天津辟为开放的商埠。中国被迫开放的地域，由东南部沿海同时向南部及北部沿海延伸、由沿海向沿江地带扩展。

1876 年，中英《烟台条约》规定，宜昌、芜湖、温州、北海四处为通商口岸。1890 年，中英《新订烟台条约续增专条》规定，中国开放长江上游的重庆。[②]由此，沿江及沿海开放地域进一步扩大。

除上述沿海、沿江口岸被迫开放外，西方列强还迫使中国开放了西南、西北一系列内陆边疆口岸。1887 年，中法《续议商务专条》规定，中国开放广西的龙州、云

---

① 王铁崖编，《中外旧约章汇编》第 1 册，三联书店，1982 年版，第 31 页。

② 该约关于重庆的开放，有一定的限制条件，如规定：“一俟有中国轮船贩运货物往来重庆时，亦准英国轮船一体驶往该口。”故到 1895 年，中日《马关条约》又规定重庆全面开放。

南的蒙自；1893 年，中英的《藏印条约》迫使中国开放西藏的亚东。而更多的陆路口岸是在沙俄的胁迫下开放的。如 1851 年，中俄《伊犁、塔尔巴哈台通商章程》规定，中国开放伊犁、塔尔巴哈台（今新疆塔城）为商埠；1860 年，中俄《北京条约》规定，中国开辟喀什噶尔（今新疆喀什）、库伦（今蒙古国乌兰巴托）；另外根据 1881 年中俄《伊犁条约》及《陆路通商改订章程》，俄国又迫使中国开辟吐鲁番、哈密、乌鲁木齐、古城、乌里雅苏台（今蒙古国布哈兰图）和肃州（今甘肃嘉峪关）为通商口岸。

到甲午战前，西方列强迫使中国开放的商埠多达 35 处（参见附表八）。

资本主义列强控制了中国重要的通商口岸后，还进一步在“许多通商口岸划出一部分土地作为他们直接管理的租界”。[①]

（二）租界制度

租界制度系指在通商口岸或其他地区划出一部分土地作为外国人的居留地，外国人在此享有行政、司法大权。

租界制度分为两种形式。一种是设于通商口岸的租界；另一种是甲午战争以后出现的租借地，它通常是受列强控制的包括城乡在内的更广大的区域。

租界系由外国人在华居留地发展而来。1842 年，《南京条约》废除了夷人不得居留的政策，允许英国人在华居留。次年，中英《虎门条约》对此作了具体规定。该条约第七条称，中国准许“英人携眷赴广州等五口居住，中华地方官必须与英国管事各就地方民情，议定于何地方、用何房屋或基地，系准英人租赁，……英国管事官每年以英人或建屋若干间，或租屋若干所，通报地方官”。意即英国人可以在规定的区域内租赁房屋或租地建屋。

1845 年，英国驻上海领事巴富尔（George Balfour）与清苏松太道（即上海道）宫慕久签订了《上海租地章程》（又称《土地租赁章程》），规定了英国人在上海居留地的界址、租地的手续及应遵守的各项事宜等。按此章程，将“洋泾浜（今延安东路）以北、李家庄（今北京东路）以南之地，准租与英国商人，为建筑房舍之用”。英国居留地划定后，美国和法国步英国后尘，也分别于 1847 年和 1849 年在上海划定了各自的居留地。

按《土地租赁章程》规定，各列强在上海的居留地都划有边界，不得逾越。但实际上，居留地的范围不断扩大。如英国在沪居留地，在不到 5 年时间里，就由 830 亩变为 2 820 亩，扩大了 2.4 倍。

不仅如此，西方列强还处心积虑地欲将居留地变成“完全脱离中国管辖的外人禁区”。根据《土地租赁章程》，外国人在居留地只是租地居住，每年要向中国政府缴纳土地税，居留地内的行政、司法权仍然保留在中国政府手中。但外国土地租赁者对居留地的道路、桥梁等市政设施拥有管理权。为此，1846 年，英国驻沪领事召集租地外商开会，成立了“道路码头委员会”，由其向居民征税，办理道路及码头事宜。该

① 毛泽东，《中国革命与中国共产党》，《毛泽东选集》卷 2，人民出版社，第 591 页。

委员会成为后来市政机关的雏形。

1853 年，太平军占领南京，上海爆发了小刀会起义，上海社会局势处于动荡之中。1854 年 7 月，英、法、美三国驻沪领事召集 49 个在沪外商，召开外国租地人大会。会上，片面修改了《土地租赁章程》，通过了一份《英、美、法租界租地章程》，然后将其通告上海道台。该章程规定，外国土地租赁者有税收、财政、交通及警察等权利。据此，列强联合成立了工部局（Municipal Committee，即市政委员会）。工部局作为市政机关，握有行政、司法大权，下设各种委员会，分别掌管租界的各种事务。至此，“居留地”变成了租界。

1862 年，法租界退出联合，自设公董局。1863 年 9 月 21 日，英美租界合并为公共租界，统一由工部局管理。

继上海租界设立后，列强在其他通商口岸也纷纷设立租界。1876 年，中英签订的《烟台条约》明文规定：“新旧各口岸，除已定有各国租界，应无庸议，其租界未定各处，应由英国领事官会商各国领事官与地方官商议，将洋人居住处所划定界址。”据此，列强在华通商口岸自由设立租界的权利，获得了法律依据。

19 世纪末，日、俄、德等国也纷纷在中国各通商口岸设立租界。到 1904 年，英国、美国、法国、德国、日本、俄国、比利时、意大利、奥地利九国，先后在中国的上海、广州、厦门、福州、天津、镇江、汉口、九江、烟台、芜湖、重庆、杭州、苏州、沙市、鼓浪屿及长沙等 16 个口岸建立了 37 处租界。“在这种所谓‘租界’内实行了完全独立于中国的行政系统和法律制度以外的另一套统治制度，即帝国主义的殖民地制度。”①租界成了列强直接统治和管理的“国中之国”（State in State），即帝国主义在中国境内的殖民地。

开辟通商口岸和租界制度，不但使中国对外贸易主权遭到践踏，而且列强以此为基地对中国社会经济进行广泛渗透，中国对外贸易日益被列强操纵。与此同时，西方商人和企业家在这些地区开展的经济活动，客观上也为中国民族资本主义的发展起了示范作用。租界脱离中国政府控制，一定程度上使其所在口岸得以在动荡不已的近代中国保持相对安定，为工商业发展创造了良好的社会环境。如时人所称：“上海动乱不宁，那里的工厂经常遭到骚乱。这就形成工业集中于上海的趋势。许多本应迁出或开设在原料产地的工厂也都在沪设厂。虽然运费成本有所增加，但上海特别是在租界内，可在一定程度上免受干扰。”②

二、“协定”关税

鸦片战争以前，中国享有完整的关税自主权。鸦片战争以后，资本主义列强为向中国倾销工业品、掠夺资源，强迫中国签订了一系列不平等条约，规定了中国关税由中外“共同协定”的原则，即列强在中国享有“协定关税”的特权，使中国关税自主

---

① 毛泽东，《中国革命与中国共产党》，《毛泽东选集》卷 2，人民出版社，第 617 页，篇后注〔21〕。

② 徐雪筠等译编，《上海近代社会经济发展概况》，上海社会科学院出版社，1985 年版，第 278 页。

权丧失。由此，中国关税长期受西方国家控制，成为一种半殖民地性的关税制度。

（一）关税制定权的丧失

1842 年，中英《南京条约》第十条规定，英国商人“应纳进口、出口货税、饷费，均宜秉公议定则例”。这一条款明确规定中国关税税则制定的原则，即必须与英国“秉公议定”。但条约并未对英国关税制度提出同样的约束，因而是一个片面协定关税原则，亦即英国人在华的一项特权。

1843 年，中英签署了《中英五口通商章程》。在这一章程的《海关税则》中，英方强迫中国接受其提案，将中国绝大部分商品的进出口税率定在 5%左右。同时规定：“凡属进口新货，例内不能赅载者，即按价值若干，每百两抽银五两。”这样，将中国海关税则尚未列明的进口商品的税率，全部固定在 5%这一极低的水平上。这一税则规定的主要进口商品的税率，比鸦片战争以前粤海关的实征税率降低了 58%～79%。参见表 9－1。

表 9－1　　1843 年协定关税前后主要进口货物税率水准（单位：从价百分比%）

货物	单位	1843 年前的旧税率	1843 年新税率	新税率较旧税率减少比例
棉花	担	24.19	5.56	77.02
棉纱	担	13.38	5.56	58.45
头等白洋布	匹	29.93	6.95	76.78
二等白洋布	匹	32.53	6.95	78.64
本色洋布	匹	20.74	5.56	73.19
斜纹布	匹	14.92	5.56	62.73

资料来源：《中国近代经济史统计资料选辑》，第 59 页

1843 年，中国的关税率，只有欧美各国的数十分之一至十分之一。如 1847 年，奉行自由贸易的英国，对中国茶叶征收的进口税率高达 200%～350%。因而 1843 年，《中英五口通商章程》的英国签约代表亨利·璞鼎查爵士（Sir Henry Pottinger）禁不住高兴地说道：“这一税率对（英国）进口商来说，竟比商人们本身所敢于提出的还要更加有利一些。”①以致英国人不无得意地讥讽道，中方谈判代表耆英“好像完全没有体会到，他们正在签订断送中国关税自主权的证书，从而为他们的国家招致了无穷的后患”。②

1843 年税则，成为中国第一个片面协定关税税则。该税则标志着中国关税制定权的丧失，亦即中国关税自主权被剥夺。

（二）关税修订权的丧失

1843 年税则制定的 5%的税率，实际取消了中国的关税壁垒，为西方商品进入中国市场打开了方便之门。为阻止中国此后随意变动税率，西方国家通过条约进行了约

① 姚贤镐编，《中国近代对外贸易史资料》，第 1 册，中华书局，1962 年版，第 384 页。

② ［英］莱特著，姚曾廙译，《中国关税沿革史》，商务印书馆，1963 年版，第 63 页。

束。1844年，中美《望厦条约》第二条规定："倘中国日后欲将税则变更，须与合众国领事等官议允。"同年，中法《黄埔条约》第六条也规定："中国如将来改变则例，应与佛兰西会通议允后，方可酌改。"这样，就进一步从法律上剥夺了中国的关税修订权，确立了中国进出口税则必须经列强各国同意后才能修订的原则。

1843年税则规定的"值百抽五"的税率，名义上是从价税；为便于征收，实际操作中，采用从量方法计征。随着西方生产技术的改进，其工业品的生产成本逐渐降低。为提高产品的竞争力，西方出口到中国的商品价格趋于下跌。这样，按照从量计征的税率就超过了"值百抽五"。于是，资本主义列强要求中国重新修订税则，降低从量税率。第二次鸦片战争中，英国再次以武力实现了其愿望。经修订后的税则被载入1858年中英《通商章程善后条约》。该条约规定，除茶、丝、鸦片及免税商品外，所有进出口货物一律按"值百抽五"水平征税。"值百抽五"原则被正式固定了下来。

1858年税则中，主要进口商品的税率比1843年又降低了13%～65%。这一税率可以说是当时全世界最低的关税水平。如1859年，英法两国签订关税互惠协定，法国对英国纺织品实行优惠性的低关税，其平均税率为15%，高于中国对同类货物所征税率的2～3倍。又如1864年，美国对进口棉布征税每匹2元，而中国仅征8分。此项税率，美国为中国的25倍。[①]再如，美国对中国植物油征收进口税25%，而中国对美国煤油所征进口税仅5%。[②]因而1858年税则颁布后，英国人兴奋不已。广州英商商会宣称："他们不知道世界上还有任何别的国家，会有比它更为公道的税则。"[③]英国驻沪领事阿礼国（Rutherford Alock）也说："哪个国家有像中国这样低的对外贸易税则呢？"[④]

1858年税则规定的"值百抽五"的税率仅是名义税率，实际上由于此后物价及汇率的不断波动，特别是大部分西方国家纷纷实行金本位制，白银不再作为通货，银价大跌，致使中国实征税率低于名义税率。当年，英国驻广州领事巴夏礼称："实际上，外商所纳的税饷只抵得上法定数额的二分之一或三分之一。"[⑤]

此后，中国长期实行这一均一的固定税，其弊端严重。中国关税无法起到对经济的保护、调节作用，且税率是片面协定的，西方国家对来自中国的商品仍然征收高额关税，中国得不到对方的相应让步或补偿。

（三）关税支配权的丧失

1860年，中英、中法《北京条约》规定，中国对英法两国各自800万两的战争赔款由关税收入内扣缴，一年分四次，每次交关税总额的1/5。中国关税自此成为对外赔款的抵押品。

---

① 姚贤镐，《两次鸦片战争后西方侵略势力对中国关税主权的破坏》，《中国社会科学》，1981年第5期。

②（清）贺长龄，《皇朝经世文编》卷71，第16页。

③ 英国蓝皮书《额尔金伯爵赴华赴日有关文件，1857—1859》第415页，转引自严中平主编，《中国近代经济史》，人民出版社，1989年版，第222页。

④ 转引自莱特著，《赫德》，厦门大学出版社，1993年版，第383页。

⑤ 严中平，《中国棉纺织史稿》，科学出版社，1963年版，第64页。

1874 年，台湾海防大臣沈葆桢向汇丰银行借款白银 200 万两，以各关进口税抵押，从而开了借款以关税为抵押的先例。1877 年，中国向英国借款白银 500 万两，协议指定以广州、上海及汉口三地海关税收作担保。关税自此正式成为列强向中国提供贷款的抵押品。

经过两次鸦片战争，中国不但丧失了关税的制定权，而且连税款的支配权也逐渐被剥夺了。

（四）子口半税制度的确立

西方列强在中国获得协定关税权，不但左右了中国海关关税，而且还侵及中国内陆地区关税。

19 世纪前期，中国内陆地区关税主要是常关税。1842 年，中英《南京条约》规定："英国货物自在某港按例纳税后，即准由中国商人遍运天下，而所过税关不得加重税例，只可按估价则例若干，每两加税不过分。"英国人由此开始对中国内地税的干涉。不过，因当时中国内陆地区关税较轻，这尚未构成商品流通的巨大障碍，故中英双方协议："洋货各税，一切照旧轻纳，不得加增。"

19 世纪 50 年代，清政府为筹措镇压太平天国的军费，在全国通衢要道遍设厘卡，对过往商品征收厘金，内地税负大增。商品在国内流通中，要负担沉重的内地流通税，对于西方列强向中国倾销商品和掠夺中国原料无疑构成了巨大障碍。为此，1854 年 2 月，英国政府给其驻华公使包令的关于要求修改《南京条约》的训令中，让其要求清政府"不得在外国进口的货物上和为外国出口而购买的货物上，课征内地税和通过税"。[①]英国这一要求，经第二次鸦片战争得到满足。1858 年，中英《天津条约》及中英《通商章程善后条约》规定，洋商贩运洋货进入内地或自内地收购土货出口，"所征若干，综算货价为率，每百两征银 2 两 5 钱"。其时，海关所在口岸称为"母口"，内地关称为"子口"，子口税率为 2.5%，即母口的一半，故其又称为"子口半税"。

1876 年 9 月，中英签订《烟台条约》，规定各口租界免收洋货厘金，即所谓的"租界免厘"。这样，在租界内无论何人（包括中国商人在内），贩卖洋货均受子口税的保护。由此，进一步便利了洋货对中国市场的占领。

子口税制实行后，外商只要一次性交纳 2.5%的子口税，便可在中国任意推销其工业品，购买中国农副产品。而中国商人从事国内商品贩运，仍要"逢关纳税，遇卡抽厘"，交纳沉重的内地关税。这致使近代中国长时期内，中国商人所纳税率大大高于外商。外商凭借特权在华享受超国民待遇，使中国商人、中国商品在国内和国际竞争中，处于极其不利的地位。其他国家商人援引片面最惠国待遇（详见下文）条款，也一并享受了这一特权。

片面协定关税制度，使中国关税作为保护本国经济发展屏障的作用彻底丧失。当年，英国驻华公使卜鲁斯对此也公开承认，中国"海关税则实际已失去其作用"。[②]

① [美] 马士著，张汇文译，《中华帝国对外关系史》卷 1，三联书店，1958 年版，第 767 页。

② 严中平，《中国棉纺织史稿》，科学出版社，1963 年版，第 64 页。

三、外籍税务司制度

一国海关主权的核心是行政管理权，即领导权。只有国家主权完整，海关才能根据本国的政策法规，对包括进出口贸易在内的进出境活动进行有效的监督和管理，以保护本国的经济和社会安全。而鸦片战争后，中国沦为半殖民地半封建国家，海关行政管理权被英国等西方列强剥夺。

（一）外籍税务司制度的形成

西方列强控制中国海关从领事报关制度开始，逐步攫取了中国海关的行政管理权。

1. 领事报关制度

鸦片战争前夕，中国海关从行政组织、人事管理、征税制度到查缉手段都显得十分落后，同时，贿赂公行，弊端丛生。在西方商人走私活动冲击下，中国海关实际已丧失独立自主能力。同时，英国商人不断抱怨清朝海关官员肆意勒索的行为，强烈要求改变中国传统的征税制度。1843 年，中英谈判时，英方提出英国领事参与中国海关征税活动。清政府也意识到，依靠自身海关力量，即使要征收世界上最低的关税也困难重重，因而要求缔约国驻华领事参与监督各国来华商船的报关和结关手续，以"监督照章交纳关税和其他加征，庶几不致发生弊端，全面杜绝走私"。[①]"领事报关制度"被写入 1843 年中英《五口通商章程：海关税则》，规定："英国商船一经到口停泊，其船主限一日之内，赴英国管事官署中，将船牌、舱口单、报单各件交与管事官，查阅收贮，如有不遵，罚银二百元。若投递假单，罚银五百元。……管事官得船牌及舱口报单等件，即行文通知该口海关，将该船大小可载若干吨，运来系何宗货物逐一声明，以凭抽验明确，准予开船卸货，按例输税。"意即英商到中国港口后，首先将船牌及所有报关单证交与英国在各口领事，再由领事据此行文通知中国海关。当船只卸货装货时，由领事通知海关"公同查验"。商船纳税后，海关发给完税单，商人凭完税单领回船牌，然后出口。若领事发现商人走私漏税行为，通知中国海关。这样，只有英国领事"行文通知"中国海关后，中国海关关员才能行使职权。若无英国领事的通知，中国海关便无权对外商征税稽查。

1844 年，中美《望厦条约》也规定，美国商船进港，均由领事照会海关，才可取牌开舱。同年，中法《黄埔条约》也作了类似规定。

领事报关制度的确立使中国海关不能独立行使职权，中国海关行政主权的完整性遭到破坏。不过，这一时期，列强对中国海关的干预还是在海关外部，中国海关内部还是独立的。

2. 上海海关管理权的丧失

1853 年 9 月 7 日，上海小刀会起义，清政府在上海的行政机关很快被小刀会占领，苏松太道兼江海关（即上海海关）监督吴健彰逃到租界。英国领事阿礼国随即派

① ［美］费正清，《贸易与外交》卷 2。转引自严中平主编，《中国近代经济史》，人民出版社，1989 年版，第 217 页。

兵占领了上海海关并宣称，上海海关行政陷于停顿，“我们没有遵守海关规章或条约纳关税的义务”。为增加要挟清政府的砝码，阿礼国又向英商公布了一个《海关机构空缺期间船舶结关暂行章程》。该章程规定，在上海海关不能行使权力期间，由英国领事代替中国政府征收和保管关税，[①]即所谓的“领事代征制”。随后，美国和法国驻沪领事也宣布代征关税。

江海关税收是清政府的重要财政来源，关税被外国领事代征代管后，清廷财政支出严重困顿。吴健彰受命迅速恢复上海海关，其先后在苏州河、闵行及浦东等地设立临时海关，但都被列强以“保持中立”的借口予以驱逐。1854 年 6 月，两江总督怡良授权吴健彰与英美法三国驻沪领事会谈，列强以归还 1853 年 9 月以来的外商欠税为诱饵，要求改组上海海关。会议结果，中国与英法美三国签订了《上海海关协定》，其主要内容是：英法美三国各派一人进入上海海关担任税务监督；其人选由三国领事提名，上海道台加以任命；由三名税务监督组成税务司署，负责选任各级中外属员及管理海关事务。[②]

1854 年 7 月，中国第一个半殖民地海关——由外籍税务司控制的上海海关正式开办，清政府丧失了上海海关的行政管理权。英国人威妥玛、法国人史密斯和美国人卡尔成为上海海关最初的三位外籍税务监督，实权掌握在英国人手中。一年后，即 1855 年 6 月，威妥玛离职，由另一位英国人李泰国接任。李泰国上任后，即参照欧洲资本主义海关的管理制度改造上海海关。

3. 外籍税务司制度的确立

西方列强夺得上海海关的管理权后，又伺机夺取全中国海关的行政管理权。1858 年，英国迫使中国签订的中英《通商章程善后条约：海关税则》第十条规定：“通商各口收税如何严防偷漏……，各口划一办理，……任凭总理大臣邀请英人帮办税务并严查漏税。”上海海关的殖民地制度由此扩及全国，并以条约形式加以制度化、法律化。外籍税务司制度作为半殖民地海关制度的核心，从此成为支配近代中国海关一成不变的制度。

1859 年，李泰国被任命为中国第一任外籍总税务司（Inspector General of Customs），海关总税务司署设在上海。[③]随后，李泰国即按西方近代海关模式逐步改组各地海关。1861 年，清政府成立新的中央机构——总理各国事务衙门，[④]海关由户部转归总理衙门，总理大臣奕䜣对李泰国重新任命。不久，李泰国因病回国，英国人赫德（Robert Hert）代替其职。1863 年，李泰国由于为清政府购买军舰一事被免职，[⑤]

① 海关总署，《文件汇编》卷 6，第 36 页。

② 姚贤镐编，《中国近代对外贸易史资料》第 1 册，中华书局，1962 年版，第 500－503 页。

③ 总税务司署于 1865 年迁往北京，1929 年迁回上海。

④ 简称总理衙门，总揽外交及与外国有关的财政、军事、教育、工商业等事务。

⑤ 1862 年，李泰国因病请假回国，清廷委托其在英代购军舰。李泰国为控制中国海军，擅自在英国招募了一支雇佣军带到中国，并提出这支舰队只听命于李泰国，清廷仅只负责支付舰队的费用。最后，清廷只得花费大量白银将这支舰队退回，李泰国也因此被免职。

赫德被正式任命为总税务司，直到1911年死去，赫德担任中国海关总税务司一职，长达近半个世纪，从而确立了英国在近代中国海关的最高统治地位。

按照条约规定，外籍税务司是中国政府的“雇员”。中国在各海关均设有监督，税务司只是监督的助手，但实际上，海关的行政及人事大权都掌握在税务司手中，各地海关只对总税务司负责，中国政府的任何政策法令只有取得总税务司同意才能实行，海关监督形同虚设。外籍总税务司拥有极大的权力，从海关行政、人事任免到业务管理，皆唯总税务司之命是从。第二任外籍总税务司赫德甚至要求下属：“凡写到海关监督，简单地称呼‘海关监督’就行了，不要再用‘阁下’字样……。对海关监督，你最好说‘咨询’而不是‘呈报’……不说接受海关监督的‘指示’。”在外籍税务司控制的中国海关中，中高级职员一律任用洋人，中国人只能充当一般职员。中国海关完全被列强所控制。

（二）半殖民地海关的初步发展及其职能

1. 近代半殖民地海关的发展

按照西方资本主义模式建立的新式海关，客观上比中国传统的封建海关在管理制度上有显著的进步。清朝封建海关行政管理分散，各关制度不一，弊端丛生。西方人控制下的半殖民地新式海关则制定了统一完善的章程，建立了一个由总税务司集中统一领导的，由总税务司署、各关税务司署组成的完整的海关行政管理体系，使海关管理严密规范，行政效率较传统海关大为提高。如在税收征管及人员任用上，旧式海关采用包税制，包税额以外的税款即落入海关职员的腰包，因而海关关员贪污舞弊、随意勒索现象严重，人员使用上任人唯亲，总体素质较差，行政效率低下。新海关按西方模式运行，有严密的组织制度，不论行政组织、人事管理，还是财务制度、征税章程，都在总税务司署统一领导之下。首先，建立了相应的统计上报制度。采用“实征实报”制，所征税款一律登记上缴。海关官员除固定的薪金外，不得私取任何款项。其次，建立了世界上先进的会计制度，将过去笼统的总账变为分门别类的明细账并严格实行账目稽查制度。最后，新关建立了一套人事、行政、财务的考核制度，同时，聘用了一批受过高等教育的外籍人员。新海关较旧式海关管理规范严格，高效廉洁。

随着对外贸易规模的扩大，海关所征税款大幅度增加，从而使关税日益成为清政府重要的财政支柱。1860年，所征税款达700万两，1886年增至1 500万两，关税成为清政府一笔可靠的财源。建关后的第一个5年，海关关税为清政府偿还了对英法两国的赔款，为镇压太平天国提供了巨大的财政支持，因而新海关得以顺利取代旧海关。随着通商口岸的增多，新式海关不断发展，到1864年即达14处，19世纪末、20世纪初多达170余处。

2. 近代半殖民海关的职能

外籍税务司凭借一个组织完善、人员精干、管理严密、经费充裕的机构控制了中国财政，由此就控制了清政府，随意操纵其政治、经济、军事、外交和文化。海关的管理范围、职能无限扩大。赫德曾说：“我们主持的工作，虽然叫海关，但其范围很广，目的是尽可能地在各方面为中国做些有益的事情，它确是改革各地海关制度以及改革中国一切生产事业的一个恰当的核心组织。而最重要的是，它的领导权必须掌握在英国人手中。”长期在中国海关任职的英国人莱特在其《赫德与中国海关》一书中也称：“中国海关的洋税务司制度是任何天才所能创造的纪念碑之一。是西方国家不能征服中国，又力求统治中国的最好办法。”

因而近代半殖民地海关除了管理海关事务外，还涉及很多与海关没有直接关系的事务。

（1）征税、缉私、对外贸易统计

尽管中国进口税率极低，但随着中外贸易的发展、贸易规模的扩大，按照近代海关的征税制度所征关税，仍大大超过历史水平。

查缉走私以维护国家的整体利益，是主权国家海关的一项重要职能。近代，由西方人控制的海关，为促进西方国家对华贸易的持续发展，也需要维护正常的贸易秩序，因而其对中外商人的走私活动也曾予以打击。此举引起英商的极大不满，他们甚至向英国议会要求剥夺中国海关没收货物的权力。

对外贸易统计是近现代海关的职能之一。西方列强控制中国海关后，为进行国际比较、作为征税参考，尤其是为英国人长期担任总税务司一职提供依据，从 1859 年开始，海关即进行贸易统计。不过，由于统计制度初创，故最初类目简单且对外贸易与国内埠际贸易混在一起。1864 年，内外贸开始分别统计，分类较详细并发布海关贸易报告，但还是各关分散统计，尚无全国对外贸易的总统计。到 1868 年，中国有了全面按商品记载的海关贸易统计并发表海关贸易报告。

（2）插手创建北洋海军

19 世纪 60 年代开始的以“自强”为目的的洋务运动，试图建立一支近代化的海军以御侮图存。与此同时，东方的日本逐渐走上资本主义道路，到 70 年代，日本扩张的矛头便开始指向中国。为遏制日本的军事扩张并为英国谋求更大的特权，赫德自荐担任中国的总海防司，不断插手北洋海军的创建工作。后由于其他列强竞争及清廷不少官员反对，其目的未能达到。

（3）操纵清王朝外交活动

中国历史上长期开展“朝贡”外交，一切外来国家和民族均被视为“蛮夷之邦”，其来华均是仰慕中华文明“慕义而来”。16 世纪以后，西方国家虽然带着坚船利炮来华，清政府依然将其作为“蛮夷”看待，对其殖民挑衅也主要是加强“华夷之防”，极力阻断中外联系。

第一次鸦片战争后，清政府仍极力维护“天朝上国”的尊严，拒绝按国际惯例互派使节。19 世纪 50 年代，美国驻华公使曾建议清王朝遵照国际惯例在对方国家派驻使节，以解决争端并了解各国政治、经济、民俗且可保护华侨，清廷认为，“各国至中国通商传教，有事可办，故当遣使；我中国并无赴外国应办之事，无须遣使”；而且“中国富庶，无求于侨民，不必保护之也”。

第二次鸦片战争促使不少清朝大员产生了了解西方的愿望。赫德认为，要“把中国牢固地和西方缚在一起，使其欲退不能”，即将中国完全纳入资本主义世界体系中，必须帮助清王朝开拓新的外交局面。为此，他一方面积极参与订立中外不平等条约，如 1876 年《中英烟台条约》，1885 年《中法新约》，1886、1890 年中英《缅甸条约》《藏印条约》，1887 年《中葡里斯本条约》，1901 年《辛丑条约》等；另一方面，不断建议清政府遣使出国。1866 年，赫德回英国休假，清政府派遣其中文秘书及同文馆学生数人随往。1868 年，清廷派出以前美国驻华公使蒲安臣为团长的一支正式的外交代表团出使欧美十余国，此举成为中国对外关系史上划时代的行动，标志着中国终于开始步入国际社会。1873 年，同治帝终于放弃了“天朝上国”的尊严，开始按西方礼节接待各国驻华公使。1876 年，中国派出第一位驻外使节郭嵩焘出任驻英公使。此后，中国驻各国使领馆相继设立，经费均源于海关。这些在海关促使下的遣使活动，打开了清朝的外交局面，客观上加强了中国对外部世界的了解，启动了中国学习西方的历程。

（4）包揽海务、港务工作

半殖民地海关还从事设立灯塔、浮标、引水、气象观测等活动。这些导航、助航活动，客观上有利于船舶行驶的安全，但导致中国的国防机密尽泄，同时存在庇护外船、欺压华船的现象。

（5）参与改造同文馆

鸦片战争后，中英交涉往来文件，英国要求中国使用英文。1861 年，总理衙门成立，1862 年即设立同文馆，选拔八旗子弟入馆学习外语。1865 年，总税务司署迁移至北京，赫德希望同文馆能为海关等机构培养人才。在其提倡下，除外国语言外，同文馆先后增设了数学、物理、天文、外国历史地理、万国公法等科目。同文馆逐渐由一个外语学校，改造为学习西方近代社会科学及自然科学的综合性学校，培养了一批具有近代文化素养的涉外人才，不少毕业生成为海关关员、翻译、外交官等。同文馆从经费、人事到教学计划均由海关管理，实际上成为海关的附属机构，直到 1902 年并入京师大学堂。

（6）兼办邮政

中国的邮传制度历史悠久，早在商代即有官邮。汉代改称“驿”，此后历代相沿。鸦片战争后，外国人在华邮件增加。1861 年，清政府同意各国驻京使馆的邮件由总理衙门交驿代发。1866 年，改由总税务司的邮务办事处办理。1878 年，经总理衙门批准，在赫德主持下，在北京、天津、烟台、上海、牛庄按西方邮政制度试办邮政。1896 年，清政府开办国家邮政——大清邮政，由赫德兼任总邮政司，中国邮政管理权旁落。

此外，外籍税务司还有权颁布贸易法规、代清政府对外借款、组织中国商品参加国际博览会等。

综上所述，中国海关行政管理权被列强剥夺后，中国大门钥匙即落入外国列强手中。列强凭借外籍税务司制度，将一系列有利于洋商、洋货的措施强加给中国，中国对外贸易发展方向为列强的利益所左右。对此，赫德曾明确讲：“为使贸易按照条约规定的方式进行，为使中国人按照条约强加于他们的贸易方向行动，没有这样一种税务司制度将变得更加混乱。”[①]

不可否认，近代海关引进了一些西方先进的科学、技术和管理方法，打开了中国近代外交局面，客观上对于增进中国对西方世界的了解、吸收先进的科学文化、促进一些行业的近代化起了有益的作用。中国近代化虽然启动，但进程缓慢且代价沉重。西方国家通过控制中国海关，得以操纵中国的内政、外交，攫取经济利益，加深了中国社会的半殖民地化的程度。

四、沿海及内河航行通商权

沿海及内河航运通商权属于一国主权范围，近代，各国通常不对外开放。如英美等西方国家之间都相互签订协议，保证不在对方领海内航行。一国的内河航行和内地贸易权，一般也是“保留给本国的公民”，至多是在严格限制下部分开放。当年，英国驻沪领事阿礼国曾说过：“一个国家向另一个国家要求内河航行权，在任何国际法体系中都是完全没有根据的。”“没有一个西方国家曾经把这个特权让予任何其他国家。”“也没有任何条约承认这样一个原则。”[②]然而，经两次鸦片战争，中国沿海及内河航行通商权便向列强全面开放了。

（一）沿海航行贸易权

自鸦片战争后，西方列强逐步扩大其在中国的沿海航行贸易权。

1. 沿海五口，运输洋货

中国沿海航行贸易权被侵夺，始于 1844 年中美《望厦条约》。该约第三条规定：“嗣后合众国民人，俱准其携带家眷，赴广州、福州、厦门、宁波、上海共五港口居住贸易，其五港口之船只，装卸货物，互相往来，俱听其便。”列强由此获得在中国沿海各通商口岸之间贩运洋货的航行贸易权。此后，西方商人不顾条约规定，擅自大量经营中国沿海土货的贩运。由于外国轮船具有安全、快捷、免除苛税、运费低廉并且有保险的优势，不少华商也雇佣洋船贩运货物，因而到第二次鸦片战争时，洋商经营中国沿海的洋货、土货航运已是既成事实。

2. 所有通商口岸，既可运洋货也可运土货

第二次鸦片战争后，中国更多的沿海口岸被迫开放。1858 年，中法《天津条约》将外商在中国沿海航行贸易权扩大到其他通商口岸。外国商船可以遍驶中国沿海各通商口岸。随后，中美《天津条约》第十四条规定，在所有的通商口岸，“任其（美国）船只装载货物于以上所立各港互相往来”。这里不再规定仅限洋货的贩运，亦即允许美商在通商口岸贩运土货。1858 年 11 月中英签订的《通商章程善后条约》中规定，除豆石、豆饼在登州及牛庄两口外，其余商货允许外商在中国沿海自由贩运。至此，条约明确赋予了外商在中国沿海贩运土货的权利。

1861 年，外籍总税务司颁布了一个关于土货沿岸转口贸易的纳税办法，规定外

---

① ［美］马士著，张汇文译，《中华帝国对外关系史》卷 3，第 390 页。

② 严中平主编，《中国近代经济史》上册，人民出版社，1989 年版，第 252 页。

国商船在出口港纳出口正税，转至进口港纳半税。据此，1862 年 3 月 24 日，英国驻上海领事擅自宣布：即日起，英国商船自牛庄和登州出口豆石至任何港口，与其他中国土货无异。[①]这种强盗行为到 1863 年又获得条约认可。该年，丹麦在英国支持下与中国签订《天津条约》，第四十四条规定："丹国商民（在）沿海议定通商各口载运土货，约准出口，先纳正税，复进他口再纳半税。"这样，列强获得了在中国沿海航行贸易的全部权利。

外国轮船进入中国沿海，迅速以其固有的优势和特权排挤了中国帆船航运业。1869 年的海关报告称："上海到宁波航线上，轮船降低运费以排挤帆船，基本上已经使所有的帆船都停止了航运。"[②]1873 年，广州英国领事报告称："过去两年，广州、上海、天津间的直接运输建立起来了。……迄今，沿岸贸易正为后者（外商）所垄断。他们的轮船夺走了帆船的货运，以致该业全部消失。"[③]

（二）内河航行及内地贸易权

西方列强在剥夺中国沿海航行权的同时，也剥夺了中国内河航行及内地贸易权。

第一次鸦片战争时期，英国人认为只要打破广州一口通商格局，在中国东南沿海再开四五个口岸准许英国通商，英国就能打开中国市场。[④]因此，才有 1843 年中英《五口通商章程》第六条的规定："广州等五港口英商或常川居住，或不时来往，均不可妄到乡间任意游行，更不可远入内地贸易。"然而，五口通商后，中英贸易并未如英商预想那样顺利发展，英国商品在中国市场大量滞销，故他们强烈要求中国开放内地市场。1848 年，英国驻上海领事阿礼国向英国外交部建议："为我国对华商务之大规模、充分发展，还要有别的根本条件，其中，尤以进入初级市场，排除限制我国货物自然流通的障碍以及取消一切阻碍内地旅行的限制，最为重要、最有效力。"[⑤]

1. 长江航行通商权

1854 年，英法美三国联合要求中国修改条约，对外商开放长江航行通商权，被中国婉拒。第二次鸦片战争后，西方列强的愿望均得以实现。1858 年，中英《天津条约》第十条规定："长江一带各国，英商船只俱可通商。……准将自汉口溯流至海各地，选择不逾三口，准为英船出进货物通商之区。"这样，列强即获得中国最大内河——长江的航行贸易权。1876 年，中英《烟台条约》迫使中国开放了长江上游重庆至宜昌段，同时，中下游又有更多口岸向外商开放。

除长江外，中国其他主要内河也相继开放。如东北内河在 1858 年被沙俄通过《瑷珲条约》取得开放权。该约第一条规定："黑龙江、松花江、乌苏里江，此后只准中

---

① 严中平主编，《中国近代经济史》上册，人民出版社，1989 年版，第 268 页。

② 同上，第 275 页。

③《英领报告》1873，广州。

④［美］马士著，张汇文译，《中华帝国对外关系史》卷 3，第 65 页。

⑤ 严中平主编，《中国近代经济史》，第 277 页。

国、俄国行船。”

2. 内地通商权

1858 年，中英《天津条约》还赋予外商内地通商权。该约第九条规定：“英国民人准听持照前往内地游历、通商，执照由领事官发给，由地方官盖印。……雇船、雇人，装运行李、货物，不得拦阻。……如通商各口有出外游玩者，地在百里，期在三五日内，毋庸请照。”这样，西方列强获得全面的内地通商权。

西方列强夺得中国内河航行及内地贸易权后，中国广袤的腹地全面对外人开放，资本主义侵略势力也由沿海大肆伸入中国内陆地区，内地市场逐渐被其控制，其对中国对外贸易的垄断随之大大加强。

五、片面最惠国待遇

最惠国待遇是国际贸易条约中一个常用的互惠条款。其基本含义是：缔约国一方已经给予或将来可能给予任何第三方的优惠待遇，也应同样给予缔约国的对方。它是在平等互惠基础上相互给予的优惠待遇，适用范围主要限于贸易中的关税减让。

近代，中国与列强订立的一系列不平等条约中规定的最惠国待遇，则完全是一种中国对外国列强单方面的优惠，是外国列强在中国的一项特权。其含义为：中国已经给予或将来可能给予任何第三方的优惠待遇，也应同样给予缔约的列强。而列强给予任何第三方的任何优惠待遇并不给予中国。它既不平等也不互惠，且适用范围无限扩大。

（一）“一体均沾”原则的确立

片面最惠国待遇条款发端于 1843 年中英《五口通商章程》。该约第八条规定：“如蒙大皇帝恩准西洋各外国商人一体赴福州、厦门、宁波、上海四港口贸易，英国毫无靳惜，但各国既与英人无异，设将来大皇帝有新恩施及各国，亦应准英人一体均沾。”意即中国将来给予其他国家任何商业权利，英国人可以一并享受。“一体均沾”原则由此确立。1844 年，中美《望厦条约》也有同样的规定：“倘中国日后……如另有利益及于各国，合众国民人应一体均沾。”

（二）片面最惠国待遇无限扩大

第二次鸦片战争后，片面最惠国待遇被无限扩大。1858 年，美国迫使中国签订《天津条约》，第三十条规定：“嗣后大清朝有何惠政、恩典、利益施及他国或其商民，无论关涉船只海面、通商贸易、政事交往等事情，为该国并其商民从来未沾，抑为此条约所无者，亦当立准大合众国官民一体均沾。”如此，片面最惠国待遇的适用范围便由通商扩大到中国政治、经济、军事、外交等各个方面。因而西方学者称，中美《天津条约》的“显著特点是一项无所不包的最惠国条款，这一条款使美国公民成为联合武力、外交和对局势最审慎的研究所赢得的一切事物的承受人”。[①]

到 19 世纪 60 年代，片面最惠国待遇的适用范围甚至扩大到包括中国公民在中国

---

① 姚贤镐编，《中国近代对外贸易史资料》第 2 册，第 760 页，中华书局，1962 年。

享受的权利，即中国政府若给本国人民何种优惠政策，外国人也“一体均沾”。[①]

西方列强在中国夺得的最惠国待遇完全是片面的，它只规定中国给予列强最惠国待遇，而列强并不给中国最惠国待遇。其适用范围的无限扩大，使之成为列强肆意扩大其在华政治、经济权益的重要工具。只要其中一个国家在中国攫取到任何一项特权，其他国家均可援引最惠国待遇条款一并享受，故一国向中国勒索一项特权，其他国家必群起相助，中国成了资本主义各国共同宰割的对象。到甲午战争前，根据不平等条约在中国获得片面最惠国待遇特权的国家有英国、美国、法国、俄国、德国、瑞典、挪威、丹麦、比利时、荷兰、意大利、奥地利、秘鲁、葡萄牙、西班牙、巴西等十六国。

六、领事裁判权[②]

近代，西方列强在华获得的领事裁判权是西方列强破坏中国司法权，是其在中国拥有的治外法权，也是列强攫取包括对外贸易在内的各种经济特权和巩固既得利益的重要手段。

（一）领事裁判权的确立

鸦片战争以前，英国不法商人就企图摆脱中国法律约束，在华获取治外法权，但未能如愿。鸦片战争后，英国将其意志强加于中国。1843 年，中英《五口通商章程》第十三条规定：“倘遇有交涉词讼，……其英人如何科罪，由英国议定章程、法律发给管事官照办。华民如何科罪，应治以中国之法。”意即英国人在五口地区与中国人发生纠纷，英国人由英国领事根据英国法律处理，中国人由中国官员按中国法律处置。这样，英国人获得了在中国五口地区的治外法权。

（二）领事裁判权扩大

1. 适用范围和地区的扩大

1844 年，中美《望厦条约》第二十一条规定：“嗣后中国民人与合众国民人有争斗、词讼、交涉事件，中国民人由中国地方官捉拿审讯，照中国例治罪，合众国民人由领事官捉拿审讯，照本国例治罪。”这一条款不但剥夺了中国对在华美国人的民事、刑事案件的审判权，而且剥夺了中国官员对美国罪犯的捕捉权。该约第二十五条又规定：“合众国民人在中国各港口因财产涉讼，由本国领事等官讯明办理；若合众国民人在中国与别国贸易之人因事争论者，应听两造查明各本国所立条约办理，中国官员均不得过问。”这样，不仅美侨与中国人或美侨间的案件，甚至美侨与其他外侨在华发生诉讼，中国官员都不得过问。此特权的适用范围由刑事扩大到民事，适用地区从五口扩大到全国，其他国家援引片面最惠国待遇条款一并享受。1865 年，英国公使照会总理衙门，提出“凡英民犯案，须由领事官出票，交地方官转传”。

2. 无约国民获得治外法权

到 19 世纪 60 年代，西方列强甚至剥夺了中国对那些与中国没有缔结条约国家的

① 中国人民大学编，《中国近代经济史》上册，人民出版社，1978 年版，第 77 页。

② 领事裁判权指一国通过其驻外领事，对处于另一国境内的本国公民根据法律行使司法管辖权的制度。

公民在中国发生诉讼的审判权。1869 年，英国提议，与中国无缔约关系的国家的人在中国犯罪，也可由英美等国领事代审。

西方列强在华获得领事裁判权后，外国人在华违法即受到本国领事的庇护。他们凭借这一特权，在包括对外贸易在内的各个领域为所欲为。外国领事对本国商人在华犯罪活动或“重罪轻判”或“空言了事”或“有意放纵”。如 1864 年，中国运盐船从泰州驶往南京，途中停泊在僻静处，美旗昌洋行轮船将其撞沉，货沉江底，死三人。中国地方官带盐户告至上海美领事馆，美领事断为“两造皆错”，仅判旗昌赔偿货价一半，赔偿死难家属白银 300 两。在领事裁判权的庇护下，外商在华违法犯罪几乎无所忌惮。如有美商雇用华人搬运货物，不但不付钱，反诬华人为盗。还有一些外国商人甚至将外国国旗及船舶执照作为商品卖给中国不法之徒，供其走私犯罪，逃避中国法律制裁。

当时，各个通商口岸成了外国人的天堂。如上海，在外国人眼中“已经变成无法无天的外国人的一个真正的黄金国。……其中，许多人都属于这一类型：只要有利可图，那么走私犯禁，一切都不顾忌，就是行凶杀人，也在所不惜。”[①]

事实上，不少外国驻华领事本身即为商人，特别是在第二次鸦片战争前，除英国以外，其他各国领事几乎全由商人兼任，因而五口通商时期也被西方人称为“商人领事时代”。1853 年，曾有美国人说：“我们在国外的领事从事商业活动是非常普遍的。在中国，他们都属于为首的一批美国洋行。”[②]如美国琼记洋行的柯柏德·侯德（Colbert Heard）曾任俄国驻上海及香港两地的领事，史密斯洋行的金戴维（David O.King）曾任普鲁士驻华领事。英国商人充当领事更加普遍。据记载，19 世纪 50 年代，比利时、西班牙、葡萄牙、丹麦、秘鲁、荷兰等国驻上海及广州的领事或副领事大多由英国商人充当。如宝顺洋行大班比尔（T.C.Beale）兼任葡萄牙驻上海领事和荷兰的副领事，怡和洋行的大班珀斯乌（Percival Alex）为丹麦驻上海领事，旗昌洋行大班华尔考（H.G.Wolccot）是美国驻上海领事。这些商人领事更是利用其所谓的领事裁判权大肆从事各种违法贸易活动，从而大发横财。他们当然对于“本国商人那种令人不以为然的走私行为，一定要装作看不见，而不采取任何步骤去取缔”。[③]各国商人在华的违法活动自然受到本国领事的极力庇护。

在领事裁判权的庇护下，西方商人在中国肆无忌惮地走私贩私，进行超经济的暴力掠夺，中国政府对此无可奈何。李鸿章曾说，这些领事“上半天沟通作弊之商人，下半天即可亲身赴道署商办公事；次日到官受罚之人，即道台明日来拜之领事”。[④]中美《天津条约》的美方签字代表列卫廉也承认，领事裁判权“要求将我国人民免于当

① [英] 莱特著，姚曾廙译，《中国关税沿革史》，商务印书馆，1963 年版，第 86 页。

② 达维斯：《美国公文汇编》第 1 辑，卷 4。《中国近代经济史》第 18 页。

③ [美] 马士著，张汇文译，《中华帝国对外关系史》卷 1，第 393 页。

④（清）李鸿章，《通商章程成案汇编》卷 4。

地法律的制裁，而我们自己却不予以惩处，凌害一个弱国实在莫此为甚”。[①]美国驻华公使蒲安臣也说：“我们的国旗曾经被用来庇护在中国的所有（美国）流氓。”[②]

此外，列强在华还获得驻军权，外商在华合法的、不合法的贸易活动均受到保护。恩格斯说：“英、法、美三国的商人在国外甚至比在家里更能自由行动。他们的大使馆保护他们，必要时还有军舰来保护他们。”[③]

西方列强通过上述特权在中国建立了一套半殖民地的对外贸易制度，将中国的对外贸易纳入世界市场体系之中，为西方利益所左右。20 世纪 30 年代，西人评论说：“《天津条约》创造了一套制度，使中国对外贸易被管制、培养和在七十年中扩大到梦想不到的数量。沿海港口的扩散、海关行政的统一、进出口商品在内地的特权享受、中国国内贸易商品由洋轮取代自有帆船在内地及沿海运输、外国商人及船只在条约口岸规定下及领事保护下的特权享受，等等，所有这些汇成一种深刻而确定的转变，创造了一个到今天仍基本上被维持着的贸易制度。”[④]在这一制度下，中国对外贸易日益半殖民地化。

第二节　中国对外经贸政策的变化与洋务运动

1840 年，中国封闭的大门被英国用大炮轰开，从此，中国进入被迫开放时期。

被迫开放是指，一国在外部力量强迫下打开国门，实施外部势力强加的或其许可的对外经贸政策。主要内容是对外开放国内市场，开展对外通商及其他经济往来。其结果是在落后国家造成社会变革，打破这些国家闭关自守的状态，使之同西方世界相联系。同时，落后国家的国内商品市场及资本市场均被外国控制和占领，长期处于落后的状态。

西方资本主义经济势力的日益渗透，使中国传统的封建经济文化受到激烈冲击。在西方的坚船利炮威胁之下，中国在对外关系中，日益处于受压迫的、屈从的地位，传统对外经贸政策的基础彻底被动摇。一方面清王朝被迫在沿海实施自由放任的贸易体制；另一方面，在日益严重的民族危机面前，中国的一些有识之士，力图借鉴西方模式变革传统的经济制度。但是中国作为主权丧失的半殖民地半封建国家，政府政策的制定与实施受到西方列强的干预和控制。与此同时，封建守旧势力依然十分强大，对新的变革采取各种方式予以抵制。因而中国对外经贸政策仅仅是在同时有助于保护西方在华利益的前提下，在不断与封建守旧势力斗争与妥协下，发生了一些变革。

---

① 姚贤镐编，《中国近代对外贸易史资料》第 1 册，中华书局，1962 年版，第 400 页。

②［美］马士著，张汇文译，《中华帝国对外关系史》卷 2，三联书店，1958 年版，第 130 页。

③ 恩格斯，《暴力在历史上的作用》，《马克思恩格斯全集》卷 21，人民出版社，2003 年版，第 466 页。

④ T.R.Banister:*A History of External of China,* 1834 – 81, 1931, p51.

一、“自由放任”的对外经贸政策

鸦片战争以前，清政府实行严格的对外贸易限制政策，通商口岸仅限于广州一口，对外贸易由政府特许的十三行垄断，其他人不得插手。外商来华后，其所带来的大部分货物不得直接在中国市场出售，也不得自行从中国市场或生产者手中购买商品，所有的贸易活动均由行商办理。鸦片战争后，面对西方武力威胁，清王朝不等不对外商实行不加管理的、屈从的“自由贸易”政策。

（一）外商在通商口岸“自由贸易”的权利

1842 年，《南京条约》规定：“今大皇帝准其嗣后不必仍照向例，凡有英商等赴各该口贸易者，勿论与何商交易，均听其便。”行商制度被正式废除，外商可以在沿海五口自由贸易。自此，封建性对外贸易垄断被打破，沿海成为自由的竞争性的市场，清政府及任何组织或集团，对通商口岸中外贸易的从业者、商品、贸易价格、贸易方式不得加以任何干预和控制。1843 年制定的进口税则又规定了 5%的低税率，西方商品进入中国的通商口岸，几乎不存在任何关税及非关税壁垒。外籍税务司制度更使被打开的中国大门钥匙掌握在列强手中，大大便利了外国商品的输入。西方人评论说，鸦片战后，“没有任何事物防阻一个外国人……在上海开舱时，卸下一船棉花；或是设若该外国人无所忌惮的话，卸下一船鸦片，或是……将这批货载到西藏的边境，或经由运河到天津和北京，或总而言之到任何地方，同时沿途兜售”。①

西方列强不仅在中国获得了市场经济意义上的自由贸易权利，而且还拥有大量政治、经济特权，使得清政府既不能按照传统的模式对之予以限制，也不能按照西方市场经济的管理方式对西方商人对华贸易进行有效的管理，外商在华贸易甚至比在其本国更加自由。

（二）放任外商对华走私

鸦片战争后，一方面西方的坚船利炮对清王朝造成极大威慑；另一方面，西方列强在华纷纷获得领事裁判权，使西方商人可以免受中国法律约束。因而西方商人不但可以在中国通商口岸不受任何干涉地从事合法的贸易，甚至可以从事大量非法贸易而不受制裁。

1852 年，咸丰帝发布上谕称，“事关交涉外夷，办理之法，先在严查内地商民，杜绝弊端，使夷商无可借口，断不准稍涉张皇，别生枝节”，即中国对外商要实行隐忍政策。1861 年，英国公使卜鲁斯说，清朝官员“在任何情况下，连碰也不敢碰外国人”。在清王朝隐忍退让政策下，外商在中国沿海的走私贸易极度猖獗。据统计，五口通商时期，宁波、厦门的贸易几乎 50%以上是走私进行的。非通商口岸的走私更为严重。阿礼国说：“我自己过去十年在三个口岸（福州、厦门、上海）的经验，使我不得不承认，关于忠实征收中国皇帝在对外贸易上应得的一切海关税饷，条约已无

① [美] 泰勒·丹涅特著，姚曾廙译，《美国人在东亚》中译本，商务印书馆，1959 年版，第 272－273 页。

异于废纸。”①

（三）鸦片贸易合法化

1. 鸦片战争后，清政府丧失了查禁外商走私鸦片的权力

鸦片战争后，1842 年，英国迫使中国签订的《南京条约》中第四款规定，中国赔偿英国商人鸦片烟费六百万银两。此条款构成了对清王朝禁烟政策的否定。此外，中英南京谈判时，英方谈判代表璞鼎查迫使中方代表耆英作出书面保证：“中国官吏对于禁止鸦片的权力，当然只以不准中国军民吸食鸦片为限，至于各国商船是否载运鸦片，中国无需过问，也无需在这方面采取任何措施。”②同时，英国承诺派兵船去禁止英国商人到非通商口岸从事走私活动。1843 年，中英《五口通商章程》中规定了领事报关制度，英国领事负责查英商走私并通报中国官方，“其偷漏之货，无论价值品类，全数查抄入官”，即中国禁烟只能禁本国人民，英商对华走私鸦片由英国自行解决。由此，虽未明文规定允许鸦片贸易，但中国丧失了查禁外商对华走私鸦片的权力。

而事实上，英国及其他各国政府对本国商人从事对华鸦片走私活动不但不禁止，反而纵容包庇甚至全力支持，英国还曾动用皇家海军保护鸦片走私贸易。据美国一份档案记录，在非通商口岸，皇家海军“就停在走私船的近旁，一直等到中国人（走私贩子）相信，军舰对鸦片走私船的保护和对合法商船的保护完全相同的时候为止”。③在条约口岸，鸦片走私则得到列强驻华领事的全力保护。1849 年，阿礼国曾承认，领事报关制度给鸦片走私提供了“有效的保护”，因为中国政府得不到英国领事的行文，“显然提不出必要的合法证件来”，即中国海关对英国人走私鸦片无能为力。此后，中国不再颁布鸦片禁令，放任外国人向中国走私鸦片。

在英国驻华领事和英国军舰的保护下，鸦片走私猖狂进行。1855 年的《北华捷报》报道，鸦片贸易“虽然没有正式被认可，可是实际上是被公认了的，鸦片公开在大街上搬运，没有人加以阻止”。同年，李泰国宣誓就职上海海关税务监督时，把禁止鸦片走私排除在海关职能之外。“不管鸦片走私到哪里，海关都拒绝干涉。”它可以“在海关关员面前公开通过，而且是唯一不受检查的进口货品”。在厦门，“鸦片小艇像渡船一样地来来去去，鸦片公开地在大街上贩卖”。④在广州，“鸦片就在街道上公开搬运和销售”。事实上，五口通商时期，宁波、福州的对外贸易主要就是鸦片贸易。

鸦片战争后，鸦片走私进口激增，1840 年为 15 619 箱，1850 年为 42 925 箱，1859 年增至 62 822 箱，20 年增加了三倍，累计进口鸦片达 95 万箱，占这一时期进口总额的 60%～65%。⑤

---

① 《鸦片战争史论文专集》第 190 页。三联书店，1958 年版。

② 姚贤镐编，《中国近代对外贸易史资料》第 1 册，中华书局，1962 年版，第 416 页。

③ 严中平主编，《中国近代经济史》上册，人民出版社，1989 年版，第 113 页。

④ ［美］费正清，《贸易与外交》卷 2。《中国近代经济史》，人民出版社，1989 年版，第 116 页。

⑤ 严中平主编，《中国近代经济史》上册，人民出版社，1989 年版，第 199 页。

2. 第二次鸦片战争后，鸦片贸易合法化

第一次鸦片战争以后，清政府虽然丧失了对外商走私鸦片的查禁权，但仍可对本国商民贩卖鸦片进行查禁。而事实上，清政府也确多次对本国烟贩进行过严厉惩处，这自然或多或少会影响鸦片贸易的顺利开展。因此，英国等西方列强一直处心积虑地欲将鸦片贸易合法化。

鸦片贸易作为一种罪恶的毒品贸易，在英国也曾引起激烈的争论。一些人认为，英国开展对华鸦片贸易，是不道德的有损大英帝国荣誉的行为。第二次鸦片战争后，英国终于迫使清王朝接受“以完纳关税把鸦片贸易置于合法地位”的无理要求。1858年，中英签订的《通商章程善后条约》规定，鸦片改名为洋药，准其合法进口，议定每百斤纳税银 30 两。英国终于将鸦片贸易在道义上的责任推给了清政府，同时，为其合法开展对华鸦片贸易进一步扫清了障碍。

但因鸦片运销内地要交纳繁重的厘金，列强当然仍不满意，故到 1885 年，中英《烟台条约续增专条》又规定：“洋药运入中国者，应由海关验明，……必俟按照每百斤箱向海关完纳正税三十两并纳厘金不过八十两之后，方许搬出。”这样，鸦片只要一次性每百斤纳税银 110 两，就可在全中国畅通无阻。

鸦片贸易合法化后，导致了严重后果。一方面鸦片进口激增，1860—1895 年的 30 余年间，中国进口鸦片高达 275 万箱；另一方面，国内鸦片种植合法化，规模不断扩大。19 世纪 70 年代，鸦片种植已扩大到几乎全国各省，尤以四川、云南、陕西、贵州、陕西、山东、江苏、河南、浙江及东北地区普遍。如江苏北部一带“种植之区已十居其一”，浙东种植比例达十之七八。东北三省种罂粟的农民也达十之六七。大量肥田沃壤用于罂粟的种植，严重影响农业生产及农村经济的稳定。1877 年，山西发生“丁戊奇荒”，饿殍遍野。时任山西巡抚曾国荃于光绪四年上疏称，“晋省荒歉，虽曰天灾，实由人事，自境内广种罂粟以来，民间蓄积渐耗”，“以膏腴水田，偏种罂粟，而五谷反置诸硗瘠之区，此地利之所以日穷也”，“昔之上农夫，……变而为乞丐，为盗贼矣”。①

随着鸦片进口及国内鸦片种植的扩大，中国吸食鸦片的人数迅速增加，城市、农村经济贫困破产，生产力萎缩，购买力下降，严重影响社会经济的正常发展。

（四）默许外商在华非法投资

鸦片战争后，条约并未赋予外商在华投资的权利。但为了控制中国的对外贸易，外商擅自在中国投资，除通商口岸的公用事业（水、电、煤气、房地产、通信等）外，还投资于中国的金融业、交通运输业及工矿企业。清政府对外国在华投资的非法行为采取了默许的态度，从来没有加以干涉。

清王朝对外国商人的自由放任政策，使西方资本主义在华势力迅速增强，中国传统社会经济，特别是沿海地区的社会经济受到强烈的冲击。

---

① 李文治，《中国近代农业史资料》第 1 辑，三联书店，1957 年版，第 462 页。

二、洋务运动与对外经贸政策的变化

两次鸦片战争，中国均惨遭失败，被迫与西方列强签订了大量丧权辱国的不平等条约，曾经的“天朝上国”沦为“地上弱邦”。一些社会的精英分子开始意识到中国面临空前的民族危机，遭遇了“数千年未有之强敌”，因而“人人有自强之心，亦人人有自强之言”，传统的华夷观念开始动摇。清王朝中的有识之士开始正视现实，他们不断总结中国失败的教训，努力寻求自强之路。一些人认识到中国与西方军事上、经济技术上的差距，主张积极学习西方，发展近代资本主义。他们认为，中国只有自强才能抵御外侮。从 19 世纪 60 年代开始，中国开始了一场以“求强”“求富”为目标的早期现代化运动——洋务运动。

（一）思想渊源

早在第一次鸦片战争时，林则徐即感受到中外军事力量的悬殊，“内地船炮非外夷之敌”，提出对外开放“以通夷之银，量为防夷之用，从此制炮必求极利，造船必求极坚”。[①]此后，林则徐“通夷御侮”思想被魏源具体化为“师夷长技以制夷”的主张。他认为：“夷之长技有三：一、战舰；二、火器；三、养兵练兵之法。”因此主张引进夷人之长技，以达到“国以人兴，功无幸成，唯厉精粹志者，能足国而足兵”。[②]

与此同时，尽管中国战败，但守旧势力依然强大。大多数人依然认为，西方仅仅是制造技术比中国先进，中国传统的政治经济体制、儒家思想及其伦理道德优越于西方。1861 年，冯桂芬在其《校邠庐抗议》中提出：“形而上者中国也，以道胜；形而下者西人也，以器胜。”因而，“器则取诸西国，道则备自当躬”。意即中国应在传统体制内吸收外国先进技术，应中西结合且以中学为根本，即在坚持中国传统体制前提下，学习西方先进技术。此即后世所称的“中体西用论”。

（二）主要内容及发展阶段

1. 主要内容

1860 年底，咸丰帝发布上谕，令曾国藩等人聘请西方工程师传授枪炮制造技术，从而拉开了近代中国学习西方的序幕。引进西方先进技术，兴办近代化军事及民用企业，在器用层次上向西方学习的洋务运动——中国早期的现代化启动。1861 年，总理各国事务衙门（简称总理衙门）成立，成为中国办理洋务的中央机构。在总理大臣奕䜣，地方实力派曾国藩、李鸿章主持下，洋务运动逐步展开。其主要内容包括兴办近代军事工业制造枪炮船舰、兴办近代工矿企业和交通运输业、对外交涉、编练新式陆海军、设立学堂、派遣留学生等。其核心是兴办近代的军事工业和民用工业，以达到“求强”“求富”的目的。

2. 基本发展阶段

洋务运动分为前后两个时期。第一阶段：以“求强”为主，兴办近代军事工业（19

---

① 侯厚吉，《中国近代经济思想史稿》第一册，黑龙江人民出版社，1982 年版，第 119 页。

②（清）魏源，《海国图志》卷 2。

世纪60至70年代）；第二阶段：兴办近代民用工业（19世纪70年代后至90年代）。

第一阶段的洋务运动旨在建立一套新的有效防御体系。1861年，曾国藩主张“师夷智以造炮造船”，在安徽设立安庆内军械所，开始生产新式武器和小轮船。1863年，李鸿章在上海创办三所洋炮局，仿制西式大炮。制造新式武器靠中国传统手工工具显然无济于事，因而产生了引进外国先进机器设备及其技术的要求。由此，中国开始了引进欧美先进技术的历程。1865年，中国第一家近代军事工业企业——江南制造总局正式成立。这一时期，所建近代军事企业达20余家。

清政府兴办的近代军事工业所生产的产品并不作为商品出售，即不进入市场，而是直接拨交军队使用，因而不计成本、不考虑盈亏，企业也没有由利润转化来的资金积累。而军工企业又需要大量资金投入，依靠财政日趋拮据的清王朝自然难以持久。与此同时，军事工业的发展也不能独立进行，需要相关的上下游民用产业配合，如交通运输、能源、原材料等。此外，随着对西方国家了解的加深，到19世纪70年代，洋务派官僚认识到，西方国家强大的根基在于其经济的发达，因而“求强必须求富”，由此提出了“寓强于富”的口号。

通过官办、官督商办、官商合办的形式，洋务派在各地创建了一系列民用工业，其中，主要是工矿及交通运输企业。著名企业包括1865年创建的江南制造局、金陵机器制造局，1867年创办的天津机器制造局，创建于1872年的轮船招商局，1880年开办的天津电报局及关内外铁路（天津经山海关向关外延伸），1881年开办的开平矿务局（今开滦煤矿的一部分），1878年开办的基隆煤矿，1889年的漠河金矿，1890年的上海机器织布局，1893年的汉阳铁厂（湖广总督张之洞创办，是当时规模庞大的钢铁冶炼企业）等。

到19世纪90年代，作为军事意义上的洋务运动，随甲午战争的失败而宣告破产。然而，其兴办的民用企业并未受到影响，仍继续发展。在封建官僚控制下，在西方在华企业竞争中，这些企业艰难图存。长期而言，洋务企业对中国的近代化和民族资本主义发展发挥了积极作用。

（三）对中国外经贸政策的影响

作为贫穷落后国家，兴办近代机器工业同时存在资本和技术短缺。此外，产品在国内外市场面临列强的竞争，因而需要利用外资、引进技术及参与市场竞争。由此，推动了晚清新的对外经贸政策的形成。

1. 利用外资

兴办近代机器工业，特别是军工等重工业企业，需要大量的资金投入，因而洋务运动首先面临的一个问题是资金来源。而当时的中国“民间十室九空，国帑千疮百孔”，即无论民间还是政府均无资金可以利用，利用外资成为唯一筹集资金的途径。而利用外资与传统的闭关自守思想存在严重冲突，保守派对利用外资大加抨击，认为此举将导致“利权尽失”。洋务派则从国际经验及中国现实出发，坚持利用外资兴办新式企业。在利用外资的方式上，由于担心“招引洋股”，即利用外商直接投资会导致企业被“洋人把持”而“不能自主”，因而提出“借洋债以兴大利”，即通过借款的方式办企业的主张。经过近 10 年的争论，“借洋债以兴大利”终于成为清末一个重要的对外经贸政策。甲午战争前，清廷共借债 40 次（或说 25 次），借款 3 200 万银两，洋务企业为借债者，以在华外资企业尤其是汇丰银行（占 50%）为主要的债权人。

洋务派利用外资政策受到清廷中保守派的不断攻击，且利用外资不同程度地伴随利权的丧失，故利用外资在争议中进行。由此，促使了利用侨资政策的出台。自明代以来，封建政府即将海外华侨视为国家叛逆或弃民，对华侨采取敌视、打击政策。为利用华侨资金，从 19 世纪 60 年代开始，清王朝逐步改变其华侨政策。如废除出洋华人回国的禁令、在华侨集中的海外城市设立领事馆保护华侨的利益等。同时，派官员到海外劝募及争取华侨的经济支持，招引其回国投资并对华侨回国投资予以奖励等。

2. 引进先进技术

兴办近代工矿企业，中国面临的第二个问题是技术缺乏。近代工矿企业不同于中国传统的手工工场，一是需要使用新式机器设备，二是必须拥有掌握现代科学技术的工程技术人员。解决这一问题，最快速有效的方式是从国外引进。李鸿章提出“需以广购机器为第一义，精求洋匠为第二义”①，既要引进先进机器设备，又要引进先进智力。因而他创办的江南制造总局，一方面收买美商旗记铁厂留下的全部机器设备及派遣容闳赴美定购机器；另一方面，则从欧美聘请了一批工程师。

此后，以引进国外先进设备（硬件）、工程技术人员（软件）为主的技术引进，成为近代中国重要的外经贸政策之一。

3. 发展对外贸易，实行“进口替代”

中国大门已被迫打开，外商又控制了中国进出口贸易，赚取了巨额的贸易利益，导致中国财富外流。洋务派从国际经验中认识到，要实现中国的富强，就要开展“商战”，即发展对外贸易，展开国际竞争。郑观应总结西方的经验称：“西人以商为战，士、农、工为商助也，公使为商遣也，领事为商立也，兵船为商置也。”②马建忠也认为：“若英、若美、若法、若俄、若德、若英属之印度，无不以通商致富……欲中国之富莫使出口货多，进口货少。”他提出三条具体途径：一是“使出货多则精求中国固有之货令其畅销也”；二是“使进口货少则在仿造外洋之货敌其销路也”；三是“欲财常聚而不虞其散者，则在开矿山自有之财也”。意即促进出口，实行“进口替代”。中国要“以商制敌，大要两端：外国所需于中国者，自行贩运；中国所需于外国者，自行制造”。③意即中国要与列强竞争，一是要争取出口贸易主动权，二是要对所需进口商品实行进口替代、发展进口替代产业。由于外国洋行势力强大，试图自主开展出口贸易的政策难以奏效，发展进口替代的民用产业就成为洋务运动后期的重要活动。

综上所述，在“中体西用论”原则指导下，以“求强求富”为目标的洋务运动，

---

① 郭廷以等，《海防档》丙，机器局（一），第 5 页。

②（清）郑观应，《盛世危言》，中州古籍出版社，1998 年版，第 293 页。

③ 中国史学会，《洋务运动（一）》，上海人民出版社，1961 年版，第 403－404 页，第 406 页，第 407 页，第 167 页。

开启了中国引进外国先进技术、利用外国资本的先河，发展对外贸易也被置于实现国家富强的途径这一前所未有的高度。但在传统制度的约束下，洋务运动所取得的近代化成效十分微弱。

第三节　洋行对中国进出口贸易的垄断

一、早期的洋行

洋行系外国商人在中国设立的外资企业。早期洋行大多从事商业活动，推销本国的工业品，收购土货，以后发展到从事交通运输、金融、采掘、制造等多种行业。

早在鸦片战争前，洋行就已经出现了。康熙五十四年（1715 年），英国东印度公司即在广州设立了洋行，成为第一家外国资本在华设立的企业。18 世纪后期，一批获得英印公司特许的英国私商专门经营中印间贸易，这种贸易被称为“港脚贸易”。1782 年，港脚商人约翰亨利·柯克斯（John Henry Cox）与丹尼尔·比尔（Daniel Beale）合伙在广州建立了柯克斯·比尔行，为其他港脚商人做代理并自营港脚贸易，此行为遭到英印公司的禁止，丹尼尔设法获取了普鲁士国籍，逃避了英印公司的管束，使洋行得以存活下来。到鸦片战争前夕，柯克斯·比尔行几经改组，变为查顿·迈地臣行，即后来的怡和洋行。其他英国商人纷纷仿效丹尼尔的做法，在广州设立商行。从 1818 年开始，美国商人也在广州设立洋行，规模最大的即旗昌洋行（Russell & Co）。这些洋行既为其他商人做代理，自身也从事贸易活动。鸦片战争前，外国在华洋行约有 100 余家，鸦片是他们所经营的最大宗的贸易品。

二、洋行的发展及其在华投资

鸦片战争后，西方列强在华获得一系列特权，为洋行的发展铺平了道路。洋行的规模、经营范围不断扩大，涉及贸易、金融保险、交通运输、公用事业、房地产及工矿企业等各个领域。

（一）洋行的发展

五口通商时期，由于国际金融资本尚欠发达，交通运输费用高昂，从事远洋国际贸易受到显著约束。因此，西方普通的中小商人无力涉足对华贸易。故这一阶段，外国在华洋行数量增速缓慢，到 1855 年，总计只有 209 家。[①]这一时期的洋行主要分为两类。一类是战前成立的老牌的进出口商行，如英国的怡和、太古、宝顺、沙逊、广隆洋行，以及美国的旗昌、慎昌、琼记洋行等。他们多以经营鸦片贸易起家，战后继续从事鸦片贸易，兼营纺织品输入和丝茶输出。另一类是新成立的洋行，如泰和、裕泰、祥泰、公易、义记、裕盛、丰茂、和记洋行等。他们的规模相对较小，主要业务

① 姚贤镐编，《中国近代对外贸易史资料》第 1 册，中华书局，1962 年版，第 509 页。

是英国纺织品输入和中国丝茶出口贸易，也兼营鸦片贸易。

第二次鸦片战争后，特别是进入19世纪70年代，随着第二次产业革命的发生，西方工业品生产成本和国际运输成本均大为降低，同时，国际金融资本作用增强，“小商人找到了做生意的机会，……结果，商业被人为地扩张了”。[①]越来越多的西方商人加入对华贸易行列，洋行数量快速增长。据统计，1872年，在中国的外国洋行已有343家，1877年增至349家，1882年增至440家，1892年达到579家。其中，以英国洋行数量最多，约占总数的2/3，德国、法国和美国等在华也有多家洋行。

从洋行的规模，主要是其雇员人数上看，英国最大，美国次之。[②]这一时期，著名的洋行有英国怡和洋行、太古洋行、老沙逊洋行、新沙逊洋行、义记洋行，美国琼记洋行、旗昌洋行，德国礼和洋行、美最时洋行等。这些洋行势力强大，如怡和、太古洋行，“无海面河流不见其旗帜，无埠口不有其办事处”。[③]

（二）洋行投资领域

为加强对中国经济的掠夺，进一步控制中国的对外贸易，同时为分散风险、争取利润的最大化，西方洋行在没有条约认可的前提下，在中国纷纷进行非法投资，其领域涉及与对外贸易密切相关的金融保险业、交通运输业及出口加工业。

1. 金融保险业

1845年，英国丽如银行，又称英国东方银行（Oriental Bank，总行先设在印度，后迁往伦敦）在香港和广州开设了分行，成为第一家外国在华银行。1850年，又在上海开设了一家分行并在香港发行纸币，该币成为中国市场流通的第一批外国钞票。此后开办的外资银行，还有1854年英国有利银行、1857年麦加利银行。与此同时，不少在华大洋行也从事外汇买卖等金融业务，且在19世纪50年代，其交易规模往往超过在华外资银行。

19世纪60年代以后，外国在华银行日益增多且不仅限于设立分支行，而是将总行直接设在中国，进而在各个通商口岸设立其分支行，势力增长迅速。到1870年，英国在华银行的分支行已有17家，到1880年增至19家，到1890年增至30家。这些银行的业务也不限于中西汇兑，他们通过发行货币、存放款、垄断汇兑操纵中国的金融市场。如1865年成立的第一家总行设在中国的汇丰银行，通过垄断国际汇兑、操纵中国汇率、控制中国的外汇市场以及资助洋行等方式，控制中国的进出口贸易。[④]到1880年，在西方人眼中，汇丰银行就十分确定地赢得了在中国对外贸易中发号施令的地位，从而成为在华外国洋行的庇护人。[⑤]与此同时，随着外资银行的发展，中国旧式金融机构——钱庄的职能日益买办化。

---

① 姚贤镐编，《中国近代对外贸易史资料》第2册，中华书局，1962年版，第951页。

② 同上，第1000－1003页。

③ 同上第1册，第662页。

④ 垄断国际汇兑是控制对外贸易的一个重要方式。近代中国的外汇市场，从汇率的决定、交易规模到市场构成，均操于外行之手。

⑤ 中国人民大学编，《中国近代经济史》上册，第77页。

19 世纪 60 年代以前，外商保险公司的在华业务主要委托洋行代理。随着对外贸易的发展，独立的在华保险公司应运而生。1864 年，英国《泰晤士报》称："当今商人的'黄金国'似乎就是中国了。那里还有广阔的真空有待填补。……我们英国商人正在闯进中国，好像进入了一个未开发的处女地带。……'能够保险吗？'中国托运商很快就提出这个迫切的询问了。因此，为 1/3 人类的贸易开办保险业务，也摆在这些新来的冒险家的面前了。"[①]西方人取得沿海及内河航行权后，"随着当地贸易的增长，由于来往于新开辟港口的短程货运的经常化以及叛乱及战争的危险等，这便使当地保险的重要性增加了，沿海货运已经变得十分危险，货物非有保险不可"。[②]1857 年，怡和洋行于上海设立谏当保险公司分公司；1864 年，沙逊等洋行联合设立了泰安保险公司；1868 年，怡和又设立香港火烛保险公司；1868 年，宝顺洋行也在上海设立了于仁洋面保险公司分公司；美商也不甘落后，1862 年，旗昌洋行在上海设立了扬子保险公司。

2. 交通运输业

为了便于进行商品倾销和收购土货，西方列强还纷纷投资于中国的航运业。早在 1850 年，英国人开办了一家只有两艘船的"省港小轮公司"，从事香港至广州航线业务。第二次鸦片战争后，列强取得在华沿海和沿江的航行通商权后，外商轮船公司在华相继开办。如 1861 年，美国旗昌洋行设立旗昌轮船公司。1867 年，英国太古洋行开办太古轮船公司，1877 年，怡和洋行开办的怡和轮船公司。这些轮船公司利用其拥有的特权和先进的航运设备，逐渐垄断了中国的远洋和内河运输业。[③] 1872 年，中国成立了著名的洋务企业——轮船招商局。中国轮船虽在内河航运占有一定份额，但远洋对外贸易运输几乎全部掌握在外国轮船公司手中。外国轮船公司势力增长迅速，从 1877 年到 1892 年，其在华轮船总吨位从 6 727 591 吨增至 22 101 632 吨，占各通商口岸进出中外轮船总吨位的比重，由 63.3%上升到 77.8%。[④]

此外，外商还试图在华修建铁路。1872 年，英美商人联合开办了一家"吴淞道路公司"，铺设了一条由吴淞到上海的 10 英里长铁路，结果被清政府以 28.5 万两白银买断，予以拆除。这一时期，由于清王朝守旧势力阻挠，英美商人试图投资于中国铁路修筑的活动未获成功。

3. 工业企业

这一时期的开办的外资工厂，主要包括为对外贸易服务的船舶修造厂、大宗商品出口加工企业及为占领中国市场的轻工业企业。1845 年，英国人柯拜（John Couper）在广州开设了柯拜船坞，成为第一家外资在华船舶修造厂。到 1864 年，外商在华设立的大小船厂有 39 家，主要分布在香港、黄埔和上海，如著名的上海的耶松、祥生船厂等。外商投资的出口加工业，主要是在通商口岸设立的砖茶厂、缫丝厂、制糖厂、

① [英]《北华捷报》，1864 年 11 月 26 日转载。

② 转引自中国保险学会编，《中国保险史》，中国金融出版社，1998 年版，第 21 页。

③ 1872 年中国成立轮船招商局前，中国没有自己的轮船航运业。

④ 严中平等，《中国近代经济史统计资料选辑》，中国社会科学出版社，2012 年版，第 221 页。

轧花厂等。此外，为了利用中国廉价劳动力和原料并便于占领中国市场，外商在华还开办了火柴、肥皂、制药、玻璃、造纸、卷烟厂等一些轻工业生产企业。1895 年前，外商在中国设立的工厂有 191 家，总投资 2 000 万元。其中，船舶修造业和出口加工业有 116 家，占总数的 60%；资本额 1 500 万元，占总投资的 75%。①

洋行在华的投资活动，不仅使其为对外贸易服务的近代相关行业在华建立起来，大大便利了其对华贸易的开展，而且其逐渐控制了中国近代关系国民经济命脉的金融业、交通运输业等。通过对中国金融业、交通运输业的垄断，以及对出口产品加工、包装等的直接经营，洋行保证了对中国进出口贸易的操纵。凭借雄厚的经济实力、丰富的国际贸易知识和贸易渠道以及各种各样的特权，洋行不断加强对中国的对外贸易垄断与控制。

三、洋行对中国对外贸易的操纵

西方在华洋行大量雇用中国人充当买办，得以深入中国城乡，从而操纵中国市场。

（一）近代买办的产生与发展

买办（Comadoy）出现于鸦片战争前的十三行垄断对外贸易时期。当时，外商来华贸易，由十三行派出一人代理外商在华贸易（卖出洋货，买进土货）并负责管理外国商馆里的内部事务（雇员、账目、伙食等），此人被称为“买办”。因此，这一时期的买办，是由十三行派出的负责外商在商馆内部事务的人员，他们承担着防范、监督、管理外商之责，主要是服务于封建统治秩序，故属于封建性的买办商人。

鸦片战争后，1843 年中英《五口通商章程》、1844 年中美《望厦条约》均规定，外商“可得自由雇用领港人、仆役、买办、通译、驳船及水手等，而不受干涉”。由此，外商取得了自由雇用买办的权利。

五口通商后，由于过去的封闭状态，新开放口岸的内地商人大多未与外商打过交道，双方“语言不通，气味各别”，更缺乏必要的信用关系。同时，外商对中国的交易传统、货币制度和度量衡等也不熟悉，加之广大内地尚未开放，他们不得不雇用买办作为其在中国的代理人，为其推销进口商品和购买土货，近代买办由此诞生。

与鸦片战争前的封建性买办不同，鸦片战争后，买办是外商自由雇用的，成为接受外商薪金、为外商推销商品、购买货物的代理人。买办与外国洋行之间的关系通常通过契约来规定，具有资本主义的雇佣性质。买办依附于外商，利用不平等条约规定的特权为外商的利益服务，成为洋行的附庸，因而其又具有明显的半殖民地色彩。

中国近代最早充当买办的，大多是广东十三行行商。这些人与外商有传统联系，通晓外语，熟悉本国市场，与各地商业组织有联系。19 世纪 40 年代，洋行雇用的买办几乎都是广东人。此后，随着贸易重心的转移，江浙等丝茶产地的商贾中，不少人也充当了洋行的买办。随着西方资本主义势力的深入和对外贸易的发展，买办数量迅

① 汪敬虞，《十九世纪西方资本主义对中国的经济侵略》，人民出版社，1983 年版，第 282－283 页。

速增长。到甲午战争前，全国买办已达10 000人，活动范围涉及商业、金融、交通、工业的各领域，俨然成为一个新的社会阶层，“于士农工商之外，别成一业”。[①]

（二）买办的服务方式

洋行招雇买办后，即与之订立合同，明确规定买办的雇用期限、责任和权利，合同必须向外国驻华领事馆备案。合同对买办的行为有多种约束，如买办由于业务上的疏忽或过错造成经济损失，必须按照契约规定赔偿，而对外商约束较少。买办为外商推销洋货、购买土货服务，主要方式包括：代购代销——作为洋行的雇员直接为外商服务，按外商的要求和规定的价格买卖货物，不负盈亏；经销承购——依靠外商的庇护，建立自己的商行，其业务是向外商承接生意、购买洋行需要的商品、出售洋行批销的商品，买办既是洋行的雇员又是与洋行做生意的商人；包销包购——向外商承担一定的购销任务，从中收取佣金。

（三）买办的作用

买办利用其与中国市场固有的商业关系，成为联系洋行与中国市场的桥梁。他们深入外商难以到达的内地搜集市场信息，设立分销处和堆栈，将洋货逐步推销到广大的内地市场；同时，采购大量丝茶等农副产品，为洋行提供出口货源。通过买办的活动，洋行打开中国沿海市场并逐步向内地推进。洋行在中国沿海与内地市场之间，建立起一套以口岸买办商人为核心，由各层次内地商人组成的为外商进出口贸易服务的网络（见图9－1），从而改变了中国传统的市场结构，中国对外贸易日益为洋行所控制。

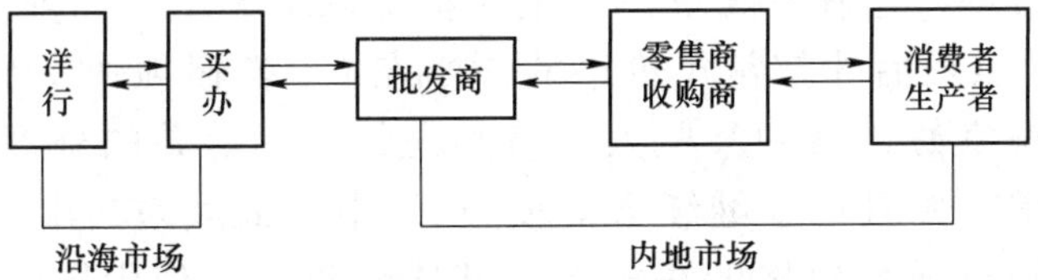

图9－1　鸦片战争后中国市场结构简图

买办为外商赚取高额利润的同时，自身也获得很大收益。据估计，从鸦片战争后到1894年前，买办的总收入（仅其从事买办活动的职业所得，不包括其开设企业及其他投资的收入）约为5亿两。而清政府在19世纪40至60年代的年财政收入，不过4 000万两～6 000万两。则鸦片战争以来50年间，买办的收入相当于清政府10年的国库收入。[②]随着买办经济势力的日益增长，其社会地位和政治权利也不断提高。如前述苏松太道吴健彰原为广州行商，后充当外商的买办，进而入仕为官。买办是最早与西方资本主义生产方式相联系的中国人，在与外商长期密切的接触中，在洋行高额利润的刺激下，一些人逐渐产生了投资近代工商业的意识，从而成长为中国第一批富有冒险精神和创新意识的企业家及中国最早的新式商人。在他们所兴办的近代工商

① （清）李鸿章，《李文忠公全集》卷3。

② 许涤新，吴承明主编，《中国资本主义发展史》卷2，人民出版社，1990年版，第174页。

企业中，移植了西方资本主义的经营方式，他们与雇员的关系基本上摆脱了人身依附关系而成为雇佣关系。其中的一些人还与洋务派官僚相结合，办洋务、开工矿，成为洋务事业的得力助手。如曾任宝顺洋行买办的徐润，在招商局投资 48 万两并担任了招商局会办，以后又任热河金银矿务局总办和开平煤矿的会办。还有一部分人转化为民族资本家的买办商人，积极在国内外市场上与外商展开竞争。如曾任英国宝顺洋行和太古轮船公司买办的郑观应，成为近代著名改良主义思想家，提出过著名的商战理论。

总之，买办作为近代中国半殖民地社会特有的社会阶层，其作用既有有利于西方列强加强对华控制的一面，又有推动中国资本主义发展的一面。

（四）洋行对中国对外贸易的垄断

五口通商后，洋行即通过买办控制了中国的对外贸易。第二次鸦片战争后，不但进出口贸易的国外环节几乎全部掌握在洋行手中，而且原本由华商经营的进口商品在国内的销售及出口商品的收购也由洋行染指，特别是出口商品的收购，一些洋行的势力已深入产地。1860 年，“有洋商自在九江向内地商人买茶”。1868 年，牛庄海关贸易报告称：“1865 年的贸易报告中提到的那类掮客已经找不到职业了。外国的售货商已与内地商贩直接接触，同时，外国的购货商现在已经能够自行向本地的生产者购买大豆和豆饼了。”①

洋行操纵对外贸易，使中国商人、生产者与国际市场隔绝，对国际市场的动态无从知晓，进出口商品价格完全掌握在洋行手中。1887 年，汉口海关报告称：“茶叶虽然迅速涌入市场，但销售很慢。（洋行）买主以市场主人的安闲态度对待茶市。价格一跌再跌，直至最后才按常年价格的 20%左右，慢慢地作了少量的交易。……外商买卖一般情况良好，其中某些人，特别是经营上等茶的外商利润很大，而中国商人的损失极重，并且还要继续遭受损失。”中国最大宗的出口货物——茶叶完全是买方市场，洋行成为价格的决定者，其压价收购，使中国经营者遭受了惨重损失。

到 19 世纪 60 年代，一些担任过洋行买办的中国商人试图开展直接的对外贸易。1867 年，广州商人黎召民等在广州开设了一家名为“肇兴”的出口公司并设立了伦敦分公司，聘请原琼记洋行买办刘述庭任经理，但该企业维持不到三年即因资金短缺、得不到政府的支持被迫停业。②不但普通商人无力打破洋行对中国进出口贸易的垄断，即使是一些官僚商人也难以与外商竞争。据记载，19 世纪 80 年代，“红顶商人”胡光墉试图凭借其雄厚的金融后盾及亦官亦商的身份，打破洋行对中国生丝收购价格的操纵及对出口格局的垄断。他采取在江浙产丝区发放订银买断当地蚕茧的做法，囤积了大量生丝，同时，派人在伦敦进行推销，结果遭到西方商人的联合抵制。一方面伦敦商人极力压低丝价；另一方面，上海各洋行停止收购蚕茧，

① 姚贤镐编，《中国近代对外贸易史资料》第 2 册，中华书局，1962 年版，第 968 页，第 968－969 页。

② 郝延平，《中国近代商业革命》，上海人民出版社，1991 年版，193 页。

致使胡光墉不得不将其囤积的生丝削价出售，造成上千万两的巨额亏损并引发其各类企业破产倒闭。

第四节　中国对外贸易的发展及平衡状况

鸦片战争以后，中国被迫开放，西方列强凭借在中国获得的政治经济特权，逐步控制了中国的对外贸易并将其纳入全球贸易之中。因而这一时期，中国对外贸易的发展与国内外生产力水平及市场供求状况的联系愈益紧密。19 世纪 70 年代发生的第二次产业革命对国际贸易产生了深刻影响，中国的对外贸易在此前后也呈现出不同的发展态势。

一、19 世纪 70 年代以前的对外贸易

（一）进出口贸易缓慢发展

1842 年中英《南京条约》签订后，中国开放了沿海五个口岸，允许外商自由贸易。这样，广州一口通商及十三行制度被废除。对此，英国人“兴奋若狂”，英国全权代表璞鼎查（Herny Pottinger）甚至公开向英国资本家宣称已为他们的生意打开了一个新的世界，“这个世界是这样的广阔，……倾兰开厦全部工厂的出产也不够供给它一省的衣料的”。[①]当年的美国总统泰勒（J. Tyler）在给国会的咨文中，对美国商品在华的销路也颇为乐观。[②]

五口开放伊始，英国商品在华销售的确出现过一个小小的高潮。如在广州，有英商贩来的“哔叽已经脱手，羽纱得到好的价格”。由此，他们认为中国“对英国货的欲望在坚定地增长”，“对英国产品有巨大的需求”。这些短暂的热销冲昏了英商的头脑，他们“一想到和三万万或四万万人进行贸易，好像全都发了疯似的”。随即，英商掀起了一个向中国倾销商品的狂潮。不少英商在对中国市场需求、消费习惯茫然不知的情况下，就盲目地将各种各样的英国商品大批运到中国。如英国西菲尔特的一家著名公司运来了大批刀叉，准备供给中国人作为餐具；结果这批货物在商店里陈列了好几年，中国人“对这些器物连看也不看”。还有一家伦敦公司运来了大批钢琴，他们设想每二百名中国妇女中，总有一个愿意学钢琴，这将是一笔巨大的生意；结果根本无人购买，钢琴只能堆在仓库里受潮变质。[③]其他英国工业品也遭遇了几乎同样的命运。英商对于其最主要的出口商品——棉纺织品原本所抱幻想更大，一些人甚至认为“只消中国人每人每年用一顶棉织睡帽，不必更多，那英格兰现有的工厂就已经供给不上了”；其结果同样令英国人大失所望，他们发现“就粗布而论，我们的制造品

① 转引自严中平，《英国资产阶级纺织利益集团与两次鸦片战争史资料》，《经济研究》，1955 年第 2 期。

② 严中平主编，《中国近代经济史》上册，人民出版社，1989 年版，第 330 页。

③ 姚贤镐编，《中国近代对外贸易史资料》第 1 册，中华书局，1962 年版，第 632－633 页。

没有一点竞争的机会”。一个英国人甚至说：“我们永远找不到一个人会承认我们的布和他们的布一样好。就我对于布的知识而言，他们偏好土布是正确的。”他还发现中国“运往伦敦的生丝实际上是用曼彻斯特的上等棉布包装的”。“英国棉布是可能找到的最无价值的东西，比寻常的包装材料——杭州粗棉布还要便宜和无用。”①

由于英国商品在华滞销，故从统计数字上看，英国对华出口出现了一个急速上升，再急剧跌落，最后又缓慢回升的态势，参见表 9－2。

表 9－2　英国对华出口额　（单位：英镑）

年份	出口额	年份	出口额
1840	524 198	1849	1 537 109
1841	862 570	1850	1.574 145
1842	969 381	1851	2 161 268
1843	1 456 180	1852	2 503 599
1844	2 305 617	1853	1 749 597
1845	2 394 827	1854	1 000 716
1846	1 791 439	1855	1 277 944
1847	1 503 969	1856	2 449 982
1848	1 445 959	1857	2 876 447

资料来源：《英国资产阶级纺织利益集团与两次鸦片战争史资料》

由表 9－2 可见，从 1840—1845 年的短短 6 年间，英国对华出口增长了 3 倍多。而疯狂贩运来的商品没有销路或者严重亏损，故从 1846 年开始，贸易额迅速下跌，到 1854 年跌至谷底，比 1845 年减少了近 60%。直到第二次鸦片战争时，贸易额才恢复到比 1845 年略高一点的水平。美国的棉纺织品在中国的销售状况与英国商品相似，或者大量积压，或者卖不出合适的价格。总之，这一时期，中国进口的最大宗商品——棉纺织品增长缓慢。

与此同时，随着五口开放，外商蜂拥来华，中国大宗出口货物茶叶和生丝的出口量直线上升。如出口的第一大类商品茶叶，1844 年出口量为 7 000 万磅，到 1858 年增至 10 300 万磅，②增长了 47%。生丝的出口增长更为惊人，1843 年出口规模仅为 1 430 担，到 1858 年增至 69 000 担，③增加了 48 倍之多。若以银两计算，中国出口到英国的货物值：1837—1839 年，年均为 1 282 万两；1842—1846 年，增为 1 597 万两；1854—1858 年，达 2 747 万两；1859—1862 年，更增至 2 966 万两。而英国输华货物年均贸易额最高仅为 700 万两，通常在 450 万两左右。英国人对此当然极为失望。1852

① 姚贤镐编，《中国近代对外贸易史资料》第 3 册，中华书局，1962 年版，第 1350 页。

② 姚贤镐编，《中国近代对外贸易史资料》第 1 册，中华书局，1962 年版，第 509 页。

③ 姚贤镐编，《中国近代对外贸易史资料》第 3 册，中华书局，1962 年版，第 1606 页。

年，英国驻广州代办米契尔在其向英国驻港总督文翰提供的报告中称："我们与这个国家的商约充分生效已近10年，1000公里长的新海岸已对我们开放，新商埠已经直接在生产地区和沿海最方便的地点建立起来。但是，我们所预期的对我们工业品的消费数量的增加而论，其结果怎样呢？老实说，结果就是，经过10年，贸易部的报表告诉我们，亨利·璞鼎查爵士在1843年签订条约时所见到的贸易量，较之他的条约在1850年底所证明给我们的还要大。""一个拥有如此庞大人口的国家，消费的英国制造品竟不及荷兰的一半，也不及人口稀少的北美或澳大利亚的一半。印度每年进口英国制造品800万~900万镑，而中国人口抵得上印度的3倍，为什么我们对中国的贸易每年达不到800万镑？这是一个奇怪的结局。"①

造成这个"奇怪的结局"的原因，首先，是中国农业与家庭手工业相结合的自然经济结构对进口商品的顽强抵抗。在这种经济结构中，人们的日常生活用品基本上可以自给自足，商品交换不发达，特别是纺织品，由于农民耕织结合，大多数家庭可以自给且有剩余，能拿到城镇市场上出售。而这种家庭纺织品的生产成本极其低廉，因为纺织品生产是在农闲时进行，其劳动的机会成本可以忽略不计，除原料外，其余都不计入成本，故售价较低。

其次，第二次产业革命以前，交通、通信技术比较落后，欧洲商船来华需绕过非洲南端的好望角，往来一次需半年以上。海底电缆也未联通，信息传递一次约两个月。这样，一方面海运费用高昂；另一方面是信息传递速度迟缓，致使英国输华商品运输成本居高不下，商人又难以及时把握有利的商机。结果，英国机制纺织品的竞争力被削弱，在中国市场上与土布竞争时不具备明显优势。

最后，中国沉重的外债负担导致税收增加，阻碍了经济的发展——生产力落后，社会极度贫困化，购买力低下。英国人发现，中国农民"除了必不可少的东西外，不论卖给他们的东西多么便宜，他们一概不要"。②19世纪60年代，洋布价格下降，天津市场上洋布价格"仅及土布的一半"，仍无销路。英国广州代办说："一个靠劳动为生的中国人，一件新衣至少穿上三年，并且要经得住干极其沉重的粗活时的磨损，不然他们是添置不起的。"上海道台称："别再向我们运送那么多的鸦片，我们就能买你们的商品。"英国人也不得不承认，"只有当中国农民的生活提到较高的水平，并且让他们的妻女去受教育，到那时，我们的纺织品与手工土布的竞争才更加有效。"③此外，英国商品不适合中国市场需求，不符合中国人的消费习惯，也阻碍了英国商品对华出口的增长。

（二）对外贸易的平衡状况

第二次鸦片战争以前，中国坚固的小农经济尚未被打破，它对西方工业品有着顽强的抵抗性；故第一次鸦片战争后，尽管列强获得各种外贸特权，但除鸦片外，其他

① 《马克思恩格斯全集》卷13，人民出版社，1972年版，第602页。

② 同上，卷25，第373页，第60页。

③ 严中平主编，《中国近代经济史》上册，人民出版社，1989年版，第353页。

正当商品的对华贸易并无明显的增长。五口通商时期，中国进出口贸易发展依然不平衡，出口贸易增长较快，而进口贸易虽有进步，但增长相对缓慢，参见表 9－3。

表 9－3　中英年均贸易额　（单位：英镑）

年份	中国对英出口额	中国自英进口额	中国净出口额
1837—1839	4 273 858	911 560	3 362 298
1842—1846	5 323 388	1 783 888	3 539 500
1854—1858	9 157 001	1 964 242	7 192 759

资料来源：《中国近代经济史》上册，第 353 页

从表 9－3 可见，鸦片战争后，中国对英国贸易顺差额呈现出不断增长的态势。而这一时期的中国对外贸易主要是与英国的贸易，因而 19 世纪 70 年代以前，中国在正当商品（即不包括鸦片）贸易中，始终处于顺差的地位。

从国际收支角度看，如前所述，鸦片战争前，英国曾凭借鸦片贸易平衡了对华贸易逆差且从中国赚取了大量白银。鸦片战争后，鸦片走私迅速增长，但中国丝茶出口增速更快，特别是到 1853 年，欧洲发生蚕疫，生丝产量骤减，中国生丝出口得以高速增长，英国对华贸易逆差进一步扩大，19 世纪 50 年代逆差额较 40 年代增长了一倍多。另据统计，中国对美国顺差也由 1850 年的 498.8 万美元，猛增至 1854 年的 910.8 万美元。因而，到 19 世纪 50 年代，鸦片已不足以补偿英美对华贸易的全部逆差了，中国的国际收支大体上在 1853 年发生了有利的转变，由白银外流变为流入。[①]

二、19 世纪 70 年代后中国对外贸易的变化

五口通商以来，西方商人对华市场的开拓与第二次产业革命共同重构了中国对外贸易的发展环境，从而改变了中国对外贸易发展的步履与平衡状况。

（一）中国对外贸易发展环境的变化

1. 西方工业品竞争力的提高

第二次鸦片战争后，中国被迫在更大范围上对西方列强开放，特别是长江及内地贸易的开放，使西方工业品可以畅通无阻地深入广大内陆腹省。而洋货得以 2.5%的子口税代替一切内地税，更使之竞争优势增强。与此同时，西方社会生产力取得了突破性的进步。19 世纪 60 年代末，英国产业革命对其工业品的国际竞争力提升的效应日益显现，其他欧美国家也开始了资本主义机器大工业生产。此后，随着第二次产业革命的发生，西方工业品的生产成本大幅度降低，产品质量显著提高。与此同时，世界范围内交通运输业出现了革命性变化。1869 年，苏伊士运河通航，从欧洲到亚洲的距离缩短了 7 000 公里，从事中英贸易的商船不必再绕道非洲南端的好望角了，从

① 严中平主编，《中国近代经济史》上册，人民出版社，1989 年版，第 363 页。

伦敦到上海的海上距离由22 500公里骤减至17 700公里，货物运输只需12个星期左右。1866年，横贯大西洋的第一条海底电缆建成；1871年，上海和伦敦之间也建起了海底电报的联系。通信速度的加快使经营对华贸易的西方商人能够迅速掌握市场行情的变化，交易成本大幅降低。由海底电报产生了电汇，从而取代了汇票，国际贸易的支付方式更加便利了。从19世纪70年代开始，欧美各国的主要铁路干线已建立起来，钢壳轮船普遍应用；以石油为动力的内燃机的发明和应用，又使远洋航行的速度大为加快。生产成本、商品运输成本及交易成本的大幅度降低，使西方资本主义国家的国际竞争力显著提高，对包括中国在内的落后国家和地区的经济操控能力大大增强了，半殖民地的中国被进一步卷入资本主义世界市场。

2. 中国沿海进口市场的初步形成

与此同时，中国被迫开放后，中外经济联系逐渐加强。一方面，在中国经济发达的沿海地区逐渐培育出了一个西方商品的消费市场——19世纪70年代的西方人称，“中国人虽然保守，却也不知不觉地使用起外国货”，“假若不是棉织品，至少要用煤油作室内照明之用”，“洋火柴、缝衣针、洋皂、洋烛、洋线等，几几无人不用”，“现在不仅在口岸市镇和沿海地带，就是在遥远的内地，也都可以看到这些东西”；①另一方面，西方商人对中国市场的需求有了较为深入的了解，同时，为中外贸易服务的各种经济组织、社会阶层也已基本培育完成，开展中外贸易的市场条件显著改善。

3. 进出口信贷的发展

鸦片战争以前，中外贸易主要以现金交易方式为主。鸦片战争后，尤其是第二次鸦片战争后，对外贸易的发展，诱使更多商人进入对外贸易领域，贸易规模的扩大需要相应的信贷市场支撑。为此，中国沿海地区的信贷业逐渐发展起来，信贷规模不断扩大，信贷手段日益多样化。

提供信贷的既有大洋行又有外国在华银行，贷款的对象包括外国的中小商人及中国商人。鉴于大多数从事土货、洋货购销的中国商人资金短缺，一些大洋行便在买办担保下，对中国商人提供信贷以扩大在华贸易。通常的做法有三种。（1）进口性信贷。洋行向中国商人（包括买办）出售洋货时，中国商人以钱庄期票担保。（2）出口性信贷。洋行之间在中国丝茶出口贸易上竞争激烈，为及时收购到优质产品，一些洋行向从事内地丝茶生意的中国商人提供贷款，中国商人以茶叶或生丝作抵押。（3）一般性信贷。洋行也向一些资金困难的中国商人提供贷款，一般要以钱庄期票、股票、房地契等抵押。随着外资银行的设立，中外商人的商业性借贷更加方便。外资银行大多积极向钱庄拆款，增强钱庄的资力以增加庄票的发行，为中外贸易提供重要的工具。

洋行及外资银行向中国商人提供信贷开展贸易，成为这一时期及此后最重要的贸易方式。沿海信贷的发展，使对外贸易融资条件得到改善，不仅促进了对外贸易的开

① 姚贤镐编，《中国近代对外贸易史资料》第2册，中华书局，1962年版，第1003－1004页。

展，而且导致了沿海地区利率的降低，客观上为中国近代工商业的发展提供了金融支持。

4. 对外贸易价格决定权的转移

19 世纪 70 年代以前，一方面由于中外贸易规模狭小，另一方面，受交通运输及通信条件的制约，中外市场之间的联系较为松散，进出口商品价格主要由国内供求状况决定。70 年代以后，随着贸易的扩大、运输的便利及海底电缆的铺设，外商易于将中外市场行情相联系，中国出口商品价格不再由国内生产成本决定，而由国际市场价格支配了，即所谓中国“自有之货，不能定价，转听命于外人”。[①]具体的交易方式为：洋行通过电报即刻获悉伦敦市场行情，据此加上相应的利润，在通商口岸开出收购价；出口商品的供货商根据洋行的开价加上自己的利润向产地商人购货；产地商人再以此为据，经层层利润扣减向农民收购。中国对外贸易被纳入国际市场体系中，对外贸易价格由国际市场价格决定。由此为外商提供了更大的中外贸易盈利空间，有助于贸易规模的扩大。

总之，西方工业品开拓海外市场能力的提高，中国对外贸易的市场条件的改善、贸易制度的建设，大大促进了中国对外贸易的发展。

（二）进出口贸易的增长

这一时期，中国进出口贸易规模有了较为明显的扩大。1864 年，进口额为 4 600 万海关两；1866 年，增至 6 500 万海关两；1876 年，又增至 7 000 万～8 000 万海关两；1887 年，则突破 1 亿海关两；1894 年，更达 1.6 亿海关两；比 1864 年增加了 3 倍左右。其中，棉制品的进口额由 1868 年的 2 000 万海关量，增加到 1885 年的 3 149 万海关两；增幅达 57%。与进口贸易相比，出口贸易的增速相对缓慢。1864 年，出口额达 4 900 万海关两；1866 年，为 5 100 万海关两；1886 年，为 7 000 万海关两左右；1894 年，增至 1.28 亿海关两；比 1864 年增长约 1.6 倍，参见表 9－4。

表 9－4　　1870—1894 年进出口贸易额及其指数

（1873 年＝100，单位：千海关两）

年份	进口		出口		进出口总额	
	贸易值	指数	贸易值	指数	贸易值	指数
1870	63 693	95.6	55 295	79.6	118 988	87.4
1873	66 637	100.0	69 451	100.0	136 088	100.0
1883	73 568	110.4	70 198	101.1	143 765	105.6
1894	162 103	243.3	128 105	184.5	290 207	213.2

资料来源：《中国对外贸易史资料》第 3 册，附录表一

① （清）陈炽，《续富国策》卷 4。

尽管这一时期中国对外贸易发展的增速明显，但在国际贸易中的地位十分落后。据估算，1860 年，中国人均出口额仅有 0.18 美元，1900 年也仅增长到 0.29 美元，为同期有数据可查的亚洲、非洲和拉丁美洲国家和地区中的最低水平。1876—1880 年，中国进出口额占世界进口和出口总额的比重幅分别仅为 1.5%和 1.7%，参见表 9－5。

表 9－5　　人均出口额的国际比较　　（单位：美元）

年份	中国	印度	锡兰（斯里兰卡）	埃及	古巴	乌拉圭
1860	0.18	0.63	7.78	3.49	18.0	17.80
1900	0.29	1.26	9.72	8.12	33.21	35.89

资料来源：姚曾荫，《国际贸易概论》，人民出版社，1987 年版，第 430 页

中国对外贸易发展水平低下固然主要受制于社会经济的发展水平，但更主要的原因是中国市场制度落后，沿海到内地的流通环节过多，层层加价的结果限制了商品在国内市场的流通，进而限制了贸易规模的扩大。洋行控制对外贸易导致的交易成本高昂，也是制约中国对外贸易发展的重要因素。

（三）中国对外贸易由顺差转向逆差

落后的自然经济对先进的资本主义工业制造品的抵抗力毕竟是脆弱的。第二次鸦片战争后，特别是 19 世纪 70 年代，进出口贸易有了较大增长，在西方商品竞争力日益增强的同时，中国出口商品的竞争力没有明显变化。中国出口贸易不但未能与进口贸易同步发展，大宗商品出口额还开始下跌，导致进口贸易的增长大大超过出口贸易的增长。据统计，1864—1894 年的 30 年间，进口贸易从 46 210 431 海关两增至 162 102 911 海关两，增长 2.5 倍；同期，出口则由 48 654 512 海关两增至 128 104 522 海关两，增幅为 1.6 倍。从 1877 年开始，中国对外贸易长期出超的格局被打破，经常性国际收支由顺差转为逆差。自此直到 1949 年，中国出现了连续长达 70 余年的贸易逆差。[①]

中国对外贸易平衡状况之所以发生逆转，首先是经济发展水平决定的中外商品竞争力变化的结果。一方面，西方工业化水平的不断提高使其工业品的竞争力日益增强。而经济发展水平落后的中国被迫向列强敞开大门，国内市场没有任何保护措施。第二次鸦片战争后，中国更广大的区域被迫开放，西方列强在中国的特权进一步扩大，其对中国经济控制增强，西方工业品逐步打开并占领了中国市场。另一方面，中国出口商品遇到强有力的国际竞争。中国出口以农产品和手工业品为主，其生产技术和经营手段因循守旧，当其他国家同类商品进入国际市场时，中国的独占优势便丧失，在国

① 李康华等，《中国对外贸易史简论》，对外贸易出版社，1981 年版，第 502 页，附表九。该数值为中国海关原始统计。19 世纪 90 年代以前，中国海关统计中，出口贸易额不包括货物的出口税和离岸前的杂费；进口贸易额则不仅包括进口税，还包括到岸后的各项杂费。故海关统计高估了进口额，低估了出口额。后世对此曾经修正，但各家修正后的数值不一。综合来看，大体上在 19 世纪 80 年代以前，逆差、顺差交替存在，总体仍以逆差为主且逆差额不断扩大，到 90 年代以后，几乎年年逆差。

际竞争中接连失败。而同时，出口以初级产品为主、附加值低，进口以工业制成品为主、附加值高，自然使出口产品在国际市场竞争中越来越处于不利的地位。

其次，中国生产者与国际市场缺乏有效的联系。如上所述，进出口贸易被洋行操纵，他们通过买办制度建立起庞大的商业网，控制中国商品市场和原料市场。中国出口商品生产者与国际市场不发生联系，无法根据国际市场供需情况调控生产。而盲目生产，势必影响中国出口商品的价格及效益。如茶叶，“各国通之初，番舶云集，商民沾其利，遂争相慕效，漫山遍野，愈种愈多”。其结果，到茶树长成后，“行销日滞，富商大贾，历次亏折，……种茶之区，市疲山败”。[①]与此同时，洋行操纵中国进出口商品价格，“世界贸易主要商品价格，是在中国以外决定的。中国商人的任何努力，对这些价格不能有严重影响”。[②]洋行为最大限度地赚取国内外差价，或结成价格同盟，人为地压低中国出口商品价格，或采取高价放盘、低价收进的手段进行价格操纵。如1885年湖北武昌府的茶叶贸易，“盖因洋商稔知山中售价，并盘之初，抑价压秤，多方挑剔，不使稍有赢余，否则联络各邦，摈绝不买，华商成本不充，艰于周转，不得不急求出售，是以连率亏折”。再如1866年福建茶市，“每年春间新茶初到省城，洋商昂价收买，以广招徕。迨茶船拥至，则价值顿减，茶商往往亏折资本”。[③]1892—1893年间，汉口因外商操纵抑勒茶价，导致华商严重亏损，一时间“倾家荡产者有之，投河自尽者有之”。[④]上海从事茶叶贸易的外商怡和、锦隆、协和等洋行，还组织了一个上海外商茶业公会（Shanghai Tea Association）结成价格同盟，对付华商。

此外，西方商人对中国市场了解深入，营销手段灵活多样。他们一方面派买办赴中国各地的初级市场，推销洋货、购买土货；另一方面，在通商口岸直接推销商品，与中国的最终消费者直接接触，千方百计地了解中国人的消费心理和消费习惯。同时，他们还根据中国市场的需求组织商品生产并得到政府的大力支持。如19世纪80年代，英国外交部“把领事带回来的中国农具，包括锄、耙、锹、耜和镰刀等，交给设菲尔德的商会参考仿制”。[⑤]他们出口到中国的橡胶鞋是“按照中国式样和中国人的身材制造”的，贩运到中国的玻璃都“裁成合于中国居民普通窗户的大小，从而节省用户裁剪和安装的费用”。其商品包装亦按照中国人的心理偏好选择适宜的色彩。[⑥]

由于中国进口商品以生活消费品为主，因而长期无法通过生产能力的提高来扩大出口规模，进而实现贸易平衡，从而导致逆差长期持续。随着贸易逆差的发生，中国的黄金和白银大量外流，进一步加剧了中国社会的贫困化。

---

① （清）卞宝第，《卞制军政书》卷4。

② 严中平主编，《中国近代经济史》下册，人民出版社，1989年版，第1229页。

③ 姚贤镐编，《中国近代对外贸易史资料》第2册，中华书局，1962年版，第973－975页。

④《湖南省志》卷1，第117页。

⑤ 汪敬虞，《十九世纪西方资本主义对中国的经济侵略》，人民出版社，1983年版，第113页。

⑥ 同上，第102页。

第五节　进出口商品结构的变动

鸦片战争以后，随着中国被迫开放程度的逐渐深化、中外经济联系不断加强且要适应西方列强的需要及国际市场竞争状况，中国的进出口商品结构发生了一系列变化。

一、第一次鸦片战争后传统进出口商品结构的延续

（一）鸦片依然是最大宗的进口货物，工业制成品进口比重逐步上升

五口通商时期，在领事裁判权保护下，英美商人肆无忌惮地对华走私鸦片，因而鸦片继续成为中国最大宗的进口货物。不过，随着西方工业品的输入，其在中国进口商品构成中的地位逐渐下降。1842 年，鸦片占进口贸易总额的 55.2%，棉花占 20%，棉制品占 8.4%。到 1867 年，棉制品比重已上升至 21.8%，在进口中居于第二位。鸦片虽仍居第一位，但其所占比重已降至 46.15%。若不包括鸦片，棉纺织品（棉布和棉纱）则是中国最大宗的进口货物。如 1853 年，英国输华商品中，棉纺织品占 80% 以上，[①]其次是棉花及毛纺织品等。

除上述商品外，这一时期进口的商品还有所谓的“杂货类”，包括食品、煤、药品、烟草、铁皮、铁条、铅块、玻璃器皿、肥皂、木材等。

（二）丝茶在出口贸易中依然占据主导地位

从 18 世纪初开始，茶叶就已是中国最大宗的出口货物。五口通商后，外商蜂拥来华，茶叶及生丝出口需求量大增。同时，由于更多口岸开放，各主要丝茶产区与出口港的距离大大缩短。如福建武夷山茶叶，过去必须运输到广州出口，需时近一个月之久；后来可直接运抵福州，只需 4 天时间。江西茶叶，原来运广州需时 2 个月，而经浙江运上海，仅要 20 余日。由此，茶叶出口从产地到口岸的运输成本显著降低。

市场需求的增加、运输成本的降低，带动了丝茶出口规模的扩大。如茶叶出口量，1843 年为 13.3 万担，1844 年即增至 52.87 万担，1856 年增至 98 万担。第二次鸦片战争后，随着中国被迫开放地域的扩大，更多的产品进入市场，特别是“九省总汇之通衢”汉口的开埠，两湖茶叶由此大量出口海外。上海、福州、汉口逐渐成为中国三大茶叶出口集散地。到 1868 年，茶叶出口量达到 144 万担，是开埠初期的 10 余倍。如前所述，这一时期，丝的出口也出现了高速增长的态势。1868 年，丝茶两项合计占出口总额的比重高达 94%。

---

① 严中平主编，《英国资产阶级纺织利益集团与两次鸦片战争史资料》。

二、19 世纪 70 年代后进出口商品结构的变动

（一）进口商品日益多元化

19 世纪 70 年代后，随着中国市场的被迫进一步开放及西方国家生产力的飞跃进步，进口商品种类日益增加。同时，随着中国新式海关制度的完善，海关统计的类目也更加明细。据海关贸易报告显示，19 世纪 70 年代中期，上海口岸进口商品种类有 180 种，到 1894 年增至 580 多种。除棉制品外，不少西方日用消费品输入中国，如面粉、食糖、卷烟、肥皂、煤油、蜡烛、纸张、染料、火柴、洋针、洋钉、洋伞等。以致一位西方驻华领事在其商务报告中强调，“贸易的重大发展必须在新品种中去寻求”。[①]其中，数额较大的有糖、火柴及煤油等。糖，1870—1874 年，年均进口 848 000 海关两；到 1890—1894 年，年均进口增至 4 447 000 海关两，增幅高达 404%。同期，火柴则从 163 000 海关两上升到 1 490 000 海关两，增长了 814%。煤油（时称火油、洋油），自 1864 年开始进口，当年进口量为 11 000 加仑，主要消费者是在华的外国侨民。由于煤油比中国传统照明用油——植物油价格便宜且亮度高，此后，不少中国人也逐渐使用煤油替代植物油，煤油进口逐渐增加。到 1878 年，煤油进口量猛增至 400 万加仑；1885—1888 年，年均进口额 1 735 000 海关两；到 1890—1894 年，增至 5 548 000 海关两，增幅高达 220%。[②]煤油迅速成为位居鸦片、棉纱、棉布之后的第四大进口商品，中国也进入了所谓的“洋油”时代。

此外，进口商品还包括未列名的杂品，主要是各种消费资料，品种繁多，五花八门，如药品、烟酒、针线、伞、灯、笔、牙刷、洗涤用品、化妆品、玩具及装饰品等。这些商品不少是按照中国人的消费习惯、仿制中国式样制造的，故销路极好，史称“每来一物，华人无不争买，竟有日用之物，习为故常，非此不可者”。[③]

从 19 世纪 60 年代开始，燃料、机械、交通设备等生产资料的进口开始出现，但最初进口规模很小，甚至直到 1886 年，海关贸易统计中对此都未列专项。“此后数年间，每年进口的机械价值估计近 40 万关两”。[④]到 1893 年，进口商品中生活资料约占 91.6%，生产资料仅占 8.4%，且生产资料中又以棉花、金属、煤占较大比重。而中国国内有同类的进口替代品，因而这些物资的进口对经济发展所起的积极作用微小。

随着进口商品种类的多元化，鸦片在进口总额中的比重逐渐降低。技术进步带来的西方工业制成品成本的不断降低，使进口棉纺织品价格日益下跌，其竞争力大为提高。到 19 世纪 80 年代，棉制品的进口超过鸦片成为最大宗的进口商品，[⑤]参见表 9－6。

---

① 姚贤镐编，《中国近代对外贸易史资料》第 2 册，中华书局，1962 年版，第 1095 页。

② 姚贤镐编，《中国近代对外贸易史资料》第 3 册，中华书局，1962 年版，第 1604－1605 页。

③ 姚贤镐编，《中国近代对外贸易史资料》第 2 册，中华书局，1962 年版，第 968 页。

④ 郑友揆，《1840—1948 中国的对外贸易和工业发展》，上海社会科学院出版社，1984 年版，第 22 页。

⑤ 严中平著，《中国棉纺织史稿》，商务印书馆，2017 年版，第 58 页。

表 9－6　　进口商品构成比重　　（单位：%）

年份	鸦片	棉纺织品	呢绒	五金	棉花	食糖	米	海产品	煤油	燃料	机器	火柴	其他
1867	46.1	21.1	10.7	2.4	7.4	1.2	1.6	2.0				0.1	7.4
1877	41.3	25.7	6.6	5.9	2.0	2.2	2.2	2.6				0.4	11.1
1887	27.3	36.2	5.3	5.7	1.4	1.4	2.7	3.7	1.3	0.8	0.4	0.7	13.3
1894	20.6	32.1	2.2	4.6	0.3	0.3	6.0	3.2	4.9	0.7	0.7	1.0	17.8

资料来源：《中国近代对外贸易史资料》第 2 册，第 1095 页

（二）大宗传统出口商品国际地位的衰落及中国出口商品构成趋向多元化

19 世纪 70 年代，中国大宗传统出口商品遭遇激烈的国际竞争，在国际市场上的地位日趋衰落。与此同时，一些原料性农副产品开始进入国际市场。

自 18 世纪以来，茶叶一直是中国最大宗的出口商品，同时，中国也几乎是世界茶叶的唯一供给国，在国际市场上居于独占地位。[①]据统计，19 世纪 60 年代以前，中国占世界茶叶贸易份额达 95%以上。第二次鸦片战争后，茶叶出口量继续增加。1859 年，达 83.2 万担；1871 年增至 167.8 万担，增幅达 2 倍。到 1873 年，中国茶叶出口尚占世界茶叶贸易额的 92%。[②]

从 19 世纪 70 年代开始，中国在国际市场上遇到了来自印度、锡兰及日本茶叶的激烈竞争，导致茶叶价格下跌。此后，虽然在 1886 年以前，中国茶叶出口量继续增加，该年出口茶叶 221.7 万担，达到鸦片战后的顶峰，但中国茶叶价格开始下跌，致使其在国际市场上的地位逐年下降。随后，特别是在世界最大的茶叶市场——英国红茶市场上，[③]中国所占份额急速缩减。到 1889 年，英国来自印度和锡兰的茶叶量为 122 399 000 磅，来自中国的茶叶则降至 92 500 000 磅，已落后于前者 24%。1894 年，在英国市场上，印度、锡兰的茶叶已占绝对优势，出口量为 186 632 000 磅，中国所占份额进一步降低，出口量仅 54 372 000 磅。[④]在绿茶消费大国——美国市场上，中国遇到了来自日本的竞争。由于同样原因，自 1874 年开始，日本绿茶对美国出口量就超过了中国。尽管中国绿茶价格相对更高，但就贸易额而言，到 1890 年，市场份额也仅剩 50%左右。中国茶叶在国际市场上的垄断地位彻底被动摇了。到 1893 年，中国茶叶占世界茶叶贸易量已不到一半了。[⑤]此后，出口绝对额也下降。1894 年，中国出口茶叶仅有 100 多万担。茶叶价格更是惨跌。如在茶叶产区的收购价，据载，“茶

① 1840 年，英国在印度试种茶成功，但直到 1864—65 年，英国从印度进口茶叶仅占其茶叶进口额的 2%。

② 姚贤镐编，《中国近代对外贸易史资料》第 1 册，中华书局，1962 年版，第 629 页。

③ 19 世纪，世界茶叶主要分为三大市场，最大的是英国的红茶市场，其次是美国的绿茶市场，此外还有俄国的砖茶（一种压制茶）市场。

④ 彭泽益编，《中国近代手工业史资料》卷 2，三联书店，1957 年版，第 181 页。

⑤ 雷麦，《中国对外贸易》，商务印书馆，1959 年版，第 38 页。

价往昔售三十余两至四十两一担者，今只售十六、十七两至十八两，其粗货竟有售至四、五两一担者”。[①]其在中国出口贸易中的首要地位，从1887年起让位于丝及丝制品。

中国茶叶在国际市场竞争中失败的原因是多方面的。首先，中国茶叶生产及加工技术因循守旧。印度、锡兰的茶叶由英国大种植园主实行规模经营，其资本雄厚，又有先进的农业科学知识，通过长期的科学试验，对茶叶品种不断进行改良择优并选择最适宜的土壤进行科学栽培，加以科学管理，使茶叶质量逐步提高，规模经济效益显著。此外，印度茶叶采用机械化加工。1872年，英国人杰克逊（Willium Jackson）发明了揉茶机；1884年，又有了烘茶机；1887—1889年，制成了碎茶机、拣茶机、包装机。这些制茶机器被迅速广泛地运用到印度的茶叶生产中。随着生产机械化程度的提高，印度茶叶生产成本降低，其价格只相当于中国茶叶的一半。而中国茶叶生产是分散的小农经营，资金微薄，既无财力也无能力进行品种的科学改良，只固守传统技术与生产方式，国际竞争力自然受到削弱。当年的报刊曾评论说：“印度对中国的优势，就是制造商（工业家）对手工业者的优势。在印度，小茶园不能与大茶园竞争，而且迅速被后者吞没或兼并。控制着伦敦市场的，正是这些拥有充足资本、改良的机器及专家监督的大茶园。而在湖北山边有着二三亩地的小农，是不能希望和他们竞争的。”[②]

其次，中国茶叶生产缺乏政府支持，茶叶出口贸易受外商控制。英印殖民政府对英国人茶叶生产的支持由来已久。早在1834年，即英印公司对华贸易专利权被取消后的第二年，英国驻印度总督本廷克勋爵（Lord William Bentinck）便组织了一个委员会，专门研究从中国引种茶树及制茶方法问题。印度生产茶叶可免除各种国内税及出口税，中间环节较少且在运输上政府给予很多便利。而中国的封建政府，对茶叶生产及出口没有任何扶持性政策。外国洋行控制中国茶叶出口，其所关心的只是如何在国际上进行套利，因而尽量压低中国茶叶的收购价以赚取茶叶的国内外差价。他们不向中国生产者反馈国际市场信息，亦不可能帮助其改良品种。印度茶叶生产者直接经营茶叶贸易，了解国际市场的动态，熟悉出口目标国消费者的嗜好，故其产品的品种、质量更加适合国际市场需求。

再次，中国国内市场经营主体分散，中间环节过多导致交易费用过度上升。据研究，中国茶叶出口在离岸前，从茶农到出口商之间，至少要经过五道转手，每转手一次都提高一次运销成本。[③]层层加价的结果使中国茶叶在国际市场上失去了价格优势。而印度茶叶生产者多自营出口，流通成本低廉且免除出口税，因而可以获得价格竞争优势。

---

① 章有义编，《中国近代农业史资料》第一辑，三联书店，1958年版，第444页。

② [英]《北华捷报》，1887年10月7日。

③ 严中平主编，《中国近代经济史》下册，人民出版社，1989年版，第1207页。

最后，中国茶叶种植规模盲目扩大。鸦片战争后初期，外商大量购买茶叶，茶价上扬，刺激了中国茶叶的生产，导致茶农盲目扩大生产规模。史称，“自开海禁以来，闽茶之利，较之从前不啻倍徙”。以致武夷等老茶区“满山遍野，愈种愈多”。[①]在传统的经营模式下，规模的扩大使产品质量难以得到保证；同时，库存过多，不得不降价以刺激外销。如对俄国砖茶的出口，20 年间，每担砖茶的价格由 11.11 海关两下降为 8.27 海关两，下降了 25.6%。同期，俄国砖茶进口增长了约 3.6 倍，但中国未能从中获得应得的利益。[②]

综上所述，由于技术、制度、贸易渠道的差异，导致中国茶叶在国际市场的质量及价格竞争中均逐渐处于劣势，出口市场的萎缩便不可避免了。

另一项大宗出口商品——生丝也经历了与茶叶类似的命运。第二次鸦片战争后，生丝出口增长较快，从 19 世纪 70 年代前期到 90 年代前期，年均出口量逐步增加：70 年代初，约为 61 848 担；1891 年，增加到 78 752 担，增长了 27%。中国生丝最大的出口市场是法国，19 世纪后期，从上海港运出的生丝，一半以上被运往法国里昂；其次是英国和意大利。[③]

随着生丝贸易的加速发展，中国蚕丝生产规模日益扩大。而中国绝大部分缫丝业是和养蚕业紧密联系的蚕农家庭副业，缫丝具有时间限制。生产规模扩大后，由于蚕农家庭人力不足，自行缫丝进行得过分草率造成质量下降。

到 19 世纪 80 年代，中国生丝出口在国际市场上遇到了日本的竞争。日本明治政府积极引进西方先进的缫丝技术，推进缫丝业的资本主义现代化。日本企业通过科学试验，选育优良蚕种加上新式机器缫丝，使日本生丝不仅质量好、产量高，而且成本低，大大优于中国手工缫丝。虽然中国广东、武昌、上海等地商人先后引进西方技术设备，开办现代化缫丝厂，但中国最大的生丝产区江浙一带仍以蚕农手工缫丝为主。1875—1895 年，日本生丝产量增长了 335%，而同期中国生丝增幅仅 23%。中国丝绸大国地位岌岌可危，在国际市场上的优势地位也开始动摇了。

在日丝的排挤下，一方面，中国生丝出口规模受到了抑制，中国生丝出口额从 19 世纪 80 年代初到 90 年代初下跌 37.5%；另一方面，出口价格降低。1860—1894 年，生丝出口值落后于出口量增长 24 个百分点。[④]而与此同时，日本生丝出口量从 10 255 担增至 44 076 担，增长了 329.8%，出口值也由 1 291 000 镑增至 4 075 000 镑，增幅为 215.6%[⑤]。尽管中国所占份额仍然最大，但其相对比重已大大下降了，见表 9–7。

---

① 《申报》，同治十一年五月十九日。

② 严中平主编，《中国近代经济史》下册，人民出版社，1989 年版，第 1281 页。

③ 同上，第 1303 页。

④ 汪敬虞，《从中国生丝对外贸易的变迁看缫丝业中资本主义的产生和发展》，《中国经济史研究》，2001 年第 2 期，第 23 页。

⑤ 严中平主编，《中国近代经济史》下册，人民出版社，1989 年版，第 353 页。

表 9－7　甲午战争前生丝出口的变化

年代	生丝出口量		生丝出口值		占全国出口比重	
	实数（担）	指数	实数（千关两）	指数	实数（%）	指数
1860	54 299	100	21 077	100	53	100
1894	83 204	153	27 280	129	22	42

资料来源：《从中国生丝对外贸易的变迁看缫丝业中资本主义的产生和发展》，《中国经济史研究》2001 年第 2 期，第 26 页

与茶叶国际竞争力下降的原因相类似，日丝对华丝竞争优势的取得，是先进的资本主义生产方式对落后的手工业的胜利。与日本在政府支持下发展起来的机器缫丝业相反，中国机器缫丝业的发展异常艰难。如甲午战争前，广东等地出现的机器缫丝业不仅遭到当地守旧势力的阻挠与破坏，而且在手工丝织业与机器缫丝业的冲突中，当地政府竟以平民不得私自购置机器设厂生产为由查封了各地丝厂。其后，虽然听任丝厂开设，但依然未从政策上对机器缫丝业进行扶持，致使中国的机械化缫丝长期得不到应有的发展，生丝在国际竞争中面临失败的命运也就成为必然。

洋行控制中国的对外贸易，缺乏统一的国内市场，中间环节过多，造成交易费用高昂，进一步削弱了中国生丝的国际竞争力。生丝的流通环节，详见图 9－2。

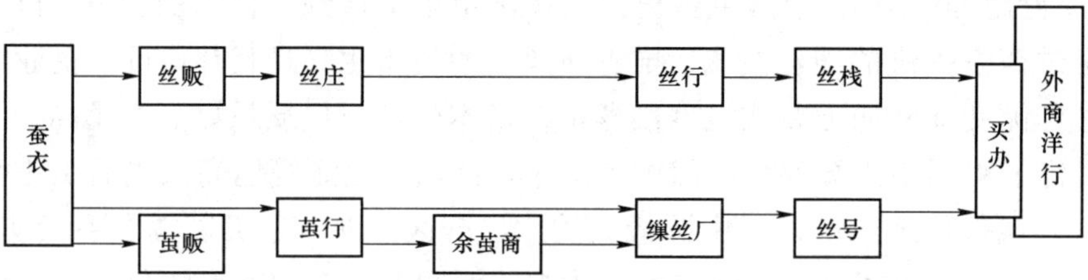

图 9－2　生丝流通图示

资料来源：《中国资本主义发展史》卷 2，第 249 页

中国丝茶国际地位的衰落，致使这类商品在中国出口贸易中所占份额也大大降低了。据统计，19 世纪 70 年代前期，丝茶在中国出口贸易中的比重高达 87.2%；而到 90 年代前期，则降至 51.5%。①

随着世界交通运输革命的发生，除丝茶以外，中国其他农副矿产品也开始进入国际市场，成为新的出口商品种类。据统计，19 世纪 70 年代中期，中国出口商品种类大约有 80 余种，到 1894 年增至 200 余种。其中，出口额较大的有糖、烟草、牛皮、驼毛、草帽缏、豆类、棉花、麻类、羊毛及植物油等农副产品，但这些商品附加值相对较低且无论任何一项的数量都不大（参见表 9－8），对国际市场的影响极其微弱。

大宗传统出口商品贸易的下降及杂项商品出口的增加，表明在国际市场不断扩张中，中国在国际贸易中的地位开始跌落了。

① 严中平，《中国近代经济史统计资料选辑》，中国社会科学出版社，2012 年版，第 56 页。

表 9－8　　　　　　　　　　出口商品构成　　　　　　　　（单位：%）

年份	丝茧	茶叶	棉花	绸缎	牛皮	羊毛	豆及豆饼	烟叶	草帽缏	植物油	其他
1867	28.5	59.7	0.8	3.8					0.1		7.1
1877	26.9	49.4	0.5	6.6	0.7	0.1		0.2	0.9		14.6
1887	28.7	35.0	0.8	7.8	1.0	0.5	0.1	0.7	4.4	0.3	20.7
1894	26.2	24.9	5.7	6.6	0.9	1.6	1.9	1.0	2.0	0.8	28.4

资料来源：陈争平等，《中国近代经济史教程》，第 155 页

第六节　对外贸易的地理格局

一、对外贸易重心由广州转移到上海

鸦片战争以前，中国对外贸易长期高度集中于广州一口。鸦片战争以后，五口开放，中国对外贸易重心逐步由广州转移到上海，①参见表 9－9。

表 9－9　　　　　　　　上海和广州进出口贸易额　　　　　（单位：万美元）

年份	广州	上海	年份	广州	上海
1844	3 340	480	1851	2 320	1 600
1845	3 840	1 110	1852	1 640	1 600
1846	2 520	1 020	1853	1 050	1 720
1847	2 530	1 100	1854	930	1 280
1848	1 510	750	1855	650	2 330
1849	1 930	1 090	1856	1 730	3 190
1850	1 670	1 190			

资料来源：黄逸平，《近代中国经济变迁》，上海人民出版社，1992 年版，第 62 页

从表 9－9 中可见，19 世纪 40 年代，广州进出额在中国对外贸易中仍占据首位。1844 年，广州贸易额达 3 340 万美元，同期的上海仅有 480 万美元。但此后，广州在全国对外贸易中的地位逐步下降，在贸易总额中所占比重不断缩减。另据记载，在出口贸易中，中国大宗出口商品生丝，1844 年以前全部由广州出口，从 1845 年开始则转向上海。该年，上海出口生丝占全国生丝出口量已达 48.7%，次年更激增至 81%。

① 《马克思恩格斯选集》卷 2，人民出版社，1957 年版，第 33 页。

到 1854 年，生丝则全部由上海出口。另一大宗出口商品——茶叶，也发生了同样的变化。1843 年以前，中国茶叶出口全部集中于广州。而从 1844 年开始，上海的茶叶出口逐年增加。不过，广州凭借传统优势，在 1851 年以前，茶叶出口量仍高于上海。该年，上海出口茶叶 3 672 万磅，而广州为 4 220 万磅。但到 1852 年，上海出口茶叶上升至全国茶叶出口总量的 61.8%，一举超过了广州。[①]在进口贸易中，这一时期最大宗的合法进口商品——纺织品，大体在 1852 年，上海的进口量也超过了广州。在进出口总额上，据统计，到 1852 年，广州（16 400 000 美元）与上海（1 600 000 美元）大体相当，广州只略微高一点。但到 1853 年，上海则大大超过了广州。该年，经上海进出口货物总值为 17 200 000 美元，而广州仅只 10 500 000 美元，[②]上海自此跃升为中国第一大港。其他港口，如宁波在开放之初的 1844 年，贸易额尚有 50 万两，但因其地理位置与上海临近，5 年后，贸易额“尚不逮此数之十一”。浙江的丝茶由宁波运至上海出口。据《浙江之平水茶》记载：“就平水当地业茶者言，在清嘉道间，平茶已有输出海外，当时由广东出口……迄自五口通商以后，平产出口现由宁波而趋上海矣。”[③]由于浙江丝茶不经宁波而经由上海出口，以致一些英国人建议用宁波去交换其他口岸，但英国商务监督德庇时表示，“他基于种种理由，并不赞同完全放弃宁波，它仍然可以做一个所有贸易都操在中国人手里的‘外港’的典型例子，对主要市场——上海，起辅助作用”。[④]福州也仅在 1853 年，太平天国起义阻断通往上海和广州的运输前后，才成为武夷红茶的出口港。而厦门则成为列强进行苦力贩运的主要口岸。

第二次鸦片战争后，中国又被迫开放了一批新的通商口岸。到甲午战争前，中国共开口岸达 34 处，而上海第一大港的地位长期得以保持。据统计，1894 年，22 个主要贸易港进出口总额分别为 16 564 万海关两、12 810 万海关两。[⑤]上海在进口总额中即占 58%，达 9 666 万海关两；在出口总额中即占 46%，为 5 842 万海关两。

五口通商不到 10 年，曾被西方商人称为“永远是对外贸易的主要港口”的广州，在中国对外贸易中的地位便被上海所取代。而上海在近代中国对外贸易中的地位历久不衰，其原因主要在于上海得天独厚的区位优势。上海地处中国沿海的中心地带和中国最大内河长江的入海口，货物可方便地转口于沿海各口岸，进而辐射南北各地；通过长江上溯可达南通、南京、芜湖、汉口、重庆等地，由此连接中国最富庶的经济带——长江流域，这些地区不仅是出口商品的重要产区，而且也是消费水平全国领先的区域。而广州虽然有珠江水系与内地相连，但其辐射范围相对狭小，同时，又有五岭横亘在广东与内地之间，因而上海在交通运输上的便利化程度显著高于广州。对此，1844 年，英国驻华公使德庇时考察了各通商口岸后，称上海是“中国沿海对外贸易

① 彭泽益编，《中国近代手工业史资料》卷 1，三联书店，1957 年版，第 489－490 页。

②《马克思恩格斯选集》卷 2，第 34 页。

③ 黄苇著：《上海开埠初期对外贸易研究》第 77 页，上海人民出版社，1979 年。

④［美］马士著，张汇文译，《中华帝国对外关系史》卷 1，三联书店，1958 年版，第 535 页。

⑤ 许涤新、吴承明主编，《中国资本主义发展史》卷 2，社会科学文献出版社，2007 年版，第 397 页。

上最为重要的商港，因此吸引着国际方面很大的注意，我所熟悉的城市中，没有其他城市具有上海那样的优点”，并具体描述道：“帆船从沿海各地开到上海来，不仅来自南方各省，而且还有从山东和北直隶来的。每年还有相当数量的帆船，从新加坡和马来群岛开来此地。上海内地运输的便利也是举世无匹的。这个地区（指江南平原）属长江流域，所以是一片广大的平原，许多美丽的河流交错其间，而这些河流又被运河网连贯起来，有些运河很像自然河流，而另一些则是人工的伟大工程。由于此地地势平坦，潮水的涨落深及内地，这样就帮助了当地人把出口货运至上海，或把进口货运往遥远的内地。”①同时，上海又邻近中国最重要的出口货源——丝茶主产区（江、浙、鄂、闽），因而上海既是中国交通最便利的口岸，又是中国出口商品最大的供应中心，还是中国最具购买力的消费区域。随着上海的崛起，租界首先在上海建立起来，外商云集，洋行林立，为对外贸易服务的各项事业得以建立并逐步完善，使上海进一步形成了对外贸易的制度优势。由此，上海不仅成为中国对外贸易中心，而且成为百年中国近代化的领跑者。

甲午战争以前，除上海和广州外，在中国对外贸易中占有重要位置的还有厦门、福州、天津、汉口等口岸。1894 年，它们与广州合在一起，在进出口总额中占了 30%左右的份额。

二、对外贸易的地理方向

自 18 世纪以来，英国在中国对外贸易中就占据了首位。到 19 世纪 30 年代初期，英国占中国对外贸易份额高达 80%左右。这种状况在五口通商时期没有显著的变化。1845 年，英国对华贸易占中国对外贸易总额的 76%。19 世纪 40 年代末的上海，进口货物额的 80.6%来自英国，出口货物额的 82%也是输往英国。②英国商人除控制中英间的直接贸易外，还从事经由英国伦敦的中国与欧洲其他国家的转口贸易，因而这一时期英国在中国对外贸易中独占鳌头。此后，随着中国的进一步开放，更多的列强加入对中国市场的争夺，英国在中国对外贸易中所占份额逐步下降。1868 年，英国占中国对外贸易的比重降至 70%。1888 年。英对华直接贸易（不包括香港转口）占贸易总额的 1/4。③

位居中国对外贸易第二位的国家是美国。中美贸易开始时间虽晚，但增势强劲。19 世纪前期，随着美国工业化进程的加速，其工业制成品开始向海外输出。到 1842 年，美国便结束了主要靠贩运别国商品来华的历史。该年，美国对华出口额为 1 440 000 美元。到 1945 年，达到 2 270 000 美元。④此外，在中国对外贸易运输上，美国占据了绝对优势。一方面，19 世纪 40 年代前后，美国制造的飞剪船由于其航速快、载货量多，受到各国进出口商的青睐；另一方面，19 世纪 50 年代初的克里米亚战争征用

① 姚贤镐编，《中国近代对外贸易史资料》第 1 册，中华书局，1962 年版，第 562 页。

② 黄苇，《上海开埠研究》，第 77 页，上海人民出版社，1979 年。

③ 历年海关贸易报告。

④ 姚贤镐编，《中国近代对外贸易史资料》第 1 册，中华书局，1962 年版，第 652 页。

了大量欧洲商船，美国商船趁机进一步加强了对中西航运的垄断，[①]由此加速了美国对华贸易的发展。1845—1860年，美国对华出口增加了近3倍，而同期英国对华贸易只增加了1倍多。[②]

除英美两国外，其他国家在中国对外贸易中所占比重都微乎其微。如1845年，英美以外的所有国家合计，仅占中国进口贸易的7%，出口贸易的5%。[③]这一时期，一些老牌殖民国家，如葡萄牙、西班牙、荷兰等，在中国对外贸易中的地位急剧衰落，甚至暂时退出对华贸易。其他国家与中国的贸易规模也极小。唯一有所发展的是沙皇俄国，通过不平等条约，迫使中国开放了陆路贸易，中俄贸易渐趋发展。

复习思考题

1. 何谓通商口岸？
2. 租界制度的基本含义是什么？
3. 近代，中国关税存在哪些扭曲的现象，有何危害？
4. 外籍税务司制度的基本含义是什么？
5. 近代中国海关的职能及其作用有哪些？
6. 片面最惠国待遇的含义是什么，有何特点，危害如何？
7. 鸦片战争后，清政府的鸦片贸易政策有何变化？
8. 洋务运动对清政府外经贸政策的影响如何？
9. 对外贸易重心从广州转移到上海的原因是什么？
10. 19世纪70年代前后，中国对外贸易平衡状况及进出口商品构成有何变化，原因是什么？

① 姚贤镐编，《中国近代对外贸易史资料》第1册，中华书局，1962年版，第651－652页。

② 姚贤镐编，《中国近代对外贸易史资料》第3册，中华书局，1962年版，第1595页。

③ 严中平主编，《中国近代经济史》下册，人民出版社，1989年版，第348页。

第十章　甲午战争后的中国对外贸易

学习要点与要求

本章阐述了甲午战争后（1895—1911），西方列强在中国对外贸易领域获得特权的进一步扩大与强化，系统分析了这一时期清王朝外经贸政策的变化及甲午战争后中国半殖民地对外贸易的发展状况。通过学习，学生应了解甲午战争后的中国对外贸易半殖民地性的深化，掌握甲午战争后的中国外经贸政策的变化及对外贸易发展的特点。

1895 年，中国在甲午战争中惨败，日本迫使中国签订了《马关条约》。该条约除规定中国对日本割地、赔款及增辟通商口岸外，还允许日本在华投资设厂。西方列强由此掀起了瓜分中国的狂潮，中国对外贸易主权惨遭进一步践踏。西方列强通过对华资本输出，进一步加强了对中国的对外贸易控制。

第一节　中国对外贸易主权再遭践踏

自中日《马关条约》后，中国又被迫与西方列强签订了一系列不平等条约，它们严重损害了中国的政治、经济权益，使中国对外贸易主权进一步沦丧。同时，日本占领了台湾，由此造成中国对外贸易的割裂。

一、增辟商埠，中国市场被迫进一步开放

甲午战争前，西方列强迫使中国开放的商埠主要是在沿海、沿江及西北边疆地带。甲午战争后，除上述地带的开放范围进一步扩大外，西方列强还迫使中国将一些内陆城镇及东北、西南沿边市镇辟为通商口岸。

1895 年 4 月，中日《马关条约》迫使中国开放沙市、重庆、苏州、杭州为通商口岸。这进一步扩大了中国经济最发达的江浙二省及长江流域的对外开放范围。

1895 年 5 月，中法《商务专条》迫使中国开放云南河口、思茅。1897 年，英国迫使中国订立《中缅条约》，规定中国开放广西梧州、广东三水。由此，使中国西南沿边地带被迫开放。

1902—1903 年，中国分别与英、日签订《中英续议通商行船条约》及《中日通商航海续约》，规定广东江门、湖南长沙对外开放。

1905 年日俄战争后，中日签订《中日会议东三省事宜条约》，迫使中国开放长春、吉林、哈尔滨、齐齐哈尔、瑷珲、满洲里等 15 处口岸。由此形成东北沿边被迫开放地带。

1906 年，中英续订《印藏续约》，迫使中国开放西藏的江孜。此外，这一时期，清廷为“以夷制夷”也自行开放了一些口岸。

从沿海到沿江，从内陆到边疆，在中国广袤的领土上通商口岸遍布。到 1911 年，中国开放的通商口岸多达 83 个。中国根据自身的利益和需要自主决定通商地域的权力被进一步削弱，更广大的地区被迫对外开放。

二、片面最惠国待遇的进一步扩大

1895 年，《马关条约》规定，日本在华设立的工厂及其产品，享有与中国企业同等的待遇，亦即“国民待遇”。其他国家援引片面最惠国待遇条款共同享有了这一权利。这里所谓的“国民待遇”，实际上是指中国企业享受的各种优惠待遇，中国企业、中国产品必须交纳厘金等内地税，外资企业则享有更为优惠的待遇（仅需缴纳 2.5% 的子口税），即外商在华享受的完全是超国民待遇。

三、租界制度的进一步发展

甲午战争前，西方列强已在不少通商口岸设立了各自的租界，建立起殖民统治。19 世纪 90 年代，资本主义各国发展不平衡，引起重新分割世界的斗争。由于中国幅员辽阔，特别是中国人民的不屈反抗，使任何一个西方强国都无力单独将中国征服为其殖民地，中国因而成为列强共同宰割的对象。甲午战争后，列强掀起了瓜分中国的狂潮，肆意扩大原有租界的同时，纷纷强占租借地、划分势力范围。

（一）租界的扩展

甲午战争后，西方列强一面扩大其原有租界的面积，一面增设新的租界。这一时期，大幅度扩充的租界主要有：1898 年，英美两国要求扩展其上海租界，次年 5 月将泥城桥跑马场以西 7 923 亩土地占领；1900 年，法国也要挟上海地方官扩充了 1 000 余亩的租界区域；1897 年、1903 年，英国扩充其天津租界；1903 年，法国扩充其天津租界；1898 年，英国扩充其汉口租界；1902 年，法国扩充其汉口租界。

新设租界主要有：1895 年，德国在天津设立租界，1903 年扩充；1898 年，日本在天津设租界，1900 年、1903 年两次扩充；1900—1903 年，先后有俄国、比利时、意大利、奥地利在天津设立租界；1895—1898 年，德国、俄国、法国、日本在汉口设立租界；甲午战争后，在中国设立租界最多的是日本，其于 1895—1905 年先后在杭州、苏州、沙市、汉口、天津、厦门、福州、重庆、奉天、安东等地设立了十余处租界。

租界的增设，意味着西方列强在华直接统治的殖民地规模的扩大，其控制中国市场、操纵中国对外贸易的能力随之进一步增强。

（二）各国在华强占租借地，划分势力范围

1898 年 3 月 6 日，德国迫使中国签订《胶澳租界条约》，强租胶州湾，租期定为 99 年。山东省成为德国的势力范围，其享有在山东修筑铁路、开挖矿产等特权。

1898 年 3 月 27 日，沙俄迫使中国签订《旅大租地条约》；5 月 7 日，订立《续订旅大租地条约》，强租旅顺口、大连湾及其附近海面，租期 25 年。东北成为俄国的势力范围。

1899 年 11 月 6 日，法国迫使中国订立《广州湾租界条约》，强租广州湾及其附近水面，租期 99 年。云南、广西、广东三省成为法国的势力范围。

1898 年 7 月，英国迫使中国订立《威海卫租借专条》，强租威海卫、威海湾内之群岛以及全湾沿岸 10 英里以内地方，租期 25 年。1898 年 6 月 9 日，英国又迫使中国订立《展拓香港界址专条》，强租九龙半岛，租期 99 年。1898 年 2 月，英国还迫使中国承诺不将长江沿岸各省租让给其他国家，长江流域成为英国的势力范围。

1898 年 4 月 22 日，日本强迫中国承认福建为其势力范围。

租借地完全由列强直接管辖，是列强在中国更大的殖民地。租借地内的对外贸易行政管理及实际经营均为“租借国”控制。如俄国租借旅大后，1899 年，沙皇便宣布大连为通商口岸，大连海关即由俄人掌管。故当时人称，大连海关“名虽曰中国之税关，质言之，直可谓俄人之税关者也”。①

德国租借胶州湾后，宣布青岛为自由港，对外开放。设立胶海关，海关税务司由德国人充任，“所有查讯之大权自归德国所设之衙署”。

到 1899 年，中国基本上被列强瓜分完毕。英国控制了长江流域及西藏，广东、云南两省的部分地区；法国控制了广东部分地区，广西、云南邻近越南的地区；俄国以东三省、蒙古及长城以北为势力范围；德国则以山东为其势力范围；日本除占领台湾、澎湖外，还控制了整个福建。在各自的势力范围内，列强均取得铁路修筑及矿山开采的优先权。

（三）美国提出“门户开放”政策

19 世纪末，美国已发展成为世界经济强国，但其军事实力尚不够强大，因而其希望维持列强在华的既有均势。1899 年 9 月，未在中国获得势力范围的美国，首先向英国提出一个针对中国的“门户开放”政策。美国国务卿海约翰（John Hay）给其驻英公使绰特的训令中强调，“美国政策切望美国公民的利益不因任何强国在所控制的‘势力范围’内之排他性待遇而受损害，希望为世界商业界保留一个公开市场”。随后，美国由其驻各国大使向驻在国政府发出“门户开放”的外交照会，主要内容有三项：“第一，各国对于其在中国任何所谓势力范围，或租借地内之任何条约口岸，或任何既得利益，不得干涉。第二，中国现行的约定关税率，对于运往前述势力范围内一切口岸除非是‘自由港’之所有货物，无论属于何国，均应适用，其税款概归中

① 吉林师范大学编，《沙俄侵华史简编》，吉林人民出版社，1986 年版，第 245 页。

国政府征收。第三，各国在其范围内之任何口岸，对他国船舶不得课以高于该国船舶之港口税，并在其范围内所建筑、控制或经营的铁路上运输属于他国公民或臣民的货物通过此‘范围’时，所收运费不得高于本国运输同样货物所收之运费。”[①] 其中，第一项显然是对各国在华既得利益的承认；第二、三项则是在维持中国现有关税制度下，美国在各国的势力范围内要求均等的贸易机会。

美国对华提出“门户开放”政策，主旨在于：一方面承认各国在华的既得利益，另一方面，又要求各国在其势力范围内对其他国家予以开放，使美国按“利益均沾”的原则获得相应的利益。其实质是保证中国市场对美国商品和资本的全面开放。

1899 年 11 月，英国在给美国的复照中称：“英国对于威海卫租借地和一切利益范围，……从事贵国政府所述意义之宣言，唯此项宣言必须以他国同样宣言为条件。”[②] 其他国家也表示了同样的意见。1900 年 3 月，美国国务卿海约翰宣称他收到了各国肯定的答复。

当八国联军镇压义和团之时，美国担心列强会以武力瓜分中国，因而于 1900 年 7 月再次向各国递交了“门户开放”政策的照会，重申在华贸易的机会均等，同时强调：“保持中国的领土与行政完整，保护各友邦受条约与国际法所保障的一切权利，并维持公正贸易之原则。”[③]

综上所述，美国提出的“门户开放”政策是在中国被列强瓜分的形势下，为谋求其在华的最大利益及协调远东国际关系的均势外交方针。其核心内容是要求列强在各自的势力范围内对其他国家开放贸易。这一政策一定程度上削弱了其他国家在中国各区域经济中的独占性，便利了美国经济势力对中国市场的渗透和占领。

四、内河航运业被迫进一步开放

甲午战争前，西方列强即不断谋求开放长江上游。英国《泰晤士报》声称，如果长江上游开放，则意味着“七千万人口的贸易就送到门上来了”，西方商品可以“深入一千五百里的亚洲心脏地带或几乎是中亚高原的脚下”。[④]1895 年，《马关条约》规定中国开放长江上游，即宜昌至重庆。这样，整个长江向外国人开放。

西方列强为进一步占领中国市场，随后又迫使清政府订立了一系列不平等条约，对中国的内河航行权进一步侵夺，主要有中日《通商行船条约》（1896 年）、中国与列强签订的《修改长江通商章程》（1899 年）、《辛丑条约》（1901 年）、中英《续议通商行船条约》（1902 年）、中美《续议通商行船条约》（1903 年）、中日《通商航海续约》（1903 年）、中国与列强签订的《改订修治黄埔河道条款》（1905 年）等。这些条约规定：列强的船只不论大小、种类，均可自由航行于中国内河；中国应负责修浚河道及清除河道内的阻碍；凡不许外轮行驶的内河，亦不准中国船只行驶。由此，中国

① 《中美关系史资料汇编》（1），世界知识出版社，1957 年版，第 449－450 页。

② 《中国近代国际关系史资料选集》上，第二分册，上海人民出版社，1977 年版，第 126 页。

③ 《中美关系史资料汇编》（1），世界知识出版社，1957 年版，第 551 页。

④ 聂宝璋编，《中国近代航运史资料》，第一辑，上海人民出版社，1983 年版，第 398 页。

内河全面对外商开放，其对华倾销商品和掠夺原料更加便利了。

五、外籍税务司制度的进一步巩固与权利的继续扩大

（一）外籍税务司制度的巩固

1901年，中国与西方11个列强签署了《辛丑条约》，规定中国向西方列强支付金额高达4.5亿两白银的战争赔款，分39年付清，连同利息共计9.8亿两，史称“庚子赔款”。巨额赔款以中国关税及盐税为抵押。面对巨大的财政压力，清政府不得不举借外债。西方列强为控制清政府，竞相向中国提供贷款。1895年7月，俄法两国首先对华贷款1亿两白银，规定以中国关税担保，分36年还清。1896年5月，英德两国也向清廷贷款1亿两白银。该项贷款不但要求以关税为担保，而且规定偿还期的36年内，海关总税务司必须由英国人担任。1898年，英德两国又向清廷提供了1亿两白银的贷款。这次不但依然以关税为抵押，而且进一步规定总税务司一职“永由英人充任”，贷款偿还期45年内，海关现行的行政管理办法不得改变。由此，外籍税务司制度得到进一步巩固。

（二）外籍税务司权力的扩大

这一时期，外籍税务司权力的扩大主要体现在两方面：一是邮政管辖权的扩大，二是攫取了常关管理权。

自1878年，由总税务司赫德主持试办近代邮政后，其显示出较中国传统邮政制度具有的效率优势，促使清王朝于1896年开办国家邮政——大清邮政。国家邮政由海关管辖，赫德兼任总邮政司。国家邮政开办后，各地的分支机构迅速发展，1901年达300处，1903年增至700处，到1907年已多达2 800处。邮政的发展客观上加速了信息的传递及商品的流通，有利于加强国内各地区之间、中外各国间的联系。但同时，邮政被海关控制，邮政的发展也意味着外籍税务司权力的扩大。

1901年，《辛丑条约》规定“所有常关的各项进款，在通商口岸之常关均归新关管理”，即通商口岸25里以内的常关税收也归海关管辖。这样，外籍税务司又获得了条约口岸24个常关和121个分关的管辖权。

六、关税的支配、保管权的进一步丧失

1843年制定的“值百抽五”协定关税，税率长期固定不变。而由于银价下跌，中国实征税率远低于名义税率。1902年，为使中国能够偿付巨额的“庚子赔款”，西方缔约国同意中国修订税则，修订的原则为“切实值百抽五”。新的进口税则以1897—1899年的年均国际市场价格为基准，将中国进口税率调整为5%的从价税。同时，由于白银价格不断跌落，缔约国要求中国以黄金来偿付外债和赔款，而中国关税则以白银计征，使税收征银的中国遭受双重的损失。

1911年，辛亥革命爆发。为确保中国能按时、足额偿还债款，以英国为首的西方列强共同组成“海关联合委员会”，专门负责关税收入的分配事宜，并为此制定了《总税务司代收关税、代付债款办法》，擅自决定将中国关税税款分别存入汇丰、德华、

道胜三家外国在华银行，由其代中国政府保管税款、代付外债。[①]至此，中国关税的支配、保管权被彻底剥夺。

第二节　中国对外经贸政策的变化

甲午战败，西方列强纷纷在中国强占租借地，划分势力范围，攫取各种政治、经济特权，中国的民族危机空前深重。面对严峻的现实，有识之士纷纷反思中国自洋务运动以来所走的自强之路。一些人在研究日本成功经验的基础上，逐渐认识到，数十年来，中国“徒学西艺之皮毛”，未学其“富强之始基”，发展资本主义工商业是走向富强的重要途径，同时，必须进行制度变革。一批资产阶级改革派强烈要求维新变法，改变封建专制制度，发展资本主义经济。他们的主张代表了当时社会的普遍思潮，得到光绪帝的支持。1898 年，光绪帝在其发布的上谕中，称“振兴商务，为目前切要之图”并接受康有为、梁启超建议，实行维新变法，进而出台了一系列发展资本主义经济的政策措施。然而，戊戌变法遭到清廷中保守派的镇压。随后，北方爆发了以“扶清灭洋”为口号的农民运动——义和团运动（又称“庚子事变”），引发中外冲突。1900 年，西方列强组成八国联军，联合武装入侵，北京被攻陷，清政府被迫与西方列强签订了《辛丑条约》，规定中国向西方 11 个国家支付 9.8 亿两白银的巨额战争赔款。由此，清廷陷入空前的财政困境，封建王朝的统治岌岌可危，极端保守派的势力大为削弱。为继续其统治，清王朝统治者不得不积极寻求“补救”之道。从 1901 年开始，清王朝对政治经济制度进行改革，即所谓的“新政”。

1903 年，清廷颁布敕令称：“通商惠工，为古今经国之要政。自积习相沿，视工商为末务，国计民生日益贫弱，未始不因此乎，此亟应变通尽利，加意讲求。”[②]意即改变中国历史上“视工商为末务”的传统思想，实行“通商惠工”，即鼓励发展工商业。在中国历史上，占统治地位达两千年之久的轻商思想终于动摇了。通商惠工、振兴商务首次成为中国的基本国策，即中国的经济方针开始由“轻商”“抑商”向鼓励发展工商业转变。

清末，“新政”出台的与对外经贸有关的政策，主要有如下五项。

一、鼓励兴办近代企业，与外资竞争

《马关条约》订立后，外国人纷纷在华投资设厂。对此，不少官绅不断向清廷吁请“设厂自救”，大力兴办近代企业，“国人以致无法阻挡外商货品之制造推销，补救之道，唯设厂自造外，别无他法”。1896 年，清廷下令，要求各省在省会设立商务局，

① 三家银行分别保管税款的 1/3。第一次世界大战爆发，中国对德宣战。1917 年，德华银行被中国接管，其税款保管权落入汇丰银行手中。1926 年 11 月，道胜银行清理，其所管税款也转归汇丰银行。

②（清末民初）刘锦藻，《清朝续文献通考》卷 391，实业 4。

由各地商会推举家境殷实且素有声望的商人充任局董，负责“将该省物产行情，宗其损益，逐细讲求”。“其与洋商关涉者，丝、茶为大宗，近则织布、纺纱、制糖、造纸、自来火、洋胰子诸业，考其利病，何者可以敌洋商，何者可以广销路。如能实有见地，确有把握，准其径禀督抚，为之提倡。”[①]以达到“振兴实业，抵制洋货之目的”。[②]次年，清政府又下令各省集股设厂，“官助商本”，即地方政府参股给商人以资本支持。后又颁布了《振兴工艺给奖章程十二条》，对设厂商人奖以世职、官衔、匾额等。为便于企业融资，1898 年，清政府又批准盛宣怀于上海设立中国第一家近代银行——中国通商银行。

二、利用外资筑路开矿

甲午战争前，中国利用外资的主要方式是贷款，认为“可由我自主”。其时，已有少量华商附股于外资企业形成事实上的中外合资企业，但该类企业不受法律保护。甲午战争后，清廷认为战败的直接原因是缺乏铁路导致运输困难，认为筑路不仅便于调兵运械且有益于工商业，可以收到“富强兼资”之效，故决定加紧赶修铁路。修建铁路的同时，必须发展煤、铁等矿业，而开矿、筑路均面临资金、技术短缺。由此，清廷出台了一系列新的利用外资政策。

1.“借债筑路”，积极利用外商间接投资

1895 年 12 月，朝廷上谕明确强调：“铁路为通商惠工要务，朝廷定议，必欲举行。”[③]至于铁路的资金来源，当时，许多政府大员都认为中国官方和华商能力有限，必须借助外资入股或直接借用外债。经过清廷统治集团内部论争，借用外债成为利用外资修筑铁路的主要方式。湖广总督张之洞认为：“唯有暂借洋债造路，陆续招股分还洋债之一策，集事较易，流弊较少。盖洋债与洋股迥不相同，路归洋股，则路权倒持于彼；款归借债，则路权仍属于我。……款由官借，路由官造，使铁路之利全归于官，策之上也。”他还提议设铁路招商公司，推荐津海关道盛宣怀出任铁路招商公司总理。[④]盛宣怀赴任后，在向总理衙门递交的“拟办铁路说帖”中，大胆提出“借用洋债，事半功倍”的意见，并建议先招商股 700 万两，暂借官股 300 万两，然后，借洋款 2 000 万两。[⑤]总理衙门将盛宣怀的“说帖”呈送光绪皇帝，随即，“借债筑路”的国家政策正式确立了。光绪帝谕准张之洞等所奏铁路公司及洋债诸项事宜，责成盛宣怀尽快举办，“务策万全”。[⑥]

2.“招引洋股，开矿筑路”，允许利用外商直接投资

甲午战争后，《马关条约》允许外商在华投资，外商独资企业纷纷涌现。中国掀

① 朱寿朋《光绪朝东华录》卷 131，中华书局，1958 年版。

② 陈真编，《中国近代工业史资料》第 4 辑，三联书店，1961 年版，第 197 页。

③《清德宗实录》卷 378，中华书局，1987 年影印本。

④（清）张之洞《张文襄公全集》卷 44，北平文华斋刊行，1928 年版，第 19—27 页。

⑤ 王彦威，王亮辑，《清季外交史料》卷 123，文海出版社，1963 年版，第 6 页。

⑥《清德宗实录》卷 395，中华书局，1987 年影印本。

起实业救国热潮，发展近代矿业以获得工业所需的能源、原材料成为清政府的迫切需要。

湖广总督张之洞主张在兴办采矿方面“招引洋股”：“中国各矿，若无洋人合股代开，既无精矿学之良师，又无数百万之巨本，断不能开出佳矿。”[①]他对利用外商直接投资对中国经济的影响，有较为全面的审视，指出：“洋厂所在，其一切物料必取之中国，工匠必取之中国，转移闲民必资之中国。彼洋商所得者商本盈余之利，而其本中之利留存中国者仍复不少。是华商之利虽去其半，而中国农工畋渔之利仍得其全。华民既沾其利，又晓其工，则华商购机制造之厂必不能绝。”[②]张之洞已经认识到，利用外商直接投资可以促进中国原料性产品的生产销售、增加就业、增加财政收入、学习外国先进技术及经营管理经验等。由于中国处于受列强控制的半殖民地地位，这些理论上的作用在实践中自然要大打折扣，但人们毕竟开始从积极方面认识外资特别是直接投资的作用了。为防止外商对矿业的垄断，张之洞还提出限制外商在企业中所占股份的建议，“与西人合本开采，本息按股匀分，……，西股只可十之三四，不得过半”，[③]即中方必须拥有控股权。

1898 年，清政府颁布《矿务铁路公共章程》，明文允准中外合办路矿企业。中外合资企业走向合法化，中国利用外资，既举借洋债又招引洋股，方式趋于多样化。

到辛亥革命前，中国有中外合资企业 100 余家，主要集中于矿业。这一时期，清王朝所借外债共计 36 亿余两。其中，铁路借款达 3.3 亿，用于数十条铁路的修筑，使中国铁路运输从无到有、从小到大地发展起来。

三、自开商埠，主动开放

与条约口岸不同，“自开商埠”（the ports opened voluntarily by China）是由中国自主决定开放的通商口岸。

甲午战争前，一些思想家已经认识到，通过自开商埠可以有效抵御列强的侵夺，即所谓“通商御侮”，可护商惠民，增加国民财富，因而出现自开商埠发展对外贸易的主张。如 19 世纪 80 年代，思想家陈炽在其《大兴商埠说》一文中称：“凡轮舟铁路电报所通之地及中国土产矿金工艺所萃之区，一律由官提款，国买民田，自辟市埠。”对英国经济学家亚当·斯密的《国富论》有深入研究的严复，对斯密的自由贸易理论大加赞赏，他在《原富》中加的一个按语中说：“夫保商之力，昔有过于英国者乎？有外输之奖，有掣还之税，有海运之条例，凡此皆为抵制设也。而足之不以是而加富。”“自斯密氏书出，英人首驰海禁，号曰无遮通商（亦名自由商法），……自此以还，民初各任自然，地产大出，百倍于前，国用日侈富矣。”这些人纷纷主张开放通商口岸、发展对外贸易，但遭到坚持封闭的守旧保守派势力的抵制，未能转化为政策、落实到实践上。

---

① （清）张之洞，《张文襄公全集》卷 79，电奏七，北平文华斋刊行，1928 年版，第 24 页。

② 赵靖，易梦虹，《中国近代经济思想资料选辑》，中华书局，1982 年版，第 383 页。

③ （清）张之洞，《张文襄公全集》卷 175，北平文化斋利行，1928 年版，第 32 页。

甲午战争后，西方列强在中国展开空前激烈的竞争，强占租借地、划分势力范围，中国更多的利权丧失。同时，中国从日本全境对外开放中获得经验，社会上出现了学习日本、大开商埠以收回利权的思潮。维新运动领袖康有为在其上清帝的一份奏折中称："窃顷东事大败，割台湾，赔巨万，举国痛之。臣以为此非日本之胜我也，乃吾闭关之自败，而人才之不足用也。……日本昔亦闭关也，而早变法，早派游学，以学西欧之政治工艺文学知识，早译其书，而善其治，是以今日之强而胜我也。吾今自救之图，岂有异术哉。"[①]一些出使海外的官员也多有类似主张。如出使俄国大臣杨度认为："今之中国，实乃昔之日本，故东邻之成例可援。"出使日本大臣伍廷芳，极力主张效法日本实行全境开放。坚持封闭的保守派势力日微。满族大员端方也认识到，继续闭关已非良策，"方今之世，不独门户洞辟，即堂奥腹地亦无不流通，贸易日盛月新，居交通之时代，而为闭塞抵制之谋，诚非策矣"。[②]

为挽救统治危机、争取保留尽可能多的主权，同时，希望通过增开商埠增加税收以缓解财政压力，清廷于 1898 年发布上谕，宣布"广开商埠"，"欧洲通例，凡通商口岸，各国均不得侵占，现当海禁洞开，强邻环伺，欲图商务流通，隐杜觊觎，唯有广开口岸一法"。"……著沿江沿边各将军督抚迅速就各省地方悉心筹度，如有形势扼要商贾辅凑之区，可以推广口岸拓展商埠者，即行咨商总理衙门办理。唯须详定节目，不准划作租界，以均利益以保事权"。[③]意即自开商埠的首要目的在于"以夷制夷"，认为开放门户，在通商口岸，可使各国杂居，互相牵制，中国便可"不以兵力保守，而以商务保守"。[④]此外，自开商埠，还可以吸引外国资本进入，从而推动利用外资、引进技术，进而发展实业。在张之洞等人的奏章中，多次提到"凡矿务、工商诸利，若不招外国人开辟，中国资本、人才断难兴办"。[⑤]

根据清廷上谕，1898 年，中国自行开放了一些商埠，如湖南岳州（今岳阳）、福建三都澳、直隶秦皇岛、江苏吴淞等。这些口岸开放后，不仅带来贸易的繁荣、实业的发展，而且这些地方的行政主权基本掌握在清政府手中。自开商埠的成功使清政府于 1903 年再次重申"广开商埠"的政策，"应由各省督抚详细勘察，如有形势扼要，商贾荟萃，可以自开口岸之处，随即奏明办理"。[⑥]

此后，清政府又开放了一批通商口岸，如广西南宁、湖北武昌江岸、山东济南、河南郑州等。清政府对这些自开口岸专门制定管理章程。如《济南自开商埠章程》，规定了中外商人来此贸易所享受的各种优惠待遇、经营活动区域及行业范围等。

自开商埠，加速了中国的对外开放进程，促进了各通商口岸及其周围地区经济的

---

① 汤志钧编，《康有为政论集》上册，中华书局，1981 年版，第 301－302 页。

②《皇朝经世文编》，文海出版社（台北），1971 年版，第 686 页。

③ 朱寿朋《光绪朝东华录》卷 4，中华书局，1958 年版，第 4189 页。

④《约章成案汇览》乙篇，卷 7，转引自曹均伟等，《中国近代利用外资活动》，上海财经大学出版社，1997 年版，第 51 页。

⑤《张之洞全集》，河北人民出版社，1998 年版，第 1296 页。

⑥《山东近代史资料》三，山东人民出版社，1961 年版，第 76 页。

繁荣，推动了对外贸易的发展。如济南开埠后，大批外商前来收购棉花，刺激了山东及河北两省的棉花生产。商务局还引进推广了美国良种棉，使棉花的单位产量也大幅度提高，贸易量随之上升，济南很快成为中国棉花交易的最大市场。南宁开放后，1907—1911 年，进出口总额即由 1 544 600 关两增加到 4 700 517 关两，5 年间增幅达两倍。湖南岳州开放后，对外贸易额也有明显增长，1900 年为 143 827 两，1905 年增至 492 928 两。

当然，自开口岸与约开口岸相比，无论区位优势还是经济基础，多相差甚远，因而其经济辐射带动作用相对较弱。多数自开口岸随着城市经济的发展，逐渐成为沿海通商口岸与内地市场的中介，即充当了洋货分销和土货出口的集散地。

四、鼓励发展出口贸易

甲午战争后，为推动工商业发展，清政府从组织建设、法律法规等多方面鼓励出口贸易的发展。

（一）建立新式的工商管理机构

1901 年，清政府撤销总理衙门，设立外务部。1903 年，设立商部。1906 年，清廷预备立宪，将商部与农工部合并为农工商部，下设四个司。其中，商务司主管国内外贸易。商部设立后，各省随即设立了商务局，负责本省的工商事务。

在中国传统经济中，历代封建政府均对商业活动进行严格的管理，其目的或为“重农抑商”，或为保障政府的财政收入。而商部则是中国历史上第一个以促进、保护和鼓励工商业为职能的国家机构。1904 年，《申报》评论说：“政府鉴于商战不利，惧将无以自存于生计竞争之世也，于是设立商部。”它的设立，标志着工商业在社会经济中有了重要地位，中国商业行政管理开始走向近代化。故后人评论说：“商业之有政策，以设立商部始。”①

（二）制定颁布有关商务法规

按照西方的商务法规，由商部负责制定颁布了一系列商务法规。如 1904 年 1 月 11 日订立《商会简明章程》，并首先在北京成立了商会。随后，又颁布了《商人通例》《公司律》《公司注册章程》《破产律》等，规定了商人的身份，公司设立、组织、活动、解散以及股东的权利和义务。1906 年，清政府又颁布了《奖给商勋章程》，规定“其有创制新法、新器以及仿照各项工艺，确能挽回利权，足资民用者，自应分别酌与奖励”，“或奖给一至三等商勋，或请赏加二至六品顶戴”。②意即对发明创造、新技术的引进应用、成功参与国际竞争等予以奖励。此外，清廷还颁布了《出洋赛会章程》等鼓励发展出口贸易的政策法令。

这些法规虽然内容粗糙，但毕竟成为中国近代商务法治化管理的滥觞，一定程度上推动了包括对外贸易在内的工商业的发展。

---

① 《十年来中国政治通览》，《东方杂志》，1913 年第 7 期。

② 蒋晓伟编，《中国经济法制史》，知识出版社，1994 年版，第 279 页。

（三）鼓励华商参加国际博览会

甲午战争前，清政府即数度派少数官员和商人参加国际博览会，但该活动尚未制度化。甲午战争之后，国际博览会在促进出口贸易中的作用日益受到重视。1905 年，清朝商部颁布《出洋赛会章程》，明文规定："凡有国际博览会，商部即咨行各省督抚，晓示商人劝谕参加。有愿与会者呈报本省商务局、商会转报督抚，汇咨商部办理。商部在博览会会场设立事务所，经理华商与会有关事宜，向华商提供各种帮助。赴会商品，一律准其免税。"[①]

清末，中国参加的较大规模国际博览会有法国巴黎博览会（1900 年）、日本大阪博览会（1903 年）、美国圣路易斯博览会（1904 年）、比利时列日博览会（1905 年）、意大利米兰赛会（1906 年）和比利时布鲁塞尔博览会（1910 年）等。

通过参加国际博览会，中国不少产品获得各类国际大奖，提高了中国土特产品的国际知名度，对中国扩大出口产生了直接的积极作用；同时，使许多华商增进了对世界其他国家产品、市场的了解，认识到中国工商业的落后状态及自身产品存在的不足，从而产生了积极改良技术和工艺、提高产品质量以提高国际竞争力的意识。如中国传统出口商品——丝绸，长期在西方销路不广。通过参加国际博览会，中国企业家在比较日本等国丝绸后发现，中国丝绸普遍存在质粗色黯、经纬线粗细不均匀等问题，因而痛感"凡此诸弊，不能改良，丝绸一业，无望行销于外国也"。[②]此后，中国丝绸工艺得到一定的改良。

五、保护华侨、吸引侨资

如前所述，自洋务运动开始，清廷逐步实施保护华侨、鼓励其回国投资的政策。到清末，清王朝进一步实施多种措施保护华侨、吸引侨资。一是颁布法规保护华侨利益。1903 年，清廷发布上谕："沿海各省为流寓华商回籍时，设法保护。"[③]次年，商埠在拟定的《商务议员章程》中明确规定，出洋华商回国，各省商务议员要予以"切实保护"，"倘有关津丁役、地方胥吏及乡里莠民藉端讹索，即予按律严惩，决不宽贷"。[④]二是设立保护华侨的机构。为落实保护华侨政策，清廷还在闽、粤沿海省份设立保商局，专门负责回国华侨事宜。三是重用归国著名华侨。1905 年，清政府任命南洋华侨张振勋为商部考察外埠商务大臣，兼督办闽广农工路矿事宜，劝诱华侨回国投资。这些政策的实施，不但吸引了大批华侨回国投资，而且推动了对外贸易的发展。

综上所述，清末一系列对外经贸政策的调整与创新，大多流于形式，既不完备，在实际执行中又存在种种阻力，对近代工商业发展发挥的作用微弱；同时，大量抑制

① 章开沅等主编，《苏州商会档案丛编》第 1 辑，华中师范大学出版社，1991 年版，第 461、463 页。

② 凤荣宝，《密拉诺万国赛会物品评议》，引自马敏，《中国走向世界的新步幅——清末商品赛会活动述评》，《近代史研究》，1988 年第 1 期。

③《光绪政要》卷 29。

④（清末民初）刘锦藻，《清朝续文献通考》卷 391，实业 4。

工商业发展的政策措施依然存在。但包括对外贸易在内的工商业地位，毕竟被提高到前所未有的高度，有助于社会观念的革新并为后世的进一步发展奠定了基础。

第四节　列强在华投资及其对中国进出口贸易控制的加强

如前所述，甲午战争前，列强已开始在华非法投资，但规模较小，投资额总计不过2亿～3亿美元，且范围主要限于为对外贸易服务的金融、保险、航运及出口加工业。1895年，中日《马关条约》规定："日本臣民得在中国通商口岸城邑，任便从事各项工艺制造，又得将各项机器任便装运进口，只交所订进口税。"同时规定，"日本臣民在中国制造一切货物，其余内地运送税、内地税、钞课、杂派，以及在中国内地沾及寄存栈房之益，即照日本臣民运入中国之货物一体办理，至应享优例豁免，亦莫不相同"。日本不但由此取得在华投资设厂的权利，而且其在华投资企业的产品均享受进口商品税率待遇，即只需交纳5%的进口税及2.5%的子口税即可遍运中国各地。其他列强援引片面最惠国待遇条款，一并享有此特权。自此，西方列强对中国资本输出加速进行，其得以更便利地操纵中国市场。由此，列强进一步加强了对中国对外贸易的控制。

一、列强在华投资的增加

甲午战争后，列强在华投资获得条约的承认，对华资本输出快速发展，从投资规模、投资主体来源，到投资领域均显著扩展。

（一）投资规模扩大，投资主体多样化

随着中国铁路的建设，外国资本将为中国提供铁路贷款作为其增强政治影响和经济渗透的一种手段。这一时期，列强在华投资分为直接投资和间接投资两种类型。前者即列强在中国设立的中外合资及独资企业，后者主要是各国对华贷款及转化为贷款的战争赔款。据统计，到1902年，各国对华投资总额已达15亿美元，比甲午战争前增加了3～6.5倍，若不计庚子赔款的6.95亿美元，直接投资所占比重高达65.1%。[①]

甲午战争以后，随着西方列强在华特权的进一步扩大，外国洋行势力也越来越强大，在华投资设立的企业数量不断增加。甲午战争前的1892年，中国共有外国贸易性洋行579家，到1900年便突破1 000家，达到1 006家；10年后的1910年，猛增至3 239家。其资本总额1914年已达1.42亿美元，占外商在华投资总额的14.2%；若加上与对外贸易密切相关的金融、保险及交通运输业，所占比例则高达41%。[②]

这一时期的外国在华洋行，除了长期在华从事进出口贸易的老牌商行外，还有不

① 吴承明，《帝国主义在旧中国的投资》，人民出版社，1955年版，第35页、第52页。

② 同上第60页。

少世界垄断组织[①]在中国设立的分支机构。如 1894 年，美国洛克菲勒财团在华设立美孚油公司（Standard Oil Company），1900 年，英国帝国化学工业公司在华设立中国卜内门公司，1902 年，英美烟草托拉斯在华设立英美烟公司（1935 年，更名为颐中烟公司），1903 年，英国利华兄弟托拉斯在华设立中国肥皂公司，1905 年，卡内基财团在华设立美国钢铁公司，1907 年，荷英壳牌皇家石油公司在华设立亚细亚火油公司（Anglo – Saxon Petroleum Company），日本三井财团在华设立三井洋行，1908 年，美国通用电气在华设立通用电气公司等。这类企业在华从事的事业涉及制造业、国内贸易、进出口贸易等多种活动。

（二）投资领域逐步扩展

外国在华投资的方向主要集中于工矿、交通运输、贸易、金融等领域。在这些领域，外国资本占据了垄断地位。

1. 工矿业

1895—1900 年，列强在华设立工矿企业 933 家，涉及中国各个经济部门。在中国工业化起步阶段，外资进入后，即以其先进技术和经验取得垄断优势。如煤铁业，1906 年，西方列强在中国煤矿业的投资达 2 368.2 万元，占全国煤矿投资总额的 84.8%；到 1913 年，投资额增至 8 537.8 万元，所占比重仍高达 79.6%。[②]中国几家大煤矿均为英、日、德等国资本所控制，如开滦、焦作煤矿被英国人控制，抚顺、本溪湖煤矿被日本人控制。到 20 世纪 20 年代以前，新式铁矿及冶铁业几乎 100%属外商直接投资企业。[③]如大冶铁矿先由德国人控制，1903 年落入日本人之手，年产铁矿石 80 万吨，大部分被廉价运往日本。除煤铁业外，西方列强还投资于中国的棉纺织、面粉、食品、缫丝、机械、造船、水电等行业。

2. 交通运输业

甲午战争后，列强在华投资的交通运输业主要涉及铁路及轮船运输。

早在 19 世纪 60 年代，西方列强就试图在华修筑铁路，但遭到清政府的抵制。如上所述，甲午战争后，清政府开始鼓励铁路建设。于是，西方列强对中国筑路权展开疯狂争夺。到 1913 年，列强在华共取得 59 项铁路的修筑权与借款权，涉及铁路长度 3 万多公里，除甘肃、新疆、青海及西藏等地外，几乎遍布全国各省。到 1911 年，中国建成铁路 9 600 公里；其中，93.1%被列强通过直接投资或间接投资予以控制。[④]

轮船航运业，甲午战争后，外资轮船公司进一步增加。1898 年，在日本政府扶持下，日商成立了大阪轮船公司。不到一年，其长江业务量即赶上英商太古和怡和公司。为进一步增强竞争力，1907 年，大阪与另外三家日资轮船公司合并为日清轮船公司。19 世纪末、20 世纪初，三家最大的外资轮船公司——太古、怡和、日清，占中国内河航运的 76.8%～84.4%。而远洋运输则全部由外资轮船公司控制。从来源上

---

① 20 世纪后期始称这类企业为跨国公司。

② 严中平等，《中国近代经济史统计资料选辑》，中国社会科学出版社，2012 年版，第 93 页。

③ 同上，第 88 – 89 页。

④ 同上，第 124 页。

看，其中，英资公司在中国的航运业中所占比重最大，但呈现下降趋势；1892 年，其所占比重达 84.4%，1902 年降至 60.4%，1907 年进一步降至 52.5%。位居其后的是日资公司且所占份额不断上升，从 1892 年的 2.8%很快上升至 1907 年的 24.6%。[①]

3. 金融业

甲午战争前，西方在华银行已开启并操纵中国近代金融业。不过，该时期，其作用主要是为对外贸易服务。到 19 世纪 90 年代，资本主义由自由竞争发展到垄断阶段，金融资本已不仅是工商企业的中介人，而成为所有资本运动的中枢，西方列强对华投资、开展贸易及一切经济活动都要通过银行来进行。故甲午战争后，西方列强在中国金融业的投资进一步增加。据统计，1895—1913 年，有 13 家外资银行及 85 个分支机构在华设立。[②]这一时期规模及影响较大的，除甲午战争前设立的英国汇丰、德国德华、日本正金银行外，主要有俄国的道胜银行（沙皇俄国的殖民地银行，1896 年在上海设立分行），法国的东方汇理银行（法国政府特许的海外殖民地银行，1894 年在香港设立分行，1899 年在上海设分行），美国的花旗银行（20 世纪初，美国唯一能在境外营业的银行，1902 年开始在华设立分行），比利时的华比银行（1902 年设立）等。他们通过国际汇兑、进出口押汇、信用透支及外汇结算等方式支持各国在华洋行，以加强其对中国对外贸易的垄断，进而控制中国经济命脉。正如毛泽东所说："帝国主义列强通过贷款给中国政府，并在中国开设银行，垄断了中国的金融和财政。因此，它们不但在商品竞争上压倒了中国的民族资本主义，而且在金融上、财政上扼住了中国的咽喉。"[③] 以致 1898 年，中国第一家近代银行——中国通商银行的创办人盛宣怀无奈地称："汇丰之设，已三十余年，气势既盛，根底已深，不特洋商款项往来，网罗殆尽，中行决不能分其杯羹，即华商大宗贸易，亦与西行相交日久，信之素深。"[④]

二、洋行对中国进出口贸易的垄断

外商通过在华投资不仅直接控制了中国相关产业，而且创造了新的市场需求和供给，提高了其对中国对外贸易的垄断程度。

外商在中国工矿业的投资，直接控制了中国出口商品的一部分货源，便于西方列强对中国经济的掠夺。同时，一些外资在华企业生产的产品被低价运往母国，不但使中国遭受税收损失，而且加剧了中国对外贸易条件的恶化状况。

西方洋行投资中国铁路，特别是直接投资、直接经营的铁路，不但掌握了铁路建设、经营管理的所有权利，而且一定程度上控制了中国的交通命脉。同时，他们迫使清政府承认铁路沿线为债权国的势力范围，由此控制了铁路沿线的土地及资源甚至沿线的行政及警察权。这些地区几乎成了列强在华的又一种殖民地。而铁路又是联系港口与腹地市场之间最便捷的交通运输工具，它的兴修"使内地接近通商口岸，贸易由

---

① 严中平等，《中国近代经济史统计资料选辑》，中国社会科学出版社，2012 年版，第 165 页。

② 吴承明，《帝国主义在旧中国的投资》，人民出版社，1955 年版，第 35 页。

③ 毛泽东，《中国革命与中国共产党》，《毛泽东选集》卷 2，第 592 页，人民出版社，1968 年版。

④ 盛宣怀《愚斋存稿》卷 2，文海出版社，1975 年版，第 30 页。

之而增进，新的消费与生产领域也就形成了”。[①]因而“凡铁路所到的地方……，那里就兴起了过去所梦想不到的繁荣贸易”。[②]

西方列强通过投资中国铁路，极大地便利了其商品倾销和原料掠夺，尤其直接推动了西方铁路器材的销售，为其钢铁业、机械制造业打开了新的广阔市场。便捷的交通使洋行经营的中国农副矿产品的出口规模与种类也显著增加了。

老牌洋行的势力较前大大增强，如“洋行之王”——英国怡和洋行。其经营范围除进出口贸易外，还包括金融保险、交通运输、房地产及工业制造等诸多领域。到20世纪初，怡和洋行在华设立的大型企业已有30多个，遍布上海、汉口、长沙、天津、广州、昆明、重庆、福州、汕头、青岛等口岸，资本总额达到4 000万元以上。[③]它同时还是汇丰银行的大股东，它的大班一度兼任汇丰银行的董事长。就进出口贸易而言，其经营的商品种类几乎无所不有。它出口的中国商品，有“从寒冷的华北”到“暖和的南方”所产的各种各样的“适合市场销售的土特产”，如猪鬃、皮毛、生丝、茶叶、桐油等；进口商品，则从机械设备、纺织品到各种日用生活消费品及奢侈品等，应有尽有。史称，其“总是站在经常变更和日益扩大的中国市场的前面”。[④]这些老牌洋行逐渐成为列强控制中国对外贸易的重要垄断集团。

而世界性垄断组织凭借其先进技术、强大的国际营销网络进入中国后，通过雇用熟悉中国市场的买办，迅速建立起从全国各个通商口岸到穷乡僻壤的多级庞大推销网及经营体系。通过完善的营销系统，洋行可以快速、高效地将进口商品推销到各地初级市场，同样，也可极为便利地购买中国土特产品出口。如西北的皮毛出口，甲午战争前，仅有少数洋行在张家口设点收购。甲午战争后，各国在华洋行在山西、宁夏、甘肃、青海、内蒙古各羊毛产地广设分支机构。据记载，宁夏的石嘴山即有英商高林、仁记、新太兴及平和等十余家洋行设立的收购毛皮的“外庄”，在银川、兰州、西宁、肃州、酒泉等地设立“分庄”的英、美、德、法、日、俄洋行达20余家。洋行派出买办，通过密布的收购网扩大毛皮的收购范围和规模，从而垄断了西北毛皮的出口。此外，新兴的出口货物——东北大豆的出口主要被日本的三井洋行垄断。在进口贸易中，洋行的垄断性更强。如煤油的进口，主要被英国的亚细亚火油公司和美孚油公司所垄断。美孚公司，1901年开始在上海设立油栈；随后，其分支机构及代理店遍布中国城乡各地。其所经营的煤油占中国进口煤油50%以上。肥皂的进口主要被英国利华兄弟托拉斯的中国肥皂公司垄断，烟草及纸烟则被英美公司控制。西方在华洋行垄断了中国主要商品的进出口，从而掌握了中国进出口贸易的实际经营权。

---

① 李康华等，《中国对外贸易史简论》，对外贸易出版社，1981年版，第236页。

②《海关贸易报告》，1899年，第1页。

③ 汪敬虞主编，《中国近代工业史资料》第2辑，上册，中华书局，1962年版，第6页。

④ 陈真编，《中国近代工业史资料》第2辑，三联书店，1961年版，第51页。

第五节　中国对外贸易的发展状况

甲午战争后，中国被迫及自主的对外开放程度均进一步提高。伴随近代交通运输、通信设施建设的加快，中国被更深地卷入世界市场之中，对外贸易获得进一步发展。

一、贸易额增长加速，逆差扩大

（一）进出口贸易规模

甲午战争前的1894年，中国进出口贸易额为2.23亿美元。战后迅速增长，1901年达到3.15亿美元，到1911年进一步增长至5.52亿美元，比1894年增长了3.28亿美元，18年间增长了1.48倍。而战前18年，1877—1894年，进出口贸易额只增长了7%。[①]若以银两计算，增幅更大，参见表10－1。

表10－1　　甲午战争前后中国年均进出口贸易指数　　（以百万银两计算）

	1890—1894年	1895—1899年	1910—1914年
出口	100	142	315
进口	100	153	417

资料来源：《中国近代经济史教程》，第155页

甲午战争后，对外贸易规模的扩大，主要并非中国经济发展的结果，而是西方列强对中国经济操纵的产物。铁路建设的发展使交通运输条件显著改善，极大地便利了沿海与内地市场的联系。铁路的巨大运力，使过去许多不可贸易品变成可贸易品，使中国更多的农副矿产品进入国际市场，更广大的地域开始与世界经济相联系。这大大增加了中国出口商品的种类，对于以低附加值的、零散的农副产品出口为主的中国出口贸易起了有效的推动作用。商品流通范围扩大，主产于内地的商品借助新式交通工具得以运往通商口岸并出口海外。如1903年，中东铁路即南满支线通车后，东北大豆即开始批量出口。1909年，大连口岸的出口额仅200万海关两，到1920年增加到1.11亿海关两。据《上海总商会月报》记载，京汉铁路1906年通车前，经汉口出口的芝麻年均不足30万担。铁路修通后，1908年输出的芝麻即达164万担，1909年又增至192万担。不仅如此，河南货物也大批运到汉口出口，年增长率达100%。1907年，沪宁铁路修通后，上海的出口贸易规模成倍扩大。京张铁路建成后，山西亚麻得以大量从天津出口。[②]与此同时，进口商品向内地推销也更为便利了。一些学者利用计量经济学的方法，对中国20世纪初铁路与对外贸易的发展关系进行的回归分析也

① 李康华等，《中国对外贸易史简论》，对外贸易出版社，1981年版，第502－505页附表。

② 李文治，《中国近代农业史资料》第2辑，三联书店，1957年版，第102－132页。

表明，铁路的长度与对外贸易规模高度相关，且出口贸易比进口贸易与铁路的相关度更高。[①]

作为资源丰富、劳动力价格低廉的国家，中国在诸多农副矿产品及手工业品上具有比较优势。1894年，海关贸易报告曾称："作为一个生产羊毛的国家来说，中国资源尚未充分开发，长江以北和蒙古生产羊毛的地区，与澳洲殖民地一般大，只要白银保持着现在的价格，中国是能够藐视来自一切金本位国家的竞争的。"[②]然而，由于中国对外贸易主权的丧失，既不能"奖出"，也不能"限入"。相反，出口税高于进口税的协定关税制度，实质上起到了鼓励进口、限制出口的作用。中国的比较优势得不到充分发挥，因而也不能获取应有的比较利益。

（二）贸易条件的恶化与逆差的加剧

所谓贸易条件（terms of trade）又称交换比价或贸易比价，即一国在对外贸易中，出口商品与进口商品的交换比率。它是用进出口价格指数来计算的，即出口商品价格指数与进口商品价格指数的比率。交换比价＝出口商品价格指数/进口商品价格指数。影响进出口商品交换比率的主要因素，是价格波动的幅度以及出口价格和进口价格指数变动的方向和大小。它是衡量一国对外贸易经济效益的一种综合性指标，比率越高说明贸易条件越好，反之越差。大于1说明贸易条件对国民经济有利；小于1说明贸易条件差，对国民经济不利。同时，它也是计算进出口贸易不等价交换的一个指标。所谓不等价交换，则是指一方将价格提高到商品价值以上，或将另一方商品价格压到价值以下，或两者都有。但商品的价值量难以直接比较，其是通过价格表现出来的，故一般从双方价格的相对变动中，观察其不等价交换的趋势。

甲午战争后，中国对外贸易条件恶化严重。从进出口价格指数来看，若1871—1873年进出口价格指数均为100，到1901—1903年，进口价格指数升至446.2，出口价格指数升至282.7；到1909—1911年，进口价格指数达662.3，出口价格指数则升至518.2。[③]可见，这一时期的进出口价格指数均呈上升趋势，但进口价格指数的上升大大快于出口价格指数的上升。

中国出口商品价格的相对下降，主要是由进出口商品结构及大宗出口商品质量决定的，因而贸易规模不会随价格的相对下降而产生扩大效应。随着进口商品竞争力的不断提高、出口商品竞争力的下降，进口贸易增长明显快于出口的增长，导致中国的对外贸易逆差不断扩大。如前所述，从19世纪70年代开始，中国对外贸易已由顺差转为逆差。但在甲午战争前，逆差额尚不太大，年均大体在2千万～3千万海关两。到1894年，逆差额约占中国对外贸易总额的11.7%。[④]甲午战争以后，特别是进入20世纪以后，随着对外贸易的发展，逆差额不断扩大，中国经常性国际收支日趋恶化。1901—1911年，逆差额达到0.79亿～2.19亿海关两。逆差额占中国进出口贸易总额

① 陈争平，《天津口岸贸易与华北市场1861—1913》，《中国社科院经济所集刊》第11辑。

② 姚贤镐编，《中国近代对外贸易史资料》第2册，中华书局，1962年版，第1120页。

③ 李文治，《中国近代农业史资料》第2辑，三联书店，1957年版，第189页。

④ 李康华等，《中国对外贸易史简论》，对外贸易出版社，1981年版，第502－505页附表。

比重日趋上升，1902 年占 19.1%，1905 年达 32.5%。[①]1903—1913 年，年均逆差额已是 1895—1899 年的近 20 倍。巨额贸易逆差加上战争赔款致使中国国际收支严重赤字，中国不得不依靠华侨汇款和金银的出口弥补经常性项目国际收支逆差。西方国家从中国赚取的高额利润，一部分被转化为其在华投资，使其进一步垄断中国工商业，造成中国国民财富的巨大流失。

二、适应资本主义列强需要的进出口商品结构

甲午战争后，西方资本主义势力更加深入中国的内地腹省。进口洋货及外商在华投资企业的产品，以其物美价廉的优势迅速排挤了土货，与之相关的传统手工业遭到毁灭性打击，中国自然经济加速解体，西方工业品的市场愈益广阔。

（一）主要进口商品

19 世纪末，西方资本主义工业水平进一步提高，中国进口工业品的种类较过去更加丰富了。据统计，1874 年，上海进口商品种类约 180 种，天津约 100 种。到 1911 年，两口岸进口洋货品种均上升到 800 余种之多。1910 年，贸易额超过百万关两的进口商品就有 35 种之多。[②]品种的增多从一个侧面反映了洋货消费市场的扩大。进口商品以消费资料为主，在进口额中所占比重达 85%左右，而生产资料仅占 15%左右；直接消费资料的进口又高于消费品原料的进口。

最大宗的进口货物是棉织品，其次是鸦片、棉纱，三项商品合计占进口总额的 50%以上。19 世纪末、20 世纪初，随着西方国家对华经济渗透方式的多样化，鸦片在中国对外贸易中的地位逐渐下降。同时，国内反鸦片贸易呼声日益高涨。1907 年，中英就鸦片贸易问题举行会谈，约定 10 年后禁绝鸦片。[③]从发展趋势上看，由于中国手工业者采用洋纱织造土布，一方面导致棉纱的进口激增，另一方面，土布对进口洋布构成竞争，因而棉纱进口快于棉布。19 世纪最后 20 年间，棉纱进口增长了 10 多倍，而棉布仅增长了不到 3 倍。

另外的大宗进口货物还有大米、面粉、糖、烟叶、煤油及金属类。其中，米、面粉、小麦、糖、烟叶这些日用生活消费品，大体合占进口总额的 10%以上。粮食的进口随中国农业的丰歉而波动，每年进口量从数千担到数千万担不等，总体上呈逐年增加态势。中国进口粮食的传统品种为大米，甲午战争后扩大到小麦、面粉等多个品种。其中，面粉占粮食类进口的比重达 20%以上。煤油作为照明的燃料，从 19 世纪 60 年代开始进口，由于其价格低廉（仅为植物油价格的 50%～70%）、亮度高逐渐取代了照明用的土油。甲午战争后，煤油进口增长加快，1901 年进口量达 1.3 亿加仑，价值 1 700 万关两。到第一次世界大战前，增加到 2 亿加仑，占进口贸易总额 5%～6%左右。甲午战争前，随着外国对华投资的扩大以及中国民族近代企业的兴办，机器、

---

① 李康华等，《中国对外贸易史简论》，对外贸易出版社，1981 年版，第 502－505 页附表。

② 武堉干著，《中国国际贸易概论》，商务印书馆（上海），1930 年版，第 3 页。

③ 到 1918 年，鸦片除作为特定药物外，不再作为合法商品进口。但是 1949 年以前，各种形式的鸦片走私始终未曾断绝。

运输设备、化学产品、燃料、钢铁及其他金属等生产资料进口显著增长。各类进口商品所占比重，见表 10－2。

表 10－2　　　　**进口商品构成**　　　　（%）

年份	生产资料				消费资料		
	合计	机械	原料	建筑用品、运输工具器材、半制品、燃料等	合计	原料	制成品
1893	8.4	0.6	—	7.8	91.8	13	78.6
1903	15	0.7	—	14.3	85	22.3	62.7
1910	17.6	1.5	0.1	16	82.4	17.17	65.4

资料来源：《中国近代经济史统计资料选辑》，第 51 页

从表 10－2 中可见，生产资料在进口中的比重上升，[①]消费资料的比重下降，但后者仍占绝对优势，反映了中国进口商品结构的半殖民地性质。

（二）主要出口商品

这一时期，随着交通运输条件的改善，中国更深地被卷入世界市场体系之中。一方面，中国更多的产品进入国际市场，使出口商品的种类日趋多元化；另一方面，由于中国经济发展迟缓、技术落后、国内流通成本过高，长期在国际市场占据优势的大宗传统商品在激烈的国际竞争中不断失利，在国际市场及中国出口贸易中的地位进一步下降。

1. 丝及丝制品

19 世纪末，随着世界经济的发展，丝织品的消费市场相应扩大，推动了欧美丝织业的发展，世界市场对生丝的需求增加，由此，为中国生丝及丝制品出口提供了有利的契机。丝及丝制品超过茶叶，成为中国最大宗的出口商品，约占出口总额的 1/3。其中，又以生丝出口为主。1900 年，生丝出口额高于丝织品 5 倍多。

20 世纪以后，出口商品种类不断增加。到 1910 年，出口额达百万关两的商品有 33 种之多。相对而言，丝及丝制品在出口商品构成中的比重有所下降。由于中国丝织技术落后，手工缫丝与欧洲、日本的机械缫丝相比，在竞争中处于劣势，致使生丝及丝制品在世界市场所占份额下降。1905 年，日丝与华丝的出口量已大体相当了。1908 年，日丝出口超过华丝，中国在世界丝绸市场上所占份额也进一步降低。据研究，19 世纪时，欧洲市场所需丝绸一半以上要从中国购买；但到 1902—1904 年，仅从中国购买其所需的 27%了；到 1905 年，这一份额进一步下降到 25%以下。[②]到 1911 年，丝及丝制品仍为中国首要出口商品，但其占出口总额的比重已经降至 1/4 了。

---

① 其中燃料及车辆的进口相当一部分是作为消费资料。实际生产资料的比重低于此数。据估计 1913 年生产资料进口约为 11.3%。

② ［法］布尔努瓦，《丝绸之路》，山东画报出版社，2001 年版，第 244 页。

2. 茶叶

甲午战争前，中国出口茶叶占世界茶叶市场的比重虽降至49%，但依然是世界最大的茶叶出口国；战后，其所占市场份额进一步降低。1893年，中国绿茶输英尚达2亿余磅，1908—1912年则降至年均4 000万磅，减少了80%。而同期，印度出口到英国的茶叶量则增加到1.5亿磅。在美国茶叶市场上，中国遭遇了日本强有力的竞争，所占市场份额也不断下降。只有在俄国的砖茶市场上，中国茶叶出口仍然占据优势，但也出现了数量与价值的背离，即出口值落后出口量的增长。1910年，中国茶叶出口的绝对量降至208 106千磅，占世界茶叶贸易的份额仅有27.7%。同期，印度的出口量则上升至256 439千磅，占世界茶叶贸易的比重达34.2%。①

上述丝茶两项商品合占出口贸易的比重，比甲午战争前又降低了41.7个百分点。②

3. 豆类

中国出口的豆类主要包括大豆、豆油、豆饼等。19世纪末，中国豆类产品已出口到日本，但数量有限，每年不过数百万担。从20世纪初开始，随着铁路的修建、东北地区的开发，大豆和豆制品、植物油、植物籽仁等货物的出口逐渐增加。其中，大豆的增长尤为显著，时值欧洲棉籽和亚麻籽缺货，肥皂等行业油脂原料匮乏。1908年，日本三井洋行将东北大豆运往欧洲试销，获得成功。欧洲市场对大豆需求迅速增加，“以致为了新的季节（1909—1910年）派出了50艘轮船到大连和威海卫去”。③1909年，豆类出口激增至1 443万担，价值达3 278万关两，以后略有回落。到第一次世界大战前，豆类每年出口达2 000万关两，占出口贸易的比重达14%左右。民用照明由煤油替代植物油，也使包括豆油在内的植物油大量出口成为可能。

4. 杂项商品

20世纪后，在中国出口商品构成中，占有一定比重的商品还有皮货、棉花、羊毛、蛋类等杂项商品。

5. 工业制成品

自19世纪60年代洋务运动以来，中国一直力图建立自己的近代工业。但在不平等条约制约下，中国民族工业得不到正常发展。特别是甲午战争后，外资企业的普遍设立及洋货的猛烈冲击，更使中国民族工业发展步履维艰。华资企业所产工业品在国内市场所占份额有限，其出口的数量更是微乎其微。因而这一时期，中国工业制成品在出口总额中所占比重极小，主要产品是棉纺织品且大部分来自在华外资企业。

这一时期，在中国出口商品构成中，依然是以农矿原料性商品及手工业品为主。两项合计，1910年为81.2%。其中，农矿原料性产品在出口中的比重还呈现出不断增加的态势。各类出口商品所占比重，参见表10－3。

---

① 严中平等，《中国近代经济史统计资料选辑》，中国社会科学出版社，2012年版，第61页。

② 丝茶两项商品占中国出口贸易的比重，1870—1875年为85.7%，1896—1900年降至44%。参见郑友揆，《19世纪后期银价钱价的变动与我国物价及对外贸易的关系》，《中国经济史研究》，1986年第2期。

③〔美〕西·甫·里默，《中国的对外贸易》，三联书店，1958年版，第110页。

表 10－3 出口商品构成 （%）

年份	原料		半制品			制成品		
	农产品	矿产品	手工	机制	合计	手工	机制	合计
1893	15.6	—	28.4	0.1	29.5	53.4	2.5	55.9
1903	26.8	0.4	17.2	14.7	31.9	32.9	8	40.9
1910	39.1	0.7	13.1	11.9	25	28.3	6.8	35.1

资料来源：《中国近代经济史统计资料选辑》，第 52 页

从表 10－3 中可见，甲午战争后，中国出口商品构成中，手工半制成品和制成品比重下降，机制半成品及制成品比重、农矿产品比重上升，两项合计占出口总额比重则是下降的。这一方面反映出中国近代工业有所发展；另一方面，反映出中国主要出口商品由附加值相对较高的产品变为附加值相对低的产品。中国在国际贸易和国际分工中处于更加不利的地位。

综上所述，中国进口以消费性工业制成品为主，出口以农矿原料及手工业品为主。这表明中国的进出口商品结构，完全适应资本主义列强倾销商品、掠夺原料的需要，中国对外贸易的半殖民化程度进一步强化。

三、对外贸易地理方向的变动

如前所述，甲午战争以前，中国的对外贸易主要就是与英国的贸易。到 1894 年，英帝国（包括英国本土及其殖民地）对华贸易，占中国对外贸易总额的比重仍高达 69.5%。1895 年，英国驻沪领事哲美森（G. Jamieson）提交给英国政府的报告中还称，其他国家在中国市场上“多半只限于诸如缝针、火柴、燃料、灯具等次要的贸易商品上”。“在所有的大宗商品中，英国货不仅保住了原有的份额而且还有所增加。”[①]然而，甲午战争以后，由于世界贸易与世界生产发展速度的差异及资本主义列强实力对比的变化，英国独占中国市场的格局被打破。其中，日本和美国随着自身经济实力的增强，扩大了其在中国的政治、经济权势。他们为占领中国市场、攫取更多的在华利益，与英国展开了激烈争夺，致使英国在中国对外贸易中的地位逐渐下降，日美地位上升。

（一）列强对中国市场的激烈争夺

这一时期，英日美等国在中国对外贸易中展开空前激烈的竞争。各国商人纷纷在通商口岸组织商会，过去那种个体公司间的竞争被以国籍划分的集团竞争所代替。“对华贸易的外国公司的数目增加，比贸易本身增加更快。商人们在竞争中都习惯以国界的观点来对待自己了。一种越来越高涨的感觉是，政府应该对其在华商人的成功予以

①《上海近代经济贸易发展概况：1854—1898 年英国驻上海领事贸易报告汇编》，上海社科院出版社，1993 年版，第 383 页。

直接支持。”①

西方商人在中国最大宗进口货物——棉纺织品市场上的竞争，表现得尤为激烈。棉纱，甲午战争前主要来自印度和英国。甲午战争后，为占领中国棉纱市场，日本政府对棉纱输华实行扶植政策：一方面免除棉纱原料棉花进口税和棉纱出口税；另一方面，对棉纱输华予以财政和信贷支持。1897 年、1898 年，日本政府两次给与横滨正金银行 300 万日元的贷款，专门用于扶植日纱输华。日本纺织联合会又采取了一系列措施扩大日纱输华。① 与日本邮船会社商定，降低日纱输华的运费并享有优先承运权。② 实行输出奖金和输出津贴制度。1898 年，决定给每包输华日纱奖金 2 日元，1902 年提高到 3 日元，1908 年又决定给与超出预定输出量的部分每包 3～5 日元的津贴。在此政策下，“日货并力锐进”，日纱在中国市场大肆倾销，数量迅速增加，在中国棉纱市场上的地位一路攀升。如在华北市场上，甲午战争前的 1893 年，英印纱占 92.8%，几乎处于独占的地位，而日纱仅占 1.4%。10 年后，日本所占比重即上升至 39.3%。到 1913 年，日纱已占中国进口棉纱份额的 62%。

棉布最初主要来自英国，鸦片战争后数十年间，中国洋布市场几乎被英国一家独占。19 世纪后期，随着美国工业的发展，英国棉布在中国市场的垄断局面被打破，尤其在粗布市场上，美国占有了更大的份额。甲午战争后，日本也加入对中国棉布市场的争夺。到 1900 年，美英日三国出口到中国的棉布占中国棉布进口比重分别为 63.5%、15.5%、2.6%，美国处于遥遥领先地位。20 世纪后，日本采取了一系列措施增进对华棉布输出。如 1902 年，日本纺织联合会对棉布出口提供补贴，规定每出口 300 斤棉布补贴 1.1 日元。1906 年，以三井财团为首的五家大纺织企业联合成立卡特尔组织——“日本棉布输出组合”，旨在与美国棉布竞争。为此，日本政府下令正金银行给该组合以金融上的援助，满铁会社给以运费上的优惠。随后，日本棉布在中国市场的份额迅速上升。如在东北市场上，日本棉布所占比重，由 1906 年的 1.2%上升到 1910 年的 41.9%。同期，美国棉布的份额则由 77.4%降至 30.8%。

其他国家对中国市场的争夺同样不甘落后。如在煤油市场上，19 世纪，主要是美俄争斗。美国是中国煤油最早的进口来源国。19 世纪 80 年代以前，美国煤油在中国市场上处于垄断的地位。1888 年，俄国煤油开始与美国在华展开竞争。到 19 世纪末，俄国逐渐占据上风。20 世纪后，英荷壳牌石油公司在中国设立了分公司——亚细亚火油公司，销售荷属苏门答腊产的煤油，其主要竞争对手是美国的美孚油公司。两大公司势均力敌，在中国煤油市场上激烈角逐。1910 年，海关报告称，美孚油与亚细亚两大公司的竞争，简直“等于战争”。到 1911 年，美国煤油所占份额虽有下降，但仍占 60%以上。

在中国的火柴市场上，早期主要进口来源国是瑞典和德国。甲午战争后，日本凭借运费低、劳动力便宜的优势，将瑞典和德国火柴挤出中国市场。20 世纪后，瑞典为夺回中国火柴市场，一方面在中国市场上实行大规模倾销政策，以低于成本 50%的

①〔美〕西·甫·里默，《中国的对外贸易》，三联书店，1958 年版，第 98 页。

价格在中国出售瑞典火柴；另一方面，又大肆收购中国境内火柴企业的股票。瑞典最终击败了日本火柴，重新占领了中国火柴市场。

（二）各国在中国对外贸易中的地位升降

到 19 世纪末，英帝国在中国对外贸易中依然维持其垄断地位，时间越早，其所占比重越大。甲午战争后及日俄战争后，日本在中国对外贸易中所占地位迅速上升。1905 年，日俄签订了《朴次茅斯和约》，日本继承了俄国在中国东北的大部分权益，由此加速了日本对华商品输出及原料掠夺。1905 年，英帝国（包括受其殖民统治的中国香港）在中国对外贸易中的比重，由 19 世纪的 70%～80%降至 55.7%，到 1911 年进一步跌至 48.7%。其中，英国本土所占比重，由 1894 年的 14.1%降至 12.48%。与此同时，日本在中国对外贸易中的地位。则由 6.2%上升到 16.46%，超过英国本土的对华贸易。[①]美国 1894 年在中国对外贸易中的地位尚不到 5%，1905 年日俄战争爆发，美国趁机推进对华贸易。该年，美对华贸易占中国外贸总额高达 15%。此后，由于美国迫害华工，中国掀起抵制美货运动，加上日本在中国东北势力的扩张，美国在中国对外贸易中的地位有所下降。

在进口贸易方面，1891—1893 年，英国本土在中国进口贸易中的比重为 20.4%，大大高于日本（占 4.9%）和美国（占 4.5%）。甲午战争后，在中国进口贸易中，英国所占份额下降，日美等国的份额上升。到 1909—1911 年，英国本土所占份额跌至 16.5%，日本（及其所占领的中国台湾）、美国则分别升至 15.5%和 7.1%。英国虽仍领先，但优势已不显著。[②]

在出口贸易方面，1891—1893 年，英国本土在中国出口贸易中的比重是 11.3%，日本及美国分别为 7.2%和 9.8%。到 1909—1911 年，英国所占比重跌至 5.1%，而日本（及其所占领的中国台湾）、美国则上升到 15.9%和 9.0%，均超过英国。[③]

（三）中国对外贸易的地区分布

中国各地区在全国进出口贸易中所占的比重也发生了较大的变化。甲午战争以前，对外贸易高度集中于华中和华南。1891—1893 年，二者在中国进口贸易中的比重分别是 56.5%和 40.2%，在出口贸易中的比重为 46.8%和 47.1%，其他地区所占比重则微不足道。[④]甲午战争后，特别是到 20 世纪以后，东北及华北在中国对外贸易中的地位迅速上升。到 1909—1911 年，其在中国进口贸易中的份额分别达到 9.8%和 10.9%，在中国出口贸易中的份额分别为 16.7%和 5.2%。[⑤]

各国在中国对外贸易中的地位变化，表明列强对中国市场存在激烈争夺。而中国各地区在全国对外贸易中的比重变化，显示出中国被迫对外开放程度的提高，中国更深地被卷入资本主义世界的经济漩涡之中。

---

① 严中平等，《中国棉纺织史稿》，科学出版社，1963 年版，第 516 页。

② 严中平等，《中国近代经济史统计资料选辑》，中国社会科学出版社，2012 年版，第 45 页。

③ 同上，第 46 页。

④ 同上，第 47 页。

⑤ 同上，第 48 页。

复习思考题

1. 甲午战争后，西方列强在中国对外贸易领域中的特权有何扩大？
2. 甲午战争后，中国外经贸政策有何变化？
3. 甲午战争后，中国的进出口商品构成有何变化？
4. 甲午战争后，中国的对外贸易条件如何，影响怎样？
5. 甲午战争后，在华外国洋行构成有何变化？

第十一章　北洋政府时期的对外贸易

学习要点与要求

本章分析了北洋政府时期（1912—1927）的对外经贸政策、西方列强在华投资及其对中国对外贸易的垄断，以及这一时期中国对外贸易发展的状况。通过学习，学生应了解北洋政府时期洋行对中国对外贸易垄断的状况及对外贸易发展的规模和水平，掌握这一时期中国对外经贸政策的变化及对外贸易发展的特点。

1911 年 10 月，辛亥革命爆发，封建专制主义的满清王朝被推翻，中国历史进入中华民国时期。1912 年元旦，中华民国临时政府在南京成立，孙中山就任临时大总统，标志着资产阶级登上政治舞台。自此，在西方列强压制下，中国开启了以国家政权的力量推动资本主义经济发展的艰难历程。与此同时，随着世界市场的形成，各国间的经济联系更加密切，国际贸易发展大大加速。而第一次世界大战爆发后，西方列强对中国经济控制一度放松，使中国近代工商业获得一个重要的发展契机。在此基础上，中国对外贸易得到进一步发展。

第一节　发展对外经贸的政策措施

辛亥革命推翻了中国长达两千年的封建帝制，建立了共和政体，尽管封建制度并未彻底被革除，但毕竟为资本主义的发展创造了一定的有利条件，资产阶级社会地位大为提高。他们提出“实业救国”的主张并进行广泛的舆论宣传，在全社会掀起实业救国的思潮。这一思潮为中国新的经济制度的出台奠定了社会基础。在北洋政府中，一批著名工商界人士担任了农林、工商、财政、交通等经济部门的要职。在他们的主持下，出台了一系列发展近代工商业的政策措施。其中，涉及对外经贸领域的政策措施主要有五项。

一、确立了“利用外资，振兴实业”的经济方针

尽管南京临时政府为时不长，但孙中山等人拟定了一系列“开放门户”“振兴实

业”的政策。孙中山辞职后，先后到上海、武汉、广州、香港、烟台、天津、北京等地演讲，宣传其政策主张。孙中山在演讲中，极力主张对外开放、积极引进外资、发展资本主义经济。这些政策主张反映了当时社会经济发展的要求，产生了广泛的社会影响，推动了全国范围内“实业救国”热潮的出现。在社会潮流的推动下，袁世凯担任北洋政府总统后，明确宣称“民国成立，宜以实业为先务”“以开放门户，利用外资，为振兴实业之方针”。“利用外资，振兴实业”由此成为北洋政府时期的经济总方针。

在先后担任农商总长的国民党人刘揆一和大实业家张謇的主持下，北洋政府为发展实业制定颁布了一系列相关法规，主要有鼓励创办企业、发展工商业的《公司条例》《商人通例》《公司条例实行细则》《商人通例实行细则》《公司注册规则》等，鼓励发展采矿业、垦荒业及棉/糖等农牧业的《矿业条例》《矿业条例施行细则》《矿业注册条例》《矿业注册条例施行细则》《国有荒地承垦条例》《植棉制糖牧羊奖励条例》等。

中国要振兴实业，首先遇到的难题是资金短缺。黑龙江财政厅厅长唐暮潮曾致函袁世凯，提出“实业以资本为前提，中国民穷财尽已非一日”，欲发展实业，“非是借外债不可”。[①]1913 年，资产阶级大实业家张謇出任农商总长，他认为“实行开放门户，利用外资，为振兴实业之计，……救国方策，无逾于此”，因而明确提出“利用外资，振兴实业”的纲领，并拟定了利用外资振兴实业的具体政策及“关于利用外资振兴实业办法”。他主张采用“合资”“借款”“代办”三种形式并提出各种形式相应的限制条件。[②]熊希龄组阁后，接受张謇的建议，颁布了一系列涉外经济法规。如 1914 年 3 月的《矿业条例》，明确宣布允许中外商人合组公司，“凡与中华民国有约之外国人民，得与中华民国人民合股取得矿业权，但必须遵守本条例及其它关系诸法律”，并规定了相关细则，如“外国人民所占股份不得逾全股十分之五”“企业代表人须中国人民充之”。[③]1915 年 5 月，袁世凯政府又颁布了《保护华侨条例》，规定了对华侨回国投资的具体保护和奖励政策。中国由此掀起了利用外资的高潮。

由于这一时期利用外资没有更多的经验可以借鉴，北洋政府颁布的利用外资政策、法规均较为粗糙，出现了很多失误，且在执行中不少被扭曲，实际效果与主观动机严重背离。一是对利用外资的规模不加限制，既大借洋债，又大办中外合资企业，未能充分考虑自身的偿债能力及对合资企业的控制问题；二是由于北洋政府时期政治局面混乱，对所借资金的使用缺乏监控，所借外债不但超过自身的偿债能力且很多实业借款被转用于政治、军事开支，最终无力偿还，造成债务危机、信誉下降、利权丧失；三是北洋政府允许政府官员个人开办中外合资企业，致使不少官僚、军阀，其中包括总统、部长、督军、省长等纷纷利用自己的权势，以各种方式与外资合办近代企

① 《民国经世文编》实业（一）。

② 沈家五，《张謇农商总长任期经济资料选编》，南京大学出版社，1987 年版，第 140 页。

③ 《政府公报》第 662 号，《矿业条例》。

业、投资实业，从中谋取私利。

尽管如此，利用外资兴办实业政策的出台，毕竟在一定程度上增强了人们的实业意识，促使社会闲置资金向近代实业投资转移，从而推动了中国工业化的进程。

二、增开商埠，以开放促发展

20 世纪后，随着中国对外开放的深入发展，通商口岸的设立对口岸城市的繁荣及周边经济发展的促进作用凸显，沿海开放地带与内地间社会经济发展水平的差距进一步拉大。北洋政府继承清末自开商埠政策，继续在内地增开口岸，并将其作为促进落后地区的区域经济发展的重要举措。

1914 年，袁世凯宣布，将西北地区的归化城（今呼和浩特）、张家口、多伦诺尔、赤峰、洮南及山东龙口开放为商埠，提出开放这些地区的主旨在于“唯是开埠各地均属东南内地，而长城西北建设阙如，商众既日渐凋残，民风亦仍多完闭塞，不亟为通商惠工之外，何以收厚生利用之功”。意即鉴于中国对外开放及现代经济发展过于集中于东南沿海地区，要通过开放打破落后的西北地区的封闭状态，促进其经济发展。察哈尔省都统诚劭也称：“如果将张家口自开商埠，10 年之后，将塞外狼荒，蔚为乐土。”[①]

1912—1925 年的 16 年间，中国新开商埠达 21 处，几乎全部位于内地，它们“在把外国商品带到中国内地广大和富饶的人口面前以及在便利外国人所需中国产品的收购和运输方面的共同作用，对这些年贸易的迅速扩展而言，……是重要的影响因素”。[②]如张家口开埠后，皮毛出口大增，“天下皮裘经此输往海外，四方皮市经此定价而后交易”。[③]此外，张家口还是砖茶运销俄国的集散地，产于湖北、湖南的砖茶由山西商人收购运至张家口，经由国际贸易通道——张库大道运往库伦（今乌兰巴托），再转运恰克图，由此推动了张家口商贸经济的高度繁荣。这里中外商贾云集、洋行林立，进而带动了塞外近代经济的发展。

当然，在西方列强和封建传统势力的双重压制下，这些自开口岸的近代经济发展大多步履蹒跚。加之这些地区经济基础、地理条件与东南沿海相差甚远，致使近代中国经济区域发散性的状况未得到明显改观。

三、鼓励进口替代，发展出口贸易

辛亥革命后，中国掀起抵制洋货、提倡国货、发展民族经济的热潮。特别是第一次世界大战期间，民族资本主义得到迅速发展。在这一形势下，北洋政府制定了提倡使用国货、鼓励进口替代与发展出口贸易的相关政策。

1914 年，农商部颁布通令：“自欧战以来，出口呆滞，入口锐减，亟应提倡国货

① 王彦威编，《清季外交史料》（三），书目文献出版社，1987 年版，第 3288 页。

②《海关 1922—1931 年十年报告》。

③ 杜荣泉，《河北城市发展史》，河北教育出版社，1991 年版，第 225～226 页。

制造，凡出口足抵外货者优给奖励。”[①]同时，积极鼓励进口替代。1915 年 3 月，农商部颁令：“凡日用品向由外国供给，而为本国所能仿制者，此类工厂，尤应特别保护，并给与奖励，已有各厂货物之可用者，设法扩充其销场，拟就教育用品、军用品、交通用品等，以公家力量，宪订购墉，以重国货。……此外如发明改良工艺品，业经订有奖章，予以特许之权，借以督促国民技术之增进。”[②]

为鼓励商品出口、提高中国产品的国际竞争力，北洋政府降低了一部分出口商品的税率。1914 年 10 月，大总统袁世凯批准降低大宗出口商品——茶叶的出口税。[③]1915 年 1 月，北洋政府对商人贩运棉布出口减轻税厘；同年 2 月，免除 7 种工业品出口关税；对出口的草帽缏、地席减税 50%；通花绸巾、抽通花夏布、发织髻网、蜜汁果品等，无论进出口，一律暂行免除各税。

同时，为进一步开拓中国商品的国际市场，北洋政府还积极组织中国商品参加国际博览会。1913 年 12 月，为参加美国巴拿马博览会专门成立了事务局，颁布了筹备巴拿马赛会事务局章程；1914 年 4 月，日本东京上野动物园举办大正国际博览会，北洋政府组织景德镇、宜兴、博山的陶瓷制品，浙江的纺织、染织品，河北、山东、甘肃的毛毡，湖北的棉麻织品，北京、天津的景泰蓝等工艺品参展，有 70 余件产品获得奖章，使外商增加了对中国优质商品的了解。此外，组织参加的博览会还有巴拿马赛会，法国、意大利博览会等。参展的一些中国产品，如刺绣、丝织品、酒类等先后获奖，打开了这些商品进入国际市场的渠道。

通过参展，增加了世界对中国种类丰富、品质优良、工艺精湛、价格低廉的名优产品的了解，展示了中国商品的竞争优势，由此推动了此后相关产品出口贸易的发展。如产于甘肃、东北三省、直隶、云南等地的地毯价廉物美，但不被外商了解，原每年出口额不过 10 万两白银；博览会后，销售额增加几乎 10 倍。与此同时，中国参展的工商业者也通过国际比较发现，中国不但缺少工业制成品，而且传统手工业产品式样单一、工艺守旧，在外国花样不断翻新、价格低廉的同类商品竞争中，丧失了原有的优势。比如，中国参赛的茶叶，内在品质优于其他国家。但印度的红茶和日本的绿茶因由机器加工，色香兼美，规格整齐，比中国茶叶更有吸引力。受此刺激，不少相关行业参赛人员回国后，致力于对传统技艺的改良。

此外，北洋政府还积极采取措施改良主要出口商品种类，提高质量。如丝业方面，1916 年，农商部将美国丝业公会编的《改良中国生丝办法》转发沪、江、浙、皖丝茧总公所，广东丝业研究所，苏、杭、宁等各地商会，令他们“切实改良，而兴丝业”。[④]随后，江苏无锡、丹阳、高淳等地先后设立蚕桑实验场，取得初步成效。茶叶方面，1915 年，农商部派出官员到主要产茶区进行调查，根据调查结果，在上海、汉口和福州成立茶叶实验场，对茶叶品种择优改良，提高品质。其他，如棉花、大豆等重要

---

① 《申报》1914 年 12 月 5 日。

② 沈家五编，《张謇农商总长任期经济资料选编》，南京大学出版社，1996 年版，273 页。

③ 刘佛丁等，《中国近代市场发育与经济增长》，高等教育出版社，1996 年版。

④ 北洋政府，《农商公报》，第 28 期，1916 年 11 月，第 5－6 页。

出口产品，北洋政府也采取了一些相应提高品质的改良措施。这些措施一定程度上改善了中国出口商品质量，扩大了生产规模，增加了产量，对出口贸易起了推动作用。如在东北推广大豆，使大豆种植面积迅速扩大，中国跃升为世界大豆最大生产国，为出口提供了充足的货源。

四、积极争取关税自主

如上所述，自 1843 年以来，中国名义关税率被固定为 5%。由于银价下跌及贸易条件的恶化，实征税率从未达到值百抽五的水平。这种片面的、极低的、均一化的税制，对中国社会经济危害极其严重。20 世纪后，随着中国民族工业的发展，国内工商界恢复关税自主权的呼声日益高涨。1912 年 8 月，北洋政府向英、德、俄、法、美、日等国驻华公使发出外交照会，要求提高税率，达到“切实值百抽五”。缔约列强以民国政府尚未取得各国承认为由予以拒绝。中华民国已获各国承认后，于 1913 年 10 月和 1914 年 1 月，先后两次照会缔约国驻华公使，要求修改税则，但遭到日、俄、意等国的反对。

第一次世界大战爆发后，协约国要求中国对德奥宣战绝交，以此为条件同意中国修改海关税则，允许将税率提高到切实值百抽五的水平。1917 年 12 月 25 日，北洋政府制定颁布了一个适用于无约国及交战国的《国定进口税则》，规定进口税则分为四类：（1）奢侈品，税率为 30%～100%；（2）无益品，税率为 20%～30%；（3）资用品，税率为 10%～20%；（4）必要品，税率为 5%～10%。由于与德、奥断交、贸易关系中断，此税则并无实际作用，但它毕竟是自 1843 年以来中国第一次颁行的自主税则，表达了中国要求恢复关税自主权的强烈愿望。这一税则并未触及英、美、法、日、意等国的利益，但他们对此举仍然表示了强烈不满。英国人怀特称这一税则，“简直就像一个发育不全的半死婴儿一样，不受北京外交保育院的欢迎。”①

第一次世界大战后，北洋政府为恢复关税自主权进行了不懈的努力。1918 年，经多次交涉，列强同意中国修改税则，规定以 1912—1916 年平均物价为依据，将中国关税率提高到“切实值百抽五”的水平，从 1919 年 8 月实施并同意战后两年税则再行修改。

1919 年，27 个战胜国在法国巴黎举行和平会议，史称“巴黎和会”，中国派代表团参会。会上，中国代表向大会提交了《希望条件说帖》，首次正式提出“关税自主权”等七项严正要求。列强对此只是表面上声称“充分承认此项问题之重要”，但以议题不在和平会议权限范围内而拒绝付议，同时，迫使中国承认德国原来在山东的权益转让给日本。中国外交努力全面失败，由此引爆规模空前的反帝爱国运动——“五四运动”。

“五四运动”使中国人的民族意识大为提高，“恢复国家主权、反对帝国主义强权政治”的呼声高涨。收回海关大权、改变中外不平等税率成为中国工商各界的强烈愿

---

①〔英〕莱特著，姚曾廙译，《中国关税沿革史》，商务印书馆，1963 年版，第 431 页。

望。到 1921 年 6 月，1919 年税则即将期满，北洋政府外交部向各国驻华公使发出照会，要求“修改现行税则”。英美同意召开关税会议研究修改税则问题，日本则予以反对。1921 年 11 月，华盛顿会议召开，中国被邀参会。在华盛顿会议太平洋远东问题委员会第五次会议上，中国代表顾维钧提出收回中国关税自主权、取消领事裁判权、取消《二十一条》等议案并发表了《对于中国关税问题之宣言》，申述了中国要求收回关税主权的理由，提出关税自主的三项办法。这一提案受到世界舆论的高度关注，认为这是“八十年来中国向世界正式作不平之鸣第一声”。[①]会议对中国提出的要求进行了讨论并成立了“中国关税分股委员会”，专门研究中国关税问题，最后通过了一个《九国间关于中国关税税则之条约》。该条约未涉及中国关税自主问题，只是同意中国再次修改税则以达到“其税率适合于切实值百抽五之数”，并准许中国对进口货征收值百抽二点五的附加税。中国代表团对此提出“保留案”，声明中国决不放弃关税自主的要求。根据华盛顿会议，1922 年 3 月，在上海成立了修改税则委员会；9 月，新税则修订完成，决定自 1922 年 12 月 1 日生效。因日本从中作梗，新税则直到 1923 年 1 月 17 日才实施。

“五四运动”后，中国人民反帝爱国运动风起云涌。1923 年，国民党广州政府扣留粤海关的关税。1925 年，上海发生学生、工人反帝示威活动，遭到帝国主义镇压，酿成“五卅惨案”。之后，反帝运动席卷全国，列强迫于形势同意召开北京关税特别会议。

1925 年 10 月，关税特别会议在北京开幕。会上，各国原则同意中国关税自主，但在关税自主的时间、附加税、税款的用途、税款的保管等问题上争论不休。与此同时，全国各地爆发了声势浩大的反帝运动，使列强的在华利益受到前所未有的挑战，各国不得不承认中国关税自主，并“赞同中国国定关税税率条例于 1929 年 9 月 1 日起发生效力”。会议进行到 1926 年 4 月，由于北伐军迅速北进，北洋政府内部各派斗争激烈，中国政局一片混乱，各国代表纷纷准备离京。7 月，未作出任何决议的北京关税特别会议正式宣布休会。

北洋政府时期，中国关税自主权虽未能恢复，但这一阶段的不懈努力为此后国民政府成功恢复中国关税自主权奠定了基础。

五、积极争取收回租界、废除领事裁判权

租界制度和领事裁判权的确立严重侵犯了中国的主权。第一次世界大战期间及战后，北洋政府为收回租界及废除领事裁判权进行了不懈的努力。

第一次世界大战后期的 1917 年 3 月，中国外交部宣布中德断交，中国随即收回德国在天津、汉口的租界。同年 8 月，中国对德、奥宣战，声明废除德、奥两国与中国历届政府订立的所有条约。据此，奥匈帝国在天津的租界被收回。1919 年“巴黎和会”的召开，中国代表团提出收回列强在华租界的严正要求，缔约各国均以它国放

① 虞宝棠编著，《国民政府与民国经济》，华东师范大学出版社，1998 年版，第 46 页。

弃租界权为本国放弃在华租借地的前提条件，对中国的要求予以拒绝。为此，中国拒签《凡尔赛合约》。1920 年 3 月，德国照会中国驻德使馆，希望恢复与中国的贸易关系。随后，中德两国在北京举行谈判，于次年 5 月签署《中德协定》，其中规定“此国人民在彼国境内得遵照所在地法律、章程之规定”，“两国人民于生命及财产方面，均在所在地法庭管辖之下”。[①]据此，德国在华领事裁判权被取消。1925 年，中奥两国经过谈判达成协议，奥匈帝国在华领事裁判权也被废除。

十月革命后，苏联政府宣布废除中俄不平等条约，放弃沙俄在华权益。经谈判，1924 年 5 月，中苏两国签署了《建立邦交之换文》《解决悬案大纲协定》，俄国在华领事裁判权被废除；8 月，天津俄租界正式收回；次年 3 月，汉口俄租界也得以收回。

部分租界的收回、一些国家在华领事裁判权的废除，使中国自鸦片战争以后丧失的对外贸易主权有所恢复，有利于提高中国外经贸活动的自主性；同时，在一定程度上削弱了西方列强对中国经济的控制力，为民族经济的发展开拓了一定的空间。

第二节　外国在华投资及洋行对中国对外贸易的控制

20 世纪后，随着西方资本主义从自由竞争进入垄断阶段，西方列强在国际市场上的竞争更加激烈。在第一次世界大战的影响下，各国经济发展愈益不平衡，引致其实力对比发生了新的变化，他们在对华投资中所占的地位随之出现了此升彼降。与此同时，外国在华投资的主体及其经营模式也都显示出新的特点，由此，进一步影响到各国对中国对外贸易的控制程度。

一、日本、美国在华投资地位上升

20 世纪初，在中国投资居于前四位的国家是英、德、俄、法，它们合占外国在华投资的 86.6%。第一次世界大战爆发后，欧洲各国因忙于战争，无暇东顾，对华投资下降，只有英国投资有缓慢增长，但与战前增势亦不可同日而语。这一阶段，在华投资发展最为迅速的是日本及美国。日本为扩大其在华权益，向北洋政府提供了大量政府贷款，仅 1917、1918 年的“西原借款”即达 14 500 万日元。1919—1927 年，日本占列强对华贷款的比重高达 49.8%，从而成为中国最大的债权国。外国对华贷款，由第一次世界大战前的德、法、英、俄四强，变为战后的日、英、法、美四强。在对华直接投资方面有着基本相同的格局，到 1920 年，日本在华投资额已从战前的 18 660 万美元上升到 35 190 万美元，增长了将近一倍，从而成为仅次于英国的第二大对华投资国家。同时，美国对华投资也从 5 390 万美元增长到 9 000 万美元，与法国相近。与之相应，各国在华洋行数量也出现了此消彼长，参见表 11－1。

---

① 王铁崖编，《中外旧约章汇编》第 3 册，三联书店，1957 年版，第 168 页。

表 11－1　　1913～1928 年各国在华洋行数量　　（单位：家）

年份	英国	美国	法国	德国	日本	俄国[①]	其他	总计
1913	590	131	106	296	1 269	1 229	184	3 805
1920	679	409	180	9	4 278	1 596	224	7 375
1928	682	574	181	319	8 926	1 112	499	12 293

资料来源：杨端六，侯厚培编，《六十五年来中国的对外贸易统计》，国立中央研究院社会科学研究所专刊第四号，1931 年，第 143－148 页

从表 11－1 可见，洋行数量总体增长加速。1913—1920 年，短短的 7 年间，洋行从 3 805 家增长到 7 375 家，增长了 93.8%。第一次世界大战前，日本已居各国在华洋行数的首位。战争期间，日资洋行迅猛发展。1912 年，在华日资洋行有 733 家，1913 年激增至 1 269 家，一年增长了 73%。战后，西方洋行卷土重来，日资洋行增速更快。1920 年，日本不仅仍居在华洋行数的第一位，且所占比例已从 1913 年的 33% 上升至 58%。到 1928 年，这一比例更进一步激增至 73%。日资在华投资领域主要在棉纺织和煤铁工业。不过，从直接投资规模上看，英国仍然是投资最多的国家，怡和、太古、沙逊、英美烟公司等垄断集团，控制了中国食品、航运、房地产等行业。

二、投资主体的变化及投资领域的多元化

第一次世界大战期间，中国显示出巨大的工业发展潜力，丰富的原材料和廉价的劳动力，成为国际资本流入的重要诱因。这一时期，来华投资的外国企业大多是国际性垄断组织，如英荷壳牌石油公司的亚细亚火油公司（1913 年）、法国液化气体公司的东方修焊厂（1918 年）、瑞士汽巴公司（1919 年）、美国的德士古石油公司（1920 年）、英国的卜内门洋碱公司（1923 年设立）、德国的德孚洋行（1924 年）等。此前在华投资的大托拉斯，如英国英美烟公司、中国肥皂公司、美国通用电气公司、美国的美孚石油公司、美国钢铁公司等，不仅在中国进一步投资建立其各级分支机构，而且还在中国展开激烈的并购活动。如 1925 年，慎昌洋行被美国通用电气收买，从而成为美国十余家大公司在华的总代理。日本的日华纺织会社，1925 年兼并上海宝成一厂、二厂，改为日华第六厂、第七厂，1926 年又兼并上海华丰纱厂，改为第八厂。日本的内外棉公司，1911—1916 年先后在华设立四家纺织厂，成为中国境内最大的纺织资本集团。英美烟公司于 1915 年扩充了上海浦东烟厂，并购了哈尔滨原白俄所属的老巴夺烟厂；1920 年，又斥资 100 万银元，成立中外合资的上海永泰和公司，专营烟草销售业务；1922—1925 年，先后设立天津卷烟厂、青岛卷烟厂、上海通北路卷烟厂，并在安徽、河南、山东设立烤烟厂，在东北设立启东烟草公司，逐步发展为垄断中国卷烟市场的烟草托拉斯。

① 1917 年后为苏联。

除在生产领域外，国际垄断组织还在贸易、金融、保险、交通运输等行业扩大对华投资，使这一时期外商在华投资，无论规模还是范围都空前扩大，在中国经济诸多领域占据明显优势，从而对包括对外贸易在内的中国国民经济控制进一步增强。如外商投资的重点工矿企业，1920 年，全部资本合计为 236 825 万元；其中，外资为 166 745.8 万元，占 70%以上的份额。①在交通运输业，这一时期主要是铁路和航运。1914 年，列强对华直接投资达 338，80 万美元，占总投资的 33.9%。到 1927 年，中国铁路总长 1 304 048 公里；其中，中国自主经营的只有 8%，其余或为外商直接经营，或受其控制。在轮船航运业，1916 年，外轮吨位占 77.6%。到 1926 年，这一比例增至 80%。在金融业，1914—1926 年，新设外资银行 44 家，125 个分支机构；加上甲午战争前设立的银行，到 1926 年，外国在华设立的银行总行多达 65 家，分支机构 226 个。其中，著名的有英国汇丰、德国德华、俄国道胜、法国东方汇理、日本正金、美国花旗等。它们在华发行货币、开展存贷业务、操纵外汇、代理中国政府发行国际债券及对外偿债等，由此控制了中国的金融业。

外国在华企业投资规模的扩大，产生了规模效益，使其在中国经济中的垄断性进一步增强。如“洋行之王”英商怡和洋行，总部设在上海，在汉口、天津、广州、重庆、青岛等地设有大量分支机构。1914 年，其在华企业已达 30 余家，资本总额在 4 000 万元以上，业务范围包括进出口贸易、金融、保险等。一方面，它作为近代中国最大的外资银行——汇丰银行大股东，通过汇丰银行控制金融；另一方面，在与对外贸易有关的行业，如航运、铁路、房地产、工业等领域广泛投资，涉及棉纺织、缫丝、制糖、造船等各类外向型企业，从而成为英国垄断中国对外贸易的重要垄断性组织。

外国在华投资主体愈益以世界性垄断组织为主，它们多元化的投资具有显著的范围经济特征。这不但使其获得更大的经济利益，而且其对中国经济的控制程度大大增强了。

三、洋行在华进出口贸易网的扩展

甲午战争前，洋行利用买办已建立起在华开展进出口贸易的网络。20 世纪后，随着中国市场的进一步开放、国际垄断组织在华投资的激增，列强对中国经济控制加强，其进出口贸易网也得到进一步扩展。

20 世纪后，随着洋行组织机构的细化，各级买办人数增加。到 1920 年，全国买办人数是甲午战争前的 4 倍，买办势力也随之壮大，在工商界的影响增强。1912 年，上海总商会 31 个席位中，买办占 6 个。到 1925 年，35 个席位中，买办即占 11 个且总商会的正副会长多由买办担任。买办势力的壮大意味着更多的华商被卷入进出口贸易网，不少国内商人经营的商品中，洋货越来越多。如北京的瑞蚨祥本来主营中国土布，20 世纪后，洋货的买卖日渐增多，棉毛织品中，洋货占据了 80%的份额。

在一些洋行增加买办的同时，另一些洋行（主要是国际性垄断组织在中国的分支

① 吴承明，《中国资本主义与国内市场》，中国社会科学出版社，1985 年版，第 126 页。

机构）为减少中间环节、降低费用，开始裁撤买办，实行高级职员雇佣制（雇用华经理），试图与中国内陆地区商人建立直接的商业联系。其方式主要是采取地区包销制，具体做法是洋行将中国市场划分为若干地区，在每一地区选择一家商号为其总代理商，与之订立合同，包销本公司的商品，不得同时经营其他公司的同类商品。然后，总代理商再与下面的经销商、批发商、零售商逐级建立销售关系，从而在通商口岸到内地的穷乡僻壤之间形成一个网状商业系统。

自 19 世纪后期以来，中国进出口贸易一直操纵在外国洋行手中。到 20 世纪，这一状况进一步发展，中国对外贸易的 80%为其所控制。大洋行对中国对外贸易的控制，或表现为经营品种齐全、规模庞大，或表现为对一种或几种商品由一家或几家洋行完全垄断。如英国怡和洋行，其所经营的进出口商品种类繁多、无所不包：进口商品从毒品鸦片、日用品棉布/食糖，到机器设备、路矿器材等生产资料甚至军火等，应有尽有；出口商品“网罗了从寒冷的华北”到“暖和的南方”所产的各种各样的“适合市场销售的土特产”，如皮毛、桐油、猪鬃、肉桂、生姜等。

在进口商品的销售方面，在华洋行依靠庞大的贸易网推销洋货，大宗进口商品的销售基本为一家或数家大洋行所把持。如石油产品为亚细亚、美孚、德士古三家所垄断。美孚石油公司于 1915 年在广州、汉口、南京、青岛、沈阳等大城市设立分公司，在苏州、郑州等 20 多个城市建立支公司，在其他中小城市设有 500 多家经销店。其以上海为基地，在各地设立油库、加工厂、油车、油船码头和各种附属工厂，拥有全套石油储运设备，甚至还自备油轮，在中国内河沿江往返运销且经营范围不断扩大，由煤油、柴油、汽油、润滑油和各种石油制品，发展到筑路用沥青、医用凡士林、化妆品等，拥有销售人员 5 000～6 000 人。亚细亚石油公司将总部设在上海，在天津、青岛、汉口、广州等地设立分公司，其他中小城市遍设支公司。德士古公司来华较晚，1920 年始在上海设立总部但发展迅速，其分支公司很快遍布长江流域及华南各地。三大石油公司有联合、有竞争，既互相利用又互相排斥。据统计，三大石油公司占近代中国石油销售量的 70%。英美烟公司是当时在华最大的外资烟草公司，从东北到香港，其在南北各地编织了一个庞大的营销网络，从而控制了中国 80%的烟草市场。

在出口贸易方面，这一时期的大洋行通常委托代理商在产地遍设收购点，直接收购猪鬃、桐油、棉花、大豆、花生、毛皮、烟叶及茶叶等农副产品。如 1920 年开办的美商义瑞洋行，先后在四川、湖北、湖南等桐油产地和集散地设立了 10 余处收购点，直接收购桐油，由于减少了中间环节，成本降低，从而控制了中国桐油对美国的贸易。[①]为达到对出口货源的垄断，一些洋行还采取“订购”“预购”及发放种子等经营方式，低价买断不少可供出口的农产品。如 1922—1928 年间，一些洋行在东北订购大豆，预购价仅为实际市价的 65%。英美烟公司则以发放种子的方式，垄断了山东、安徽、河南等地的烟叶收购。英商隆义洋行以支付预购款的方式，控制

① 许涤新，吴承明主编，《中国资本主义发展史》卷 2，社会科学文献出版社，2007 年版，第 781 页。

了重庆的猪鬃收购。洋行将所收购的未经加工的农产品运到通商口岸，进行加工后出口到国际市场。这一时期，中国重要的出口产品，如茶叶、生丝、猪鬃、大豆、植物油料、棉纺织品等，多为怡和洋行、三井洋行、三菱洋行、慎昌洋行、琼记洋行所控制。

通过对中国农矿原料的掠购，洋行操纵了中国重要农矿产品的出口。如上海的生丝出口，20 世纪 20 年代以前，完全掌握在外国洋行的手中。由于中国丝厂资本短缺，洋行往往通过买办以抵押贷款和预购贷款的方式向中国丝厂提供贷款，由此控制了生丝的收购。1914 年，上海丝茧总公所总董曾说，上海"几乎没有一家丝厂不向洋行借款的"。据统计，1915 年，上海各丝厂向各洋行借款总额高达 850 万两。因而"生丝的对外贸易完全掌握在上海的外国人手里"，[①]即"生丝的对外贸易，实质上只是对洋行的贸易"。洋行的垄断隔断了中国商品生产者与国际市场的联系，使中国出口商品生产者对国际市场行情一无所知，只能依洋行购货规模和价格来调整其生产，所谓"洋庄发动则色然以喜，洋庄停滞则猝然以忧"。当国际市场价格上扬时，洋行为牟取暴利，通常利用其对价格的垄断权，极力压低收购价，使中国生产者遭受严重的损失。洋商对中国出口商品压价的最主要手段，是通过洋行的检验设备肆意压低商品等级，进而压低价格。1917 年，上海曾发生一场轰动一时的丝厂与洋行之间的商务纠纷。当时的媒体报道称："今年春季丝少价昂，外人至各厂订货者不少，约期历四月取货。不料定丝时之市价高于交丝时之市价，洋商遂从事检查品定甲乙，就使丝质与订货时之条件丝毫无误，亦以此时市价低廉，比多方检查其种种不合之处，以为不附条件抑勒价格之举，两方几至涉讼。"[②]由于中国商品检验权掌握在外国人手中，为压低价格，他们可以任意贬低品质，以致出口商品在国外再次检验时，常出现低级品的质量反优于高级品的不正常现象。

由于洋行的垄断，中国出口利益受到严重损害。19 世纪 70 年代，著名买办唐廷枢曾在报刊撰文，提出"通过直接出口，免受洋行盘剥"的构想。由于缺乏国际贸易知识、经验、运销渠道等，由华商直接经营出口困难重重。一些华商曾通过寄售、委托洋行代运等方式直接出口，多以失败告终。如上海谦顺安茶栈曾委托怡和洋行将茶叶运到伦敦茶叶拍卖市场，待价沽售，但遭到怡和洋行欺骗，以亏本告终。对此，茶商卓镜澄愤慨地说："华商必须闯天下，在国外建立关系，做到直接出口，否则不会有生路。"1916 年，上海茶栈实力派商人唐翘卿召集卓镜澄、朱葆元、陈翊周等，合股成立了第一家华商茶叶出口公司——"华茶公司"。在洋行联合排挤下，华茶公司的经营屡遭摧折，艰难维持；[③]大多华商出口企业由于势单力薄，难以为继。

洋行对中国对外贸易的垄断，一方面榨取了对外贸易中的超额利润，损害了中国人民的利益；另一方面，隔断了中国市场与国际市场的直接联系，极大地抑制了对外贸易对一国经济促进作用的发挥。

---

① R.E.Buchanan:*The Shanghai Raw silk Market*,1929,p4.

② 陈真等，《中国近代工业史资料》第 4 辑，三联书店，1962 年版，第 171 页。

③ 苏祝成，《上海民族茶商变迁与近代中国茶业组织的发展》，《中国社会经济史研究》，2007 年第 3 期。

第三节 对外贸易规模和水平

这一时期，在第一次世界大战的影响及北洋政府振兴实业政策推动下，中国社会经济尤其是民族工业的发展出现了空前的进步。外国在华投资的增加、通商口岸的增辟及中国市场的进一步开放，均促进了中国对外贸易的发展。

一、进出口贸易额

1912 年，中国进出口贸易总额为 8.4 亿关两。此后，随着第一次世界大战的爆发，中国对外贸易呈现出曲折的变化。一战初期的 1914—1915 年，欧洲列强的资源被用于战争，可供出口的工业品数量骤降，同时，大量船舶被军事征用，造成商船严重缺乏、远洋运输费用暴涨，导致西方列强对华出口的下降、洋行在中国对外贸易中的活动减少，中国进口与出口贸易额均有程度不同的下降。但此后，由于战争使世界产出下降，国际市场对中国重要农产品及战略性矿产品的需求激增，刺激了中国工业及出口贸易的发展。从 1916 年开始，中国对外贸易呈现出显著的增长势头。战后，西方列强卷土重来，各国对华贸易竞争激烈，竞相向中国市场倾销商品；同时，中国近代工业的发展也增加了对西方机器设备进口的需要，中国进口贸易迅速恢复增长，出口贸易增长相对缓慢。总体上，战后的进出口贸易增势强劲，到 1926 年增长到 19.9 亿关量，增幅达 1.37 倍。其中，出口增长了 1.32 倍，进口增长了 1.38 倍。

若按美元计算，第一次世界大战期间，中国对外贸易额年均增长率达 6.1%，年均贸易额超过 10 亿美元。到战后的 1919 年，中国进出口贸易规模达到近代中国对外贸易的顶峰。其中，出口达 8.77 亿美元，进口达 8.99 亿美元，进出口总额达到 17.76 亿美元。1924 年，中国进口贸易总额比 1913 年增长了近一倍。其中，1919—1921 年的进口机器设备比 1911 年增长了 5.5 倍，进口钢铁增长了 2.3 倍。战后，通过加紧对华投资，西方列强很快恢复了对中国乃至世界市场的控制，中国经济发展再度受到严重制约，出口贸易难以持续增长，贸易规模逐步缩减。到 1927 年，进口、出口、进出口总额，分别跌至 6.99 亿美元、6.34 亿美元、13.33 亿美元。

总体而言，第一次世界大战后，中国进出口贸易处于发展状态。1917—1927 年，年均进口增长率达 7%，出口增长率达 6.4%。[①]

二、对外贸易的平衡状况

这一时期，中国对外贸易依然处于逆差状态，逆差额在第一次世界大战期间显著缩减，但战后又急剧上升，乃至超过战前 1～2 倍。

尽管随着近代工业的发展、商品经济的活跃，中国工农业产品总量有显著的增长、

① 汪敬虞主编，《中国近代经济史》上册，人民出版社，2000 年版，第 126 页。

出口贸易量扩大，但是由于技术进步缓慢、商品质量较低，加上对外贸易被洋行控制，出口货物价格低廉，因而中国贸易条件继续恶化，从而严重影响了中国对外贸易的平衡状况。

第一次世界大战期间，西方商品供给下降、对华出口减少，同时，欧洲对中国棉花、皮毛等原料性商品需求增加，导致中国出口贸易增长快于进口贸易增长。1914—1919年，年均出口贸易比1900—1913年增长了57.8%。贸易逆差虽依然存在，但逆差额较前明显减少。1913年，中国对外贸易逆差为1.2亿美元，战争爆发之初的1914年，由于进出口贸易同步减少，因而逆差额变化不大。从1915年开始，出口增幅逐渐大于进口，逆差额大幅下降。该年，逆差额减少到0.22亿美元，比上年减少83%。1915—1919年，年均逆差额不到0.5亿美元。[①]

第一次世界大战后，西方对华出口出现恢复性增长，中国的进口贸易很快即超过出口贸易，逆差额再度扩大。特别是随着外国在华投资的增加，资本货物进口激增，中国的对外贸易逆差到1920年即超过战前，达到2.73亿美元。贸易逆差的不断扩大，导致国际收支逆差、外汇外流，进一步加剧了中国近代产业的资金短缺，对中国的资本积累，进而对工业化构成了巨大的障碍。

三、中国在国际贸易中的地位

第一次世界大战以前，中国对外贸易额占国际贸易总额的比重很小。1896—1898年，年均所占比重仅为1.5%，到1911—1913年为1.7%，[②]表明中国对外贸易增长缓慢。

第一次世界大战期间，中国在国际贸易中所占份额依然很少，但无论贸易总额还是人均贸易额，较前均有明显增加且增长速度快于国际贸易平均增长速度，使中国在国际贸易中的地位有所上升。按照国际联盟的统计，1924年，中国在国际贸易中的排名，由1913年的第13位上升至第10位。战后，随着西方国家对外贸易的恢复增长，中国所占份额下降。到1928年，所占位次再次跌至第12位，参见表11－2。

表11－2　中国对外贸易额占世界贸易额的比重（1913—1928年）

年份	1913	1924	1928
中国人均贸易额（美元）	1.61	3.25	3.38
中国贸易总额（百万美元）	710	1 450	1 553
中国贸易额占世界贸易额的比重（%）	1.88	2.62	2.31
中国在世界贸易中的顺序	13	10	12

资料来源：League of Nations，*Review of World Trade*（1932），pp.27－29

① 杨端六，《六十五年来中国国际贸易统计》，附表二。

② 严中平主编，《中国近代经济史》上册，人民出版社，1989年版，第128页。

从中国进出口额来看，人均贸易额无论进口还是出口，均在 1926 年达到顶峰后下跌，总贸易额占国际贸易的份额变化不大。参见表 11－3。[①]

表 11－3　　中国在国际贸易中的地位

年 份	进 口		出 口	
	中国占世界贸易的比重%	中国人均贸易额（美元）	中国占世界贸易的比重%	中国人均贸易额（美元）
1913	0.94	2.14	0.67	1.60
1926	1.90	2.74	1.46	2.26
1927	1.55	2.07	1.49	2.02
1928	1.88	2.45	1.56	2.15

资料来源：何炳贤，《中国的对外贸易》，商务印书馆，1937 年版，第 17 页。

第四节　对外贸易商品结构

这一时期，受一战的影响，国际市场及中国初级产品加工业均发生了相应的变化，进而使进出口商品结构呈现出一些新的特点。如前所述，第一次世界大战爆发后，国际市场需求发生较大变动，刺激了中国轻工业及矿业的发展，带动了相应产品的进口替代及出口。同时，运输条件也与战前有所不同，欧洲国家不少商用轮船被政府征用，导致国际运输费用飞涨。据载，战争后期，远洋运输费用比 1913—1914 年高了 10～20 倍，[②]使低附加值的原材料出口难以为继，刺激中国相关企业对农矿产品逐步进行工业加工。如油料被加工为植物油，使籽仁出口减少，植物油出口增加；禽蛋被加工为蛋粉；金属进行精炼，矿石经过拣选等。初级产品加工工业的发展，使中国出口商品中的制成品及半制成品的比重提高，一定程度上提高了中国出口商品的附加值，对外贸易反过来刺激了中国工业的进一步发展。随着工业的发展，一些原来用于出口的原料性产品逐步转为净进口，另一些原来进口的工业品，如棉制品开始出口。在某些行业，中国的比较优势在一定程度上发生了逆转。在上述各种因素综合作用下，这一时期，中国进出口商品结构发生了显著的变化。

一、主要进口商品构成的变化

随着西方国家经济的发展与技术进步，其工业品的国际竞争力进一步提高。与此同时，中国社会特别是沿海地区，在西方经济的冲击下，进口商品的消费市场逐步扩

① 另据杨端六等统计，1914 年，中国的进出口贸易额占世界贸易总额的 1.5%。到 1920—1929 年，增至年均 2.4%。参见《六十五年来中国国际贸易统计》，第 33 页。

② 郑友揆，《1840—1948 中国的对外贸易和工业发展》，第 37 页。

大，对西方工业品需求不断增长，中国进口商品结构日趋多元化，加上中国经济发展的共同作用，各种商品在进口贸易中所占份额发生了较大变化。

（一）纺织品

由于中国棉纺织工业的发展（包括外资在华企业在内）、进口替代效应的发挥，进口贸易中的最大宗商品——棉纺织品（棉布、棉纱）的进口量显著下降，在中国对外贸易中所占的份额也不断减少。第一次世界大战前的 1913 年，棉织品和棉纱的进口达 18 200 万关两，占中国进口贸易的 32%。此后，比重不断下降。特别是棉纱，20 世纪初曾是中国最大宗的进口货物，占进口贸易的 12.7%。第一次世界大战期间，受战争影响，英国棉纺织品无法东来，亚洲国家棉纺织业获得发展的良机，日本和印度棉布生产大大发展，输华棉纱大减。同时，中国纱厂的加速发展也减少了进口需求。到 1921 年，棉纱占中国进口贸易的份额降至 7.4%，1928 年更跌至 1.6%，位居进口商品的第十几位且该年中国棉纱出口超过了进口。

其他纤维纺织品，如毛、麻、人造丝等的进口，过去增长颇为缓慢，第一次世界大战后则呈飞速增长态势。1920 年，三项合计仅 479 万关两。到 1926 年，激增到 2 936 万关两，1928 年更高达 3 651 万关两。其中，作为生丝的替代品人造丝的进口，在 20 年代增长最为迅猛。1924 年，中国进口人造丝在 1 万担左右，到 1928 年增至 12 万担，四五年间增长 10 多倍，令中国蚕丝业“谈虎色变”。人造丝之所以能大肆侵夺蚕丝的市场，一方面在于人造丝生产成本低廉，通常比蚕丝低两倍，加上中国完全没有关税壁垒，进口人造丝极易获得价格优势；另一方面，人造丝外观“亦颇精美”，在“穿着和洗涤方面还有其他令人满意的特点”。[①]

（二）燃料

中国自 19 世纪 70 年代开始进口煤油。由于价廉物美，在民用照明上，其很快替代了传统的植物油，得以快速占领中国市场。1911 年，煤油进口达 23 589.8 加仑，成为仅次于棉制品的大宗进口商品。到 1928 年，煤油进口增加到 26 279.3 万加仑。汽油进口始于 1905 年，当年进口 4.7 万加仑。第一次世界大战后，工业的发展、汽车的使用，带来汽油消费市场的扩大。1925 年，汽油进口增至 882.4 万加仑。煤油及汽油两项合计，1920 年，进口额达 5 566 万关两，1928 年增至 7 000 余万关两，在中国进口贸易中排名第三、四位。[②]此外，这一时期，中国每年还有一百多万吨煤炭的进口。

（三）粮食

19 世纪后期，中国粮食进口增加迅速，进口值曾占进口贸易的 10%。第一次世界大战期间及战后初年，中国粮食出口激增，迅速超过进口变为贸易顺差。20 世纪 20 年代后，随着西方战后经济的恢复，世界市场上农产品竞争加剧，大量粮食涌入中国。从 1922 年起，中国粮食再度转向逆差。同时，伴随中国面粉加工业的发展，

① 彭泽益，《中国近代手工业史资料》卷 3，三联书店，1957 年版，第 4－5 页。

② 上海社会科学院经济研究所编，《上海对外贸易》，上海社会科学院出版社，1989 年版，第 361－362 页。

面粉进口减少，而作为原料的小麦进口增加。1913 年，小麦进口仅 0.21 万担，到 1924 年增至 514.54 万担，10 年间增长了 2 449 倍。1923—1927 年，粮食进口达 12 239 万关两，占进口贸易的比重达 12%。[①]这表明由于农业生产的落后，中国农产品国际竞争力的软弱。

（四）生产资料

19 世纪末，随着西方列强对华投资的扩大及中国近代工商业、交通运输业的发展，生产资料进口开始增加。20 世纪后，特别是第一次世界大战期间，中国民族工业的迅猛发展及战后外国在华投资增加，生产资料进口加速增长。据统计，1910 年的中国进口商品总值中，生产资料占 17.6%，消费资料占 82.4%。到 1920 年，生产资料的比重上升至 28.5%，消费资料下降到 71.5%。如棉花，1913 年，进口量仅 13.3 万担而出口量达 74 万担。从 1920 年开始，棉花进口加速上升，其进口量超过出口。该年，进口达 67.8 万担，1925 年即增至上百万担，1926 年达 274.4 万担、价值近一亿关两，使该项商品入超值达 6 435 万关两。此外，机器、车辆、化工品、电器材料、染料、钢铁等金属材料进口增长也颇为显著。1913 年，上述商品合计进口 6 799 万关两，占进口贸易的 11.6%。1921 年，增至 2 亿关两，比 1913 年增加近 2 倍，占进口贸易比重增至 21.1%。[②]

此外，这一时期，进口规模较大的商品还有食糖、纸张、火柴、肥皂、烟叶等生活消费品，参见表 11－4。

表 11－4　　主要进口商品构成　　（%）

商品＼年份	1913	1921	1928
鸦片	8.1	0.0	0.0
棉制品	19.3	23.6	14.2
棉纱	12.7	7.4	1.6
杂项纺织品	2.1	2.1	6.8
煤油	4.3	6.3	5.2
米	3.1	4.4	5.4
面粉	1.8	0.4	2.6
机器	1.5	6.3	1.8
车辆	0.6	2.5	0.9
燃料颜料类	3.1	3.3	2.2
金属及矿砂	5.2	6.7	5.4

① 严中平主编，《中国近代经济史》上册，人民出版社，1989 年版，第 132 页。

② 许涤新，吴承明主编，《中国资本主义发展史》卷 2，社会科学文献出版社，2007 年版，第 403 页。

续表

商品＼年份	1913	1921	1928
商品	1913 年	1921 年	1928 年
煤	1.7	1.5	1.9
棉花	0.5	3.9	5.7
糖	6.2	7.7	8.3
纸张	1.3	1.7	2.4
纸烟	2.2	2.8	2.1
烟叶	0.6	1.6	5.1
木材	1.1	1.2	1.6

资料来源：《中国近代经济史教程》，第 157 页

综上，这一时期，中国进口商品构成受到第一次世界大战的巨大影响，一些主要生活消费品进口降幅较大。1913—1920 年，棉纱进口从 269 万担降至 129 万担，本色布从 434 万担降至 316 万担，粗布由 521 万担降至 253 万担，面粉由 260 万担降到 51 万担，袜子由 211 万打降到 55 万打，[①]致使中国长期依赖进口的大宗商品，如棉布、化学品、燃料及其他大量消费品一度出现市场短缺的状况。这一方面使来自日本的货物大增；另一方面，促进了中国相关产业的发展。

二、主要出口商品构成的变化

到 20 世纪初，国际市场基本形成，各国程度不同地被卷入世界经济旋涡，国际市场竞争更加激烈。一方面，中国传统的出口商品丝茶等，由于技术上因循守旧，在国际市场中的竞争优势日益丧失，出口规模相对萎缩，在中国出口贸易中所占比重也呈现出进一步下降的趋势；另一方面，在西方资本主义经济发展及第一次世界大战的影响下，国际市场对中国的豆类、植物油、羊毛、猪鬃等农产品，钨、锑、锡等矿产品的需求大大增加，这些商品在中国出口商品构成中所占比重上升，从而成为中国出口贸易新的增长点。这样，中国出口商品结构发生了显著变化。

（一）丝及丝织品

如上所述，19 世纪后期，随着世界丝织业的发展，日本等国丝类产品出口不断增长，中国在国际生丝市场上的垄断优势逐渐被打破。此后，从 20 世纪初开始，日本缫丝业不断改进设备及生产工艺，使其生丝产量和质量不断提高，日本丝在国际市场上被评为 A 级品。中国虽然在沿海一些较早开放的地方建立了近代机器缫丝厂，但蚕桑业集中的江浙地区仍以手工缫丝为主。如江苏吴江盛泽镇，20 世纪 20 年代中

① 史金生主编，《中华民国经济发展史》上册，江苏人民出版社，1989 年版，第 190 页。

期“还是土丝盛行时代”，由于工艺落后、质量不稳，在国际市场上被列为C级品。中国丝在国际市场上的垄断地位终于被日本取代。1915年，中国出口生丝86 538公担，仅相当于日丝出口量的72.08%。

第一次世界大战对欧洲的丝织业打击沉重，包括丝绸在内的所有奢侈品的生产规模都大大萎缩了，丝绸贸易量普遍下降。战后，欧洲社会重新燃起对丝绸消费的热潮。此外，20世纪后，美国丝织业发展迅速，对生丝进口需求增加，纽约成为与巴黎并列的世界生丝贸易中心。1916年，美国进口生丝已占世界生丝贸易量的60%。战后，世界丝及丝绸贸易恢复增长，丝价上升。与战前1912年相比，1919年，美国进口生丝价格上涨了1.4倍，法国丝价上涨了2.8倍。[①]在丝价上升的刺激下，中国丝及丝制品出口有所增长，1921年出口量达1.6万吨。中国出口的丝及丝织品，主要是白色和黄色的生丝、丝线、绸缎、绢丝、蚕茧、丝絮、茧绸、丝绣货等。最初虽然较多，但很快由于中国丝织技术落后，绸缎样式陈旧、质地厚重，不符合西方人的消费偏好，出口量逐年下降。1923年，出口尚有8 244担，到1927年降低到2 363担。而与此同时，日丝出口的增长大大快于中国丝。到1925年，日丝出口已是中国丝的2.6倍。[②]美国进口的生丝原来主要来自中国，到20世纪20年代，90%的市场份额由日本占领。

尽管如此，这一时期，丝及丝织品依然是中国重要的支柱性出口商品，在中国出口贸易中仍占20%左右的比重。

（二）茶叶

19世纪后期的中国茶叶在国际市场竞争中不断失利的态势，在20世纪初进一步加剧。1913年，英国进口茶叶的95%来自印度和锡兰。1924年，中国茶叶只占英国市场份额的4.63%。[③]20世纪头10年，中国茶叶在美国市场上尚占50%左右，到1927年仅剩11.1%。只有在俄国的砖茶市场上，中国的优势尚可维持。出口俄国的茶叶占据中国茶叶出口规模50%以上的份额。到1917年，这一比例为65.18%。[④]

总体上，中国茶叶出口规模日益减少。19世纪末，基本保持在200万担左右，到1920年已不到30万担了，大大低于印度、锡兰等国，占世界茶叶贸易的份额也仅有6%。茶叶在中国出口贸易中的地位自然也不断下降。1913年，茶叶占中国出口贸易的比重为8.4%。到1925年，这一比重降至2.9%。

（三）油料作物及其制品

如上所述，1908年，日本三井洋行将中国大豆运往伦敦试销成功，大豆从此进入国际市场。20世纪初，随着东北的开发，豆类成为中国出口增长最为迅速的农产品。1913年，大豆、豆饼及豆油出口额占出口贸易总额的12%，超过了茶叶，占据中国出口商品第二位。第一次世界大战爆发后，欧洲油脂产品多用于军事，生活用油短缺，为中国豆油出口提供了市场。1914年，中国豆油出口贸易量为60万担，1915

① 许涤新，吴承明主编，《旧民族主义革命时期的中国资本主义》，人民出版社，1990年版，第874页。

② 朱斯煌，《民国经济史》，上海银行学会编印，1948年，第319－320页。

③ 武堉干著，《中国国际贸易概论》，商务印书馆（上海），1930年版，第375页。

④ 徐雪筠等译，《上海近代社会经济发展概况》，上海社会科学院出版社，第382页。

年增至 100 多万担，1919 年达 236 万担、价值约 2 106 万关两。

第一次世界大战后，世界经济萧条，中国豆油出口下降，从 1923 年逐步有所恢复，到 1926 年出口量达 266.7 万担、价值 3 000 万关两。到 20 世纪 20 年代末，大豆及豆制品超过生丝及丝织品，成为中国最大宗的出口商品。1928 年，其出口量达 4 039 万担，价值 14 734 万关两，占中国出口贸易的 20.5%，主销市场是俄国和日本。20 年代，豆饼出口额超过大豆，其中大部分销往日本作为肥料，是中国最大宗的输日商品。同时，中国对苏联出口中，大豆也超过茶叶，成为最大宗的商品。①

其他植物油，如花生油、棉籽油、菜籽油、芝麻油、茶油及桐油等商品的出口也增加较快，在中国对外贸易中的地位显著上升，特别是桐油——中国特有的产品，可以作为军事和民用工业中的重要的防腐、防水材料，第一次世界大战后，欧美国家对其需求上升。1913 年，中国出口桐油 375 万关两，到 1927 年激增至 2 197 万关两。②

（四）毛皮

19 世纪 70 年代，中国一些动物毛皮及其制品开始出口。第一次世界大战期间，欧洲国家增加军事装备，对皮革的需求增加，从国际市场上大量购买毛皮，中国的生牛皮、羊皮、兔皮、猪鬃等的出口显著增加。1913—1918 年，中国生牛皮年均出口量达 45 万余担，价值 1 578 万海关两。战后，生皮出口下降，年均维持在 20 万担左右。此外，中国的羊毛、猪鬃因质量优良，出口增长也较快。1915 年以后，中国年均出口羊毛 1 000 万海关两以上。1913 年，猪鬃出口额为 443 万关两，1926 年增至 1 047 万关两，从而成为中国大宗出口商品之一。③

（五）蛋类

19 世纪 60 年代，中国鲜蛋、皮蛋等已开始出口到日本和东南亚等地。但由于这类商品易破碎，不便运输和储存，出口规模较小。20 世纪初，随着冷藏技术及中国蛋品加工业的发展，蛋及蛋制品（冻蛋、干蛋白、干蛋黄）开始成为中国重要的出口商品。1913 年，其出口量达 155 973 担，到 1925 年激增至 100 多万担，中国也由此成为世界上最大的蛋品出口国。④

（六）矿产品

20 世纪以后，世界市场上对中国矿产品的需求不断增加。北洋政府时期，煤、铁，以及钨、锑、锡等特种矿产品的出口，在中国出口商品构成中占据日益重要的地位。

中国煤炭出口的主要市场是日本，出口品种以优质的焦炭煤及廉价的燃料煤为主，出口数量 1913 年时为 66 万关两，到 1927 年增至 2 941 万关两。不过，由于中国煤炭生产技术落后，缺乏筛、洗煤的先进设备，导致所产煤炭灰分大、质量差，不适于生活消费，出口价格较低。铁矿石和生铁的出口市场也主要是日本，产地集中于

---

① 许道夫编，《中国近代农业生产及贸易统计资料》，上海人民出版社，1983 年版，第 187 页。

② 严中平主编，《中国近代经济史》上册，人民出版社，1989 年版，第 139 页。

③ 同上，第 140 页。

④ 马端六，《六十五年来中国的对外贸易统计》，第 33 页。

中国的东北和华中。1913年，东北出口生铁只有37万担，1921年增至131万担，1926年更高达277万担。华中的汉冶萍公司在1913—1925年间，向日本出口生铁80万吨、铁矿石400万吨。中国铁矿厂多受日资控制，出口价格被人为压低，因而蒙受了巨额经济损失。

中国的钨、锑、锡等特种矿产资源储量丰富。20世纪初，锑产量占世界总产量的70%～80%，钨产量占世界总产量的50%以上，锡产量也颇为可观。清末，中国矿产品开始出口。到第一次世界大战及战后初期，国际市场需求激增，中国矿产品出口增长较快。如锡在一战前，每年出口仅10多万担，到1917年即增至20万担。锑在1905年，仅出口1万担，1917年激增到60万担，占世界贸易量的一半以上。钨砂于一战期间开始出口，到1918年出口量达万吨，已居世界第一；到1926年即达117万担，价值167万关两。[①]

（七）工业制成品

这一时期，伴随着中国民族工业的发展，工业制成品在与西方商品竞争的同时，也有了少量的出口。其中，较显著的是一些投资少、见效快、技术要求低的轻工业品，如棉纺织品。如上所述，棉纱是第一次世界大战前的中国大宗进口商品，出口极少，1913年与棉织品合计，仅占出口贸易的0.6%。此后，中国棉纺织业进入发展的黄金时期，棉纱逐渐由进口变为出口。一战以后，特别是从20世纪20年代中期开始，中国棉纱逐渐打开了东南亚、中东、非洲以及中美洲一些国家的市场。到1928年，中国成为棉纱净出口国。1931年，棉纱出口达61.8万担，比1916年增加了47倍。同时，棉布的进出口升降也发生了类似变化，逆差额日益减少。1928年，棉布的出口达到近代历史的顶峰，价值1 600余万关量，相当于1913年的7倍。大量棉纱出口到日本后，被进一步加工为棉织品，又输入中国。到1928年，中国棉布逆差仍达1.7亿关两。这表明中国的工业化尚处起步阶段，水平低下，在国际分工中依然处于附庸地位。

这一时期，出口的其他工业制成品还有毛呢、水泥、纯碱、电灯和面粉等。1923年，各项工业制成品出口总计1 200多万关两，1926年增加到2 600万关两，占出口贸易的比重仅3%。[②]此前，面粉为净进口商品，1912年进口量达320万担。第一次世界大战的爆发，使西方国家面粉短缺。中国利用这一大好机会，迅速上马这一投资少、见效快的产业，结果不但满足了国内市场需要，还出口到海外市场。1912年，中国面粉出口仅63万担，到1918年骤增至200多万担，1922年进一步增长至396万担，中国一跃由面粉的进口国变为出口国。

除上述农矿初级产品及工业制成品外，这一时期，还有较多的手工业品进入国际市场，如地毯、花边、发网、抽纱等，在中国出口商品构成中亦占有一定地位，显示出中国出口商品构成的日益多样化。参见表11－5。

---

① 严中平主编，《中国近代经济史》上册，人民出版社，1989年版，第142页。

② 武堉干著，《中国国际贸易概论》，商务印书馆（上海），1930年版，第378页。

表 11-5　　中国出口商品构成　　(%)

商品＼年份	1913	1921	1928
丝	20.7	20.2	16.2
绸缎	5.2	5.0	2.4
茶	8.4	2.1	3.7
豆及豆饼	12.0	13.9	20.5
皮及皮制品	6.0	2.9	5.4
毛类	1.7	2.2	2.6
猪鬃	1.1	0.7	1.0
蛋品	0.9	2.2	4.4
籽仁及油	7.8	6.3	5.8
煤	1.6	1.9	2.9
矿砂及金属	3.3	2.9	2.1
棉花	4.0	2.7	3.4
棉纱及棉制品	0.6	1.2	3.8

资料来源：郑友揆，《1840—1948 中国的对外贸易和工业发展》，第 43-44 页

综上所述，这一时期，虽然中国进出口商品结构总体上仍然以工业制成品进口为主，以农矿原料和手工产品出口为主，但与世界市场的变动和中国产业结构的变化相适应。中国进出口商品构成在具体商品上发生了一系列变动，消费性工业制成品进口有所减少，生产原料及生产设备的进口有所增加，少量的粗加工半制成品、制成品开始出口。

第五节　对外贸易的地理方向

第一次世界大战前，日本在中国对外贸易中已经居于首位，但中国出口贸易的地理方向仍以欧美国家为主。一战期间，西方列强对包括中国在内的落后国家和地区的政治、经济控制力度减弱，进而使其在中国对外贸易中所占份额下降。远离战争中心的日本及美国在华势力则迅速增强，并逐渐在中国近代经济中占据了主导地位，使中国对外贸易日益被纳入有利于日美经济发展的轨道上。与此同时，随着落后地区经济开发，中国与周边国家的经济联系加强，对外贸易的地理方向趋向多元化。

第一次世界大战后，中国市场进一步开放，列强对中国市场的争夺更加激烈。它们通过资本输出带动其商品输出，因而各国对华投资势头的消长，很大程度上决定着

中国对外贸易的地理方向。欧洲国家在中国对外贸易中的份额有所恢复，日本所占比重有所下降但仍居第一位，美国比重持续上升。

一、日本

第一次世界大战前的 1913 年，日本在中国对外贸易中的地位已超过英国本土，居第一位。一战爆发后，日本趁机大肆对华进行资本输出。1916—1921 年，日本在华开办的企业多达 100 余家，行业涉及贸易、银行、保险、工矿、交通运输等。同时，日本向北洋政府提供了大量政府贷款，由此获得一系列政治经济特权，从而使其在中国对外贸易中的地位进一步上升，所占比重很快超过整个大英帝国。

一战后，日本与西方列强在华展开激烈竞争，其在中国对外贸易中所占比重有所下降，但其凭借战争期间获得的种种权益，仍然占据了中国对外贸易近 1/3 的份额。参见表 11－6。

表 11－6　　各国和各地区在中国对外贸易中的比重　　（%）

年份	英本土	香港地区	美国	日本	俄	法	德	其他
1913	11.6	29.7	7.5	19.0	6.9	4.7	4.7	15.9
1918	7.2	26.8	13.0	38.7	*	3.1	—	11.2
1920	13.6	22.7	16.1	28.5	*	2.0	0.6	16.5
1926	8.7	11.0	17.0	27.1	*	4.3	3.2	28.7

资料来源：严中平主编.《中国近代经济史》上册，人民出版社，1989 年版，第 165 页，*：归入其他栏。

日本对中国主要商品的进出口控制也进一步增强。棉布是这一时期中国最大宗的进口货物，第一次世界大战前，英国占有最大份额。一战期间，日本的轻纺工业已进入成熟阶段，而中国近代轻纺工业尚未充分发展，物美价廉的日纱、日布大举进入中国市场，其在华市场份额迅速扩大，英国在华棉布市场基本被其侵夺。1914—1916 年，日本输华棉布占中国棉布进口总额的 36%，1917—1919 年则升至近 58%。战后，英国试图恢复其在华贸易中的地位。1920 年，英国出口到中国的各类棉布均有较大幅度的增加，但此时，日本在华棉纺织业的实力已十分强大，无论资金、技术、价格还是地理位置，均比英国占有优势。到 20 世纪 20 年代末，日本对华棉布出口占中国该类商品进口的 70%。

食糖也是日本输华的重要商品，日本利用其占领的中国台湾等地的粗糖，经深加工后出口到中国。为占领中国市场，日本政府对糖出口提供出口补贴，使日糖长期在中国市场占据较大份额。如 1918 年，华中进口的糖，来自日本的即占 50%以上。

中国对日输出商品主要是豆饼、原棉，以及煤炭、铁、锑、锡、钨等矿产品。20 世纪 20 年代前，东北的豆饼作为肥料大量输往日本，成为中国输日商品中最大宗的货物。20 年代后，随着日本化学工业的发展、化肥的广泛采用，中国豆饼的输出大为减少。

这一时期，中日两国间还出现特殊的初级产品产业内贸易。一方面是日本棉花和煤炭输往中国南方；另一方面，是中国北方的煤炭和棉花运往日本。这主要由三方面因素决定。一是中日间交通便利，运输成本较低。日本将中国东北廉价的、适于工业生产的煤炭运往日本，同时，将日本适于生活的煤炭推销到中国华中、华南各地。二是中国国内市场商品流通存在障碍。尽管这一时期，北洋政府为推动工商业发展，先后废除了一系列阻碍商品流通的制度，但如厘金及各地方政府征收的苛捐杂税仍然大量存在，国内市场流通费用极高。而进口商品享有一系列的优惠待遇，因而中国南北各地流通的商品价格，与同类日本进口商品相比并不具有价格优势。三是日本对中国工矿企业的控制。19 世纪末、20 世纪初，日本就已控制了中国东北和华北的不少工矿企业，如开滦、抚顺、本溪湖煤矿等。第一次世界大战期间，日本重工业发展较快，对原材料的需求增加。为获得廉价的原料，日本以种种手段加强对中国矿产的控制。如 20 世纪初，汉冶萍钢铁公司出现资金短缺，日本以订立长期供货合同为条件对其提供贷款，要求汉冶萍以低于国际市场的价格向日本钢铁公司提供优质铁矿石、生铁等原料，汉冶萍由此蒙受重大损失，到 1926 年终于无力支撑被迫停产。这一时期，中国生铁和铁矿砂的出口市场主要是日本。1918 年，中国对日生铁出口占总出口额的 98.91%，对日矿砂出口占总出口额的 99%。

到 20 世纪 20 年代，随着日本工业化水平的提高，其初级产品出口急剧减少，中国该类商品对日出口已大大超过日本对华出口，中日贸易的垂直分工特征日趋明显。如原棉的出口，据文献记载，1925 年，中国出口原棉“总额 947 574 担，而运往日本者占 803 505 担，运往美国者 112 826 担，运往英国者仅占 12 281 担”，“中国每年所产原棉总额 600 余万担，日本纺织业在中国设厂与运往该国各厂者，合计 2 448 180 担，几乎占总额 1/2”[①]。与此同时，日本棉花已很少运到中国了。

在这一时期的中日贸易中，中国始终处于逆差地位。1914 年，中国对日逆差占全部逆差额的 27.63%。此后，逆差额不断扩大。从 1915 年开始，中国对日逆差高于全部逆差额。1917 年，中国全部逆差占对日逆差的 77.61%。可见，这一时期，中国的贸易逆差主要是对日逆差。日本对华贸易的巨额顺差，使其国际收支急剧好转，对其从资本输入国转为资本输出国起了重要作用。

这一时期，中国人民掀起的抵制日货运动，对日本对华贸易产生了一定的冲击。1915 年，日本对华提出的“二十一条”激起了中国人民的义愤，全国各地掀起了大规模的抵制日货运动。抵制洋货特别是抵制日货，是“五四运动”的重要内容之一。“五四运动”期间，全国各地纷纷停运日货，拒绝使用日本在华银行发行的钞票，不买日货，不登日本产品广告等。这对日本商品在华倾销起了一定的抑制作用。据统计，“五四运动”期间，日本输华商品额减少了 30%。[②]

---

① 《中国农业史资料选集》，第 184－185 页。

② 陆仰渊等，《民国社会经济史》，中国经济出版社，1991 年版，第 165 页。

二、英国

20 世纪后，随着英国经济实力的下降及第一次世界大战的影响，英国在中国对外贸易中，虽仍占优势但地位渐趋衰落。特别是第一次世界大战期间，英国对华贸易规模急速缩减。据统计，战前的 1913 年，英国输华商品约 9 700 万海关两。战争爆发后，英国对华贸易额不断下降，到 1918 年仅有不到 5 000 万海关两，比战前减少了 48%。与之相应，其在中国重要进出口商品贸易中所占地位，都出现了程度不同的下降。如中国最大宗的进口商品棉布，1912 年，英国尚是最大的供应国，到 1914—1916 年降至 33%，低于日本而退居第二位，1917—1919 年进一步降至 25.6%。战后初期，英国对华贸易虽一度恢复增长，但随即在其他国家竞争下，所占地位继续跌落。

三、法国

第一次世界大战期间，由于法国要应付战争的需要，输华商品减少。1915 年，法国对华出口已降至 1913 年的 46%，到 1918 年更跌至不足 1913 年的 30%。这一时期，法国自华进口跌幅大体在 30%，由此使中国对法贸易，从战前逆差转为顺差。战后，法国对华出口迅速恢复性增长，到 1920 年已接近战前最高水平。而中国对法国出口，战后持续下跌，1920 年跌幅高达 38.7%，仅为 1913 年的 51%，[①]中国对法贸易再度转向逆差。这一时期，法国对华输出的主要货物有染料、酒、香水等，中国出口法国货物主要是生丝、茶叶、蛋制品等。

四、美国

第一次世界大战的爆发为美国抢占海外市场提供了有利的契机。战争中，美国经济实力增强，为其在战后国际竞争中获得主导地位奠定了坚实基础。为攫取最大利益，美国与英国和日本在华展开空前激烈的竞争。1913 年，威尔逊总统上台后，美国在西方国家中率先承认中华民国并发表声明称，“希望与中华民国增进最广泛、最亲密之通商关系，愿以合作方法，援助美国商人、工厂家、建筑家及工程师，诶亦必须之资本及财政上之便利”。由此推动了中美经贸易关系加速发展。1915 年，在上海的 32 家美国公司组织成立了在华美国商会。随即，天津、北京、沈阳、哈尔滨、长沙、广州、青岛等地的美商也成立了各地的美国商会。在上海的美国商人和官员，于 1918 年联名向国会呼吁，对在华美资企业实施统一的联邦公司法并免除所得税。1922 年，美国通过《对华贸易法》，规定了政府协助美国商品扩大在华市场的具体措施及对按该法案组织的在华公司提供保护，豁免其应纳的公司所得税及个人红利所得税。1923 年 11 月，“美国在华联合商会”在上海成立。其成立伊始，便利用中国抵制日货之机，鼓动美国政府采取措施推动美国对华贸易和投资，同时，积极与中国商会开展互访活动。1917 年，纽约“中美贸易公司”总参议罗司氏率美国企业家代表团访华，积极

---

①《贸易月刊》，民国三十年七月号。

谋求与中国企业界合作建立中美合办企业。美国商会的活动得到中国工商界及在美华侨和留学生的积极响应。此后，中美合办企业大量涌现，合作项目涉及贸易、金融、交通运输等诸多领域。其中著名的，如1919年成立于上海的“中美贸易公司”，1915年成立于美国的“太平洋东方轮船公司”，1919年成立于北京的“中美懋业银行”。此外，还有美丰银行、海京洋行、中美实业公司、利生制药公司、北戴河饭店等。

在美国政府一系列鼓励性政策下，美国对华贸易快速发展。1913年，中美贸易额仅0.6亿美元，到1916年增至1.12亿美元，增幅达86.7%。到1926年，进一步增至2.53亿美元。由此，美国在中国对外贸易中的地位不断上升。第一次世界大战前的1913年，美国占中国对外贸易总额仅7.5%，位居日、英之后。1916年，美国对华贸易即超过英国本土，到1926年所占比重达到17%，成为仅次于日本的中国第二大贸易伙伴。

这一时期，中国从美国进口的商品主要是汽油、煤油、纸张、木材、棉花、烟叶，及各种机器、车辆和五金制品。其中，占有垄断优势的商品是煤油。1926年，美国煤油占中国煤油进口的88.4%。中国出口到美国的商品，最大宗的是桐油。此外，还有各种植物油、金属矿石、生丝、猪鬃、兽皮、肠衣等农矿原料性商品。美国输华商品中，机械设备等生产资料所占比重较大。这些商品符合中国市场需要且几乎没有竞争对手，因而中美贸易增长较快。

五、俄国

第一次世界大战前，俄国在中国进口贸易总额中所占比重为3.8%，在出口总额中占11.1%。十月革命后，中国与苏联的贸易关系陷入低谷，贸易规模萎缩，中苏贸易在中国对外贸易中的份额尚不到1%。

这一时期，中国销往俄国的商品主要是茶叶和大豆。其中，茶叶是20世纪10年代中国输往俄国的最大宗商品，同时，俄国也是中国茶叶最大的外销市场。1915年，中国出口到俄国的茶叶达116万担。苏联建立后，中国茶叶对其出口下降，1920年以后逐渐恢复。到20年代，出口到该国的最大宗商品变为大豆。1912年，中国出口到俄国的大豆，占大豆出口总值的49.1%，此后有所下降，但到1928年仍高达36.7%。

六、东南亚国家

第一次世界大战期间，西方工业品输出减少，南亚、东南亚一些国家原来依赖西方的商品出现供给短缺。中国近代工业，特别是轻工业中的生活必需品生产快速发展，逐渐具备了一定的出口能力。一战后期，中国的棉纱、棉织品等开始出口到印度、印度尼西亚、越南、菲律宾、泰国、新加坡等地，中国成为这些地区新的进口来源。同时，这些国家的一些生产原料也出口到中国，由此推动了中国与南亚、东南亚贸易关系的发展。1919年，南亚、东南亚占中国出口贸易的份额为4.8%，占进口贸易的份额为7.4%。

综上所述，这一时期，日美两国特别是日本在华对外贸易中的地位显著上升，英法等欧洲国家地位下降，中国与南亚、东南亚贸易有所发展。

复习思考题

1. 北洋政府时期，中国对外经贸政策有何变化？
2. 西方各国在华投资及其在中国对外贸易中的地位如何？
3. 北洋政府时期，对外贸易发展的规模和水平如何？
4. 北洋政府时期，进出口商品构成及对外贸易的地理方向有何变化？

第十二章 抗战全面爆发前中国的对外贸易

学习要点与要求

本章分析抗战全面爆发前（1928—1936）国民政府时期的对外经贸政策、对外贸易发展的规模和水平及地理方向的变动。通过学习，学生应了解抗战前，中国对外贸易发展的规模和水平，掌握这一时期对外经贸政策的新变化。

1927 年，南京国民政府建立，随后在较短的时间内，基本结束了北洋政府时期各地军阀割据的局面，为经济发展创造了一个较为有利的社会环境，一系列有利于对外经济贸易发展的政策得以出台。而 1929 年世界经济危机的爆发及 1931 年的“九一八事变”使中国经济发展受到严重冲击，对外贸易也经历了曲折的发展历程。

第一节 鼓励发展对外经贸的政策措施

被迫开放以来，中国民族资本主义工商业有所发展，综合国力有所提高。与此同时，全国范围内争取民族独立的反帝爱国运动高涨。列强为维护其在华利益，对国民政府不得不作出一定程度的妥协。由此，这一时期的中国对外经贸政策有了一定突破性的发展。

一、恢复关税自主权，实行国定关税政策

“协定关税”给中国社会经济造成了长期深远的危害。自辛亥革命以来，中国工商界及知识分子就不断呼吁废除协定关税制度，恢复中国关税自主权。如前所述，北洋政府也曾为恢复关税自主权进行过积极的努力。但这一不平等的制度始终未能废止，使中国幼弱的近代产业举步维艰。

（一）国民政府恢复关税自主权的经过

1927 年 4 月，南京国民政府成立，朝野上下一致要求关税自主。该年 6 月 28 日，《新闻报》评论称：“全国商民感受片面协定关税制痛苦至为深切，其希望恢复关税自

主权如大旱之望云霓。”1928 年 6 月，国民革命军占领北平，北洋政府垮台，国民政府宣布“统一告成”。7 月，国民政府外交部发表《对外宣言》，宣布废除一切不平等条约，将与各国订立平等互尊主权之新约。7 月 20 日，国民政府发布《实行裁撤厘金、关税自主》公告称，“近数十年来，外感协定关税压迫，内受厘金制度之摧残，以至商货艰滞、实业不振”，“欲图国民经济之发达，非将万恶之厘金及类似厘金之制度彻底清除不可，非实行关税自主不可”。国民政府决定自 9 月 1 日起，实行关税自主，同时颁布了《国定进口关税暂行条例》，规定除现行 5%的进口税外，普通货应另征 7.5%，奢侈品征 15%～25%。但此举立即遭到列强的反对，日本驻华公使甚至威胁称，“如果中国要按《国定进口关税暂行条例》所载的新税率征税，日本政府就要采取适当的‘对抗手段’”。国民政府被迫宣布，另定日期实施关税自主。随后，国民政府开展了一系列争取关税自主的外交活动。

为争取国民政府好感、获取最大利益，美国首先表示愿与中国展开谈判。1928 年 7 月，国民政府派财政部部长宋子文与美驻华大使马慕瑞（John MacMurray）会谈；25 日，中美两国在北平签署了《整理中美两国关税关系条约》。条约第一条规定：“历来中美两国所订立有效之条约内，所有关于中国进出口货物之税率、存票、子口税并船钞等项之各条款，应即撤销作废，而应适用国家关税完全自主之原则。”美国承认了中国关税自主权。同时，条约还规定：“为缔约各国对于上述及有关系之事项，在彼此领土内享受之待遇，应与其他国享受之待遇毫无区别。缔约各国不论以何借口，在本国领土内，不得向彼国人民所运输进出口之货物勒收关税或内地税或何项捐款超过本国人民或其他国人民所完纳者，或有所区别。”意即中美两国相互给与国民待遇和最惠国待遇。随后，国民政府又与英、德、法、荷、瑞典、挪威、西、意、葡、丹、比 11 个缔约国谈判，11—12 月间，相继与各国签署新的关税条约。新约承认中国有关税自主权，中国同样给与各国最惠国待遇及国民待遇。但占中国对外贸易份额最大（约 1/3）的日本以多种借口为由，拒不承认中国关税自主。鉴于多数国家已经承认中国关税自主，国民政府于 1928 年 12 月宣布，中国自 1929 年 2 月 1 日起实行国定税率。此后，国民政府陆续制定颁行了其新的进出口税则。

（二）国定税则的实施

关税自主权恢复后，国民政府陆续制定出台了一系列新的进出口税则。

1. 进口税则

（1）1929 年税则

国民政府根据 1925—1926 年北京关税特别会议上各国代表 7 级附加税的提案，再分别加上 5%的进口正税，公布了第一个国定税则。税率共分 7 级，分别为 7.5%、10%、12.5%、15%、17.5%、22.5%、27.5%。这一税则打破了长期以来实行的均一税，确立了等差税制，一定程度上体现了关税自主原则。同时，废除了陆路税减免 1/3 的不合理规定，“从新税则实行之日起，所有陆路进口货物现在所课之优待税率，予以废止”。[①]近代以来的进口税率终于有了实质性的提高。

但 1929 年税则仍受列强的约束，而且“非竞争性进口商品”的税率水平明显高于“竞争性进口商品”的税率，对国内产业保护作用微弱。当年，上海的实业团体曾组成税则研究会进行研究，其结论是税率偏低，起不到对国货的保护作用。如纸烟，中国进口税率仅 40%，而各国纸烟进口税率多在 100%～300%的水平上，故中国保护性税率至少也应在 100%以上；酒类，中国进口税率为 27.5%，与各国高关税相比过低，应征税率至少应在 100%以上；水泥，中国进口税率仅 7.5%，远低于世界其他国家，日本利用这一低税率向中国大肆倾销水泥，因而中国水泥保护性进口税率至少应在 85%以上；丝织品，进口税率为 22.5%，但不足以抑制洋绸的倾销，税率至少应征 100%；毛织品，税率在 12.7%～17.5%，对于处于手工业和小手工业时期的中国毛织业，起不到保护作用，应征税率应为 50%～75%；棉织品，税率为 7.5%～10%，不能保护中国幼弱的棉纺织业，应将本色棉布税率提高到 20%，漂白平纹布为 25%，本色粗纱为 15%，本色细纱应为 12.5%，间色花线为 15%。[②]

中国长期以来实行银本位制，而自 19 世纪 70 年代以来，西方大多数国家实行金本位制。银价持续下跌，使关税征银的中国蒙受沉重损失。与此同时，中国偿还外债、战争赔款均以黄金支付，由此，中国遭受了双重损失。为扭转这一局面，1930 年 1 月，国民政府颁布了《海关进口税应一律改收金币令》，规定自 2 月 1 日起，采用海关金单位（CGU）计征进口关税（每一海关金价值为 60.186 6 公厘纯金）。由此，结束了中国关税征银的历史，“使海关金单位同外币有固定的比率，从而排除了银价跌落对海关税收造成的不利因素”。[③]时人撰文称，“可以毫不夸张地说，以海关金单位征税，把国家从财政灾难中挽救出来了”。[④]

（2）1931 年税则

1929 年税则日本未予承认，引起全国人民的强烈不满，中国各大城市掀起抵制日货运动，在华日商损失惨重，纷纷向本国政府提出抗议。经过谈判，国民政府对日本作出让步，如对日本某些棉制品、海产品、面粉等商品的进口，三年不增税，其他杂品一年不增税。中国废除厘金并确认从关税收入中拨出 500 万元，清偿积欠日本的债款。1930 年 5 月，《中日关税协定》签署，明确规定“关于进出口之税率、存票、通过税、船钞等一切事宜，完全由中日两国彼此国内法令规定之”。至此，中国关税自主权得到各国共同承认。国民政府重新修订关税，颁布了 1931 年税则，将税率分为 12 级，从 5%～50%不等。

1931 年税则仍然受到列强的约束，但税率有了进一步提高，尤其是较大幅度地提高了烟、酒、丝货、麻制品、火柴、陶瓷品、玻璃、高级食品的进口税，对国内同

① 国民政府外交部编，《中国恢复关税自主权之经过》，下册。

②《申报》，1928 年 9 月 8 日，11 月 7 日。郭庠林，张力英，《近代市场经济研究》，上海财经大学出版社版，第 211 页，1999 年版。

③《海关十年报告•税收》，上海社会科学出版社，1985 年版。

④《财政与商业》，上海，1931 年 7 月 22 日。

类产业起了一定的保护作用。同时，对经济建设急需的机械设备产品征收较低的关税，有利于中国工业的发展。由于该税则有片面优惠日本的倾向，遭到英美的反对。

（3）1933年税则

1931年“九一八事变”后，日本武装占领中国东北，占中国对外贸易1/3的东北对外贸易被日本控制，中国关税收入损失惨重。1933年5月，《中日关税协定》期满，中国终于得以不受列强制约修订税则。新的进口税则于6月1日实施，取消了原来给予日本的单方面优惠。税率共分14级，从5%～80%不等，总体上税率水平提高，平均税率达到24.6%且税率结构趋于合理。如明显提高了“竞争性进口商品”的税率，进口占国内产量1%～10%的商品进口税为21.1%，进口占国内产量11%～100%的商品（即中外竞争最激烈的）税率高达47.9%；“非竞争性进口商品”中，工业原料为15.3%，机械为13.2%，交通工具为13.3%，生活必需品为35.9%，奢侈品为45.2%。总体看，1933年税则中，“竞争性进口商品”高于“非竞争性进口商品”的税率，生产资料低于消费资料的税率，生活必需品低于奢侈品的税率，关税对国内产业的保护作用显著提高，“对当时为世界经济危机及银价上涨所困扰的国民经济，提供了极为需要的帮助”。[①]由于提高了日本商品的进口关税，这一税则遭到日本的反对。

（4）1934年税则

面对日本的压力，同时，为增加财政收入，1934年7月，国民政府再次调整税率，颁布了第四个《国定进口税则》。该税则与1933年税则类目基本一致，只是作了有利于日本的调整，降低了棉制品、海产品、纸张的进口税率。总体上，税率再次提高，平均税率较1933年提高了6.7个百分点，达到31.3%。提高进口税率的商品主要是原料、燃料及机械设备等生产资料。其中，不少是国内生产严重依赖的进口商品，如棉花、木材、化工原料、汽油、柴油及各种机器设备，故税率的提高未能提高关税的保护水平，反而加大了国内企业的生产成本，从而弱化了民族产业的国际竞争力。

2. 出口税与内地税

（1）出口税

协定关税时期，实征出口税高于名义税率，也高于进口税，不利于民族经济的发展。国民政府恢复关税自主权后，于1931年6月，制定并实施了新的出口税则——《海关出口新税则》，规定出口商品分为6类270个税目，从价从量并征。部分商品征税5%，另一部分征7.5%，对于一些工业制成品不提高税率，大体维持值百抽三的税率。同时，对茶叶、蚕茧、绸缎、花边、棉纱、袜、纸伞、花素漆器、抽花、挑花、绣花、书籍、图表、报章、容器及包装用品、蜜梨及罐头果品等货物的出口，一律免税。由此，出口税显著降低，有利于促进出口贸易的发展。

此后，为鼓励出口贸易的发展，在兼顾财政收入的前提下，国民政府又对出口税则进行了三次修订。

---

① 郑友揆，《1840—1948中国的对外贸易和工业发展》，第84－85页。

1933年，财政部宣布，对生丝、纯丝制品、米、谷、小麦、荞麦、高粱、玉米、小米及未列名杂粮等免征出口税，使出口税率明显降低。

1934年6月，国民政府根据“在财政许可范围以内，对于原料品及食品，在国外市场推销最感困难者，酌量减税、免税”“对于工艺制品宜予奖励输出者，酌量免税”的原则，再次修订出口税则。其税目与1931年基本一致，降低了35种商品税率，增加了地毯、夏布、瓷器、陶器、爆竹等44项免税商品，总体出口税率再次调低。

1935年6月，国民政府又对出口税则进行修订，增加减税商品41种。这次获得免税出口的商品涉及农副产品、纺织品、化学品及建材产品等。但由于局势的变化，该税则未能实施。

（2）内地税

如前所述，自19世纪50年代以来，厘金遍及全国。1928年，全国厘卡达735个，税率各地不一。法定税率1%，实际很多地方征税高达5%～10%且实行遇卡完纳制，国货在国内市场流通中，每经一卡即交一次厘金。沉重的税负，极大地阻碍了国内商品流通，导致中国市场廉价洋货充斥，极大地危害了中国民族工商业的发展。1931年1月，国民政府宣布，废除厘金及其他地方当局强行征收的内地税，按照国际惯例代之以单一的货物税——统税。征税对象是国内生产和进口的大宗工业制造品，如棉纱、卷烟、面粉、水泥、火柴等。这些商品只要在产地（或进口港）一次性交纳统税后，即可运销全国。国民政府为此设立了统税署，负责全国统税征收事务。进口商品的统税征收由海关代征。另外，废除子口税，改征外国货的转口税及关税附加税。

裁厘改统后，税目简化，课税范围缩小，使税收趋于合理，扭转了过去关卡林立、税费繁苛的局面。这一方面大大减轻了工商业者的负担；另一方面，也改变了外国货税低于国货的不正常状况，促进了国内商品流通，有利于工商业发展。当然，一些商品所征统税过高，征收范围渐趋扩大等，使这一政策的成效大打折扣。

（二）税款保管权

1929年国定税则实施后，国民政府规定，旧有关税值百抽五部分仍由各关汇至汇丰银行，由其负责偿还外债和赔款。从1932年3月1日起，海关税款被全部存入中国中央银行，由其办理外债还本付息业务。这改变了过去由外国在华银行存储税款和办理外债还本付息业务的做法。

综上所述，国民政府实行的国定关税，大幅度提高了税率，使关税收入显著增加，到1933年，进口税额较关税自主前增加了4倍。同时，由过去低水平的均一税变为高水平的等差税，一定程度上保护了民族工业和国内市场。据统计，1926—1933年，竞争性进口商品占总进口量的比重由81.2%降为67.0%，非竞争性进口商品在总进口中的比重由18.8%提高到33.0%。[①]这刺激了中国进口替代品的生产，有利于工业化水平的提高。提高进口税的同时降低了出口税，对于鼓励中国商品的出口起了一定的积极作用。

但当时的中国毕竟还是一个半殖民地国家，西方列强在华还拥有大量特权，因此，

① 郑友揆，《1840—1948中国的对外贸易和工业发展》，第82页。

国民政府时期的关税自主有着较大的局限性。如税率的制定还不得不顾及列强的利益。同时，税率结构尚不尽合理。近现代工业化国家，通常为提高其关税的有效保护率，均实行“瀑布式”的关税结构，即对原料制定极低的名义税率，随着加工程度的加深，名义税率越来越高，最终制成品税率最高。而国民政府实行的国定税则中，原料进口税率普遍高于制成品。其结果一方面增加了国内产品的成本；另一方面，关税保护作用的有效性大大降低。为此，当时的不少民族资本家纷纷要求政府降低进口原料过高的关税。据国民政府财政部档案记载，“安尼林染料、人造靛为国内工业依赖之原料，所负税项计过 35%，就过去情形而论，各方面责难颇多”。[①]1934 年税则在日本迫使下降低棉布税率的同时，提高了棉花等原材料的进口税率，结果使日本棉布大量涌入，对中国棉纺织业造成沉重打击，以致当时工商业纷纷致电国民政府“请收回成命，以维幼稚工商业之濒危命运”，并要求降低棉花、小麦、火柴梗木材、燃料用石油等原材料的进口税。[②]此外，短期内税率不断变动，使企业对未来收益预期的不确定性增加，影响了其生产投入，进一步削弱了关税的保护作用。同时，随意减免税使得实际税率始终低于名义税率。参见表 12－1。

表 12－1　　　　抗战前中国关税水平与进口税收

年份	名义税率（总税准）	实际税率（总税准）	进口税额（千元）
1928	4.3	3.9	62 102
1929	10.9	8.5	145 971
1930	12.0	10.4	186 737
1931	16.3	14.1	293 971
1932	18.4	15.8	228 285
1933	25.4	21.7	265 611
1934	34.3	27.8	260 215
1935	35.3	29.9	250 165
1936	34.5	29.7	254 539

资料来源：郑友揆，《1840—1948 中国的对外贸易和工业发展》，第 75 页

另外，出口税率的制定缺乏长远策略。获得减免税待遇的商品均是当时出口的大宗农副产品、食品、手工产品，而工业品中，除棉纺织品外，其他都未列入，即工业品出口要有关税负担。这对于中国出口商品结构的优化极其不利，迟滞了中国工业化的进程。

（三）海关行政管理权

自 19 世纪 50 年代起，中国海关行政管理权丧失，海关这一行政机构完全为外国

① 中国第二历史档案馆编，《中华民国档案资料汇编》第 5 辑，第 1 编，江苏古籍出版社，1994 年版，第 31 页。

② 《大公报》1934 年 7 月 8 日。《近代市场经济研究》，第 213 页。

人把持，成为西方列强维护其在华利益的重要工具。1927 年，国民政府成立后，力图恢复中国的海关行政主权，对海关行政管理制度进行了一系列改革。

1927 年 5 月，国民政府设立财政部，下设关税处，10 月改为关务署并颁布了《财政部关务署总则》，规定关务署的职能是负责关税率的制定、关税的统计、税卡的设立与废止、解释关税法令等。海关总税务司虽然仍由英国人担任，但他必须听命于中国政府。海关只掌管征税工作，不再拥有一切政治性的超出本职之外的职权和联系。关税自主后的外籍总税务司——英国人梅乐和，其权限已不能与前任赫德等人相比，不能再以“通令”等形式颁布法规。1929 年，关务署决定，除特别技术人员外，海关停招外籍人员，同时，注意提高海关中的中国雇员素质。一方面严格考试制度；另一方面，将受过高等教育，具有丰富经验的人员派往欧美各国考察学习，回国后加以重用。1928 年前的 50 年，从来没有一个中国人升至海关税务司的职位；而到 1937 年，各口岸的税务司中，已有 1/3 由中国人担任了。①

关税自主后，随着税率的提高，走私变得极其有利可图，中外不法之徒开始猖狂走私。为加强缉私，1931 年 1 月，海关设立缉私专科，并在走私严重的海关设立武装巡缉队。1934 年 6 月，财政部颁布了《海关缉私条例》，对缉私的手续、走私的处理作了明确的法律规定。

综上所述，南京国民政府成立后，中国海关的外籍税务司制度未能废除，但其权力被大大削弱了，中国海关行政管理权得到部分恢复。

在争取关税自主的同时，在中国人民反帝爱国运动的推动下，国民政府还就收回租界及废除领事裁判权与各缔约国进行交涉。早在 1925 年，“五卅惨案”后，厦门人民即通过反帝斗争收回了租界的管理权。1927 年 1 月，在中国共产党领导下，汉口及九江群众发动了收回租界的斗争；2 月，武汉政府外交部部长陈友仁与英国公使代表欧玛利签订了收回汉口、九江英租界的协定。1929—1930 年，国民政府通过外交谈判，收回了天津的比利时租界，镇江、厦门的英租界，重庆的日租界。此外，英国占领的租界地威海卫也于 1930 年收回，但刘公岛仍作为英国海军基地。

1928—1929 年，比利时、西班牙、意大利、葡萄牙、丹麦及墨西哥在华领事裁判权也被取消。1929 年 4 月，国民政府外交部照会英、美、法、荷、挪威、巴西等六国，取消其在华的治外法权。美英法等国对此提出抗议，阻止中国单方面废约。1930 年 1 月开始，中英、中美分别举行谈判。到 1931 年“九一八事变”发生，谈判无果而终。

二、健全对外贸易管理机构，加强对外贸易的行政管理

南京国民政府成立后，为推进近代工商业发展，加强了对经济活动的行政管理。国民政府成立之初，设立了工商部和农矿部，分管全国经济工作。1930 年，两部合并为实业部，下设多个司。其中，商业司负责主管国内外贸易。此外，还设立了一些

---

①［美］杨格著，陈泽宪等译，《1927—1937 年中国财政经济情况》，中国社会科学出版社，1981 年版。

与对外贸易有关的专业局及专门委员会。

（一）工商访问局和国际贸易局

实业部成立后，下设工商访问局，负责向国内工商界提供国内外经济贸易信息。1930 年，实业部遴选国内工商业资本家和华侨商界重要人士，成立具有民间性质的中国国际贸易协会，开展国际贸易活动。1932 年，工商访问局改组为国际贸易局，隶属国民政府实业部。国际贸易局的宗旨是增进国际贸易，具体职能为调查研究国内外商业信息及搜集有关统计资料，向国内工商界传递信息，指导其对外贸易活动。

（二）进出口商品检验局

历史上，中国进出口商品没有品质检验制度。1932 年以前，中国出口商品由外国商人在口岸自设检验所检验，进口商品则无检验，致使外商可任意变换商品等级而控制价格，中国经济利益受到严重损害。1932 年 12 月，国民政府颁布《商品检验暂行条例》及《商品检验局暂行组织条例》；同时，在上海、汉口、青岛、天津、广州等重要的通商口岸设立商品检验局，并在沙市、宁波、南京、济南、万县、梧州、汕头、厦门、福州等地设立检验分处，收回外商控制的上海万国蚕丝检验所、天津棉花烤潮所等出口商品检验机构，由商检局对出口商品实行统一检验，对部分重要的进口商品也自行检验。尽管大部分外商设立的商品检验机构依然存在，由中国政府设立的商检机构出具的商品检验证明仅作为通关证书，不作为对外交接货证明，但中国毕竟掌握了一定的对外贸易商品检验权。

对外贸易行政管理的加强，一定程度上恢复了中国的对外贸易主权，有利于对外贸易向符合民族利益的方向发展。

三、限制外国商品倾销，积极推动出口贸易的发展

自 19 世纪后期以来，长期的巨额入超严重阻碍了中国经济发展。国民政府成立后，中国不少经济学家积极呼吁政府采取措施扭转这一不利局面。经济学家马寅初即提出了改造中国外贸的方案。他认为："欲使入超减少，非改善国际贸易不可。"改善国际贸易的办法不外有三：一是减少进口货，努力刷新国民生活之精神，崇尚节俭，减少洋货的无谓消耗；二是增加出口货，努力促进国有之特产，推广海外销路；三是双方并进，一面减少进口，一面增加出口，效果更快。他特别强调，减少贸易入超并非简单地奖出限入，而是要以大力发展国内产业为基础；同时，奖出限入目的仅在解决中国之入超问题，而且不是对所有商品进口予以限制，对资本性货物进口还要予以鼓励。[①]国民政府顺应社会潮流，制定颁行了一系列进出口贸易政策。

（一）制定《倾销税法实施细则》，抵制洋货倾销

由于中国实际关税水平较低，又无其他非关税壁垒，西方工业品凭借成本低廉的优势大肆在华倾销，致使中国幼稚的民族工商业难以生存。对此，工商业者不断呼吁政府予以扶助。实业部成立后，即会同财政部拟定《倾销税法实施细则》，试图抵制

---

① 马寅初，《中国经济改造》，商务印书馆，1935 年版，第 705－706 页。

洋货的倾销，保护国内产业。同时，国民政府还出台了一系列鼓励民族资本发展的政策，如《公司法》《商标法》《工业技术奖励条例》《工业奖励法》《特种工业奖励法》等，还通过行政手段对全国范围内的提倡国货运动予以支持。如国民党政府将 1933 年定为“国货运动年”，1934 年定为“妇女国货年”，1935 年定为“儿童国货年”，1936 年定为“学生国货年”。这些举措一定程度上抵制了西方商品的倾销，对国内产业起了一定的保护作用。

（二）推动出口贸易的发展

1. 组织国内工商界参加国际商品博览会

为扩大中国商品的国际影响，实业部先后组织中国工商界参加菲律宾、美国芝加哥等地举办的国际商品博览会。

2. 在海外设立“中华国货陈列馆”，进行展销活动

1928 年 9 月，国民政府颁布《中国国货暂定标准》，12 月又公布《海外中华国货陈列馆组织大纲》。随即，组织上海工商界、中华工业国外贸易协会成员赴东南亚进行贸易考察，后决定在南洋设立“中华国货陈列馆”，开展中国商品的长期展销活动。

3. 派出驻外商务官员，推进对外贸易的开展

从 1936 年开始，国民政府陆续向一些驻外使馆派遣商务官员，负责处理中国与之贸易往来的相关事务。

4. 鼓励发展出口产业和进口替代产业

对于重要工业品的出口及先进技术引进，国民政府给予减免税等奖励性待遇。

1929 年，国民政府颁布《特种工业奖励法》，其第一条规定：“凡中华民国人民所办工业，合于左列条款之一，确著成绩者，得依本法，呈请奖励之。”

（甲）创办基本化学工业、纺织工业、建筑材料工业、制造机器工业、电料工业及其他重要工业者。

（乙）产品能大宗行销国外者。

（丙）自己发明或输入外国新发明，首先在一定区域制造者。

（丁）应用机械或改良手工业制造洋货之代用品者。

凡符合上述条件之一的中国企业均可申请奖励，具体奖励办法为：准在一定区域内有若干年专利权，但至多以五年为限；准减若干年国营交通事业运输费，但至多以五年为限；准减若干年材料费；准免或准减若干年出口税。从 1930 年开始，国民政府先后对商务印书馆、汉藜公司所造打字机免征出口税三年；1931 年，对江南制纸股份有限公司所产的芦浆制纸给予免征两年的出口税及降低运费 20%的奖励；此外，对一些从事纺织、制革、化学产品出口的企业也给予类似的奖励。[①]

5. 实行出口退税和保税工厂制度

为鼓励出口贸易发展，国民政府还对一些重要商品实行出口退税和保税工厂制

① 《中华民国档案资料汇编》第 5 辑，第 1 编，凤凰出版社，1994 年版，第 3－7 页。

度。出口退税是指退还出口商品中的进口原料所纳关税。如面粉出口可退洋麦进口税。1936 年 4 月，国民政府财政部公布《制造货物关栈暂行章程》，规定：制造货物关栈之制品应以运销外洋为大宗；进入制造货物关栈应具备银行保证或商号保证；制造货物以适当之栈存储由外洋进口之原料、国产及其他已完税之原料及已制成之货物，由海关加锁，加以管理；关栈内制造之货物，应与原呈请书列明者相符并不准供其他之用；外洋运进的制造所需材料及包装材料进入关栈时免税；关栈中制造出的货物，如运入国内，照该货出栈时的状态及当时价值完纳应征之进口税，如运至外洋，则免税验放。①这些保税工厂的设立，对于具有一定竞争力的中国轻纺工业品的出口起到一定的保护作用。如丝织品关栈厂设立后，由于免税出口，加之中国劳动力成本低廉，以价格竞争优势夺回了部分被日本占领的东南亚市场。

四、实行易货偿债贸易和出口贸易管制，加强对外贸易国家垄断

所谓“易货偿债贸易”，是指西方国家向中国提供贷款，规定贷款用于中国自该国进口工业品，再以中国农矿产品偿还，是在贷款名义下的易货贸易。

1931 年“九一八事变”后，国民政府为抵抗日本对华侵略，积极加强国防建设。为此，于 1932 年 11 月成立国防设计委员会，在翁文灏、钱昌照主持下，聘请了一批工程技术专家、教授，开展国防建设的调查研究和计划设计。1935 年 4 月，国防设计委员会改名为资源委员会，隶属国民党军事委员会。资委会的任务除对国防资源进行调查外，还直接创办工矿重工业企业。如 1936 年 8 月，创办中国植物油料股份有限公司，从事桐油、豆油的生产和贸易。资委会的性质已由原来的调查研究和设计的学术机构，变为兼营工矿企业、统制重要矿产品出口的经济管理机构。

20 世纪 30 年代初，希特勒上台后，法西斯德国疯狂扩军备战，迫切需要钨、锑等战略性矿产品及桐油和猪鬃等农产品，中国是世界上该类商品的主要供给国。1935 年 4 月，德国派遣特使汉斯·克兰来华，商谈以贷款贸易的方式向中国提供军火、兵工厂和重工业设备，得到蒋介石的赞许。财政部部长孔祥熙与德国经济部部长沙赫特，代表中德两国签订《中德经济合作条约》。1936 年 4 月，两国又签订《德华信用借款合同》，德国向中国提供 1 亿马克信用贷款，主要用于购买德国的重工业设备以及军火、兵工厂设备等，中国以钨、锑、桐油、生丝、猪鬃等农矿产品抵偿。

为开展上述贸易，国民政府宣布对桐油、猪鬃等农产品，钨、锑等矿产品实行贸易统制，即由政府垄断经营。其中，农产品收购和运输由中央信托局办理（抗战后移交贸易委员会），矿产品则由资委会办理。随着易货偿债贸易政策的实施，中德贸易获得快速发展。到 1936 年，德国已成为中国第三大贸易伙伴。此外，国民政府还于 1937 年 3 月在广州成立华南米业公司，除垄断华中、华南的大米运销外，还经营洋米的进口业务。同年 5 月，又成立中国茶叶公司，垄断茶叶的出口。

---

① 第二历史档案馆藏财政部档案，三（2）2390（1）。

五、充分利用外国资本技术，发展国民经济

（一）制定利用外国资本技术发展国民经济的基本政策

国民政府继承了孙中山“利用外资，振兴实业”的思想。1927年4月18日，发表《国民政府宣言》，提出“国民党革命之方略”，其中第三条为“提倡保护国内实业”。1928年，国民政府在《整理财政大纲》中明确提出：“中国为资本落后之国家，自以发展产业、开发富源为亟。”为此，必须“遵总理计划，实行国际共同发展事业以完成富强基础。”[①] 这阐明了中国利用外资发展实业的必要性。

同年11月7日，国民党中央政治会议第162次会议通过的《建设大纲草案》，对利用外资和引进技术的原则作出规定：“国民政府为实现建设计划，得以平等互惠不损主权为原则，尽量利用外资，并雇用外国专门人才。”外资的使用，“应投诸最有利之途”，发展铁路交通、商港、市街、公用事业及基本工业，“雇用外国专门人才，应以在所借用之外资本息未清偿期为限，并以教授、训练中国后进人才继承其乏，为必要条件”。[②]

1929年底，国民党第四届中央执行委员会通过关于“充分利用外国之资本技术”以“发展国民经济”的决议。据此，1930年1月，行政院发布“充分利用外国之资本技术”的政令。随后，铁道部和实业部拟定了利用外资兴办实业的办法。

1935年，中国掀起国民经济建设运动，经济界对于发展国民经济的途径展开热烈的讨论。资委会负责人翁文灏认为：“良以中国工业落后甚多，积极建设，非有相当规模不能符建国意义，而时国富民力甚为薄弱，又非有外资匡助不易积极建设，故欢迎外资实为建国要举。”[③]同时，他主张进一步对外开放，认为“封锁对于国内幼稚产业虽有保护之效，但对于外来资本及技术之防绝，很不利于工业建设之进行”。国防设计委员会改组为资委会后，积极贯彻“利用外国之资本技术”的方针。马寅初则从世界经济发展经验及趋势的角度，阐述了利用外资、引进技术对一国经济发展的意义：“今日之世界，已缩成一个单位，无论何国经济不能离国际而孤立，与共存必须谋共荣。”他明确指出在世界经济融合的背景下，各国经济的相互依赖性。此外，他还提道：“我国资本既感缺乏，技术人才，尤觉寥落。今后欲与诸先进国家并驾齐驱，仅赖本身积蓄与经验，其事功必在百数十年之后。欲求速效，非借助外国资本与技术不可。”[④]资委会在对全国自然资源充分调查后，提出一个利用外资进行重工业建设计划。[⑤]

在制定积极利用外资政策时，国民政府也注意维护国家主权。如1930年，国民政府制定颁布了《矿业法》，规定矿业投资中，外资不得超过50%，董事会的中方席

① 中国第二历史档案馆编，《民国外债档案史料》卷2，档案出版社，1991年版，第413页。

② 孙科，《建设大纲草案及其说明》，《革命文献》第22辑，第367页。

③ 中国国民党革命委员会中央宣传部编，《翁文灏论经济建设》，团结出版社，1989年版，第120页。

④ 马寅初，《中国之新金融政策》，商务印书馆，1937年版，第438页。

⑤ 资源委员会档案《重工业五年计划经费表》。

位必须在半数以上，董事长和总经理应由中方人员担任。1935 年，国民政府立法院作出规定，交通、铁路、电信等公营事业禁止外资经营。

（二）整理清偿外债

由于北洋政府滥借外债，多无力偿还，造成债务危机。到 1928 年 7 月，连同清末积欠外债，总计 8.93 亿美元，导致中国对外信用低下。1928 年，英国率先宣布中国只有先还清旧债，才能商谈借款。1929 年，世界经济危机爆发，发达资本主义国家纷纷采取信用紧缩政策。其中，美国制定了《约翰法案》，规定凡借美债未清偿者，此后不得再予以贷款。1929 年，国际商联大会决议中称，中国"不能赶紧整理旧债恢复国际信用，无论何国决不贷款"。[①]在此状况下，中国只有恢复债务信誉，才能借用国际资本。

1928 年，国民政府发表声明，承认以前历届政府所欠外债并予以清理偿还（从关税、盐税收入中拨缴）。1929 年，国民党三大提出"整理外债，并筹备偿还外债之方法"。为此，国民政府成立"整理内外债务委员会"，专门审议和处理偿债问题。同年，邀请美国财政顾问、普林斯顿大学教授甘末尔等人来华，组成"财政顾问委员会"，协助中国整理外债。1934 年，国防设计委员会提出议案称"逐渐整理外债，恢复对外信用，以冀外资之输入"，进一步明确了整理外债对于利用外资的意义。此后，国民政府制定实施了一系列整理外债的计划，到 1937 年已将 1928 年以前拖欠的大部分债务清偿了，中国对外债务信誉逐步恢复，为进一步借用外债提供了可能。1931—1937 年，美德等国向国民政府提供了一批政府贷款。其中，规模较大的有 1931 年"美麦借款"、1933 年"美棉借款"及 1936 年中德"易货信用借款"等。

（三）拓宽利用外资领域

国民政府成立后，制定了一系列利用外资的政策。利用外资的主要方式除借债、发行国际债券外，还大量举办中外合资、合作企业。除传统的工矿企业、铁路外，还在航空运输领域举办技术合作型的合资企业。1930 年 7 月，交通部与美国柯蒂斯航空公司签订合同，成立中国航空公司。与此同时，与德国鲁夫散拿（汉莎航空）公司签订合同，成立中德合资的欧亚航空公司；1936 年，成立中日合资的惠通航空公司。此外，还开展特许经营。1935—1936 年，国民政府特许美商琼斯在华开采及提炼石油。

（四）利用外资开展基础设施建设

基础设施建设需要巨额资金，而中国资金短缺。国民政府认识到"铁道建设，足以增进生产，增加出口，以大宗原料品，供给于各工业国家"；同时，"工业国家，以其过剩之制造品，协助吾国建设铁道，同时辅助我国增进生产，以生产品之出口，偿还铁道债务本息"。因而利用外资发展铁路建设，是"债权与债务国互助互利之举"。[②]在利用外资总方针下，抗战前，国民政府即通过借用国外资金的方式兴修铁路。

---

① 国民政府外交部档案十八，719 卷。

② 张嘉璈，《中国铁道建设》，商务印书馆，1946 年版，第 221 页。

从 1929 年开始，国民政府按照孙中山的“实业计划”筹划铁路、公路、海港码头的建设。这些工程多规模宏大、历时较长，到抗战爆发大部分未能完工。

（五）引进先进技术，发展重工业

抗战前，资委会在“引进外国资本技术，发展国民经济”的方针政策下，积极开展各种形式的利用外资、引进技术、兴办实业的活动。除易货偿债贸易外，资委会还与德英美等国的一些大企业签订了一批合资企业合同，如中英合办的中福公司（经营煤矿）、中国与美国雷诺公司合办的台湾铝厂等。[①]同时，资委会积极从国外引进先进技术。如 1937 年 7 月，资委会中央电工器材公司一分厂与英国三家企业签订了购买电线制造专利技术的合同，并以招标的方式在英法德美各国选购成套生产设备，建成中国第一家电线电缆厂。此外，资委会下属的其他企业也积极从事技术引进活动。如电工三分厂与德国西门子公司签订引进电话机制造技术的合同，电工二分厂从美国亚克曲勒电子管公司引进电子管的生产技术，中央机器厂从瑞士 BBC 公司及机车公司引进 2 000 千瓦汽轮发电机、汽轮机及煤气内燃机等。这些引进的技术，虽然由于随后抗战爆发未能按计划得到有效应用，但相当一部分被转移到大后方，使大后方的工业从无到有发展起来，促进了大后方经济的发展，对抗战起了一定的积极作用。

国民政府在对外贸易中加强国家垄断资本，由于经济上的挤出效应，必然排挤私营经济的发展，但在半殖民地的社会环境中，同时削弱了西方洋行对中国对外贸易的控制。法国学者白吉尔在其《中国资产阶级的黄金时代》一书中曾评论道：“蒋介石政权是一种畸形的国家资本主义政权………，国民政府实行企业国有化，也采取过一些高压手段，迫使企业就范。扼杀了他们曾经有过的那种独创性和主动性。但就实际效果而论，蒋所推行的一系列政策，在一定程度起过抑制外国资本主义势力的扩张，促进民族资本主义发展的作用。”[②]外国势力的削弱，一定程度上意味着中国对外贸易自主性的增强，有助于发挥其为国民经济服务的职能，对中国经济的近代化起了有益的作用。

第二节　洋行对中国对外贸易控制与私营进出口企业的起步

国民政府实施的一系列鼓励利用外资、发展对外贸易的政策，使抗战前 10 年中国的对外经贸环境进一步改善。外国对华投资增长的同时，中国民族私营进出口企业也开始起步。

---

① 这些项目到抗战全面爆发后，或被中止或易地实施。

② 张富强，《中国资产阶级研究的尝试》，《中国近代经济史研究资料》，第 8 辑，第 206 页。

一、西方国家在华投资及对中国对外贸易的控制

第一次世界大战以后，西方资本主义国家纷纷以资本输出的方式占领国外市场。国民政府积极吸引外资的政策，对列强对华投资也产生了一定的吸引力。此外，1929年以后，随着国定税则的颁布，中国进口商品的税率不断提高，进一步刺激了外国在华直接投资。1914 年，外国在华投资总额为 16.7 亿美元，1930 年增加到 36.4 亿美元，1936 年进一步增至 39.4 亿美元。[①]从投资增长速度看，1914—1930 年，西方国家在华投资增长了 54%，达 34.8 亿美元，年均增幅为 3.38%。1931—1936 年，投资又增长了 23%，达 42.85 亿美元，年均增长 4.6%。1914—1930 年，年均增长 7 699 万美元。1930—1936 年，年均增长 1.33 亿美元。[②]由此可见，国民政府初期的 10 年，特别是 1931 年后，西方国家对华投资增长加快。

与各国经济实力及其在中国的政治经济特权相关，这一时期，各国在华投资出现了此消彼长的状况。日本企业在华投资增长最快。1902 年，日资仅占外国在华直接投资的 0.2%，1914 年增加到 19.4%。但尚落后于英俄德三国，居第四位。此后，日本对华投资进一步加速。到 1930 年，日本对华投资已超过英国，居第一位。各国在华投资额，参见表 12－2。

表 12－2　　1930—1936 年各国在华投资额　　（单位：百万美元）

国别 \ 年份	1930	1936
英	1 047	1 045.9
美	285.7	340.5
法	304.8	311.9
德	174.6	136.4
日	1 411.6	2 096.4
其他	263.9	354.3
合计	3 487.6	4 285.4

资料来源：吴承明编，《帝国主义在旧中国的投资》，人民出版社，1958 年版，第 45 页

从表 12－2 中可见，1930—1936 年的 6 年中，外国在华投资增长 23%，年均增长额为 1.33 亿美元，高于战前 1902—1914 年的年均递增额 113.8%（12 年间，年均增长 0.622 亿美元）。从投资国别看，昔日在华投资占第一位的英国地位大大衰落，1930 年开始已落后于日本。到 1936 年，英国在华投资与 1930 年大体持平。两次世界大战

① 许涤新，吴承明主编，《中国资本主义发展史》卷 3，人民出版社，1993 年版，第 39 页。
② 吴承明编，《帝国主义在旧中国的投资》，人民出版社，1958 年版，第 45－46 页。

期间，日本对华投资增长了 48.5%，稳居列强在华投资的首位。此外，美国在华投资的绝对额虽尚赶不上日英两国，但增速仅次于日本，达 19%。这表明第一次世界大战后，日本和美国在华经济实力增长迅速。

抗战前，世界性著名垄断组织纷纷在中国增设分支机构。如瑞典泛美火柴公司在华设立美光火柴厂（1928 年），瑞士标准铝业公司设立华铝钢精厂（1931 年）。此外，英国的邓普禄橡皮公司，美国的杜邦公司、福特汽车公司、西屋电器公司、德士古石油公司、摩根财团的上海电力公司、美国国际电报电话公司的上海电话公司和中国电气公司，日本的三井、三菱、太仓组公司等，也在华新设或增设其分支机构。到 1931 年，在华外商投资企业数量达 10 889 家。①其中，资本高度集中于十几家大洋行。英国对华投资集中于怡和、太古、沙逊三大集团，亚细亚火油公司、颐中烟草公司、卜内门洋碱公司和中国肥皂公司等，这些公司占英国对华投资总额达 60%。美国在华投资资本集中度更高。1929 年，美孚石油公司和德士古石油公司即占美国在华投资的 38%。另据美国人调查，1930 年，17 家美国公司占美国全部在华投资的 82%。

在华投资的外国资本实力雄厚，致使中国不少产业被其垄断。据研究，1933 年，在华外资企业产值占全国工业生产总值的 31.8%。在与日常生活关系密切的棉纺织、公用事业、卷烟三个行业中，外资在总产值中所占比重分别为 42.2%、56.9% 和 63.3%。②此外，在造船、制蛋、肥皂、饮料、制革等行业，外商均占有绝对优势，比重分别为 62%、56.8%、78.4%、83.6%、66.3%，③以致一些进口商品关税提高的主要受益者不是华商而是在华投资的外商。如上海的灯泡厂，规模最大的是一家美资企业，因而引起“若施以过当的保护税率，转使外商受惠犹多”的担心。④在华最大的外资烟草公司——颐中烟草公司（英美烟公司）也基于进口税提高，开始在华投资生产。

在各国对华投资中，贸易性垄断洋行纷纷建立。到 1936 年，除日本外，外国在华贸易性商行共有 1 603 家。其中，英国 501 家、美国 400 家、德国 293 家。日本在华商行更多，仅在上海即有 677 家，大多建立于 1931 年以后。外国大商行的建立，使其得以继续操纵中国的对外贸易，并促进了该国对华贸易的发展。

二、私营进出口企业的艰难起步

20 世纪 20 年代后期，随着更多中国农副产品进入国际市场及国民政府促进对外贸易政策的实施，一些长期经营土货的民族工商业者力图打破西方洋行对中国出口贸易的垄断，积极尝试直接将土货出口到国际市场。他们在与西方洋行及官僚资本企业的竞争中艰难图存。私营外贸企业利用货源优势逐步打破西方洋行的垄断，积极开拓

---

①《上海近代社会经济发展概况》，第 357 页。

② 郑友揆，《1840—1948 中国的对外贸易和工业发展》，第 51 页。

③ 许涤新，吴承明主编，《中国资本主义发展史》卷 3，人民出版社，1993 年版，第 50 页。

④《中华民国档案资料汇编》第 5 辑，第 1 编，凤凰出版社，1994 年版，第 75 页。

茶叶、生丝、猪鬃、桐油、蛋类等中国大宗农副产品出口的国际市场。

（一）猪鬃

19世纪末，中国猪鬃开始进入国际市场，即以质优价廉享誉世界。但直到20世纪20年代后期，中国猪鬃出口贸易完全由西方洋行垄断。1927年，长期经营四川土货国内贸易的四川古耕虞的“古青记”公司，利用洋行撤出四川之际，将国际市场需求旺盛的猪鬃直接销往美国。为避开英国洋行的阻挠，其将部分猪鬃依然运往上海交与英国洋行，另一部分则秘密直接销往美国。其质优价廉的“虎牌”猪鬃，很快即占领了美国市场，从而摆脱了英国洋行的控制。抗战期间，古耕虞与国民政府贸易委员会合作经营猪鬃出口，为中国易货偿债贸易的开展作出了巨大贡献。到1945年抗战结束时，“虎牌”猪鬃占全国猪鬃出口的80%，几乎垄断了世界猪鬃市场，古耕虞则成为名噪一时的“猪鬃大王”。[①]

（二）桐油

两次世界大战期间，西方各国军事工业的发展对桐油需求大增，刺激了中国桐油的出口。一些中国民族工商业者尝试打破外国洋行的垄断，将桐油直接出口海外。1928年2月，李锐在汉口创办义端公司，经营四川桐油出口贸易。1928—1937年，义端公司每年平均输出桐油2万吨，占中国出口桐油的50%左右，由此确立了义端在桐油市场上的霸主地位。抗战爆发后，长江航线中断，川油无法外运，李锐又在香港开办分行，经营广西桐油。不久，广州亦告沦陷，业务清淡，香港分行遂停业。武汉失守后，义端公司迁到重庆。1940年，国民政府宣布战时对外物资实行统购统销，桐油被列入内，由财政部所属复兴公司统一经营，义端公司出口桐油业务停止。此外，上海沈瑞洲的沈元来桐油号从1934年开始，也直接经营浙江桐油的出口，兼营大豆、蚕豆、菜籽、花生等农副产品出口。太平洋战争爆发后，出口物资被日军管制，业务停顿。

（三）生丝

近代以来，中国传统出口商品生丝的对外经营权，长期由口岸洋行掌握。留美回国的无锡人薛寿萱，在深入考察日本蚕丝业发展经验及国际生丝市场动态的基础上，于1930年发起组成通运生丝股份贸易公司；1933年，派人在纽约开办永泰公司，直接外销生丝。1936年，薛寿萱联合无锡36家丝厂，发起组织兴业制丝股份有限公司，开展生丝出口贸易，其出口额占当时上海生丝出口总数的50%左右，薛寿萱也被称为“丝茧大王”。抗战全面爆发后，中国对外贸易环境严重恶化，兴业公司生丝出口业务被迫终结。

（四）茶叶

鸦片战争后，中国茶叶出口大幅增加，在上海等通商口岸出现专门在内地茶庄和外国洋行间从事中介业务的茶栈（又称洋庄茶栈）。19世纪末、20世纪初，在印度和锡兰的竞争下，中国茶叶出口规模萎缩，中国茶商痛感“华商必须闯天下，在国外建

① 陶纯，《中国红色资本家丛书——猪鬃大王古耕虞》，解放军出版社，1995年版。

立关系，做到直接出口，否则不会有生路”。[①]1916 年，唐翘卿等茶栈商人合股成立中国第一家华商自营的茶叶出口公司——华茶公司。但由于缺乏出口渠道和国际贸易经验，其茶叶外销举步维艰，直到 1926 年参加费城世界博览会，由其提供的茶叶获得甲等大奖，才打开了海外销路。1937 年“七七事变”后，特别是同年 8 月 13 日淞沪战役，华茶公司遭致命打击，其在上海新建的厂房、仓库和机器设备被日军焚毁殆尽。同时，沿海通商口岸先后沦陷，对外运输受阻，华茶公司的业务几乎全面停顿。

（五）蛋品

随着国际运输条件的改善，自 20 世纪初开始，中国蛋制品进入国际市场。作为落后的农业国，中国可供出口的蛋制品丰富，其出口贸易自然也被掌握国际市场信息和国际贸易渠道的在华洋行垄断。20 世纪 20 年代后，一些华商尝试直接经营蛋类出口。其中，浙江商人郑源兴几经努力，取得一定的成功。1927 年，郑源兴在上海创办茂昌蛋业冷藏股份有限公司，经营蛋制品出口贸易。到 30 年代初，其已拥有冰蛋厂及干蛋厂 10 余家，沿黄浦江建有仓库、码头，在上海郊县开办养鸡场并在伦敦设立分公司（海昌公司），在法、德、荷、意、美、日、菲律宾、澳大利亚等国设立分理处，职工近两万人。1937 年底，上海沦陷，茂昌公司受到日军胁迫，业务中断。

综上所述，私营外贸企业在两次世界大战期间，努力突破西方洋行对中国一些产品出口的垄断，少量企业取得了有限的成功。但此后抗战爆发，一方面对外贸易经营环境严重恶化；另一方面，重要农副产品被政府统制，故而大部分私营出口企业进一步发展的进程被迫中断。

第三节　进出口贸易的规模和水平

这一阶段，中国的对外经贸活动一方面受世界经济危机及日本占领中国东北的重创；另一方面，国民政府成立后，中国经济主权有所恢复，更为积极的对外开放政策的实施，对中国的对外经贸活动有所激励。

一、进出口贸易额

以 1931 年为界，这一时期，中国进出口贸易的发展可分为前后两个阶段。1931 年以前，受世界经济危机的影响，银价下跌。1928—1931 年，国际市场银价下跌大约 50%以上，大大高于世界物价的跌幅（20%），因而中国实际汇率贬值，有利于出口贸易的发展。同时，由于农产品价格变动滞后于工业品，因而世界经济危机对以

① 上海市政协文史资料委员会，《洋商长期垄断下的华茶外销》，《上海文史资料选辑》第 16 辑，上海人民出版社，1964 年版。

农副产品出口为主的中国出口贸易影响相对迟缓。由此，在较低的汇率水平下，中国出口商品的国际竞争力相对提高。世界经济危机爆发初期，出口增长的同时抑制了进口。汇率的变动对于保护力度不足的关税制度也起到一定的补救作用，带来国内工业的景气。

不过，由于中国对外贸易在很大程度上被外国洋行控制，国内出口商品的生产者与国际市场隔绝，对市场需求的反映迟滞，因而中国出口贸易未能充分利用汇率贬值的时机得以扩展。同时，中国富有阶层的高消费水平具有不可逆性，故受到抑制的进口商品主要是原材料和机器设备等生产资料，消费品特别是奢侈品进口所受影响相对较小。总体而言，在世界经济危机期间，中国进口贸易量未降反升。1927 年，进出口总额为 193 155.2 万关两。其中，进口为 101 293.2 万关两，出口为 91 862 万关两。到 1931 年，进出口总额达到 221 904.6 万关两。其中，进口增至 130 957 万关两，出口则降至 90 947.6 万关两。从表 12 – 3 可见，1927—1931 年，进口贸易持续增长，出口贸易则自 1930 年开始下降。

表 12 – 3　　1927—1931 年进出口贸易额增长指数

年份	出口贸易指数	进口贸易指数
1927	100	100
1928	107.9	118
1929	110.5	124.9
1930	97.4	129.3
1931	99	141.5

资料来源：《十年来我国对外贸易价值表》

1931 年后，一方面世界经济危机的效应充分显现，主要资本主义国家实行贸易保护主义政策，限制商品的输入，导致国际市场对中国商品需求锐减；另一方面，英镑、日元、美元相继贬值，中国汇率相应升值。1934 年美国《购银法案》的实施，再次导致白银价格上涨，中国白银外流，本币进一步升值，银根紧缩，物价大幅度下跌，[①]沉重打击了中国的出口贸易和国内生产。生丝、茶叶等大宗货物出口量大为降低，1935 年出口额比 1932 年减少 65%。国民政府的美国财政顾问甘末尔也认为："由于美国政策的高涨，已使中国的银价激涨；这就是降低了中国物价，增加中国人民的一切债务负担，并有大害于中国的出口贸易。"[②] 此外，日本占领了占中国对外贸易份额 1/3 的东北地区，使中国对外贸易尤其是出口贸易遭受沉重打击。

同时，中国关税自主权恢复后，随着进口关税水平的提高，进口贸易相应下降。据郑友揆研究，1931 年税则使该年进口减少 4.8%；1933 年税则使 1934 年进口减少

① 以 1913 年价格指数为 100，1931 年中国市场批发物价指数为 190，到 1935 年降至 150。参见刘佛丁等，《中国近代市场发育与经济增长》，第 186 页。

② 陆仰渊等，《民国社会经济史》，中国经济出版社，1991 年版，第 338 页。

23.2%；1934 年税则使 1935 年进口减少 22.6%。此外，连年内战及连续数年的自然灾害，使国民经济发展遭到破坏，社会购买力下降，给对外贸易发展造成不利影响。1932 年，进出口贸易总额达 154 188.8 万关两（约合 23 亿元），比 1931 年减少 34%。以后逐年减少。1932—1935 年，进口平均规模为 79 094.5 万关两，相当于 1927—1931 年的 63%。4 年间，出口平均规模为 39 961.2 万关两，仅为前一时期的 42%。[①]1936 年，世界经济危机基本结束。据估算，1931—1936 年的年均贸易额比 20 世纪 20 年代降低 28%，若以美元计算则下降更多，约高达 58.3%。[②]

总体上看，世界经济危机给中国对外贸易带来极其不利的影响。1929—1936 年，中国出口量年均下降 2.4%，进口量年均下降 8%。其中，出口贸易 1927—1929 年尚处于增长态势，1930—1934 年则持续下降。到 1935 年，随着西方国家逐步摆脱经济危机、国民政府实施币制改革，汇率趋于平稳，物价回升，工农业生产逐渐恢复发展，出口贸易随之出现恢复性增长，贸易赤字缩减。1927—1931 年，进口贸易处于增长状态，1932—1936 年则持续下降，降幅高达 21.6%。进出口总额（按美元计算）于 1931—1936 年下降了 38.5%。这一时期，中国人均贸易额仅 1.3 美元，大大低于世界人均贸易额（1930 年，世界人均贸易额为 28.2 美元）。

"九一八事变"后，日本占领东北，东北地区的经济迅速殖民地化。按美元计算，1932—1936 年，东北的出口增长 19%，进口增长高达 278%。

二、对外贸易平衡状况

如上所述，受世界经济危机的影响，20 世纪 30 年代，国际贸易大幅度萎缩。西方国家纷纷推行"以邻为壑"的贸易保护主义政策：一方面通过各种手段限制别国商品的输入；另一方面，极力向其他国家推销商品。经济落后的殖民地、半殖民地国家受害尤深，发达国家对落后国家的大宗出口商品——农产品进口的限制尤为严格，使落后国家出口贸易受到严重损害。同时，由于落后国家工业化水平低，工业品的国际竞争力较弱，西方国家得以向这些国家大肆倾销商品，对当地幼弱的民族工业造成沉重打击。在这一背景下，中国的对外贸易平衡受到严重扰动。

这一时期，银价、汇率的变动对中国进出口商品价格产生了直接影响，从而左右了中国对外贸易的发展和进出口平衡状况。

中国是银本位制国家，其汇率必然随银价涨跌波动。国民政府成立初期，银价不断下跌，资本主义世界银价的跌势更为猛烈，至 1931 年跌落了 45.6%，而同期的汇率跌落 46.9%。这在理论上会使中国进口物价猛涨，进口值大量减少。但由于西方国家在危机中物价水平大幅下跌，因而中国进口商品物价上涨不大，故进口值仅减少 10%。银价下跌，理论上，以外币表示的中国出口商品价格下跌，以本币表示的出口商品价格可以保持不变。但由于中国出口价格被外国洋行所操纵，它们趁银价贬值，

① 谭熙鸿编，《十年来之中国经济建设（1927—1937）》上编，台北文海出版社，1985 年版，第 99 页。

② 郑友揆，《1840—1948 中国的对外贸易和工业发展》，第 78 页。

人为压低价格收购中国出口商品，使本币表示的出口商品价格下降，故中国未能从货币贬值中获得应有的利益。

1932 年以后，英镑、美元等相继贬值，特别是 1934 年美国实施《白银购买法案》（Silver Purchase Act）导致银价迅速上涨，而汇率上涨与银价上涨则存在一定差距。1932—1935 年，银价上涨了 129.1%，而汇率只上涨了 66.2%。银价、汇率上涨，中国的进出口价格都应随之下跌。进口方面，由于国外物价水平上升，加以洋行的操纵，进口物价指数下降了 23.3%，远未达到汇率变动应有的幅度，以致在上海市场上出现了进口商品市价反低于海关进口报价的现象。1932—1935 年，日货 16 支水月纱的市价逐年低于进口棉纱的平均报关价，美货面粉的市价也逐年低于进口面粉的平均报关价。[①]出口方面，中国国内物价于 1934 年下跌到谷底，加上 14 省旱灾、1935 年农产品价格上升，因此，1932—1935 年的出口物价指数仅跌落 19.7%，出口品购买力指数也有增进。

总体看来，1928 年以后，进出口价格的变动都是有利于洋货的进口，不利于中国货的出口。1929—1931 年物价上升的阶段，进口价格的上升略缓于理论上应当上升的幅度，而出口价格的上升则大大落后于理论上应有的上升幅度。1932—1935 年物价下降的阶段，进口价格的下降远小于理论上应该下降的幅度，而出口价格则剧烈下降。[②]可以看出，无论是银价上涨还是下跌、物价上升还是下降，都对中国的出口造成了不利影响。

由于对外贸易主要掌握在外国在华洋行手中，而中国始终未形成统一的国内市场，洋行得以操纵进出口商品价格。1930—1936 年，进出口价格均出现了下降的趋势，但出口商品价格下降的幅度大大高于进口商品价格，致使贸易条件严重恶化。1936 年 8 月 8 日，上海的《时事新报》称："1931 年起，我国物价迅速下落，在各类物价下落中，有一个规则性的发展，就是出口的下落较批发物价为速，而批发物价的下落又较入口物价为速。……这样，出口的物价便不得不愈压愈低。"据测算，1936 年，进出口价格指数相差多达 40 多个百分点。

随着贸易条件的恶化，中国对外贸易失衡状况更加严重。1927—1932 年，逆差额及其占同期出口贸易的比重均持续上升。1927 年，中国对外贸易逆差额为 14 693.8 万元，到 1932 年增至 86 719.2 万元，增幅高达 490%，创中国对外贸易史的新高。1933 年后，西方资本主义国家逐渐摆脱经济危机，同时，各国开始扩军备战，对战略性矿产品及农产品的需求增加，中国出口贸易额逐渐回升。此后，逆差额有所下降，但绝对额依然较高，到 1936 年中国逆差额仍达 2.358 亿元。巨额贸易逆差主要依靠华侨汇款及外国在华投资来弥补。各年逆差额及其占出口贸易的比重，参见表 12－4。

---

① 陈伯庄，黄荫莱编纂，《中国海关铁路主要商品流通概况》上册，交通大学研究所 1937 年版，第 404－405 页。

② 以上关于银价、汇率的相关问题，参考许涤新、吴承明主编《中国资本主义发展史》卷 3，人民出版社，1993 年版，第 26－31 页。

表 12－4 逆差额及其占出口贸易的比重

年份	年逆差额（万元）	占出口贸易比重（%）
1927	14 693.8	10.3
1928	31 880.1	20.6
1929	38 964.4	24.6
1930	64 643.3	46.6
1931	81 641.2	57.6
1932	86 719.2	113.0
1933	73 373.9	119.9
1934	49 445.0	92.3
1935 年 1—6 月	28 608.6	110.3
1935	34 340.2	59.6
1936 年 1—6 月	12 628.9	37.9

资料来源：中央党部国民经济计划委员会编《十年来之中国经济建设（1927—1937）》上编，南京《扶轮日报》社，1937 年版，第 100 页

三、进出口商品结构

在世界经济危机和国定关税政策的影响下，伴随着中国工业的发展，这一时期，中国的进出口商品结构发生了相应的变化。

（一）进口商品构成

这一时期的进口商品构成发生了两大变化。一是消费资料比重有所下降，生产资料进口比重上升。二是棉货类变化较大，作为制成品的棉布进口规模不断缩减，相反，作为原料的棉花进口持续上升。

大宗进口消费资料主要有棉布、糖、烟草、煤油、纸张、食品、粮食等。1931 年前，上述消费品进口额基本上是增加的。1931 年后，由于进口税率的增加，上述消费品的进口逐渐减少。

第一次世界大战期间及战后，中国境内建立了数十家棉纺织厂。到 20 世纪 30 年代，中国年产棉纱二三百万包，棉布二三千万匹，使近代大宗进口商品——棉纺织品在中国进口贸易总额中的比重大大降低了。1928 年，棉布在中国进口总额中尚占 14.2%，居第一位，1931 年则降到 7.6%。1933 年及 1934 年税则提高了棉纱、棉布进口税，使棉纺织品在中国进口贸易中的地位进一步下降。到 1936 年，棉纱、棉布进口只有 1 000 万关两，占进口总额的比重仅 1.7%。其中，棉布占 1.5%、棉纱仅占 0.2%。

受较高关税制约，其他消费资料的进口规模逐步下降。如烟草，1928 年进口量为 745.8 万（千支）又 96.5 万担，到 1933 年则降至 19.3 万（千支）又 39.5 万担，分别为 1928 年的 2.6%和 40.9%。

中国近代工业的发展，使各种生产资料的进口需求大大增加。如随着中国棉纺织业的发展及日本在华棉纺织厂的设立，棉花进口逐年增加。据估计，20 世纪 30 年代

初，上海中外纱厂年均用棉花约480多万担。其中，来自国内市场供应量仅170余万担，尚有300多万担的供给缺口要进口。棉花进口在中国进口贸易中的地位上升，1930—1932年、1934年，棉花在进口商品中名列首位。进口的棉花主要来自美国、印度、埃及等国。其中以美棉为主。两方面因素造成美棉的大量进口，一是中国国内棉纺织业发展的需要，二是中美两国农业生产率差异巨大。中国农业生产率的低下导致产品生产成本过高，为增加盈利，国内棉纺厂纷纷进口价格不断下跌的美国棉花。如上海棉花进口占进口总额的比重，即从1929年的12.6%上升至1931年的19.9%。[①]另一近代支柱性产业——面粉业也呈现对进口原料的高度依赖。虽然国内小麦产量很大，但因时局多变，多地交通阻塞，国内各地间运输困难，主产于北方的小麦，经常无法南运至机制面粉业发达的南方，因而面粉业的发展也大量依靠进口小麦。如1929年，上海进口小麦即达5 464 079担，1930年进口略有下降，也达到2 391 154担，1931年则激增至19 419 099担。[②]

抗战前10年，中国交通运输业发展迅速，不仅铁路、公路建设进一步发展，而且民用航空业自1929年开始发展起来，由此带动了铁路器材、车辆、航空和轮船设备的进口。同时，作为燃料的汽油等液体燃料的进口增幅相应提高。

1931年以后，日本侵华活动加剧，国民政府加强国防建设，军需工业品的进口增加。同时，西方国家为缓解经济危机，不仅向中国输入大量传统的工业品，而且还将其剩余的农产品推销到中国。据统计，1929年，中国进口大米仅1 082万担，到1932年增至2 139万担，增加了近一倍。小麦进口，1928年为90万担，1931年增加到2 277万担。各种商品在进口贸易构成中的比重，参见表12－5。

表12－5　　中国进口商品构成比重　　（百分比）

年份	棉制品	棉纱	棉花	粮食	面粉	糖	烟叶	纸张	煤油	液体燃料	交通器材	化学染料及颜料	钢铁及其它金属品	机械	其他
1928	14.2	1.6	5.7	5.7	2.6	8.3	5.1	2.4	5.2	1.4	2.3	7.5	5.4	1.8	30.8
1931	7.6	0.3	12.6	10.6	2.0	6.0	4.4	3.2	4.5	1.8	2.3	8.0	6.2	3.1	27.4
1936	1.5	0.2	3.8	4.1	0.5	2.2	1.8	4.1	4.2	4.1	5.6	10.8	13.2	6.4	37.5

资料来源：郑友揆，《1840—1948中国的对外贸易和工业发展》，第41页

从表12－5中可见，包括液体燃料、交通器材、化学染料及颜料、钢铁及其他金属品及机械在内的生产资料进口，1928年仅占进口总额的17.4%，到1936年激增至40.1%。其中，增长最显著的是液体燃料（汽油），1925年进口额近882.4万加仑，1936年激增至4 551加仑。大量生产资料特别是机械设备及重化工业品的进口，一方面反

① 上海社会科学院经济研究所编，《上海对外贸易》，上海社会科学院出版社，1989年1版，第195页。
② 樊卫国“近代上海的市场特点与口岸经济的形成”，《上海社会科学院学术季刊》，1994年，第2期。

映了中国基础工业的幼弱，另一方面，表明中国的工业化有所发展，大规模的经济建设起步。尽管这一时期初级产品进口显著增加，但工业制成品仍在进口构成中占主导地位，即中国依然是西方列强工业品的销售市场。

（二）出口商品构成

这一时期，由于国际市场需求的变化及日本对中国东北的占领，中国出口商品结构发生了剧烈变化。

如前所述，第一次世界大战前，大宗传统出口商品——丝和茶叶尚占出口总额的33.7%。战后，由于日本生丝出口的增加及合成纤维的发展，中国生丝在国际市场上的地位逐渐下降，价格也不断跌落，到1930年，中国丝在纽约的价格比1923年下降了67%，①但出口量尚不断增长。由于中国育蚕缫丝技术因循守旧，日丝在国际市场上的份额日趋增加，其出口逐渐超过中国而居世界第一。1930年，尽管中国生丝产量的70%供应给国际市场，出口量为151 429担，但也仅相当于日丝出口量的1/4。此后，受世界经济危机的影响，世界生丝市场严重萎缩，日丝与中国丝竞争更加激烈。中国生丝出口的绝对量日益下降，1934年生丝出口量仅有1929年的17.36%。到1936年，丝及丝织品仅占进口贸易的7.8%。中国茶叶出口在1920年降至最低点，此后有所回升，从1930开始受西方贸易保护主义制约，出口量及出口值均大幅度下降，其在中国出口贸易中所占的份额也只有4%左右。到抗战前，丝茶两项在出口商品构成中，合计不过12.1%。

20世纪20年代后期，东北的大豆和豆饼在出口贸易中的地位逐渐上升，到1931年成为中国最大宗的出口商品，占出口总额的比重高达21.4%。“九一八事变”后，东北地区的对外贸易不再列入中国对外贸易统计，豆类在中国出口贸易中的地位下降，到1936年所占比重仅有1.3%。与此同时，籽仁、桐油及植物油在出口中的地位上升，1932年成为中国首要的出口商品。1936年，它们占出口贸易总额达18.7%，其中桐油占10.4%，居出口商品的第一位。②

此外，蛋及蛋制品、皮革皮货及战略性矿产品（锡、锑、钨等）在出口贸易中也占据重要地位。到1936年，它们所占比重分别为5.9%、5.7%和7.7%。其中，矿产品成为居桐油、生丝之后，列第三位的商品。

这一时期，除上述发挥中国资源优势的出口商品外，利用中国廉价劳动力的来料加工贸易也有一定发展。早在1910年，专营草帽贸易的法国永兴洋行即带数名宁波女工前往菲律宾学习草帽编织工艺。从1917年开始，永兴洋行便进口金丝草和麻草，利用浙东一带廉价劳动力，制成金丝帽和麻帽出口，在欧美市场非常畅销，规模迅速扩大。到1928年，经由上海口岸出口的金丝帽和麻帽，总计达11.34万打，总价值88.01万海关两。由于该类商品出口利润丰厚，在华洋行纷纷涉足。到1930年，上海经营草帽出口的有法、美、德、瑞士、英、日、葡等国的洋行20余

① 费正清编：《剑桥中华民国史》下册，第298页，中国社会科学出版社，1985年。

② 桐油系中国特有产品，自油桐果实中榨取，有毒。用于制造油漆、油墨、油布等防水、防腐材料。

家，贸易规模也颇为可观。该年，上海港出口金丝帽和麻帽增至 37.59 万打，价值 535 万海关两。不过，中国出口的金丝帽和麻帽仅是一种手工半制成品，即粗加工的初级产品，因而售价低廉。如中国加工的一打金丝帽的出口价格仅 5.93 美元，平均每顶 0.49 美元。而在国外经精加工后，高档的金丝帽每顶最高售价可达 50 美元。[①]可见，中国在国际分工中处于不利地位，因而在国际流通中获取的比较利益也就极其有限。

近代棉纺织业的发展、出口税的降低及出口退税等鼓励出口政策的实施，促进了中国工业制成品的出口。1928 年，上海棉纱出口量为 11.36 万担，1931 年增至 39.98 万担，1933 年进一步增加到 48.93 万担。20 世纪 20 年代，上海面粉出口最高纪录为 18 万担，1932 年增至 41.7 万担。1933 年更高达 65.7 万担。此后，受世界经济危机的影响，中国工业及手工制成品出口又出现了明显的回落。各类商品在出口贸易中的比重，参见表 12－6。

表 12－6　　中国出口商品构成　　（百分比）

年份	丝及丝制品	茶叶	豆类及豆饼	籽仁及植物油	蛋及蛋制品	皮革及皮货	矿砂及金属	煤炭	棉纱及棉织品	棉花	其他
1928	18.4	3.7	20.5	5.8	4.4	5.4	2.1	2.9	3.8	3.4	29.6
1931	13.3	3.6	21.4	8.4	4.1	4.1	1.6	3.0	4.9	2.9	32.7
1936	7.8	4.3	1.3	18.7	5.9	5.7	7.7	1.6	3.0	4.0	40.0

资料来源：《1840—1948 中国的对外贸易和工业发展》，第 43－44 页

从表 12－6 中可见，中国出口商品依然主要是初级产品。其中，农产品出口呈现下降趋势。据统计，1934 年，生丝出口量只有 1929 年的 17.36%。农产品出口的减少，不但对中国的国际收支造成不利影响，而且严重削弱了农民购买力，使中国工业品的市场萎缩，民族工业发展更加困难。工业制成品出口开始有所增加，但也主要是粗加工产品，且其中不少还是在华外资企业的产品。

总体而言，这一时期，中国进出口商品构成虽未发生根本性的变化，但各类商品的相对比重出现了不同程度的升降。进口商品虽仍以消费资料为主，但生产资料所占比重上升，消费资料比重下降。出口商品构成中，仍以原料性初级产品为主，即中国仍然是西方工业国的原料产地。工业制成品在出口中，所占比重有所上升，但其中真正意义上的大工业品只有棉纱一项，且主要为在华日资纱厂的产品，其出口的增长不反映中国工业化的程度。

① 上海社会科学院经济研究所编，《上海对外贸易》，上海社会科学院出版社，1989 年版，第 307－310 页。

第四节　对外贸易国别地区的变动

世界经济危机的爆发，一方面使列强加强了对包括中国在内的落后国家和地区的市场争夺；另一方面，原有的世界经济平衡格局被打破，各国势力的此消彼长决定着其在中国对外贸易中的地位。在中国对外贸易统计中，1931 年前后，各国在中国对外贸易中所占份额变化较大。1931 年前，日本在中国对外贸易中占第一位，美国占第二位，早年居于垄断优势的英国退居第三位。“九一八事变”后，日本占领中国东北。此后，占中国对外贸易 1/3 的东北地区不再列入中国对外贸易统计之中。1932 年，美国在中国对外贸易中跃居第一位，日本退居第二位，英国仍占第三位。与此同时，德国在中国对外贸易中的地位迅速上升，从而打破了长期以来英日美三国控制中国对外贸易的局面。20 世纪 20 年代以前，英日美三国合占中国对外贸易 80%以上的份额。此后，由于德国的竞争，英日美三国所占比重逐步下降，到 1931 年，三国（包括自香港地区转口）占中国进出口贸易的比重分别降至 65.8%和 64%，1936 年进一步下降到 49.5%和 65.2%。中国的对外贸易成为主要与日、美、英、德四国的贸易。

一、日本

事实上，这一时期，在中国对外贸易中居于绝对优势地位的始终是日本。1931 年，日本在中国进出口贸易中所占比重分别为 20.4%和 29.1%，到 1935 年下降到 15.1%和 14.2%。但这一统计中，既不包括东北地区的对外贸易，也不包括日本对华大规模的走私贸易。实际上，日本占领中国东北后，东北地区的对外贸易几乎为其所垄断。1931 年前，日本占东北进口贸易的 55%～65%，出口贸易的 35%～60%。到 1936 年，东北地区进口贸易额为 64 400 万元。其中，来自日本的即达 53 500 万元，占总额的 83%。东北地区出口贸易的 59%是与日本的贸易。

此外，由于中国恢复关税自主权后，进口税率不断提高，使走私贸易有了暴利可图。于是，日本以其占领的中国东北为基地开展大规模的对华走私活动。对华北走私不仅是日本对中国经济的侵害，而且是其力图将华北“隶属于帝国势力之下”的政治手段。日本以武力干扰中国海关的缉私工作，庇护日商的走私活动。特别是在 1935 年以后，日本迫使中国海关人员退出长城各关，中国门户洞开，日人对华走私更加猖獗。据海关总税务署档案记载：“日、韩私贩竟在山海关地方往来如织，大肆活动，或公然违反中国政府禁令，私运银元出境；后明目张胆，私将应税洋货络绎运入，靡不为所欲为，肆无忌惮。嗣且将私运范围竭力扩大，几视作正业经营。”[①]走私商品种类繁多，规模大的有人造丝、砂糖、卷烟纸、军火、煤油、纺织品、颜料、铁丝、自行车零件、橡胶制品、电池、水果等。走私规模巨大，据估计，1936 年，

① 中国第二历史档案馆藏，海关总税务司署档案六七九，卷 229。

日本对华北走私规模高达2亿元。[①]大规模的走私活动一方面使中国关税收入遭受严重损失，危及中国的财政基础。据估计，受此影响，国民政府关税收入占财政总收入的比重，从1932年的59.8%下降到1935年的47.3%，1936年进一步跌至33.3%。另一方面，走私货物充斥市场对中国民族工业造成沉重打击。如上海的橡胶业，原来产品畅销全国，受日本对华走私的影响，现“只能销至江浙及长江一带，其他各地均为日货侵据，故而维持者甚多”。[②]造纸业也有类似情形。“沪上纸商俱感走私货夺其销路之苦，存货一时无法脱手。如果走私无法阻止，正当纸商势将无法营业。”“上海机器造纸工业各厂产品均系通过纸商外销的，纸商业营业不振，各厂自亦受到不利影响。”[③]

二、美国

第一次世界大战后，美国经济实力大增，在中国对外贸易中的份额迅速增大。1931年前，美国在中国对外贸易中已占据重要地位。“九一八事变”后，美国与中国国民政府的关系日益密切，美国在华势力随之得到进一步增强。同时，处于经济萧条中的美国，竭力向中国倾销其过剩的物资。美国通过向国民政府提供贷款等手段大肆推销其农产品。如1931年以赈济中国水灾为名的“救灾美麦借款”，中国自美借款921.2万美元，用于购买美国小麦45万吨。1933年的“棉麦大借款”，美国提供给中国1 710万美元的贷款，规定其中80%用于购买美国棉花，其余20%购买美国小麦与面粉。这样，美国大量过剩农产品被倾销到中国市场。与此同时，大量适应美国工业发展需要的中国重要农矿产品被运往美国。中美贸易发展迅速，美国一跃成为中国最大的贸易伙伴。1931年，美国在中国进口贸易中的比重超过日本，达到22.7%。到1934年，美国在中国出口贸易中的比重达17.6%，也超过了日本。到1935年，美国占中国进出口贸易的比重分别达18.9%和23.7%，1936年进一步上升至19.6%和26.4%。在中国对外贸易集中的华中地区，美国始终占有绝对优势，因而使美国得以在20世纪30年代长期维持其在中国对外贸易中第一位的地位。中国自美国进口的商品主要是生活消费品，如煤油、纸张、木材、汽油、烟草、粮食等，也有一部分生产资料的进口，主要是棉花、各种机器、车辆、五金制品等。中国对美出口的商品均为农矿类初级产品。其中，最大宗的是桐油，其次为植物油、金属矿石、生丝、猪鬃、兽皮、肠衣、蛋及蛋制品等。1931—1936年，大宗商品自美进口或对美出口，绝大部分占中国该类商品进出口的50%以上。如棉麦进口占中国棉麦进口的50%～70%，煤油占50%，烟草占95%以上，马口铁占50%，摄影器材占50%。中国猪鬃、桐油对美出口占此两项商品出口的40%～60%，蛋及蛋制品占60%。

除对中国关内贸易外，美国还利用其优势商品开展对日本占领下的中国东北地区

① 姚贤镐，《1934—1937年日本对华北走私政策》，《社会科学杂志》，1948年第1期。

② 中国社会科学院经济研究所编，《上海民族橡胶工业》，中华书局，1979年版，第34－35页。

③ 上海社会科学院经济研究所编，《中国近代造纸工业史》，上海社会科学院出版社，1989年版，第137－139页。

的贸易。美国出口到东北地区的商品主要是汽油、煤油、铜及棉花等，分别占东北同类商品进口额的 41.7%、52.6%、24.2%和 15.7%。

三、英国

这一时期，英国在中国对外贸易中的传统优势逐渐丧失。到 1930 年，整个英帝国占中国对外贸易份额的 33.84%。其中，英国本土仅占 7.69%。被英国占领的中国香港地区作为英国对华贸易的基地，其与内地的贸易规模连续下降，1930 年所占比重仅 16.93%，且其产品的来源和去向已不限于英国，日美等国已经占有较大比重。在中国各地区贸易中，英国仅在华南尚保持独霸的地位，在北方各地势力受到其他列强的排挤。中国自英国进口的商品主要是棉纺制品、呢绒、金属制品、机械和化工产品。这些产品在中国市场上遇到中国本土产品及来自其他国家同类产品的激烈竞争。在上述领域，英国产品既无绝对优势也缺乏比较优势，在竞争中不断失败，其在中国的市场份额不得不日益让位于其他国家。

四、德国

20 世纪 20 年代以前，中德贸易规模尚微乎其微，到 1919 年，德国在中国进出口贸易中所占比重不到 0.05%。但从 20 世纪 20 年代后期开始，由于中国积极开展经济建设、不断的国内战争及抵御日本侵华战争对机器设备和军工设备及军火等商品的需要增加，德国的重工业品及军工产品得以在中国获得广阔市场。德国通过向中国派出军事顾问、对华提供政府贷款等方式，迅速扩大了其对华贸易规模，中德贸易迅速发展。到 1935 年，德国对华贸易的进出口规模仅次于英国，居第四位。其中，对华出口已超过英国，占中国进口贸易的比重达 11.2%，(英国为 10.6%)。1936 年，德国对华进出口总额便一举超过英国，达到 18 941.2 万元，跃升为中国第三大贸易伙伴。其中，中国自德国进口占进口总额的 15.7%。[①]德国对华出口商品主要是科学仪器、铁路器材、机器设备、钢铁制品、化学品及各种军工产品等。中国对德国出口的商品主要是农牧矿产品，如花生、猪鬃、兽皮、金属矿石等。

五、东南亚、南亚

随着轻工业的发展，中国价格低廉的日用品在经济落后的东南亚、南亚等地获得了一定的市场。特别是经由华侨推销，中国制造的棉布、丝织品、面粉、纸烟、味精粉、棉毯线毯、橡皮靴鞋、水泥、搪瓷器、肥皂、火柴、玩具、游戏品等，纷纷输往东南亚及南亚各国。[②]由此，印度、泰国、菲律宾、印度尼西亚、新加坡等在中国对外贸易中的地位上升较快。到 1935 年，其合占中国进口贸易的 21.3%，出口贸易的 9.1%。

---

① 郑友揆，《1840—1948 中国的对外贸易和工业发展》，第 60 页。

② 马寅初著，徐汤莘，朱正直编选，《马寅初选集》，天津人民出版社，1988 年版，第 171 页。

复习思考题

1. 何谓易货偿债贸易？
2. 国定关税制度的效应如何？
3. 抗战前，国民政府采取了哪些促进出口贸易发展的政策措施？
4. 抗战前，中国进出口商品结构有何变化？

第十三章 全面抗战时期中国的对外贸易

学习要点与要求

本章分别分析了抗战全面爆发时期（1937—1945）国统区及日本占领区的对外贸易发展状况。通过学习，学生应领会抗日战争对中国对外贸易发展的影响，了解国统区和沦陷区对外贸易发展的规模及进出口商品构成，掌握这一时期国统区对外经贸政策的变化。

自1840年以来，西方列强为寻求海外市场、工业生产的原料及适宜的投资场所，迫使中国逐步对外开放，中国一系列近代化的经济制度逐步建立。列强为争取各自的最大利益在华展开激烈竞争，各国势力的此消彼长逐渐在中国形成一种政治、经济的均衡状态。中国的近代经济及对外贸易在西方各国的控制下，在政府不完全的鼓励政策下，缓慢向前发展。

1937年“七七事变”后，日本发动全面侵华战争，中国华北、华东、华中和华南等地区相继沦陷。抗日战争期间，除国民党控制的中国西南、西北、华中、华南部分地区外，其他地区均沦为日本的殖民地。日本对华狂轰滥炸的同时，又对华展开疯狂的经济掠夺，中国的国民财富几乎丧失殆尽。1840年以来，中国被迫开始的近代化进程被中断，半封建半殖民地的中国“又变成了一个殖民地、半殖民地和半封建的社会”。[①]中国政治、经济再次遭到割裂，中国的对外贸易也被分割为沦陷区的殖民地贸易和国统区的半殖民地贸易。中国的抗日战争是第二次世界大战的组成部分，此间，世界主要国家均处于战争状态，经济发展尤其是国际贸易发展的正常环境不复存在，国际贸易规模大幅度缩减，各国经济转入战时状态，对外贸易成为战时经济的一部分。与之相应，中国的对外贸易也被纳入战时经济体系之中。

第一节 国统区的对外贸易

“七七事变”后，国民政府退守西南，所控制的区域狭小且经济落后，开展对外

① 毛泽东，《中国革命和中国共产党》，《毛泽东选集》卷2，人民出版社，1969年版，第589页。

贸易的物质基础极其薄弱。同时，要应付抗战之需，对外贸易被纳入战时经济轨道，进而随着战局的发展而变化。

一、国统区的经济概况及对外贸易环境的恶化

1937年7月7日，日本发动“卢沟桥事变”，拉开日本全面侵华的序幕。国民政府认识到抗日战争是一场持久战，提出“欲图持久制胜，势非控制资源，管理贸易，不足以巩固财政金融之基础而供应长期抗战之需要”。[①]1938年4月，国民政府颁布《抗战建国纲领》，提出“经济建设要以军事为中心，同时注意改善人民生活，……奖励海内外人民投资，扩大战时生产”。6月，国民政府经济部公布《抗战建国经济建设实施方案》，从农业、工矿业、交通、金融、贸易、财政等方面对《纲领》进行了具体化。自此，和平时期经济逐步转向战时经济。为集中财力、物力应付战争的需要，国民政府进一步加强了对经济的国家垄断，建立起战时统制经济体制。1938年10月，国民政府颁布《非常时期农矿工商管理条例》，规定：战时必需之工矿业、制造军用品之工业和电气工业，收归政府办理或由政府投资合办；其他生活日用必需品，经济部可直接经营。资委会据此开展经济活动，投资兴办了大量基础工业、重工业的国营工厂。到1945年，资委会直接投资并控制的企业达63家，比1938年的40家增加了57.5%。除资委会外，国民政府的军事、交通、粮食、银行、财政等部门也直接经营了大量企业。到1944年，官营工矿业占新式工矿业资本总额的50.5%，比1936年提高了35个百分点。这些企业对支持抗战、稳定经济发挥了重要作用。同时，国民政府还颁布《非常时期工业奖励暂行条例》《经济部小型工业贷款暂行办法》等，鼓励民间资本投资工矿业。与此同时，鉴于鸦片战争以来，中国近代产业主要分布在东南沿海地区，内地近代工厂数目稀少的状况，为建立长期抗战的工业基础，亦为避免沿海工业落入日本人手中，国民政府制定了鼓励沿海工厂内迁的政策。到1940年底，内迁工矿企业达448家。在政府的协助下，内迁企业在西南地区陆续恢复生产，对国统区经济的发展和抗战发挥了重要作用；同时，也开始改变中国工业不合理的布局。

在洋货进口减少、外资企业撤资或关闭的背景下，民族经济发展获得一个相对受保护的环境，故抗战初期民族工矿业发展较为迅速。1938—1942年，民营工业产值年均增长11.4%。1943年后，随着国统区恶性通货膨胀的发生，国统区工业逐渐衰退。

在农业方面，抗战爆发后，国民政府针对农业严重受损的状况，提出“以农立国，以工建国”的方针，采取了一系列措施促进农业生产。如增加发放农业贷款，改良和推广农业新技术，兴修水利、扩大灌溉面积等。这些措施发挥了一定的效力，使国统区农业生产得到较普遍的发展，农作物产量增加，一些产品在满足人民生活的同时，还为出口贸易提供了货源。

抗战前，作为经济命脉的中国交通运输业发展极不均衡。中国的铁路、公路主要分布在东部及中部各省，西部的交通状况极其落后。抗战爆发后，“为使战时首都与

① 第二历史档案馆藏，《财政部档案》，“贸易委员会概况”。

各战场所在之各省交通便利"，"得一国际路线与国外沟通起见"，"使国外军械弹药必需物资源源输入，供应作战之需要"，"使国内剩余物资大量输出，争取外汇"，[①]国民政府加紧在西南修筑铁路及公路。此外，还开辟了一些新的水运和空运航线，使国统区各地间的联系得到加强，尤其是在日本封锁海上运输后，中外经济联系得到一定程度的维持，为获得抗战物资创造了条件。

为将中国彻底变为其殖民地，日本采用各种手段对国统区实行经济封锁。作为工业及对外贸易中心的沿海各港口的沦陷，使中国的工业生产和对外贸易无法正常开展，国民政府财政收入锐减。与此同时，战争使财政开支大增。财政的入不敷出，致使国民政府不得不采取向国家银行借款以弥补财政赤字的做法。为此，国家银行不断增发货币，新增货币成为一种变相的税收——铸币税。1940 年以前，由于粮食丰收，物价较为稳定，通货膨胀较为温和，"铸币税"政策取得一定成效。但 1940 年以后，因战争的持续和自然灾害导致的粮食歉收，社会普遍预期到物价将会上涨，进而加剧了通货膨胀。1940 年，物价指数为战前的 570%，1941 年陡升至 1 580%。为此，国民政府先后采取了一系列措施以抑制通货膨胀的发展。这些措施虽然取得了一些效果，但未能从根本上扭转通胀的态势。到 1945 年 6 月底，国统区物价为战前的 1 181.9 倍。恶性通货膨胀严重危害了国统区的经济，许多资金拥有者不再投资实业，而较多地转向囤积居奇，进行商品投机。其结果一方面加剧了社会经济秩序的混乱；另一方面，使得民营工业停滞不前，进而导致国统区经济的畸形发展。

二、国统区的对外经贸政策

国民政府在抗战时期实施了战时对外贸易统制政策，涉及进出口管理、外汇管理、外债等对外经贸的各领域。

（一）战时对外贸易统制政策

统制经济系指国家依靠政权的力量，通过行政和法律等手段，直接管理或控制国民经济的各个部门和各个环节，即加强国家对经济的垄断。对外贸易统制，即国家以行政及法律手段对进出口活动实行严格的控制与管理。

1. 战时对外贸易统制政策的形成

任何大规模的对外战争都需要集中一国的人力、物力和财力，因而战时经济都带有程度不同的国家统制色彩。列宁在阐述第一次世界大战期间西方国家垄断资本主义发展时曾指出："战争……大大加速了资本主义的发展，把垄断资本主义变成国家垄断资本主义。"[②]经济危机背景下诞生的凯恩斯主义，为世界各国政府对经济的干预提供了理论依据。第二次世界大战爆发后，参战各国纷纷采取对经济的统制政策。

1840 年以来，中国的对外贸易长期为外国人控制，中国商人只能开展与洋行的贸易，致使国内产业与国际市场缺乏直接联系，加之中国产业结构落后，导致了中国

① 陆仰渊等，《民国社会经济史》，中国经济出版社，1991 年版，第 610－617 页。

②《列宁全集》卷 13，人民教育出版社，1959 年版，第 408 页。

对外贸易的长期巨额逆差，国际收支状况严重恶化，对民族经济的发展造成极其不利的影响。抗战前，不少有识之士就已认识到，要改变这一局面仅仅靠民间力量是不够的，政府必须发挥应有的强制性作用。1933 年 2 月，实业部部长陈公博向国民党中央政治会议递交了一份提案，提出“以我漫无组织之商人，其贸易前途无利，于我国是显而易见的”，应由政府统制对外贸易。[①]1934 年 12 月，国民党召开四届五中全会，蔡元培等人向大会提交《请由政府厉行保护政策，扶助国内产业之发展，并于对外贸易实行管理，以期减少入超案》，建议实行对外贸易统制。饱受洋行盘剥的民间商人也强烈要求政府对对外贸易加强控制。1935 年，上海总商会向政府呈文，提出：“挽救危机，非由国家力量，谋图国际贸易之均衡，殆无其他适当办法。”1936 年，汉口茶商吁请政府，建议设立全国茶叶统销局，对外直接经销，不受外商操纵。[②]由此可见，抗战前，在民族危机面前，要求政府统制对外贸易的呼声已经颇为强烈。

1937 年 9 月，国民政府财政部提出《增进生产，调整贸易办法大纲》。随即，在军事委员会下，分别设立“工矿调整委员会”“农产调整委员会”，10 月设立“贸易调整委员会”，对工矿业、农业、商业实施全面的经济统制。1937 年 10 月，国防最高会议制定《总动员计划大纲》，明确规定对外贸易要实行国家统制。利用有限的渠道，出口盟国需要的中国农矿产品等战略物资，进口中国急需的军用及民用物资。此后，随着相关方案与细则的出台，形成了战时对外贸易统制体系。

2. 战时对外贸易统制政策的基本内容

抗战时期，国民政府对外贸易统制政策主要包括三项内容。

（1）设立对外贸易统制机构，垄断主要农副矿产品的出口

国民政府设立贸易委员会和资委会两大机构，分类负责实施对外贸易统制。

1937 年 10 月，贸易调整委员会成立后，国民政府考虑到对外贸易与外汇、对外借款协定履行等的密切关系，遂于 1938 年 2 月将其改属财政部领导，并更名为贸易委员会（简称“贸委会”），同时，将实业部下属的国际贸易局并入。贸委会成为抗战时期管理对外贸易的最高行政及经营管理机构，下设总务、财务、进口贸易、出口贸易、技术、外汇和储备等 7 个处。主要职能如下。

第一，创办国营对外贸易公司，经营主要农副产品的购销及进口军需物资。

贸委会成立后，除负责对外贸易的行政管理外，还创办公司直接从事进出口贸易活动。所设富华、复兴、世界贸易和中国茶叶四家公司分别经营不同产品的对外贸易。

1938 年，贸委会首先创办了富华公司，对国统区的猪鬃、羊毛、生丝等土特产品实行统购统销。总公司下设 9 个分公司及 30 多个办事处。此外，还有运输处、加工厂等多家附属单位。1942 年，富华公司并入复兴公司。

1939 年 2 月，中国与美国签订桐油抵押贷款合同。合同规定，中美于纽约合组世界贸易公司专门负责经营中美贸易，美国出口银行向中国提供 2 500 万美元的抵押

① 第二历史档案馆藏，《行政院档案》二，3102。

② 虞宝棠，《国民政府与民国经济》，华东师范大学出版社，1998 年版，第 299 页。

贷款，以中国桐油来偿还。7 月，国民政府决定桐油由贸委会统销，为此成立复兴公司作为桐油的专营公司，与世界贸易公司共同负责合同的履行。合同同时规定，5 年内，按每吨 440 美元计，中国向美国出口桐油 22 万吨，所得 9 680 万美元的 50%用于偿还贷款，其余由世界贸易公司采购美国货物，交由复兴公司在中国销售。到 1942 年，上述贷款全部清偿。复兴公司作为经销桐油的专业公司，在云南、贵州、广西、湖南、江西、浙江、江苏、安徽、河南、陕西等地均设有分公司，且在桐油主产区及集中的市场设有办事处，按照全国统一价格，统一收购，统一对外出口。1942 年，富华公司并入复兴公司后，业务范围进一步扩大，除桐油外，又加上富华公司原来经营的猪鬃、羊毛、生丝及皮革等土特产品。

1937 年 3 月，由实业部联合浙、闽、皖、赣、湘、鄂等茶叶主产区的省政府，与上海、汉口、福州等地的茶商，共同出资组建官商合资的中国茶叶公司。1939 年 5 月，财政部颁布《管理全国茶叶出口贸易大纲》，规定由贸委会统制全国茶叶出口。1940 年，国民政府命令中国茶叶公司改组为国营公司，由贸委会负责统一管理。中国茶叶公司成为茶叶购销贸易的垄断企业，所收购茶叶的 56.5%用于易货偿债。中茶公司下设 107 个分公司及多家茶叶种植场和加工工厂，垄断了中国茶叶购销和出口。1945 年 4 月，中茶公司并入复兴公司。

贸委会及其下属的公司，利用政府授予的特权，垄断了抗战时期中国主要农副产品的出口贸易。与此同时，贸委会利用出口所得外汇购进了抗战急需的大量军需物资。如 1939 年，贸委会向美国佛尔蒂公司订购了 100 万美元的轰炸机及附件。该年，贸委会购进的美国军火价值达 506 多万美元，有力地支持了抗战。

第二，协助私营商人开展出口贸易。

这一时期，对于政府统制以外的货物，国民政府允许私商继续经营。但抗战爆发后，沿海口岸受阻，外商观望，停止收购土货，一般商人资本薄弱，无力承运外销，导致大量商品积压，出口贸易陷于停滞状态，商人纷纷请求政府扶助。贸委会成立初期，即对资金困难的商人给以垫款，或介绍中央、中国、中国农民、交通银行押汇贷款，或由该会代办运销出口。1938 年 2 月，贸委会除继续为私营出口商人融通资金外，还对出口商品的生产及运销予以技术指导。1938 年 6 月，财政部颁布《减轻出口成本，促进土货外销》和《调整土货市价、维持国内生产》两个法令。前一个法令主要规定了商人贩运商品出口，在保险、结汇及出口税等方面享有的优惠性待遇。后一个法令则规定，凡出口货物成本低于国际市场价格者，贸委会依据国内市场价格，制定该项货物产地及其集散市场收购价格，中外商人均可依此价格进行收购。当出口商品成本高于国际市场价格时，贸委会根据该货物的生产成本制定产地和集散地的收购价格。若因价格过高，商人不愿购买，则由贸委会依照市价，尽量收购，由此造成的亏损由国家承担。

这些措施固然给政府带来了财政负担，造成通货膨胀的压力，但在非常时期，此举毕竟有利于维持出口商品的生产，增加国家的外汇收入，有助于满足抗战需要和稳定国统区经济。

1938 年 10 月，随着广州沦陷，沿海通商口岸尽失，对外贸易只能依靠西北、西南陆路，但这些道路运力有限且安全难以保证。为此，贸委会想方设法协助商人运输货物。在西南线，贸委会除依靠自身的运输系统协助商人运货外，还与驼运管理局协定驼运，并在各省运输中心建立转运站，以供车辆和驼运中转歇息。在西北线，由于汽车数量不足，贸委会便使用胶皮大车，并与当地驼运订立转运合同。在贸委会的协助下，大量商品得以抢运出口，减少了商人的损失，也为国家赚取了外汇。当然，在对外贸易统制政策实施的后期，也产生了诸多弊端。如对农副产品的收购价格过低，或收购价格上涨的速度落后于物价上涨的速度，致使一些商品收购价低于市价甚至低于成本，打击了生产者的积极性。如 1940 年，重庆猪鬃每吨成本为 3.34 万元，而收购价仅 2.17 万元。1943 年，广西桐油每吨成本达 2 357 元，收购价只有 1 680 元。①此外，贸委会在收购中还存在打白条、拖欠货款等现象，严重损害了农民利益和农村经济的发展。

第三，抢购战区出口物资。

随着战争的发展，沦陷区面积不断扩大。为保护国家资产，防止资敌，贸委会组织汽车、船筏、挑夫等，千方百计抢购战区物资运输出口。1939 年 2 月，浙江宁波、温州等地积存了 1 亿元以上的出口货物，急需外运。贸委会获悉后，令其浙江办事处设法抢购，避免了这批物资落入敌手。后贸委会又与浙江省政府订立收购战区茶、茧等物品的合同，由贸委会拨款抢购内运。1940 年，贸委会除其所属分公司直接收购战区物资外，还委托各战区经济委员会，通过各地行商收购当地物资。贸委会抢购的物资，一部分用于易货偿债贸易，还有一部分用于一般性外销出口。

战区出口物资的抢购，一方面减少了中国经济的损失，另一方面有助于对外偿债合同的履行，维护了国家的对外信誉，加强了中国与盟国间的合作。一般贸易出口增加了外汇收入，有利于抗战物资的进口。

此外，贸委会还负有对出口收汇的管理、对物资供求的调节等职能。

战前设立的资委会除继续充当重工业建设的领导机关外，到 1938 年，又兼任了重工业的经营实体：一方面主持创办工业（尤其是重工业）企业，另一方面负责对重要矿产品生产、运输、销售的管理。其中，对用于易货偿债的战略性矿产品继续实行统制。这一工作成为抗战时期资委会活动的核心内容。据资料记载："抗战之资源委员会，中心工作有二：一为工厂、电业之建设经营；一为出口矿产之易货偿债。（甲）出口矿业之易货偿债，出口矿产，指钨、锑、锡、汞、铋、钼而言。中日战起，政府先后向苏、美盟邦，借有巨额外债，规定以农、矿产品偿债易货。本会 25 年开始管理之钨、锑，及 28 年加入管理之锡、汞，皆为偿债易货之主要物资，逐年输交苏、美两国。产品方面有钨、锑、锡、汞 4 管理处及其分处，即云南出口矿产品运销处，分别自产并收购赣、湘、粤、桂、黔、滇之矿产品；运输方面有运务处及其段站；交

① 姜铎，《略论抗战时期国民党经济的作用》，《江海学刊》，1988 年第 1 期。

货方面有国外贸易事务所及各交货地点之分机构；——办理产购运交事宜。”[①]统制的矿产品种类由战前的钨、锑，扩大到锡、汞、铋及钼等。为增加货源开展易货偿债贸易，资委会不仅控制矿砂的收购运销，还直接对生产进行管理。为此，资委会积极从国外引进先进机器设备，基本改变了过去中国矿产土法开采的局面。技术水平的提高，大大增强了中国矿产品的开采能力，改善了产品质量，经济效益随之提高，对抗战提供了有力的支持。

（2）开展易货偿债贸易

如前所述，早在抗战前，国民政府就已经开展了易货偿债贸易。抗战爆发后，国民政府为弥补财政不足及购买战时紧缺物资，即通过各种渠道寻求国际援助，苏美英德等国相继向中国提供了信用贷款，主要用于购买军事物资及其他国统区极度短缺的工业品，规定以中国重要农副矿产品来偿还。为此，国民政府令贸委会制订偿债方案，贸委会下属公司开展的对外贸易活动即是与上述国家间的易货偿债贸易。

抗战爆发后，中国获得的第一笔贷款来自苏联。1938 年 3 月，国民政府与苏联在莫斯科签订《中苏第一次易货借款合同》，苏联向中国提供 5 000 万美元的政府信用贷款。此后，苏联又于同年 7 月和次年 6 月向中国提供了更大数目的贷款，总额累计达 2.5 亿美元。这些贷款主要用于中国购买苏联的军用物资及工业品，规定以中国的钨、锑、锡、锌、汞、皮革、桐油、丝绸、茶叶等战略性矿产品及农产品偿还。苏联向中国提供的贷款具有经济援助性质，不要抵押品，年息仅 3 厘，军火定价低于国际市场价格。在抗战初期，敌强我弱、缺少外援的情况下，苏联向中国提供的条件优惠的贷款及物资援助，有力地支援了中国的抗日战争。当然，中国对日本的抗击也符合苏联的战略利益。同时，中国偿付的农矿产品也有利于苏联抵抗德国的入侵。

美国是世界桐油、猪鬃、钨、锑、锡等农矿产品的最大消费国，中国该类商品也主要输往美国。抗战前后，德苏两国通过易货偿债的方式获得大量中国重要的资源，引起美国的强烈反应。太平洋战争爆发前，美国也曾向国民政府提供政府贷款。1939 年 2 月，美国华盛顿进出口银行与国民政府签订“桐油借款合同”，规定美国在 1939 年 6 月 30 日前，向中国提供 2 500 万美元的信用贷款，中国必须用这笔贷款购买美国的农产品和工业品。同时，中国应在 5 年内，分期向美方交运 22 万吨桐油以支付贷款的本息。该合同的实施，一方面满足了美国桐油需求；另一方面，扩大了美国商品在中国的市场。正如该合同中声称的：“该合同之实施，将使美国消费者能以公允价格获得充分之桐油供给，同时可使美国商品在华销路维持发展，增进美国对外贸易，并裨益其国内经济。”[②]与此同时，随着欧洲战争的发展，世界大战已经不可避免，美国也开始大规模备战。1939 年 5 月，美国国会通过《储备重要军需原料法案》，规定自 1939 年 7 月 1 日起的 4 年内，每年以 2.5 亿美元购储 17 种军需原料。据此，美国于 1940 年 4 月与中国签订“华锡借款合同”，美国向中国提供 2 000 万美元的贷款，

① 陈真等，《中国近代工业史资料》第 3 辑，三联书店，1962 年版，第 840－841 页。

② 王铁崖编，《中外旧约章汇编》第 3 册，三联书店，1962 年版，第 1128 页。

用于购买美国的农产品及工业品，中国以锡运往美国销售的价款来偿还。1940 年 9 月，日本、德国、意大利在柏林签署军事同盟条约，三国结成法西斯同盟。为打击法西斯同盟，美国开始加强对中国的援助。1940 年 10 月，美国华盛顿进出口银行向中国提供了第三次借款。即“中美钨砂借款”。次年初，美国又向中国提供了第四笔借款。两次借款额合计 7 500 万美元。这些贷款同样要求用于购买美国货物和设备，以中国的钨、锑、锡等矿产品来偿还本息。

太平洋战争爆发后，美国参战，与中国的联盟关系进一步加强。1942 年 1 月，国民政府请美国提供 5 亿美元的贷款以支持中国的抗日战争。该议案获得美国参众两院的讨论通过，美国总统罗斯福致函蒋介石表示允诺。3 月，中美双方在华盛顿签署《美国财政援助借款协定》。据此，美国无条件地向中国提供了 5 亿美元的信用贷款，用于国民政府稳定货币金融制度、资助生产、供应军需等，以加强中国的抗战力量。由于日本的重重封锁，这笔贷款未能用于购买美国的货物而被用于财政、金融领域，支持了后方的生产。1942 年 6 月，根据美国的《租借法案》，中美两国又签订《中美租借协定》（又称《中美抵抗侵略互助协定》），规定美国以防卫用品、防卫兵力、防卫情报供给中国，中国直接以材料、劳务供应美国及在华美军。战争结束后，中国应将未损坏、消耗的租借物资返还美国。据此，美国向中国提供了大量军用物资，中国向美国偿付了相应的农矿产品等。

抗战期间，向国民政府提供贷款居第三位的是英国。太平洋战争前，英国提供的贷款仅有 804.7 万英镑，中国购买的商品除军火外，还有五金、钢铁制品、车辆、机器、化学品、矿物油、纺织品，以中国出口到英国的农矿产品所得货款来偿还。太平洋战争后，英国向中国又提供了 5 000 万英镑的贷款，不过大部分直到抗战结束尚未动用。此外，法国、捷克、比利时等与国民政府也开展有少量的易货偿债贸易。

易货偿债贸易的开展很大程度上满足了中国抗战物资的需求，有力地支援了中国的抗日战争。中国重要的农矿产品输出到美苏等国，也对世界反法西斯战争作出了贡献。同时，使政府对贸易的垄断程度大为提高。据统计，1938—1941 年，政府统制的出口商品占全部出口的 74.2%。

（3）实行外汇及商品管制

外汇及商品管制是国民政府战时对外贸易统制政策的重要组成部分。在整个抗战时期，随着经济形势的变化，外汇及商品管制的内容前后变动较大。

国民政府为实施对战时经济的统制，对与对外贸易及财政金融密切相关的外汇管制不断强化。

在出口结汇方面，国民政府除直接统制主要出口商品外，还要求私商把出口大宗商品所得外汇结售与国家银行。1938 年 4 月，颁布《出口贸易应结汇之种类及办法》，规定桐油、猪鬃、牛皮、茶叶、蛋品、矿砂、棉籽、羊皮、药材、羊毛、蚕丝、生丝、草帽、头发、苎麻、肠衣、棉花、花生、芝麻、烟草、木材、竹、杏仁、鸭毛、兽皮等共 25 种农副矿产品出口，必须办理结汇手续，方准出口。为鼓励出口贸易发展，财政部规定：出口商遭意外损失者，可减结外汇；出口商结汇时，因汇率波动造成的损失，政府给予补差。1939 年，应结汇商品种类缩减为 13 种，但同时规定，此 13 种商品必须经“特别许可”方准结汇出口。同年 7 月，又公布《出口货物结汇领取汇价差额办法》，规定桐油、猪鬃、茶叶、矿产品四种商品由政府垄断经营；其余出口商品均需按照法定价格，将出口所得外汇的 90%结售与中国银行或交通银行，但可领取法价与中、交两行外汇挂牌价格的差额。到 1940 年，为鼓励出口贸易的发展，又将上述办法加以修订，规定仅 14 种商品须结汇出口，结汇比例也由 90%降至 70%～80%。太平洋战争爆发后，国民政府于 1942 年 5 月颁布《战时管理进出口物品条例》，规定可以结汇出口的商品分为三类，共 21 种。其中，结汇出口商品 7 种，须经特许方准结汇出口的商品 7 种，须经专管机关特许方准结汇出口的商品 7 种。

在进口用汇方面，太平洋战争以前，国民政府虽退至西南，但为维系沦陷区的民心并照顾沿海通商口岸外商的利益，竭力维持沦陷区内法币与外汇的兑换，买卖外汇无限制。日本则在沦陷区利用其扶植的伪银行发行钞票取代法币，然后利用搜刮来的法币到上海大肆套取外汇。1938 年 3 月 12 日，为防止敌人套汇，国民政府颁布《购买外汇请核办法》，规定自 3 月 14 日起，停止无限制供给外汇，并停止中国银行、交通银行、中国农民银行三银行出售外汇业务，售汇业务只能由中央银行总行及其香港通讯处办理，购买外汇须经中央银行审核。自此，国民政府对外汇买卖实行全面管制，外汇不得自由交易，商人也不能随意获得进口所需外汇。同时，国民政府颁布《进口物品申请酌买外汇规则》，规定进口国内国防、民生所必需物品可向财政部申请购买外汇。

在进出口商品管制方面，为适应抗战需要，国民政府管制政策经历了一个从严格到放松的过程。

抗战爆发后，国民政府即加强对进出口贸易的统制，同时宣布断绝与日本的贸易关系。此后，随着沦陷区不断扩大，国统区经济日益困难，国民政府对商品进出口管制逐步放松。

在进口方面，国民政府对进口商品的管制初期较为严格。1938 年 1 月，颁布《国民经济绝交办法》，规定凡是 1937 年“八一三”以后购进的日货，一律没收充公，作为慰劳品和救济品。此后，再有进口日货或改充他国货物者，以通敌论罪。同年 10 月，又颁布《查禁敌货条例》，完全禁止从日本及其控制的地区进口一切商品，其他各地日资工厂生产的产品亦不准进口。1939 年 2 月，国民政府经济部颁发《皮货、大豆等 22 种物品作为查禁货物》令。然而，随着国统区面积的缩小，社会生产遭受打击日益严重，同时，对外贸易渠道受阻，国统区很多重要物资匮乏。为此，国民政府不得不放宽禁令。1939 年 6 月，财政部颁布《非常时期禁止进口物品办法》，规定五类共 168 种物品禁止进口。第一类是与抗战及民生无关的奢侈品，如洋烟洋酒、化妆品等；第二类是非战时必需品，国内有替代品者；第三类是进口额大、用汇多者，如木材、纸张等；第四类是国内可找到代用品者，如煤油；第五类是高档的棉制品。1940 年 9 月，被禁商品种类又有所减少。同时，鼓励汽油、棉制品、钢铁、化学品、交通设备等的进口。这些商品无论来自何处，均享受减免税的优惠待遇。太平洋战争爆发后，国内日用必需品严重短缺，物价飞涨。为克服经济困难，1942 年 5 月，国民政府财政部颁布《进出口物品条例》，进一步放宽了限制，规定主要限制奢侈品和半奢侈品进口，其他商品改用特别许可证制度加以控制。凡是有助于稳定物价、对抗战有利的商品，不问来源，一律鼓励进口，均可获得许可证。

在出口方面，抗战爆发后，国民政府颁布《禁运资敌物品条例》，完全禁止中国商品运往日本及德国。同时，对出口商品进行分类，共三类。第一类为紧急军需及必要物资，如钢铁、五金及其制品、棉花、粮食和食盐等，为保护资源，禁止出口。第二类为进行易货偿债贸易所需的重要矿产品及农副产品，由政府指定机构专营。1939年8月，国民政府经济部颁布《矿产品运输出口管理规则》，规定钨、锑、锡、汞、铋及钼六项产品由资源委员会统制，生产者必须按规定价格将其售与资委会或其委托机构。这些产品在国内运输时，也必须有资委会所发的证件。此外，还规定茶叶、羊毛、猪鬃、桐油、生丝等由贸委会统购统销，以满足与美英苏等国易货偿债贸易的需要。第三类为可自由贸易的商品，但规定出口后，必须向国家结售外汇。

此外，国民政府还利用关税制度调控进出口商品种类。为适应抗战的需要，国民政府在抗战初期即对进出口税则进行调整。如鼓励交通器材、机器、钢铁、药品等战时必需品进口，进口税收可以减免；生活必需品进口，减税1/3；对国内非急需的、可换取外汇的土特产品，如生丝、茶叶、皮革、草帽、桐油等免征出口税。为消除通货膨胀的影响，进口税和出口税分别于1943年1月和1944年1月，由从量税改为从价税。

3. 战时对外贸易统制政策的成效

在战时对外贸易统制政策下，贸委会及资委会在艰苦的环境中惨淡经营，竭力推进对外贸易的开展，以换购抗战所急需的物资，有力地支持了国民党军队抗击日寇的斗争。1940年，国民党军事委员会副委员长冯玉祥对贸委会工作的评价中称："抗战军队所用的一切军火机械、原料，除本国所能制造的一部分外，大部分系欧美友邦协助供给，而欧美友邦所以肯供给协助还不是因贸易委员会能用易货方式来偿还这笔战争利器的价款么？贸易委员会自'七七事变'开始，就担负了这个伟大的任务，输出的茶叶、桐油、猪鬃、羊毛等，都变成了飞机、大炮、炸弹，回到中国以供给前方军队浴血抗战，保卫国家……，如今得有如此成绩，不但在国际易货方面能如期偿付，而且又树立了一个相当良好的国营贸易基础，事业之足以令人称道殊无疑义。"①

不过，由于国民政府政治上的腐败，对外贸易统制机构中损公肥私、苛剥商民等弊端丛生，特别是战争后期，受通货膨胀的影响，为降低投资风险，统制物资收购价格过低，严重挫伤了农民、手工业者的生产积极性，致使外销货源减少，从而进一步削弱了后方经济基础。当然，问题的产生并非贸易统制政策本身的产物。总体而言，国民政府战时对外贸易统制政策，在特定的战争环境中，有力地促进了对外贸易的开展，增强了中国抵御日寇的力量。

① 高阳，《陈光甫外传》，台北南京出版公司，1981年版，第289页。

随着对外贸易统制政策的实施，中国对外贸易的行政管理及经营管理制度逐步建立起来，改变了外国洋行对中国对外贸易全面控制的局面。中国自清末以来虽然设有工商部或实业部主管国内外贸易，但对对外贸易的管理主要限于服务工作，直接的管理制度始终未能建立，在国外也未设立相应机构，中国的对外贸易一直由外国洋行操纵，中国商民与国际市场较少直接联系。抗战爆发后，客观形势所迫，外国洋行无力继续控制中国的对外贸易，为对外贸易政府统制创造了条件，一系列管理及经营机构建立起来，相关法规、条例陆续颁布实施，大批大宗商品的贸易被置于国家控制之下，中国对外贸易被动局面终于有所改观。尤其在易货偿债贸易的初期，由于国际市场对战略性农矿产品需求迫切，使中国的对外贸易条件一度得到改善。在政府统制下，各统制机构在口岸自行开盘，使中国出口商品价格被外商操纵的状况有所改变。据记载，资委会驻沪国外贸易事务所开办之初："外商密切联络，不与交易，思欲借以抑低砂价，然后成交。时内地钨砂源源到沪，而银行支撑亦有限度，业务控制相当严重。及后洋商以需货甚殷，不能久持，乃分别来所接洽交易。开办初期之难关，至是始安然渡过。我国钨砂对外交易之条件，亦于此时乃亦逐渐改善矣。"①

这一时期，中国对外贸易的半殖民地性质没有改变。在易货偿债贸易下，贸易的方式、贸易价格主要由西方债权国决定，中国对外贸易条件改善的程度受到制约。如《中德经济和约》规定，中国需先将农矿产品启运交付德国，德国才供给军火和设备。抗战爆发后，沿海口岸的沦陷使中国农矿产品外销陷入困境。英国利用其在国际贸易中的长期优势地位，趁机从国民政府手中取得钨砂的外销代理权。1938 年 11 月，资委会与英商福公司签订代理钨砂出口的贸易合同，规定资委会委托福公司代理江西、湖南、广东三省所产钨砂的出口贸易。合同甚至规定，该三省钨砂无论由福公司代售还是由资委会直接对外易货，均需分别给与该公司佣金。后该合同在美国的反对下，于 1941 年终止。另外，在中美桐油借款合同中，规定中国运销美国的桐油价格，按纽约、旧金山、伦敦市场最低开售价的平均值计算；中国运销美国的锡，按抵达美国口岸一周前、两周间的纽约平均市价，再减一美元的价格计算。这些规定完全被美国利益左右，中国的利益受到损害。

由于德国对大西洋航线的封锁，国际大宗农矿产品的交易中心逐渐由伦敦转向纽约，美国对国际市场价格的影响力日益增强。1941 年 8 月，美国政府宣布对锡实行统制价格，每磅锡最高限价 0.52 美元。12 月，太平洋战争爆发，美国政府再次宣布钨、锑、汞、桐油等 13 种军需原料的进口由政府统制，并规定了各种原料的最高限价。中国用于偿债的矿产品价格不能突破美国限价。此后，在整个抗战期间，这一限价固定不变。随着边际效益的下降，中国钨、锑、锡、汞等矿产品的生产和运输日趋困难，生产成本和出口成本都急剧增加，而易货偿债的出口价格却不能提高。据研究，1941—1945 年，中国运美偿债的矿产品价格被限定在美国统制价格内，远

① 吴太昌，《抗战时期国民党政府的贸易、物资管制及国家资本的商业垄断活动》，《平准学刊》第 5 辑，下册，第 676 页。

低于第二次世界大战爆发前后的国际市场价格，也大大低于同期其他国家的自由贸易价格。如葡萄牙作为欧洲钨砂的主产国且未被卷入战争，其钨砂主要向英德等国出口。1943年，葡萄牙出口到英国的钨砂价格每公吨378先令，是美国统制价格的2.9倍、英国统制价格的2.7倍，相当于中国钨砂销美价格的3.2倍。再如中国另一输美矿产品——锡砂，在美国的限价下，1944—1945年间的价格只有0.417～0.424美元。同期，南美的玻利维亚向美国出口锡砂的价格则为0.62～0.65美元，高出中国锡砂价格50%。

在易货偿债贸易下，国民政府不能凭借中国在国际市场上具有垄断优势的产品，根据国际市场的需求变化调整出口规模，影响并提高出口价格以获得应有的利益；反而在债权国的左右下，价格及贸易规模固定不变且价格远低于国际市场一般贸易水平。在这一贸易中，中国“不仅承担了农矿初级产品与工业品不等价交换的双重损失，而且还要以低于一般市场的价格结算偿债农矿产品，实际上是承受了三重损失”。[①]

（二）对外经贸主权的部分恢复

如前所述，国民政府成立后，为恢复自鸦片战争以来丧失的国家主权进行了不懈的努力，取得了一定成效，但中国半殖民地的社会性质未能改变，西方列强对华政治经济控制力量依然强大，恢复包括对外贸易在内的国家主权的谈判举步维艰。

抗战爆发后，特别是太平洋战争后，一方面国民政府与英美等西方盟国在军事上的合作关系加强；另一方面，日本加剧对沦陷区经济的控制与掠夺，排斥其他列强在华势力，从而使自鸦片战争以来的被迫开放体系遭到彻底破坏，欧美列强在沦陷区的权益事实上丧失，从而为国民政府收回部分国家主权创造了条件。

1942年10月，美英两国与国民政府就历史上不平等条约问题重开谈判，次年1月达成协议，中国与美英两国分别签署《关于取消美国在华治外法权及处理有关问题之条约与换文》及《关于取消英国在华治外法权及其有关特权条约与换文》。据此，美英两国放弃了在华领事裁判权、租界（上海、厦门、天津、广州）、条约口岸、沿海及内河航行权、驻军权及使领馆界的行政与管理权等部分在华特权。中国在法理上恢复了相应的主权，但在日本的占领下，这些主权未能依约收回。直到抗战结束后，中国才正式收回了一部分自鸦片战后丧失的国家主权。

三、国统区对外贸易的发展

太平洋战争改变了中国的抗战局面，加强了中国与美英等国的军事联盟关系。作为战时经济的一部分，中国对外贸易的格局也出现了相应的变化。

（一）太平洋战争爆发前的对外贸易

“七七事变”后，日本对国统区的对外贸易采取了不断封锁的政策。1937年7—8月间，日本即封锁了上海以北的沿海航线。1937年下半年，华北全面沦陷，对外贸

① 吴太昌，《抗战时期国民党政府的贸易、物资管制及国家资本的商业垄断活动》，《平准学刊》第5辑，下册，第681页。

易口岸天津被日本占领；年底，中国近代工业及对外贸易中心上海即告沦陷，富饶而相对发达的华东地区被日本控制。到 1938 年，华南失守，中国海上南大门广州沦陷。至此，中国沿海通商口岸全部被日本占领。从 1939 年 5 月开始，日本又禁止任何第三国的船只在中国沿海通航，中国直接的海上贸易通道被完全切断。此后，中国香港、越南海防、缅甸仰光成为中国对外贸易的转运中心。国民政府一度利用滇越铁路，将货物由昆明运至法国占领的越南海防港出口，开展对外间接的海路贸易。1940 年 6 月，法国被希特勒占领后，应日本的要求关闭了这一通道。此外，对中国利用的滇缅公路，日本也不断对英国施压，要求禁止中国经此转运物资，迫使英国一度关闭滇缅公路，国统区对外贸易的海上运输日趋困难。中印空中航线和西北公路运输成本极高，严重抑制了国统区对外贸易的开展。

1. 对外贸易规模

受战时对外贸易统制政策、国统区经济状况、对外贸易渠道变化的影响，国统区对外贸易规模萎缩且波动剧烈。总体而言，国统区对外贸易规模狭小，占全国对外贸易的比重，平均只有 19%，仅相当于关内沦陷区的 1/4。

（1）出口贸易

国统区面积的日益缩小，出口货源、出口渠道的急剧减少，导致国统区出口贸易额不断下降。1938 年 10 月前，广州尚未沦陷，故该年国统区出口额尚有 5 950 万美元。此后，随着广州和武汉失守、国民党军队的西撤，出口货源进一步减少，到 1939 年，出口贸易额仅有 2 130 万美元；次年更降至 1 490 万美元。1941 年，随着生产的恢复，出口有所回升，但也仅达到 1 997 万美元。

（2）进口贸易

受商品管制政策的左右，国统区进口贸易规模波动较大。1938 年，国统区进口总额为 8 640 万美元。同年 10 月颁布的《查禁敌货条例》，完全禁止从日本及其控制的地区进口一切商品，致使 1939 年进口规模骤降为 3 910 万美元。此后，由于物资匮乏，国民政府不得不放宽禁令，使 1940 年，进口额回升至 6 710 万美元，1941 年更激增至 13 600 万美元。

通货膨胀严重、国统区生产规模狭小、大批人口西迁、日用必需品及抗战物资的严重匮乏，导致国统区进口贸易规模远大于出口贸易规模，对外贸易逆差日趋扩大。参见表 13－1。

表 13－1　太平洋战争爆发前国统区对外贸易额及平衡状况　（单位：千美元）

年份	进口	出口	逆差
1938	86 388	59 454	26 934
1939	39 077	21 283	17 794
1940	67 133	14 947	52 186
1941	135 952	19 973	115 979

资料来源：郑友揆，《1840—1948 中国的对外贸易和工业发展》，第 166 页

2. 对外贸易的地理方向

这一时期，国统区对外贸易的渠道严重受阻及政府统制的易货偿债贸易成为主要贸易方式，因而对外贸易的地理方向亦主要集中于向中国提供信用贷款的国家，即苏联、美国、英国、德国。1939 年，欧洲战事爆发，中德贸易锐减。此外，东南亚、印度与国统区间也经由中国香港、越南海防、缅甸仰光开展间接贸易往来。

1938—1941 年，国民政府统制的出口贸易额达 8 640 万美元，占同期出口总值 11 570 万美元的 74.2%。其中，矿产品出口达 4 276.2 万美元，运销美国及苏联两国占 84.2%，又以苏联最多，占 44.5%。尽管缺乏详细的统计资料，可以肯定这一时期，中国出口贸易的主要市场是美国和苏联。欧洲战事使东南亚地区原来与欧洲列强间的经济联系中断，其向中国提供粮食、橡胶等初级产品的同时，也从中国进口一部分工业制成品（主要是棉制品）。

表 13-2　　1938—1941 年各国和各地区在国统区进出口贸易中的比重　　（单位：%）

年份 国家和地区	1938		1939		1940		1941	
	进口	出口	进口	出口	进口	出口	进口	出口
美国	21.9	6.2	27.0	0.9	19.1	4.7	18.3	6.8
英国	9.7	4.5	6.3	1.6	6.4	0.5	3.6	*
德国	20.9	3.1	10.7	*	4.1	*	2.4	3.2
东南亚	20.7	10.4	25.8	31.4	16.3	17.7	7.0	2.9
印度	0.5	1.2	2.5	……	4.5	*	6.0	……
中国香港地区	4.7	67.3	13.8	51.7	40.2	55.8	58.3	78.9
日本及其属地	0.2	2.1	0.2	……	*	*	*	0.8
其他国家	21.4	5.2	13.7	14.4	9.4	21.3	4.4	7.4

资料来源：郑友揆，《1840—1948 中国的对外贸易和工业发展》，第 171-176 页

从表 13-2 中可见，中国香港地区在国统区对外贸易中占据重要地位。不过，这一时期，香港依然是远东重要的转口贸易港。其中，国统区对苏联出口大部分取道香港；自香港进口大部分来自日本及其属地，来自沦陷区的大量物资，在香港进行重新包装和换贴标签后，转销国统区。

3. 进出口商品结构

由于日本对国统区的封锁，长期控制中国对外贸易的西方洋行无法继续经营。在对外贸易统制下，国统区进出口商品结构发生了明显的变化。进口商品中，制成品所占比重，从 1937—1938 年的 50%降为 1939—1941 年的 33%～36%。同期，原料的进口则增加一倍以上，食品与饮料的进口也有显著增加。出口商品中，制成品的比重从 1937—1938 年的不足 20%，增至 1939—1941 年的 25.1%～33.9%。原料在出口贸易

中的比重则从 1938 年的 40.9%下降至 1941 年的 32.1%。总体上仍以原料性商品出口为主，大宗货物为政府统制的西方盟国急需的战略性农副矿产品。其中，农产品与矿产品大体各占一半。1938—1941 年，农副产品和矿产品出口累计额分别为 4 361.5 万美元和 4 276.2 万美元，占出口总额的比重分别为 50.5%和 49.5%。[①]这一时期，出口的主要农产品是茶叶、桐油、猪鬃、生丝和羊毛等。

值得注意的是，进出口商品结构的上述变化并不反映中国产业结构的变化。工业制成品进口的减少、出口的增加，原料性商品进口的增加、出口的减少，主要是国内外特殊的经济形势造成的。由于日本侵华战争的破坏，中国可供出口的初级产品供给量下降。同时，由于国内购买力的削弱，工业品的市场也大为缩小，东南亚地区与欧洲国家贸易关系的中断，为中国初步实现进口替代的棉纺织业提供了一个暂时的市场，从而使工业制成品在出口构成中的份额明显上升。[②]

（二）太平洋战争爆发后的对外贸易

太平洋战争爆发后，英国占领的中国香港地区及东南亚各地相继沦陷，日军封锁了中国与西方盟国间的陆路及海路交通，中国陆海对外贸易几乎完全停止。国统区的对外贸易通道，仅剩云南与印度间的空中航线（即所谓的“驼峰”运输线）和穿越漫长而充满艰险到达苏联的西北公路，导致大量商品无法外运，对外贸易规模急剧下降，对外贸易的地理方向也发生了变化。

1. 对外贸易规模

太平洋战争爆发后，国民政府与美国的联盟关系得到加强。日本军队占领了沦陷区的所有海关和上海的海关总税务司署，英国人控制 60 余年的统一的税务司总署不复存在，沦陷区海关由日本操纵。国统区于 1941 年 12 月 26 日在重庆成立新的海关总税务司署，由美国人担任总税务司，继续编制对外贸易统计，但所记录的数据不够准确。近世，学者根据其他资料对这一时期的对外贸易进行了重新估算，大体可以反映这一时期对外贸易的状况。

1942—1945 年，国统区对外贸易规模急剧缩减。1942 年，进出口总额近 7 359 万美元，比 1941 年减少 53%。到 1944 年，进出口贸易额更跌至 3 565 万美元，比 1942 年又减少 51.2%。其中，农副产品如生丝、茶叶、桐油等大幅度减少，矿产品出口基本停滞。不包括军用物资和政府直接输入物资，进口贸易的下降幅度高于出口贸易。其中，1942 年进口贸易比上一年下降 70%，1944 年较 1942 年又下降 60%。出口贸易有所回升（但始终未达到 1938 年的水平），以致 1944 年和 1945 年出现少量的贸易顺差。参见表 13－3。

① 郑友揆，《1840—1948 中国的对外贸易和工业发展》，第 177 页。

② 19 世纪 90 年代，中国近代棉纺织业开始兴办。第一次世界大战使中国棉纺织业获得初步发展。国民政府保护性关税政策再次促进了棉纺织业的发展。到 1936 年，中国进口棉制品数量已经很少，在进口总额中只占 1.5%；同时，已有棉制品的出口贸易。

表 13-3　　太平洋战争爆发后国统区的对外贸易额及平衡状况　（单位：千美元）

年份	进口	出口	进出口总额	贸易平衡
1942	41 504	32 087	73 591	-9 417
1943	48 906	25 898	74 804	-23 008
1944	17 327	18 321	35 648	+994
1945（1—8 月）	7 028	8 788	15 816	+1 760
总计	114 765	85 094	199 859	-29 671

资料来源：郑友揆，《1840—1948 中国的对外贸易和工业发展》，第 194 页

注：进出口额不包括政府控制的商品

从表中可见，这一时期，虽然既有顺差又有逆差，但总体上以逆差为主。同时，出口 8 510 万美元中的 75.6%，即 6 430 万美元是用于偿还苏联及美国的信用贷款。实际贸易收支逆差高达 1 亿多美元。巨额的贸易逆差主要依赖美国政府的信用贷款来弥补。

2. 对外贸易地理方向

太平洋战争爆发后，美国正式参战，成为国际反法西斯同盟的一员。此后，美国根据其 1941 年 3 月通过的《租借法案》，积极向包括中国在内的反法西斯国家提供物资援助，中美贸易关系得到进一步发展。与此同时，中国货币脱离了英镑转而与美元挂钩，实行钉住美元的固定汇率制度，从而加强了美国对中国货币的控制权。到 1943 年，长期被英国人控制的中国海关行政管理权也转入美国人手中，海关总税务司开始由美国人担任，美国在中国对外贸易中的垄断优势得以巩固。

1942 年 6 月，美国与国民政府订立的《中美租借法案》。根据该法案，美国向国民政府提供总额达 8.4 亿美元的租借物资。①此外，美国还向国民政府提供了总计 7.47 亿美元的政府贷款。通过这些贷款，美国将大批军用物资输入中国，中国的大量战略性矿产品及农产品以易货偿债的方式出口到美国。国统区的主要出口商品均被指定用于易货偿债。1942—1945 年，51.3%的矿产品运往美国，其余 48.7%运往苏联。主要农产品的出口贸易方向与矿产品类似。因而太平洋战争爆发后，中国统制政策下的对外贸易市场格局与战前基本一致，即贸易对象集中于美国和苏联，只是美国的地位进一步上升。

在易货偿债贸易以外的一般贸易中，由于海上交通运输线的切断，美国、中国香港地区、印度、东南亚等地在国统区对外贸易中的比重下降。其中，美国由战前的平均 21.6%下降为 17.8%。不过，这一时期除直接进口外，美国还有一部分商品经印度、东南亚等地转口来华。此外，到抗日战争后期，由于国统区内物资严重短缺，因而鼓励来自任何地方生产的日用必需品的进口。商人们在高额利润刺激下，以各种方式和

① 根据《中美租借法案》，美国向国民党政府提供 8.4 亿美元的租借物资，其中大部分为军火，商品物资为 4 650 万美元，占同期进口总额的 40%以上。见郑友揆，《1840—1948 中国的对外贸易和工业发展》，第 135 页。

渠道从沦陷区向国统区偷运物资，沦陷区成了国统区进口物品最主要的转运渠道，导致日本和德国产品对国统区出口激增。1943—1944 年，二者合计占国统区进口贸易的比重高达 34.6%和 46.5%。此外，由于美英荷等国对日本实行经济封锁，促使日本加强对国统区战略资源的搜购。1941 年，华北日军制定《昭和 16 年度（即 1941 年）经济封锁并确保资源要领》，规定："努力套取非占领区域之重要国防资源，但如由购买而获得时，则向敌区流出之交换物资，务须不致减低封锁效力，……交换物资尽量利用鸦片、化妆品、果子酒、人造丝等不能增加敌战斗力及生活力之商品。"[①]在此政策下，日本占领军与走私分子勾结在一起，套购国统区重要矿产品钨、锑、锡、汞等。

到 1945 年初，国统区经缅甸至印度间的陆路交通（即新的滇缅公路）重新开通。1—8 月，自印度进口的商品占进口总额的 51.6%，其中不少为转口的美国商品。同时，日本和德国在国统区进口中的比重急速下降，只有 1.3%。

由于这一时期国统区的对外贸易主要是国民政府控制的易货偿债贸易，因而尽管在一般贸易中，美国的地位出现了升降变化，但总体而言，美国始终是国统区最大的贸易伙伴。

3. 进出口商品结构

（1）进口商品

这一时期，主要进口商品为日用必需品、运输设施及工业原料和设备等。其中，大宗的进口商品有棉纱、棉制品、化学品、燃料及药品等，约占进口总额的 50%～80%。参见表 13－4。

表 13－4　　国统区各类进口商品所占比重　　（单位：%）

年份	棉纱及棉制品	化学品、燃料及药品	机器、工具及五金制品	纸张	车辆	轮胎及橡胶制品	汽油	其他	总计
1942	25.9	24.5	6.9	12.9	0.7	2.3	0.1	26.7	100.0
1943	20.9	26.1	8.7	13.0	1.1	4.6	0.9	24.7	100.0
1944	16.1	35.4	8.6	5.1	1.4	7.9	2.3	23.2	100.0
1945（1—8 月）	65.4	16.3	4.3	3.9	0.7	1.3	*	8.1	100.0

资料来源：郑友揆，《1840—1948 中国的对外贸易和工业发展》，第 192 页

（2）出口商品

这一时期，国统区出口的商品主要是向苏联及美国输出的用于易货偿债的战略性矿产品和农副产品。其中，矿产品的出口比战前增加 40%且超过农产品的出口额。1942—1945 年，农副产品出口总额累计为 2 502.7 万美元。同期，矿产品出口额 6 006.7 万美元，为农副产品的 2.4 倍，占出口贸易的比重达 50.7%～89.8%。出口的矿产品主要是钨砂

① 齐春风，《抗战时期日本对国统区毒品走私活动述评》，《民国档案》，2003 年第 1 期。

和锡，其次为汞、锑、铋砂等。统制出口的农产品主要是桐油、茶叶、猪鬃、生丝、羊毛等。非统制的杂项商品则主要是药材、香料、兽皮、烟叶等。

第二节　关内沦陷区的对外贸易

“七七事变”后，日本发动全面侵华战争，北平、天津、上海、南京、武汉及广州等大城市相继失守，中国的经济发达地带均被日本军队占领。为便利对华经济掠夺，日本还在华北、华中及华东等地网罗汉奸，成立一系列傀儡政权。这些傀儡政权成为日本对华经济掠夺的重要工具，沦陷地区的半殖民地经济加速变成日本的殖民地经济，包括对外贸易在内的中国经济完全服务于日本帝国主义的利益。

一、日本在沦陷区的经济掠夺及对外贸易控制政策

“七七事变”后，日本将占领已久的东北地区作为其全面侵华的基地。随着越来越多的中国领土沦陷，日本将其在东北的一套殖民统治制度移植到广大的沦陷区，疯狂掠夺中国的经济资源，试图将中国变为其原料产地，即形成所谓的“工业日本，农业中国”。

（一）对关内沦陷区工农业生产的掠夺与控制

为全面控制关内沦陷区经济，1938 年，日本政府设立殖民侵略机构——兴亚院。其第二部管辖经济，在中国设立两个“国策会社”——北方的“华北开发会社”（总部设在北平）和华中/华东地区的“华中振兴会社”（总部设在上海），其下设有诸多大小生产会社。前者主要垄断华北地区的煤炭、钢铁、电力、交通运输、盐业、纺织、面粉等生产部门，后者则主要控制华中及华东各省的铁路、水电、航运、电报、电话及无线电等行业。两个国策会社不仅控制关内沦陷区农矿原料性产品的开发与生产，而且控制了农矿原料的运销，即不但控制农矿原料的货源，而且控制了其输出贸易。①

1940 年 10 月，日本内阁通过了一个“国土计划设定要纲”，规定所谓“日满华三者之间，实行适当分业”。沦陷区主要为日本生产提供原料、燃料及粗加工品。1941 年，日本占领军又提出所谓的“自给主义”政策，要求在华日军不再依赖本国而加强对占领区的掠夺，以达到“自给”“自养”的目标。

为加强对沦陷区工矿业的控制与掠夺，日本占领军一方面对中国的矿山、钢铁业、交通运输、通信、城市公用事业及与日本经济存在竞争的缫丝、水产等工矿企业进行接收和控制；另一方面，又设立了许多联合开发企业，全面控制华北、华中的工矿业。前者主要采取“军管理”和“委托经营”的方式。“军管理”即由军方直接经营，这种方式主要实行于华北；“委托经营”则是指日本军方将强占的中国工矿企业委托日本的会社经营，此方式主要实行于华中。后者具体方式较多，有所谓的合办、租赁以

① “国策会社”在其生产计划中明确规定了产品输日份额。

及收买等，实际均是强迫占领。

通过上述方式，日本掠夺了沦陷区几乎全部的钢铁、煤炭、电力、盐业、水产及机器缫丝业，绝大部分的面粉、棉纺、火柴、水泥、化工、食品等工业。如棉纺织厂被掠夺的企业占该行业民族资本的70%，被掠面粉厂占中国面粉总产量的90%。此外，日本还在沦陷区进行投资，掠夺中国资源。[①]由此打破了西方列强在华的投资均势，沦陷区的经济被日本独家控制。1938年，日本在关内的资本为45 940万美元，到1944年增加到88 460万美元。短短的6年间，增幅高达96%。

在控制与掠夺工矿业的同时，日本对沦陷区的农业掠夺更是不遗余力，主要有"征发"和"收购"两种方式。"征发"即直接掠夺，数以百万计的日伪军所需的粮食、蔬菜、鱼肉、蛋类等均向沦陷区农民征发，他们每到一地即公开抢掠。"收购"则是以极低的价格强行收买可供出口的农副产品，致使农民生产无法正常进行，大量土地荒芜，农村经济凋敝不堪。

同时，日本还在沦陷区设立20多家伪银行，全面控制沦陷区的金融并对中国进行超经济掠夺。这些伪银行肆意发行不能兑换的没有任何价值担保的纸币，且数额庞大。如到1945年，伪蒙疆银行发行蒙疆券达42亿元；伪中国联合准备银行发行联合券1 951亿元；伪中央储备银行发行中储券46 618亿元。日本侵略者以滥发的伪币打击法币、套购外汇、实行通货膨胀、加强经济掠夺，导致沦陷区经济严重衰退。

同时，日本对西方在华企业实行歧视性政策，如控制汇兑、垄断水陆运输、禁止第三国船只在长江航行、差别关税等，极力将西方势力排挤出去。1939年9月，欧洲战事爆发，自欧洲进口的商品减少，为沦陷区企业的复苏提供了机会。沦陷区工业主要是棉纺织业得到显著发展。但太平洋战争爆发后，在美国潜艇的不断袭击及军队经常的征用下，日本商船严重短缺，原来依赖进口的原料和设备无法供应，沦陷区生产日渐瘫痪。

（二）控制海关及税则的制定

太平洋战争前，由英国人控制的中国海关总税务司仍然得以维持，但在日本武力威胁下，海关的行政及税则日益听命于日本。1938年2月，日本强迫汇丰银行将关税的保管权转交日本横滨正金银行。太平洋战争爆发后，日本与英美关系恶化，日本占领了上海的租界、上海海关及总税务司署，总税务司英国人梅乐和、沦陷区各关的外籍税务司及高级关员均被日本人逮捕，英美势力被逐出沦陷区。1941年，日本人岸本广吉任沦陷区海关总税务司，沦陷区各关税务司及其他工作人员全部由日本人充当，沦陷区海关管理权完全被日本人独占。

与此同时，日本还指使其傀儡政权多次修改税则。1938年1月，日本令伪"华北临时政府"修改税则，降低了76种商品的税率。其中，涉及军需和日用必需品的商品多达50余种。进口商品中，小麦、面粉免税；砂糖、海产品减税50%；其他减税商品还有纺织品、钢铁、机械等。同年5月，伪"华北临时政府"和伪"维新政府"

① 陆仰渊等，《民国社会经济史》，中国经济出版社，1991年版，第682－685页。

再次修改税则，将华北、华中税则统一。该税则规定：出口商品中，棉花、棉子、亚麻仁、矿砂、生铁及铁矿免税；猪鬃、山羊毛、骆驼毛、大麻及织物纤维等减税。进口商品中，各项机械、冶炉及设备、种子、血清及疫苗免税；人造丝、毛织物、羊毛、金属制品及车辆等减税。1938 年 6 月，日本迫使上海海关宣布实行所谓新税则。新税则规定：进口的棉布、棉纱、棉织品、毛织品、人造丝、海产品、汽油、水泥、粮食等物资降低进口税。这些商品大部分来自日本，其他则为沦陷区的必要物资。对日本需要的中国重要物资，如棉花、矿产品等实行出口免税。这一税则大大便利了日本向中国倾销其过剩商品和对中国原料的掠夺，同时，排挤了其他西方国家在华势力。

太平洋战争爆发后，沦陷区的对外贸易主要限于日元集团，减免税商品的范围和幅度进一步扩大。1943 年 10 月，伪海关宣布废除进出口附加税；1944 年 8 月，伪财政部宣布免除免税货物的转口税。①

（三）实行严格的对外贸易统制

为掠夺沦陷区更多重要的农矿原料，日本对关内沦陷区实行严格的贸易统制。为此，先后设置了两个统制机构——“物资统制审议委员会”和“物资调查委员会”，并颁布了一系列统制条例。

在华北，日伪实行贸易与汇兑相结合的统制政策。为限制华北与其他国家和地区的贸易并使欧美与沦陷区的贸易符合日本的需要，日伪将贸易与汇兑联系在一起控制华北的对外贸易。从 1938 年 10 月至 1940 年 6 月，日伪先后颁布《汇兑联系贸易制》《12 种商品汇兑集中制》《全部商品的输出统制法令》《无汇兑输入许可制》等一系列法令，加强对华北对外贸易的控制。在华中，日伪实行贸易与物资统制相结合的政策，即在物资统制的基础上加强对贸易的控制。1938 年底，日伪规定：华中物资流动及运输，必须事先申领采办证和搬运证。1939 年 2 月，又宣布 21 种商品为禁止物资，6 种商品为限制物资。前者只能由日军侵华司令部及其指定者经营，后者也只准由三井、三菱等六家日本大公司组织的“物资输入联合会”经营。为控制第三国对沦陷区的贸易，1941 年 2 月，日本规定进出上海租界的商品必须经日本许可并持有许可证。1941 年下半年，伪财政部规定 15 种货物禁止出口。1941 年，日伪又发布《调整物资统制的一般原则》和《调整物资统制草案纲要》，将 4 种物资列为统制范围，包括可出口的物资，如丝、茶、植物油、猪鬃、矿砂、蛋及蛋制品、棉纱、皮货、肠衣、麻等。1943 年，汪伪政府在上海成立全国商业统制总会，对粮油、棉、日用品等的国内外贸易实行统制，严禁自由运销。日本利用其扶植的伪银行大肆发行军用券，并于 1938 年 2 月，将华北的军用券与日元挂钩。

通过上述措施，日本不断加强对中国的商品倾销和原料掠夺，使沦陷区的对外贸易日益殖民地化。

与此同时，1937 年 10 月，日军占领上海，西方各国表示中立，上海租界得以保

① 李康华等，《中国对外贸易史简论》，对外贸易出版社，1981 年版，第 267－268 页。

存。此后直到太平洋战争前，一方面由于上海与内地市场联系中断，上海租界内大量轻纺产品急需外销；另一方面，西方国家忙于战争，减少了对海外市场的控制，东南亚各地为上海的纺织品出口提供了市场，并将一些重要的原材料输出到上海。同时，维持上海经济的发展对日本进一步发动对外侵略同样有利，因而太平洋战争爆发前，上海对外贸易一度出现畸形的繁荣。

二、关内沦陷区对外贸易状况

（一）太平洋战争爆发前进出口贸易的发展

1. 贸易规模与平衡状况

1938 年，沦陷区进口额为 1.78 亿美元，出口额为 1.01 亿美元。到 1941 年，进口贸易增长到 4.7 亿美元，增长了 164.5%；同期出口则仅增加到 1.34 亿美元，增幅为 33%。出现了连年的贸易逆差，参见表 13－5。

表 13－5　1938—1941 年沦陷区的进出口及贸易平衡　（单位：千美元）

年份	进口	出口	逆差
1938	177 550	101 014	76 536
1939	367 907	94 911	272 996
1940	444 336	104 467	339 869
1941	469 535	134 344	335 191

资料来源：郑友揆，《1840—1948 中国的对外贸易和工业发展》，第 171—174 页

2. 对外贸易的地理方向

1938 年，沦陷区的对外贸易被日本控制，故无论进口还是出口贸易，主要都是与日本的贸易。不过，由于中日贸易的商品结构存在一定的雷同性，因而沦陷区与日本以外的贸易仍在进行。其中，最主要的是两大市场——美国与东南亚。

当时，只有美国最有能力既向海外提供棉花、烟叶、化学品等工业原料及机器设备等生产资料，又能提供面粉、煤油等日用必需品。此外，中国的丝、茶、猪鬃、植物油、棉纺织品等出口产品与日本存在竞争，而在美国则有较大市场。1939 年 9 月，欧洲战事爆发，美国日益成为中国出口商品的重要市场。因此，1939 年后，沦陷区与美国的贸易不断发展，无论绝对额还是相对比重均大幅上升。1938 年，沦陷区对美国的进出口额分别仅为 2 590 万美元和 1 460 万美元，占沦陷区进出口总额比重仅 14.6%和 14.4%。但从 1939 年开始，美国对沦陷区贸易迅速发展，所占份额上升。其中，1940 年和 1941 年，沦陷区从美国进口额增长 3 倍多，分别达 9 610 万美元和 8 670 万美元；出口也跃升至 3 000 万美元以上，所占比重达 32%～22.7%，超过日本及其属地。

此外，东南亚和印度在沦陷区的对外贸易中也占有比较重要的地位。1938 年，沦陷区从东南亚和印度进口合计 2 270 万美元，占沦陷区进口贸易份额仅 12.8%。到 1939

年，增加到 6 530 万美元，占比提高到 17.8%。1941 年更激增至 15 280 万美元，占比高达 32.5%。进口的商品主要是大米、橡胶、糖、煤油、汽油、香料、棉花及药品等。1939 年后，沦陷区对东南亚、印度的出口贸易也在快速增长，1938 年，出口额仅 930 万美元，1939 年即达 1 430 万美元，1941 年跃升至 3 430 万美元。出口的商品主要为棉纺织品、食品及饮料等，在中国出口贸易中占有 1/4 的份额。

表 13－6　　沦陷区进出口商品的国家和地区比重　　（单位：%）

国家和地区＼年份	1938		1939		1940		1941	
	进口	出口	进口	出口	进口	出口	进口	出口
日本及其属地	42.0	33.1	38.0	15.2	33.1	16.4	30.0	23.4
美国	14.6	14.4	14.7	26.6	21.6	32.0	18.5	22.7
英国	7.1	9.2	5.7	10.4	3.6	11.3	1.8	3.9
德国	8.7	9.9	6.1	5.3	2.5	0.2	1.9	0.3
东南亚	10.4	5.8	8.1	11.4	16.5	12.1	25.2	21.1
印度	2.4	3.4	9.7	3.6	9.2	5.2	7.3	4.4
中国香港地区	1.8	11.0	1.4	14.8	2.2	13.8	1.8	17.6
其他国家	13.0	13.2	16.3	12.7	11.3	9.5	13.5	6.6

资料来源：郑友揆，《1840—1948 中国的对外贸易和工业发展》，第 171－176 页

（二）太平洋战争爆发后沦陷区的对外贸易

1. 对外贸易规模的下降

太平洋战争爆发后，美国对日本发起猛烈进攻。一方面美国等西方盟国加强了对日本及其占领区的经济封锁；另一方面，日本的船只在太平洋海面受到美军潜艇的不断重创，大量商船被击沉的同时，剩余商船又不断被日本军队征用，导致运力大为萎缩，沦陷区的对外贸易急剧下降。其中，1942 年进口额减少为 1941 年的 26.3%，出口额减少至 1941 年的 33%。到 1944 年，进出口额均不到 1941 年的 13%。1945 年，沦陷区对外贸易基本陷于停滞，1—8 月进出口额分别只有 1941 年的 3.0%和 5.4%。随着进出口贸易的同时下降，沦陷区的对外贸易依然维持逆差的局面。参见表 13－7。

表 13－7　　太平洋战争爆发后沦陷区对外贸易额　　（单位：千美元）

年份	进口		出口		贸易总额		逆差额
	贸易额	指数	贸易额	指数	贸易额	指数	
1941	469 535	100.0	134.344	100.0	603 879	100.0	335 191
1942	123 399	26.3	44 344	33.0	167 743	27.8	79 055
1943	110 208	23.5	17 175	12.8	127 383	21.1	93 033

续表

年份	进口		出口		贸易总额		逆差额
	贸易额	指数	贸易额	指数	贸易额	指数	
1944	60 445	12.9	16 560	12.3	77 005	12.8	43 885
1945（1—8 月）	13 999	3.0	7 241	5.4	21 240	3.5	6 758

资料来源：郑友揆，《1840—1948 中国的对外贸易和工业发展》，第 184 页

2. 对外贸易的地理方向及商品结构

太平洋战争爆发后，沦陷区与欧美及东南亚各国的贸易关系基本中断。日本及其占领区在沦陷区对外贸易中的比重急剧上升。1941 年，其在沦陷区进出口贸易中占 30.0%和 23.4%。到 1942 年至 1945 年 8 月，这一比重分别上升至 76%～85%和 88%～98%。在沦陷区对外贸易中，占第二位的是德国。德国商品主要经由日本进口，数量很少。1942 年仅有 410 万美元，占沦陷区进口总额的 3.3%；1943 年，所占比重增至 6.0%；1944 年又增至 15.9%。同时，沦陷区对德国每年仅有数千美元的出口。此外，瑞士、意大利与沦陷区也有数量微小的贸易往来。

日本为满足其战争的需要，加紧对中国经济的掠夺。一方面将其过剩的生活消费品大量倾销到沦陷区市场；另一方面，又将沦陷区重要的原材料大量掠购到日本。因而这一时期，沦陷区进口的主要商品是人造丝、布匹、纸张、化学品、糖、及五金制品等消费品；出口的商品主要是棉花、煤、盐、铁矿石、生铁、植物籽仁及豆饼等。

总体来看，太平洋战争后，沦陷区进口贸易中，原料性商品比重下降，制成品比重上升；出口贸易中，制成品比重下降，原料性商品比重上升。这反映了沦陷区经济殖民地性的强化。

第三节　东北地区对外贸易状况

“九一八”事变后，东北被日本武装占领，占全国 1/3 的东北对外贸易从中国对外贸易中被分离出去，成为具有殖民地性的对外贸易。

一、东北经济的畸形发展

1932 年 3 月，日本在东北设立傀儡政权“满洲国”，将已退位的清帝溥仪扶植为傀儡皇帝，实际一切听命于日本关东军。[①]1933 年，日军又侵占与东北毗邻的热河省，

① 1932 年 6 月，关东军参谋长桥本虎之助抛出的《指导满洲国纲要（草案）》表明，“为实行帝国对满洲国的国策，不特别设立文治机构，专使关东军担当其任；实施中，努力保持新国家为一独力国的体面，而在满洲国的名义下通过日本人系统的官吏，特别是通过总务长官以求实现”。陆仰渊等，《民国社会经济史》，第 660 页。

热河亦被并入“满洲国”。1935年，“满洲国”从苏联购买了北满铁路，东北的政治、经济完全被日本控制。一方面，东北成了日本的销售市场和原料供应地；另一方面，为将东北作为其进一步侵华进而占领整个东亚、东南亚的军事基地，日本在东北积极投资兴建军事工业、开发矿藏、修建铁路、发展电力、钢铁冶炼、化学工业，拼命积蓄战争能量，同时，竭力限制其他国家及当地中国人的经济活动。1937年“七七事变”后，日本对东北经济实行严格的军事管理，加剧了东北经济的畸形化。

1932—1945年，日本在东北投资达214 220万美元。“七七事变”前，主要投资于铁路建设。到1940年，短短8年间，东北铁路里程增加近一倍，大体相当于关内铁路里程的总和。“七七事变”后，日本加速东北的工矿业建设，绝大部分的新投资由伪政府控制的机构进行。13年间，东北重要工矿产品生产总值增加4.5倍。与此同时，与战争没有直接关系的产业发展迟缓甚至出现下降。在国际市场有比较优势的商品，如豆油、毛皮、纺织品、食品饮料等消费性工业品及大豆等农产品的生产发展速度，均大大落后于与战争相关的产业。

二、日本对东北经济的全面统制

（一）对工农业及金融的控制

“九一八事变”后，日本对东北经济实施全面的统制。1933年3月，日本令伪满公布所谓的《满洲国经济建设纲要》，涉及财政、金融、工矿、农林、交通运输等各个方面，其实质是对东北经济的掠夺计划。该纲要明确宣布“对重要经济部门加以国家统制”，包括国防、公共、公益事业及一般产业的基础产业，“即交通通信、钢铁、轻金属、金、煤炭、石油、汽车、硫铵、碱、采木等产业”。上述产业只能由“国营”“供应”或特殊公司经营。[①]1934年3月，日本内阁通过《日满经济统制方策要纲》，规定东北数十种经济行业的具体统制方策，所有重要的经济事业均属于统制或半统制范围。其中，交通通信、钢铁、煤炭等14种行业由特殊公司经营，受日本帝国政府的特殊保护和监督。次年7月，确定“日满经济委员会”作为东北经济的最高统制机构，非经该委员会批准，任何企业不得从事经营活动。1937年5月，伪满又公布《重要产业统制法》，进一步扩大产业统制范围，规定21种轻重工业由日本占领军直接控制。日本通过“满铁”（即日本的“南满铁道株式会社”）和“满业”（“满洲重工业开发株式会社”）两个垄断组织，控制了东北重要的工矿及交通运输业。[②]

日本对东北农业的控制同样不遗余力。为满足军需，日本在东北颁布实施了一系列农业统制条令。如1937年的《棉花统制法》，以低价强制收购农民的棉花。1939年，颁布《小麦及制粉业统制法》，对小麦和面粉予以统制。1940年又颁布《农产品强制出卖法》，以低于成本的价格强制收购农民的粮食，实际是对农民的掠夺。同时，

① 陆仰渊等，《民国社会经济史》，中国经济出版社，1991年版，第661页。

②“满铁”成立于1906年，1932年以前主要负责东北地区的铁路经营。“满业”成立于1937年，是以军火工业为核心的工业垄断组织。资本主要来自三菱、三井及住友等日本大财阀。

设立一系列统制机构，对农产品的种植品种、加工、购销等予以严格控制。如在各地设立所谓，“国家农业站”控制农业生产；设立“满洲主产购买公司”，垄断大豆及其制品的购销；“满洲谷物公司”则垄断了东北小麦、大米和面粉的购销。日本通过控制东北工农业产品的产销操纵东北的对外贸易，为其需要和利益服务。

“九一八事变”后，日本即开始控制东北的金融业。1932 年 6 月，日伪成立“满洲中央银行”，实行所谓“币制改革”，统一东北货币，发行“满元”，并将满元与日元联系，实行“日满货币一体化”。满元与日元维持固定的比价，东北货币即成为日本殖民地货币。日本通过伪满中央银行控制了东北货币的发行权，大大便利了其以通货膨胀政策加速对东北经济的掠夺。

（二）对外贸易统制

1. 控制东北海关行政管理权

1932 年 3 月，伪满洲国向国民政府提议，将东三省海关划归伪满洲国管理，遭到国民政府拒绝。随后，日本即以武力强占东北各地海关，驱逐国民政府委派的税务司及各级关员，劫夺哈尔滨、牛庄（营口）、安东、瑷珲（黑河）、大连、龙井（延吉）、沈阳等 7 个海关及 10 多个分支关，重建以日人为主的海关。6 月，伪满洲国接管东北的海关行政管理权，随即发表文告，宣布伪满海关脱离中国海关“独立”。此后，在东北的对外贸易统计中，中国即被当作“外国”处理。伪满在山海关及沿长城一线设立关卡以管理“对中国的贸易”。随即，颁布新税则。此后，为满足日本的需要，伪满税则多次进行修订。到 1944 年，随着军事上的溃败，日本进一步加强了对东北对外贸易的控制。该年，甚至宣布取消东北与日本之间的关税。

2. 对外贸易统制政策的实施

为满足其不断扩大的对外侵略战争的需要，日本对东北对外贸易的统制日趋强化。

（1）“七七事变”前，对外贸易的间接统制

1929 年世界经济危机爆发后，西方国家纷纷排斥廉价的日货，实行限制日货输入政策。“九一八事变”后，日本为发动全面侵华战争作准备，实施了间接的、部分的统制贸易政策。1932 年 6 月，为限制进口，日本提高了 229 种商品的进口税。1934 年，对出口贸易的数量、价格进行限制。随即，日本对我国的东北对外贸易也实行了相应的统制政策，制定了一系列有利于日本的贸易政策。限制其他国家与东北开展贸易的同时，鼓励日本工业品对东北的输出及东北资源的对日出口。如 1932 年 9 月，日本关东军司令部在其《关于实行日满经济统制的基本必要条件方面的意见》中，明确规定对日本向伪满洲国输出商品采取适当的保护及鼓励办法。1934 年，日本内阁会议决定的《满洲国经济统制方案纲要》中，对东北关税进行调整，规定：“对于日满贸易不发生障碍的品种，亦不妨提高其输入税；满洲国之输出税，只要该国财政允许，可以从速废除。”为此，1933 年、1934 年，伪满政府两度调整关税，降低或免除了东北主要销往日本及从日本进口的商品的关税。

（2）“七七事变”后，实行全面的对外贸易统制政策

1937 年 9 月，日本政府颁布《输出入品临时措施法》，为了维持“七七事变”后

东北地区经济的发展，“对于认为特别必要的指定物品，可以通过命令形式限制和禁止输出输入”。同时，令伪满政权发布《贸易统制法》，宣布对东北对外贸易实施全面管制。该法令称，“为了谋求一般的国际收支平衡，调整与改善与特定国的贸易关系，不仅调整生活必需品，而且包括重要物资的价格”。[①]在出口方面，规定除日本外，禁止或限制玉米、蓖麻籽、羊毛、皮革、毛皮和木材向其他国家（包括中国关内）出口；大豆及其制品的出口由日本控制。1937 年和 1938 年，日本先后与德国和意大利签订贸易协定，以东北的大豆交换两国的机器设备。在进口方面，规定除日本外，禁止从其他国家进口小麦、面粉和食糖；大米则只能从日本及暹罗进口。1937 年 10 月，伪满政府还宣布对外汇实施管制，颁布了《修正汇兑管制条例》，规定凡是能从日本进口的货物，若从其他国家进口，所需外汇受数量限制。[②]

为推行对外贸易统制政策，日本在东北设立了一系列相应的贸易统制机构。在农产品方面，1938 年 12 月，设立“满洲粮谷株式会社”，作为东北粮食（未加工品）进出口的垄断机构，“米谷的输出、输入，除兴农部大臣及经济部大臣特别指定外，非满洲粮谷株式会社不得经营之；非满洲粮谷株式会社不得通过铁路或船舶运出”。1939 年 10 月，又设立“满洲特产专管会社”，主要控制东北大豆、豆饼、豆油的买卖方式和价格及对日出口。1941 年 1 月，又设立“满洲谷粉管理株式会社”，全面控制东北高粱粉、玉米粉及其他谷粉的买卖与输出入。在工业品方面，1939 年 2 月，日本将“七七事变“前设立的“日满商事株式会社”改组为“满洲生活必需品株式会社”，由其垄断生活必需品的进口及相关制造业、贩卖业的投资。通过这些对外贸易垄断组织，日本将东北的对外贸易直接置于其控制之下，使东北的对外贸易完全服务于日本帝国主义的战争需要。

（3）太平洋战争爆发后，对外贸易统制政策的强化

太平洋战争爆发后，日本令其控制的伪满政权制定“计划交易”政策。1941 年 12 月，伪满政权颁布《战时紧急经济方策纲要》，提出：“为适应战局，进一步强化生产经济的战时体制，运用自给资源，强化与大陆各地区的经济联系。”[③]为此，日本进一步强化在东北的贸易统制机构，通过合并，充分扩大其规模，增强其实力。如 1941 年 7 月，日伪将“满洲粮谷株式会社”“满洲特产专管会社”（即“满洲谷粉管理株式会社”）合并为“满洲农产会社”，对东北农产品进行全面的垄断。1942 年 1 月，又设立“满关贸易联合会”，对东北出口物资实行计划性输出，以满足日本作战的需要。同时，对进口商品不仅控制其输入环节，而且控制其在东北的销售价格并为此增设大量的统制机构。如 1942 年 3 月，设立“满关重要日用品统制组合”，对罐头食品、乳制品、肥皂等的进出口/配给/价格进行统制；5 月，设立“满关杂品统制组

① 徐绍清，《论“九·一八”事变后日本对东北贸易政策的变化》，《社会科学战线》，2001 年第 5 期。

②［英］琼斯，《1931 年以后的中国东北》，商务印书馆，1959 年版，第 189－199 页。

③［日］伪满驻大阪总领事馆，《满洲国贸易要揽》，1942 年，第 41 页。徐绍清，《论“九·一八”事变后日本对东北贸易政策的变化》，《社会科学战线》，2001 年第 5 期。

合”，对文具、乐器、钟表、眼睛、化妆品等的进出口/配给/价格进行统制；6月，设立“满关建材组合”对建筑用金属品、卫生器具、装潢材料等的进出口/配给/价格进行统制；7月，设立“满关重要机器输入统制协会”，对重要机器设备的进出口/配给/价格实行统制。

三、日本控制下东北对外贸易状况

（一）对外贸易规模及平衡状况

20世纪初以来，东北是中国重要的对外贸易区域，进出口贸易额在全国对外贸易中占1/3左右的份额。“九一八事变”后，受日本在东北统制政策、战争进程及世界市场波动的影响，东北地区的进出口贸易出现了曲折发展。太平洋战争爆发前，日本为将东北变为其扩大战争的基地，加速在东北投资兴建基础设施及工矿企业，由此带来贸易的增长。太平洋战争爆发后，一方面日本本土经济恶化；另一方面，其在对外侵略战争中不断失利，因而在加紧对东北战略资源掠夺的同时，对东北输入的商品大幅度减少，使东北对外贸易总规模缩小。

1. 进口贸易

1927—1931年，东北年均进口总值1.14亿美元。由于局势动荡，1932年出现暂时下降。1933年即迅速恢复到1.33亿美元，此后持续上升，到1939年达到4.67亿美元的高峰。此后，由于欧洲战事爆发，欧洲国家对东北的出口减少。因而，从1940年开始，东北地区的进口贸易逐年下降。1941年减少至3.35亿美元。太平洋战争爆发后，东北进口市场主要限于日元集团。由于运力不足，不少数量大、附加值低的商品，如建材商品基本不再进口，进口贸易规模明显萎缩。到1944年，东北自日进口，由1942年的2.45亿美元减少到1944年的1.49亿美元，降幅达39%。

2. 出口贸易

1927—1931年，东北地区年均出口额达1.75亿美元。此后，由于东北局势的动荡以及世界市场疲软的影响，出口贸易持续下降，直到1936年才恢复到1932年前的水平。此后逐渐回升，到1939年达到2.17亿美元的高峰，比1932年前的年均出口额增长23.3%。同样受欧洲战事的影响，从1940年开始，出口贸易也逐年下降。由于日本对东北对外贸易的独占性，致使东北资源被日本大肆掠夺，表现在出口贸易方面，一方面东北资源被日本竭泽而渔，完全不顾东北地区人民生活及生产的需要，大量的农副矿产品被日本掠夺运往日本国内。如1943年，东北所产大豆的74.2%被掠往日本、苏子油的83.3%出口日本或供应给在东北的日军；另一方面，出口数量与出口值增长呈现明显的非同步性，如1932—1936年，东北对日出口煤炭数量增长20.4%，而贸易值却减少16.3%；盐出口量增长106.3%，而贸易值仅增长37.1%；豆饼的数量与1932年大体持平，但贸易值减少37.1%。出口量与价值的背离，表明东北出口贸易效益下降，经济利益受到严重损害。太平洋战争爆发后，东北对日本出口相应减少。到1944年，东北对日出口额为1.08亿美元，比1942年（1.35亿美元）减少20.7%。

3. 进出口贸易平衡状况

1932 年前，东北是中国唯一保持贸易顺差的地区。1927—1931 年的年均顺差额达 6 190 万美元，1932 年仍有 5 910 万的贸易顺差。此后，进口快速增长、出口增长乏力，导致东北对外贸易平衡状况发生逆转，即由贸易顺差转向逆差。1933—1941 年，东北对非日元集团的埃及、德国及中国关内尚保持顺差，但对日元集团的贸易则始终是逆差且逆差额日趋扩大，大大超出顺差额。1933—1940 年，东北对外贸易逆差额逐年增加，1933 年逆差额仅 1 730 万美元，1938 年增至 156 327 万美元，到 1940 年进一步增至 25 000 万美元。1941 年，贸易逆差额虽然下降，但仍达 17 184 万美元。东北进口的激增、对外贸易的严重不平衡，主要原因在于日本为达到其称霸亚洲的目的，在东北大量投资兴办军工企业及相应的辅助产业。同时，由于东北的伪币——“满元”与日元联系，日本的掠夺政策导致东北物价上涨大大快于日本，由此进一步刺激日本资本家大量到东北投资。据研究，东北对日本及其属地的贸易逆差，与日本在该地区的投资额极为接近。①此外，东北对外贸易条件恶化也进一步加剧了贸易逆差。据研究，若以 1936 年进出口价格指数为 100，到 1940 年，出口价格指数升至 195，进口价格指数则增长到 233。各年逆差额，参见表 13－8。

表 13－8　　1927—1941 年东北对外贸易统计　　（单位：千美元）

年份	进口	出口	贸易平衡
1927—1931 平均	113 970	175 833	+61 863
1932	71 148	130 246	+59 098
1933	132 672	115 348	－17 324
1934	193 442	146 142	－47 300
1935	180 761	125 986	－54 775
1936	197 587	172 148	－25 439
1937	255 397	185 717	－69 680
1938	362 164	205 837	－156 327
1939	467 238	216 776	－250 462
1940	409 218	155 251	－253 967
1941	330 503	158 319	－172 184

资料来源：郑友揆，《1840—1948 中国的对外贸易和工业发展》，第 249－250 页

太平洋战争爆发后，日本出口货源严重短缺，东北自日本进口急剧减少。同时，对日出口则降幅较小，东北的对外贸易逆差额相应减少。1941 年，入超额为 73 800 万元，到 1944 年减至 1 000 万元。1945 年，由逆差变为顺差，顺差额达 8 500 万元。

① 郑友揆，《1840—1948 中国的对外贸易和工业发展》，第 255－256 页。

（二）对外贸易的地理方向

早在日俄战争以后，日本即是东北最大的贸易伙伴。1932年后，东北沦为日本的殖民地，东北与日本的贸易变为殖民地与宗主国的贸易，日本在东北市场的独占地位进一步强化。1927—1931年，日本及其属地占东北对外贸易50%以上的份额。其中，进口贸易高达60%。1932—1936年，日本对东北输出增长了177%。“七七事变”后，为适应侵华战争的需要，日本加速对东北资源的掠夺。太平洋战争爆发前，日本所需重要军事物资的63%以上由东北提供。据统计，1937—1940年，东北对日出口增幅较前一时期（1932—1936年）高2倍多。同时，为使东北充当日本扩大侵略战争的基地，日本在东北加速军事企业的兴建，大量相关物资自日本输入。不过，由于日本发动对外战争，经济被纳入战争轨道，非军事物资产出减少，导致其对外输出规模下降，因而这一时期，尽管对东北输出仍然处于增长状态，但增幅明显低于前一时期。总体上，日本占东北对外贸易的份额进一步上升。1939年，欧洲战事爆发后，交通受阻，东北与苏德等国的贸易关系中断，与英美等国贸易急剧减少，日本几乎独占东北的对外贸易。1935—1938年，日本本土占东北出口贸易的比重高达75%，1939—1941年更激增至85%。太平洋战争爆发后，日本减少对东北输入的同时，进一步加强对东北资源的掠夺，日本所需50%左右的钢铁、铝等矿产品由东北提供。

太平洋战争爆发前，东北进出口的第二大市场是中国关内。1932—1941年，关内各地向东北输出的商品，年贸易额960万～2 360万美元，占东北进口贸易总额的3.7%～18.1%，主要商品是煤、烟叶、棉制品和食品等。同期，东北输往关内的商品额则大大高于输入额，年贸易量1 850万～4 390万美元，占东北出口的14.6%～29.6%，主要商品为粮食、大豆、豆制品。此外，还有来自日本的货物，如棉制品、糖、人造丝和布匹等。1941年后，东北与关内贸易规模便不断下降。

由于德日之间的政治结盟，1939年前，东北与德国的贸易关系也较为密切。不过，受德国对外贸易政策的影响，东北与德国的贸易发展波动较大。1933年前，德国在东北对外贸易中所占份额仅次于日本及中国关内地区。其中，大豆充当了东北对德贸易的支柱性产品。1933年希特勒上台后，为扭转德国对外贸易逆差的局面，采取限制进口的贸易保护政策。1934年，德国政府颁布法令，规定大豆进口实行特别许可制，导致东北对德国出口大豆数量锐减。到1936年，东北对德国出口大豆仅有500多万担，相当于1934年的41.7%，进而导致东北对德贸易总体规模下降。从1936年起，随着德国经济的增长，德国与东北的贸易恢复增长。该年，伪满洲国与德国签订《德、满贸易条约》，双边贸易增长加速。1939年，德国发动对外侵略战争后，德国与东北的交通断绝，贸易关系基本停止。1932—1939年，东北对德年出口额980万～1 740万美元，主要商品是大豆、豆油和花生等。同期，东北自德国年进口贸易额140万～1 360万美元，主要商品是机器、五金、化学品等。

太平洋战争爆发前，美国也是东北重要的贸易伙伴之一。1932—1940年，东北从美国年进口贸易额420万～2 650万美元，主要商品为工业设备、棉花、烟叶及石油等。同期，东北向美国出口100万～500万美元，主要商品有蓖麻籽油、猪鬃、毛皮和豆饼等。此外，苏联、英国、埃及等在东北对外贸易中也占有一定份额。参见表 13－9。

表 13－9　　1932—1941 年东北进出口贸易的国别比重　　（单位：%）

年份	进出口	日本及其占领区	中国（关内）	苏联	印度	埃及	德国	英国	美国	其他
1932	进口	58.2	18.1	2.2	6.1	*	1.9	2.4	5.9	5.2
	出口	38.2	29.6	5.6	0.3	6.3	12.0	1.8	0.8	5.4
1933	进口	65.9	15.5	1.5	2.9	*	2.1	1.4	5.6	5.1
	出口	46.8	16	3.0	0.2	8.4	14.8	2.0	1.7	7.1
1934	进口	68.8	9.7	0.8	4.0	0.1	2.1	1.6	5.9	7.0
	出口	48.9	14.6	1.9	0.1	10.5	11.9	3.6	1.3	7.2
1935	进口	75.6	5.3	0.2	4.0	*	2.4	1.6	4.1	6.8
	出口	51.6	15.5	1.1	0.6	4.1	7.8	5.8	3.7	9.8
1936	进口	77.3	6.9	*	4.1	*	1.9	1.1	3.4	5.3
	出口	47.4	21.3	0.3	0.3	8.5	8.3	4.6	2.7	6.6
1937	进口	75.1	4.4	0.1	5.1	*	1.9	1.3	6.5	5.6
	出口	49.9	17.6	*	*	12.0	9.2	1.4	2.9	7.0
1938	进口	77.9	5.6	*	2.4	*	2.9	0.6	7.3	3.3
	出口	57.2	16.8	*	*	13.0	7.0	0.8	1.6	3.6
1939	进口	85.1	3.7	*	1.4	*	2.9	0.3	4.5	2.1
	出口	62.5	20.3	*	*	5.3	6.0	00.2.4	1.8	3.7
1940	进口	88.9	3.9	……	1.0	*	……	0.1	4.1	2.0
	出口	71.1	24.1	……	*	……	……	*	3.2	1.4
1941	进口	85.1	7.1	……	0.8	0.1	……	0.1	2.8	4.0
	出口	68.4	23.5	……	*	……	……		2.7	5.4

资料来源：郑友揆，《1840—1948 中国的对外贸易和工业发展》，第 249－250 页，*不足 0.05%

太平洋战争爆发后，随着日美关系恶化，东北与美国的贸易关系也告中断。东北与其他西方国家的贸易也基本停止，而与日本及其属地的贸易增加了。

（三）进出口商品结构

从总体上看，被日本占领后，东北地区出口农矿原料、进口工业制成品的进出口商品结构未发生明显变化。1932—1940 年，农矿原料及半制成品占出口总额的 70.9%～89.1%，工业制成品和食品占进口总额的 67.1%～76.5%。但自“七七事变”后，为满足日本扩大侵略战争的需要，东北对外贸易中，农矿产品和工业制成品的内部结构发生了明显的变化。

在出口的农矿产品中，为保证日本占领区粮食的供应，日本鼓励高粱、玉米、小米等粮食类产品的出口，导致传统的支柱性产品——大豆及豆制品的出口减少。1932年，大豆及豆制品在东北出口总额中占有59.7%的份额，但到1940年和1941年，这一比重降至28.9%和31.2%。出口的绝对量也下降了。1932年，东北出口大豆及其制品达404万公吨，1938年降为307万公吨。1939年，欧洲战事的爆发进一步打击了东北大豆及豆制品的出口贸易。1940年，该类商品出口进一步降至104万公吨。为满足日本军工企业的原料需求，东北的矿产品对日出口不断增加，数量较大的主要是铁矿石、生铁、钢锭、镁砂及铜制品等。1932年，这类商品出口340万美元，仅占东北出口总额的2.7%。到1938年，金属品出口额增至1 720万美元，占出口总额的比重达9.1%。1941年，该类商品出口额达2 560万美元，占出口总额的份额升至17.4%。① 因而虽然总体上大豆及其制品在出口贸易中始终占据最大份额，但其他商品所占比重则呈上升态势。

太平洋战争爆发后，东北地区的进出口商品，总体结构依然保持战前状态。但在具体商品种类上，出现为适应日本在亚洲及太平洋战场需要的明显变动。与战争无关的出口商品急剧减少，如柞蚕丝，1943年比1941年减少99%。而为战争所需的商品出口则明显增加。其中，农产品出口增幅较大的主要是苏子油和玉米。苏子油可炼制用于飞机及轮船的润滑油，日本海军需求量较大。玉米主要满足日本军马的饲料供给。制造武器的钢铁、镁砂等金属品的出口，这一时期进一步增加。该类商品出口额与大豆及豆制品的总额相当。

进口工业制成品的内部结构也发生了明显变化。其中，消费资料的比重逐渐下降。如1937—1940年，自日本进口的棉纺织品数量比1932—1936年减少80%～90%，其他日用生活消费品进口也有不同程度的减少。与此同时，生产资料的比重稳步上升。1932年，东北进口机器、工具、交通设备等资本性货物仅240万美元，占进口总额的3.4%。此后，由于日本为建立其军事基地，在东北大量投资，导致建筑材料及资本性货物进口持续增加。到1937年，达3 230万美元，占进口总额的12.7%。1940年，进一步激增至9 250万美元，占进口总额的22.5%。同时，生产原料的进口也相应增加。1932年，矿石、金属及五金等生产原料的进口额为740万美元，占进口总额的10.4%。1937年，该类商品进口额增至4 470万美元。1939年进一步上升至6 630万美元，占进口贸易的17.7%。

总体而言，1932—1941年，生产资料的进口在进口总额中的比重虽仍然低于消费资料的进口，但其所占份额呈上升趋势。

1941年以后，随着太平洋战争的爆发，一方面东北经济被纳入日本对外战争需要的轨道，另一方面日本已无力继续在东北投资，因而建筑材料类商品及与战争无关的轻纺工业原料的进口均大幅度减少。

① 郑友揆，《1840—1948中国的对外贸易和工业发展》，第251－254页。

综上所述，东北地区进出口商品结构并未偏离进口工业制成品、出口农矿初级产品的模式，但出口商品中出现矿产品比重上升、农产品比重下降，进口商品中生产资料的比重超过消费资料的变化。这一变化并不反映其工业化的真实水平，而主要是日本为战争需要在东北大量投资建立其军事基地，导致东北经济畸形发展的结果。

第四节　台湾地区对外贸易状况

甲午战争后，中国台湾被日本占领，台湾的对外贸易被从中国分割出去。此后，台湾经济被日本全面控制，对外贸易迅速殖民地化。日本一方面垄断台湾主要的外销产品；另一方面，极力排挤西方在台势力，独占台湾的对外贸易。1937 年，日本全面侵华战争爆发后，台湾地区的对外贸易进一步被纳入日本对华战争需要的轨道上。

一、日本对台湾地区经济的全面控制及对外贸易的垄断

日本占领台湾后，即对台湾丰富的经济资源进行残酷掠夺。“九一八事变”前，日本主要将台湾作为其工业原料的来源和工业品的销售市场，在“工业日本，农业台湾”的宗旨下，推行其殖产兴业政策，掠夺的重点在农产品及其加工产品方面。由于日本制糖业落后，本国所需食糖绝大部分靠进口，日本占领台湾后，台湾的蔗糖成为日本掠夺的重要资源。为将台湾变成日本食糖供应地，日本殖民者不断加强对台湾糖业生产和向日本输出的控制。为此，日本一方面不断扩大其“国家资本”——台湾垦殖公司，将台湾大量耕地霸占后，再租与无地或少地的台湾农民，令其为在台日本制糖公司种植规定数量的甘蔗；另一方面，采取倾斜政策鼓励在台的日资与工业资本相结合，以增强其竞争力。1905—1913 年，日商在台湾先后开办的规模较大的日资制糖企业有台湾、大东、大日本、明治、东洋、北港、新高、帝国、中央等制糖株式会社。同时，包括台湾最大的制糖企业林本原的制糖公司在内，先后有 12 家台湾民族制糖企业被日资兼并。结果不但台湾的蔗糖资源被日本控制，全台的制糖工业也基本被日本垄断。此外，日本为将台湾变成其“米库”，迫使台湾人民扩大稻米的生产和向日本的输出。到 20 世纪 30 年代初，台湾稻米产量的 50%被强制出口到日本，经营活动则由三井、三菱等日资公司控制。台湾另一重要产品樟脑不仅可用于制药、防蛀，还是化学工业的重要原料。20 世纪以后，随着西方国家化学工业的迅速发展，世界市场对樟脑的需求大增。台湾是世界最大的樟脑产地，出口量占世界樟脑贸易的 70%，从而成为台湾重要的财政收入来源。从 1899 年开始，日本即对台湾的樟脑生产和经营实行垄断政策，规定樟脑的生产、对内对外销售全部由日本三井物产株式会社和日本樟脑株式会社经营。

“九一八事变”后，日本加速战争准备，为使台湾成为其发动侵华战争的主要原料基地，将在其本国颁布的《国家总动员法》推行到台湾，对台湾的人力、物力实行战时统制，台湾的对外贸易完全被日本控制。日本对台湾经济掠夺的重点，由农产品

转向与军事有关的工矿业领域。对农产品的掠夺，也由米、糖转向与军备有关的棉花和麻类等。为此，日本对台实行经济统制政策，设立一系列垄断性公司对台湾的矿产资源进行掠夺性开发。台湾的煤、铁、铜、非铁金属、石油、化工、电力、油类等，以“军管理”“委任经营”“台日合资”“租借”“收买”等形式被日本全面控制。所谓的“军管理”系由驻台日军将劫夺的台湾工矿业，交归日本财阀代为经营；所谓的“委任经营”则由日本驻台总督委任有关日本会社，经营劫夺来的工矿企业。而“台日合资”“租借”“收买”等形式，也由日本殖民者依靠军事和政治的力量强制实施。1938—1941 年，台湾 500 万元以上的大型企业几乎全为日资企业。台湾制造业的 90.7%、采矿业的 71.6%由日本大财阀垄断。20 世纪 20 年代后期，台湾最大的出口行业——制糖业的 87%，由三井、三菱和大日本制糖三家日资财团控制，从而日本垄断了台湾糖的出口贸易。

“七七事变”后，日本将台湾作为其占领华南及南洋群岛的基地，于 1938 年制定并实施了《台湾生产力扩充五年计划》，将煤、铜、石油化工、电力等战略产业作为发展重点，计划 5 年间增产 3 倍。为此，对经营此类产业的日资企业进行巨额补助，进一步加强其对台湾工矿业的控制。在此政策下，台湾的工矿经营权日益落入日本人之手。如台湾的金矿完全由日本矿业株式会社台湾分社垄断，煤炭工业完全由日本台湾石炭株式会社独占，制镁工业由日本旭化会社控制，化学工业则由南日本化学工业会社、台湾单宁工业会社垄断。

在日本控制下，台湾经济完全被纳入战争轨道，为日本发动侵略战争服务，无论工矿业还是农业，凡与战争相关的产业、产品均加速发展，与战争无直接关系的产业则受到抑制从而陷入停滞状态。1939—1945 年，台湾农业的年均增长率为－12.33%。同时，工业总产值则显著增长。1931—1937 年，金属工业产值增加近 3 倍，化学工业产值增加 2 倍。1937 年后，工矿业增长进一步加速。如煤炭年均产量增长了大约 75%。为进一步驱逐西方在台势力，日本还在台湾实行专卖制度，樟脑、鸦片、烟草、盐、酒等重要商品都在专卖之列。由此，台湾重要商品的经营权就由西方洋行转归日资企业。随着日本在台湾经济垄断优势的建立，西方势力退出台湾，日资在台湾经济中取得独占地位。

二、台湾地区进出口贸易状况

（一）对外贸易规模

在日本的控制下，台湾的进出口贸易快速增长。1896 年，台湾的对外贸易额仅 20 027 000 元，到 1905 年增长到 48 734 000 元，增幅达 1.43 倍。第一次世界大战爆发后，台湾对外贸易急速增长，到 1915 年，贸易总额高达 129 032 000 元，10 年间增长 1.64 倍。到 1936 年，贸易总额增长到 680 180 000 元，比 1896 年增长近 33 倍。

（二）进出口商品结构

为将台湾作为其工业原料的供给地和产品的销售市场，日本在台日之间实行垂直分工的政策。台湾输出农矿原料性产品及粗加工品，输入制成品。具体商品完全根据日本国内经济发展的需求决定。在这一政策下，台湾主要出口商品为粗糖和大米。1930年，两项合计占出口总额的30%，此外，还有食盐、樟脑、棉花、煤炭、黄麻、苎麻、亚麻、茶、花生、香蕉、凤梨、番薯、小麦及木材等。进口商品主要有化肥、纺织品、烟草、酒、铁制品等。

（三）对外贸易的地理方向

为将台湾地区的经济纳入为日本利益服务的轨道，从1899年开始，日本殖民当局即对台湾地区的海关税则进行调整，逐步降低直至取消台湾地区对日本的出口关税。同时，逐步提高台湾地区对中国大陆的出口税，致使台湾地区对外贸易的地理方向高度集中于日本。参见表13－10。

表13－10　台湾地区对中国大陆、日本贸易额及其所占比重（单位：千元，%）

年份	中国大陆		日本	
	贸易额	占比	贸易额	占比
1896	12 770	61.78		
1905	10 406	21.35	27 145	55.68
1915	12 974	14.31	100 821	77.84
1925	60.030	14.09	345 155	75.74
1930	34 134	0.07	341 760	81.87
1936	47 937	7.64	602 725	87.91

资料来源：周宪文，《台湾经济史》，台湾开明书店，1980年版，第634－635页

1897年，日本与台湾地区的贸易在台湾地区的贸易总额中占18.7%。到20世纪初，即上升到70%～80%，1937年更高达90.3%。其中，对日出口贸易增长更为迅猛。1897年，台湾地区对日出口额仅210.5万元，占台湾地区出口贸易总额的14.17%；1937年，台湾地区对日出口规模扩大到41 025.9万元，占出口贸易总额的比重升至93.2%。到1939年，台湾对日出口贸易规模激增至50 974.4万元。两年间增长近1亿元，以致时人惊呼“此数字于其他殖民地历史上，绝无超越者”。与出口贸易相比，台湾地区自日本的进口贸易则规模狭小，致使台湾地区对日贸易出现巨额的顺差。各年顺差额，参见表13－11。

表13－11　台湾地区对日贸易出超额统计

年份	1906	1909	1916	1920	1924	1927	1937	1939
出超额（万元）	262.52	1 230.27	3 110.40	6 877.53	12 449.62	8 097.10	13 246.40	15 213.60

资料来源：［日］《台湾统治概要》，第454－455页，转引自赵铁锁，《日本殖民者对台湾的经济掠夺》，《台湾研究》，1999年第1期

台湾地区对日的巨额贸易出超并非台湾地区经济发展的自然结果，主要是日本的

人为控制造成的，是日本对台湾地区经济的掠夺，且台湾地区对日贸易盈余未转化为当地的国民收入，而是被日本政府截留，成为台湾人民对日本的无偿贡赋，中国台湾地区在这一贸易关系中，处于被掠夺的不平等地位；同时，其与祖国大陆、与西方传统贸易关系遭到破坏。日本占领前，祖国大陆是台湾地区物资输出和输入的主要市场，到 1897 年，台湾对大陆的输出额尚占台湾出口贸易总额的 63%。而到 1939 年，与大陆的贸易额仅有 6 996.1 万元，不到与日贸易的 1/7。

综上所述，在日本的全面控制下，中国台湾成为日本经济发展的附庸。台湾地区的对外贸易即是与日本的贸易，台湾地区大量的农矿原料被日本掠夺。中国台湾成为日本经济发展和发动侵略战争的重要原料供给地。

复习思考题

1. 战时对外贸易统制政策的含义及基本内容是什么？
2. 太平洋战争爆发前后，国统区对外贸易有何变化？
3. 日本在沦陷区实施了哪些对外贸易管制政策？
4. 东北及台湾地区殖民地性对外贸易的特点表现在哪里？

第十四章　抗战胜利后中国的对外贸易

学习要点与要求

本章阐述了抗战胜利后国民政府的对外经贸政策、对外贸易发展状况、美国在华特权的扩大及其对中国对外贸易的控制，系统分析了美国商品倾销对中国社会经济发展的影响。通过学习，学生应了解抗战胜利后中国对外贸易发展状况，领会美国商品倾销对中国民族工业发展的冲击，掌握国民政府的对外贸易政策及其效应。

1945年8月，日本接受《波茨坦公告》，宣布无条件投降，历时14年的中国抗日战争胜利结束。战后，一方面西方国家致力于恢复国际贸易秩序，推动贸易自由化的发展，国际贸易环境逐步改善，与此同时，美国利用其强大的政治经济实力，在中国对外经济关系中占据了主导地位；另一方面，内战使本已残破的社会经济更加凋敝不堪，恶性通货膨胀发生，财政金融秩序混乱，中国国民经济走向崩溃，对外贸易发展的物质基础瓦解。随着中华人民共和国成立，中国半殖民地性的对外贸易宣告终结。

第一节　抗战胜利后国内外经济形势

一、抗战胜利后世界经济格局的变化

第二次世界大战再次打破世界原有的政治经济格局，曾经的世界强国——德、日战败，其国内工业基本被摧毁，国外资产被没收，在国际竞争中暂时偃旗息鼓。法、英在战争中受到重创，元气大伤。只有远离战争中心的美国经济、军事、技术实力大增，从而成为资本主义头号强国。到1945年，美国工业生产占世界工业生产的60%，对外贸易占世界贸易总额的1/3。黄金储备达200多亿美元，占主要资本主义国家黄金储备的3/4。[①]在海外投资方面，在其他国家急剧减少的同时，美国从1938年的115

① 樊亢，宋则行，《主要资本主义国家简史》，人民出版社，1973年版，第178页。

亿美元上升至 1945 年的 168 亿美元，增长 46%，[①]因而美国垄断资产阶级宣称“20 世纪是美国世纪”。然而，正如当年毛泽东曾分析的，“美国帝国主义在第二次世界大战期间所增强起来的经济力量，遇着了不稳定的日趋缩小的国内市场和国际市场[②]。”一方面，受战争破坏，战后初期，世界市场需求低迷；另一方面美国丰裕的资本及大量的工业品对海外市场有着强烈的需求。二者产生尖锐的矛盾，结果，美国繁荣的战时经济随着战争结束走向萧条。因而，战后美国以各种手段积极开拓并控制包括中国在内的海外市场，帮助受战争破坏的非共产党国家进行战后重建，既有助于美国遏制苏联，也有助于拓展其海外市场。由此，战后，美国将国民党统治下的中国作为其对抗苏联的重要战略伙伴，通过提供大量“美援”帮助国民政府进行经济重建，由此使美国物资大量输入中国。

二、抗战胜利后国家垄断资本的膨胀及国民经济的崩溃

（一）国家垄断资本的膨胀

日本宣布投降后，国民政府即开始对敌伪资产的接收工作。1945 年 8 月，国民政府制定《行政院各部会署局派遣收复区接收人员办法》。据此，先后成立“党政接收计划委员会”“行政院收复区全国性事业接收委员会”等机构，并设立苏浙皖、河北平津、粤桂闽、山东青岛等“敌伪产业处理局”，形成多种接收渠道。接收的敌伪资产被国民政府转化为国家垄断资本，从而使国家垄断资本势力急剧膨胀，在金融业、工业、交通运输业等领域表现尤其显著。

在金融领域，据国民政府财政部统计，接收伪中央储备银行即获得黄金 55 万两、白银近 764 万两、银元 37 万枚和美元 550 万元。接收伪联合准备银行也获得黄金 17 万两、美元 1 020 万元和英镑 26 544 镑。接收伪满洲中央银行，有黄金 8 万两、白银 31 万两和银元 24 万枚。接收的各地方金融机构也有数量可观的黄金、白银、外汇及有价证券等金融资产。国民政府的“四行两局”（即中央银行、中国银行、交通银行、中国农民银行四银行，中央信托局和邮政储金汇业局）通过对敌伪金融机构的接收，资本急速膨胀，成为庞大的国家垄断资本集团。该集团通过放款投资等方式，在相当大程度上控制了中国主要经济资源。

在重工业方面，通过对敌伪资产的接收，资委会的垄断力量得到进一步强化。抗战胜利后，资委会从经济部划出，成为国民政府行政院的直属机构，由其负责接收的敌伪资产范围包括采矿、电力、钢铁、石油、机械、电子、建筑材料、化工、制糖和造纸等 10 个行业，产值约 18 亿美元，资委会实力由此大增。到 1947 年，资委会控制的各行业产值占全国的比重为煤炭占 38.8%，电力占 83.3%，钢占 90%，水泥占 51%，石油、铁矿石、锑、锡、铜等有色金属占 95%以上，[③]即国内绝大部分重工业企业由

① 宋则行，樊亢，《世界经济史》中卷，经济科学出版社，1998 年版，第 375 页。

② 毛泽东，《目前形势和我们的任务》，《毛泽东选集》，卷 4，人民出版社，1969 年版，第 1155 页。

③ 吴兆洪，《我所知道的资源委员会》，《回忆国民的资源委员会》，中国文史出版社，1988 年版，第 115－118 页。

其控制。

在轻纺工业方面，抗战胜利后，国民政府也建立了一批国家垄断资本企业。其中，规模最大的是中国纺织建设公司，在接收112家敌伪企业基础上组建，资本仅次于资委会。到1947年，中纺公司得到进一步发展壮大，其拥有的纱锭数占全国比重达39.7%，织布机数占60.1%，控制了全国70%左右的棉、麻、毛纺业。[①]

在交通运输业中，战前，国家资本已占较大比重，战后更是占据绝对优势。1947—1948年，国家资本所占比重高达91.6%，外资和民营资本不足10%。

与战前相比，抗战胜利后，整个产业资本构成中，国家垄断资本势力大大增强，其在全国产业资本中占据近2/3的份额，西方洋行在华势力大大萎缩，民营资本受到抑制。参见表14－1。

表14－1　　全面抗战前与抗战胜利后产业资本构成比较

（1936年、1947—1948年）　单位：万元（1936年币值）

产业	1936年关内			1947—1948年国统区		
	外资企业	官僚资本	民族资本	外资企业	官僚资本	民族资本
A 工矿业	145 128	34 034	144 839	62 446	159 874	148 492
制造业	844 486	15 937	117 043	26 052		116 261
公用事业	39 699	8 847	16 796	27 552		19 471
矿冶业	20 943	9 250	11 000	8 842		12 760
B 交通业	50 796	164 891	10 968	260 205		13 007
铁路	15 714	100 993	3 786		151 490	
公路		52 435			622 240	
轮船	33 516	3 778	11 119		26 130	
民航	1 566	1 300			7 175	
邮电		6 385			13 170	
产业资本合计	195 924	198 925	159 744	72 414	420 079	161 499

资料来源：吴承明，《中国近代资本集成和工农业及交通运输业产值的估计》，《中国经济史研究》，1991年第4期

从表14－1中可见，全面抗战前的1936年，包括国家垄断资本在内的官僚资本，[②] 在全部资本构成中占35.8%。到1947—1948年，这一比重升至64.2%。

另据研究，到1947年，官僚资本控制的工矿企业产出在全部产出中所占的比重：

① 陆仰渊等，《民国社会经济史》，第772页。

② 所谓官僚资本包括三种类型：官僚私人所有的资本、官僚经营管理的国家资本、官僚支配的其他私人资本。王亚南，《中国官僚资本之理论的分析》，《中国经济原论》，广东经济出版社，1998年版，第381－407页。

石油和钨、锑、锡等有色金属几乎占 100%，电力占 90%，钢占 80%，水泥占 40%，煤占 33%；棉布占 73%，棉纱占 39%，毛制品占 50%，食糖占 15%。[①]

除工业外，国民政府在商业贸易、金融等领域的国家垄断也明显增强。其结果，一方面在一定程度上进一步削弱了西方列强对中国经济的控制，有利于提高中国的国家主权；另一方面，严重制约了市场经济的微观主体——企业的发展，使民族资本主义工商业不能利用西方列强力量受到削弱后的市场空间顺利发展，因而阻滞了中国市场经济主体的发育成长。

（二）国民经济的崩溃

抗战期间，中国人民英勇抵抗日本法西斯侵略的正义斗争，与世界反法西斯国家的联盟，赢得世界爱好和平人们的赞赏，提高了中国的国际威望。1943 年，中国历史上大部分的不平等条约被废除，中国与欧美国家关系显著改善。1945 年 10 月，《联合国宪章》生效，中国作为联合国的创始国成为安理会的常任理事国，从而跻身世界五强行列。国际地位的提高，为中国经济的健康发展创造了一定的有利前提条件。

抗战结束后，中国陆续恢复了与西方盟国的海上交通。联合国善后救济总署向中国提供了 3 亿多美元的物资援助，国民政府积攒了 8 亿～9 亿美元的黄金与外汇储备。同时，接收了日本投降时在沦陷区留下的价值 20 亿美元的工厂和设备，其中既有轻纺等消费品工业，又有基础工业。国民政府接收后，将其改组为政府直接经营的企业，进一步加强了国营资本在国民经济中的优势和垄断地位。广大民众对中国经济前景普遍持有乐观的预期，因而物价从战时不断膨胀状态下，一度恢复到平稳。

1946 年，内战全面爆发，国民党将大量社会财富用于战争，3 年间，军费开支占国民政府全部支出的 65%～70%。同时，基础设施及厂矿设备遭到战火的焚毁，社会经济遭到严重破坏，国民政府财政收入锐减，导致严重的财政赤字，用于恢复工矿业生产的资金严重匮乏，[②]因而经济恢复与复兴的进展缓慢。1947 年 6 月，国营企业生产总值仅比接收时增长 1.6 倍，相当于抗战时期日本人经营产值的 35.1%。生产恢复的迟缓，进一步影响了国民政府的财政收入。如此恶性循环，一方面财政支出扩大；另一方面，财政收入减少，财政赤字日益严重。为弥补赤字，国民政府无限制地发行货币，导致物价狂涨，使抗战时期本已严重的通货膨胀更加恶性发展。据记载，从 1945 年 12 月至 1948 年 8 月，位居中国经济中心的上海，物价上涨 5 334 倍。外币汇率猛增 7 122 倍。与战前的 1937 年相比，物价上涨 470 余万倍，汇率上涨 310 万倍。

为挽救经济的崩溃，1948 年 8 月 19 日，国民政府匆忙进行货币改革——废除法币，以一种不能兑换的货币“金圆券”代替，规定“金圆券”与法币的兑换率为 1:300 万，与美元的兑换率为 4:1。同时，还规定民间持有的黄金、白银及所有外汇均需售予国民政府。此外，物价被强行固定于当日水平。然而，随着内战中的国民党军队节

① 汪敬虞，《再论中国资本主义和资产阶级的产生》，《历史研究》，1983 年第 3 期。

② 国民党用于恢复抗战中遭到破坏的工业的资金及从国外获得的工业设备总额仅占所需的 9.2%。《1840—1948 中国的对外贸易和工业发展》，第 203 页。

节溃退，民众对经济前途丧失了信心。货币的超额发行，使经济状况更为恶化，撤退到广州的国民政府于 1949 年 7 月 2 日被迫宣布废除金圆券，实行银元制。最后，失败的币制改革随着国民党军队逃离大陆而告结束。

内战使国民经济遭受严重破坏，与抗战前相比，主要工农业产品产量锐减，国民收入及人均收入大幅度下降。到 1948 年，重工业产量减少 70%，轻工业产量减少 30%。重要出口商品的产量，下降更为剧烈。如生丝，战前产量约为 297 460 担，到 1948 年降至 82 400 担，仅相当于战前的 27.7%。茶叶，战前产量约为 170 万担，到 1947 年降至 21.6 万担，仅有战前的 12.7%。[①]据估计，到 1948 年，中国农村放弃耕地逃亡者已由 20%增加到 40%；1946 年，农作物的总产量只有 1932—1936 年的年均产量的 2/3。[②]1949 年与 1936 年相比，国民收入由 257.98 亿元降至 189.48 亿元，降幅达 26%，年均增长率为－2.4%。人均收入也由 50.51 下降到 34.98 元，降幅为 31%，年均增长率为－2.87%。产出的下降直接造成出口货源的锐减，收入的降低又削弱了国民的购买力，导致对外贸易规模严重萎缩。

综上所述，抗战胜利后，国际贸易秩序的恢复为中国开展对外贸易提供了有利的外部条件；但同时，内战爆发，国民经济的崩溃使中国对外贸易活动的内部基础日益瓦解。

第二节　抗战胜利后中国的对外贸易政策

抗日战争的胜利，大大提高了中国的国际地位，中国开始作为大国参与国际事务。战后，中国的对外贸易政策制定，显示出与国际贸易自由化进程相适应的特征。但同时，为适应内战需要，国民政府对对外贸易政策不断进行调整。

一、缔结《关税与贸易总协定》，实施关税减让政策

第二次世界大战前，各主要资本主义国家高筑关税及非关税贸易壁垒，导致国际贸易环境恶化，全球贸易规模大幅萎缩，进而加剧各国经济衰退及相互间的冲突，最终导致矛盾激化，成为世界范围内武装冲突的重要根源之一。二战后，各国纷纷吸取历史教训，希望重建世界贸易秩序，扭转贸易保护主义盛行的局面。1946 年 2 月，联合国经社理事会举行第一次会议，呼吁召开联合国贸易与就业问题会议，起草国际贸易组织宪章，进行世界性削减关税的谈判。随后，经社理事会设立筹备委员会。

1946 年 10 月，筹备委员会召开第一次会议，审查美国提交的国际贸易组织宪章草案。与会各国同意在“国际贸易组织”成立之前，先就削减关税和其他贸易限制等问题进行谈判并起草《国际贸易组织宪章》。1947 年 4—7 月，筹备委员会在日内瓦

---

① 《中国近代手工业史资料》卷 4，第 482－483 页，第 496 页。

② 陆仰渊等，《民国社会经济史》，中国经济出版社，1991 年版，第 850 页。

召开第二次全体大会，就关税问题进行谈判。中国国民政府派出以外交家金问泗为首的代表团参加了此次会议，参与了《关税与贸易总协定》（以下简称《关贸总协定》）基本条文的起草，并参加了为《关贸总协定》奠基的第一轮多边减税谈判。经过多次谈判，美英国中等 23 个国家于 1947 年 10 月 30 日在日内瓦签订《关税与贸易总协定》（General Agreement on Tariff and Trade），该协定于 1948 年 1 月生效。国民政府在一些问题上对《关贸总协定》尤其是对《联合国贸易就业宪章草案》相关条款有不同意见，因此，中国代表团在《关贸总协定》之《最后议定书》上签字认可；但同时，拒绝在《暂行实施议定书》和《联合国贸易就业宪章草案》上签字。

1947 年 11 月 21 日，世界贸易与就业正式会议在古巴首都哈瓦那召开。经过艰苦谈判，中国代表团在关于对国内经济发展采取保护措施是否需要预先征得国际贸易组织的同意、内地国民待遇条款及反倾销反津贴等三个问题上的提案获得通过，而有关政府购买外国货国民待遇问题和进出口数量限制等两个问题上的提案被否决。为避免陷于孤立地位，1948 年 3 月 24 日，中国代表团补签《暂行实施议定书》并成为“国际贸易组织”临时委员会执委会成员。同年 4 月 21 日，中国代表团签署总协定《临时适用议定书》（Temporary Protocol on GATT），并于 5 月 21 日起实施减税，正式成为《关贸总协定》的缔约方。①随即，中国与缔约各方分别进行了关税减让谈判。

首先与中国达成协议的是美国。1948 年 4 月，中美两国在《关贸总协定》框架内达成关税减让协议。中国对美国减让关税涉及进口商品 110 种，税号 80 余个，占全部减让的 43%，居各国首位，减让幅度在 33.3%～83.3%之间，减让的商品范围广泛。其中，最主要的是消费性工业制成品。如电冰箱从国定税率 150%减为 25%，减税幅度高达 83.3%；照相机的进口税也从 80%降至 25%，降幅达 68.8%。同时，美国也对中国 322 项商品给予减税。但所涉及商品均是原料性农矿产品及少量手工制品，如桐油、猪鬃、蚕丝、苎麻、钨、锑、茶叶、刺绣、花边、地毯、瓷器等。这些商品附加价值低，中国所得实惠有限，其中不少商品是美国市场急需的生产原料，此前本来就是免税进口的。据研究，若以 1939 年中美贸易额为基准，中国对美国商品减让关税的贸易总值达 5 200 万美元；美国对中国商品减让关税的贸易总值为 6 230 万美元，但其中 3 780 万美元的货物原本属于免税商品，故美国对中国关税减让实际涉及贸易总值仅 2 450 万美元，仅相当于中国对美国减让货物总值的 47.1%。②因而中美关税相互减让，使美国得到了最大的利益。

这一时期，中国的进口税则为复式税则，分为优惠税率和普通税率两种。其中，凡签署《关贸总协定》实施关税减让的国家，或虽未签署但与中国签订商务及友好条约订有最惠国待遇条款的国家，依照关税减让表所定税率征税；其他国家则适用 1948 年修订过的国定税则。

关税减让，即降低贸易壁垒，推动贸易自由化的发展，理论上有利于各国经济的

① 刘相平，《金问泗与关贸总协定》，《南京大学学报》，2002 年第 6 期。

② 叶松年，《中国近代海关税则史》，上海三联书店，1991 年版，第 373 页。

发展，但由发达国家主宰的国际协定，使发展中国家处于不利地位。由于抗战胜利后，中国对美国依赖性增强，因而中国对主要来自美国的商品关税减让幅度高于《关贸总协定》缔约方平均减税幅度。[①]中国对美国商品的进口最高税率从70%降至40%，最低税率从30%降至15%，由此使美国商品在中国市场的竞争力进一步提高。

二、加强对外贸易的国家垄断，实施贸易管制政策

为加强对经济的控制，抗战胜利后，国民政府对对外贸易继续实行政府管制。内战爆发后，随着经济形势恶化，管制措施日趋严格。

（一）加强对外贸易中的国家资本

抗战时期，重工业品的统制机构——资委会的实力得到增强。通过战后对日伪重工业企业的接收，资委会垄断的行业范围进一步扩大，涉及矿业、电力、钢铁、石油、机械、电子、建筑材料、化工、糖和纸业等。下设国外贸易事务所，垄断经营重要重工业品和矿产品的进出口。此外，轻纺工业特别是纺织品的生产和对外贸易，绝大部分由中国纺织建设公司垄断。中纺公司凭借雄厚的实力，不但在棉纺织品生产中居于垄断优势，而且控制了50%以上的棉花收购和进口，棉纱、棉布的内外销业务也由其经营。这样，中国重要工矿产品出口基本由国家资本所垄断。

对外贸易中，国家资本的强化，一方面削弱了外国洋行对中国对外贸易的控制；另一方面，不利于私营进出口企业的成长。抗战胜利后，中国出现一批私营进出口企业。到1948年春，上海的私营进出口企业达1 621家，是1936年（306家）的2倍多。然而，随着内战的爆发，对外贸易经营环境急剧恶化，加之国民政府的进口限制政策及国家垄断资本、官僚资本的排挤，到1949年9月前，上海私营进出口企业只有1948年春的53.9%。另有不少企业名存实亡，无法从事经营活动。[②]

（二）实施商品及外汇管制政策

抗战胜利后，国民政府废止了战时对外贸易统制政策，解除了对进出口商品的管制，撤销了贸委会和复兴贸易公司等对外贸易的统制机构和专营公司，恢复了私营对外贸易活动，一些私营进出口企业获得发展机会。但从1946年11月开始，国民政府通过“许可证”“进口限额”等制度重新加强了对对外贸易的控制。

1. 商品管制

1946年2月，国民政府对对外贸易开始进行管制，颁布《进出口贸易暂行办法》。为抑制急速发展的通货膨胀，国民政府采用减低进口税、鼓励一切日用消费品进口的政策，故该法令对进口限制较为松弛。其将进口商品分为“禁止”“许可”“自由”进口三大类。除奢侈品外，大部分商品允许进口。由于物价腾飞，汇率被人为高估，中外商人通过进口贸易大发横财，贸易逆差严重。同年11月，国民政府对贸易管理条

---

① 《关贸总协定》第一轮谈判，所有缔约方平均减让关税35%，而中国减让幅度近60%。见叶松年，《中国近代海关税则史》，上海三联书店，1991年版，第371－372页。

② 上海外贸史话编写组，《上海外贸史话》，上海人民出版社，1973年版，第148－149页。

例进行了修订，颁布《修正进出口贸易暂行办法》，取消“自由”进口类商品，全面实行“许可证”和“进口限额”制，即限额输入必需品和严禁输入奢侈品并设立“输入临时委员会”负责对进口商品的管理。

2. 外汇管制

在商品管制的同时，国民政府还实施外汇管制。1946 年 2 月，颁布《管理外汇暂行办法》，规定所有出口收汇必须结售给国家，进口用汇需经有关机构审批。11 月，颁布《外汇限额分配办法》，对外汇实行更为严格的管理制度。次年 2 月，由于通货膨胀恶性发展，国民政府颁布《紧急措施令》，实行调整汇率以促进出口的办法，并设立“输出推广委员会”，负责出口贸易促进工作。

1947 年 8 月，国民政府颁布《新贸易及外汇管理办法》，并将“输入临时委员会”和“输出推广委员会”合并为“输出入管理委员会”，全权管理贸易及外汇。其主要职责：负责“进口许可证”及“进口限额”的分配；负责外汇审批、外汇限额的分配以及调整汇率促进出口等。由于经济状况急速恶化，很多管理措施的调整滞后，因而未能发挥预期作用。如汇率的调整赶不上物价膨胀，致使汇率出现实际高估，起了打击出口、鼓励进口的作用。

在对外贸易管制政策下，进出口配额主要由国家垄断资本和官僚资本企业获得。其中，重要矿产品完全由资委会独家经营；米、麦、面粉、煤和人造丝的进口，桐油、猪鬃、冰蛋、茶叶、羊毛、驼毛、花生仁、大豆和油菜籽等农产品的出口，基本上由中央信托局控制；90%的棉花进口和棉纱、棉布的出口，由中国纺织建设公司垄断。此外，由于国民政府各级官员贪腐不已，上述措施在执行中存在大量营私舞弊行为。许可证、进口限额及外汇限额的绝大部分，为官僚资本企业及美国在华洋行获得，一般进出口商人所得极少。据记载，1947 年，被批准的进口许可证及外汇配额全部为官僚资本企业获得。1946—1948 年，中国自美国进口棉花 2.54 亿美元，其中 90%为在华美商所经营。不但如此，在法令内容的制定、颁布的时间等方面，均受四大家族及美国利益的左右。如 1946 年 11 月，国民政府准备宣布取消“自由”进口类商品，汽车名列在内，但当时宋家孚中公司尚有一批进口卡车未运到中国口岸，结果法令便推迟发布。此消息被孔家扬子建业公司获悉，扬子公司即伪造假电报、假合同，声称早已与纽约、伦敦商人成交了大量汽车，正待发证启运，结果也获得批准。外汇限额也主要为官僚资本企业所得。1945—1947 年初，孚中公司所得外汇额度达 1.5 亿美元；1946—1948 年，批得外汇更高达 3 亿美元。[①]官僚资本企业利用手中特权，与美国垄断资本一起操纵抗战后的中国对外贸易，从中大肆聚敛私财，损害民族经济的发展。

由此可见，抗战结束后，国民政府一方面对外实施贸易自由化；另一方面，对内加强贸易管制，官僚资本势力膨胀，扭曲了这一时期对外贸易的发展。

---

① 编写组，《上海外贸史话》，上海人民出版社，1976 年版，第 159－160 页。

第三节 抗战胜利后外国在华投资

抗战胜利后，战时在华停止业务的外国洋行纷纷恢复营业。1944年，英国贸易委员会的一份备忘录宣称，中国现在是而且一直是世界上最大潜在市场。[①]由于战后欧洲面临经济重建的艰巨任务，尽管英国在外国在华投资存量中占据较高份额，但其与欧洲其他国家一样，均无力扩大对华投资。美国作为战后资本主义超级大国，在国民政府对外开放、对内管制的政策作用下，对华投资明显扩大。因而抗战后，外国在华投资增量主要来自美国在华投资。

一、美国在华特权的扩大

第二次世界大战使其他列强实力严重削弱的同时，使美国的实力大为增强。在美国战后控制海外市场的战略中，人口众多、市场潜力巨大的中国占有重要地位。早在1941年，美国人即认为战争结束后，中国会成为美国今后许多年的最大出口市场。战时生产局局长纳尔逊也曾宣称，"美国商人必须视中国为美国的工业边界，其重要纵然不比20世纪初美国西部边界更大，至少亦与之相同"。[②]抗战期间，美国通过与国民政府的军事联盟及经济援助，大大强化了其在中国的政治经济势力。战后，为获取最大利益，美国支持国民党发动内战。当年，美国的一家媒体即明确宣称："美国在海外阻止共产主义，等于建立军事基地；救济与复兴落后地区，也就是获得商业市场。"

为占领中国市场并确保其独占利益，美国还与国民政府签订了一系列新的条约。从抗战结束到国民党撤出大陆，美国与国民政府共签订了25个有关经济的协定。最具有代表性的是《中美友好通商航海条约》（简称《中美商约》），内容涉及经济、政治、军事及文化等方面，旨在代替历史上一切中美不平等条约。在经济方面，条约规定：（1）中美两国国民、法人或团体，享有在对方境内居住、旅行、经商，及从事工业制造、金融、科学、教育、宗教、慈善事业，并有取得保有建造房屋或租赁及占有适当之房屋、土地，选用代理人、员工的权利。两国法人及团体在对方国家与本国的法人及团体待遇相同。（2）税收不得高于本国或其他第三国公民，"对输入品或输出品所征关税及各种附加费用及其征收方法者，……不低于现在或将来……任何第三国之同样物品之待遇"。（3）取消所有非关税壁垒，规定"任何种植物、出产物或制造物品之输入、销售、分配或使用，或对输往缔约彼方领土之任何物品之输出，不得加以任何禁止或限制"。（4）矿产资源开发、商品的输出和输入、内地税、运输及销售等中美两国相互给予最惠国待遇。（5）双方船舶（包括军舰）可在对方开放的任何口

① ［以］谢艾伦，《被监押的帝国主义》，中国社会科学出版社，2004年版，第26页。

② ［美］纳尔逊《中国在列强中的地位》，第93页，转引自《中国对外贸易史简论》第298页。

岸、地方或领水内自由航行，必要时还可开入“对外国商务航业不开放之任何口岸、地方或领水”。[①]

根据《中美商约》，中美双方相互给予国民待遇和最惠国待遇。从形式上看，该条约体现了中美两国关系上的平等、互惠及互不歧视等原则，与过去历届政府签署的中外不平等条约相比，《中美商约》在字面上体现了对中国的尊重，反映了第二次世界大战以来，中国国际地位的提高，同时是百余年来中华民族自强奋进、反帝爱国斗争的成果；但是在现代国际经济关系中，实力悬殊的伙伴间，表面的平等是实质上的不平等。为体现公平的原则，一般发达国家应对发展中国家予以照顾。而按照《中美商约》，落后的半封建半殖民地的中国，与发达的资本主义头号强国美国承担同样的责任和义务，是事实上的不平等。资金短缺、技术落后的中国根本无力到美国去投资，条约所规定的权利，中国公民自然难以享受。而美国则可凭借其强大的经济实力，充分享受这些权利，实际构成战后美国在华的特权。因而当年上海一家报纸评论道：“中美条约……完全配合美国的要求，敞开我们的经济门户，让他们来登堂入室。从此，美国的个人及财团，都可在中国……，在‘合法’保护下经营商务、制造、加工、金融等等业务。……不但是大量各种的商品输入，而且更可大量没遮拦地‘资本输入’，……更复利用我们廉价的劳动，由开拓而垄断了中国的工商业。在这样优势的倾轧之下，我们本国这些脆弱的工商业，……休想抬头，只有一网打尽。至于中国的工商业经营者，连在国内的工商业也保不住，哪里还到美国去享受同等待遇？所以虽说‘平等’，却是顶顶的不平等；虽说互惠，却是让美国独惠。”[②]

继《中美商约》之后，国民政府又与美国签订了一系列具体的商贸合同。如1946年3月，签订“美棉贷款合同”，6月签订“铁道购料借款合约”“处置租借法案物资合约”，8月签订“购买轮船贷款合约”“采煤贷款合约”“剩余物资贷款合约”等。1946年12月，签订“中美空中运输协定”，规定了美国航空企业在中国所享受的权利。

为进一步对华倾销美货，美国实行汇率低估政策，美元对法币贬值。1946年2月，美元与法币的汇率为1:2 020，这一汇率是1936年（1:3.41）的592倍；同期，上海物价指数上涨2 600倍，法币购买力断崖式下降，美元对法币新的汇率存在对法币的大幅高估。由于进口激增、出口下降，汇率难以维持。到该年8月，美元对法币的比价调整为1:3 350，汇率上涨65%，但与汇率的实际值仍相差甚远。美元低估进一步强化了美国商品的竞争力，使美国商品在华大肆倾销。

此外，抗战胜利后，虽然国民政府收回被日本人控制的海关，但总税务司一职仍由美国人李度（Lester Knox Little）担任，中国海关行政管理权受到美国制约。

在条约的保障下，美国凭借其雄厚的经济实力，迅速占领了战后的中国市场，导致战后中国经济对美国的高度依赖。

---

① 王铁崖编，《中外旧约章汇编》第3册，第1439－1440页。

② 编写组，《上海外贸史话》，上海人民出版社，1976年版，第141页。

二、美国对华投资的增长

（一）列强在华投资格局的变化

第二次世界大战造成的列强力量的消长及世界范围内殖民体系的崩溃，导致外国洋行在华投资格局的再次变化。战前，英国和日本在华投资居于前列，其次为法国和美国。1931 年，英日美对华投资分别为 118 920 万美元、113 690 万美元、19 240 万美元，占外国在华投资的比重分别为 36.7%、35.1%和 6.1%。[①]到 1936 年，美国对华投资增长到 3.4 亿美元，也仅占外国在华投资的 8%。而同期，日本对华投资 20 亿美元，占 48%；英国投资 10 亿美元，占 24%。

太平洋战争爆发前，英国在华投资显著下降，美国投资有所增加。太平洋战争爆发后，英法等西方国家在华企业或被日本强占，或撤出中国。英美对华投资主要是对国民政府的贷款，因而日本投资占这一时期外国在华投资 62%的份额。抗战胜利后，由于英法两国受到二战摧残，经济衰退，不少企业破产或倒闭，战后均无力继续扩大对中国投资。日本和德国作为战败国，其在华资产被作为敌产予以没收，只有美国在华资本得到加强。到 1946 年，在上海的外资洋行中，美国拥有绝对优势。当年，美资洋行有 256 家，英资 90 家，苏联 35 家，法国 19 家，瑞士 17 家，德国 8 家，其他国家 98 家。到 1948 年，美国对华投资达 1 410.1 百万美元，占全部外国在华投资的 44.1%。其中，主要方式为贷款。该年，余额达 1 025.1 百万美元，占美国对华投资的 72%。同年，处于第二位的英国在华投资总额 1 115.3 百万美元，以直接投资方式为主，金额达 715 百万美元。[②]

（二）抗战胜利后美国对华投资

第二次世界大战期间，美国工业生产发展加速，对外贸易出现了巨额顺差，储存了大量闲置资本；战后，急于寻求海外投资市场。抗战胜利后，美国凭借雄厚的经济实力及与中国国民政府的密切关系，加强对华投资。这一时期，美国在华投资方式分为直接投资和间接投资两种，又以后者为主。

1. 美国对华直接投资

抗战期间，拥有丰富资源、廉价劳动力及巨大潜力市场的中国，即受到美国垄断资本的重视。战争即将结束的 1945 年春，美国对外经济供应局拟定了一个战后五年对华投资计划，总额为 18.7 亿美元。其中，拟对中国交通运输投资 8.98 亿美元，对工矿业投资 9.72 亿美元。为此，在纽约成立了一个“中美工商联合会”，由其负责管理对华投资事宜。战后，在《中美商约》的保障下，大批美国资本家涌入中国进行投资活动。同时，为吸引外资来华，国民政府于 1946 年 4 月 12 日颁布《新公司法》，为来华外商提供诸多优惠。如其中第 192 条规定：“在本国之外国公司，得在中国设立分支公司，可不必呈报资本额。”法规颁布不到 3 个月，美国企业在上海新设分支

---

① 陈真等，《中国近代工业史资料》第 2 辑，三联书店，1962 年版，第 2 页。

② 许涤新、吴承明主编，《中国资本主义发展史》卷 3，人民出版社，1993 年版，第 39 页。

机构即多达 100 余家。

战后，美国在华投资领域广泛，涉及贸易、工矿、金融、房地产及交通运输等各行业。其中，在中国工业领域投资的重点是采矿业。战后 3 年，美商投资开发了甘肃玉门油田，湖北、华南的煤矿，海南的铁矿，以及西南的铅、锡、钨、锑等有色金属矿产。同时，美国还以合资的方式参股中国内河航运和航空运输企业。1938 年，美国在中国航空业投资仅占该业资本总额的 0.8%。到 1947 年，这一比重升至 33.7%。

此外，英法等国无力继续经营的一些产业也转手给了美国。如原由英国控制的粤汉铁路、滇缅公路和法国经营的滇越铁路和计划中的成渝铁路，均转手由美国投资、借款或参与经营。①

贸易性洋行也有明显增加。1946 年，美国在中国沿海重要口岸，如上海、天津及广州等地开设洋行 168 家。其中，115 家位于上海。

1936 年，美国在华直接投资额 2.64 亿美元，到 1948 年增加到 3.85 亿美元，增长了 46%。然而，随着内战的爆发，国民党军队溃败，投资环境迅速恶化，不少美国对华直接投资计划落空。

2. 美国对华贷款、援助

抗战后，美国从其全球战略出发，积极扶持国民政府。战后 3 年，美国提供的贷款和赠款高达 60 多亿美元。参见表 14－2。

表 14－2　　抗战胜利后美国对华投资　　（单位：美元）

项目	数额
借款 14 笔	918 194 000
救济物资 4 笔	799 029 000
租借物资 2 笔	1 626 789 143
军事援助 2 笔	142 666 930
剩余物资售让与赠予 7 笔	2 532 807 534
总计	6 019 486 607

资料来源：吴承明，《帝国主义在旧中国的投资》，第 78 页

到 1948 年，美国各种在华投资占西方国家在华投资的 80%，中国的投资市场几乎为美国所独占。

第四节　对外贸易的发展及平衡状况

内战全面爆发后，中国的对外贸易发展随着内战形势的变化而转移。

① 吴承明，《帝国主义在旧中国的投资》，人民出版社，1958 年版，第 50 页。

一、对外贸易规模及平衡状况

这一时期，中国社会生产力不但未能从 14 年抗战的破坏中复苏，反而遭到进一步破坏，尤其是农村经济极度凋敝，使主要依靠农产品出口支撑的对外贸易发展每况愈下——出口货源减少，市场萎缩，因而对外贸易规模狭小。此外，由于物价及汇率的不断波动，海关报告所发表的进出口贸易额需进行重新估算才可进行比较。经过估算的进出口贸易额，参见表 14－3。

表 14－3　　1946—1948 年进出口贸易额及平衡状况　（单位：1 000 美元）[①]

年份	进口	出口	贸易平衡
1946	560 555	148 884	－411 671
1947	451 031	215 736	－235 295
1948	211 023	170 409	－40 614

资料来源：郑友揆，《1840—1948 中国的对外贸易和工业发展》，第 203 页

从表 14－3 中可见，抗战后的 1946 年，中国进出口贸易迅速恢复增长。其中，出口较 1945 年增长 9.43 倍；进口在国民政府鼓励进口政策下增长 23.6 倍，比 1936 年进口增长近两倍（1936 年进口额为 2.8 亿美元）。贸易逆差高达 4.12 亿美元，相当于出口贸易额的 2.6 倍，比 1936 年的逆差额（7 千万美元）增加近 6 倍，创下中国对外贸易史上逆差额的最高纪录。[②]巨额的外汇缺口只有靠消耗政府的外汇储备得以弥补，国民政府的国际储备大减，不得不于 1947 年发布紧急措施令，取消鼓励性的“自由”进口政策，实行“限额”进口和限制奢侈品的进口。在此贸易政策下，出口由上一年的 1.49 亿美元增长到 2.16 亿美元，增幅达 45%，与抗战前出口贸易规模大体相当；进口则从 5.61 亿美元降至 4.51 亿美元，降幅达 19.6%。经常性国际收支严重恶化的状况有所缓解。1948 年，随着国民党军队在内战中的溃败，国统区面积大幅缩小，经济面临崩溃，无论进口还是出口均出现急速下降。其中，进口降幅达 53.2%，高于出口的下降（降幅为 21%），逆差额进一步减少至 4 100 万美元。抗战后 3 年，中国对外贸易逆差累计达 7.3 亿美元，高于同期出口贸易总额的 36%。这一逆差额尚不包括“援华物资”及大量的走私货。

这一时期，出口先增长、后下降，但降幅较进口小。其原因一方面是抗战期间运力不足造成货源的积压；另一方面，是国营棉纺织工业的迅速恢复发展，东南亚、印度等国有进口需求。此外，国民党军队的不断溃败，也加速了国统区物资的出口。[③]总体而言，出口的增加幅度大大低于进口的降幅，因而贸易逆差的下降主要缘于进口的

① 进口只包括一般商业进口，不包括联总救济物资及 1948 年的美国援助物资。

② 1945 年 1－8 月，国统区与沦陷区进口额合计为 22 787 000 美元，出口合计为 14 271 000 美元。根据表 13－1 和 13－7 计算。

③ 郑友揆，《1840—1948 中国的对外贸易和工业发展》，第 219 页。

削减而非出口的增长。此外，传统大宗出口商品受经济衰退的影响，出口规模日趋萎缩。如生丝，由于生产不景气，各类丝出口的规模均低于抗战前且不断递减。参见表 14－4。

表 14－4　全面抗战前、抗战胜利后生丝出口量　（单位：公担）

商品种类 \ 年份	1936	1946	1947
各种白丝	30 726	8 127	4 817
各种黄丝	6 412	384	373
各种灰丝	803	22	30
废丝（茧衣、乱丝棉）	51 107	7 484	11 536
共计	89 048	16 017	16 756

资料来源：段本洛，张析福，《苏州手工业史》，江苏古籍出版社，1986 年版，第 128 页

这一时期，中国平衡贸易逆差的手段不同以往。一方面由于中国政治、军事上的混乱，西方洋行在华投资大幅缩减；另一方面，东南亚战后经济恢复缓慢，华侨汇款锐减。因而传统的弥补贸易逆差的手段——外国在华投资和华侨汇款难以为继，动用政府外汇储备成为主要的平衡手段。随着外汇储备的枯竭，进口贸易便受到极大抑制，逆差额也随之减少。

二、进出口商品结构的变动

这一时期，中国进口商品结构依然维持传统的殖民地半殖民地特征，即主要进口工业制成品，出口农矿原料和半制成品。但在具体商品构成上发生了前所未有的变化。

（一）进口商品构成

这一时期，中国的进口商品分为两部分。一部分为联合国善后救济总署和美国对华援助物资，另一部分是一般商业性进口商品。前者未列入中国的进口贸易统计中，在国民政府限制商业性进口政策的实施下，其在中国进口贸易中的比重不断增加，1946—1948 年，援助物资占进口总额的比重达 21.7%～36.3%。

援助物资从用途上可分为两部分。一部分为生活必需品即所谓“救济物资”，如大米、面粉、纺织品服装、医药等。另一部分是用于中国恢复工农业生产的原料和设备，即所谓的“复兴物资”，如棉花、化肥、机器设备等。1946 年以前者为主，占援助物资总额的 56.8%。1947 年则以后者为主，其比重由上一年的 37.1%上升到 61.7%。1948 年，美国援华物资中，棉花和石油合计占 72.6%。

在一般商业性进口贸易中，1946—1948 年，制成品占进口总额的 46%～51%，食品占 6%～11%。原料进口则从 1946 年的 27%，急剧下降到 1948 年的 17%。将上述两类进口合计考察，1946—1947 年，原料和食品占进口总额的比重下降。前者从 24.7%降至 22.3%，后者从 18.0%降为 9.5%。但到 1948 年，原料及食品的比重均出现上升。其中，原料比重升至 27.8%，食品为 13.4%。进口原料主要是原棉，占该类商品的 90%。

与此同时，半制成品及制成品在进口总额中的比重则出现相反的变化。1946—1947年，所占比重上升，随后下降。参见表 14 – 5。

表 14 – 5　　抗战胜利后进口商品构成　　（单位：%）

商品种类＼年份	1946	1947	1948
食品、饮料、烟叶	18.0	9.5	13.4
原料	24.7	22.3	27.8
半制成品	14.3	21.0	16.4
制成品	43.0	47.2	42.4
总额（千美元）	716 139	608 552	331 004

资料来源：郑友揆，《1840—1948 中国的对外贸易和工业发展》，第 224 页[①]

总体而言，1946—1948 年，初级商品在进口总额中的比重有所上升，制成品在进口总额中始终占据绝对优势。

（二）出口商品构成

这一时期，出口商品构成变化明显。其中，原料性初级产品在出口总额中占比大幅下降，制成品出口增长显著。1946 年，初级产品占出口总额 41.9%，到 1948 年降至 19.4%，出口绝对额也由 6 240 万美元降至 3 300 万美元。1946 年，制成品（主要是棉制品）出口额为 2 960 万美元，占出口总额的比重为 19.9%。1947 年，增至 5 330 万美元，占比升至 24.7%。1948 年，进一步增至 6 250 万美元，占比升至 36.7%。参见表 14 – 6。

表 14 – 6　　抗战胜利后出口商品构成　　（单位：%）

商品种类＼年份	1946	1947	1948
食品、饮料、烟叶	14.6	22.7	18.0
原料	41.9	23.3	19.4
半制成品	23.6	29.3	25.9
制成品	19.9	24.7	36.7

资料来源：郑友揆，《1840—1948 中国的对外贸易和工业发展》，第 225 页

从表 14 – 6 中可见，制成品比重升至近代中国对外贸易史上空前未有的程度，原料占比下降剧烈。但这种商品结构同样不完全反映中国产业结构的变动，因其主要是由贸易政策及政局动荡的社会环境导致的。如上所述，抗战期间，中外交通运输中断，

① 表中所列为商业性进口及联总物资合计数量。其中，半制成品主要包括化工产品、五金及木材等。

致使大批出口物资积压。战后，海外交通恢复正常，积压物资外运，因而 1946 年和 1947 年原料出口规模较大。随着积压物资外运完毕，国内农业、矿业受战争影响，生产萎缩。到 1948 年，原料出口锐减，占出口总额的比重也急剧下降。而出口的棉制品迅速增加，一方面是棉花的大量进口，加工后再出口；另一方面，是相关政策决定的。如 1948 年，美国《援华法案》明确规定，中国必须将援华原棉 50%的最终产品（棉纱或棉布）出口到海外的东南亚各国，再以所得外汇进口美国的原棉，促使中国棉制品加工贸易的发展。同时，棉纺织业作为近代中国工业的支柱性产业，其发展与城市劳动力就业及人民衣着密切相关，这极大地影响着社会的稳定与发展。故抗战胜利后，国民政府积极采取措施，扶植棉纺织业的恢复发展，并将其尽可能控制在政府手中。因而战后中国棉纺织业迅速恢复发展，在满足国内人民生活消费的基础上，还大量出口到东南亚等地。据统计，1946 年，棉制品出口额仅 140 万美元，1947 年激增至 4 560 万美元，1948 年进一步增至 6 570 万美元，占出口总额的比重也由 0.9%升至 21.1%，再升至 38.6%。[①]棉布和棉纱也因此成为这一时期中国最大宗的出口商品。

三、对外贸易的地理方向

如上所述，第二次世界大战极大地改变了世界的格局，西方列强实力对比发生了急剧的变化，因而，抗战胜利后，中国对外贸易的地理方向也出现相应的变化。1936 年，美国在中国对外贸易中，占 22.6%的份额。同期，英国占 10.64%，日本占 15.5%。到 1946 年，美国占比升至 53.19%，英国及日本分别降至 4.55%和 0.99%。作为世界头号经济强国，美国无论在中国的进口还是出口贸易中，均居于绝对优势。

（一）进口商品的来源

抗战前，美国在中国进口贸易中虽占最大份额，但也仅有 15%～21%（不包括东北）。抗战胜利后，美国在华进口贸易中的地位急速上升。1946 年，在一般商业性进口中，美国占有 57.2%的份额。1947 年占 50.2%，1948 年为 48.4%。如加上援助物资（联总物资主要来自美国），则相应比重分别升至 61.4%、57%和 66.5%。除美国外，英国、印度及东南亚也向中国提供部分进口商品，不过在进口贸易总额中所占比重较小。

抗战前，在中国进口贸易中居第二位的日本，在战后中国的进口贸易中，比重骤降至年均仅 1%左右。其他西方国家，如德法意等，原来均是中国重要的贸易伙伴，战后对华出口规模微小。参见表 14－7。

表 14－7　　抗战胜利后中国进口贸易的国家和地区比重　　（单位：%）

国家和地区	1946 年		1947 年		1948 年	
	商业性进口	进口总值	商业性进口	进口总值	商业性进口	进口总值
美国	57.2	61.4	50.2	57.0	48.4	66.5
英国	4.6	6.5	6.9	8.5	8.1	5.5

① 郑友揆，《1840—1948 中国的对外贸易和工业发展》，第 226 页。

续表

国家和地区	1946 年		1947 年		1948 年	
	商业性进口	进口总值	商业性进口	进口总值	商业性进口	进口总值
日本	0.4	0.3	1.7	1.2	0.9	0.6
东南亚	4.1	3.2	6.8	5.0	7.9	5.1
印度	8.7	7.0	9.0	6.9	10.6	6.8
中国香港地区	4.5	3.5	1.8	1.4	1.5	0.9
其他	20.5	18.1	23.6	20.0	22.6	14.6

资料来源：郑友揆，《1840—1948 中国的对外贸易和工业发展》，第 228 页①

（二）出口商品流向

抗战后，中国出口贸易的地理方向与进口贸易并不完全一致。美国虽然在中国出口贸易中占据第一位，但其所占比重大大低于其在进口贸易中所占份额。1946 年，由于存在大量战时积压物资，因而中国对美出口增长明显，在中国出口贸易中占比高达 38.7%。随后，中国出口到美国的商品总量下降，美国在中国出口总额中的比重也降低了。1947 年降至 23.3%，1948 年进一步降至 20.1%。与此同时，随着中国棉制品出口加工业的发展，东南亚在中国出口市场中所占地位显著上升。1946 年，中国对东南亚出口近 710 万美元，占出口总额的比重 4.8%；1947 年猛增至 2 260 万美元，所占比重上升至 10.5%。1948 年，出口规模进一步扩大到 3 440 万美元，所占比重也升至 20.2%，从而超过美国在中国出口贸易中占的份额。参见表 14－8。

表 14－8　　抗战后中国出口贸易的国家和地区比重　　（单位：%）

国家和地区＼年份	1946	1947	1948
美国	38.7	23.3	20.1
英国	4.4	6.5	3.9
日本	3.1	1.9	5.5
东南亚国家	4.8	10.5	20.2
印度	5.3	3.2	3.9
中国香港地区	28.2	34.2	31.4
其他	15.5	20.4	15.0

资料来源：郑友揆，《1840—1948 中国的对外贸易和工业发展》，第 229 页

从表 14－8 中可见，美国在中国出口中所占比重逐步下降，东南亚快速上升。主

① 进口总值中包括联总救济物资。

要原因在于东南亚充当了中国最大宗的出口制成品——棉制品的主销市场。

此外，与进口不同，这一时期，香港在中国内地出口贸易中占比较高。但香港作为转口港，商品大部分被再出口到其他市场。据研究，本时期，内地出口到香港的商品，最终市场主要是东南亚和印度、美国和欧洲以及香港当地市场。三个市场占内地输港商品的比重，1946 年分别为 25%、33%和 42%；1947 年，大体各占 1/3；1948 年，三者的比例为 1/2、1/4 和 1/4。其中，转口美国和欧洲的商品主要是桐油、猪鬃等农矿产品；转口到东南亚的则主要是棉制品及药材等；家畜、蔬菜、饮料和其他日用品及建筑材料等，主要在香港当地消费。①与总体贸易流向一致，东南亚在经香港转口输出的商品贸易中，所占比重不断上升。因而东南亚成为这一时期，中国唯一存在贸易顺差的市场。1947 年，顺差额约为 1 000 万美元，1948 年增至 4 000 万美元。

四、中国对外贸易的区域分布

近代，中国各地区经济发展极端不平衡，东南沿海及长江流域经济发展水平遥遥领先。鸦片战争后，西方列强迫使中国开放的地域首先也主要集中于东南沿海一带。其中，上海以得天独厚的自然及社会条件，跃居全国最大的对外贸易口岸。20 世纪以后，随着东北经济的开发，其对外贸易获得发展，在全国对外贸易中的地位上升。抗战结束后，东北地区先由苏联军队占领，随后又被中国人民解放军控制，规模浩大的辽沈战役影响了东北对外贸易的发展，使上海及其周围的华东华中地区在全国对外贸易中，再次占据突出地位。其中，进口贸易占 80%左右，出口贸易也占 60%～70%的份额。

第五节　美国商品对中国市场的独占及对中国民族工业的冲击

抗战胜利后，美国凭借其在华的政治、经济势力，获得国民待遇和最惠国待遇。他们一方面在国统区兴建各种工矿企业，进行直接投资；另一方面，利用国民政府为抑制通货膨胀推行的放任消费品进口的政策，将大量剩余物资倾销到中国市场，对中国民族工商业造成沉重打击。

一、美国商品对中国市场的独占

抗战后，美国通过多种渠道向中国倾销商品，既有一般贸易，也有所谓“援助”“救济”“贷款”等名义下的货物输入。此外，还有大量的走私贸易。

从日本投降到 1946 年 5 月，从上海进口的美国商品即达 7 亿美元。货物在上海堆积如山，以致国民政府有关机构动用了上海所有的起重机，花了整整 6 个月才全部

① 郑友揆，《1840—1948 中国的对外贸易和工业发展》，第 230 页。

卸完。[①]如上所述，在一般商业性进口中，1946年，美国所占比重达57.2%，比1936年提高了34.6个百分点。1947—1948年，虽然由于国民政府的进口贸易限制政策及国统区经济的崩溃，进口贸易下跌，美国在中国进口贸易总额中的比重有所下降，但始终保持在50%左右，遥遥领先于其他国家。

表14－9　　美国在部分进口商品中所占比重　　（单位：%）

年份＼商品种类	机器设备	汽车轮胎		烟草			
		内胎	外胎	烟叶	烟丝	未列名烟草	烟纸
1946	62.6	88.4	82.1				
1947	71.2	77.7	87.9	97	99	10	81
1948	75	72.7	71.8	96		99	83

资料来源：陆仰渊等，《民国社会经济史》，中国经济出版社，1991年版，第827－828页

美国除通过正常贸易向中国倾销商品外，还通过所谓的援助、救济等形式向中国输入大量特种物资（以美政府或联合国名义输入的享有免税、免验特权，由国民政府统一承购）。这实质上是美国以政府的名义向中国进行的特殊商品倾销，数额庞大。1946—1948年3月，以联合国善后救济总署名义提供的“联总物资”达5.27亿美元，实际运到3.21亿美元，[②]占同期中国进口总额的近1/3。其中，美国货物占76.5%，即2.46亿美元。这一时期，美国对华贷款、援助主要是以商品形式进行，如“棉花贷款”“租借物资援助”。再如1948年2月，美国政府实施了一个所谓的《援华法案》。根据该法案，美国从1948年4月3日至1949年4月2日，向国民党政府提供2.75亿美元的援助，大部分用于指定购买美国的米、面粉、棉花、石油及煤。由于国民党统治地区政治经济形势的急剧变化，到1948年底，美国运抵中国的商品达1.12亿美元，占该年中国一般商品进口的一半以上。通过一般商业性进口及援助等途径，美国在中国进口贸易中占据2/3以上的份额。1946—1948年，两类进口合计，美国占中国进口贸易的比重分别为61.4%、57%和66.5%，高于其他国家对华贸易的总和。

此外，这一时期，美国商人、驻华美军还对华进行大规模的走私活动。美国军用飞机、舰艇在华享有自由出入机场、海港及内河而不受检查的特权，成为“事实上的走私队”。他们通过人员夹带及邮递等手段，将大量美国商品走私进入中国市场。当时，上海报纸评论说：“海关不能检查军舰（美舰），水兵利用军舰带货，这跟武装走私已经差不多了。”[③]甚至美国海军西南太平洋司令也大规模对华走私汽车，成为轰动一时的丑闻。

美国对华走私贸易主要集中于上海和邻近香港的华南地区。1946年，上海走私货高于合法进口商品额的2～3倍；广州市场上的美货，90%为走私货。1948年，香

① 钦本立，《美帝国主义侵华史》，世界知识出版社，1950年版，第56页。

② 郑友揆，《1840—1948中国的对外贸易和工业发展》，第220页。

③《上海联合晚报》，1946年6月15日。

港港务局运输报告称，每月有 10 万吨未经登记的货物自香港运往内地，走私活动极度猖獗。1946 年 8 月 7 日，天津《益世报》报道："近来，货物像潮水一样涌进中国，单靠海关统计是无法计算的。我们知道无论在海船上、军舰上、飞机上都可以走私大批的货物。军舰和飞机，海关是无法检查的。这些军舰飞机，事实上成了外国货的走私队。"1946、1947 年，仅各地海关查获的走私货物即分别达法币 111 亿元、113 亿元。而这只是走私的极小部分，保守估计，仅占全部走私额的 10%。[①]1946—1947 年，美货走私入华约占一般商业性进口贸易的 20%，1948 年也占到 15%。3 年累计走私贸易额达 2.5 亿美元。

抗战胜利后，美国凭借其雄厚的经济实力及在华特权，通过多种手段将大量商品倾销到中国市场，途径主要有三种。一是靠美国在华开设的洋行直接经营。二是通过美国人与官僚资本中的私人企业及其他买办合办公司。这类公司规模庞大，由美国人控股，业务也主要由美国人管理。如美国海军陆战队的陈纳德与宋美龄合办的中美实业公司，以陈纳德空运队为骨干，总公司设在上海并在南京、汉口、长沙、芜湖、九江、衡阳等地设立分公司，自备轮船、卡车将美货运销各地。许多美货，如机械、药品、化学原料及一切生活用品等，统由该公司全权代销。同时，代办猪鬃、桐油、丝、茶等物资的出口。三是官僚资本开设的贸易公司。这些公司凭借特权和经济实力，积极推销美货以牟取暴利。如宋家的孚中公司是美国汽车、电器类 12 家公司产品的独家经销商，是美国汽车、钢铁在华最大的代理商。孔家的扬子建业公司、嘉陵公司独家经营美国 10 大钢铁厂及其他 6 家公司的商品。陈家的太平兴业公司也和美国 23 家公司订有购销合同。[②]

在缺乏关税及非关税壁垒的条件下，抗战胜利后，美国凭借其先进的生产技术、高效的劳动生产率及多种营销方式和手段，大肆向中国倾销各类商品，进而独占中国市场。1946 年，美货的价格一般是同类中国商品的五分之一至三分之一。如进口的美国汽油价格竟低于上海的开水售价，致使抗战后的中国城乡美货泛滥。上海和天津等大城市成了销售美货的"中央商场"。据调查，上海四大商业公司——永安（百货）、新新（食品）、先施（服装）、大新（百货），美货占 80%以上；[③]天津各大百货公司中，美货也占 69%以上。[④]一般的中小商店、零星摊贩出售的货物也多为美货，一些经营有方的摊贩甚至一跃为美货商店或联合商场。1946 年 10—12 月，短短 3 个月间，上海新设美货商店或联合商场竟多达 57 家。

抗战胜利后的中国，从沿海到内地，从城市到乡村，美货充斥，触目皆是，可谓"无货不'美'，有'美'皆备"。其商品从呢绒、布匹、服装、鞋帽、罐头食品、水果、烟酒、奶粉、药品、文具、化妆品，到牙刷、丝袜，五光十色，无所不包。1946

① 狄超白，《中国经济年鉴》第 11 页，太平洋经济研究社，1947 年。

② 许涤新、吴承明主编，《中国资本主义发展史》卷 3，人民出版社，1993 年版，第 587 – 589 页。

③《解放日报》，1946 年 7 月 8 日。

④《北国春秋》，1960 年第 2 期，第 25 页。

年7月8日，《解放日报》评论说："今天的上海是真的'美化'了，美国货充斥了市场的每一个角落……。中国人民从吃到用，要全部美式配备了！"

二、美国商品倾销对中国民族工业的冲击

美货大量倾销到中国市场造成多重影响。客观上在一个较短时期内，缓解了抗战后中国的物资短缺，对满足人民生活需要及工农业生产的恢复起到一定的有益作用。但中美两国劳动生产率差异悬殊，除依赖中国特有资源的行业外，美国几乎在所有的工业品及粮食、棉花等农产品上都具有绝对优势。美货凭借强大的竞争优势，以低廉的价格超大规模地涌入中国市场，对中国幼弱的民族工商业、落后的农业造成剧烈冲击，严重损害了中国经济的健康发展。抗战中艰难生存下来的中国近代工业，几乎毫无例外地受到美货的冲击和损害，以轻工业中的水泥、食品饮料、卷烟、纺织业受打击最为严重。如水泥业，据中国海关总税务司署统计，1946年，共进口459 196公担。其中来自美国的达279 292公担，占总进口额的64.2%，对中国水泥企业造成巨大冲击，生产难以为继。1946年7月，中华水泥工业联合会向国民政府行政院递交的呈文中称："考美货水泥进口成本连同水脚杂费在内，每包约合国币四千元，加征关税百分之四十，在沪售价仅约五千余元。反观国产水泥，因煤斤短缺、运输困难、工资昂贵、资金枯竭等种种关系，每包成本计需九千余元。但为应付倾销、挽回利权，每包现仅售六千余元。长此以往，必致无法维持，迫至停业。"[①]

食品饮料业也遭重创。上海原有食品罐头厂180余家，到1946年底，倒闭的高达130余家，少数幸存者也开工不足，勉力维持。1946—1948年，中国进口美国牛奶5 259 657公斤，奶油37 513公斤，奶粉4 006 483公斤，炼乳520 197公斤。而当时，中国鲜牛奶产量最多的上海，日产牛奶仅16 344公斤。美国将可口可乐原液输入中国，由上海装瓶，倾销各地，以致中国汽水业大受打击，很多工厂被迫停产。1948年7月，上海中央汽水厂等向政府联名呼吁，要求政府保护岌岌可危的中国饮料业。[②]

美国尼龙丝袜大量倾销，致使上海袜业难以为继，著名的中华、勤益、华安、福康等十余家袜厂停工。1947年9月1日，上海工业协进会向国民政府递交一份呈文中称，上海丝袜业"遭受严重摧残……。吾人平时有纳税义务，政府应对吾人负责，法令应为吾人保障……。政府应禁止美货尼龙丝袜大量走私进口。"[③]

1946年，上海80余家卷烟厂中，2/3被迫停工，"本厂因受外货压迫，……不得已唯有破釜沉舟，宣告清理"的关厂告示常见诸报端。少数勉强开工企业，也主要靠进口美国烟叶、卷烟纸、香精等原料维持，实际成了美国的加工厂。[④]

---

① 《刘鸿生企业史料》下册，上海人民出版社，1981年版，第250－251页。

② 中央汽水厂等9厂致南京政府经济部呈文，1948年7月19日，中国第二历史档案馆藏。

③ 上海工业协进会转呈第四区针织工业同业公会请求禁止美货尼隆丝袜大量走私进口的呈文。1947年9月1日，中国第二历史档案馆藏。

④ 编写组，《上海外贸史话》，上海人民出版社，1976年版，第144页。

重工业由于多由政府垄断经营，所受冲击相对较轻，但美国生产成本低廉，导致同类商品中美差价巨大。如钢材，美国每吨市场售价 58 万元，而中国每吨成本即达 180 万元。

据不完全统计，1946—1947 年底，国统区 20 多个大城市，倒闭工厂达 27 000 余家。其中，上海 2 590 家，占该地区全部民营企业的 76%；到 1947 年，天津 70%的工厂倒闭；其他城市倒闭的民营企业也多在 70%～80%。中小城市情况更为严重。1947 年，成都 90%的土货工厂停工；1948 年，青岛 700 余家民营企业全部停业。①随着美货的大量倾销、华资企业的倒闭，中国原本可以自给的许多行业，如面粉、烟草等不得不大量进口，造成中国经济对美国的过度依赖。

此外，农业也受到美国廉价农产品的冲击。由于美国的现代农业技术先进，有规模经济效益，故其在中国市场的售价普遍低于中国货。如进口量最大的农产品棉花，在中国的售价大大低于中国所产的棉花。1946 年，中国进口美棉（包括援助物资部分）比 1936 年增加近 20 倍。进口的美国橘子在南京市场售价 300～400 元一只，而四川广柑在产地就需 800～900 元一只。在内战及美国商品倾销的冲击下，国内农业生产严重萎缩。如河北各地“悉受外麦充斥影响，本省产品无处宣泄，乡农以终岁勤劳所得代价，几难供两月之饱，交通不便之区运输维艰，市价尤廉，甚且售卖田园，或举高利贷以度日者，随处皆是”。②1947 年，广东抛荒耕地占可耕地总面积的 75%、江苏占 60%、安徽和湖南也达 30%以上。1948 年，与战前相比，粮食产量减少 17.1%、油料作物减产 24.1%、棉花减少 35.1%。到 1948 年，江苏棉花生产量竟不及 1918 年的 50%。③

农村经济的衰退，导致农民购买力下降及棉花等工业原料的匮乏，进一步打击了中国最大的工业行业——棉纺织业。该业在原料短缺、美货冲击、恶性通货膨胀的共同影响下急速萎缩，其他产业也未能幸免。1949 年初，上海工业协会给国民政府行政院的电报称：“沪市工厂被迫停工减产者比比皆是。”④

综上所述，抗战结束后，中国积极参与了国际贸易自由化进程，关税壁垒大幅度降低，中国市场向外国商品特别是美国商品敞开，处于前现代化的中国产业的普遍落后，无力与高度现代化的美国产品竞争，国内幼弱的近代产业受到巨大冲击。加上内战的爆发，经营环境严重恶化，资金外逃、投机盛行，企业纷纷破产，国统区正常的经济秩序被彻底打破，工农业生产严重衰退，对外贸易急剧萎缩。随着国民党在大陆统治的结束，半殖民地性质的中国对外贸易宣告终结。

---

① 李新等编，《中国新民主主义革命时期通史》，人民出版社，1962 年版，第 111－112 页。

② 章有义，《中国近代农业史资料》第 2 辑，三联书店，1957 年版，第 805 页。

③ 许涤新、吴承明主编，《中国资本主义发展史》卷 3，人民出版社，1993 年版，第 639 页。

④ 陆仰渊等，《民国社会经济史》，中国经济出版社，1991 年版，第 839 页。

复习思考题

1. 抗战胜利后，国民党政府实施了哪些对外贸易政策？
2. 抗战胜利后，美国在华特权有何扩大？
3. 美国对华商品倾销的方式有哪些，其对战后中国经济的影响如何？
4. 抗战胜利后，中国对外贸易的地理方向有何变化？

下　篇

第十五章　改革开放前的中国对外贸易

学习要点与要求

本章主要分析了新中国改革开放前对外贸易的基本政策、经营与管理体制及对外经济贸易发展的状况。通过本章的学习，学生应掌握改革开放前，中国对外贸易的基本政策及特征，了解中国社会主义对外贸易的形成与发展，理解 1978 年以前对外贸易在我国国民经济中的地位和作用。

随着 1949 年 10 月中华人民共和国成立，中国废除了近代以来的一切中外不平等条约，收回被西方列强剥夺的包括对外贸易领域在内的国家主权，建立了社会主义对外贸易，从而揭开中国对外贸易的新篇章。

第一节　中国社会主义对外贸易的建立

中华人民共和国成立后，从对外贸易的基本方针政策、组织机构、经营主体及经营管理体制上逐步确立了社会主义独立自主的对外贸易。

一、实行对外贸易统制政策

中华人民共和国成立后，将对外贸易的国家统制确立为我国对外贸易的基本政策。

（一）对外贸易统制政策的确立

鸦片战争以来，外国洋行垄断中国的对外贸易，西方人控制中国海关，将中国的对外贸易纳入西方资本主义经济发展的轨道，使其发展完全适应西方国家的需要。国民政府时期的国定关税政策，主旨在于提高财政收入而非着力保护国内产业，使中国幼稚的民族工商业难以发展，中国几代人工业化的梦想长期无法实现。

1949 年 3 月，在党的七届二中全会上，毛泽东即提出对外贸易统制政策："人民共和国的国民经济的恢复和建设，没有对外贸易的统制是不可能的。从中国境内肃清了帝国主义、封建主义、官僚资本主义和国民党的统治（这是帝国主义、封建主义、官僚资本主义的集中表现），还没有解决建立独立的完整的工业体系问题，只有待经济上获得了广大的发展，由落后的农业国变成了先进的工业国，才算最后解决了这个问题。而欲达此目的，没有对外贸易的统制是不可能的。”大会最后确定了“对内的节制资本和对外的统制贸易”的基本经济政策。据此，1949 年 9 月，中国人民政治协商会议第一届会议通过的《中国人民政治协商会议共同纲领》，规定“实行对外贸易管制，并采用保护贸易政策”，即实行对外贸易国家统制，对国内生产予以保护。

（二）对外贸易统制政策的基本含义

1953 年 11 月，外贸部在《全国对外贸易特派员碰头会议总结报告》中明确指出，中国对外贸易统制政策的基本含义为“在中央对外贸易方针政策和法令下，有领导、有计划、有组织地进行对外贸易，”即对外贸易由国家统一管理，按照国家计划组织统一经营。

（三）对外贸易统制政策的主要内容

中华人民共和国成立初期，对外贸易统制政策主要包括三项内容。（1）强化对外贸易行政管理。由国家对对外贸易实行进出口许可证、外贸企业审批、外汇管理、出口限价、商品检验以及海关管理等行政性管理。（2）实行保护性关税。对国内非必需品及能生产的货物予以进口限制，制定较高的进口税率。（3）逐步加强计划管理。在对外贸易统制政策下，全国对外贸易活动被置于国家集中领导、统一管理之下，统一开展对外经贸活动。1958 年 8 月，中央作出《关于对外贸易必须统一对外的决定》，明确规定：为了加强统一对外，除对外贸易部所属各总公司及其分公司外，任何地方、任何机构都不许进行进出口贸易，主要商品由外贸总公司统一对外成交，并由外贸总公司统一掌握其他商品的对外成交价格。同时中央还作出《关于贸易外汇体制的决定》，规定：“国家对于贸易外汇实行统一管理和重点使用。”

此后，对外贸易统制的具体手段不断调整，但总体趋势是国家主要以行政手段对进出口活动实行严格的控制与管理。

二、设立对外贸易领导机构

中华人民共和国成立后，制定了独立自主、平等互利的对外贸易原则。在此原则下，废除列强在中国的特权，将对外贸易领导机构分为贸易、海关、银行三个系统。

（一）贸易系统

中华人民共和国成立后，1950 年，设立贸易部，下设外贸司；各地设对外贸易局，统一领导和管理全国的对外贸易。同时，逐步取消外商在华设立的商检行，设立商品检验局（隶属中央贸易部），统一负责进出口商品检验、检疫及公证鉴定等工作。1952 年，成立中华人民共和国对外贸易部，归口领导和管理全国的对外贸易。与此同时，逐步组建地方外贸管理机构。

（二）海关系统

中华人民共和国成立后，1950 年，设立海关总署，逐步接管和改造各地被外国人控制的旧海关，收回中国的海关主权。海关的主要任务是执行和贯彻“保护贸易政策”，其主要职责为货运监管、征收关税、查缉走私及其他海关业务。1953 年，将海关总署与对外贸易部的对外贸易管理总局合并为新的海关总署（后改称海关管理局），归对外贸易部领导。

（三）银行系统

中华人民共和国成立后，设立中国人民银行总行，下设中国银行等金融机构，由中国银行在中国人民银行总行的领导下，统一管理全国的外汇业务，目的在于调节和扶助全国的进出口贸易。由此，废除了西方列强百余年来对中国金融业的控制。

对外贸易领导机构的建立与健全，摆脱了列强对中国对外贸易的控制，从而改变了旧中国作为帝国主义列强廉价原料产地和产品倾销市场的不平等地位。

三、确立对外贸易经营主体

（一）取消在华外国洋行的特权

中华人民共和国成立后，取消了外国在华洋行的特权，允许其在遵守人民政府法令下继续经营，从而结束了西方列强控制中国对外贸易的历史。

中华人民共和国成立伊始，美国即通过其控制的巴黎统筹委员会对中国进行经济封锁，禁止将战略性物资运往中国。朝鲜战争爆发后，美国政府随即冻结中国在美管辖区的所有财产，中国政府相应宣布对美国在华的一切财产进行管制，美国在华洋行停业。1951，以美国为首的西方国家对华实行全面的“封锁、禁运”，对于来自中国的商船不论国籍一律禁运，禁止所有中国所产及在其他国家加工的产品进口，对任何前往中国港口的船舶、飞机等加以控制。在此情况下，在华绝大部分外企陷入瘫痪状态，只得陆续放弃经营、申请歇业或将企业作价卖给中国政府。[①]

（二）没收官僚资本的对外贸易企业

人民政府对国民党时期官僚资本的对外贸易企业实行没收政策。这些企业主要包括国民党政府时期成立的国家资本的外贸机构及官僚私人所属企业。如中央信托局、输出入管理委员会、资委会等的下属企业，以及孔、宋等家族的外贸企业。这些企业被没收后，经过改造、重组，转变为社会主义的国营企业。[②]

（三）改造私营进出口企业

中华人民共和国成立初，全国共有私营进出口公司 4 600 家，从业人员 3.5 万，资本 1.3 亿元，经营额占全国外贸总额的 1/3。当时，私营进出口商被认为具有两重性：一方面，他们有发展民族经济的愿望，有经营进出口业务的专长和经验，有海外贸易渠道和业务关系，可发挥积极作用；另一方面，他们唯利是图、投机取巧及盲目竞争。[③]因此，人民政府对私营进出口企业（与其他私营工商业一样）实行了利用、限制、改造的政策，即利用其特殊条件和发展对外贸易的积极作用，经营一部分对西

① 1950 年，在华洋商尚有 540 余家，到 1955 年仅余 28 家。当代中国丛书编委会，《当代中国的对外贸易》，当代中国出版社，1992 年版，第 8 页。

② 官僚资本的外贸企业所拥有的主要资产是外汇，在人民解放战争胜利进行的过程中，已全部被官僚资产阶级卷逃或汇出大陆。所剩资产主要是房产、车船、人员。特别是后者，成为中华人民共和国的外经贸人才。

③ 当代中国丛书编委会，《当代中国的对外贸易》，当代中国出版社，1992 年版，第 9 页。

方国家的进出口贸易，限制他们盲目经营，[①]制止其违法活动，并逐步对他们进行生产资料所有制的社会主义改造。改造的途径包括采取联购联销、代进代出、公私联营等多种经营方式，引导其走上社会主义道路。1956 年，在全国公私合营高潮中，私营进出口企业也实行了全行业公私合营。合营后，私营进出口企业按国营外贸企业的制度，重新改组或并入国营企业，资本家从此丧失了对外贸易经营管理权。

（四）新建国营对外贸易企业

新建的国营对外贸易企业，已成为中华人民共和国对外贸易经营主体。早在解放战争时期，随着一些沿海口岸相继解放，东北、山东、华北及华东等解放区陆续设立了对外贸易管理机构，组建了对外贸易公司，开展对苏联、朝鲜、日本以及港澳地区等的贸易。中华人民共和国成立后，在山东、华北、华东等地进行对外贸易的基础上，逐步建立起国营对外贸易企业。1950 年，设立中国进口公司（经营对社会主义国家的贸易）、中国进出口公司，以及中国土产、油脂、茶叶、蚕丝、矿产等国营外贸公司。1953 年，对原公司进行调整，组成 14 个专业进出口公司和两个专业运输公司，还在各地设立分支公司。1950 年，国营外贸企业的进出口额占全国进出口总额的比重达 68.4%。到 1955 年，这一比重上升至 99.2%，占有绝对优势。自 1956 年以后，中国对外贸易经营权只限于国营外贸专业总公司，即国营对外贸易公司成为中国对外贸易唯一的经营主体。

四、确立高度集中的对外贸易体制

中华人民共和国成立初期（1949—1956 年）即确定了“独立自主、集中统一”的外贸工作原则和方针，特别是 1950 年 12 月政务院发布的《对外贸易管理暂行条例》，奠定了中国社会主义对外贸易的制度基础。由此，我国逐步建立起集中领导和统一管理的对外贸易体制。

1956 年后，对私营企业的社会主义改造已完成，中国全面实行计划经济体制，对外贸易的经营和管理体制成为计划经济体制的重要组成部分。中国的进出口业务全部由国营外贸专业总公司经营，从而结束了不同所有制企业并存经营的对外贸易格局，建立起由外贸部统一领导、统一管理，各外贸专业总公司统一经营，实行指令性计划和统负盈亏的高度集中的对外贸易体制。其具体内容如下。

（一）实行单一的计划管理

1956 年后，对外贸易全部纳入国家计划管理，目的即为完成国家计划，管理手段高度简化。1959 年，外贸部发出《关于执行进出口货物许可证签发办法的综合通知》，明确规定“各进出口总公司及其分支机构进出口的货物，凭外贸部下达的货单或通知为进出口许可证”，原有的对外贸易管理制度失去作用。外贸计划管理体制成为外贸体制的核心，内容包括在国内的出口收购和进口调拨、对外的进出口、外汇收

① 从货源渠道、经营范围、外汇审批、国家税收、银行信贷等方面加以限制，国家对主要农副产品和重要工业原料逐步实行统购统销和对外统一出口。

支，以及其他各项计划的编制、下达和执行等。外贸专业公司的进出口业务完全按计划进行，计划是指令性的，不能随意变动。计划成为调节外贸经营的单一杠杆和对外贸易管理的主要手段。

（二）实行统收统支、统负盈亏的财务体制

统收统支、统负盈亏的财务体制，是原有外贸体制运行的基本支柱。其主要内容是各外贸专业总公司负责核算和平衡本公司系统的进出口盈亏，每年的盈亏额统一上报外贸部；外贸部统一核算和综合平衡后，上报给财政部，盈利统一上缴财政部，亏损也由财政部负责补贴。外贸公司不自负盈亏，无资金存留，其流动资金也由财政部统一核拨。

（三）实行国家外贸专业总公司统一经营

1956 年后，中国的对外贸易业务全部由国营进出口公司经营，即对外进出口经营权仅授予外贸专业总公司及其所属口岸分公司，特别是集权于外贸专业总公司，由各总公司及其分公司按经营分工，统一负责进出口贸易的对外谈判、签约、履约等业务活动。其他机构无权经营进出口业务。到 1978 年，全国外贸公司仅 130 多家。

（四）实行出口收购制和进口拨交制

在外贸对内经营方面，实行出口收购制和进口拨交制。出口商品的生产企业及进口商品用户与国际市场不发生联系。外贸公司以买断方式购进出口商品，向国际市场出口，并按照国家计委和外贸部下达的货单完成进口订货、承付、托运等对外业务后，将进口商品调拨转交给用货单位。

（五）实行国内外市场价格割断制度

由于国内外经济体制的不同，外贸经营亦不以营利为目标，因而国内外市场价格不存在有机联系。在国内外市场价格割断的制度下，出口商品货源按国内计划价格收购，进口商品的内销按国内调拨价供应用户，出口商品的外销和进口商品的购进则按国际市场价格作价。

（六）集中管理、统一经营的外汇管理体制

国家对进出口贸易外汇实行集中管理、统一经营，即外贸公司的出口收汇一律结交国家，进口所需外汇由国家计委根据进口用汇计划统一拨付。所有与进出口有关的外汇业务，由国家特许的外汇专业银行——中国银行统一经营。①

随着上述制度的确立，中国形成了高度集中，以行政管理为主的对外贸易体制，这在当时特定的历史条件下有其存在的必然性和合理性。面对西方国家的经济封锁、生产资源的严重短缺、亟待恢复的国民经济和社会主义工业化启动的需求，由国家统制对外贸易活动，有利于统一对外，有利于集中有限的资源，从而顶住外国压力，有计划地恢复发展国民经济，进而有助于建立独立、完整的工业体系和国民经济体系。

① 当代中国丛书编委会，《当代中国的对外贸易》，当代中国出版社，1992 年版，第 67—68 页。

第二节　对外经济贸易政策的调整

一、“自力更生为主，争取外援为辅”指导方针的确立与实施

早在中华人民共和国成立前，党的领导人即已明确表示，未来的经济建设要依靠自力更生，同时，要发展对外经济贸易。1945 年，毛泽东即指出：“我们是主张自力更生的。我们希望有外援，但是我们不能依赖它，我们依靠自己的努力。”1949 年 9 月，《中国人民政治协商会议共同纲领》[①]第 57 条明确规定：“中华人民共和国可在平等互利的基础上，与各外国的政府和人民恢复并发展通商贸易关系。”周恩来也明确指出，“我们要多想办法，采取积极措施努力发展对外贸易”，“以利达到发展生产，繁荣经济的目的”。[②]

中华人民共和国成立后，面临恢复发展国民经济、实现工业化的迫切任务，发展对外贸易可以促进建立完整的工业体系，增强自力更生的能力。这一时期，党中央的多个文件均明确提出，中国要在自力更生的基础上，积极发展与世界各国的经贸关系。1949 年 12 月，周恩来提出：“国家建设是以国内力量为主还是国外援助为主？我们的回答是以国内力量为主，即自力更生为主。”[③]自力更生明确成为中国经济建设的基本方针。1958 年，中国又进一步提出“自力更生为主，争取外援为辅”的经济发展方针，这一方针也成为中国对外经济贸易活动的指南。

所谓“自力更生”，即一国的发展主要依靠本国人民的智慧和力量，充分利用本国的资源、资金和生产能力。但是受历史因素及国内外客观环境制约，片面强调自力更生，导致自给自足成为当时对外经贸活动的追逐目标。

由于中国经历了数千年的封建社会，自给自足的自然经济思想根深蒂固。近代百年来，中国被迫开放下的半殖民地性对外贸易，使中国被纳入西方经济发展的轨道，国民财富流失。中华人民共和国成立后，为将半殖民地对外贸易转变为独立自主的对外贸易，以尽可能减少对资本主义国家的贸易来降低对西方国家经济的依赖。1950 年，贸易部部长叶季壮提出：“对外贸易的基本问题，是如何逐步把半殖民地的贸易改变为独立自主贸易。我们过去的出口货，是迎合资本主义国家的需要而生产的，在来源上又是完全依赖它的。因此，改变的办法，要从根本上来改变。首先是在可能范围内做到国内自足自给，同时要改组我们的产品，使其能满足苏联及新民主主义国家之需要。”1952 年，叶季壮在报告中进一步明确指出：“我们为了争取主动，除了尽可能做到国内自给自足之外，必须在和平民主阵营内有步骤地逐渐采取自给自足的

① 中华人民共和国成立之初，《中国人民政治协商会议共同纲领》起临时宪法的作用。

②《周恩来选集》下卷，人民出版社，1984 年版，第 226 页。

③ 同上，第 10 页。

办法，改变多年来依赖资本主义集团的对外贸易形势，达到民主阵营能完全自给自足的目标。”①

由于片面强调自力更生、追求自给自足，将进口与自力更生对立起来，因而在实践中实行限制进口的政策，“保护和发展国内工业，依此制定税则、税目、税率，实行进出口贸易许可制度”，“国内能自给自足的，就不给进口”，进而制定了保护性关税。在争取对外援助方面，亦将自力更生作为前提。早在 1949 年 3 月在西柏坡召开的党的七届二中全会上，党的领导人就着重指出，在争取苏联援助的同时，也必须要注意到自力更生。1950 年 1 月，毛泽东在苏联指示国内：“在目前数年内多借不如少借为有利。”②此后，为应对抗美援朝战争需要及建设苏联援助的“156 项工程”，中国不得不增大自苏联的贷款。在“一五”计划时期，来自国外的贷款为 36.35 亿元，也仅占国家财政收入的 2.7%。③ 20 世纪 50 年代末、60 年代初，中苏关系恶化，苏联单方面决定召回在华工作的全部苏联专家，废除两国间经济技术合作的各项协议，使中国蒙受巨大的经济损失，加剧了当时的经济困难。此后，“既无内债，又无外债”成为理想状态，进而利用外资成为理论和实践上的禁区。

在自力更生方针下，中国主要依靠国内力量，根据出口创汇的可能，积极进口国家需要的各种物资。国民经济是一种自我循环，因而对外贸易在国民经济中仅仅处于辅助的地位，其作用限于调剂余缺、互通有无，即“以我所有换我所无，有则出，没有则不出”。出口的目的是进口，进口是为满足国内经济建设需要，通过对外贸易活动仅仅实现的是使用价值的转换。

二、从“一边倒”到积极从西方发达国家引进技术的有限开放

中华人民共和国成立前，中国共产党已经认识到与西方国家发展贸易关系有一定的必要性。1944 年，毛泽东在延安和美军观察组成员谢韦思谈话，认为未来中国工业化必须有自由企业和外国资本帮助，中国可以为美国提供“投资场所”和重工业产品的“出口市场”，并以工业原料和农产品作为美国投资和贸易的“补偿”。④1946 年，国民党统治集团挑起的全面内战爆发后，中国共产党与美国关系恶化。1949 年 2 月 16 日，中共中央指示华北局和东北局，应尽量与苏联和新民主主义国家发展进出口贸易，然后才是西方国家。由此确定了中国对外贸易的基本方针。⑤

中华人民共和国成立后，美国等西方国家采取对华敌视政策。1949 年 11 月，美国与英国、法国、意大利、联邦德国、荷兰、比利时、卢森堡、挪威、丹麦、西班牙、土耳其、葡萄牙、加拿大和日本等 15 国成立巴黎统筹委员会，禁止 400 种物资运往苏联、东欧及中国等社会主义国家。朝鲜战争爆发后，美国操纵联合国对中国实行全

---

① 叶季壮，《在全国对外贸易管理会议上的总结报告》，1951 年 1 月 30 日，《中国贸易》，第 2 卷第 2 期，第 3 页。

②《建国以来毛泽东文稿》第 1 册，中央文献出版社，1987 年版，第 213 页。

③《当代中国财政》上册，中国社会科学出版社，1988 年版，第 120 页。

④ 董志凯等，《延安时期毛泽东的经济思想》，陕西人民教育出版社，1993 年版，第 114—115 页。

⑤ 中央档案馆编，《中共中央文件选集》第 18 册，中共中央党校出版社，1992 年版，第 136—137 页。

面的“封锁、禁运”，使中国对西方被迫封闭，只能实行“一边倒”政策，即倒向社会主义国家一边的战略，“我们必须尽可能地首先同社会主义国家和人民民主国家做生意”。[①]由此形成在共同意识形态维系下的局部开放。

20世纪50年代，在“一边倒”政策下，中国主要向苏联及东欧社会主义国家开放，发展与其对外贸易和经济技术合作，明确提出：“凡苏联及新民主主义国家需要的货物，我们当尽量向苏联及新民主主义国家出口；凡是苏联及新民主主义国家能供给我们的货物，我们当尽量从苏联及新民主主义国家进口。只有苏联及新民主主义国家不需要和不能供给的货物，我们才向各资本主义国家出口或进口。”[②]

20世纪50年代末、60年代初，中苏关系恶化。苏联在对外贸易中，对中国实行限制和歧视。如不供给中国急需的钴、镍等矿产品和某些钢材品种，停止提供新技术等。中国对苏联及东欧贸易急剧萎缩，“一边倒”政策被迫结束。

中华人民共和国成立伊始，为打破“封锁、禁运”，获得经济恢复和工业化建设急需的技术、设备和物资等，中国在与苏联及东欧开展经贸往来的同时，也努力与亚非新兴民族独立国家建立贸易合作关系。同时，利用各种机会和途径，积极开拓对西方国家的贸易渠道，也与少数西方国家建立了贸易关系。但大多数西方国家追随美国对华“封锁、禁运”，中断了与中国的贸易关系。20世纪60年代初，中苏交恶的同时，中美对抗也愈演愈烈。与此同时，我国遇到严重的经济困难，工农业生产大幅度下降，粮食等农产品严重短缺。在内外交困下，1961年初，党中央召开八届九中全会，确定“调整、巩固、充实、提高”的八字方针，对国民经济进行全面、深刻调整，大力发展农业和轻纺工业，逐步解决我国人民的“吃、穿、用”问题。为此，需要引进西方发达国家的成套设备和技术，特别是制造重要的支农物资的成套化肥设备、轻纺工业所需的非农业原材料的石油化工设备等。由此，中国以更加积极的姿态开拓对西欧和日本经贸往来的渠道，在一定程度上提高了对西方发达国家的开放程度。

第三节　对外经济贸易发展状况

中华人民共和国成立后，结束了西方列强对中国对外贸易的垄断，建立了独立自主的对外贸易。在平等互利原则下，中国积极开展对外经贸活动。30年间，中国对外贸易规模空前扩大，进出口商品结构逐步优化，对外贸易地理方向逐步扩展。但西方国家对华“封锁、禁运”及中苏关系恶化，使中国对外贸易发展的国际空间被极大挤压。同时国内的“左倾思想”泛滥，人为干扰破坏了对外贸易的正常发展秩序。到20世纪70年代末，中国对外贸易在规模、速度及发展水平上，均大大落后于国际贸

① 《毛泽东选集》卷4，人民出版社，1991年版，第1435页。

② 中国社会科学院，中央档案馆编，《中华人民共和国经济档案资料选编》对外贸易卷，经济管理出版社，1994年版，第2页。

易的同期发展。

一、对外贸易的地理方向

1949—1978 年，中国对外贸易地理方向发生了一系列的变化，大体上可分为三个阶段。

（一）20 世纪 50 年代，大力发展对苏联和东欧等社会主义国家的经济合作和贸易

这一时期，在“一边倒”政策下，中国对外贸易的地理方向主要集中于苏联和东欧国家。

1950 年 2 月，中国与波兰签订《中波贸易协定》，成为中华人民共和国与外国签订的第一个政府间贸易协定。此后，中国同苏联、捷克斯洛伐克、民主德国、匈牙利、保加利亚、罗马尼亚、阿尔巴尼亚及南斯拉夫等 8 国先后签订了政府间贸易协定。20 世纪 50 年代，中国与苏联及东欧国家贸易发展迅速。1957 年，中国对苏贸易额达 13.64 亿美元，比 1950 年（3.38 亿美元）增长 3 倍多。苏联及东欧等社会主义国家占中国对外贸易额的比重，也从 1950 年的 32.4%迅速上升到 1952 年的 72%，至 20 世纪 50 年代末，始终保持在 70%以上。其中，与苏联的贸易占全部贸易额的 50%。中国与苏联及东欧的贸易主要是中国进口成套设备及技术，重点是“第一个五年计划”时期苏联援建的“156 项工程”；出口的商品主要是矿产品、农副产品及轻纺产品。中国与苏联及东欧的贸易，主要采取政府协议记账的贸易方式。

与此同时，中国还逐步发展了与亚非国家的贸易关系。1950 年，中国与印度、缅甸、巴基斯坦及印度尼西亚等国建立了双边贸易关系。1955 年，万隆亚非会议后，中国对外贸易关系由东南亚迅速向西亚、非洲扩展。中国对亚非国家贸易额由 1950 年的 3.6 亿美元，上升到 1957 年的 7.67 亿美元。

此外，中国在“封锁、禁运”环境下，仍努力开拓对部分西方国家的民间贸易和政府贸易渠道。1950 年，瑞典、丹麦、瑞士、芬兰与中国建交，双边贸易关系建立。为满足经济建设的需要，中国政府利用各种机会和途径积极开拓对西方的贸易。1952 年，在莫斯科国际经济会议后，中日第一个民间贸易协议签订，成为中国与西方国家开展直接贸易的一个突破。此后，中国与法国、联邦德国、挪威等国的工商企业或团体签订了一系列民间贸易协议和合同，推动了中国与西欧国家贸易的开展，对打破“封锁、禁运”起了积极作用。此外，中国还利用港澳市场开展对西方国家的间接贸易。

在中国政府的不断努力下，中外贸易关系不断扩展。1950 年，中国的贸易伙伴为 46 个。到 20 世纪 50 年代末，增加到 82 个。

（二）20 世纪 60 年代，转向日本和西欧等西方资本主义国家

随着中苏关系破裂，中国与苏联东欧贸易急剧缩减。1960 年，中苏贸易额为 16.64 亿美元，占中国进出口总额的 43.7%，到 1965 年急剧下降到 4.1 亿美元，占中国进出口总额仅 9.6%。为了满足国家经济建设的需要，中国对外贸易的主要地理方向开始

转向资本主义国家和地区。在美国的压力和“禁运”政策下，中国与日本、西欧的贸易步履维艰，但通过多种渠道沟通、多种方式下的双边贸易仍有明显发展。20 世纪 60 年代，中日贸易转向友好贸易和备忘录贸易。[①]到 1965 年，双边贸易额为 50 年代末的 5 倍多。1964 年，中法建交，两国贸易关系建立，不仅中法贸易快速发展，而且带动了其他西欧国家对华贸易的开展。

到 20 世纪 60 年代中期，日本和西欧贸易已占中国对外贸易的 52%以上。随着亚、非、拉越来越多的国家独立，中国与发展中国家间的贸易关系进一步发展。到 20 世纪 60 年代末，中国已与世界上 100 多个国家建立了贸易关系。

（三）20 世纪 70 年代，日趋多元化

20 世纪 70 年代前期，国际环境好转，中国对外关系取得突破性进展。1969 年，中苏关系有所缓和。1970—1971 年，中国先后与加拿大、意大利、奥地利和比利时等国建交。1971 年 10 月，联合国通过决议，恢复中华人民共和国在联合国的一切合法权利。1972 年 2 月，美国总统尼克松访华，中美发表《中美联合公报》，在正式建交前先恢复了贸易关系。《中美联合公报》指出：“双方把双边贸易看作另一个可以带来互利的领域，并一致认为平等互利的经济关系是符合两国人民的利益的。他们同意为逐步发展两国间的贸易提供便利。”此后，中国与西方国家经贸关系得到较快发展。1972 年，中日邦交正常化；联邦德国、西班牙等欧洲国家纷纷与中国建交。1975 年，中国与欧洲经济共同体建立正式关系，中国与西方国家的贸易显著发展。同时，对发展中国家贸易进一步发展，与苏东贸易逐渐回升。

二、对外贸易的规模和水平

（一）进出口总额

1. 20 世纪 50 年代

这一时期，由于中国经济基础薄弱并受到西方国家的封锁，对外贸易发展缓慢。

1950 年，中国进出口总额仅有 11.35 亿美元，1957 年达到 31.03 亿美元，年均增长 15.4%。1958 年，“大跃进”运动开始，高指标、浮夸风迅速蔓延至对外贸易领域。1958 年 2 月，外贸部提出脱离客观实际的“大进大出”的口号，在盲目扩大进口的同时，超越国力扩大出口。1958 年，进出口总额达 38.71 亿美元，比上年增长 24.8%。1959 年进一步增至 43.81 亿美元，比 1957 年增长 41.2%，比 1950 年增长 3.8 倍。其中，出口额 1950 年为 5.52 亿美元，到 1959 年增至 22.61 亿美元，9 年间增长 4.1 倍，年均增长 17%。中国占世界出口贸易的比重从 0.91%提高到 1.95%，在世界出口贸易中的位次从第 27 位提高到第 12 位。进口从 1950 年的 5.38 亿美元增至 1959 年的 21.2

① 所谓“友好贸易”，就是与中国有关公司进行贸易的日本企业必须是对中国友好的企业。中方由中国国际贸易促进会负责组织。经过日本日中贸易促进会、日本国际贸易促进协会推荐，中国国际贸促会认可的友好商社和友好企业可以直接同中国的贸易公司联系，进行商贸洽谈，签订民间合同。此外，双方还开展“备忘录贸易”。1962 年 11 月，廖承志和日本前通商大臣高崎达之助，代表双方签署《关于发展中日两国民间贸易的备忘录》。“备忘录贸易”实质上是民间贸易名义下的政府协定贸易。

亿美元，增长 3.64 倍，9 年间年平均递增 15.8%。[①]

2. 20 世纪 60 年代

受中苏关系恶化及国内政治运动的影响，对外贸易受到严重冲击，出现一些反复和波折。总体上，进出口额没有多少增长。

“大跃进”使国民经济各部门比例严重失调。20 世纪 60 年代初，工农业生产下降，不切实际的“大进大出”势必难以为继。60 年代前期，对外贸易规模连续下降，1960 年为 38.09 亿美元，比 1959 年降低 13.06%。其间，为完成外贸收购和出口任务，外贸部门千方百计增加出口货源，先后采取了一系列有效措施。如从 1960 年开始，建立出口商品生产基地和出口专厂、专车间；1961 年开始，扩大自 1957 年实施的“以进养出”政策，即进口原料加工成品出口。这些措施的实行对发展对外贸易起了重要作用，从 1963 年开始，对外贸易迅速回升，到 1966 年，进出口贸易额超过 1959 年的水平，达到 46.14 亿美元。此后，“文化大革命”爆发，对外贸易的生产基地、运输渠道、机构队伍等均受到严重冲击和破坏，正常的对外贸易活动难以开展，对外贸易额急速下滑，到 1969 年仅有 40.29 亿美元，比 1966 年下降 12.7%。其中，出口额 1960 年为 18.57 亿美元，占世界出口贸易的比重为 1.44%，居全球第 17 位；1969 年出口额增加到 22.04 亿美元，但占世界贸易的比重降到 0.80%，位次降至第 21 位。进口规模也呈萎缩之势，1960 年进口额为 19.53 亿美元，1969 年降至 18.67 亿美元。

3. 20 世纪 70 年代

这一时期，特别是 1972—1978 年，随着几个大油田建成投产，中国石油工业崛起，石油出口量逐年增加。同时，与西方发达国家和发展中国家的贸易往来也逐步展开，对外贸易逐渐活跃。

1970 年，进出口总额为 45.86 亿美元，1978 年达到 206.4 亿美元，增长 4.5 倍，居全球第 27 位。其中，出口规模 1970 年为 22.6 亿美元，占世界出口贸易的比重只有 0.72%，居全球第 29 位。到 1978 年出口额升至 97.5 亿美元，所占比重也仅为 0.75%，居全球第 28 位。进口规模 1970 年 23.26 亿美元，1978 年增至 108.9 亿美元，占世界份额的 0.81%，居全球第 27 位。

总之，1978 年以前，经过近 30 年的发展，对外贸易规模有了较大幅度的提高（增长 17 倍），但在国际的排名和所占比重未升反降，表明中国对外贸易的发展速度落后于同期世界贸易的增长速度。

由于对外贸易发展缓慢，特别是作为外汇收入主要来源的出口规模狭小，导致中国外汇储备严重短缺。1978 年，外汇储备仅有 8.4 亿美元，远低于同期的其他发展中国家。[②]外汇收入制约着进口原材料、引进国外先进技术和设备的规模，进而影响中国经济发展速度与质量。

---

① 《中国对外经济贸易年鉴（1984）》，中国对外经济贸易出版社，1985 年版，第Ⅳ－3 页。

② 如 1978 年，韩国、泰国和菲律宾的外汇储备，分别达 27.4 亿美元、19.7 亿美元和 17.5 亿美元。

（二）对外贸易平衡状况

1. 20世纪50年代

为加速恢复和发展国民经济，在苏联援助下，20世纪50年代，中国进口贸易高速增长。1950年，中国进口额只有5.8亿美元，1959年达到21.2亿美元，年均递增15.8%。50年代前期，出口增速慢于进口，故而1950—1955年出现连续逆差。随着经济的恢复与调整及计划经济体制的实施，从1956年开始，出口额超过进口额，中国扭转了自1877年以来，数十年贸易逆差的局面，实现了贸易顺差。50年代，中国总体上是逆差，累计逆差额达11.48亿美元。

2. 20世纪60年代

由于中苏关系恶化，机械、石油、钢材等重要物资的进口急剧下降，导致整体进口规模严重萎缩。20世纪60年代后期，进口虽有所回升，但年均增长仅0.3%。该时期除1960年外，其余年份均为顺差，累计顺差额达18.67亿美元。

3. 20世纪70年代

随着中国与西方国家贸易关系的改善，先进技术设备进口增长迅速，特别是1976年“文革”结束后，大规模从西方进口成套设备，因而1972—1978年，进口高速增长。1978年，进口额达108.9亿美元。7年间，年平均递增25.6%。整个20世纪70年代逆差和顺差各占五年，累计逆差额17.93亿美元。

总体而言，1949—1978年间，中国对外贸易平衡状况明显好转，改变了近代中国长期连续巨额逆差的状况，中国进口贸易与出口贸易大体上平衡发展。

三、进出口商品结构

这一时期，中国进口商品始终以工业制成品为主，出口商品则以初级产品为主，但具体商品构成及其所占比重发生了明显变化。

（一）20世纪50年代

1950年12月，中央人民政府制定了《对外贸易管理暂行条例》，将进出口商品分为四类进行管理。第一类为准许进出口类，指经核准登记的进出口厂商均可进出口的商品；第二类为统购进口类和统销出口类，指国家指定的国营贸易公司专营的进出口商品；第三类为禁止进出口类，指非经政务院财经委员会决定不得进出口的商品；第四类为特许进出口类，指非经中央人民政府贸易部特许批准不得进出口的商品。同时，对进出口商品实行全面的许可证制度。由此，国家全面控制了商品的进出口，使进出口商品结构适应国家经济建设需要，从而改变了1949年前，以进口消费性工业制成品为主的商品结构，转而主要进口生产资料，包括设备和原材料，其占进口总额的比重高达92%，使对外贸易走上主要为保护国内产业和发展国民经济服务的道路。[①]

出口以初级产品为主。1950年初，级产品占出口总额的90.7%，工业制成品仅有

① 当代中国丛书编委会，《当代中国的对外贸易》，当代中国出版社，1992年版，第119—120页。

9.3%。20世纪50年代前期，初级产品占出口贸易80%的份额，主要是大米、大豆、食用植物油、冻肉、茶叶、桐油及稀有金属等。进口以国民经济急需的设备物资为主，主要是苏联援建的“156项工程”，包括钢铁、有色金属、重型机械、汽车、航空、煤炭、化工、电力、电讯等成套设备和技术，以及机械、仪器、车船、原材料等物资。消费资料进口很少，到1959年仅占进口总额的4.3%。

（二）20世纪60年代

出口贸易以初级产品为主的商品结构没有大的变化，只是增加了轻纺产品出口的品种和比重。到20世纪60年代末，出口商品构成中，初级产品与工业制成品之比为60:40。60年代，由于自然灾害影响，农业严重减产，国内粮食供应严重短缺。为此，中国调整了进口结构。在急需物资进口中，将粮食列为首位，其次为化肥、农药、油脂、工业原料及机械设备等。20世纪60年代前期，增加了粮食、棉花和食糖等生活资料的进口，生活资料进口约占进口总额40%左右，其对保障供给、解决人民生活需要起了重要补充作用。到20世纪60年代末，在进口商品结构中，生产资料和生活资料之比为72:28。

（三）20世纪70年代

出口商品结构有了进一步改善。到1978年，出口贸易中，工业制成品和初级产品所占比重分别为46.5%和53.5%。进口商品中，增加了成套设备和技术的进口，生产资料和生活资料之比为71.8:28.2。

可见，到1978年，中国出口商品结构有了较大改善，虽仍以初级产品出口为主，但其所占比重大大降低，工业制成品所占比重逐渐提高。进口商品中，虽仍以工业制成品为主，但主要是生产资料进口。

四、技术进口与利用外资

中华人民共和国成立后，为加速实现工业化，积极开展技术贸易，引进国外先技术。但同时，中国面临外汇短缺、资本匮乏。为此，要以多种方式利用外资，为技术引进提供资金来源。在国际环境和国内条件制约下，改革开放前29年间，中国利用外资和引进技术经历了曲折的发展过程。

（一）20世纪50年代

这一时期，中国从苏联及东欧引进技术400多项，用汇27亿美元。其中，自苏联引进技术涉及304个项目的成套设备（包括“一五”计划时期的“156项工程“）和64个单项合同，从东欧引进68项。其中，建成和基本建成的149项，涉及钢铁、电力、机械、军工、煤炭、石油、化工、建材、轻工、食品及广播电信工程项目。通过“156项工程”引进，中国取得了巨大的经济建设成就。首先，苏联成套项目的引进，为中国建立了一大批骨干企业和设施。实行与苏联相同的计划经济体制，使这种引进建设互相接轨，效率高，周期短。如长春第一汽车制造厂从开工到投产，只用了3年时间。其次，在引进成套设备的同时，引进了设计和工艺等新技术。如机械工业4 000多项新产品中，有2/3以上是以苏联图纸仿制发展起来的。最后，为中国培养了大批专业技术人员。1949—1960年，苏联先后派来专家达18 000多人，1954—1958年的“156项工程”主要建设时期，占60%以上。他们帮助培养了一大批中国的科学研究与工程技术人员，成为新中国经济建设的中坚力量。总之，20世纪50年代的技术引进，为中华人民共和国奠定了工业化的初步基础。

20世纪50年代，在《中苏友好同盟条约》框架下，苏联向中国提供经济技术援助，其方式之一是苏联向中国提供低息政府贷款，由此开始了中华人民共和国利用外资的历史。这些贷款主要用于建设“156项工程”，形式相对单一，规模较小，贷款总额只有19亿美元。此外，20世纪50年代初期，中国还与苏联和波兰成立了5家合资企业。其中，中苏合营公司4家，分别为中苏金属公司、中苏石油公司；中苏民航公司和中苏造船公司，中波合资企业1家，即1952年，中国与波兰合资兴建的中波轮船股份公司。这5家企业成为1949年后第一批中外合资企业。1955年，4家中苏合营公司股份完全移交给中国。[①]中波公司原定合营期限12年，由于经营状况良好，目前仍在运营，成为中华人民共和国迄今历史最久的中外合资企业。

（二）20世纪60年代

这一时期，随着中苏关系恶化，中国基本上停止了利用外资活动。[②]但为满足国内经济建设的需要，要从西方国家引进先进技术及成套设备。在外汇短缺的条件下，中国利用了西方国家的卖方信贷，即以延期付款的方式（理论上不属于利用外资的范畴）从法国、英国、德国、瑞典、瑞士、比利时、奥地利、日本等引进了65项先进技术设备，用于冶金、石油、化工、机械、电子、轻纺等工业企业的技术改造，总额共计2.8亿美元。

（三）20世纪70年代

这一时期，一方面西方国家发生了石油危机，经济萧条，急于开拓海外市场，同时，中美关系缓和，中国重返联合国，打破了西方对中国的封锁；另一方面，国内开始纠正部分“文革”错误，为技术引进等对外经济贸易活动创造了相对有利条件。

1973年1月5日，国家计委提交《关于增加设备进口、扩大经济交流的请示报告》，对前一阶段和今后的对外引进项目作出总结和统一规划，建议3至5年内引进43亿美元的成套设备，此即通称的“43方案”，是继“156项工程”后的第二次大规模引进计划。1972—1977年，通过买方信贷方式，从日本、西欧等国家引进大批设备与技术，包括13套大化肥设备、4套化纤设备、一米七轧机设备等。之后，在此方案基础上，陆续追加了一批项目，计划进口总额达到51.4亿美元。这一时期，中国把“既无外债又无内债”作为成就进行宣传，支付外汇完全依靠挖掘国内出口创汇潜力，主要采取延期、分期付款和补偿贸易手段，从而限制了引进规模的扩大。

成套设备和先进技术的引进，促进了中国基础工业，尤其是冶金、化肥、石油化学工业的发展，为20世纪80年代经济腾飞提供了必要的物质条件。

---

① 苏联股份的价值由中国以出口商品补偿。

② 仅有的外资来自中国银行在港澳地区吸收的存款。

1976年，“文革”结束，加快经济建设、把损失夺回来成为全国人民的热切愿望，急于求成的思想应运而生。1977年11月，在1975年制定的《10年规划纲要（1976—1985）》基础上，国家计委重提：“到2000年，分三个阶段打几个大战役，建设120个大项目。本世纪末，使中国的主要工业产品产量分别接近、赶上和超过最发达的资本主义国家，各项经济技术指标分别接近、赶上和超过世界先进水平。”实现这个大规模建设规划的主要手段，就是扩大引进外国资金和设备。1978年，国务院务虚会提出“要组织新的大跃进”，“要比原来设想更快的速度实现四个现代化，要在本世纪末实现更高程度的现代化”。从而出现不顾客观规律的“洋跃进”，即试图通过从国外大量引进技术设备迅速提高技术水平，进而加快经济发展速度。

1978年3月20日，国家计委、建委下达《1978年引进新技术和成套设备计划》，批准各部门引进技术项目22个，用汇总额85.6亿美元。当年成交额59.2亿美元，当年用汇11.7亿美元。[①]这个计划实际上达到协议金额78亿美元，简称“78计划”。

在“78计划”执行中，由于急于求成，出现了一些负面效应。一是规模过大，超过1950—1977年28年中国引进规模的总和（累计完成金额65亿美元）。在外汇短缺情况下，此项大规模引进资金主要依靠借外国商业银行现汇贷款，由此造成沉重的外债负担。二是重复引进，造成严重浪费。三是可行性研究不够，[②]一些项目未考虑国内相关配套能力，加剧了国民经济比例的失调。“78计划”引进的项目经过一系列调整，建成投产后，对中国的工业化和国民经济发展起了积极的作用。

20世纪70年代的引进高潮，是中华人民共和国成立以来，第一次同西方发达国家进行大规模的经济交流与合作。不仅加深了对西方国家的了解，还学习了西方发达国家的先进技术、先进工艺和先进设备，也接触了先进的管理方法和经济理念，开始了对利用外资、建设自由贸易区的研究，为1978年后的对外开放作了初步准备。

综上所述，1949年以来，中国由受西方列强控制的半殖民地对外贸易，变成了独立自主的社会主义对外贸易。通过进出口贸易及技术引进等对外经贸活动，促进了中国的工业化与国民经济的发展。但在不利的国际环境中，在“左倾思想”影响下，中国的对外经贸发展受到严重束缚。

复习思考题

1. 1978年以前，中国对外贸易的基本政策是什么？
2. 中华人民共和国对外贸易建立的途径有哪些？
3. 1978年以前，中国对外贸易的指导思想是什么，有何特征及表现？
4. 1978年以前，中国对外经济贸易发展的基本特征有哪些？

---

① 白和金主编，《中华人民共和国经济大事记辑要（1978～2001年）》，中国计划出版社，2002年版，第2页。

② 1978年，全年78亿美元的协议金额中，有一半左右金额是在12月20日到年底短短10天里抢签的合同。彭敏主编，《当代中国的基本建设》上册，中国社会科学出版社，1989年版，第241页。

第十六章　改革开放后的中国对外贸易

学习要点与要求

本章主要分析了中国对外开放政策的确立与发展、对外贸易体制改革及 40 余年来对外经济贸易发展状况。通过本章学习，学生应了解中国对外开放政策的确立和演进的背景与进程，领会改革开放以来中国对外经贸辉煌成就的取得与中国特色社会主义道路自信、理论自信、制度自信、文化自信密不可分，理解中国对外贸易体制变迁及其效应、对外贸易在国民经济中地位和作用的变化，掌握对外开放后中国对外贸易发展的基本状况。

1978 年党的十一届三中全会后，中国确立了改革开放的基本国策。随着改革开放的深入发展与实施，中国国民经济高速增长，对外贸易获得了突飞猛进的发展。

第一节　对外开放政策的确立与发展

一、对外开放的基本含义和主要内容

（一）对外开放的基本含义

对外开放是人类社会发展的客观趋势，是近现代以来的世界历史潮流。

学术界对对外开放的含义有多种表述，通常，对外开放被认为是与闭关锁国相对而言的范畴，是各国间物质、人员、信息的相互联系和相互影响。

对外开放的核心是经济开放。经济开放是指一国允许商品以及生产要素在国际的流动，大力发展和不断加强对外经济技术交流，积极参与国际交换和国际竞争，由封闭型经济转变为开放型经济。

作为 1978 年以后中国的一项基本国策，当代中国对外开放是指，在坚持社会主义制度和共产党领导地位的基础上，在独立自主、平等互利前提下，根据生产社会化、国际化和社会主义市场经济发展的客观要求，利用国际分工的好处，积极发展与世界各国的经济贸易往来以及科学、技术、文化、教育等方面的交流与合作，以促进社会

主义物质文明和精神文明的建设与发展。

（二）对外开放政策的基本内容

在对外开放初期，对外开放政策基本内容主要包括六个方面：一是大力发展对外贸易，特别是发展出口贸易；二是积极引进国外先进技术设备，特别是有助于企业技术改造的适用先进技术；三是积极合理有效地利用外资；四是积极开展对外承包工程与劳务合作；五是发展对外经济技术援助与多种形式的互利合作；六是设立经济特区和开放沿海城市，以带动内地开放。

随着对外开放实践的深入、国内外经济形势的不断变化，对外开放政策的基本内容不断丰富发展。自20世纪90年代以来，对外贸易发展从以出口为主转向进口和出口并重，由产品贸易为主转向产品贸易、服务贸易并重；在继续引进跨国资本的同时，大力支持国内的企业“走出去”；在对外开放的地域格局上，调整政策导向，形成不同地域连带互动、和谐并进的全方位开放格局。

二、对外开放政策确立的背景

（一）国际背景

人类社会的历史既是生产力不断发展的过程，也是各国各民族和各地区的经济、文化不断地相互影响及相互融合的过程。随着生产力的发展，人类逐步从各种自然限制和自然联系的束缚下解放出来，相互之间的联系开始越过区域的、民族的界限，变为国际性的联系。第二次世界大战后，各国的经济联系进一步加强，从商品交换扩大到资金流动、技术转让、劳动力流动等各领域，形成生产的国际化和资本的国际化，国际分工进一步深化。二战前，国际分工以垂直分工为主，主要表现为殖民地与宗主国之间的分工、落后的农业国与先进的工业国之间的分工。二战后，国际分工模式变为主要以现代技术和工艺为基础的水平分工，各国通过参与国际分工发挥比较优势，从而获得比较利益，进而促进生产力的迅速发展，对外开放由此成为强大的世界潮流。到20世纪70年代，不少经济技术落后的国家通过对外开放，积极利用国际分工和参与国际竞争，从而实现了工业化和经济的赶超。

（二）国内背景

1976年，“文革”结束，中国逐渐恢复了正常的外贸经营管理制度和适应国际市场灵活多样的贸易方式，对外贸易恢复和发展起来。1977—1978年，经济工作中的“左倾思想”尚未全面清除，对外贸易中出现盲目引进技术设备和借外债为新特点的“洋跃进”，进而出现较大逆差，进一步加剧了国民经济比例失调。

1978年12月，党的十一届三中全会召开，提出把工作重点转移到经济建设上来的指导方针，决定调整国民经济，改革经济体制，并作出对外开放的重大决策。同时，理论界“实践是检验真理的唯一标准”的大讨论，大大解放了人们的思想，突破了过去很多教条主义的框框，中国开始重新审视当代国际分工的特点及一些国家和地区的成功经验。

邓小平明确指出：“对外开放具有重大意义，任何一个国家要发展，孤立起来，闭关自守是不可能的，不加强国际交往，不引进发达国家的先进经验、先进科学技术和资金，是不可能的。”[①]中国的发展离不开世界。社会主义国家要尽快发展生产力、尽快摆脱贫穷和落后，就必须开放以吸收人类社会包括资本主义社会所创造的一切文明成果。因此，对外开放问题，实质上是事关社会主义中国生存和发展的重大战略问题。为此，党的十一届三中全会作出在自力更生的基础上，积极发展同世界各国的经济合作，努力采用世界先进技术和先进装备的重大决策。由此，确定了中国对外开放的基本国策，揭开经济发展新的序幕。

1981 年 11 月召开的五届全国人大四次会议上，政府工作报告进一步明确指出：“实行对外开放政策，加强国际经济技术交流，是我们坚定不移的方针。”1982 年 12 月，对外开放政策被正式写入宪法。

三、对外开放政策的发展

1979 年，党中央针对全国各地区经济发展不平衡的现实，确定了“重点开放沿海地区，逐步向内地开放”的对外开放发展战略。全国划分为东部沿海地区、中部内陆各省和西部沿边地区。首先开放沿海，进而带动中部和西部的发展。中国对外开放经历了以下四个阶段。

（一）20 世纪 90 年代前，沿海地区对外开放

1. 对外开放的地域——沿海

（1）设立经济特区

所谓经济特区，一般是指在本国内划出一定区域，在对外经济活动中采取更加开放的政策，用减免关税等优惠办法，吸引外商进行经济贸易活动和投资，以达到特定的经济目的。如自由港、自由贸易区、过境区、出口加工区等。中国设立的经济特区具有创新性，是指在特定的区域对经济活动实行特殊政策和灵活措施。

1979 年 4 月，党中央召开工作会议，专门讨论经济建设问题，决定对国民经济实行“调整、改革、整顿、提高”的方针。广东省在汇报工作时提出，希望允许广东有一定的自主权，在毗邻港澳的深圳、珠海、汕头举办出口加工业。经过各方面的充分讨论和准备，该年 7 月，党中央、国务院批转了广东和福建两省分别提出的关于对外经济活动实行特殊政策和灵活措施的两个报告，批准在深圳、珠海、汕头以及厦门试办出口特区。1980 年初，根据半年多筹办特区的工作实践，中央进一步明确，在特区发展中，不但要办出口加工业，也要办商业和旅游业；不但要拓展出口贸易，还要在全国经济生活中发挥多方面的作用，如技术的窗口、管理的窗口、知识的窗口、对外政策的窗口以及“开放的基地”的作用。这样，1980 年 3 月，将“出口特区”改为内涵更为丰富的“经济特区”，作为中国对外开放的试点。1988 年，将海南岛独立设省，同时作为新的经济特区。

---

①《邓小平文选》卷 3，人民出版社，1993 年版，第 117 页。

（2）沿海开放城市

经济特区的建设，为中国经济发展作出了重要贡献，也为对外开放的深入积累了宝贵的经验，并进一步坚定了中国扩大对外开放的信心。1984 年 2 月，邓小平视察深圳后题词："深圳的发展和经验证明，我们建立经济特区的政策是正确的。"在肯定特区成就的基础上，邓小平提出增加对外开放城市："可以考虑再开放几个点，增加几个港口城市。""这些地方不叫特区，但可以实行特区的某些政策。"

1984 年 4 月，党中央、国务院研究决定，将对外开放的范围由特区扩大至沿海其他一些城市。5 月，正式确定开放大连、秦皇岛、天津、青岛、烟台、连云港、南通、上海、宁波、温州、福州、广州、湛江、北海等 14 个沿海港口城市。与此同时，在逐渐审批沿海开放城市的实施方案中，陆续批准秦皇岛、烟台、青岛、宁波、湛江、天津、连云港、南通、福州、广州等 10 个城市举办经济技术开发区，给予它们和沿海经济特区类似的优惠政策。1986 年 8 月，批准设立上海闵行经济技术开发区和虹桥经济技术开发区。1988 年又批准上海市举办以发展高新技术为主的漕河泾经济技术开发区。由此，形成以经济技术开放区推进沿海城市发展的对外开放模式。

（3）沿海经济开放区

1985 年初，国务院决定将长江三角洲、珠江三角洲、闽南厦漳泉三角地带 61 个市县开辟为沿海经济开放区。1987 年，又将山东半岛、辽东半岛作为沿海经济开放区对外开放。沿海经济开放区的设立，将中国对外开放的地域从沿海城市扩展到农村。到 20 世纪 80 年代末，中国形成经济特区－沿海开放城市－沿海经济开放区构成的对外开放前沿地带，地域上南起海南岛，北至辽东半岛，绵延万里，面积达 42 万平方公里，人口近 4 亿，包括 310 多个县市。由此，形成中国沿海地区全面对外开放的格局。

2. 对外开放发展战略——沿海地区经济发展战略

随着沿海地区的开放，中国出台并实施沿海地区经济发展战略，主要包括三项内容：（1）大力发展劳动密集型产业；（2）两头在外，大进大出；（3）大力发展三资企业。

综上所述，这一阶段，中国的对外开放，地域上主要在沿海，领域上主要在第二产业，层次上主要是层次较低的劳动密集型产业。通过对外开放，沿海地区经济得到迅速发展，其与中西部地区经济发展的差距进一步拉大。

（二）20 世纪 90 年代后，全方位的对外开放

1992 年春，中国改革开放的总设计师邓小平到南方进行实地考察，发表了重要的南方谈话："改革开放迈不开步子，不敢闯，说来说去就是怕资本主义的东西多了，走了资本主义道路，要害是'姓资'还是'姓社'的问题。判断的标准，应该主要看是否有利于发展社会主义社会的生产力，是否有利于增强社会主义国家的综合国力，是否有利于提高人民的生活水平。"[①]由此，中国进一步改革开放明确了方向，同时，突破市场经济等于资本主义的传统思想藩篱，提出"市场经济是手段，社会主义也

---

①《邓小平文选》卷 3，人民出版社，1993 年版，第 372 页。

可以搞市场经济”，从而掀起中国第二次思想解放的高潮，推动了对外开放的深入。

1992 年 10 月 12 日，党的十四大提出：“对外开放的地域要扩大，形成多层次、多渠道、全方位的格局。”1993 年 11 月 14 日，党的十四届三中全会提出：“要坚定不移地实行对外开放政策，充分利用国际国内两个市场、两种资源，优化资源配置。继续推进经济特区、沿海开放城市、沿海开放地带，以及沿边、沿江和内陆中心城市的对外开放。充分发挥开放地区的辐射和带动作用，实行全方位开放。”1997 年 9 月 12 日，党的十五大提出：“对外开放是一项长期的基本国策。面对经济、科技全球化趋势，我们要以更加积极的姿态走向世界，完善全方位、多层次、宽领域的对外开放格局。”20 世纪 90 年代后，中国对外开放进入新的历史阶段。

1. 地域上，从沿海扩大到沿江、沿边和内地。

沿江开放。1990 年 6 月，国务院正式发出《关于开发和开放浦东问题的批复》，指出：开发浦东必将对上海和全国的政治稳定与经济发展产生极其重要的影响。由此，上海浦东新区开发开放建设迅速展开。1992 年 6 月，国务院又决定进一步开放重庆、岳阳、黄石、武汉、九江、芜湖等一批长江沿岸城市。从而形成以浦东为龙头的沿江开放带。

沿边开放。1992 年 3 月，国务院决定对外开放黑龙江省黑河市、绥芬河市，吉林省珲春市和内蒙古满洲里市 4 个边境城市。之后，又开放了广西的凭祥市、东兴镇，云南的河口县、畹町市、瑞丽县，新疆的伊宁市、塔城市、博乐市，内蒙古的二连浩特市等沿边市县。由此形成东北、西北、西南三大边疆地带。13 个边境开放城市可以兴办各自的沿边经济合作区，实行类似沿海经济技术开发区的优惠政策。各沿边开放城市通过充分发挥口岸功能，大力发展边境贸易、出口加工业和边境旅游业，不断提高沿边开放水平，促进了沿边经济的发展。

沿路开放。1992 年，国务院决定将乌鲁木齐、南宁、昆明、哈尔滨、长春、呼和浩特、石家庄、太原、合肥、南昌、郑州、长沙、成都、贵阳、西安、兰州、西宁、银川等 18 个边疆及沿海和内陆地区省会（首府）城市对外开放。这样，沿着主要交通干线，各地中心城市全面对外开放，实行沿海开放城市的政策。

至此，中国形成多层次、全方位、有重点的对外开放格局。

2. 领域上，从工业领域向服务业延伸。逐步开放金融、保险、零售、餐饮和对外贸易等。

3. 层次上，由劳动密集型的加工业，逐步上升到基础产业、基础设施和高新技术产业。

20 世纪 90 年代末，随着中国加入世界贸易组织进程的加速，中国在更广大的地域、更宽领域进一步对外开放。

（三）“入世”后，中国由政策性开放转向制度性开放

1. 中国加入世界贸易组织的进程

世界贸易组织的前身为《关税与贸易总协定》（General Agreement of Trade and Tarrif，简称 GATT），中国是 23 个创始成员之一。1949 年中华人民共和国成立后，

国民党蒋介石集团逃往台湾，中华人民共和国成为代表中国的唯一合法政府。但在美国支持下，中国在联合国和包括《关贸总协定》在内的很多国际机构中的合法席位，仍然被台湾当局非法占据。由于这一时期台湾岛内工业品出口极少，因而从《关贸总协定》缔约方获得的关税减让利益极其有限。同时，台湾当局担心大陆会利用《关贸总协定》对各缔约方提供的关税减让优惠发展对外贸易。1950 年 3 月 6 日，台湾当局通过其“常驻联合国代表”以“中华民国”的名义通知联合国秘书长，并让其通知《关税与贸易总协定》执行秘书（后改称总干事）“台湾决定退出《关税与贸易总协定》”。1950 年 5 月 5 日，台湾当局退出《关税与贸易总协定》的通知生效，但中华人民共和国政府未承认这一退出的合法性。至此，中国中断了与《关税与贸易总协定》的关系。

1971 年 10 月 25 日，联合国大会以压倒多数通过第 2758 号决议，恢复了中华人民共和国在联合国的合法席位。随即，中央指示有关部门着手研究《关贸总协定》。鉴于当时的国情及我们对国际组织的了解不足，同年 11 月底，外交部和外贸部向国务院提出了“暂缓参加”GATT 的建议。

党的十一届三中全会后，对外开放成为中国的基本国策，其核心内容是大力发展对外贸易，由此开始对作为主导国际贸易的组织与协定的《关贸总协定》进行深入研究与考察，并逐渐认识到参与其中的重要性。1982 年 12 月 31 日，国务院批准了对外经济贸易部关于中国申请参加《关贸总协定》的报告，中国决定申请复关。经三年多的准备，1986 年 7 月 10 日，中国政府正式向《关贸总协定》提出申请，恢复中国在其中的缔约方地位。自此，中国开始了艰难而漫长的“复关”“入世”进程。

（1）“复关”谈判

中国从 1986 年 7 月 10 日提出“复关”申请，直到 1995 年《关贸总协定》被世界贸易组织取代，“复关”谈判达 9 年之久，一直持续到 1995 年 11 月。谈判大致分为以下几个阶段。

第一阶段：谈判快速推进（1986 年 7 月—1989 年 5 月）

这一阶段，乌拉圭回合谈判刚刚开始，中国“复关”的内容只限于货物贸易，因而范围和难度较小；同时，冷战尚未结束，美国急于把中国纳入多边贸易体制以巩固美中关系，从而牵制苏联，因而“复关”谈判总体较为顺利。中国与主要缔约方进行了十几次双边磋商，涉及的内容主要是审查中国对外贸易管理体制经多轮双边磋商，中国“复关”的一些核心问题基本达成谅解。1989 年 4 月 18—19 日，《关贸总协定》中国工作组第 7 次会议在日内瓦举行，完成了对中国外贸制度的评估。1989 年 5 月 24—28 日，中美第 5 轮“复关”问题双边磋商在北京举行，取得实质性进展，谈判有望在 1989 年底结束。

第二阶段，谈判停顿（1989 年 6 月—1992 年 2 月）

1989 年 6 月，由于中国发生政治风波，以美国为首的西方发达国家对中国实施所谓的经济制裁，将暂缓中国“复关”作为主要内容之一。同时，中国国内治理经济过热，一些行政管理措施的出台，被《关贸总协定》和西方国家视为改革开放的倒退。

另外，中美双边经贸纠纷，如贸易逆差、知识产权保护和纺织品非法转口等不断发生，美国将其同中国“复关”谈判挂钩，造成新的障碍。“复关”谈判涉及的双边磋商和以日内瓦工作组会议形式进行的多边谈判，事实上均陷入停顿状态。

第三阶段：谈判胶着（1992 年 2 月—1995 年 11 月）

1992 年初，邓小平发表南方谈话，解决了中国经济体制发展的方向问题。同年，党的十四大决定在中国建立社会主义市场经济，为中国“复关”谈判提供了新的契机。1992 年 2 月，《关贸总协定》中国工作组第 10 次会议举行，中国“复关”谈判恢复。

这一阶段，国际形势出现急剧变化，苏联解体、东欧剧变，两极世界不复存在。冷战结束，美国成为世界上唯一的超级大国，中国成为唯一的社会主义大国，美国调整对华的战略，对中国“复关”进行拖延。同时，随着中国经济的高速发展，主要缔约方不断提高对中国的“要价”。1995 年 11 月，中国“复关”谈判未果，开始了加入世界贸易组织的谈判历程。

（2）“入世”谈判

1995 年 11 月，中国开始了加入世界贸易组织的谈判。到 2001 年 11 月，中国终于正式成为世界贸易组织成员。谈判共历时 6 年之久，大体可分为以下三个阶段。

第一阶段，初步达成多边协议（1995 年 11 月—1997 年 5 月）。

1995 年 1 月 1 日，世界贸易组织（World Trade Organization，简称 WTO）正式成立。同年 7 月 11 日，中国成为该组织观察员。1995 年 10 月 9 日，中国提出加入世界贸易组织（简称“入世”）“三原则”[①]，中国开始“入世”谈判。11 月，中国政府照会世贸组织总干事鲁杰罗，把中国“复关”工作组更名为中国“入世”工作组。

1997 年 5 月 23 日，在日内瓦举行的第四次世界贸易组织中国工作组会议，就《中国加入世贸组织议定书》中关于非歧视原则和司法审议两项主要条款达成协议。此举具有重要的意义。这两项条款表明中国愿意在对外经贸工作中遵守国际通行规则，愿意与世贸组织成员一道，维护无条件最惠国待遇、非歧视等国际多边经贸体制中最为重要的原则。中国愿意在权利与义务平衡的条件下，成为国际多边经贸体制中负责任的一员。

第二阶段，双边谈判，达成协议（1997 年 6 月—1999 年底）。

1997 年 8 月 1 日，世界贸易组织中国工作组第五次会议召开。在这次会议上，中国代表团宣布了中国政府在进一步降低关税、消除非关税壁垒和取消农产品出口补贴等方面采取的重大步骤。8 月 6 日，新西兰成为第一个就中国加入世贸组织同中国达成双边协议的国家。随后，中国与韩国、匈牙利、捷克、斯洛伐克、巴基斯坦签署了结束中国“入世”双边市场准入谈判协议，并与智利、哥伦比亚、阿根廷、印度等基本结束了中国“入世”双边市场准入谈判。同年 11 月，中日两国关于中国“入世”的双边市场准入谈判宣告基本结束。

---

① 一是 WTO 没有中国参加是不完整的；二是中国毫无疑问要作为一个发展中国家加入 WTO；三是中国的“入世”是以权利和义务的平衡为原则的。

1997 年 12 月 5 日，世界贸易组织中的发展中国家成员在日内瓦发表声明，一致支持中国尽早加入世贸组织。声明说，中国加入世贸组织对于多边贸易体制和发展中国家都是重要的，发展中国家小组完全支持迅速完成中国加入世贸组织的进程，希望看到中国尽早成为世贸组织正式成员。15 日，中国与土耳其和新加坡签署双边市场准入协议。

经过漫长而艰苦的谈判，1999 年 11 月 15 日，中美两国在北京签署关于中国加入世界贸易组织的双边协议，中国"入世"的主要障碍得以排除。此后，中国又与加拿大、古巴、委内瑞拉、斯里兰卡、乌拉圭、秘鲁等就中国加入世界贸易组织问题达成双边协议。

第三阶段，完成多边谈判，成功"入世"（2000 年初—2001 年 12 月）。

2000 年 3 月 20—21 日召开的中国工作组第九次会议，宣布中国"入世"谈判的多边进程进入最后阶段。中国工作组第十次会议则将"入世"谈判的重点完全转向多边谈判。

2000 年 5 月 19 日，中国与欧盟代表在北京签署关于中国加入世贸组织的双边协议。2001 年 6 月 9 日和 21 日，美国和欧盟先后与中国就中国"入世"多边谈判的遗留问题达成全面共识。6 月 28 日—7 月 4 日，世贸组织中国工作组第十六次会议，就多边谈判中遗留的 12 个主要问题达成全面共识；7 月 16 日—20 日，第十七次会议对中国加入世贸组织的法律文件及其附件和工作组报告书进行磋商，并最终完成这些法律文件的起草工作。2001 年 9 月 13 日，中国和墨西哥就中国加入世界贸易组织达成双边协议。至此，中国完成了与世贸组织成员的所有双边市场准入谈判。2001 年 9 月 17 日，第十八次会议在日内瓦通过了《中国加入世界贸易组织议定书》及附件和中国工作组报告书。这意味着中国工作组正式完成历史使命，中国加入世贸组织的谈判全部结束。11 月 20 日，世贸组织总干事迈克尔·穆尔致函世贸组织成员，宣布中国政府已于 2001 年 11 月 11 日接受《中国加入世界贸易组织议定书》，这个议定书将于 12 月 11 日生效，中国于同日正式成为世贸组织成员。

在中国"复关""入世"进程中，中国香港、中国澳门分别于 1986 年和 1991 年成为《关贸总协定》的缔约方，中国台湾也于中国"入世"次日以台、澎、金、马单独关税区的名义加入世界贸易组织。

2001 年底，中国终于成为 WTO 正式成员，对外开放进入一个新阶段。

2.“入世”后中国对外开放战略的发展

"入世"后，中国进一步融入国际社会、参与国际竞争，国民经济快速增长。到 2010 年，中国成为世界第二大经济体，2013 年中国又成为世界第一大贸易国。在此过程中，世界政治、经济格局悄然发生着变化，中国面临前所未有的国际挑战和外部冲击，国内经济结构性矛盾突出。为此，中国不断扩大开放并以开放促改革、促发展，使中国对外开放进入新的历史时期。

"入世"以来实施的主要对外开放战略，包括"走出去"战略、自由贸易区战略、"一带一路"倡议及"双循环"战略。

2000 年 3 月，九届全国人大三次会议期间，“走出去”战略被正式提出。江泽民指出：“随着我国经济的不断发展，我们要积极参与国际经济竞争，并努力掌握主动权。必须不失时机地实施‘走出去’战略，把‘引进来’和‘走出去’紧密结合起来，更好地利用国内外两种资源、两个市场。”此后，为实施“走出去”战略，推动对外经济合作业务的发展，国家相关部门在境外开设企业方面，境外企业的财税、信贷、保险外汇以及投资国别的导向等方面制定了一系列政策措施。[①]随着“走出去”战略的实施，我国与世界其他经济体间的双向开放水平不断提高。

3.“入世”后中国对外开放的新特点

伴随“复关”与“入世”谈判的推进，中国改革开放深入进行。一方面朝向市场化的经济体制改革与贸易自由化，推动了谈判的进展；另一方面，“复关”与“入世”谈判又促使国内经济体制改革、对外开放进程加速。“入世”后，根据“入世”协议、承诺及国内外经济形势的变化，中国对经济体制特别是对外经贸体制继续进行改革，使中国的对外开放进入一个新阶段，

“入世”后，中国对外开放水平进一步提高，由有限范围、领域、地域的开放，转变为全方位、多层次、宽领域的开放。对外开放的特征，由试点性的政策性开放转变为在法律框架下的制度性开放；市场开放的方向，由单方面为主的自我开放，转变为中国与世贸组织成员之间的双向市场开放；由被动接受国际规则，转变为主动参与国际规则制定；由只依靠多边，转变为多双边和区域合作并举。“入世”对对外贸易及国民经济产生了重大而深远的影响。

（四）新时代高水平对外开放体系的构建

2012 年，党的十八大明确提出“全面提高开放型经济水平”。党的十八届三中全会通过《中共中央关于全面深化改革若干重大问题的决定》，明确提出构建开放型经济新体制。此后，中国不断探索对外开放新途径，出台了一系列新的对外开放举措。

2013 年，“自贸区战略”被提出。这既包括传统意义上的双边或多边的自由贸易区（FTA），也包括自由贸易园区（FTZ）。2002 年 11 月，中国与东盟签署《中国－东盟全面经济合作框架协议》，正式启动自贸区谈判进程，中国－东盟自贸区成为中国对外商谈的第一个自贸区。经过分阶段谈判，自 2004 年 11 月起，中国与东盟先后签署自贸区货物贸易协定、服务贸易协定和投资协定。到 2010 年 1 月 1 日，中国－东盟自贸区全面建成，成为中国参加的第一个区域经济合作的组织。此后，中国与亚太地区、北印度洋沿线及大洋洲和欧洲一些国家纷纷签署自由贸易协定，还在亚太地区与巴基斯坦、新加坡、新西兰、智利、秘鲁、哥斯达黎加，在欧洲与瑞士、冰岛等多个国家建立了自贸区。同时，大力推进内地与香港、澳门，大陆与台湾地区的自由贸易关系。2020 年 11 月 15 日，东盟 10 国和中国、日本、韩国、澳大利亚、新西兰共

①中国国际贸易促进委员会经济信息部：我国“走出去”战略的形成及推动政策体系分析，http://oldwww.ccpit.org/Contents/Channel_1276/2007/0327/30814/content_30814.htm。

15个亚太国家正式签署《区域全面经济伙伴关系协定》（RCEP）。由此，世界上人口最多、经贸规模最大的自由贸易区正式启航。2021年3月22日，中国完成RCEP核准，成为率先批准RCEP的国家。到2021年12月，中国已签署自贸协定19个，涉及26个国家和地区。

2013年8月22日，经国务院正式批准设立中国第一个自由贸易试验区（FTZ）——中国（上海）自由贸易试验区。9月29日，上海自贸区正式挂牌。该试验区是中国顺应全球经贸发展新趋势，实行更加积极主动开放战略的一项重大举措。主要任务是探索中国对外开放的新路径和新模式，推动加快转变政府职能和行政体制改革，促进转变经济增长方式和优化经济结构，实现以开放促发展、促改革、促创新，形成可复制、可推广的经验，服务全国的发展。进而有利于培育中国面向全球的竞争新优势，构建与各国合作发展的新平台，拓展经济增长的新空间，打造中国经济“升级版”。此后，自贸试验区建设逐步扩展到更多地域，形成覆盖东西南北中的改革开放新格局，显著推动了投资与贸易自由化、便利化，推动了金融服务实体经济及政府职能转变。2018年，习近平主席在海南省暨海南经济特区30周年大会上郑重宣布，党中央决定支持海南全岛建设自由贸易试验区，支持海南逐步探索、稳步推进中国特色自由贸易港建设，分步骤、分阶段建立自由贸易港政策和制度体系。海南自贸港建设是中国新时代全面深化改革开放的里程碑，将中国对外开放推进到更高水平。

2013年9月7日，习近平主席在访问哈萨克斯坦时提出，为了使各国经济联系更加紧密、相互合作更加深入、发展空间更加广阔，我们可以用创新的合作模式，共同建设“丝绸之路经济带”，以点带面，从线到片，逐步形成区域大合作。同年10月3日，习近平主席在印度尼西亚国会发表演讲时表示，中国愿同东盟国家加强海上合作，发展好海洋合作伙伴关系，共同建设21世纪“海上丝绸之路”。2013年11月，党的十八届三中全会将“一带一路”建设确定为我国形成全方位对外开放新格局的重大举措。“一带一路”建设的推进，使中国国际合作不断深化，国际合作新空间新领域不断拓展，对外开放新优势得以培育。

2020年，党的十九届五中全会对“十四五”时期我国经济社会发展与二〇三五年远景目标作出系统谋划。会议强调全面深化改革，实行高水平对外开放。为此，提出“加快构建以国内大循环为主体、国内国际双循环相互促进的新发展格局”的“双循环”战略。这是党中央在国内外环境发生深刻复杂变化的背景下，推动中国开放型经济向更高层次发展的重大战略部署。

上述战略的实施，进一步提升了中国开放型经济发展水平。一方面贸易与投资自由化、便利化程度不断提高；另一方面，中国从调整适应国际规则的改革与对外开放，逐步走向参与、引领新的国际经济规则的制定。

第二节 对外贸易地位、作用、体制的变化

一、对外贸易在国民经济中地位和作用的变化

党的十一届三中全会后，中国实行改革开放政策，对外贸易的指导思想及其在国民经济中的地位和作用发生了根本性变化。在对外贸易的指导思想上，中国提出了积极参与和利用国际分工，由封闭型经济变为开放型经济，即对外开放的指导思想。由此对外贸易在国民经济中的地位和作用发生了深刻的变化。自此，对外贸易作为国民经济的重要组成部分，成为优化资源配置的重要手段。通过参与国际分工和国际竞争，发挥比较优势，推动国民经济技术进步，优化产业结构和经济结构，加速国民经济发展，对外贸易对国民经济的全局起着重大的影响和积极的推动作用，从而使其在国民经济中处于重要的战略地位。

对外贸易的迅速发展，使中国国民经济逐步摆脱了封闭、半封闭的状态，逐步转向开放型经济，并不断提高开放型经济水平。

二、对外贸易体制改革的历程

改革开放后，随着中国对外贸易的迅速发展，原有外贸体制不适应对外贸易发展的需要。从 1979 年开始，中国对对外贸易经营及管理体制进行改革。这一改革与中国宏观经济体制的整体改革一致，均采用了渐进式模式，在探索中逐步推进。

（一）初步改革阶段（1979—1987 年）

这一阶段，外贸体制改革的主要特征是放权让利，由计划控制到商业控制，由隐性保护到显性保护。主要内容涉及：（1）下放对外贸易经营权。打破专业外贸公司独家经营的格局，允许国务院其他部委成立各自领域的进出口公司，允许广东、福建、北京、天津、上海、辽宁等省市分别成立外贸总公司，开展进出口贸易活动。同时，开始工贸结合、技贸结合的尝试，使生产企业开始直面国际市场，有利于中国更广泛地参与国际竞争。（2）缩小进出口商品指令性计划的管理范围，实行指令性计划、指导性计划与市场调节相结合，取消外贸出口收购和调拨计划。（3）加强宏观调控体系。在计划管理手段弱化的同时，恢复实施进出口许可证管理、配额管理等行政手段，加强关税管理①并开始运用汇率、外汇留成、出口补贴、出口退税等手段，鼓励出口贸易发展。

上述措施的实施取得明显成效。一是使对外贸易经营权由中央向地方、由外贸部门向其他部门、由政府向企业下放，激发了各地方、其他部门及企业经营对外贸易的积极性；二是对出口贸易的鼓励降低了传统贸易体制对出口的歧视，有利于发

① 如 1984 年实施的进口调节税。

挥中国的比较优势，打破了国内市场与国际市场长期隔绝的状态。与此同时，这一阶段的外贸体制仍然存在诸多亟待解决的问题，如继续实行“吃大锅饭”统负盈亏的财务体制，外贸企业的有效激励机制尚未形成。出口鼓励仅仅是“边际上”的，即主要是对某些特定地区（广东、福建等沿海地区）、特定企业（国有外贸公司）的鼓励，有限的出口鼓励政策尚不足以抵消具有强烈反出口倾向的汇率高估等政策产生的效应。

（二）深化改革阶段（1988—1990 年）

这一阶段，外贸体制改革的主要特征是中央补贴基础上的外贸承包，并进一步加强出口鼓励政策。主要内容包括：（1）在对外贸易企业经营权与所有权分离的状态下，由各省、自治区、直辖市、计划单列市人民政府以及外贸和工贸总公司向国家承包外贸三项指标（出口收汇、出口换汇成本和盈亏指标）。（2）为将企业尽快推向自负盈亏的发展轨道，对出口补贴加以限制，扩大外汇留成比例，在轻工、工艺、服装三个外贸行业实行自负盈亏的改革试点。（3）1988 年，实行全面的出口退税政策，鼓励来料加工、进料加工的出口，发展出口商品生产基地及扩大出口信贷等一系列鼓励出口措施。总体来看，这一时期，出口鼓励政策明显强化。但同时，抑制出口的本币高估问题依然未能解决。据测算，1987—1990 年，官方汇率高估了大约 32%。

（三）完善对外贸易承包责任制阶段（1991—1993 年）

这一阶段，外贸体制改革的主要特征是自负盈亏的承包制及贸易保护程度的下降。对外贸易承包制作为体制改革的过渡措施，存在导致企业的短期行为等诸多缺陷。但中国走出承包制的条件尚不成熟，因而从 1991 年开始，中国开展了新一轮的外贸承包。该轮承包最显著的特征是取消了国家对外贸企业的出口补贴，实行全行业的自负盈亏改革。为此，实施汇率贬值、改变外汇留成办法。过去按地区实行的差别外汇留成，改为按大类商品实行统一比例留成。同时，开始对进口体制进行重大改革，包括降低关税水平、取消进口调节税、削减进口配额及许可证、缩减计划管理范围、取消进口替代清单等。这些改革使中国长期实行的保护贸易政策，初步向自由贸易方向发展。总体而言，这一阶段进口保护水平依然较高。由于 1986—1991 年关税率上调，到 1992 年，降低后的加权关税率才恢复到 1987 年的水平。进口总额中，受各种非关税壁垒限制的商品比例仍高达 51.4%。

自 1979 年以来的贸易体制改革，取得了明显的成效，从多种途径、以多种方式调动了企业和部门经营对外贸易的积极性。从计划手段向商业手段的改革也使贸易保护趋于显性化，增强了企业经营的确定性。出口抑制有所降低，从而使中国具有比较优势的劳动密集型商品的出口迅速增长。计划手段的缩减、关税及非关税壁垒水平的降低，使中国对外贸易的高保护水平下降，刺激了进口的增长，为进一步实施贸易自由化改革奠定了基础。但这一时期的贸易体制改革，始终是在计划经济体制框架下进行，中国进口替代的贸易保护战略没有根本性改变。行政管理对进口贸易的干预依然过多，这不仅增加行政成本，造成不必要的资源消耗，而且形成对出口的歧视。因为这首先会影响国内市场上的价格和需求，诱致生产要素更多流向进口竞争部门，降低资源的使用效率，人为地刺激进口需求。此外，难以获得其他国家贸易壁垒的降低，进而导致出口增长外部环境难以优化。

（四）有管理的贸易自由化改革阶段（1994—2001 年）

1992 年底，党的十四大明确提出中国要建立“社会主义市场经济体制”。对外贸易体制改革的目标由此也被明确为“深化外贸体制改革，尽快建立适应社会主义市场经济发展的、符合国际贸易规范的新型外贸体制”。而外贸体制市场化的过程即是外贸自由化的过程。因而这一时期外贸体制改革呈现出新的特征：从商业控制手段转变为市场化手段，从高保护的数量限制向贸易自由化体制演进，贸易政策趋于“中性”化。[①]故这一时期的外贸体制改革，也可称为贸易自由化改革阶段。

为加快市场经济体制的建立并与国际贸易规则相适应，1994 年以后，中国连续对关税及非关税壁垒措施进行大幅度削减，使价格机制的作用逐步取代数量限制手段。主要内容包括：（1）连续大幅度降低关税，缩减配额及许可证管理的商品范围。关税平均水平从 1992 年的 43%下降至 2000 年的 15%。（2）取消外汇管制，实现人民币经常项目下的可兑换。（3）双重汇率并轨，实行有管理的浮动汇率制度，使汇率开始发挥对贸易及国际收支的调节功能。1994 年 1 月 1 日，外汇体制实现了历史性的突破，实现了汇率并轨，取消了外汇留成，统一了结汇制度，建立起以市场供求关系为基础的、单一的、有管理的浮动汇率制度，进而人民币实现了经常项目下的可兑换。这一改革从深层次上提高了对外贸易的自由化程度。（4）加强对外贸易法治化管理，颁布了《中华人民共和国对外贸易法》及一些相应的实施细则。（5）取消外贸承包制，按照现代企业制度改组国有外贸企业。同时，加快赋予生产企业、科研院所自营进出口权，给与商业流通企业、物资企业及私营企业进出口经营权，并在深圳等经济特区实行对外贸易经营权自动登记制度。与此同时，市场经济体制的建立也促使国有专业外贸公司走综合化、实业化的路子。这种源于外贸经营权放开的改革，一步一步地从根本上重塑了中国对外贸易的微观基础。

（五）“入世”后适应性改革阶段（2002—2012 年）

自 2001 年底加入世贸组织后，中国按照社会主义市场经济发展的要求，在遵守“入世”议定书前提下，对外贸体制进行适应性调整。逐步完善符合社会主义市场经济体制发展方向和融入经济全球化的对外贸易自主经营制度和自由竞争制度。“入世”以来，中国对外贸易体制调整主要包括以下几项。

1. 调整和修改不符合 WTO 规则的政策法规。10 年间，在非歧视原则、自由贸易原则和公平竞争原则下，从法律到 3 000 多个部门规章、19 万个地方规章制度得到清理和调整。

---

① 所谓中性的贸易体制是指，既不歧视可出口商品和不可出口商品的生产，也不歧视进口商品和本国商品的销售。因而是自由贸易的代名词。

2. 转变外贸主管部门职能。从以行政管理为主，转变为以服务为主，增强政策统一性、公开性和透明度。

3. 加快外贸主体多元化步伐，允许并鼓励私营外贸企业迅速发展。2004 年 7 月 1 日，实行新修订的《对外贸易法》，取消对货物和技术进出口经营权的审批，允许居民个人及企业经备案登记后自由开展对外贸易。

4. 由地域的全方位开放，走向产业的全方位开放。对一般具备竞争性的行业实行全面的开放，允许外国商品和资本在一定的条件下进入，开放 100 多个服务部门。

5. 降低进口税率，消除非关税壁垒。关税总水平由 2001 年的 15.3%降至 2010 年的 9.6%。10 年间，不断削减非关税措施，取消 424 个税号产品的进口配额、进口许可证和特定招标，分批取消 800 多个税务商品的管理。①

通过改革，中国不仅建立起符合 WTO 规则的对外经贸体制，以政府宏观管理、中介组织服务协调、企业自主经营为特征的外贸运行机制基本形成，而且逐步发展成为制定“国际游戏规则”的参与者和推动者。更重要的是，朝向自由化的对外经贸体制改革，进一步促进了国内经济体制的改革，为中国经济的持续快速增长提供了强劲动力。

（六）党的十八大以来外贸体制创新性改革

2013 年，党的十八届三中全会作出《中共中央关于全面深化改革若干重大问题的决定》，明确中国经济体制改革的核心问题是处理好政府与市场的关系。2015 年，出台《中共中央国务院关于构建开放型经济新体制的若干意见》，进一步强调构建外贸可持续发展新机制。主要内容包括：（1）调整中国在全球经济治理中的地位，由遵守、适应国际经贸规则为主，向主动参与国际经贸规则制定转变。（2）构建开放型出口新体制。促进服务贸易和货物贸易协同发展，培育贸易新业态与新模式，推进出口增长动力由要素驱动为主向创新驱动为主转变。（3）构建开放型进口新体制。一是降低关税和非关税壁垒，推进贸易自由化。到 2021 年底，中国进口关税总水平已降至 7.4%。二是全面实施世贸组织《贸易便利化协定》。2020 年 1 月，中国向世贸组织通报提前实施《协定》中“确定和公布平均放行时间”等措施，中国对《贸易便利化协定》规定的各类措施实施率已达到 100%。（4）构建开放型跨境电子商务新体制。建设并不断完善电子商务综合服务平台和服务体系，为跨境电子商务发展提供有力的支撑和保障。（5）赋予自由贸易试验区更大改革自主权，大胆探索贸易管理体制改革。

这一时期，管理部门不断减少对国际贸易与投资的限制，为贸易投资提供了更加周全的公共服务，营商环境得到不断优化，中国对外贸易体制与高标准国际贸易规则愈益协调。

2022 年 10 月，习近平总书记在中国共产党第二十次全国代表大会上作了《高举

① 裴长洪等，《中国对外贸易发展成就与外贸体制改革》，《中国经济时报》，2011 年 12 月 28 日。

中国特色社会主义伟大旗帜 为全面建设社会主义现代化国家而团结奋斗》的报告，为下一阶段的对外贸易工作指明了方向：“依托我国超大规模市场优势，以国内大循环吸引全球资源要素，增强国内国际两个市场两种资源联动效应，提升贸易投资合作质量和水平。稳步扩大规则、规制、管理、标准等制度型开放。推动货物贸易优化升级，创新服务贸易发展机制，发展数字贸易，加快建设贸易强国。合理缩减外资准入负面清单，依法保护外商投资权益，营造市场化、法治化、国际化一流营商环境。推动共建‘一带一路’高质量发展。优化区域开放布局，巩固东部沿海地区开放先导地位，提高中西部和东北地区开放水平。加快建设西部陆海新通道。加快建设海南自由贸易港，实施自由贸易试验区提升战略，扩大面向全球的高标准自由贸易区网络。有序推进人民币国际化。深度参与全球产业分工和合作，维护多元稳定的国际经济格局和经贸关系。”

第三节　对外贸易发展状况

一、对外贸易的地理方向

改革开放以来，在全方位对外开放政策下，中国向世界上所有国家和地区开放，对外经贸关系迅速发展。

20 世纪 80 年代，随着中国对外开放政策的贯彻实施，在调整对外关系的基础上，形成了全方位对外开放的格局，不仅对西方发达国家开放，也对苏联、东欧国家，对广大发展中国家开放，对外贸易对象进一步扩大。到 80 年代末，贸易伙伴达到 170 多个。其中，进出口市场主要集中于日本、美国和欧盟等发达国家及中国的港澳地区。上述国家和地区占中国对外贸易 75%左右的份额。

20 世纪 90 年代以来，中国对外开放深入发展，实施“市场多元化”及“走出去”等战略，对外贸易对象进一步增加，特别是与广大发展中国家的贸易及独联体、东欧贸易有了恢复性增长。

进入 21 世纪以来，中国进出口市场日益多元化，新兴经济体在中国对外贸易中所占比重不断提高。东盟、中国台湾、韩国、巴西、俄罗斯占比持续上升。目前，中国对外贸易伙伴达 230 多个，几乎涵盖世界上所有的国家和地区（含尚未建交的国家）。

二、对外贸易规模和水平

（一）对外贸易规模

1. 20 世纪 80 年代对外贸易快速增长

20 世纪 80 年代，随着改革开放政策的实施，一方面中国国民经济取得飞跃性发展，为对外贸易发展奠定了物质基础；另一方面，中国抓住国际上以轻纺产业为主的劳动密集型产业向发展中国家转移的机遇，大力发展外向型经济，从而使对外贸易呈现出快速增长的态势。1980 年，进出口总额为 378.2 亿美元，1989 年增至 1 116.78 亿美元，增长 3.05 倍。其中，出口贸易额 1980 年为 182.27 亿美元，占世界出口贸易的比重 0.92%，位居世界第 27 位；1990 年达 620.91 亿美元，占比 1.80%，位次升至第 15 位。

2. 20 世纪 90 年代对外贸易高速增长

随着综合国力日益增强，中国再一次抓住国际产业结构调整和转移的机遇，大力推进机电产业的发展和产品出口，使对外贸易跃上一个新台阶。对外贸易额由 1991 年的 1 357.01 亿美元激增至 2000 年的 4 743 亿美元，成为世界第七大贸易国。其中，出口贸易规模 1991 年达 719.10 亿美元，占世界比重 2.0%，位居世界第 13 位。2000 年，出口贸易额增至 2 492 亿美元，占比提高到 3.9%，居世界第 7 位。进口贸易额 1991 年为 637.91 亿美元，到 2000 年增至 2 251 亿美元，占比提高到 3.4%，居世界第 8 位。

可见，1978 年改革开放以后，中国进出口贸易的平均增长速度不仅高于国民经济的平均增长速度，而且高于世界贸易的平均发展速度。1978—2000 年的 20 余年间，对外贸易总额增长 23 倍，年均增速达 13.4%，同期，国民经济的年均增长速度为 9.8%，世界贸易的增长速度为 7%左右。中国从世界出口贸易的第 32 位，升至第 7 位，一跃而为国际贸易大国。

3. “入世”后对外贸易迅猛增长

“入世”后，中国对跨国公司投资的吸引力显著增强，形成以 IT 产业为代表的高科技产业生产制造环节大规模向中国转移的新浪潮，对外贸易进入一个快速增长期。2001 年，中国进出口总额为 5 097 亿美元，占世界总贸易额的 4.4%，是世界第六大出口国。在此后的 10 年间，中国出口和进口分别以年均 18.3%和 17.6%的速度增长，远高于同期世界 8.9%和 9.0%的年平均增长速度，也远远快于中国 GDP 的增长速度。到 2011 年，进出口总额达 3.64 万亿美元，增长 6.15 倍，占全球比重增至 9.3%，世界排名上升到第 2 位，已成为第一大出口国和第二大进口国。到 2013 年，中国进出口总值达到 4.16 万亿美元，首次突破 4 万亿美元大关，超过美国成为全球货物贸易额最大的国家。此后，除 2016 年外，中国持续保持世界货物贸易第一大国的地位。2017 年后，美国推行“美国优先”政策，贸易保护主义盛行，中美贸易摩擦加剧，中国出台了一系列稳外贸政策，对外贸易发展实现了稳量提质。

在货物贸易高速增长的同时，中国服务贸易规模也迅速扩大。2001—2013 年，中国服务贸易总额从 719 亿美元增至 5 396 亿美元，服务贸易出口及进口在世界的排位，从 2001 年的第 12 位及第 9 位，快速提升至 2013 年的第 5 位和第 2 位。“十三五”时期（2016—2020），中国服务业对外开放扩大，服务贸易创新发展全面深化，服务贸易便利化、自由化程度不断提高。中国成功应对了国内外各种挑战，服务贸易实现平稳增长，服务贸易进出口额比“十二五”时期增长 29.7%。

（二）对外贸易平衡状况

改革开放以来，对外贸易平衡状况随着中国出口竞争力及国内市场、资源供求状况的变化而变化。

1. 20 世纪 80 年代

改革开放伊始，中国长期被压抑的进口需求得以释放，进口规模快速增长，但出口竞争力不足，导致贸易逆差出现。统计数据显示，1980—1990 年，中国对外贸易有 8 年逆差、3 年顺差，累计逆差额达 174.3 亿美元。

2. 20 世纪 90 年代

20 世纪 90 年代，中国出口导向型战略的实施效应显现，出口贸易增长显著快于进口，因而这一期间，只有 1993 年是逆差，其余年份均为顺差。顺差额累计 1 718.2 亿美元，年均顺差 171.8 亿美元。

3. "入世"后

2001 年 11 月，中国正式加入 WTO 之后，对外贸易环境进一步改善，进出口贸易持续高速增长。同时，中国顺应经济全球化趋势，依托自身比较优势参与国际分工，承接国际产业转移，从而成为世界第一制造业大国，出口竞争力迅速提高，使外贸顺差持续扩大。2005 年，中国贸易顺差突破千亿美元，达到 1 018.8 亿美元。之后呈持续增长的态势，到 2008 年，顺差额高达 2 954.7 亿美元。由于中国外贸顺差主要是对美国、欧盟等发达国家市场，由此引发激烈的贸易摩擦。此后，随着国际金融危机的发生与蔓延，以及中国扩大内需、促贸易平衡增长政策的调整，顺差额逐步回落。到 2011 年，中国顺差额下降至 1 551 亿美元，仅有 2008 年的 52.5%。此后，受中国经济结构调整及国际大宗资源性产品价格下降的影响，在中国对外贸易规模扩大的同时，贸易顺差规模再度扩大。到 2020 年，顺差额达 5 239.9 亿美元。

高额贸易顺差解除了长期困扰中国的外汇短缺压力，增强了中国抵御外部风险的能力，成为宏观经济稳健运行的重要保障。改革开放前，中国长期面临外汇严重短缺的困境，制约着中国对国际资源的利用。改革开放后，随着对外贸易的快速增长，特别是出口规模的扩大，中国外汇收入逐步提高。到 1996 年底，中国外汇储备首次突破千亿美元大关，达 1 050 亿美元，居世界第 2 位（仅次于日本）。"入世"后，特别是 2005 年以来，顺差额大幅度提高，与资本性项目顺差共同推动了外汇储备的急速上升。到 2006 年底，中国外汇储备余额突破万亿美元，达到 10 663 亿美元，成为世界上外汇储备最多的国家。此后，外汇储备连续多年保持全球首位。到 2011 年末，外汇储备跃升至 3 万余亿美元。

三、进出口商品结构

改革开放以来，随着国民经济的发展、产业结构的优化，进出口商品结构不断优化。反过来，进出口商品结构的优化，又推动产业结构进一步优化。

（一）20 世纪 80 年代

这一阶段，中国出口商品结构完成由农副土特产品、原材料等初级产品出口为主，到以工业制成品出口为主的转变。1986 年，纺织、服装取代石油成为中国第一大类出口产品，标志着主要出口商品构成实现由资源密集型产品到劳动密集型产品的转变。到 1990 年，初级产品与工业制成品占出口总额比重分别为 34.7%和 65.3%。与此同时，改革开放使中国经济加速发展，对原材料和机械设备的需求不断扩大，进口随之相应增长，工业制成品进口增长尤其快速。1980 年，工业制成品占进口总额比重为 65.2%。1983 年，这一比重提高到 72.8%。1984 年后，该比重一直保持在 80%以上。总体而言，这一阶段，初级产品占进口的份额大幅度减少，工业制成品尤其是技术含量高的机械及运输设备的进口大幅增加。其中，生产资料与生活资料所占比重分别为 80.6%和 19.4%。

（二）20 世纪 90 年代

随着市场化改革的深入，中国对外贸易竞争力进一步增强。1995 年，中国出口商品构成再次发生重大变化，机电产品取代纺织服装成为最大宗出口商品，标志着中国出口商品结构开始由粗加工、低附加值产品出口为主，向以精加工、高附加值产品出口为主转变。2000 年，初级产品占出口总额的 10.2%，制成品占 89.8%。其中，机电产品占出口总额 42.3%。机电产品进口规模也不断扩大。1998 年，工业制成品进口达 1 172.1 亿美元，占进口总额的比重为 83.6%。其中，机电产品进口 638.7 亿美元，占进口总额的 45.6%。大量机电产品的进口加快了中国企业技术改造的步伐，促进了中国产业结构的升级。同时，随着经济发展与人民生活水平的提高，中国对能源需求急剧增长。进口商品中，矿物燃料、动植物油等初级产品比重略有上升。进口商品中，初级产品占 20.8%，工业品占 79.2%。

（三）加入世贸组织以来

“入世”后，随着国内外贸易制度约束的逐步解除，中国对外贸易传统优势得到进一步发挥；同时，逐步形成新的优势。在传统商品持续扩大出口规模的同时，高新技术产品出口以更快速度增长，特别是以 IT 产业为核心的高新技术产品进出口高速增长。出口商品结构持续优化，机电产品、高新技术产品出口比重持续提高，农轻纺等传统行业出口质量和效益稳步提升。“入世”20 年来，中国纺织服装出口从 500 亿美元扩大到超过 3 000 亿美元，年均增长 9.5%。与此同时，高耗能、高污染、资源性产品出口比重逐步下降。进口商品构成中，20 年间，初级产品进口占比上升 14%，达到 33.8%，工业制成品占比下降 14.5%，达到 66.3%。先进技术、设备、关键零部件的进口大幅增长，大宗资源性产品进口规模不断扩大，而低技术产品比重持续下降。

第四节　利用外资、对外投资与对外贸易的高质量发展

改革开放后，中国在积极利用两种资源、两个市场的基本方针下，开启了利用外资和对外投资历程，通过将国内外生产要素和市场的有机结合，推动了中国对外贸易规模的扩大、结构的优化及质量的提高。

一、利用外资

随着改革开放的深入，中国利用外资政策不断调整完善，外商在华投资便利化程度不断提高。40 年来，在利用外资规模扩大的同时，利用外资方式日益多元化、领域不断扩大、结构持续优化，从而为中国进出口贸易规模扩大与结构优化作出重要贡献。

（一）利用外资政策演进

改革开放后，1979 年，中国颁布《中华人民共和国中外合资经营企业法》，明确了中外合资经营企业建立、运营和关闭的基本原则。1986 年，颁布《中华人民共和国外资企业法》。1988 年 4 月，颁布《中华人民共和国中外合作经营企业法》。（简称外资“三法”）“三法”构成中国外商投资的基本法律体系。为引导外资投向，1995 年 6 月 20 日，中国颁布《外商投资产业指导目录》和《指导外商投资方向暂行规定》，规定了对外商投资的鼓励、允许、限制及禁止类产业。此后，该目录又多次修订。在各种市场准入限制下，对允许、鼓励类的外商投资给予税收优惠待遇。这一阶段，利用外资政策产业导向性强，但审批环节多、政策不稳定，造成较高的行政成本、营商成本及内外资不平等竞争等问题。

“入世”后，中国切实履行“入世”承诺及“入世”议定书规定的责任与义务，对外资“三法”进行修订，进而以不断优化的营商环境吸引外资。2008 年，实行两税并轨，对外资与内资的所得税待遇统一。2010 年底，统一内外资企业城市维护建设税和教育费附加制度。至此，内外资企业税制实现全面统一，营造了内外资一致的公平透明的竞争环境。

党的十八大以来，中国大力推动构建开放型经济新体制。2013 年 10 月起，先后在上海、广东、天津、福建 4 个自贸试验区试点实施外商投资准入前国民待遇加负面清单管理模式，将不涉及国家规定实施准入特别管理措施的外商投资企业设立及变更由审批改为备案管理。2014 年，颁布实施《外商投资项目核准和备案管理办法》，外商投资项目管理开始由全面核准制转向普遍备案和有限核准。2015 年，党的十八届五中全会进一步作出全面实行“准入前国民待遇 + 负面清单”制度、有序扩大服务业对外开放的决定。之后修订的《外商投资产业指导目录》中，对外资禁止和限制的产业种类进一步减少。2016 年 10 月，在全国全面实施外商投资准入前国民待遇加负面清单管理模式，外商投资企业设立由审批改为备案管理。2019 年 3 月 15 日，十三届全国人民代表大会第二次会议通过《中华人民共和国外商投资法》，取代外资“三法”，于 2020 年 1 月 1 日实施。此举标志着中国由政策引资向规则和制度引资转变迈出坚实一步。该法将外商投资促进、外商投资合法权益的保护、规范外商投资管理相结合，把全面实行准入前国民待遇加负面清单管理制度、大幅度放宽市场准入纳入法律框架。此后，全国及自贸区的外资准入负面清单条目不断缩减，外资在华投自由化与便利化程度持续提高。

（二）外商在华投资的发展

40 年来，伴随中国外商投资政策及营商环境的变化，在国际产业转移浪潮推动下，外商在华投资规模不断扩大、方式日趋多元化、产业结构不断优化。

1.“入世”前

改革开放初期，中国利用外资的主要方式是国际借贷，包括外国政府贷款、国际金融组织贷款、出口信贷、外国银行商业贷款等。1979—1998 年，中国共签订对外借款项目 1 579 个，协议金额 1 301.8 亿美元，实际使用金额 1 271.3 亿美元。[①]此外，从 20 世纪 80 年代起，中国的金融和财政部门陆续在新加坡、日本、德国、英国以及美国金融市场发行债券，累计筹措资金约 80 亿美元。这些贷款和债券主要用于支持中国农业、能源、交通、原材料等基础产业和基础设施项目建设。

20 世纪 80 年代，外商直接投资逐渐起步，协议金额 403.6 亿美元，实际使用外资 189 亿美元，累计批准外商投资项目 29 049 个。吸收的外商直接投资主要是中国港澳台地区及东南亚商人在珠三角等地投资的中小型企业，投资的主要方式是海外企业以货币资金或实物资金与内地企业兴办“三资企业”。

20 世纪 90 年代，随着中国全方位对外开放格局的初步形成，投资环境得到更大改善，外商投资的规模和领域进一步扩大。1992 年，外商直接投资首次超过借款成为利用外资的首要方式并呈现高速增长的态势。1992 年，外商直接投资规模比 1991 年增加一倍以上，超过 100 亿美元。1993 年，中国即跃升至发展中国家吸收外资首位。到 1996 年，外商直接投资额突破 400 亿美元大关。该阶段，中国实际吸收外商直接投资累计达 3 277.93 亿美元。随着越来越多大型跨国公司进入中国，外商投资产业结构出现明显改善，从劳动密集型制造业扩展到技术密集型的信息产业、生命科学等领域。

1979—2000 年，中国合同利用外商直接投资额 6 767.2 亿美元，实际利用 3 486.2 亿美元，累计批准 364 345 家外商投资企业。

2.“入世”后

“入世”后，中国引资环境进一步改善，外资的市场准入条件大幅度放松。此外，中国不断加大对知识产权的保护力度，中国廉价的劳动力和巨大的市场以及强大的配套制造能力，在加入 WTO 后对跨国公司的吸引力进一步增强。由此，中国利用外资进入一个新的阶段。外商直接投资随之呈现出新特点。一是利用外资规模和外商投资企业数量平稳增长。中国实际利用外商直接投资额从 2001 年的 468.78 亿美元，增至 2021 年的 1 734.8 亿美元亿美元，增加约 2.7 倍，全球排名从第 6 位上升到第 2 位（2020 年，一度位居全球引资首位）并一直位居发展中国家首位。二是利用外资产业结构加速优化。“入世”以来，第二产业占外商直接投资比重逐步下降，服务业占比不断上升。到 2011 年，服务业吸收外资超过制造业。同时，高技术制造业和服务业引资增长不断加速。2021 年，高技术产业引资占比首次超过 30%，外商直接投资产业结构日趋优化。三是外资来源地渐趋多元化。改革开放以来，外资来源长期高度集中于亚洲，特别是中国香港地区。“入世”后，外资来源高度集中的格局有所改变。一方面

① 国家统计局，《新中国 50 年系列分析报告之十四：对外经济与合作成绩喜人》，1999 年。

来自欧美投资显著增加；另一方面，随着“一带一路”建设的稳步推进，沿线国家和地区投资增长占比持续上升，2021 年来自该区域的投资增速达 29.4%。

（三）外商投资与对外贸易的发展

40 年来，外商投资通过多种途径推动中国对外贸易的发展。一是，外商投资弥补了中国资金、技术等生产要素的不足，优化了中国的资源配置，增强了中国的生产能力，进而带来经济增长的加速，为进出口贸易规模的扩大奠定了物质基础。二是外商投资企业的进出口活动直接推动了中国对外贸易规模的扩大。改革开放之初，中国就赋予了所有外商投资企业自产商品的出口权和自用机器设备、原材料等的进口权。除此之外，对于外商投资的外贸公司、外商投资的投资性公司、年出口额在 1 000 万美元以上的外商投资生产型企业、保税区内外商投资企业、外商投资商业试点企业、外商投资研发中心等企业，经批准可以从事部分外贸业务。外商投资企业以出口自主知识产权和品牌产品为主。1989 年前，在全国出口中占比不到 10%，1990 年后占比持续上升。到 1998 年，外商投资企业超越国有企业成为中国外贸最大的经营主体。2019 年以来，尽管外资企业降为中国对外贸易的第二大经营主体，但其在全国进出口总额中依然占据 4 成左右的份额。三是，外资推动中国出口产品结构升级。40 年来，中国的出口产品结构实现了从初级产品向工业制成品出口转变，进而从低技术的劳动密集型产品逐渐向中高技术的资本密集型产品为主转变。而在这一过程中，外资企业产业投向与出口产品的产业结构变动趋势高度耦合。“入世”后，跨国公司扩大在华投资，将高技术产品的加工基地转入中国，从而推动中国高技术产品进出口规模持续扩大。自 2005 年以来，高技术产品占中国出口贸易总额，长期稳定在 30%左右。其中，外资企业占比高达 80%左右。

二、对外直接投资

中华人民共和国成立后，受国际环境、资金、技术及企业国际化经营能力的制约，对外经贸活动中，对外直接投资基本处于空白状态。为打破西方封锁禁运，满足国内经济建设对先进技术设备的需要，中国一些专业外贸总公司先后在伦敦、巴黎、新加坡等地设立贸易办事处等分支机构。改革开放后，对外投资成为中国利用两种资源、两个市场的重要方式之一。40 年来，在中国对外投资政策不断调整、经济持续增长和企业国际化水平日益提高的基础上，对外投资经历了阶段性发展，对对外贸易和宏观经济发展发挥了重要作用。

（一）对外投资政策演变与对外投资的发展

1. 探索起步阶段（1979—1990 年）

1979 年，国务院明确提出“允许出国办企业”，中国企业对外投资启动。同年 11 月，中日在东京合资开办“京和股份有限公司”，成为改革开放后，中国在海外开办的第一家合资经营企业。1980 年 3 月，中船工业、中国租船与香港环球航运集团共同成立“国际联合船舶投资有限公司”。1984 年和 1985 年，外经贸部先后颁布《关于在国外和港澳地区举办非贸易性合资经营企业审批权限和原则的通知》《关于在境外开办非贸易性企业的审批程序和管理办法的试行规定》，规定了对企业对外投资的审批程序与原则。与此同时，外汇管理局也出台了对外投资用汇的审批规定。这一阶段，中国处于对外开放和经济体制改革的探索阶段，企业规模普遍小、资金匮乏、经营自主权有限，缺少对外投资的积极性和主动性，有限的对外投资也被国有企业垄断。中国对外投资规模很小，年度对外投资流量低于9亿美元。

2. 曲折发展阶段（1991—2001年）

20世纪90年代，一方面中国改革开放步伐加快，特别是1992年开始的市场化改革，使企业获得更大的经营自主权，率先成长起来的国际化经营企业，对外投资意愿增强；另一方面，中国加强了对对外投资的管理。1991年，国家计委向国务院递交《关于加强海外投资项目管理意见》；同年8月，国家计委印发《关于编制、审批境外投资项目的项目建议书和可行性研究报告的规定》的通知，明确了海外投资的审批细则。该规定在审批程序和投资规模上严格限制了中国企业海外投资的自主权，严重制约了中国对外直接投资的发展。这一时期，企业对外投资行为更多基于短期利益，尚缺乏长期国际化经营发展战略，因而普遍存在投资目标和战略定位不明确的问题。本阶段，中国对外投资增长呈现“大起大落”的不稳定性特征。1992年，对外投资额上升到40亿美元，比1991年扩大3倍多。而到2000年，又下降到9.2亿美元，基本回到1991年的水平。2001年又猛增6倍多，达到68.9亿美元。截至2001年底，中国在境外140多个国家和地区设立了海外企业，累计投资金额230亿美元。

3. 快速持续增长阶段（2002—2012年）

2001年底，中国成功加入WTO，为中国企业开展对外投资创造了较以前更加开放、透明的国际环境，获得与世界其他国家企业开展平等竞争的机会。与此同时，为加快中国产业结构调整，推动技术与产品结构升级，转移落后技术设备与过剩产能，中国提出并实施“走出去”战略，极大推动了本阶段中国对外投资快速增长。

2001年，《国民经济和社会发展第十五个五年计划纲要》将“走出去”与对外贸易、利用外资并列为“十五”开放型经济发展的三大支柱。2002年，党的十六大进一步提出“实施‘走出去’战略是对外开放新阶段的重大举措”。2007年，党的十七大报告更加明确指出：“支持企业在研发、生产、销售等方面开展国际化经营，加快培育我国的跨国公司和国际知名品牌。”随着“走出去”战略的出台，相关的管理体制、支持服务体系也逐步得以调整。2004年7月颁布的《国务院关于投资体制改革的决定》（下称《决定》）是中国投资管理体系的一个转折性文件。《决定》明确企业在投资活动中享有主体地位，企业的投资决策权应该由企业自己行使。对外投资不再实行审批制，将区别情况实行核准制和备案制。同时，国家发改委和中国进出口银行制定的《关于对国家鼓励的境外投资重点项目给予信贷支持政策的通知》明确指出，对于能弥补国内资源相对不足的境外资源开发类，带动国内技术、产品、设备等出口和劳务输出等四类境外投资项目给与资金支持。商务部会同有关部门据此在境外加工贸易方面制定了16项财税、外汇、信贷配套政策，形成中国第一个较为完整的对外投资鼓励政策体系，对促进境外加工贸易乃至整个对外投资的持续健康发展起到重要作用。此外，商务部等有关部门还出台多项举措，为企业提供及时有效的信息服务，指导企业有效规避投资风险，积极为企业国际化经营搭建平台，逐步确立了中国企业对外投资的服务体系。

中国对外投资保持连续增长势头、规模迅速扩大，由2002年的27亿美元，迅速增长到2012年的878亿美元，年均增长率达到44.6%。中国对外投资流量和存量占全球的比重，也分别由2003年的0.45%和0.48%，上升到2011年的4.4%和2.0%，分列全球国家和地区排名的第6位和第13位。2012年，在全球外国直接投资流出流量较上年下降17%的背景下，中国对外直接投资创下流量878亿美元的历史新高，同比增长17.6%，首次成为世界第三大对外投资国。中国对外投资企业的国别和地区分布也日趋广泛，从2003年的139个国家和地区扩展到2012年的179个。[①]

4. 稳态增长阶段（2013年—）

2013年，习近平主席提出构建“一带一路”倡议，得到沿线各国积极响应。随着“一带一路”建设的开展，中国与沿线国家间经济合作不断深入。2014年，国家发改委发布《境外投资项目核准和备案管理办法》，更多权限被下放，标志着中国对外投资管理审批程序简化，由核准制转变备案制。2015年，国家外汇管理局取消了境内企业境外直接投资的外汇登记核准，企业可以更加自由地使用外汇。2018年1月，商务部等多个部门联合发布《对外投资备案（核准）报告暂行办法》，明确对外投资备案（核准）按照“鼓励发展+负面清单”进行管理，加强了对外投资政策的透明度和引导性，提升了对外投资便利程度。此外，该办法规定，通过建立分级分类管理体制、实行对投资最终目的地备案（核准）、规范对外投资企业备案（投资）后定期报告制度等，加强对对外投资事中、事后监管。这些政策的出台，有利于中国对外投资的长远健康发展。

2013年，中国对外投资额达1 078.4亿美元，首次突破1 000亿美元大关。此后，伴随中国经济进入“新常态”及世界经济增速减缓，中国对外投资规模呈现稳中有升的态势。2015年，中国对外投资达1 456.7亿美元，首次超过中国吸引外资金额，位列全球第2位。到2016年，中国对外投资年度流量占全球比重超过10%。2017年，对外投资存量规模占全球比重5.9%，仅次于美国，排名世界第2位。2020年，新冠肺炎疫情流行，严重冲击全球经济，外国直接投资大幅度萎缩，中国对外投资逆势增长，对外直接投资流量达1 537.1亿美元，同比增长12.3%，首次跃居全球首位，占全球的份额升至20.2%。与此同时，对“一带一路”沿线国家的投资不断增长。2013年流量为126.3亿美元，到2020年增至225.4亿美元，同比增长20.6%，占同期中国对外直接投资流量的14.7%。[②]

中国投资方式不断创新，企业以绿地投资、设营销网络、跨国并购、参股、境

① 商务部，《2012年度中国对外直接投资统计公报》。

② 数据来源于国家统计局网站，https://data.stats.gov.cn/easyquery.htm?cn=C01。

外上市等多种方式进行投资，行业分布涉及贸易、生产加工、资源开发、交通运输、承包工程、农业及农产品综合开发、医疗卫生、旅游餐饮及咨询服务等几乎国民经济所有行业，形成投资国别区域、投资行业、投资方式多元化健康发展的趋势。

（二）对外投资与对外贸易的发展

根据国际投资理论，一国对外投资的动机包括市场寻求型、资源寻求型、效率寻求型及战略资产寻求型等四类。40 年来，中国企业对外投资亦具有多重动力。改革开放初期，中国贸易类企业对外投资动机主要在于绕过一些国家的贸易壁垒，实现出口持续增长及获得稳定的进口来源。这一投资活动直接推动了中国对外贸易规模的扩大。20 世纪 90 年代初，随着中国经济加速发展，资源、能源短缺凸显，资源寻求型的对外投资逐步增多。中石油、中石化、中海油和中国五矿等国有企业，在南美、中东、非洲等地通过并购及绿地投资，开展金属矿藏、油气开采和加工等，既带动了设备出口，又扩大了中国资源、能源的进口。而资源能源供给短缺的缓解，又扩大了中国包括出口型企业在内的生产能力，推动了对外贸易持续增长。2001 年以后，随着“走出去”战略的实施，企业为获取和利用国外先进生产技术、生产工艺和先进的管理经验等，逐步扩大了对发达国家和地区的投资，推动了中国技术的快速进步，对中国资源配置优化及产业结构升级发挥了重要作用，进而促进了中国企业国际竞争力的提高，推动了中国对外贸易持续、高质量发展。

复习思考题

1. 中国对外开放经历了哪几个阶段，各阶段的特点有哪些？
2. 改革开放后，对外贸易在中国国民经济中处于何种地位？
3. 中国对外贸易体制改革经历了哪几个阶段，各阶段改革的主要内容有哪些？
4. 20 世纪 80 年代以来，中国出口商品结构发生了哪些变化？
5. 外商直接投资通过哪些途径促进了中国对外贸易的发展？

附　录

附表一　　近代中国进出口贸易统计（1843—1948）　（单位：1 000）

年份	进口值		出口值		合计		出入超±	
	海关两	美元	海关两	美元	海关两	美元	海关两	美元
1843	18 400		25 460		43 860			
1844	29 300		34 040		63 340		+7 060	
1845	32 220		28 190		60 410		+4 740	
1846	28 100		28 730		56 830		−9 030	
1847	30 860		17 740		48 600		+630	
1848	29 300		29 440		58 740		−13 120	
1849	33 375		29 440		63 390		+140	
1850	32 450		21 670		54 120		−4 510	
1851	36 080		32 300		68 380		−10 780	
1852	44 000		27 500		71 000		−3 780	
1853	44 500		32 000		76 500		−16 500	
1854	46 000		40 500		86 500		−12 500	
1855	39 500		39 500		79 000		−5 500	
1856	40 000		45 600		85 600		+5 600	
1857	45 500		52 900		98 400		+7 400	
1858	59 000		47 360		97 360		−2 600	
1859	59 000		51 500		110 500		−7 500	
1860	54 000		49 000		103 000		−5 000	
1861	59 000		52 000		111 000		−7 000	
1862	60 000		64 000		124 000		+4 000	
1863	57 000		58 000		115 000		+1 000	
1864	46 210		48 655		94 865		+2 445	
1865	56 715		54 103		109 818		−1 612	
1866	67 174		50 596		117 770		−16 578	
1867	62 459		52 158		114 617		−10 301	
1868	63 232	48 087	61 826	95 831	125 108	193 918	−1 456	−2 256
1869	67 109	107 374	60 139	96223	127 248	203 596	−6 929	−11 151
1870	63 693	※	55 295	※	118 988	※	−8 398	※
1871	71 103	110 723	66 853	105 628	136 956	261 391	−3 250	−5 095
1872	67 317	107 707	75 288	120 461	142 605	228 168	+7 971	+12 754
1873	66 637	103 954	69 451	108 344	136 088	212 298	+2 814	+4 390
1874	64 361	99 116	66 713	102 738	131 074	201 854	+2 352	+3 622
1875	67803	101 705	68 193	103 369	136 716	205 074	+1 100	+1 664
1876	70 270	101 891	80 851	117 233	151 120	219 124	+10 581	+15 342

续表

年份	进口值		出口值		合计		出入超±	
	海关两	美元	海关两	美元	海关两	美元	海关两	美元
1877	73 234	107 654	67 455	99 144	140 679	206 798	−5 780	−8 510
1878	70 804	102 666	67 172	97 400	137 976	200 065	−3 632	−5 266
1879	82 227	111 007	72 281	97 580	154 509	208 587	−9 946	−13 427
1880	79 293	109 425	77 884	107 479	157 177	216 904	−1 410	−1 946
1881	91 911	125 458	71 453	97 533	163 364	222 992	−20 458	−27 925
1882	77 721	107 247	67 327	92 425	145 052	200 172	−10 378	−14 822
1883	73 568	99 684	70 198	95 118	143 765	149 802	−3 370	−4 566
1884	72 161	98 227	67 148	90 649	137 908	188 876	−5 613	−7 578
1885	88 200	112 896	65 006	83 207	153 206	196 103	−23 194	−29 698
1886	87 479	106 725	77 027	94 192	164 686	200 917	−10 273	−12 533
1887	102 264	122 716	85 860	103 032	188 124	225 749	−16 403	−19 684
1888	124 783	143 550	92 401	106 261	127 184	249 762	−32 382	−37 239
1889	110 884	127 517	96 948	111 490	201 832	239 007	−13 936	−16 027
1890	127 093	161 409	87 144	110 673	214 238	272 082	−39 949	−50 736
1891	134 004	160 805	100 948	121 137	234 952	281 942	−33 056	−39 668
1892	135 101	144 558	102 584	109 764	237 685	254 323	−32 518	−34 794
1893	151 163	145 308	116 632	111 697	267 995	257 275	−34 731	−33 611
1894	162 103	124 819	128 105	98 640	98 640	223 460	−33 999	−26 179
1895	171 697	137 357	143 293	114 635	314 890	251 992	−28 404	−22 722
1896	202 590	164 098	131 081	106 176	333 671	270 274	−71 509	−57 922
1897	202 829	146 037	163 501	117 721	366 330	263 758	−39 328	−39 861
1898	209 579	146 705	159 037	111 326	368 616	258 032	−50 542	−34 379
1899	264 748	193 266	195 785	142 923	460 533	336 189	−68 963	−50 343
1900	211 070	158 303	158 997	119 248	370 067	277 550	−52 073	−39 055
1901	268 303	193 178	169 657	122 153	437 960	315 331	−98 646	−71 025
1902	315 364	198 679	214 182	134 934	529 545	333 614	−101 182	−63 745
1903	326 739	209 113	214 352	137 186	541 092	346 299	−112 387	−71 927
1904	344 061	227 080	239 487	158 061	583 548	385 141	−104 574	−69 019
1905	44 101	326 384	227 888	166 358	674 989	492 742	−219 213	−160 026
1906	41 270	328 216	236 457	189 165	646 727	517 381	−173 813	−139 051
1907	416 401	328 957	264 381	208 861	680 782	537 818	−152 020	−120 096
1908	394 505	256 429	276 660	179 829	671 166	436 258	−117 845	−76 600
1909	418 158	263 440	338 993	213 565	757 151	477 005	−79 165	−49 875
1910	462 965	305 557	380 833	251 350	843 798	556 907	−82 132	−54 207
1911	471 504	306 478	377 338	245 270	848 842	551 747	−94 166	−61 208
1912	473 097	350 092	370 520	274 185	843 617	624 277	−102 577	−75 907

续表

年份	进口值		出口值		合计		出入超±	
	海关两	美元	海关两	美元	海关两	美元	海关两	美元
1913	570 163	416 219	403 306	294 413	973 468	710 632	−166 857	−121 806
1914	569 241	381 392	356 227	238 672	925 468	620 064	−213 014	−142 720
1915	454 476	281 775	418 861	259 694	873 337	541 469	−35 615	−22 081
1916	516 407	407 962	481 797	380 620	998 204	788 581	−34 610	−27 342
1917	549 519	566 004	462 932	476 820	1 012 450	1 402 824	−86 587	−89 184
1918	554 893	699 165	485 883	612 013	1 040 776	1 311 378	−69 010	−86 952
1919	646 998	899 327	630 809	876 825	1 227 807	1 776 152	−16 189	−22 502
1920	762 250	945 190	541 631	671 263	1 303 882	1 616 813	−220 619	−273 567
1921	906 122	688 653	601 256	456 954	1 507 378	1 145 607	−304 866	−231 699
1922	945 050	784 391	654 892	543 560	1 599 942	1 327 952	−290 158	−240 831
1923	923 403	738 722	752 917	602 334	1 676 320	1 341 056	−170 486	−136 388
1924	1 018 211	824 751	771 784	625 145	1 789 995	1 449 896	−246 427	−199 606
1925	947 365	796 207	776 353	652 136	1 724 218	1 448 343	−171 512	−144 071
1926	1 124 211	854 408	864 295	656 864	1 988 516	1 511 272	−259 516	−197 544
1927	1 012 932	698 922	918 620	633 848	1 931 551	1 332 770	−94 312	−65 074
1928	1 195 969	849 138	991 355	703 862	2 187 324	1 553 000	−204 614	−145 273
1929	1 265 779	810 099	1 015 687	650 040	2 281 466	1 460 138	−250 090	−160 059
1930	1 309 756	602 488	894 844	411 628	2 204 600	1 014 116	414 912	−190 860
1931	1 433 489	487 386	909 476	309 222	2 342 965	796 108	−524 013	−178 164
1932	1 049 247	356 744	492 641	167 498	1 541 888	524 242	−556 606	−189 246
1933	863 650	354 097	392 707	161 010	1 256 357	515 107	−470 949	−193 087
1934	660 889	347 628	343 527	180 695	1 004 416	528 323	−317 362	−116 933
1935	589 994	333 347	369 582	208 814	959 576	542 161	−20 412	−124 533
1936	604 329	279 804	452 979	209 729	1 057 308	489 534	−151 350	−70 075
1937		279 935		245 802		525 737		−34 133
1938		263 938		160 468		424 406		−103 470
1939		406 984		116 194		523 178		−290 790
1940		511 469		119 414		630 883		−392 055
1941		605 487		154 317		759 804		−451 170
1942		164 903		76 431		241 334		−88 472
1943		159 114		43 073		202 187		−116 041
1944		77 772		34 881		112 653		−42 891
1945		21 027		116 024		37 056		−5 003
1946		650 800		178 700		829 500		−472 100
1947		441 200		227 800		669 000		−213 400
1948		201 300		156 400		357 700		−44 900

资料来源：《中国对外贸易史简论》附表九。

附表二　　中国进出口贸易增长指数（1864—1936）　　（1913＝100）

年份	贸易总值指数		物量指数		贸易率指数（进口物价/出口物价）
	关两	美元	进口	出口	
1864	9.7				
1865	11.3				
1866	12.1				
1867	11.8	……	24.7	31.9	104.0
1868	12.9	27.3	25.4	33.7	90.7
1869	13.1	28.7	26.4	35.4	100.2
1870	12.1	……	25.9	33.3	101.3
1871	14.1	30.5	28.1	39.4	100.4
1872	14.6	32.1	27.9	43.3	95.2
1873	14.0	29.9	27.3	39.1	93.3
1874	13.5	28.4	31.5	40.1	83.9
1875	14.0	28.9	33.8	42.2	86.9
1876	15.5	30.8	36.3	42.8	71.8
1877	14.5	29.1	36.1	40.8	87.0
1878	14.2	28.2	34.9	41.4	88.8
1879	15.9	29.4	40.8	43.2	85.2
1880	16.1	30.5	36.2	47.2	93.2
1881	16.8	31.4	40.8	43.5	97.8
1882	14.9	28.2	36.4	45.9	103.9
1883	14.8	27.4	35.0	47.2	100.8
1884	14.4	26.6	34.5	50.6	112.8
1885	15.7	27.6	40.5	47.6	112.4
1886	16.9	28.3	35.5	54.2	122.7
1887	19.3	31.8	41.6	41.2	83.0
1888	22.3	35.1	50.3	43.6	83.2
1889	21.3	33.6	44.0	45.2	83.1
1890	22.0	38.3	54.8	42.0	79.0

续表

年份	贸易总值指数		物量指数		贸易率指数（进口物价/出口物价）
	关两	美元	进口	出口	
1891	24.1	39.7	60.8	47.9	74.0
1892	24.4	35.8	59.9	49.8	77.0
1893	27.5	36.2	59.4	57.2	88.0
1894	29.8	31.4	45.3	60.1	118.9
1895	32.4	35.5	45.8	66.3	123.6
1896	34.3	38.0	53.2	56.4	116.3
1897	37.6	37.1	49.7	61.6	108.6
1898	37.9	36.3	51.3	63.4	115.4
1899	47.3	47.3	69.2	62.5	86.2
1900	45.0	44.4	62.5	59.8	106.7
1901	38.0	39.1	49.5	54.9	103.7
1902	54.4	46.9	70.9	65.1	95.5
1903	55.6	48.7	65.1	59.8	99.2
1904	59.9	54.2	69.2	64.0	94.1
1905	69.3	69.3	96.6	62.5	89.8
1906	66.4	72.8	95.3	64.6	83.2
1907	69.9	75.7	88.7	67.1	84.3
1908	68.9	61.4	72.7	73.0	101.4
1909	77.8	67.1	77.1	92.9	105.1
1910	86.7	78.4	79.2	102.9	111.7
1911	87.2	77.6	80.9	102.1	111.7
1912	86.7	87.8	82.8	103.8	112.9
1913	100.0	100.0	100.0	100.0	100.0
1914	95.1	87.2	91.6	83.8	103.3
1915	89.7	76.2	70.3	96.5	104.8
1916	102.5	111.9	73.7	102.3	104.6
1917	104.0	146.5	73.4	108.3	123.4
1918	106.9	184.5	66.1	105.5	128.4

续表

年份	贸易总值指数		物量指数		贸易率指数（进口物价/出口物价）
	关两	美元	进口	出口	
1919	131.3	249.9	75.4	140.0	134.1
1920	133.9	227.5	75.9	119.3	155.6
1921	154.8	161.3	94.7	126.9	142.3
1922	164.4	187.0	112.6	130.5	117.7
1923	172.2	188.7	108.5	137.3	109.1
1924	183.9	204.0	119.6	136.6	105.4
1925	177.1	203.8	109.9	132.9	103.5
1926	204.2	212.7	130.5	141.1	98.6
1927	198.4	187.5	109.8	154.1	108.6
1928	224.6	218.7	131.5	156.1	100.4
1929	234.4	205.5	139.9	149.2	93.1
1930	226.5	142.7	131.0	131.1	102.5
1931	240.7	112.1	129.9	136.5	116.0
1932	158.4	73.8	106.9	100.8	128.6
1933	129.1	72.5	97.5	124.7	142.7
1934	103.2	74.3	85.1	118.6	136.1
1935	98.6	76.3	83.6	126.7	122.9
1936	108.6	68.9	77.9	125.6	109.4

资料来源：《1840—1948 中国的对外贸易和工业发展》，第 334－337 页；“物量指数”及“贸易率指数”，南开经济研究所编，《1936 年南开指数》，1937 年版，第 37－38 页；其余数字系根据中国海关贸易统计计算而得；1932 年 6 月以后的数字不包括东北的贸易计数

附表三　　中国进出口物价指数（1867—1936）　　1913＝100

年份	进口	出口	年份	进口	出口
1867	46.9	45.1	1872	45.8	48.7
1868	46.9	51.7	1873	46.3	49.6
1869	47.9	47.8	1874	38.5	45.9
1870	46.7	46.1	1875	35.3	40.6
1871	47.4	47.2	1876	33.8	47.1

续表

年份	进口	出口	年份	进口	出口
1902	78.0	81.7	1907	97.6	75.6
1903	88.3	89.0	1908	94.1	100.4
1904	92.7	92.8	1909	90.5	120.5
1905	90.4	64.7	1910	91.8	129.9
1906	90.6	67.8	1911	102.2	91.5
1877	35.5	40.8	1912	100.0	88.6
1878	35.7	40.2	1913	100.0	100.0
1879	35.2	41.3	1914	108.9	105.4
1880	38.3	41.1	1915	113.0	107.8
1881	39.6	40.5	1916	122.4	117.0
1882	37.6	36.2	1917	131.0	106.2
1883	37.1	36.8	1918	147.0	114.5
1884	37.1	32.9	1919	150.2	112.0
1885	38.1	33.9	1920	175.7	112.9
1886	43.3	35.3	1921	167.4	117.6
1887	43.0	51.8	1922	146.8	124.7
1888	43.6	43.6	1923	148.7	136.3
1889	44.3	53.3	1924	148.8	141.2
1890	40.7	51.5	1925	151.0	145.9
1891	38.7	52.3	1926	150.8	152.9
1892	39.6	51.4	1927	161.7	148.9
1893	44.7	50.8	1928	159.1	158.4
1894	62.8	52.8	1929	158.1	169.8
1895	66.1	53.5	1930	174.7	170.4
1896	67.1	57.7	1931	192.9	166.3
1897	71.8	66.1	1932	180.1	140.0
1898	71.9	62.3	1933	173.2	121.4
1899	67.2	78.0	1934	151.9	111.6
1900	74.8	72.1	1935	138.1	110.4
1901	75.3	70.6	1936	152.3	139.2

资料来源：《南开经济指数资料汇编》，中国社会科学出版社，1988 年版，第 375－376 页

附表四　　按商品性质分类的进出口货物统计

1. 中国各年进口货物分类统计（1873—1936）价值单位：千元

年份	总计		生产资料								消费资料					
			合计		机器及大工具		原料		建筑用品，设备（包括车辆、船舶），小工具，器材，半制品，材料，燃料等		合计		消费品原料		直接消费资料	
	值	%	值	%	值	%	值	%	值	%	值	%	值	%	值	%
1873	103 487	100	8 383	8.1	—		—	—	8 383	8.1	95 104	91.9	8 756	8.5	86 348	83.4
1893	235 823	100	19 733	8.4	1 450	0.6	—	—	18 283	7.8	216 090	91.6	30 723	13.0	185 367	78.6
1903	509 059	100	76 582	15.0	3 676	0.7	—	—	72 906	14.3	432 477	85.0	113 365	22.3	319 112	62.7
1910	721 299	100	126 948	17.6	10 991	1.5	455	0.1	115 502	16.0	594 351	82.4	122 526	17.0	471 825	65.4
1920	1 187 585	100	337 856	28.5	37 638	3.2	1 916	0.2	298 302	25.1	849 729	71.5	201 166	16.9	648 563	54.6
1930	2 040 599	100	549 672	26.9	75 481	3.7	39 209	1.9	434 982	21.3	1 490 927	73.1	353 059	17.3	1 137 868	55.8
1936	941 545	100	418 671	44.4	57 702	6.1	25 445	2.7	335 524	35.6	522 874	55.5	122 376	13.0	400 498	42.5

资料来源：历年海关报告，转引自《中国近代经济史统计资料选辑》，第 72－73 页

2. 中国各年出口货物分类统计（1873—1936）价值单位：千元

年份	总计		生产资料						半制品				制成品			
			农产品（农林渔牧在内）		手工开采		机器开采		手工		机制		手工		机制	
	值	%	值	%	值	%	值	%	值	%	值	%	值	%	值	%
1873	108 449	100	2 866	2.6	—	—	//	*	40 613	37.4	—	—	63 173	58.3	1 786	1.7
1893	181 713	100	28 423	15.6	—	—	—	—	51 644	28.4	177	0.1	96 945	53.4	4 524	2.5
1903	333 961	100	89 496	26.8	796	0.2	767	0.2	57 298	17.2	49 250	14.7	109 788	32.9	26 566	8.0
1910	593 337	100	231 957	39.1	1 300	0.2	3 116	0.5	77 760	13.1	70 599	11.9	168 092	28.3	40 513	6.8
1920	843 860	100	307 047	36.4	7 426	0.9	23 415	2.8	69 564	8.2	103 466	12.3	262 882	31.2	70 060	8.3
1930	1 394 167	100	628 285	45.1	17 331	1.2	47 860	3.4	48 732	3.5	170 653	12.2	378 122	27.1	103 184	7.4
1936	705 742	100	311 037	44.1	18 152	2.6	11 247	1.6	47 029	6.7	39 570	5.6	228 308	32.4	50 399	7.1

资料来源：历年海关报告，转引自《中国近代经济史统计资料选辑》，第 72－73 页，

*：不及 0.05

附表五　　按加工程度分类的中国进出口商品统计（1868—1948）　　（%）

年份	进口商品				出口商品			
	Ⅰ	Ⅱ	Ⅲ	Ⅳ	Ⅰ	Ⅱ	Ⅲ	Ⅳ
1868	4.39	9.82	46.22	39.57	55.58	2.33	41.37	0.70
1869	4.23	7.54	48.67	39.56	58.72	3.99	35.62	1.67
1870	4.42	8.25	47.88	39.45	53.46	3.77	42.04	0.73
1871	4.14	8.23	48.08	39.55	56.09	2.27	40.63	1.01
1872	6.79	7.59	46.27	39.35	56.40	2.66	40.01	0.93
1873	7.09	7.57	43.39	41.95	33.45	2.50	43.31	0.74
1874	6.62	3.98	42.28	47.12	57.77	3.52	37.24	0.97
1875	7.66	6.83	44.49	41.02	56.62	2.73	39.62	1.03
1876	6.82	7.89	41.72	43.57	49.13	2.87	47.12	0.88
1877	8.40	6.79	39.75	45.06	55.94	4.15	37.55	2.36
1878	6.36	6.82	37.25	49.57	51.54	4.36	41.65	2.45
1879	5.16	6.17	40.09	48.58	50.47	4.62	43.31	1.60
1880	4.91	4.92	43.93	46.24	51.47	4.73	41.82	1.98
1881	4.86	5.88	42.01	47.25	50.89	5.83	41.64	1.64
1882	6.31	8.84	43.71	41.14	52.67	6.14	39.08	2.11
1883	6.82	8.49	43.71	40.98	52.76	6.56	38.66	2.02
1884	5.97	7.77	43.06	43.20	50.66	8.05	39.39	1.92
1885	6.17	8.12	49.67	36.04	54.41	8.42	35.09	2.08
1886	7.57	8.38	47.63	36.42	47.10	7.85	42.73	2.32
1887	10.52	6.88	50.62	31.98	40.42	10.23	45.20	4.15
1888	14.39	6.58	48.55	30.48	39.00	9.68	44.50	6.82
1889	12.71	8.59	45.66	33.04	35.68	12.57	45.88	5.87
1890	16.43	8.55	47.15	27.87	38.55	11.32	42.94	7.19
1891	12.01	8.21	52.68	27.10	37.53	10.71	44.98	6.78
1892	12.25	8.08	51.76	27.31	32.36	12.92	46.88	7.84
1893	19.18	7.81	42.00	31.01	34.63	13.93	42.45	8.99
1894	17.49	9.62	43.14	29.75	32.24	15.63	42.66	9.42
1895	19.70	8.64	44.32	27.34	29.19	17.69	46.30	6.82
1896	16.00	9.53	54.04	20.43	31.26	17.00	43.65	8.09
1897	12.47	12.52	53.27	21.74	26.59	19.72	44.20	9.49
1898	14.39	12.40	50.90	22.31	30.01	16.08	46.00	7.91
1899	15.89	10.77	51.22	22.12	26.27	15.36	51.60	6.77
1900	14.59	12.81	50.04	22.56	26.65	21.93	41.83	9.59
1901	15.06	13.08	50.69	21.17	22.07	19.66	47.59	10.88
1902	19.29	9.37	52.27	19.07	19.57	24.31	46.61	9.51
1903	13.57	10.65	58.28	17.50	21.36	23.26	45.22	10.16
1904	14.76	13.66	57.08	14.50	22.23	27.27	45.33	5.17
1905	13.45	9.09	65.71	11.25	23.01	26.40	45.43	5.16

续表

年份	进口商品				出口商品			
	Ⅰ	Ⅱ	Ⅲ	Ⅳ	Ⅰ	Ⅱ	Ⅲ	Ⅳ
1906	18.61	8.69	61.00	11.70	21.32	31.07	44.32	3.29
1907	24.82	11.08	53.47	10.61	20.83	30.37	45.73	3.07
1908	20.93	13.35	53.24	12.48	24.12	30.96	41.49	3.43
1909	18.26	11.36	57.36	13.02	29.75	31.86	35.90	2.49
1910	19.75	10.70	53.43	16.12	26.26	36.10	35.09	2.55
1911	18.93	12.82	54.12	14.13	28.14	35.21	34.11	2.54
1912	19.31	11.26	54.34	15.09	27.62	34.37	35.38	2.63
1913	20.56	10.08	57.79	11.57	26.38	35.22	35.64	2.76
1914	20.55	12.12	57.95	9.38	30.35	34.99	33.50	1.16
1915	24.46	14.19	54.92	6.43	30.21	33.41	35.43	0.95
1916	27.67	15.67	53.88	2.78	23.48	34.51	38.85	3.16
1917	28.25	14.98	54.35	2.42	23.24	36.23	39.14	1.39
1918	27.27	13.80	55.00	3.89	19.63	43.03	35.41	1.43
1919	16.17	15.30	67.04	1.49	28.42	37.80	32.16	1.62
1920	15.93	16.86	66.06	1.15	31.33	33.62	32.66	2.39
1921	21.91	16.76	59.61	1.72	27.17	32.48	36.60	3.75
1922	26.15	17.47	54.63	1.75	25.11	33.75	38.12	3.02
1923	30.12	18.88	48.89	2.11	25.36	36.61	36.12	1.91
1924	28.94	18.07	50.94	2.05	29.75	36.13	32.30	1.81
1925	27.18	22.76	47.91	2.15	28.98	34.14	35.29	1.59
1926	28.72	21.45	47.92	1.91	28.51	34.41	35.74	1.34
1927	30.37	20.58	46.13	2.92	31.09	34.53	33.01	1.37
1928	27.44	19.23	50.87	2.46	34.56	30.70	34.00	0.74
1929	27.63	20.72	49.93	1.72	35.73	30.32	33.19	0.76
1930	28.11	23.65	45.50	2.65	33.52	33.94	31.62	0.92
1931	26.88	26.35	44.55	2.22	35.11	32.74	31.26	0.89
1932	31.37	25.24	41.22	2.17	37.62	29.29	31.83	1.26
1933	29.18	25.62	41.39	3.81	26.14	28.69	44.09	1.08
1934	21.22	25.72	49.35	3.71	28.60	31.70	38.74	0.96
1936	11.0	35.7	44.2	9.1	24.7	59.0	16.3	—
1937	13.9	31.0	55.1	—	21.4	62.4	16.2	—
1938	23.9	25.0	51.1	—	21.2	59.5	19.3	—
1939	28.8	35.3	35.9	—	23.7	51.2	25.1	—
1940	30.7	36.3	33.0	—	21.2	49.4	29.4	—
1941	34.8	29.6	35.6	—	14.2	51.9	33.9	—
1942	28.7	25.3	46.0	—	21.4	66.4	12.2	—
1943	32.7	18.5	48.8	—	14.6	75.7	8.7	—
1944	22.4	28.7	48.9	—	15.8	70.8	13.4	—
1945	16.3	21.2	62.5	—	7.5	81.00	11.5	—
1946	10.7	43.2	46.1	—	14.6	65.5	19.9	—
1947	12.0	40.6	47.3	—	13.6	59.9	26.5	—
1948	11.4	31.8	56.8		9.6	52.0	38.5	

资料来源：《中国对外贸易史简论》附表九

说明：（1）本表进出口商品按下列分类统计：Ⅰ（饮食品及烟草等），Ⅱ（原料及半制品），Ⅲ（制成品），Ⅳ（杂货）

（2）本表1942—1945年所列百分比，系沦陷区进出口商品的分类统计，未包括国统区

附表六 中国商埠一览表（1843—1930）

商埠名	所在省份	设埠日期	所依据不平等条约
广州	广东	1843.7.27	《中英南京条约》第二条
厦门	福建	1843.11.1	《中英南京条约》第二条
上海	江苏	1843.11.17	《中英南京条约》第二条
宁波	浙江	1844.1.1	《中英南京条约》第二条
福州	福建	1844.7.3	《中英南京条约》第二条
伊犁	新疆	1852.4.4	《中俄伊犁塔尔巴哈台通商章程》（1851.10.15）
塔尔巴哈台（今塔城）	新疆	1852.4.4	《中俄伊犁塔尔巴哈台通商章程》（1851.10.15）
潮州（汕头）	广东	1860.1.1	《中英北京续增条约》
天津	直隶	1861.1.20	第四款
牛庄	奉天	1861.4.3	《中英天津条约》第十一款
喀什噶尔	新疆	1861.4.5	《中俄北京续增条约》
镇江	江苏	1861.5.10	《中英天津条约》第十款
库伦	今蒙古国的乌兰巴托	1861.7.11	《中俄北京续增条约》第五款
汉口	湖北	1862.1.1	《中英天津条约》第十款
九江	江西	1862.1	《中英天津条约》第十款
芝罘（登州）	山东	1862.1.16	《中英天津条约》第十一款
淡水	台湾	1862.7.28	《中英天津条约》第六款
台湾（打狗、台南）	台湾	1863.10.1	《中英天津条约》第十一款
琼州	广东	1876.4.1	《中英天津条约》第十一款
宜昌	湖北	1877.4.1	《中英烟台条约》
芜湖	安徽	1877.4.1	《中英烟台条约》
温州	浙江	1877.4.1	《中英烟台条约》
北海	广东	1877.4.2	《中英烟台条约》
肃州（嘉峪关）	甘肃	1881.4	《中俄伊犁条约》第十条（1881.2.24）

续表

商埠名	所在省份	设埠日期	所依据不平等条约
吐鲁番	新疆	1881.4	《中俄伊犁条约》第十条
乌里雅苏台	今蒙古国折布哈兰图	1881.4	《中俄伊犁条约》第十条
哈密	新疆	1881.4	《中俄伊犁条约》第十条
乌鲁木齐	新疆	1881.4	《中俄伊犁条约》第十条
古城	新疆	1881.4	《中俄伊犁条约》第十条（1881.2.24）
拱北	广东	1887.4.2	《中葡北京条约》第四款
龙州	广西	1889.6.1	《中法续议商约专条》第二条（1887.6.26）
蒙自	云南	1889.8.24	《中法续议商约专条》第二条（1887.6.26）
重庆	四川	1891.3.30	《中英烟台条约》
亚东	西藏	1894.5.1	《中英会议印藏条款》第一条（1893.12.5）
苏州	江苏	1896.9.26	《中日马关条约》第六款（1895.4.17）
杭州	浙江	1896.9.26	《中日马关条约》第六款（1895.4.17）
沙市	湖北	1896.10.1	《中日马关条约》第六款（1895.4.17）
河口	云南	1897.1	《中法商务专条》附章第二、三款（1895.5.28）
思茅	云南	1897.1	《中法商务专条》附章第二、三款（1895.5.28）
梧州	广西	1897.6.3	《中缅条约》附款专条（1897.2.4）
三水	广东	1897.6.4	《中缅条约》附款专条（1897.2.4）
吴淞	江苏	1898.4.20	由赫德建议，清总理衙门奏请开放 《中法天津条约》第六款及修改（1858.6.27） 《长江通商章程》第二条（1899.4.1） 1898 年 3 月 24 日清总理衙门奏准自开
江宁（南京）	江苏	1899.3.22	
三都澳	福建	1899.5.8	
岳阳	湖南	1899.11.1	汉口英领事要求清湖南巡抚呈准自开
秦皇岛	河北	1901.12	清总理衙门于 1898.3.26 奏准自开
鼓浪屿	福建	1902.5.1	日英法驻厦门领事要求，清兴泉永兵备道奏准自开
腾越	云南	1902.5.8	《中缅条约》第十三款（1897.2.4）
江门	广东	1904.4.22	《中英续议通商行船条约》第八款（1902.9.5）

续表

商埠名	所在省份	设埠日期	所依据不平等条约
长沙	湖南	1904.7.1	同上；《中日通商航海续约》第十款（1903.10.8）
济南	山东	1906.1.10	德国领事要求，由直督袁世凯于1904.4.4奏准自开
潍县	山东	1906.1.10	德国领事要求，由直督袁世凯于1904.4.4奏准自开
周村	山东	1906.1.10	德国领事要求，由直督袁世凯于1904.4.4奏准自开
江孜	西藏	1906.4.27	《中英拉萨条约》（1904.9.7）《中英续订印藏续约》附约第二款（1906.4.27）
铁岭	辽宁	1906.9.10	《中日会议东三省事宜条约》（1905.12.22）
新民屯	辽宁	?	《中日会议东三省事宜条约》（1905.12.22）
通江子	辽宁	1906.9.10	《中日会议东三省事宜条约》（1905.12.22）
法库门	辽宁	1906.9.10	《中日会议东三省事宜条约》（1905.12.22）
南宁	广西	1907.1.1	1899.1.30广西巡抚因英法要求奏准自开
吉林	吉林	1907.1.14	《中日会议东三省事宜条约》
长春（宽城子）	吉林	1907.1.14	《中日会议东三省事宜条约》
哈尔滨	黑龙江	1907.1.14	《中日会议东三省事宜条约》
满洲里	内蒙古	1907.1.14	同上；《东省中俄合办铁路公司合同》（1896.9.2）
绥芬河	黑龙江	1907.1.14	同上；《北满洲税关章程照会》（1907.7.7）
安东	辽宁	1907.3.1	《中美续议通商行船条约》（1903.10.8），《中日通商航海续约》（1903.10.8）
大东沟	辽宁	1907.3	《中日通商航海续约》（1903.10.8）
齐齐哈尔	黑龙江	1907.5.28	《中日会议东三省事宜条约》
凤凰城	辽宁	1907.6.28	《中日会议东三省事宜条约》
辽阳	辽宁	1907.6.28	《中日会议东三省事宜条约》
爱珲	黑龙江	1907.6.28	《中日会议东三省事宜条约》
奉天（沈阳）	辽宁	1908.4.11	《中日会议东三省事宜条约》
昆明	云南	1908.5.28	1887.6.23《中法照会》，法领事要求

续表

商埠名	所在省份	设埠日期	所依据不平等条约
香洲	广东	1908	香山县官商筹办，1908 年经粤督批准自开
公益埠	广东	1908	粤督批准开办
三姓	吉林	1909.7.1	《中日会议东三省事宜条约》
龙井村	吉林	1909.11.2	《中日图门江界务条款》（1909.9.4）
局子街	吉林	1909.11.2	《中日图门江界务条款》（1909.9.4）
头道沟	吉林	1909.11.2	《中日图门江界务条款》（1909.9.4）
百草沟	吉林	1909.11.2	《中日图门江界务条款》（1909.9.4）
珲春	吉林	1910.1.1	《中日会议东三省事宜条约》
宁古塔	黑龙江	1910.1	《中日会议东三省事宜条约》
海拉尔	今内蒙古	1910.1	《中日会议东三省事宜条约》
浦口	江苏	1912.8	英德领事要求
葫芦岛	辽宁	1914.1.8	清东三省总督、北洋军阀政府自开
多伦诺尔	内蒙古	1914.1.8	公使团要求北洋军阀政府自开
洮南	黑龙江	1914.1.8	公使团要求北洋军阀政府自开
归化（呼和浩特）	内蒙古	1914.1.8	公使团要求北洋军阀政府自开
龙口	山东	1915.11.1	公使团要求北洋军阀政府自开
锦县	辽宁	1916.4.8	日本领事要求
张家口	内蒙古	1916	公使团要求
赤峰	内蒙古	1917.2.27	公使团要求
郑家屯	辽宁	1917.4	日本领事要求
海州	江苏	1921.2	1905.10.24 清朝两江总督奏准自开
济宁	山东	1921.4.22	北洋军阀政府与日勾结开放
包头	今内蒙古	1921	京绥铁路筑至包头，北洋政府自开
郑州	河南	1922.4.15	1920 年日本驻汉口领事要求自开
徐州	江苏	1922.8.7	1920 年日本驻汉口领事要求自开
青岛	山东	1922.12.10	胶澳租借地向日本收回后仍为商埠

续表

商埠名	所在省份	设埠日期	所依据不平等条约
无锡	江苏	1923	1906 年 7 月中意修订商约时，意国领事曾索开无锡绍兴两地为通商口岸；后无锡官商呈请自开
宾兴洲	江西	1923	北洋政府自开
铜鼓	广东	1924.8.7	广东军政府自开
蚌埠	安徽	1924.9.1	1923 年安徽督军自开
万县	四川	1952.11.26	《中英续议通商行船条约》（1902.9.5）1925 年 3 月举借外债，北洋政府宣布开放
中山港	广东	1930.5.10	1928 年国民党政府自开
威海卫	山东	1930.10.9	《中英交收威海卫专约》（1930.4.15）

资料来源：《中国近代经济史统计资料选辑》，第 41－48 页

附表七　　1952—1978 年中国进出口贸易增长统计

年份	进出口		出口		进口	
	进出口额（亿美元）	增长率（%）	出口额（亿美元）	增长率（%）	进口额（亿美元）	增长率（%）
1952	19.4		8.2		11.2	
1953	23.7	22.2	10.2	24.4	13.5	20.5
1954	24.4	3	11.5	12.7	12.9	－4.4
1955	31.4	28.7	14.1	22.6	17.3	34.1
1956	32.4	3.2	16.5	17	15.6	－9.8
1957	31.0	－4.3	16.0	－3	15.0	－3.8
1958	38.7	24.8	19.8	23.8	18.9	26
1959	43.8	13.2	22.6	14.1	21.2	12.2
1960	38.1	－13	18.6	－17.7	19.5	－8
1961	29.4	－22.8	14.9	－19.9	14.5	－25.6
1962	26.6	－9.5	14.9	0	11.7	－19.3
1963	29.2	9.8	16.5	10.7	12.7	8.5
1964	34.7	18.8	19.2	16.4	15.5	22
1965	42.5	22.5	22.3	16.1	20.2	30.3
1966	46.2	8.7	23.7	6.3	22.5	11.4

续表

年份	进出口		出口		进口	
	进出口额（亿美元）	增长率（%）	出口额（亿美元）	增长率（%）	进口额（亿美元）	增长率（%）
1967	41.6	－10	21.4	－9.7	20.2	－10.2
1968	40.5	－2.6	21.0	－1.9	19.5	－3.5
1969	40.3	－0.5	22.0	4.8	18.3	－6.2
1970	45.9	13.9	22.6	2.7	23.3	27.3
1971	48.4	5.4	26.4	16.8	22.0	－5.6
1972	63.0	30.2	34.4	30.3	28.6	30
1973	109.8	74.3	58.2	69.2	51.6	80.4
1974	145.7	32.7	69.5	19.4	76.2	47.7
1975	147.5	1.2	72.6	4.5	74.9	－1.7
1976	134.3	－8.9	68.5	－5.6	65.8	－12.1
1977	148.0	10.2	75.9	10.8	72.1	9.6
1978	206.4	39.5	97.5	28.5	108.9	51

资料来源：根据历年《中国统计年鉴》计算

附表八　　改革开放以来中国进出口贸易的增长统计

年份	进出口总额（亿美元）	进出口年增长率（%）	出口额（亿美元）	出口年增长率（%）	进口额（亿美元）	进口年增长率（%）	进出口差额（亿美元）
1978	206.40	—	97.50	—	108.90	—	－11.40
1979	293.30	42.10	136.60	40.10	156.70	43.89	－20.10
1980	381.40	30.04	181.20	32.65	200.20	27.76	－19.00
1981	440.30	15.44	220.10	21.47	220.20	9.99	－0.10
1982	416.10	－5.50	223.20	1.41	192.90	－12.40	30.30
1983	436.20	4.83	222.30	－0.40	213.90	10.89	8.40
1984	535.50	22.76	261.40	17.59	274.10	28.14	－12.70
1985	696.02	29.98	273.50	4.63	422.52	54.15	－149.00
1986	738.50	6.10	309.40	13.13	429.10	1.56	－119.70
1987	826.50	11.92	394.40	27.47	432.10	0.70	－37.70

续表

年份	进出口总额（亿美元）	进出口年增长率（%）	出口额（亿美元）	出口年增长率（%）	进口额（亿美元）	进口年增长率（%）	进出口差额（亿美元）
1988	1 027.90	24.37	475.20	20.49	552.70	27.91	−77.50
1989	1 116.80	8.65	525.40	10.56	591.40	7.00	−66.00
1990	1 154.36	3.36	620.91	18.18	533.45	−9.80	87.40
1991	1 356.34	17.50	718.43	15.71	637.91	19.58	81.20
1992	1 655.25	22.04	849.40	18.23	805.85	26.33	43.50
1993	1 957.03	18.23	917.44	8.01	1 039.59	29.01	−122.20
1994	2 366.21	20.91	1 210.06	31.90	1 156.15	11.21	54.00
1995	2 808.64	18.70	1 487.80	22.95	1 320.84	14.24	167.00
1996	2 898.81	3.21	1 510.48	1.52	1 388.33	5.11	122.20
1997	3 251.62	12.17	1 827.92	21.02	1 423.70	2.55	404.20
1998	3 239.49	−0.37	1 837.12	0.50	1 402.37	−1.50	434.70
1999	3 606.30	11.32	1 949.31	6.11	1 656.99	18.16	292.30
2000	4 742.97	31.52	2 492.03	27.84	2 250.94	35.85	241.10
2001	5 096.51	7.45	2 660.98	6.78	2 435.53	8.20	225.50
2002	6 207.66	21.80	3 255.96	22.36	2 951.70	21.19	304.30
2003	8 509.88	37.09	4 382.28	34.59	4 127.60	39.84	254.68
2004	11 545.54	35.67	5 933.26	35.39	5 612.29	35.97	320.90
2005	14 219.06	23.16	7 619.53	28.42	6 599.53	17.59	1 020.00
2006	17 604.38	23.81	9 689.78	27.17	7 914.61	19.93	1 775.20
2007	21 761.75	23.62	12 200.60	25.91	9 561.15	20.80	2 643.44
2008	25 632.55	17.79	14 306.90	17.26	11 325.67	18.46	2 981.23
2009	22 075.35	−13.88	12 016.10	−16.01	10 059.23	−11.18	1 956.87
2010	29 739.98	34.72	15 777.54	31.30	13 962.44	38.80	181 510
2011	36 418.60	22.46	18 983.81	20.32	17 434.84	24.87	154 898
2012	38 671.19	6.19	20 487.14	7.92	18 184.05	4.30	230 309
2013	41 589.93	7.55	22 090.04	7.82	19 499.89	7.24	259 200
2014	43 015.27	3.43	23 422.93	6.03	19 592.35	0.47	383 058

续表

年份	进出口总额（亿美元）	进出口年增长率（%）	出口额（亿美元）	出口年增长率（%）	进口额（亿美元）	进口年增长率（%）	进出口差额（亿美元）
2015	39 530.33	－8.10	22 734.68	－2.94	16 795.64	－14.27	593 904
2016	36 855.57	－6.77	20 976.31	－7.73	15 879.26	－5.46	5 097.05
2017	41 071.64	11.44	22 633.71	7.90	18 437.93	16.11	4 195.52
2018	46 224.15	12.55	24 866.82	9.87	21 357.34	15.83	3 509.48
2019	45 778.91	－0.96	24 994.82	0.51	20 784.09	－2.68	4 210.73
2020	46 559.13	1.70	25 899.52	3.62	20 659.62	－0.60	5 239.90

注：（1）数据来源：《中国统计年鉴》2001、2002、2003、2006 年版

（2）本表 1978 年为外贸业务统计数，1980 年起为海关进出口统计数

附表九　　中国利用外资统计

指标	实际利用外资额（万美元）	实际利用外商直接投资金额（万美元）	实际利用外商其他投资额（万美元）
1983 年	226 000	92 000	28 000
1984 年	287 000	142 000	16 000
1985 年	476 000	195 600	29 800
1986 年	762 800	224 400	37 000
1987 年	845 200	231 400	33 300
1988 年	1 022 600	319 400	54 500
1989 年	1 006 000	339 200	38 100
1990 年	1 028 900	348 700	26 800
1991 年	1 155 400	436 600	30 000
1992 年	1 920 300	1 100 800	28 400
1993 年	3 896 000	2 751 500	25 600
1994 年	4 321 300	3 376 700	17 900
1995 年	4 813 300	3 752 100	28 500
1996 年	5 480 500	4 172 600	41 000
1997 年	6 440 800	4 525 700	713 000
1998 年	5 855 700	4 546 300	209 400

续表

指标	实际利用外资额（万美元）	实际利用外商直接投资金额（万美元）	实际利用外商其他投资额（万美元）
1999 年	5 265 900	4 031 900	212 800
2000 年	5 935 600	4 071 500	864 100
2001 年	4 967 200	4 687 800	279 400
2002 年	5 501 100	5 274 300	226 800
2003 年	5 614 000	5 350 500	263 500
2004 年	6 407 200	6 063 000	344 200
2005 年	6 380 500	6 032 500	348 000
2006 年	6 707 600	6 302 100	405 500
2007 年	7 833 900	7 476 800	357 200
2008 年	9 525 300	9 239 500	285 800
2009 年	9 180 400	9 003 300	177 100
2010 年	10 882 100	10 573 500	308 600
2011 年	11 769 800	11 601 100	168 700
2012 年	11 329 400	11 171 614	157 800
2013 年	11 872 100	11 758 600	113 400
2014 年	11 970 500	11 956 200	14 400
2015 年	12 626 700	12 626 700	0
2016 年	12 600 100	12 600 100	0
2017 年	13 103 500	13 103 500	0
2018 年	13 496 600	13 496 600	0
2019 年	13 813 462	13 813 462	0
2020 年	14 436 900	14 436 926	0

资料来源：商务部

注：（1）数据由商务部提供（从 2001 年起，外商投资合同金额和实际使用外资额均不包括对外借款；从 2007 年起，商务部不再对外公布外资合同金额数据）

（2）外商其他投资的“其他”项中含当年对外发行股票额

附表十　　中国对外投资统计

年份	流量（亿美元）	增长率（%）	存量	增长率（%）
1982	0.44	–	–	–
1983	0.93	111.36	–	–
1984	1.34	44.09	–	–
1985	6.29	369.40	–	–
1986	4.50	– 28.46	–	–
1987	6.45	43.33	–	–
1988	8.50	31.78	–	–
1989	7.80	– 8.24	–	–
1990	8.30	6.41	–	–
1991	9.13	10.00	–	–
1992	40.00	338.12	–	–
1993	44.00	10.00	–	–
1994	20.00	– 54.55	–	–
1995	20.00	0.00	–	–
1996	21.14	5.70	–	–
1997	25.62	21.19	–	–
1998	26.34	2.81	–	–
1999	17.74	– 32.65	–	–
2000	9.16	– 48.37	–	–
2001	68.85	651.64	–	–
2002	25.18	– 63.43	299.00	–
2003	28.55	13.38	332.00	11.04
2004	54.98	92.57	448.00	34.94
2005	122.61	123.01	572.00	27.68
2006	211.60	72.58	906.30	58.44
2007	224.69	6.19	1 179.10	30.10
2008	521.50	132.10	1 839.71	56.03
2009	565.30	8.40	2 457.55	33.58

续表

年份	流量（亿美元）	增长率（%）	存量	增长率（%）
2010	680.00	20.29	3 172.11	29.08
2011	746.50	9.78	4 247.81	33.91
2012	878.00	17.62	5 319.41	25.23
2013	1 078.44	22.83	6 604.78	24.16
2014	1 231.20	14.17	8 826.42	33.64
2015	1 456.67	18.31	10 978.65	24.38
2016	1 961.49	34.66	13 573.90	23.64
2017	1 582.88	−19.30	18 090.37	33.27
2018	1 430.37	−9.63	19 822.66	9.58
2019	1 369.08	−4.29	21 988.81	10.93
2020	1 537.10	12.27	25 806.58	17.36

资料来源：国家统计局和《2020 年度中国对外直接投资统计公报》

注：（1）2002—2005 年数据，为中国对外非金融类直接投资数据

（2）2006—2020 年数据，为对外全行业直接投资数据